D1707924

Komm mit!

Holt German
Level 3

HOLT, RINEHART AND **WINSTON**
Harcourt Brace & Company

Austin • New York • Orlando • Atlanta • San Francisco • Boston • Dallas • Toronto • London

Director: Lawrence Haley

Executive Editor: Barbara Kristof

Editorial Staff: Helen Becker, Annette Franco-Wiberny, Francine Ducharme Hartman, Christian Hiltenbrand, Cindy Reinke-Pressnall, Robyn Stuart, Andrew Werner
Beth Goerner, *Department Secretary*

Editorial Permissions: Janet Harrington

Product Research Manager: Mike Tracy

Design, Photo Research and Production: Pun Nio, *Senior Art Director*; Tonia Klingensmith, *Designer*; Carol Colbath, Linda Jean Kensicki, Julie Kinkel, Randall Ross, *Design Staff*; Donna McKennon, *Media Designer*; Bob Bretz, Rebecca Byrd-Bretz, *Marketing Designers*; Debra L. Saleny, *Photo Research Manager*; Tim Taylor, *Senior Photo Researcher*; Bob McClellan, *Photo Research Staff*; Gene Rumann, *Production Supervisor;* Amber P. Martin, *Production Assistant*; George Prevelige, *Manufacturing Manager*; Jenine Street, *Manufacturing Assistant*

For permission to reprint copyrighted material, grateful acknowledgment is made to the following sources:

Alibaba Verlag GmbH, Frankfurt am Main: "Sabines Eltern" by Mustafa S. from *Wir leben hier!* edited by Ulrike Holler and Anne Teuter. Copyright © 1992 by Alibaba Verlag GmbH.

Baars Kaas Marketing GmbH: Advertisement, "Da haben wir den Salat...kein Leerdammer im Haus," from *freundin,* 14/94, June 6, 1994, p. 149.

Heinrich Bauer Verlag: "Unsere heutige Jugend und ihre Sprüche" by Emily Reuter from *bella: für die moderne Frau,* no. 43, October 21, 1993. Copyright © 1993 by Heinrich Bauer Verlag.

Bayerisches Staatsministerium für Landesentwicklung und Umweltfragen, Rosenkavalierplatz 2, 81925 München, Germany: Graph, "Zusammensetzung der Abfälle," from *Der Abfall: Umweltschutz in Bayern.*

Burda Publications: "Liebe," "Lisa, 15," "Raver," and "Sprache" from *Bunte,* no. 22, May 26, 1994, pp. 39 & 42. Copyright © 1994 by Burda Publications.

Deutsche Bank: Table, "USA: Devisenkurse," published by Deutsche Bank.

Deutscher Sparkassenverlag GmbH: Advertisement, "Das Ticket zum Abheben," from *Popcorn,* no. 2, February 1992, p. 98.

Deutsches Jugendherbergswerk Hauptverband für Jugendwandern und Jugendherbergen e.V.: From "Willkommen!" from *DJH Willkommen.* From "Jugendgästehaus Weimar: Pauschalprogramm" from *Klassen Mobil: Schulfahrten und Schullandheimaufenthalte in Jugendherbergen 92/93: Region Ost.*

Reinhard Döhl: "Apfel" by Reinhard Döhl from *An Anthology of Concrete Poetry,* edited by Emmett Williams. Copyright © 1965, 1966 by Reinhard Döhl. Published by Something Else Press, New York, Villefranche, Frankfurt and Edition Hansjörg Mayer, Stuttgart. "menschenskind" by Reinhard Döhl from *Poem Structures in the Looking Glass* by Klaus Burkhardt and Reinhard Döhl. Copyright © 1969 by Reinhard Döhl.

Focus Magazin Verlag GmbH: Text and illustrations from "Verführt von dummen, mörderischen Sprüchen" from *Focus: das moderne Nachrichtenmagazin,* no. 20, May 16, 1994. Copyright © 1994 by Focus Magazin Verlag GmbH.

Fremdenverkehrsverband Rügen e.V.: From *Rügen: eine Liebeserklärung: Urlauberkatalog '93* by Gunter Reymann. Copyright © 1993 by Fremdenverkehrsverband Rügen e.V.

Gerolsteiner Brunnen GmbH & Co.: Advertisement, "Guter Geschmack ist einfacher Natur....Gerolsteiner Sprudel," from *TV Spielfilm,* May 28, 1994, p. 135.

ACKNOWLEDGMENTS continued on page 396, which is an extension of the copyright page.

AUTHOR

George Winkler
Austin, TX

Mr. Winkler developed the scope and sequence and framework for the chapters, created the basic material, selected realia, and wrote activities.

CONTRIBUTING WRITERS

Margrit Meinel Diehl
Syracuse, NY
Mrs. Diehl wrote activities to practice basic material, functions, grammar, and vocabulary.

Patricia Casey Sutcliffe
Austin, TX
Mrs. Sutcliffe wrote the process writing activities for the **Zum Schreiben** feature.

Carolyn Roberts Thompson
Abilene, TX
Mrs. Thompson was responsible for the selection of readings and for developing reading activities.

CONSULTANTS

The consultants conferred on a regular basis with the editorial staff and reviewed all the chapters of the Level 3 textbook.

Dorothea Bruschke
Parkway School District
Chesterfield, MO

Diane E. Laumer
San Marcos High School
San Marcos, TX

Phyllis Manning
Vancouver, WA

Ingeborg R. McCoy
Southwest Texas State University
San Marcos, TX

REVIEWERS

The following educators reviewed one or more chapters of the *Pupil's Edition.*

Nancy Butt
Washington and Lee High School
Arlington, Va

Joan Gosenheimer
Franklin High School
Franklin, WI

Carol Masters
Edison High School
Tulsa, OK

Linnea Maulding
Fife High School
Janesville, WI

Mike Miller
Cheyenne Mountain Junior High
Colorado Springs, CO

Doug Mills
Greensburg Central Catholic High School
Greensburg, PA

Rolf Schwägermann
Stuyvesant High School
New York, NY

Linda Wiencken
The Austin Waldorf School
Austin, TX

Scott Williams
The University of Texas at Austin
Austin, TX

Jim Witt
Grand Junction High School
Grand Junction, CO

FIELD TEST PARTICIPANTS

We express our appreciation to the teachers and students who participated in the field test. Their comments were instrumental in the development of the entire **Komm mit!** program.

Eva-Marie Adolphi
Indian Hills Middle School
Sandy, UT

Connie Allison
MacArthur High School
Lawton, OK

Dennis Bergren
West High School
Madison, WI

Linda Brummett
Redmond High School
Redmond, WA

M. Beatrice Brusstar
Lincoln Northeast High School
Lincoln, NE

Jane Bungartz
Southwest High School
Fort Worth, TX

Devora D. Diller
Lovejoy High School
Lovejoy, GA

Margaret Draheim
Wilson Junior High School
Appleton, WI

Kay DuBois
Kennewick High School
Kennewick, WA

Elfriede A. Gabbert
Capital High School
Boise, ID

Petra A. Hansen
Redmond High School
Redmond, WA

Christa Hary
Brien McMahon High School
Norwalk, CT

Ingrid S. Kinner
Weaver Education Center
Greensboro, NC

Diane E. Laumer
San Marcos High School
San Marcos, TX

J. Lewinsohn
Redmond High School
Redmond, WA

Linnea Maulding
Fife High School
Tacoma, WA

Judith A. Nimtz
Central High School
West Allis, WI

Jane Reinkordt
Lincoln Southeast High School
Lincoln, NE

Elizabeth A. Smith
Plano Senior High School
Plano, TX

Elizabeth L. Webb
Sandy Creek High School
Tyrone, GA

ACKNOWLEDGMENTS

We are very grateful to the German students who participated in our program and are pictured in this textbook. We wish to express our thanks also to the parents who allowed us to photograph these young people in their homes and in other places. There are many teachers, school administrators, and merchants whose cooperation and patience made an enormous difference in the quality of these pages; we are grateful to them as well.

YOUNG PEOPLE

Sonja Aßfalg, Monika Baumgartner, Markus Benck, Michael Drik, Stephan Edinger, Ulrika Engler, Michael Gipp, Isabel Hirt, Ralf Ibisch, Aileen Israel, Sandra Junghans, Michaela Kreutzer, Thomas Lutz, Anja Mayer, Thomas Mayer, Heiko Müller, Frieder Nollau, Kerstin Peuchof, Julia Pfaffenbichler, Christian Schmid, Michael Schneider, Katharine Sibeck, Philipp Tecklenburg, Stefan Voges, Juliane von Loesch, Victoria von Mutius, Michael Wagner, Stephan Wagner, Tanja Walloschke, Michaele Weber, Oliver Weisenseel, Sonja Zenner

TEACHERS AND FAMILIES

Eduard and Cordula Böhm, Fritz and Marianne Brunner, Burkhart and Edeltraut Ehrlich, Herr Passon, Karl-Heinz and Gisela Simon

SCHOOLS

Einstein-Gymnasium, München; Ellenthal-Gymnasium, Bietigheim-Bissingen; Markgräfler-Gymnasium, Müllheim

Contents

Komm mit!

Come along—to a world of new experiences!

Komm mit! offers you the opportunity to learn the language spoken by millions of people in several European countries and around the world. Let's find out more about these people and their culture.

Komm mit in
die neuen
*B*undesländer!

LOCATION FOR KAPITEL 1, 2, 3 1

VISIT THE NEW STATES
OF GERMANY AND —

Find out where Germans spend
their vacations • KAPITEL 1

Make plans to stay at a
youth hostel • KAPITEL 2

Discuss what makes you feel
good about yourself • KAPITEL 3

KAPITEL 1
WIEDERHOLUNGSKAPITEL

Das Land am Meer 4

Komm mit nach
*W*ürzburg!

VISIT WÜRZBURG, ONE OF GERMANY'S
OLDEST CITIES AND —

Discuss relationships with friends
and family • KAPITEL 4

Find out about rights and obligations of
young Germans • KAPITEL 5

Talk about the media and learn about a
student newspaper • KAPITEL 6

KAPITEL 4

Verhältnis zu anderen *80*

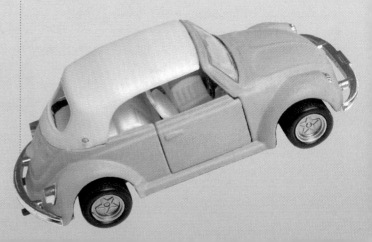

Komm mit nach
*F*rankfurt!

LOCATION FOR KAPITEL 7, 8, 9....152

VISIT FRANKFURT, GERMANY'S
FINANCIAL CENTER, AND —

Talk about advertising in Germany • KAPITEL 7

Discuss environmental issues • KAPITEL 8

Find out about stereotypes and clichés • KAPITEL 9

KAPITEL 7
Ohne Reklame geht es nicht! 156

Komm mit nach
Dresden!

VISIT DRESDEN, THE CAPITAL
OF SAXONY, AND —

Find out what students do for
cultural entertainment • KAPITEL 10

Discuss educational plans
for the future • KAPITEL 11

Discuss your responsibility for
planning your life • KAPITEL 12

KAPITEL 10

Die Kunst zu leben *232*

CULTURAL REFERENCES

Komm mit in die neuen Bundesländer!

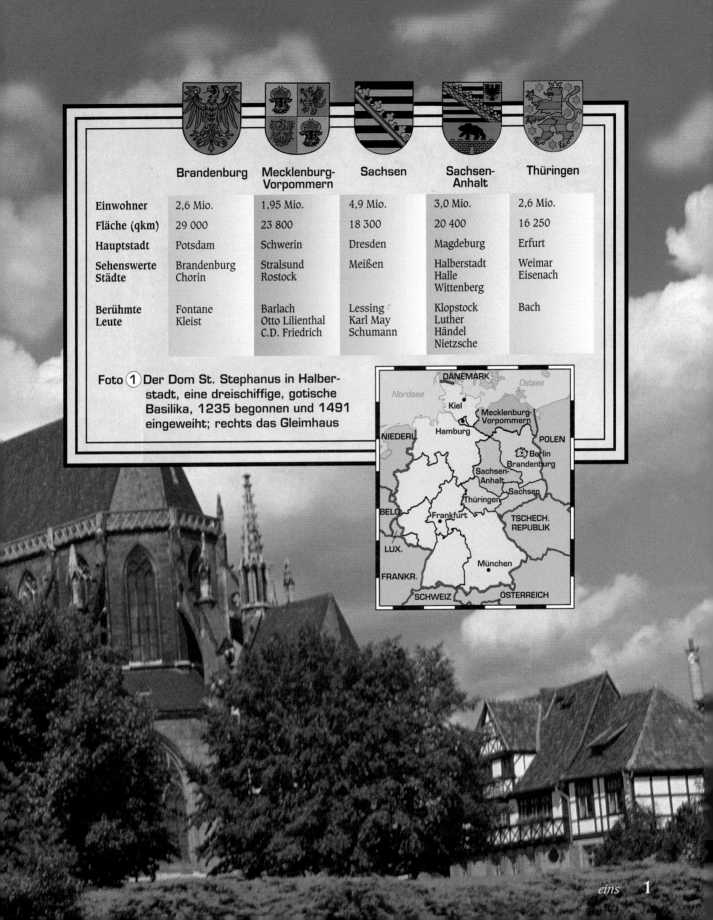

	Brandenburg	Mecklenburg-Vorpommern	Sachsen	Sachsen-Anhalt	Thüringen
Einwohner	2,6 Mio.	1,95 Mio.	4,9 Mio.	3,0 Mio.	2,6 Mio.
Fläche (qkm)	29 000	23 800	18 300	20 400	16 250
Hauptstadt	Potsdam	Schwerin	Dresden	Magdeburg	Erfurt
Sehenswerte Städte	Brandenburg Chorin	Stralsund Rostock	Meißen	Halberstadt Halle Wittenberg	Weimar Eisenach
Berühmte Leute	Fontane Kleist	Barlach Otto Lilienthal C.D. Friedrich	Lessing Karl May Schumann	Klopstock Luther Händel Nietzsche	Bach

Foto ① Der Dom St. Stephanus in Halber-
stadt, eine dreischiffige, gotische
Basilika, 1235 begonnen und 1491
eingeweiht; rechts das Gleimhaus

Jahrelang war es fast unmöglich, die deutschen Kulturstätten in der ehemaligen DDR zu besuchen: sie lagen hinter Stacheldraht in einem anderen Land, dessen Grenze nur wenige überschreiten konnten. Seit Mitte November 1989, seit dem Fall der Mauer, ist es wieder möglich, die Schätze deutscher Kultur zu besuchen, zu bewundern. Leider wurde manches im Krieg zerstört, manches blieb erhalten und manches wurde auch restauriert. Das meiste aber ist in Zerfall geraten, und es wird einige Jahre dauern, bis diese Stätten wieder in alter Pracht erglänzen.

② Die Wartburg in Eisenach spiegelt 800 Jahre deutscher Kultur wider. Hier soll im Mittelalter der legendäre Sängerwettstreit stattgefunden haben, dem Richard Wagner im „Tannhäuser" ein musikalisches Denkmal gesetzt hat. In den Jahren 1521/22 hat hier Martin Luther als Junker Jörg das Neue Testament übersetzt und damit den Grundstein zur deutschen Schriftsprache gelegt.

③ Das Bachhaus in Eisenach, in dem einer der größten deutschen Komponisten, Johann Sebastian Bach, 1685 geboren wurde, ist heute ein Museum.

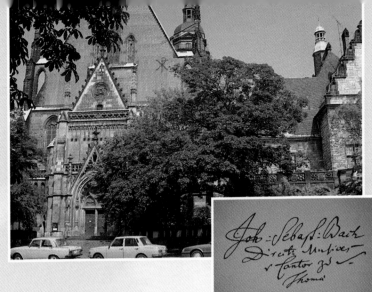

④ Die berühmte Stadt Leipzig, einst Zentrum des deutschen Buchhandels, war und ist eine deutsche Musikstadt: das Gewandhausorchester, der Thomaschor und die Hochschule für Musik sind hier zu Hause. In der berühmten Thomaskirche war J.S. Bach von 1723 bis zu seinem Tod 1750 Kantor der Kirche. Hier schrieb Bach die meisten seiner Werke. Seit 1950 ist die Thomaskirche auch Bachs Ruhestätte.

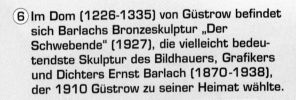

⑤ Weimar ist als „Stadt der deutschen Klassik" weltweit bekannt. Luther, Cranach und Bach wirkten hier. Im 18. Jahrhundert begann mit den großen deutschen Dichtern Wieland, Goethe, Herder und Schiller die bedeutendste Epoche Weimars. Im Stadtschloß befindet sich eine ständige Kunstausstellung, insbesondere die Cranach-Galerie mit 28 Bildern von Lucas Cranach d. Ä., sowie Gemälde von Dürer, Veronese, Tiepolo, Tintoretto, u.a.

⑥ Im Dom (1226-1335) von Güstrow befindet sich Barlachs Bronzeskulptur „Der Schwebende" (1927), die vielleicht bedeutendste Skulptur des Bildhauers, Grafikers und Dichters Ernst Barlach (1870-1938), der 1910 Güstrow zu seiner Heimat wählte.

1

Das Land am Meer

① Du, wir sind die Ostseeküste entlang geradelt. Prima war's!

Wenn Schulfreunde sich nach den Sommerferien treffen, gibt es immer viel zu erzählen. Wo warst du und wie war's? Was hast du dort gemacht? Was ist alles passiert?

In this chapter you will review and practice

- reporting past events; asking how someone liked something; expressing enthusiasm or disappointment; responding enthusiastically or sympathetically
- asking and telling what you may or may not do; asking for information; inquiring about someone's health and responding; asking about and expressing pain; expressing hope

And you will

- listen to students talk about where they spent their vacations and what they did
- read about vacation spots in the new states of Germany that are once again accessible to everyone
- write about where you were during summer vacation and what you did
- find out about historic areas in the new states of Germany

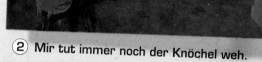
② Mir tut immer noch der Knöchel weh.

③ Wie hat dir denn die Insel Rügen gefallen?

Los geht's!

Zwei Freunde treffen sich

JOHANNES Hallo, Gregor!

GREGOR Hallo, Hannes! Schon lange nicht gesehen!

JOHANNES Stimmt! Ich find's toll, daß du auch mal wieder im Lande bist!

GREGOR Tja, du freust dich, daß ich wieder da bin, und ich find's schade.

JOHANNES Wirklich? Hat es dir auf Rügen so gut gefallen?

GREGOR Es war einsame Spitze! Wirklich Superferien!

JOHANNES Na, das freut mich.

GREGOR Was machst du denn jetzt? Du siehst so nach Arbeit aus.

JOHANNES Ich war gerade im Getränkemarkt, hab' Flaschen zurückgebracht. Bei uns ist heute großer Aufräumetag. Alle sind am Arbeiten. Ich hab' heute schon die Garage aufgeräumt, den Müll sortiert und weggebracht — ja, ich muß arbeiten, und du gehst spazieren.

GREGOR Du, bei uns ist Waschtag — wir müssen die ganze Ferienwäsche waschen. Ich war eben in der Bücherei und hab' unsere Ferienlektüre zurückgebracht. Und vorher war ich einkaufen. Übrigens, im Supermarkt hab' ich die Ulla getroffen. Sie war in Kalifornien; hat ihr echt prima gefallen. Sag, wie war's denn in den Bergen?

JOHANNES Nicht besonders! Da hat's dauernd geregnet. Wir sind kaum gewandert, und ich habe die meiste Zeit im Hallenbad verbracht. Na ja. Was kann man machen?

GREGOR Du, ich muß weiter. Ich muß vor zwölf noch was erledigen. Ich muß auf der Bank Geld wechseln für meine Oma. Sie war in Italien und hat die meisten Lire wieder zurückgebracht. Das kann auch nur die Oma! Sie ist immer sehr sparsam.

JOHANNES Meine aber auch! Ja, also ... du, komm doch mal rüber zu uns! Meine Eltern waren noch nie an der Ostsee, und sie würden sich bestimmt für Rügen interessieren. Bring deine Fotos mit!

GREGOR Mach' ich. Ich bring' auch ein paar Prospekte mit, da können sie sich schon mal etwas aussuchen.

JOHANNES Okay! Also, tschüs!

GREGOR Tschüs!

1 Was passiert hier?

Hast du das Gespräch verstanden? Dann beantworte die Fragen!

1. Wo, glaubst du, treffen sich Johannes und Holger?
2. Warum findet es Johannes toll, daß Gregor wieder da ist?
3. Wo war Gregor? Mit wem war er weg, und wie hat es ihm gefallen?
4. Wo war Johannes? Was erzählt er über seine Ferien?
5. Warum können die beiden Jungen nicht länger miteinander sprechen?
6. Was erzählt Gregor über seine Oma, und warum erzählt er das überhaupt?
7. Warum soll Gregor Johannes besuchen und Prospekte mitbringen?
8. Was haben die beiden Jungen heute schon alles getan?

2 Genauer lesen

Read the text again, then answer these questions.

1. Which phrases express liking something or not?
2. Which ones express enthusiasm and disappointment?

3 Wer war wo?

Sag, wo jede von diesen vier Personen war und warum!

a. Gregor
b. Johannes
c. Ulla
d. Gregors Oma

Italien   Rügen

Getränkemarkt

Berge   Hallenbad

Bücherei

Kalifornien   Supermarkt

Reporting past events; asking how someone liked something; expressing enthusiasm or disappointment; responding enthusiastically or sympathetically

RÜGEN

Die über 750 Jahre alte HANSESTADT STRALSUND liegt, vom Festland kommend, am Anfang und am Ende jeder Rügen-Reise. Der Rügendamm und viele geschichtliche Ereignisse verbinden die 926 km² große Insel mit dem Festland. Eine trutzige Stadtmauer, die prächtigen Giebel jahrhundertealter Kaufmannshäuser, hochhinaufragende Kirchen, das prunkvolle Rathaus am Alten Markt und schöne Klosteranlagen in mittelalterlicher Backsteingotik künden vom einstigen Reichtum der Stadt am Strelasund. Ein Bummel durch die alten Gassen, vorbei an bunten Geschäften der Fußgängerzone, Besuche des Kulturhistorischen Museums, wo der berühmte Hiddensee-Goldschmuck aufbewahrt wird und des Meeresmuseums mit Aquarien sind unvergeßliche Erlebnisse für jung und alt.

SASSNITZ, einst Badeort, später Stadt der Rügenfischer und Fährhafen nach Skandinavien, liegt am Tor zum Nationalpark Jasmund. Entlang der Mole im Fischerhafen riecht's nach Meer, Teer und Fisch. Saßnitz ist Ausgangspunkt für die romantische Tour auf den Spuren Caspar David Friedrichs[1], vorbei an den Wissower Klinken, den Tälern und Schluchten des Stubnitzwaldes bis zum 107m hohen Königsstuhl, dem magischen Anziehungspunkt aller Rügen-Besucher. Jedoch, wer das Auto benutzt, vermag den wahren Reiz dieser Landschaft nur zu ahnen.

Königsstuhl

Stralsunder Rathaus

4 Von Stralsund nach Saßnitz

Lies diesen Bericht über Rügen, und beantworte die Fragen!

1. Wo liegt Rügen, und wie kommt man auf diese Insel?
2. Wie zeigt sich, daß Stralsund im Mittelalter sehr reich war?
3. Was kann man in Stralsund alles sehen?
4. Was für ein Ort ist Saßnitz?
5. Wofür ist Saßnitz bekannt?

1. Caspar David Friedrich wurde 1774 in Greifswald geboren und starb 1840 in Dresden. Er ist der bekannteste Meister der protestantischen-norddeutschen Landschaftsmalerei der Romantik.

SO SAGT MAN DAS!

Schon bekannt

Reporting past events

When asking someone about something in the past, you might ask:

Sag mal, was hast du denn am Sonntag gemacht?

And the response might be:

Du, ich bin mit meiner Fahrradclique in den Bergen gewesen. Wir waren auf dem Wallberg. Dort sind wir gewandert, und ich hab' viel fotografiert. Ach ja, am Abend waren wir noch im Kino.

WORTSCHATZ

letzte	Woche	**gerade**	*just*
letztes		**vor kurzem**	
	Wochenende		*recently*
letzten	Monat	**neulich**	*the*
letztes	Jahr		*other day*

What do the different endings of **letzt-** indicate? Which case are these time expressions in?[1] You may also use **dies-** and **nächst-** in the same way.

5 Hör gut zu!

Schüler erzählen, wann sie Ferien gemacht haben und wo sie waren. Sie sagen auch, warum sie dort Ferien gemacht haben. Schreib ihre Aussagen auf unter den Rubriken (*columns*): Wann? Wo? und Warum?!

6 Wo warst du in den Ferien?

a. Schreib mehrere Ferienorte, die du schon kennst oder von denen du schon gehört hast, auf eine Liste! Dann stell eine kleine Ferienreise zusammen!

b. Such dir jetzt eine Partnerin! Erzähl ihr, wo du in den letzten Ferien überall warst! Gebrauch dabei die Adverbien: zuerst, dann, danach und zuletzt! Tauscht dann die Rollen aus!

7 Wo übernachtet und eßt ihr gewöhnlich?

a. Schreib auf, wo du gewöhnlich übernachtest und ißt, wenn du mit deinen Eltern unterwegs bist!

b. Sprich dann mit deinem Partner darüber! Gib auch Gründe dafür an!

BEISPIEL   DU   **Wo übernachtet ihr gewöhnlich, wenn ihr unterwegs seid?**

PARTNER   **Wir übernachten gewöhnlich in einem Motel, weil es nicht so teuer ist.**

---

1. In German, definite time expressions involving nouns are always in the accusative case.

Schon bekannt
Ein wenig *Grammatik*

Read this paragraph:

> **Zuerst habe ich den Rasen gemäht. Dann habe ich meiner Mutter im Haus geholfen — ich habe für sie die Küchenfenster geputzt. Danach bin ich zum Bäcker gegangen und hab' ein paar Brötchen gekauft. Am Nachmittag bin ich noch im Schwimmbad gewesen, und am Abend war ich mit meinen Freunden im Kino.**

Which tense is used in this paragraph? Name the verb forms used to express that tense. For more on this point, see the Grammar Summary.

Wo warst du, und was hast du dort erledigt?

Ich war auf der Bank. Ich hab' Geld umgewechselt, Dollar in D-Mark.

Ich war auf der Post. Dort hab' ich telefoniert und eine Rechnung bezahlt.

Ich war im Sportgeschäft Winkler. Da hab' ich eine Jacke umgetauscht, denn sie war zu klein.

Ich war in der Bücherei. Ich hab' Bücher zurückgebracht und einige ausgeliehen.

Ich war im Getränkemarkt. Ich hab' leere Flaschen zurückgebracht und vier Flaschen Limo gekauft.

Ich war im Musikladen. Dort hab' ich mir eine CD bestellt, eine neue CD von den „Prinzen".

8 Hast du zu Hause geholfen?

a. In der letzten Woche hast du bestimmt zu Hause geholfen. Schreib auf, was du alles getan hast und für wen!

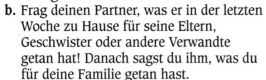
b. Frag deinen Partner, was er in der letzten Woche zu Hause für seine Eltern, Geschwister oder andere Verwandte getan hat! Danach sagst du ihm, was du für deine Familie getan hast.

9 Wie aktiv warst du?

a. Schreib auf, was du in den letzten zwei Tagen alles gemacht hast, um dich körperlich fit zu halten! Schreib mindestens sechs Sätze auf!

b. Erzähl einer Partnerin, was du vorgestern alles gemacht hast! Sie erzählt dir dann, was sie gestern getan hat.

10 Hör gut zu!

Schüler erzählen, was sie in der Stadt gemacht haben. Schau beim Zuhören auf den Stadtplan von Dingskirchen auf Seite 11! Schreib für jeden Schüler zuerst auf, wo er war und danach, beim zweiten Zuhören, was er dort gemacht hat! Vergleiche deine Notizen mit denen deines Partners! Habt ihr beiden wirklich alles verstanden und wißt, was diese Schüler alles gemacht haben? Wenn ihr nicht alles verstanden habt, müßt ihr euch die Übung zusammen noch einmal anhören.

11 Was kann man dort tun?

Bildet drei oder vier kleine Gruppen! Überlegt euch so viele Antworten wie möglich zu folgender Frage: Was kann man alles in den Geschäften und Institutionen tun, die auf dieser Skizze eingezeichnet sind? Ein Schriftführer von jeder Gruppe schreibt die Antworten auf.

BEISPIEL **In einem Buchladen kann man: Bücher kaufen, Bücher bestellen …**

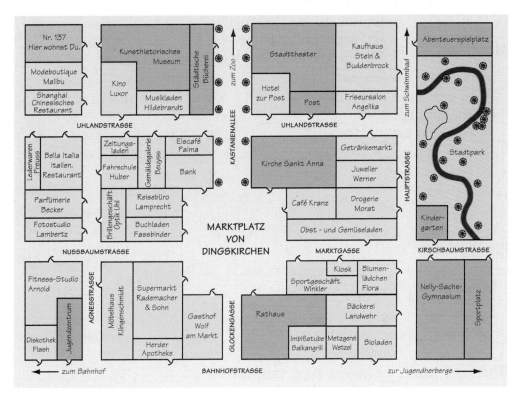

12 Überall in Dingskirchen

Frag deinen Partner, wo er etwas gemacht hat! Stellt euch abwechselnd diese Fragen!

BEISPIEL   DU   **Wo hast du die Äpfel gekauft?**
PARTNER   **Im Obst- und Gemüseladen in der Nußbaumstraße.**

T-Shirt kaufen	Geburtstag feiern	Nußbaumstraße	Bank (auf der)
Limo kaufen	Taschenrechner kaufen	Brillengeschäft	Stadtpark
CD hören	Geld umwechseln	Supermarkt	Metzgerei
Hackfleisch holen	Lehrer treffen (*meet*)	Schul-Shop	Musikladen
Volleyball spielen	Geld abholen	Restaurant	Getränkemarkt
Brille bekommen	telefonieren	Post (auf der)	Sportgeschäft

13 Wo warst du, und was hast du dort gemacht?

a. Auf dem Weg zur Schule hast du an drei oder vier verschiedenen Stellen gehalten und dir etwas besorgt. Schreib auf, wo du überall warst und was du dort gekauft hast!
b. Auf dem Weg von der Schule nach Hause hast du an drei oder vier verschiedenen Stellen gestoppt, um etwas zu erledigen. Schreib auf, wo du warst und was du dort erledigt hast!
c. Lies deinem Partner vor, was du aufgeschrieben hast! Wenn er auch dort war, wo du warst, muß er es dir sagen. Tauscht dann die Rollen aus!

SO SAGT MAN DAS!

Schon bekannt

Asking how someone liked something; expressing enthusiasm or disappointment; responding enthusiastically or sympathetically

In order to find out how someone liked something or someplace, you might ask:

> Wie hat dir der Film gefallen?
> Hat euch Österreich gefallen?
> Na, wie war's denn? Hat es euch gefallen?

If you liked it, you may say:

> Er war super!
> Mir hat es gefallen.
> Also, uns hat's gut gefallen.

If you didn't like it, you may say:

> Er hat uns überhaupt nicht gefallen.
> Mir hat es nicht gefallen.

The other person may respond enthusiastically or sympathetically:

> Das freut mich!
> Na, super!

> Das tut mir leid.
> Das ist aber schade!

14 Hör gut zu!

Vier Schüler erzählen, wo sie gestern gewesen sind, was sie dort gemacht haben, wie es ihnen gefallen hat und warum oder warum nicht. Übertrag die Tabelle rechts in dein Heft, und trag die Information ein, die du hörst!

wer?	wo?	was?	gefallen?	warum?

15 Was hat euch gefallen und warum?

a. Such dir eine Partnerin! Entscheidet euch (*decide on*) für einen Ort auf dem Stadtplan von Dingskirchen! Überlegt euch, was euch an diesem Platz gefallen oder nicht gefallen hat und warum! Denkt dabei an einen ähnlichen Platz in eurem Heimatort!

b. Schreibt eure Gedanken auf einen Zettel! Ordnet eure Gründe nach: was euch (gut, besonders gut) gefallen hat und was euch nicht (gar nicht, überhaupt nicht) gefallen hat!

c. Danach erzählt einer von euch der ganzen Klasse, wo ihr wart und was euch dort gefallen oder nicht gefallen hat. Der Rest der Klasse macht entsprechende Bemerkungen wie: Das freut uns! oder: Das tut uns aber leid!

Schon bekannt
Ein wenig Grammatik

There are some verbs that are always used with the dative case.

> **Der Urlaub hat meinen Eltern überhaupt nicht gefallen.**
> **Die Ferien haben mir gut gefallen.**

For dative case forms and for verbs that are used with the dative case, see the Grammar Summary.

16 Für mein Notizbuch

Schreib in dein Notizbuch, wann und wo du deine letzten Ferien verbracht hast, was du dort alles gemacht hast und wie dir alles gefallen oder nicht gefallen hat! Vergiß nicht, deine Aussagen zu begründen!

Vacationers very often like to keep a record of what they see and do. Some people take pictures or make videos, some buy postcards, and some record their activities in a journal. In this activity, you will choose an experience you had during your last vacation and write about it as though you were writing in your journal.

Was ich in den Ferien gemacht habe.

Mach eine Liste von allen Erlebnissen, die du in den Ferien gehabt hast! Dann wähl ein oder zwei von den interessantesten (oder lustigsten, traurigsten usw.) Erlebnissen aus, und schreib sie in dein Tagebuch!

A. Vorbereiten

1. Schreib eine Liste von allen Dingen, die du in den Ferien gemacht hast! (Was hast du alles gemacht? Bist du zu Hause geblieben, oder bist du verreist? Wohin bist du gereist? Wer war dabei? Was hast du dort gemacht? Was hast du gesehen? Wo hast du gewohnt? usw.)
2. Wähl jetzt eine oder zwei Ideen von der Liste, um dein Thema zu beschränken! Unterstreiche alle anderen Ideen, die auch mit deinem „Hauptthema" zusammenhängen!
3. Schreib jetzt über dieses Erlebnis! Wenn möglich, verwende auch die Ideen, die du unterstrichen hast — aber denk noch nicht an die Grammatik oder die Wortstellung!

> **SCHREIBTIP**
> **Brainstorming and freewriting**
> Whatever your purpose in writing — whether you are writing an assignment for one of your classes, for the school paper, or for yourself, as in your journal — you will write more effectively if you develop an idea of what you want to write about, then focus on that idea. A good way to develop ideas is to brainstorm and freewrite, writing down everything that comes to mind without worrying about grammar or sequencing. Once you have several ideas, narrow your focus to the one or two ideas that really convey what you want to say.

B. Ausführen

Verwende jetzt deine Liste und deinen frei geschriebenen Text, um eine geordnete und logische Tagebucheintragung zu schreiben! Vergiß nicht, das Datum zu notieren!

C. Überarbeiten

1. Lies deine Eintragung durch, und vergleiche sie mit dem frei geschriebenen Text und mit der Liste! Hast du alles geschrieben, was du schreiben wolltest, oder hast du etwas in der endgültigen Version ausgelassen? Wenn ja, trag diese Ideen jetzt ein!
2. Wie sieht dein Text jetzt aus? Hast du die Ideen logisch geordnet? Hast du dein Erlebnis ausführlich beschrieben, oder hast du nur eine Liste von Erlebnissen gemacht?
3. Lies die Eintragung noch einmal durch, und denk diesmal auch an Grammatik und Wortstellung! Hast du alles richtig geschrieben? Hast du die Zeitformen beachtet? Hast du die richtigen Fälle (Akkusativ oder Dativ) mit den richtigen Präpositionen verwendet?
4. Schreib jetzt den korrigierten Text noch einmal in dein Tagebuch ab!

Weiter geht's!

Gregor besucht Johannes

JOHANNES Hallo, Gregor! Prima, daß du uns besuchen kommst!

GREGOR Ich hab's dir doch versprochen, und versprochen ist versprochen!

JOHANNES Komm rein und setz dich! Meine Eltern kommen auch bald, und dann gibt's Kaffee und Kuchen. Sag, magst du etwas trinken? Oder möchtest du Obst? Du, wir haben ganz süße Erdbeeren aus unserem Schrebergarten — mit Sahne, ja? Lecker!

GREGOR Kann schon sein, aber ich darf das nicht essen. Ich bin nämlich allergisch gegen Erdbeeren.

JOHANNES Wirklich? Das hab' ich nicht gewußt. Tut mir leid.

GREGOR Du kannst wohl alles essen, ja?

JOHANNES Sicher! Ich hab' keine Allergien. Nur mag ich eben vieles nicht; ich mag zum Beispiel keinen Fisch.

GREGOR Und warum nicht?

JOHANNES Schmeckt mir einfach nicht.

GREGOR Dann ißt du wohl viel Fleisch, ja?

JOHANNES Nicht unbedingt. Wir essen viel Obst und Gemüse, Teigwaren, ja und, wie gesagt, auch Fleisch, Huhn und so.

GREGOR Weil du grad Teigwaren erwähnst: was ich gern mag, ist ein Gericht ... na ja, wie heißt es denn schnell ... hat was mit Salzburg zu tun.

JOHANNES Ach ja! Du meinst Salzburger Nockerln, ja?

GREGOR Genau! Ess' ich unwahrscheinlich gern.

JOHANNES Hab' ich auch ein paarmal in den Ferien gegessen. Wir waren ja gar nicht weit von Salzburg entfernt.

GREGOR Ja, erzähl doch mal was über deine Ferien!

JOHANNES Du, da gibt's nicht viel zu erzählen. Ich hab' dir ja schon gesagt, es hat fast nur geregnet. Wir sind kaum gewandert, und trotzdem hab' ich mir auf so einer kleinen Wanderung den Knöchel verstaucht.

GREGOR So ein Pech! Geht's dem Knöchel wieder besser?

JOHANNES Klar, es geht wieder. Ich muß nur noch ein bißchen vorsichtig sein.

GREGOR Übrigens, hier hab' ich ein paar Rügen-Prospekte für deine Eltern.

JOHANNES Prima! Sie werden sich bestimmt darüber freuen. — Ja, da kommen sie auch schon. Ich höre unser Auto!

17 Was passiert hier?

Hast du das Gespräch verstanden? Beantworte die folgenden Fragen!

1. Warum besucht Gregor den Johannes?
2. Was bietet Johannes seinem Freund an? Warum wohl?
3. Wie reagiert Gregor darauf? Was sagt er?
4. Was mag Johannes nicht essen? Was ißt er meistens?
5. Was für ein Gericht erwähnt Gregor, und warum erwähnt er es?
6. Kennt Johannes das Gericht? Woher?
7. Wie waren Johannes' Ferien? Was sagt er darüber?
8. Was ist dem Johannes passiert? Wie geht's ihm jetzt?
9. Was hat Gregor mitgebracht? Warum?

18 Genauer lesen

Lies das Gespräch noch einmal, und beantworte diese Fragen auf deutsch!

1. Which phrases are used to ask and tell what you may or may not do?
2. Which phrases express concern about someone's health or are responses to such concern?

19 Wie steht's mit dir?

Beantworte diese Fragen!

1. Welche Gerichte magst du und welche nicht?
2. Was darfst du nicht essen? Warum nicht?
3. Was hast du dir schon einmal verletzt, und wie ist es passiert?

Asking and telling what you may or may not do; asking for information; inquiring about someone's health and responding; asking about and expressing pain; expressing hope

20 Gesund essen? Gesund leben?

Lies die Leserbriefe an die Jugendzeitschrift „Girl!", und beantworte danach die folgenden Fragen!

1. Welche Schüler sind für Tierprodukte oder für Pflanzenprodukte?
2. Welche Tierprodukte und welche Pflanzenprodukte erwähnen die Mädchen?
3. Mit welchem Satz drückt jedes Mädchen ihre Meinung am besten aus?
4. Mit welcher Schülerin kannst du dich identifizieren? Warum?

Fit ohne Fleisch

Im Urlaub in Italien habe ich gemerkt, daß es auch ohne Fleisch geht. Seit einigen Wochen lebe ich nun schon vegetarisch. Am Anfang hatte ich noch unangenehme Hungergefühle, doch die habe ich mit der Zeit besiegt. Übrigens: Kennt Ihr schon den Anti-Fleisch-Burger? Das Rezept: Ein Vollkornbrötchen aufschneiden, beide Hälften mit Naturjoghurt bestreichen, dazwischen Salatblätter, eine Scheibe Käse, Gurken, Tomaten, Zwiebelringe, Paprika und Möhren packen. Ich sage Euch: ein Genuß!

Vanessa, Bielefeld

Wer weiß denn eigentlich genau, ob Vegetarier wirklich so viel gesünder leben als Fleischesser? Was, bitte schön, ist denn alles an Pflanzenschutzmitteln in unserem Gemüse drin? Oder denkt doch mal an den jüngsten Skandal mit den Tees, wo Unmengen von Schwermetallen und Pflanzenschutzmitteln drin gefunden wurden. An alle Vegetarier: Macht mal halblang!

Susi, München

An alle Veganer: Ihr könnt ruhig Honig essen, da er kein Tierprodukt ist. Die Bienen nehmen bei seiner Herstellung keinen Schaden, es ist sogar ihre Lebensaufgabe. Brot ist ja auch kein Menschenprodukt, nur weil ein Bäcker es herstellt, sondern ein Pflanzenprodukt.

Melanie, Dielheim-Balzfeld

Wir sind der Meinung, daß Nahrung, sorgfältig ausgesucht (nur ein- bis zweimal die Woche Schweinefleisch), die vernünftigste Form ist, sich zu ernähren. Als Voll-Vegetarier zu leben, würde für uns eine Einschränkung des alltäglichen Lebens bedeuten. Davon haben wir eigentlich schon genug (Eltern, Schule, Gesetze etc.). Wenn man alles zu negativ sieht, vermiest man sich das Leben. Da kann man ja gleich Schluß machen.

Simone und Michaela, Eisenberg

Was für Produkte essen wir?

Pflanzenprodukte

Zwiebeln

Paprika

Rosenkohl

Tierprodukte

Rippchen

Speck

Schweinefleisch

Mais

Spargel

Wassermelone

Innereien

Leber

Reh- und Hasenfleisch

Welche anderen Pflanzenprodukte kennst du? Welche anderen Tierprodukte? Welche Produkte ißt du gern oder überhaupt nicht gern? Warum?

21 Hör gut zu!

Drei Schüler sprechen über ihre Eßgewohnheiten. Was mag jeder und was nicht? Wer darf etwas überhaupt nicht essen und warum nicht? Mach eine Tabelle mit diesen Kategorien: Wer? Mag was? Mag was nicht? Darf das nicht essen! Warum nicht? Schreib in die Tabelle die Information, die du hörst!

SO SAGT MAN DAS!

Schon bekannt

Asking and telling what you may or may not do

When asking someone what he or she may or may not do, you might ask:

Was darfst du essen und trinken?
Darfst du alles essen?
Was darfst du nicht essen?
Was darfst du nicht tun?

And the answer may be:

Gemüse, Obst ... und so.
Na klar!
Ich darf keine Rosinen essen.
Joggen darf ich jetzt nicht und auch nicht Tennis spielen.

When inquiring about the reason, you might ask:

Warum darfst du keine Rosinen essen?
Warum darfst du nicht joggen?

And the answer might be:

Weil ich allergisch gegen Rosinen bin.
Weil ich mir den Knöchel verstaucht habe.

22 Was darfst du essen und was nicht?

Such dir einen Partner! Frag ihn, was er nicht gern ißt oder trinkt, und ob es etwas gibt, was er nicht essen oder trinken darf! Warum oder warum nicht? Tauscht dann die Rollen aus!

SO SAGT MAN DAS!

Schon bekannt

Asking for information

You know many different ways to ask for information. For instance:

Sag mal, wie heißt dieses Gemüse?
Welche Suppe magst du?
Welchen Salat ißt du gern?

And you know many different ways to respond. You might answer:

Das ist doch Spinat!
Ich mag Nudelsuppe.
Thunfischsalat.

23 Was nimmst du?

Frag den Jens, deinen deutschen Gastbruder, welches von zwei Gerichten er mag! Er weiß es noch nicht und fragt dich, was du nimmst. Du sagst es ihm und auch, warum du dieses Gericht nimmst. Such dir einen Partner für die Rolle von Jens!

BEISPIEL

DU   **Nun, Jens, magst du diese(n) ... oder diese(n) ...?**

JENS   **Ich weiß nicht. Welche Suppe nimmst du?**

DU   **Also, ich nehme diese ...**

Schon bekannt
Ein wenig *G*rammatik

For the forms of **dieser** and **welcher** see the Grammar Summary.

Nudelsuppe
Hähnchen
Speck
Bratkartoffeln
Nudeln
Rosenkohl
Tomatensalat
Äpfel

Gemüsesuppe
Fisch
Leber
Salzkartoffeln
Reis
Mais
Gurkensalat
Trauben

WORTSCHATZ

Was hast du alles auf dem Brot?

Ich habe es zuerst mit Naturjoghurt bestrichen.

Darauf kommt ein Blatt Salat

und dann eine Scheibe Tomate

saure Gurken

oder
ißt du
vielleicht
lieber ...

Radieschen

oder

Erdnußbutter

oder

Thunfischsalat

24 Hör gut zu!

Vier Schüler erzählen, was sie auf ihrem Brot haben. Wer von diesen vier ißt viel Fleisch und Wurst? Wer ist wohl Vegetarier? Wer ißt sowohl Tierprodukte als auch Pflanzenprodukte?

25 Was für ein tolles belegtes Brot!

Bildet Gruppen zu sechs oder acht Schülern! Einer fängt an und sagt, was er auf seinem Brot hat. Der nächste wiederholt das und gibt etwas anderes dazu, bis alle etwas gesagt haben und euer belegtes Brot fertig ist. (Kann und will man das auch wirklich essen?)

WORTSCHATZ

Was ist passiert? Hast du dir weh getan?

Ich hab' mich verletzt, bin vom Rad gefallen.

Ich bin ausgerutscht und hingefallen. Ich hab mich aber nicht verletzt.

Ich hab' mich verbrannt, hab' mir die Hand verbrannt.

Ich hatte einen Unfall, einen kleinen Autounfall.

Was hast du dir verletzt? — Ich hab' mir ... verletzt.

die Kniescheibe

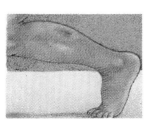

die Wade

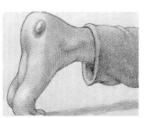

die Ferse

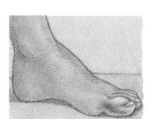

die Zehe

den Ellbogen

das Handgelenk

den Daumen

den Fingernagel

Was für andere Körperteile kann man sich verletzen? Wann hast du dir das letzte Mal weh getan? Was ist passiert? Wobei hast du dich verletzt?

beim Fußballspielen?   beim Radfahren?
beim Tennisspielen?   beim Joggen?

Und dann noch ...

Was hast du dir schon mal gebrochen?
den Kiefer   das Schlüsselbein
das Schulterblatt   eine Rippe

ZWEITE STUFE

neunzehn **19**

SO SAGT MAN DAS!

Schon bekannt

Inquiring about someone's health and responding; asking about and expressing pain

To inquire about someone's health, you might ask:

> **Wie fühlst du dich?**
> **Was fehlt dir?**

And the response might be:

> **Ich fühl' mich überhaupt nicht wohl.**
> **Mir fehlt nichts.**

To inquire about pain someone may be suffering, you might ask:

> **Tut dir etwas weh?**
> **Was tut dir weh?**

The response might be:

> **Ja, der Arm tut mir weh.**
> **Mir tut der Hals weh.**

26 Hör gut zu!

Es war ein ganz tolles Fußballspiel. Aber das Spiel war hart, und viele Spieler haben sich dabei verletzt. — Hör zu, wie jeder Spieler über seine Verletzung spricht, und identifiziere jeden Spieler an seiner Verletzung!

SO SAGT MAN DAS!

Schon bekannt

Expressing hope

To express hope, you might say:

> **Ich hoffe, daß es dir bald wieder besser geht.**
> **Hoffentlich hast du dir nicht den Fuß gebrochen.**

27 Was ist los mit euch?

Jeder von euch denkt sich eine Verletzung aus. Drückt diese Verletzung durch Gestik (*gestures*) und Mimik (*mime*) aus! — Fragt euch dann gegenseitig, was ihr euch verletzt habt, was passiert ist und wie, und ob es weh tut! Am Ende muß jeder die Hoffnung ausdrücken, daß es dem verletzten Schüler oder der verletzten Schülerin bald wieder besser geht.

Schon bekannt
Ein wenig *Grammatik*

Look at the following sentences:

> **Ich hab' mich verletzt. Ich hab' mir die Hand verletzt.**

How are the object pronouns different, and why? For the reflexive pronouns, see the Grammar Summary.

28 Eine Entschuldigung schreiben

Du bist Gastschüler an einem deutschen Gymnasium. Du hast dich am Wochenende verletzt und konntest deshalb am Montag nicht in die Schule gehen. Schreib eine Entschuldigung! Schreib, was du dir verletzt hast und wie es passiert ist! Deine Gasteltern unterschreiben die Entschuldigung, und du gibst sie in der Schule ab.

29 Was ist mit dir?

a. Such dir eine Partnerin! Sucht euch zwei von diesen Illustrationen aus, und erfindet ein Gespräch, das zwischen den zwei Leuten in beiden Bildern stattfindet!

b. Führt anschließend das Gespräch der Klasse vor! Eure Mitschüler müssen raten, welche Illustrationen ihr vorführt.

a.   b.   c.   d.

e.   f.   g.   h.

30

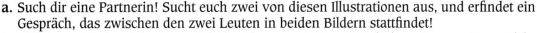

ROLLENSPIEL

Bereite eins von diesen beiden Rollenspielen mit zwei anderen Schülern vor!

a. Dein Klassenkamerad und du, ihr macht zweimal im Monat Sozialarbeit, das heißt, ihr geht gewöhnlich für eine kranke Person einkaufen und erledigt auch andere Botengänge (*errands*). Der dritte Partner spielt die kranke Person, die eine Liste vorbereitet, auf der mindestens sechs Dinge stehen, die ihr erledigen müßt. Ihr besprecht diese Liste mit der kranken Person und einigt euch auf die Route, die ihr nehmen wollt, um alles zu erledigen. Verwende dabei den Plan von Dingskirchen auf Seite 11!

b. Uli, der am Wochenende eine Bergtour machen wollte, ist am Montag nicht in die Schule gekommen. Am Nachmittag gehst du ihn mit einem Klassenkameraden besuchen. Er sieht schlecht aus und scheint sogar Schmerzen zu haben. Ihr fragt ihn, wie die Bergtour war. Uli erzählt euch dann, was passiert ist und was ihm fehlt.

Währungen und Geld wechseln

A. 1. No matter where you live in Europe, you're always just a short drive away from another country, and usually more than one. Find Europe on a world map and compare it to other continents. How large is it compared to the United States? Actually, continental Europe west of the former USSR is less than half the size of the United States, but within this area you'll find 32 different countries and almost as many languages and currencies.

The **Europäische Union (EU)** is an organization that promotes social, economic, and political unity among several European countries. Can you name the European countries that currently belong to the EU? In addition to other goals, the European Union plans to introduce among its member countries a single currency, called the ECU (pronounced ekü), by the year 1999.

EUROPÄISCHE WÄHRUNGEN

LAND	NAME DER WÄHRUNG
Deutschland	(der) Franken, Franken
Österreich	(die) Peseta, Peseten
Schweiz	(das) Pfund, Pfund
Frankreich	(der) Schilling, Schilling
Spanien	(die) Krone, Kronen
Italien	(der) Rubel, Rubel
Großbritannien	(der) Forint, Forints
Niederlande	(die) Deutsche Mark, Mark
Griechenland	(der) Gulden, Gulden
Rußland	(der) Zloty, Zlotys
Polen	(die) Drachme, Drachmen
Ungarn	(die) Lira, Lire
Tschechische Republik	(der) Franc, Francs

AA131

2. Schau die Liste der verschiedenen Währungen Europas an! Suche zuerst die Länder auf einer Landkarte Europas heraus! Nenne für jedes Land die richtige Währung!

B. Europeans visiting other countries usually exchange some money at their bank before leaving home. German banks will change money into almost any popular currency. You can also change money at border crossings and, of course, at banks in the country you are visiting.

At every bank in Europe you'll find tables similar to this one. What kind of information does it provide? For how long is this information valid? (Think about what you learned in *Komm mit!*, *Level I*, about exchanging money.)

C. Was ist los?

Lies die folgenden zwei Texte! Welches Problem wird in jeder Situation beschrieben?

1. Du wohnst als Austauschschüler(in) in Kiel. Deine Eltern schicken dir jeden Monat 50 Dollar. Mit diesem Geld willst du eine Stereoanlage für 300 DM kaufen. Vor vier Monaten hast du gesehen, daß der Wechselkurs 1,50 DM pro Dollar war. Du hast schon 200 Dollar gespart. Heute gehst du mit deinem Geld zur Bank. Du willst die Dollars in D-Mark umtauschen. Der Bankangestellte gibt dir aber nicht genug D-Mark, um die Anlage kaufen zu können! Was ist los?

2. Du hast dich ganz spontan entschieden, mit deiner Schulklasse eine Reise nach Italien zu machen. Du hast deine Tasche gepackt und einen Hundertmarkschein geholt und bist am späten Nachmittag mit dem Zug nach Italien gefahren. Am nächsten Morgen hält der Zug in einer kleinen italienischen Stadt. Du steigst aus, um dir am Bahnhof eine Tasse Tee zu kaufen. Die Verkäuferin sagt (auf italienisch, natürlich) „2 000 Lire, bitte". Du denkst dir „Ach, nein!" Was hast du vergessen?

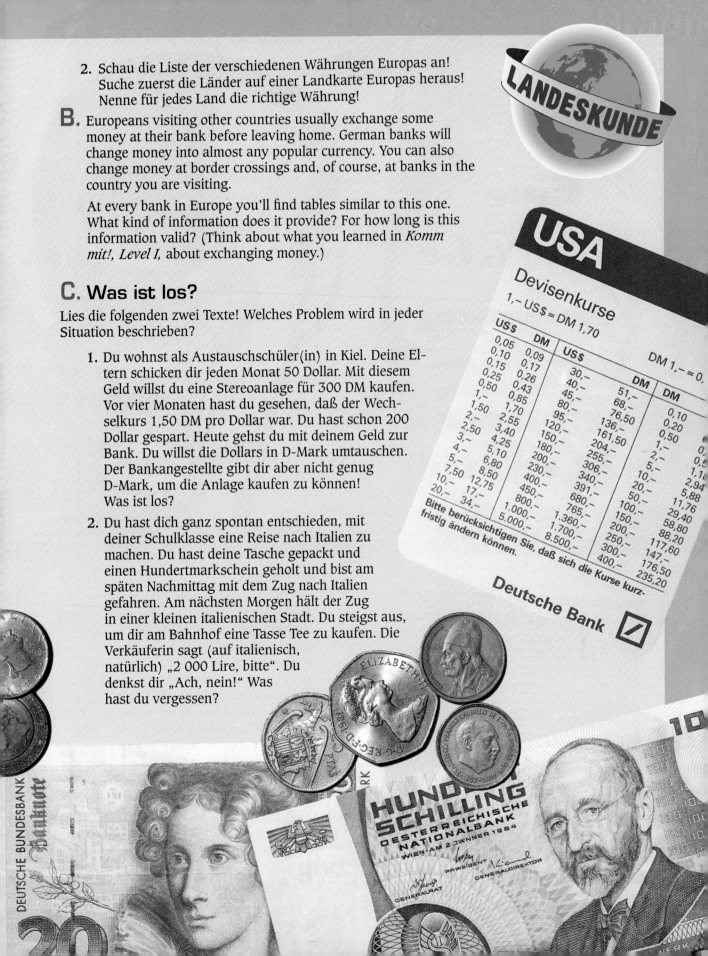

USA

Devisenkurse
1,– US$ = DM 1,70

US$	DM	US$		DM 1,– = 0,...
0,05	0,09			
0,10	0,17	30,–	DM	DM
0,15	0,26	40,–		
0,25	0,43	45,–	51,–	0,10
0,50	0,85	80,–	68,–	0,20
1,–	1,70	95,–	76,50	0,50
1,50	2,55	120,–	136,–	1,–
2,–	3,40	150,–	161,50	2,–
2,50	4,25	180,–	204,–	5,–
3,–	5,10	200,–	255,–	10,–
4,–	6,80	230,–	306,–	20,–
5,–	8,50	400,–	340,–	50,–
7,50	12,75	450,–	391,–	100,–
10,–	17,–	800,–	680,–	150,–
20,–	34,–	1.000,–	765,–	200,–
		5.000,–	1.360,–	250,–
			1.700,–	400,–
			8.500,–	

Bitte berücksichtigen Sie, daß sich die Kurse kurzfristig ändern können.

Deutsche Bank

Eine alltägliche Verwirrung von Franz Kafka

„Selbstporträt" von Karl Schmidt-Rottluff

LESETRICK

Using time lines for comprehension You don't need to know the exact meaning of every word to figure out what a story is about. By first taking a moment to discover how a story is organized you can make up for not knowing every word. Try to organize a text around a single guiding principle. For example, a narrative usually contains many words that indicate the sequence of events. You can use those words to construct a time line and better understand the flow of the story.

Getting Started

1. Read the title of this selection. If **Alltag** means *everyday life* or *routine,* what kind of confusion is Kafka writing about?
2. Skim the story once. Scan for occurrences of the letters **A, B,** and **H.** Using context, try to determine what each letter represents. Why do you think the writer uses letters?
3. Read the first paragraph again. Who are the main characters? What is the setting? What happens in this paragraph? Why?
4. Reread the first paragraph and continue reading to the end of the story. Try to summarize the story in two or three sentences.

A Closer Look

5. Together with your partner, scan the story for any words that establish the sequence of events. Draw a time line of events that indicates time and place for both characters A

Ein alltäglicher Vorfall: sein Ertragen eine alltägliche Verwirrung. A hat mit B aus H ein wichtiges Geschäft abzuschließen. Er geht zur Vorbesprechung nach H, legt den Hin- und Herweg in je zehn Minuten zurück und rühmt sich zu Hause dieser besonderen Schnelligkeit. Am nächsten Tag geht er wieder nach H, diesmal zum endgültigen Geschäftsabschluß. Da dieser voraussichtlich mehrere Stunden erfordern wird, geht A sehr früh morgens fort. Obwohl aber alle Nebenumstände, wenigstens nach A's Meinung, völlig die gleichen sind wie am Vortag, braucht er diesmal zum Weg nach H zehn Stunden. Als er dort ermüdet abends ankommt, sagt man ihm, daß B, ärgerlich wegen A's Ausbleiben, vor einer halben Stunde zu A in sein Dorf gegangen sei und sie sich eigentlich unterwegs hätten treffen müssen. Man rät A zu warten. A aber, in Angst wegen des Geschäftes, macht sich sofort auf und eilt nach Hause.

Diesmal legt er den Weg, ohne besonders darauf zu achten, geradezu in einem Augenblick zurück. Zu Hause erfährt er, B sei doch schon gleich früh gekommen — gleich nach dem Weggang A's; ja, er habe A im Haustor getroffen, ihn an das Geschäft erinnert, aber A habe gesagt, er hätte jetzt keine Zeit, er müsse jetzt eilig fort.

Trotz diesem unverständlichen Verhalten A's sei aber B doch hier geblieben, um auf A zu warten. Er habe zwar schon oft gefragt, ob A nicht schon wieder zurück sei, befinde sich aber noch oben in A's Zimmer. Glücklich darüber, B jetzt noch zu sprechen und ihm alles erklären zu können, läuft A die Treppe hinauf. Schon ist er fast oben, da stolpert er, erleidet eine Sehnenzerrung und fast ohnmächtig vor Schmerz, unfähig sogar zu schreien, nur winselnd im Dunkel hört er, wie B — undeutlich ob in großer Ferne oder knapp neben ihm — wütend die Treppe hinunterstampft und endgültig verschwindet.

and **B.** Discuss any problems you notice with the rest of the class.

> The endings **-lich** and **-ig** in German signal that a word is an adverb or adjective. When reading fiction, you can often use these words as clues to how people or things are.

6. Read the story again to find out how the characters act or react. Decide who or what is characterized by each of the following adverbs and adjectives:

wichtig	in Angst
ermüdet	eilig
ärgerlich	unverständlich
glücklich	undeutlich
ohnmächtig	wütend
unfähig	winselnd

7. Find the following words in the passage and, using context and familiar elements of compound words, try to derive their meanings: **Schnelligkeit, Nebenumstände, Ausbleiben,** and **Augenblick.**

8. What is A's problem? What is the cause? What is B's reaction? What does he do? How is the conflict resolved? Or is it?

9. Using the time line you created in Activity 5, reconstruct the story (in writing) using complete sentences. Your **Nacherzählung** should be one to two paragraphs.

10. Kafka's story depicts some rather bizarre events, yet the title seems to suggest the opposite — that the situation is commonplace. How can you reconcile or explain the apparent contradiction?

Can you report past events? (p. 9)

1 How would you ask someone where he or she was the day before yesterday, and what he or she did there? How would you answer the same question, mentioning at least three different things you did?

Can you ask how someone liked something? (p. 12)

2 How would you ask a friend how he or she liked the movie *Schindler's List* (**Schindlers Liste**)?

Can you express enthusiasm or disappointment? (p. 12)

3 How would you respond if someone asked you if you liked a movie and
 a. you loved it?
 b. you didn't like it?

Can you respond enthusiastically or sympathetically? (p. 12)

4 How would you respond to the following statements?
 a. **Also, mir hat Weimar gut gefallen.**
 b. **Ich hatte Fieber und mußte das ganze Wochenende im Bett bleiben.**

Can you ask and tell what you may or may not do? (p. 17)

5 How would you ask a friend what he or she may not eat and why? How would your friend respond if he or she was allergic to chocolate?

Can you ask for information? (p. 18)

6 How would you ask someone
 a. what a particular fruit is called?
 b. what dessert he or she likes?
 c. what a particular dish is supposed to be?
 How would that person answer in each case?

Can you inquire about s.o.'s health and respond? (p. 20)

7 How would you ask someone how he or she is feeling? How would that person respond if he or she was not feeling well?

Can you ask about and express pain? (p. 20)

8 How would you ask a friend if he or she has pain? If your friend looks like he or she is in pain, how would you ask what hurts?

Can you express hope? (p. 20)

9 How would you respond if someone said the following things to you?
 a. **Ich habe hohes Fieber und Kopfweh und kann kaum schlucken.**
 b. **Ich bin gerade vom Fahrrad gefallen. Mein Fuß tut mir furchtbar weh, und ich glaub', ich kann jetzt nicht mehr laufen.**

ERSTE STUFE

REPORTING PAST EVENTS

gerade *just*
vor kurzem *recently*
neulich *the other day*
letzt- *last*

OTHER USEFUL WORDS

dauernd *continually*
übrigens *by the way*
sparsam *frugal*
leer *empty*

die Bank, -en *bank*
die Bücherei, -en *library*

der Musikladen, ∺ *music store*
die Post *mail; post office*
die Lektüre, -n *reading*
der Prospekt, -e *brochure, pamphlet*
die Flasche, -n *bottle*
die Rechnung, -en *bill, invoice*

bezahlen *to pay*
umwechseln (sep) *to change (money)*

ausleihen (sep) *to borrow, lend*
bestellen *to order*
umtauschen (sep) *to exchange*
zurückbringen (sep) *to bring back, return*
s. aussuchen (sep) *to pick out, choose*
erledigen *to take care of*

ZWEITE STUFE

PARTS OF THE BODY

der Daumen, - *thumb*
der Ellbogen, - *elbow*
die Ferse, -n *heel*
der Fingernagel, ∺ *finger nail*
das Handgelenk, -e *wrist*
die Kniescheibe, -n *knee cap*
die Wade, -n *calf*
die Zehe, -n *toe*
der Unfall, ∺e *accident*

s. verbrennen *to burn oneself*
ausrutschen (sep) *to slip*

FRUIT AND VEGETABLES

das Produkt, -e *product*
das Pflanzenprodukt, -e *vegetable produce*
die Erdnußbutter *peanut butter*

die Rosine, -n *raisin*
die saure Gurke, -n *pickle*
der Mais *corn*
der Paprika *bell pepper*
die Wassermelone, -n *watermelon*
die Zwiebel, -n *onion*
der Rosenkohl *Brussel sprouts*
das Radieschen, - *radish*
der Spargel, - *asparagus*
die Teigwaren (pl) *pasta*
die Scheibe, -n *slice*
das Blatt, ∺er *leaf*
bestreichen *to spread, to butter*

MEAT PRODUCTS

das Tierprodukt, -e *animal product*

die Innereien (pl) *innards*
die Leber *liver*
das Schweinefleisch *pork*
der Speck *bacon*
das Rehfleisch *venison*
die Rippchen (pl) *ribs*
das Hasenfleisch *rabbit meat*
der Thunfischsalat *tuna fish salad*

OTHER USEFUL WORDS

erzählen *to tell*
versprechen *to promise*
erwähnen *to mention*

trotzdem *in spite of that*
vorsichtig *careful*

2 Auf in die Jugendherberge!

Inter Rail -26

Grund
Motif

DM 630,00

① Ich schlage vor, daß wir mal nach Thüringen fahren, nach Erfurt!

GALERIE AM FISCHMARKT

BÜCHER

Jugendliche reisen gern zusammen. In einem relativ kleinen Land wie Deutschland ist das auch kein großes Problem. Man kann fast jeden Ort mit öffentlichen Verkehrsmitteln erreichen, und die zirka 700 Jugendherbergen bieten jungen Leuten eine Möglichkeit, gut und billig übernachten und essen zu können.

In this chapter you will review and practice

- asking for and making suggestions; expressing preference and giving a reason; expressing wishes; expressing doubt, conviction, and resignation
- asking for information and expressing an assumption; expressing hearsay; asking for, making, and responding to suggestions; expressing wishes when shopping

And you will

- listen to students making travel plans and decisions
- read about youth hostels in Germany
- write about your own travel plans
- find out about some of Germany's most famous cultural landmarks

② Wie wär's denn mit einem Picknick?

③ Ich glaube schon, daß es in Weimar eine Jugendherberge gibt.

Los geht's!

Auf nach Thüringen!

UDO So, Leute, ich hab' mir eben meinen Ferienpaß gekauft.

USCHI Das heißt also, du fährst mit, ja?

UDO Logo! Wohin geht's denn überhaupt?

FRANK Wir sind noch am Diskutieren. Ich bin dafür, daß wir an irgendeinen See in Mecklenburg fahren, zum Schwimmen und Windsurfen.

SABINE Das können wir ja auch bei uns, da brauchen wir nicht nach Mecklenburg zu fahren! Ich schlage vor, daß wir nach Thüringen fahren, zum Wandern. Dort gibt's doch diesen berühmten Wanderweg ... ja, wie heißt er denn noch?

USCHI Ich glaube, das ist der Rennsteig.

SABINE Stimmt, der Rennsteig.

FRANK Du willst wirklich wandern, Sabine?

SABINE Klar! Warum nicht?

FRANK Und du, Udo? Hast du Lust zum Wandern?

UDO Eigentlich schon. Ich hoffe nur, daß das Wetter schön bleibt.

USCHI Ja, sag uns mal, Udo, was du dir wünschst, was du gern unternehmen möchtest!

UDO Also, ich möchte auch lieber raus in die Natur, wandern, irgendwelche kleinen Städte ansehen und so.

USCHI Fahren wir doch mal in den Harz, in die Gegend von Wernigerode. Dort soll es sehr schön sein.

UDO Meine Eltern waren letztes Jahr in der Gegend, aber sie haben Thüringen interessanter gefunden, auch schöner.

SABINE Ja, ich ziehe Thüringen auch vor. Ich finde, da ist vom Kulturellen her mehr zu sehen, Weimar, Erfurt, Eisenach ...

USCHI Ich ziehe aber kleinere Städte vor, wo weniger Verkehr ist, wo die Luft besser ist.

SABINE Wir können ja beides machen: etwas Kultur und etwas für die Gesundheit, nämlich viel wandern.

UDO Wer weiß denn, wo es in Thüringen Jugendherbergen gibt?

FRANK Ich hab' ein Verzeichnis zu Hause, ich seh' mal nach. In Eisenach gibt's eine, das weiß ich.

SABINE Ich bezweifle aber, daß wir noch Unterkunft bekommen, jetzt in der ersten Ferienwoche.

FRANK Ich kann ja mal anrufen. Übrigens, hat jeder von euch einen Jugendherbergsausweis?

UDO Na klar!

SABINE Nehmt euch aber ja nicht wieder so viele Klamotten mit wie letztes Mal!

USCHI Keine Angst, Sabine! Aber du warst doch froh, daß ich damals ein extra Sweatshirt dabeihatte, weil du deins irgendwo verloren hattest.

1 Was passiert hier?

Hast du das Gespräch verstanden? Beantworte die folgenden Fragen!

1. Worüber sprechen die vier Klassenkameraden?
2. Woher weißt du, daß Udo bestimmt mitfährt?
3. Warum will Sabine nicht nach Mecklenburg fahren?
4. Was schlägt Sabine vor?
5. Was möchte Udo unternehmen?
6. Wohin möchte Uschi fahren? Warum?
7. Warum ist Udo nicht für Uschis Vorschlag?
8. Warum möchte Sabine nach Thüringen?
9. Wo wollen die Schüler übernachten?
10. Warum will Frank die Jugendherberge anrufen?

2 Wie gut bist du in Geografie?

Schreib alle Ortsnamen auf einen Zettel, die die vier Schüler erwähnen!
Sieh danach auf eine Landkarte und suche alle Ortsnamen, die du aufgeschrieben hast!

3 Was paßt zusammen?

Welche Ausdrücke rechts vollenden am besten die Satzanfänge auf der linken Seite?

1. Fahren wir doch mal an einen See
2. Ich möchte lieber nach Thüringen
3. Dieser Wanderweg ist doch
4. Ja, ich möchte auch am liebsten raus
5. Wernigerode ist eine Stadt
6. Weimar und Erfurt sind Städte
7. In Eisenach gibt es ganz bestimmt

a. im Harz.
b. eine Jugendherberge.
c. in die Natur.
d. der Rennsteig.
e. zum Schwimmen.
f. in Thüringen.
g. zum Wandern.

4 Wohin möchtest du fahren?

Du bist ein(e) Schulfreund(in) von Frank, Udo, Sabine und Uschi. Sag, wohin du fahren möchtest und warum!

Asking for and making suggestions; expressing preference and giving a reason; expressing wishes; expressing doubt, conviction, and resignation

Willkommen!

Deutschland hat seinen Gästen viel zu bieten: die Küsten der Nord- und Ostsee, die Lüneburger Heide, den Schwarzwald, die bayrischen Alpen, jahrhundertealte Städte, malerische Dörfer. Und überall, wo Deutschland am schönsten ist, finden Sie auch Jugendherbergen.

Sie können zwischen rund 700 Häusern wählen. Wollen Sie auf dem Lande in ruhiger Umgebung übernachten? Oder in einer romantischen Burg? Oder mitten in einer Stadt, hautnah zur Kunst- und Kulturszene?

Jugendherbergen sind nicht-kommerzielle Freizeiteinrichtungen, die vor allem Jugendlichen offenstehen. Sie fördern das gegenseitige Kennenlernen sowie die Toleranz gegenüber anderen Weltanschauungen und Gewohnheiten. Sie haben sich zu Stätten internationaler Begegnung entwickelt.

Wir bieten Ihnen saubere, freundliche Aufenthalts- und Schlafräume mit zwei bis sechs Betten. Die Gäste werden nach Geschlechtern getrennt untergebracht. Im Übernachtungspreis ist das Frühstück enthalten, auch Vollverpflegung wird angeboten. In fast allen Häusern sind Möglichkeiten für Spiel und Sport vorhanden. Die Jugendherbergen haben unterschiedliche Standards, allen gemeinsam sind jedoch die günstigen Preise.

Selbstbedienung und die Mithilfe der Gäste bei kleineren Arbeiten werden daher gern gesehen.

In der Regel sind die Jugendherbergen bis 22 Uhr geöffnet, Jugendherbergen in Großstädten schließen später.

Jugendherbergen sind ideal für Einzelreisende, Gruppen, Schulklassen sowie Familien. Viele Jugendherbergen sind behindertenfreundlich eingerichtet und auf Rollstuhlfahrer eingestellt.

5 Deutsche Jugendherbergen

Lies den Text über die Jugendherbergen, und beantworte die Fragen!
1. Was hat Deutschland seinen Gästen zu bieten?
2. Wo findet man Jugendherbergen?
3. Versuch, eine Jugendherberge zu beschreiben! Was sind Vorteile? Nachteile?
4. Würdest du gern mal in einer deutschen Jugendherberge übernachten? Gib drei Gründe für deine Entscheidung an!

auf deutsch erklärt

Lust haben wenn man etwas gern machen will
die Gegend die Umgebung
die Jugendherberge ein Haus, wo Jugendliche für wenig Geld übernachten und essen können
die Unterkunft wo man übernachten kann
das Verzeichnis eine Liste mit Namen und Adressen
berühmt fast alle Leute kennen einen
unternehmen machen
der Ausweis ein Dokument mit Namen, Adresse und Geburtsdatum
verlieren Man wird es nicht mehr haben oder finden können.

auf englisch erklärt

Keine <u>Angst</u>! *Don't worry!*
Ich <u>seh</u>' mal <u>nach</u>. *I'll check it out.*
<u>Damals</u> war ich erst fünfzehn. *At the time I was only 15.*
Er ist <u>eben</u> zurückgekommen. *He just now got back.*
Wir wollen <u>beide</u> dahin. *Both of us want to go there.*

eine Burg

---

6 Hör gut zu!

Schüler sprechen über Ferienorte. Wer war schon dort? Wer fährt erst dorthin? — Übertrag die Tabelle in dein Heft, und schreib den Ferienort, den du hörst, in die richtige Spalte!

Schüler	war schon dort	fährt erst hin

SO SAGT MAN DAS!

Schon bekannt

Asking for and making suggestions

If you need specific suggestions, you might ask:

Wohin fahren wir? Was schlägst du vor?
Wohin geht's denn? Hast du eine Idee?

When making suggestions, you might say:

Wir können mal an die Ostsee fahren. *or*
Fahren wir doch mal in den Harz! *or*
Ich schlage vor, daß wir nach Thüringen fahren.

Identify the prepositional phrases used in these suggestions. What case follows the prepositions **an** and **in**? Why?[1]

---

1. These two-way prepositions get the accusative case because there is motion to a place.

7 Wohin geht's?

a. Wie gut kennst du Deutschland schon? Schreib vier Orte oder Gegenden, die du gern besuchen möchtest, auf einen Zettel, und schreib daneben, was du dort gern machen möchtest!

b. Such dir eine Partnerin, mit der du gern reisen möchtest! Sie fragt dich nach deinen Vorschlägen. Gib zwei Alternativen, und sag in jedem Fall, warum du dieses Ziel vorschlägst!

8 Nö, da war ich schon!

Such dir einen Partner! Lad ihn ein, mit dir wegzufahren! Dein Partner ist aber ein Reisemuffel. Er sagt dir immer, daß er schon dort war, wo du hin willst, und er sagt dir auch, warum er nicht mitfahren will. Im Kasten unten stehen ein paar Ideen. Gebrauche aber auch deine eigenen!

BEISPIEL DU **Du, ich möchte mal nach Thüringen fahren. Willst du mit?**

PARTNER **Nö. Ich war schon mal in Thüringen. Es hat mir dort nicht gefallen.**

9 Hör gut zu!

Schüler erzählen, was sie in Dingskirchen machen. Schreib auf, wo jeder zuletzt hingeht oder zuletzt war!

wohin?/wo?

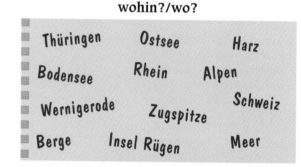

Thüringen Ostsee Harz
Bodensee Rhein Alpen
Wernigerode Zugspitze Schweiz
Berge Insel Rügen Meer

10 In Dingskirchen

Kennst du dich in Dingskirchen aus? Ein Tourist stellt dir viele Fragen. Such dir einen Partner, der den Touristen spielt!

BEISPIEL TOURIST **Entschuldigung, wo ist das Restaurant „Bella Italia"?**

DU **Das ist in der Uhlandstraße, an der Ecke Agnesstraße.**

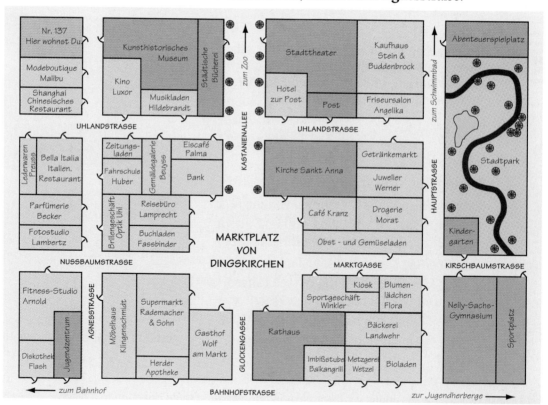

11 Mein Einkaufsweg

a. Du wohnst in Dingskirchen in der Agnesstraße 137. Du mußt jetzt für deine Mutter einkaufen gehen. Sie hat dir einen Einkaufszettel gegeben. Als du aus dem Haus kommst, triffst du einen Klassenkameraden. Er hat nichts vor und will dir beim Einkaufen helfen. — Such dir einen Partner, und stellt einen guten Einkaufsweg zusammen!

b. Zu Hause erzählst du deiner Mutter, wo du überall warst und was du an jedem Ort gemacht hast. — Such dir eine Partnerin für die Rolle der Mutter!

12 Für mein Notizbuch

Schreib in dein Notizbuch einen Einkaufsweg, den du zu Hause gewöhnlich machst, um am Wochenende alles zu erledigen! In deiner Beschreibung mußt du mindestens fünf verschiedene Geschäfte oder andere Orte erwähnen.

1 l Milch
5 kg Kartoffeln
1/2 kg Tomaten
1 frisches Brot
250 g Leberwurst
die Flaschen
zurückbringen
CD für Vati
10 Briefmarken
Buch umtauschen
Sonnenbrille

13 Hör gut zu!

Vier Schüler (Christoph, Annette, Jörg und Isabella) unterhalten sich darüber, wo sie am liebsten eine Ferienwoche verbringen würden. Am Anfang möchte jeder woandershin fahren und sagt auch warum. Am Ende einigen sie sich (they agree) auf ein Ziel. Schreib die folgende Tabelle ab und trag ein, was du hörst!

	Wohin?	Warum?
Christoph		
Annette		

SO SAGT MAN DAS!

Schon bekannt

Expressing preference and giving a reason

To express preference and give a reason, you may say:

Mir gefällt die Ostsee besser als die Nordsee; die Ostsee ist ruhiger.
Ich finde Weimar schöner als Erfurt, weil Weimar mehr Kulturelles bietet.
Ich ziehe eine kleine Stadt wie Wernigerode vor, weil da die Luft einfach besser ist als in einer größeren Stadt.

14 Wann und warum?

a. Denk an zwei bekannte Reiseziele, die du gern besuchen möchtest! Schreib auf, welches Reiseziel du lieber hast, und gib einen Grund an, warum du dorthin möchtest!

b. Such dir einen Partner! Er fragt dich, wohin du in den Ferien fährst. Du sagst es ihm und begründest deine Antwort. Tauscht danach die Rollen aus!

15 Und in Dingskirchen?

Such dir eine Partnerin! Nenne ihr drei Geschäfte, wo du immer einkaufst! Nenne ihr auch Gründe dafür! Gebrauche in deiner Begründung Adjektive oder Komparative! Rechts stehen einige Anregungen.

Fleisch — gut
CDs — billig
Kleidung — schick
Brot — frisch

SO SAGT MAN DAS!

Schon bekannt

Expressing wishes

When asking someone about his or her wishes, you may ask:

> **Wohin möchtest du gern mal fahren?**
>
> **Was wünschst du dir mal?**
>
> **Was hättest du gern?**

And the answer may be:

> **Ich möchte gern mal in den Harz fahren.**
>
> **Ich wünsche mir mal einen schönen, langen Urlaub an der Ostsee.**
>
> **Ich hätte gern viel Schnee im Winter.**

---

16 Was für Wünsche hast du?

a. Schreib vier Dinge auf einen Zettel, die du dir einmal wünschst! Gebrauche die Kategorien Reisen, Schule, Freunde und Kleidung!

b. Such dir eine Partnerin, und frag sie nach ihren Wünschen!

---

17 Also, wohin geht's?

Setzt euch in Gruppen zu fünft oder zu sechst zusammen! Das Thema heißt: Wohin sollen wir fahren? Sprecht über eure Wünsche, diskutiert darüber, was euch gefällt, nicht gefällt oder besser gefällt, und macht verschiedene Vorschläge, bis (*until*) ihr euch auf ein gemeinsames Ziel geeinigt habt!

SO SAGT MAN DAS!

Schon bekannt

Expressing doubt, conviction, and resignation

When expressing doubt, you might say:

> **Ich weiß nicht, ob** wir noch eine Unterkunft bekommen.
>
> **Ich bezweifle, daß** es in der Jugendherberge einen Tennisplatz gibt.
>
> **Ich bin nicht sicher, daß** wir am Ostseestrand tauchen können.

When expressing conviction, you might say:

> **Du kannst mir glauben,** dort gibt es eine ganz tolle Jugendherberge.
>
> **Ich bin sicher, daß** dir Thüringen gut gefallen wird.

What happens to the conjugated verb in **daß**- and **ob**-clauses?[1]

When faced with bad news you can express resignation. For example, if you hear:

> **Die Jugendherbergen sind überfüllt!**
>
> **In dem See darf man nicht baden!**

You might respond:

> **Da kann man nichts machen.**
>
> **Schade. Das ist leider so.**

---

1. The conjugated verb is in last position.

18 Hör gut zu!

Du hörst als Kellnerin im Café verschiedene Gesprächs-fetzen (*scraps of conversation*). Wer von den Sprechenden bezweifelt etwas, und wer ist sicher?

	bezweifeln	sicher sein
1		
2		

19 Bist du sicher?

Such dir eine Partnerin! Sie ist sicher, daß es in dem Ferienort, den ihr euch ausgesucht habt, ganz bestimmte Einrichtungen gibt und daß ihr dort ganz bestimmte Sportarten ausüben könnt. Du bezweifelst das und gibst dafür deine Gründe an. Deine Partnerin ist ganz enttäuscht. — Benutzt die Illustrationen als Anregungen!

20 Eine Einladung schreiben — und eine Einladung beantworten

Bildet Gruppen zu viert! Jede Gruppe wählt einen Schriftführer, also eine Person, die alles aufschreiben muß. Jede Gruppe schreibt einer anderen Gruppe eine informelle Einladung. Ihr macht zwei oder drei Vorschläge und schreibt, was ihr persönlich vorzieht. — Tauscht dann eure Einladungen aus, und beantwortet sie gegenseitig! Schreibt, daß ihr gern mitfahren wollt, aber daß ihr ganz bestimmte Wünsche habt. Ihr wollt an den vorgeschlagenen Orten bestimmte Dinge tun, bezweifelt aber, daß es dort alle Einrichtungen gibt, die ihr euch wünscht!

21

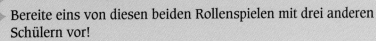

R O L L E N S P I E L

Bereite eins von diesen beiden Rollenspielen mit drei anderen Schülern vor!

a. Du gehst mit drei Schülern in ein Reisebüro. Ihr sucht euch ein Reiseziel aus, das euch allen gefällt. Einer von euch spielt die Rolle des Angestellten im Reisebüro.

b. Du diskutierst mit deinen drei Freunden über ein Picknick, das du für die ganze Klasse organisieren mußt. Besprecht zuerst, was ihr alles braucht, und wer was zum Picknick mitbringen muß! Anschließend geht ihr Proviant fürs Picknick einkaufen. Einer von euch übernimmt die Rolle des Verkäufers.

Weiter geht's!

Auf nach Weimar!

Ein Plan verwirklicht sich.

FRANK Hallo, Leute! Glück gehabt! Die haben noch Platz für uns im Jugendgästehaus in Weimar.

USCHI Das ist ja unglaublich!

FRANK Hier ist das Fax.

UDO Laß mal sehen! — Ja, prima!

FRANK Aber nur für zwei Nächte.

UDO Das langt.

FRANK Da stimm' ich dir zu: zwei Tage Weimar genügt.

SABINE Ach, ihr beiden Kulturmuffel ihr! Aber wartet ab: Weimar wird euch schon gefallen! Übrigens soll Weimar im Jahr 1999 Kulturstadt Europas werden.

USCHI Woher weißt du denn bloß so viel über Weimar?

SABINE Ich hab' mich eben informiert.

FRANK Nun, kannst du mir vielleicht sagen, ob das Jugendgästehaus weit vom Bahnhof entfernt ist?

SABINE Blöde Frage! Bist du vielleicht fußkrank? Ich meine doch, daß es in Weimar einen Bus gibt!

USCHI Kommt, kommt, Leute! Jetzt nicht streiten!

UDO Nun, ich würde gern mal von der Sabine hören, was es so in Weimar zu sehen gibt.

USCHI Ich bin dafür, daß wir jetzt einen Plan machen, einen Plan, der uns allen gefällt.

FRANK Da hast du recht. Also, los!

UDO	Ja, ich kann mich noch an den Deutschunterricht erinnern, als uns der Gleißner von so einem Gartenhaus erzählt hat, wo der Goethe da ...
SABINE	Okay. Goethes Gartenhaus steht in einem schönen Park ...
FRANK	Da können wir bestimmt picknicken!
USCHI	Wie romantisch!
SABINE	Das ist eine prima Idee! Da kaufen wir uns frische Brötchen ...
UDO	Wie wär's denn mit einer Thüringer Wurst ...
USCHI	Schweizer Käse, süße Trauben ...
FRANK	Mir läuft jetzt schon das Wasser im Mund zusammen, wenn ich an unser Picknick denke!
SABINE	Also, ihr denkt doch wirklich nur ans Futtern!

22 Was passiert hier?

Hast du das Gespräch verstanden? Beantworte diese Fragen!

1. Worum geht es hier? Warum sind die Freunde zusammengekommen?
2. Worüber ist Frank froh?
3. Woher weiß Sabine so viel über Weimar?
4. Warum sagt Uschi: „Kommt, Leute! Jetzt nicht streiten!"?
5. Was haben die Freunde jetzt vor?
6. Wie kommen sie auf Goethes Gartenhaus zu sprechen?
7. Wie endet dieses Gespräch hier? Wie wird es wohl weitergehen?

23 Genauer lesen

Lies das Gespräch noch einmal, und beantworte die Fragen auf deutsch!

1. Which phrases express surprise? Agreement?
2. Which phrases are used to ask for a suggestion? Make a suggestion?
3. Which phrases express hearsay?

24 Was würdest du dir gern ansehen?

Was würdest du dir gern in einer historischen amerikanischen Stadt ansehen, in einer Stadt wie Washington zum Beispiel?

Asking for information and expressing an assumption; expressing hearsay; asking for, making, and responding to suggestions; expressing wishes when shopping

JUGENDGÄSTEHAUS
WEIMAR

Jugendgästehaus Weimar
Herbergsmutter Danuta Keller
Zum Wilden Graben 12
99425 Weimar
Tel. Weimar / 3471

6-Tage-Reise nach Weimar

Das Programm ist variabel und nicht an bestimmte Tagesabläufe gebunden, so daß die Teilnehmer selbst den Ablauf bestimmen können.

Folgende Leistungen sind im Teilnehmerpreis enthalten:

- Dia-Vortrag „Weimar — eine Perle im Land Thüringen"
- Exkursion mit Stadtführung in Weimar
- Besichtigung interessanter Kulturdenkmäler der Stadt
- Diskothek im hauseigenen Keller
- Im Sommer Grillparty
- Im Winter Kaminabend
- Besichtigung Schloß Belvedere und Bustransfer zur Gedenkstätte Buchenwald

Zusätzlich zum Programm können folgende Leistungen bestellt werden:

- Baudenabend 10 DM
- Busfahrt nach Erfurt 15 DM

Busfahrt nach Eisenach, Preis nach Angebot. Die Mitarbeiter des Jugendgästehauses beraten Sie gern und geben zu den einzelnen Leistungen ausführliche Informationen.

Ort und Umgebung
Das Jugendgästehaus liegt im südlichen Teil der Stadt Weimar. Weimar, bekannt als Stadt der Dichter Goethe und Schiller, ist eingebettet zwischen den Höhenzügen des Ettersberges im Norden und den Parkanlagen von Schloß Belvedere im Süden.

Anreise
Auf der Eisenbahnstrecke Frankfurt – Berlin, oder Frankfurt – Leipzig, bis Bahnhof Weimar. Dann mit der Stadtbuslinie 5 oder 8 von der Haltestelle am Bahnhof bis Haltestelle „Zum Wilden Graben".

Lage
Das Jugendgästehaus liegt in einer wunderschönen und sehr ruhigen Villenanlage der Stadt.

Ausstattung
58 Betten in 1- bis 6-Bett-Zimmern. Lehrerzimmer, 2 Aufenthaltsräume, Clubkeller.

Sport und Freizeit
Auf dem Außengelände des Hauses sind vielfältige Möglichkeiten der Freizeitgestaltung gegeben; Volleyball, Großschachanlage, Grillplatz. Im Inneren des Hauses lädt der Kaminraum und der Club im Keller zum gemütlichen Verweilen ein.

25 Das Jugendgästehaus in Weimar

Lies das Angebot des Jugendgästehauses, und beantworte danach diese Fragen!

1. Wo liegt das Jugendgästehaus? Wie ist es ausgestattet, und wie kommt man dorthin?
2. Welche Leistungen sind im Preis enthalten?
3. Für welche Leistungen würdest du dich besonders interessieren? Für welche Freizeitmöglichkeiten?
4. Welche bekannten Orte gibt es in der Nähe vom Gästehaus?

auf deutsch erklärt

die Nacht die Zeit zwischen Abend und Morgen
fußkrank sein (ironisch) nicht gern zu Fuß gehen
futtern sehr viel essen
genügen genug sein
es langt das ist genug
streiten argumentieren
verweilen Zeit verbringen
der Kaminraum wo man sich vor ein schönes Feuer hinsetzen kann
die Großschachanlage wo man draußen Schach mit großen Spielfiguren spielen kann

auf englisch erklärt

Die Jugendherberge ist sicher behindertenfreundlich. *The youth hostel is surely accessible to the physically challenged.*
Sie ist 10 Kilometer entfernt. *It's 10 kilometers away.*
Warte nur ab! *Just wait and see!*
Ich kann mich noch an die Zeit erinnern. *I can still remember that time.*
Das Wasser läuft mir im Mund zusammen, wenn ich an das Picknick denke. *My mouth waters when I think of the picnic.*
Folgende Leistungen sind im Teilnehmerpreis enthalten. *The following services are included in the price for participants.*

---

26 Hör gut zu!

Schüler unterhalten sich über Jugendherbergen. Sprechen sie über Jugendherbergen im allgemeinen (*in general*) oder über Jugendherbergen in Weimar? Übertrag die Tabelle und hake ab, was du hörst!

	Jugendherbergen	
	im allgemeinen	in Weimar
1		
2		

SO SAGT MAN DAS!

Schon bekannt

Asking for information and expressing an assumption

When asking for information, you may ask:

> **Gibt es** in Weimar eine Jugendherberge? *or*
> **Weißt du, ob** es in Weimar eine Jugendherberge gibt? *or*
> **Kannst du mir sagen, ob** die Herberge in der Stadt liegt?

As a response, you may express an assumption by saying:

> **Ich glaube schon, daß** es dort eine Jugendherberge gibt. *or*
> **Ich meine doch, daß** die Herberge in der Stadt liegt.

27 Ich will nach Weimar

Weil du eine Reise nach Deutschland und Weimar planst, hast du natürlich viele Fragen über Jugendherbergen in Deutschland im allgemeinen und ganz bestimmte Fragen über die Jugendherbergen in Weimar. Such dir eine Partnerin, und frag sie, was sie darüber weiß! Du hast bestimmt auch andere Fragen. Deine Partnerin glaubt schon, daß es gibt, wonach du sie fragst. Tauscht dann die Rollen aus!

SO SAGT MAN DAS!

Schon bekannt

Expressing hearsay

To express hearsay, you may want to say:

Ich habe gehört, daß es in Weimar zwei Jugendherbergen gibt.
Man hat mir gesagt, daß sie behindertenfreundlich eingerichtet sind.
Die Herbergen **sollen** gutes Essen **haben.**

How would you express these statements in English?

28 Weißt du auch etwas über Jugendherbergen?

Such dir einen Partner! Was weiß er über Jugendherbergen in deiner Stadt oder in einem Ort, den du kennst? Stell ihm mindestens vier Fragen darüber! In seiner Antwort kann er folgendes ausdrücken: er weiß es, er glaubt es oder er hat gehört, daß es so ist. Tauscht dann die Rollen aus!

29 Warum nach Weimar?

Schreib deinem Briefpartner in Deutschland, daß du gern mit ihm die Jugendherberge in Weimar besuchen möchtest, und gib mindestens fünf Gründe dafür an!

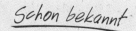

SO SAGT MAN DAS!

Schon bekannt

Asking for, making, and responding to suggestions

You could ask for a suggestion by saying:

Wo **sollen** wir denn unser Picknick **machen?**

And you could make a suggestion by saying:

Ich bin dafür, daß wir in den Park an der Ilm gehen.

When making suggestions, you might also say:

Würdest du gern mal in einer Jugendherberge übernachten?
Wie wär's denn mit einem Picknick?

When responding to a suggestion, you might say:

Ja schon, aber ich würde am liebsten mal zelten gehen.
Das wär' nicht schlecht!

How would you express these sentences in English?

30 Hör gut zu!

Claudia macht ihren Freunden einen Vorschlag. Wie reagieren sie darauf? Sind sie damit einverstanden oder nicht? Warum oder warum nicht?

31 Für mein Notizbuch

Schreib fünf Dinge in dein Notizbuch, die du in Deutschland gern einmal sehen oder machen möchtest! Gib auch jeweils einen Grund dafür an!

32 Also los! Was wollt ihr?

Setzt euch in kleinen Gruppen zusammen, und plant eure Klassenreise nach Deutschland! Jeder muß drei Vorschläge machen und jeweils einen Grund für seinen Vorschlag angeben. Die anderen müssen sagen, ob sie dafür oder dagegen sind und müssen ihre Antworten begründen.

BEISPIEL   DU   **Also, ich würde gern nach Weimar fahren, weil ich schon so viel über Weimar gelesen und gehört habe. Weimar soll ...**

PARTNER   **Ich würde auch am liebsten nach Weimar fahren, denn dort ...**

WORTSCHATZ

Was man zum Picknick mitnimmt:

einen Teller   das Besteck   ein Messer   einen Löffel   eine Gabel

einen Becher   ein Schneidebrett   eine Serviette   einen Picknickkorb   eine Kühlbox

eine Thermos-flasche   einen Salz- und Pfefferstreuer   ein Messer mit Flaschenöffner   eine Abfalltüte   eine Decke

Was nimmst du alles mit, wenn du picknickst? Was packst du in die Kühlbox ein?

33 Hör gut zu!

Drei Schüler planen ein Picknick. Hör ihrem Gespräch gut zu, und schreib auf, was sie alles mitnehmen wollen!

34 Picknick an der Ilm

Die Schüler planen ein Picknick im Park an der Ilm in Weimar. Was sollen sie alles mitnehmen? Was sollen sie sich zum Essen und zum Trinken kaufen? — Such dir eine Partnerin und plane das Picknick mit ihr! In den Kästen auf Seite 44 stehen ein paar Ideen für den Proviant.

DU   **Also, ich würde dunkles Brot mitnehmen und ...**

PARTNER   **Wie wär's denn mit ein paar saftigen Tomaten und ...**

ZWEITE STUFE   *dreiundvierzig*   **43**

Brot
Brötchen
Salami
Schinken
Gurken
Kartoffel-
salat

dunkel
frisch
hart
gekocht
sauer
würzig

Käse
Schafskäse
Tomaten
Trauben
Cola
Oliven

Schweizer
bulgarisch
italienisch
blau
eiskalt
griechisch

Schon bekannt
Ein wenig *Grammatik*

Look at these sentences:

Ich würde gern das dunkle Brot mitnehmen.
Ich würde gern dunkles Brot kaufen.

Can you explain why the adjective endings are different? For a table of the adjective endings, see the Grammar Summary.

SO SAGT MAN DAS!

Schon bekannt

Expressing wishes when shopping

When shopping for groceries, the clerk might ask you:

Was möchten Sie? *or* **Was hätten Sie gern?**

You may request the item by saying:

Ich möchte 250 Gramm Schweizer Käse. *or*
Ich hätte gern blaue Trauben. Ein Pfund, **bitte!**

What does the verb **hätte** express in these statements?

35 Fürs Picknick einkaufen

Such dir eine Partnerin und geh mit ihr fürs Picknick einkaufen! — Deine Partnerin spielt die Rolle der Verkäuferin. Tauscht dann die Rollen aus!

36 Für mein Notizbuch

Schreib in dein Notizbuch die Information, die du brauchst, um irgendwo in einer Jugendherberge zu übernachten und auch in diesem Ort zu picknicken! Schreib jetzt einen Brief an eine Jugendherberge, in dem du deine Fragen stellst und um weitere Informationen bittest!

37 Ein Brief nach Hause

Du bist mit Schülern eines deutschen Gymnasiums nach Weimar gefahren. Schreib deinen Eltern einen Brief über deine Reise! Erwähne folgendes:

1. Welche Reiseziele ihr gehabt habt, und warum ihr euch auf Weimar geeinigt habt.
2. Wie ihr nach Weimar gekommen seid.
3. Was ihr in Weimar alles gemacht habt, was dir besonders gut gefallen hat und warum.

Weimar im Blickpunkt: Die deutsche Klassikermetropole wird 1999 Kulturstadt Europas

„Die Weimarer Bürger vollführten nach der Entscheidung regelrecht Luftsprünge", schildert Weimars Oberbürgermeister Klaus Büttner die Reaktion auf die gute Nachricht: Weimar wird Europas Kulturstadt 1999. Damit war nicht unbedingt zu rechnen. Unter den Bewerberstädten Avignon, Bologna, Istanbul, Graz, Prag und Stockholm war Weimar mit seinen 63 500 Einwohnern die kleinste. In erster Linie hat es die thüringische Stadt Johann

Wolfgang von Goethe zu verdanken, daß sie das Rennen machte. Denn 1999 jährt sich sein Geburtstag zum 250. Mal. Zwar ist Goethe nicht in Weimar geboren, doch lebte er 57 Jahre lang bis zu seinem Tod in der Stadt. Hier schrieb er seine großen Werke. Er war Minister, Theaterdirektor und trat auch als Stadtplaner auf (er hat — neben einem Gartenhaus für sich selbst — einen großen Park an der Ilm entworfen.) Zusammen mit anderen Größen der Geistesgeschichte, besonders mit Friedrich von Schiller, machte er das kleine Fürstentum zur „Hauptstadt des deutschen Geistes", die Dichter und Denker, später auch Musiker und Maler anlockte. Weimar heute steckt voller Sehenswürdigkeiten. Zu besichtigen sind das Goethehaus, Goethes Gartenhaus, das Schillerhaus, in dem der schwäbische Dichter sein Freiheitsdrama „Wilhelm Tell" schrieb, das Liszthaus, in dem Franz Liszt Klavierunterricht gab, und die Zentralbibliothek der Deutschen Klassik mit ihren rund 800 000 Büchern. Nach Berlin, das 1988 den Titel Kulturstadt Europas trug, ist Weimar die zweite deutsche Stadt, die ein Jahr kulturell im Mittelpunkt Europas stehen wird.

1. Wofür ist Weimar berühmt?
2. Gibt es Städte in Amerika, die ähnliche Angebote haben?
3. Was muß eine Stadt haben, um als Kulturstadt bezeichnet zu werden?
4. Was wäre deine Wahl für eine amerikanische Kulturstadt des Jahres? Worauf würdest du die Wahl begründen?

E R L K Ö N I G

Wer reitet so spät durch Nacht und Wind?
Es ist der Vater mit seinem Kind;
Er hat den Knaben wohl in dem Arm,
Er faßt ihn sicher, er hält ihn warm. —

Mein Sohn, was birgst du so bang dein Gesicht? —
Siehst, Vater, du den Erlkönig nicht?
Den Erlenkönig mit Kron und Schweif? —
Mein Sohn, es ist ein Nebelstreif. —

»Du liebes Kind, komm, geh mit mir!
Gar schöne Spiele spiel ich mit dir;
Manch bunte Blumen sind an dem Strand;
Meine Mutter hat manch gülden Gewand.«

Mein Vater, mein Vater, und hörest du nicht,
Was Erlenkönig mir leise verspricht? —
Sei ruhig, bleibe ruhig, mein Kind!
In dürren Blättern säuselt der Wind. —

»Willst, feiner Knabe, du mit mir gehn?
Meine Töchter sollen dich warten schön;
Meine Töchter führen den nächtlichen Reihn
Und wiegen und tanzen und singen dich ein.«

Mein Vater, mein Vater, und siehst du nicht dort
Erlkönigs Töchter am düstern Ort? —
Mein Sohn, mein Sohn, ich seh es genau;
Es scheinen die alten Weiden so grau. —

»Ich liebe dich, mich reizt deine schöne Gestalt;
Und bist du nicht willig, so brauch ich Gewalt.«
Mein Vater, mein Vater, jetzt faßt er mich an!
Erlkönig hat mir ein Leids getan! —

Dem Vater grauset's, er reitet geschwind,
Er hält in Armen das ächzende Kind,
Erreicht den Hof mit Mühe und Not;
In seinen Armen das Kind war tot.

Johann Wolfgang von Goethe

LESETRICK
Deriving the main idea from supporting details
Depending on what kind of passage you're reading, there are several strategies for identifying the main idea. When reading a poem, for example, you may first want to look at the supporting details, thinking about what the individual words, images, and symbols suggest. Then decide what the main idea is. Remember, there is no one "correct" interpretation.

Getting Started

1. Look at the different poems for a moment. Relying on visual cues alone, which poems look like they tell a story, and which look more like a poster or picture?
2. Read the title of each poem and then listen as the first five poems are read aloud. Judging by their intonation and rhythm, can you tell which poems are intended to be dramatic, and which are more lighthearted?
3. As you are reading and listening to each poem again, think about and try to answer the following questions:
   a. Wer sind die Hauptfiguren?
   b. Wo und wann finden die Ereignisse statt?
   c. Was passiert?

Der Panther
Im Jardin des Plantes, Paris

Sein Blick ist vom Vorübergehn der Stäbe
so müd geworden, daß er nichts mehr hält.
Ihm ist, als ob es tausend Stäbe gäbe
und hinter tausend Stäben keine Welt.

Der weiche Gang geschmeidig starker Schritte,
der sich im allerkleinsten Kreise dreht,
ist wie ein Tanz von Kraft um eine Mitte,
in der betäubt ein großer Wille steht.

Nur manchmal schiebt der Vorhang der Pupille
sich lautlos auf —. Dann geht ein Bild hinein,
geht durch der Glieder angespannte Stille —
und hört im Herzen auf zu sein.

Rainer Maria Rilke

Der Radwechsel

Ich sitze am Straßenhang.
Der Fahrer wechselt das Rad.
Ich bin nicht gern, wo ich herkomme.
Ich bin nicht gern, wo ich hinfahre.
Warum sehe ich den Radwechsel
Mit Ungeduld?

Bertolt Brecht

ottos mops

ottos mops trotzt
otto: fort mops fort
ottos mops hopst fort
otto: soso

otto holt koks
otto holt obst
otto horcht
otto: mops mops
otto hofft

ottos mops klopft
otto: komm mops komm
ottos mops kommt
ottos mops kotzt
otto: ogottogott

Ernst Jandl

POESIE

A Closer Look

4. Read the "Erlkönig" by Goethe and identify which lines are spoken by which person. Pay special attention to punctuation, such as quotation marks. Use a chart like the one below. The line numbers of the first two stanzas are already marked.

stanza	1			4
narrator	1-4			
father			5, 8	
son			6-7	
elf king				

5. What is the father trying to do? What happens to the son? What role does the **Erlkönig** play? What emotions does the poem evoke for you?

6. Read Rilke's poem "Der Panther." Is the animal in the wild or in captivity? How do you know? How has his situation affected him? When the panther looks at something, what happens to the image as it reaches his heart?

7. Try to sketch the world as the panther sees it.

8. In Brecht's "Radwechsel," is the person (**Ich**) in charge of his situation? What will happen when the driver finishes what he's doing? Look at lines 3 and 4. Which single word changes? Excluding the last line of the poem, does the language reflect any dramatic tension? How does the last line make you feel?

KINDERLIED

Wer lacht hier, hat gelacht?
Hier hat sich's ausgelacht.
Wer hier lacht, macht Verdacht,
daß er aus Gründen lacht.

Wer weint hier, hat geweint?
Hier wird nicht mehr geweint.
Wer hier weint, der auch meint,
daß er aus Gründen weint.

Wer spricht hier, spricht und schweigt?
Wer schweigt, wird angezeigt.
Wer hier spricht, hat verschwiegen,
wo seine Gründe liegen.

Wer spielt hier, spielt im Sand?
Wer spielt, muß an die Wand,
hat sich beim Spiel die Hand
gründlich verspielt, verbrannt.

Wer stirbt hier, ist gestorben?
Wer stirbt, ist abgeworben.
Wer hier stirbt, unverdorben
ist ohne Grund verstorben.

Günther Grass

Reinhard Döhl

Reinhard Döhl

9. Read Jandl's poem "ottos mops," paying close attention to the colons. What do they indicate? Listen to the poem several times and add periods where you hear full stops. Can you guess what the word **Mops** refers to? See if your guess helps to explain what is going on in the poem.

10. Read "Kinderlied" by Grass. How do the question marks help you understand the organization of the poem? Which actions are mentioned? Why do you think some form of the word **Grund** is used in the last line of every stanza? What makes the title ironic?

11. Now look at the two selections of concrete poetry. Why do you think this is called concrete poetry? How does the poet convey his message? Through words alone or some other way?

12. Skim the seven poems you've just read again. What do all these poems have in common? In what ways are they different? Do you think all the poets had the same idea about the purpose of poetry? Support your answers, based on the poems.

13. Schreib jetzt dein eigenes Gedicht im Stil der konkreten Poesie. Denk zuerst daran, was diesen Stil von anderen Gedichten unterscheidet! Versuch, diese Eigenschaften in dein Gedicht zu integrieren!

Sometimes a spontaneous vacation can be a lot of fun — but more often, careful planning will reduce stress and make your vacation more enjoyable. Whichever approach you prefer, one important decision you will have to make is where to go; travel brochures are a good resource for ideas. In this activity you will work together with classmates to select a good vacation spot and write a travel brochure about that place.

... ist eine Reise wert!

Wähl zusammen mit einer Gruppe eine Stadt oder ein Land aus, und schreib ein Flugblatt darüber, damit die Leser Lust haben, dahin zu reisen! Jeder in der Gruppe soll ein Thema bearbeiten, zum Beispiel die Sehenswürdigkeiten, das kulturelle Angebot, das Wetter, die Einkaufsmöglichkeiten usw., die der Ort zu bieten hat. Illustriert eure Ideen mit Fotos!

SCHREIBTIP
Selecting information
In order to write effectively about an unfamiliar topic, you will have to do some research, then select the appropriate information to include. You also need to be aware of your audience and the kinds of information they want or expect to read. Once you know that, you can focus on that particular information. When writing a travel brochure, for example, you'll want to select information that makes your destination appealing, such as a pleasant climate, fascinating local culture, or shopping and entertainment, while at the same time providing information about expenses and accommodations.

A. Vorbereiten
1. Wähl mit deiner Gruppe einen Ort aus, und mach eine Liste von wichtigen Themen, die ihr erforschen wollt! Teil die Arbeit ein, damit jeder genau weiß, worauf er achten muß!
2. Geh in eine Bücherei (*library*) oder auch in ein Reisebüro und erforsche dein Thema! Mach dir Notizen von wichtigen Fakten! Denk an Informationen, die den Leser zu einer Reise überzeugen werden! Sammle auch Fotos von zutreffenden Orten und Sehenswürdigkeiten!
3. Vergleicht eure Notizen und Fotos in der Gruppe! Macht zusammen ein Layout des Flugblatts, und wählt die Informationen und Fotos aus, die ihr verwenden wollt!

B. Ausführen
Schreib die ausgewählten Informationen für dein Thema in kurzen, überzeugenden und auch logischen Sätzen auf! Stellt dann alle Teile zusammen, und illustriert sie mit Fotos! Denkt an ein zutreffendes Schlagwort für das Flugblatt!

C. Überarbeiten
1. Vergleich deinen Teil des Flugblatts mit deinen Notizen! Hast du alle wichtigen Fakten mit einbezogen? Passen Text und Fotos zusammen?
2. Lest euer Flugblatt in der Gruppe laut vor, und zeigt die entsprechenden Fotos! Besprecht die ganze Wirkung des Flugblatts! Würdet ihr jetzt „euren Ort" gern besuchen? Verändert die Sprache und den Ton, wenn nötig!
3. Wenn ihr mit dem Flugblatt zufrieden seid, lest es noch einmal durch! Korrigiert die Schreibfehler! Achtet besonders auf die Buchstabierung der komparativen Adjektive! Habt ihr auch die Präpositionen mit den richtigen Dativ- oder Akkusativformen verwendet?
4. Schreibt das korrigierte Flugblatt noch einmal ab, und klebt die Fotos auf das Papier!

KANN ICH'S WIRKLICH?

1 How would you ask a friend to suggest a place where both of you might go on vacation?

2 How would you respond if a friend asked you **Was schenken wir der Brigitte zum Geburtstag?**

3 How would you respond if someone asked you what American city you prefer and why?

4 How would a German-speaking genie ask you what your wishes are? How would you then make three wishes to be granted by the genie?

5 How would you say to a friend
a. that you doubt there is a hotel in Dingskirchen?
b. that you're sure there is a youth hostel?

6 How would you respond if you were on vacation and someone said to you **Das Wetter soll diese Woche furchtbar sein?**

7 How would you ask someone if there is a swimming pool in Dingskirchen?

8 How would you say that you assume your town has a youth hostel?

9 How would you say that
a. you heard that German-speaking people live very healthfully?
b. German food is supposed to be very good?

10 How would you ask a friend
a. what you both should study for the test?
b. if he or she would like to study with you?
How would you say that you are in favor of studying in the park instead of at home?

11 How would you respond if a friend asked you **Würdest du gern mal in einer Jugendherberge übernachten?**

12 How would a grocery store clerk ask you what you need? How would you respond if you needed a pound of blue grapes

ERSTE STUFE

WORDS USEFUL FOR TRAVELING

die Natur *nature*
die Burg, -en *castle*
die Gegend, -en *area*
die Jugendherberge, -n *youth hostel*
die Unterkunft, ¨e *accomodations*

das Verzeichnis, -se *listing*
der Ausweis, -e *identification*

OTHER USEFUL WORDS AND EXPRESSIONS

also (part) *well, okay*
eben (gerade) *just now*
damals *at that time*

beide *both*
berühmt *famous*
nämlich *namely*

Keine Angst! *Don't worry!*
Lust haben *to want to*
nachsehen (sep) *to check on*
unternehmen *to undertake*
verlieren *to lose*

ZWEITE STUFE

THINGS TO TAKE ON A PICNIC

das Picknick, -s *picnic*
die Decke, -n *blanket*
das Besteck *silverware*
die Gabel, -n *fork*
der Löffel, - *spoon*
das Messer, - *knife*
der Teller, - *plate*
der Becher, - *mug*
der Picknickkorb, ¨e *picnic basket*
die Kühlbox, -en *cooler*
der Salzstreuer, - *salt shaker*
der Pfefferstreuer, - *pepper shaker*

der Flaschenöffner, - *bottle opener*
das Schneidebrett, -er *cutting board*
die Serviette, -n *napkin*
die Thermosflasche, -n *thermos bottle*
die Abfalltüte, -n *trash bag*

OTHER USEFUL WORDS AND EXPRESSIONS

der Mund, ¨er *mouth*
die Nacht, ¨e *night*
der Plan, ¨e *plan*

entfernt *away, at a distance*
frisch *fresh*

behindertenfreundlich *accessible to the physically challenged*
fußkrank sein (ironic) *to be too lazy to walk*
abwarten (sep) *to wait and see*
futtern *to stuff oneself*
s. informieren *to inform oneself*
denken an (acc) *to think of or about*
s. erinnern an (acc) *to remember*
genügen *to be enough*
es langt *that's enough*
stehen *to stand, to be*
streiten *to quarrel*

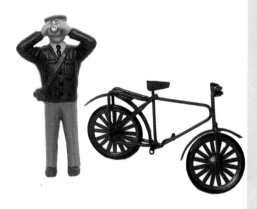

3

Aussehen: wichtig oder nicht?

① Wir versuchen, uns so oft wie möglich zu treffen.

Top-Qualität zum klasse Preis

Wie man aussieht und wie man sich fühlt, trägt zum allgemeinen Wohlbefinden bei und stärkt damit das Selbstvertrauen des Menschen. Wie wichtig ist gutes Aussehen für Jugendliche? Was tun die jungen Deutschen für ihr Aussehen? Ernähren sie sich richtig? Machen sie genügend Sport? Wie kleiden sie sich? Und was machen sie, wenn sie sich innerlich mal nicht wohl fühlen? Um über diese Themen zu diskutieren, zu lesen und zu schreiben, müßt ihr noch einiges lernen.

In this chapter you will learn

- to ask for and express opinions
- to express sympathy and resignation; to give advice; to give a reason; to admit something and express regret

And you will

- listen to students talking about what contributes to their well-being
- read about ways young Germans make statements about themselves
- write a description of someone you know
- find out what German students do to look good and feel good about themselves

② Du solltest dir mal ein Paar modische Schuhe kaufen!

Alles Gute für Ihre Gesundheit neuform

neuform **Reformhaus**

Gesund, vital und dabei schlank!

③ Was hältst du von Biokost?

Los geht's!

Gut aussehen

Vier Gymnasiasten erzählen, warum ihnen ihr Aussehen wichtig ist und was sie für ihr Aussehen tun.

Philipp

Sonja

Ich achte schon darauf, wie ich ausseh'. Wenn ich mir zum Beispiel etwas zum Anziehen kauf', so achte ich schon darauf, was zusammenpaßt. Und man kauft sich halt auch Sachen, die „in" sind: Designer Jeans, Lederjacken, ja und Cowboystiefel, die sind halt jetzt „in". Und was das Essen angeht, na ja ... ehrlich gesagt, ich mach' mir keine großen Gedanken darüber. Ich ess', was mir schmeckt, und das dann, wenn möglich, in Massen. Ich trink' zum Beispiel zu viel Cola, was auch nicht grad gesund ist. Aber es schmeckt halt.

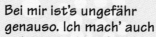

Bei mir ist's ungefähr genauso. Ich mach' auch Sport, hauptsächlich, weil man sich einfach besser fühlt. Und mit dem Essen pass' ich schon auf; ich will ja nicht zunehmen. Und ja mit der Kleidung, hm ... da trag' ich eben, was mir gefällt. Manchmal ist es modisch, manchmal nicht so. Es muß aber immer bequem sein, aber nicht schlampig.

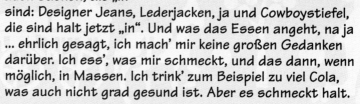

Tanja

Michael

Ich würd' schon sagen, mir ist mein Aussehen wichtig. Ich mach' auch ein bißchen Sport, hauptsächlich Volleyball und Tennis. Und mit dem Essen? Ich ess' halt weniger rotes Fleisch, mehr Hühnerfleisch, viel Obst und Gemüse. Ich möcht' schon ein bißchen darauf achten, was gut für meine Gesundheit ist.

Ich achte schon aufs Aussehen, und zwar ... also, ich mach' sehr viel Sport, um fit zu bleiben, ich ess' vernünftig — viel Gemüse, weniger Fleisch — ich rauch' nicht, ja ... und wenn ich mal ein paar Pfund abnehmen will, dann mache ich eben mehr Sport.

SONJA Meine Mutter achtet darauf, daß wir vollwertige Sachen essen, Gemüse, Obst und so. Aber Biokost machen wir nicht. Man soll's nicht übertreiben.

MICHAEL Wenn ich mal down bin, mach' ich halt Sport. Ich versuch', mich mit Sport abzulenken. Ich geh' schwimmen oder joggen ...

TANJA Das tun, glaub' ich, aber viele.

MICHAEL Ja schon, aber an der Schule gibt's halt einige Leute, die zweimal in der Woche ins Fitneß-Center gehen und ein regelmäßiges Krafttraining machen.

PHILIPP Ich halt' überhaupt nichts von Bodybuilding. Ich fahr' lieber Rad, oder ich geh' wandern. Das ist gesünder.

TANJA Wenn ich mich mal mickrig fühl', wenn etwas schiefgegangen ist, dann mach' ich erstens einmal Ordnung um mich herum. Ich räum' mein Zimmer auf. Und zweitens mach' ich mich hübsch. Ich zieh' mich nett an, ich schminke mich — nicht zu viel, aber wirkungsvoll. Das hebt die gute Laune. Und drittens mach' ich irgend etwas, was mir Spaß macht: ich hör' gute Musik, ich les' ein tolles Buch, oder ich beschäftige mich mit meinem Hobby, mit meinen Briefmarken. Dabei kann ich mich so richtig entspannen.

1 Wer macht was?

a. Was tun die vier Schüler, um gut auszusehen? Mach eine Liste mit verschiedenen Kategorien, zum Beispiel Kleidung, Sport usw.!

	Kleidung	Sport	Essen	Ges
Philipp	kauft Klamotten, die „in" sind			
Sonja				

b. 1. Welche Schüler geben Gründe an? Schreib die Gründe auf!
2. Für wen steht Sport oben auf der Liste? Kleidung? Essen?
3. Was machen die Schüler, wenn sie „down" sind?

2 Und was machst du?

Schreib deinen Namen auf die Liste mit den vier Schülern, und schreib auf, was du alles machst, um gut auszusehen!

3 Was berichten die Schüler?

Erzähle jetzt einem Klassenkameraden, was die vier Schüler alles für ihr Aussehen tun! Was ist das Wichtigste aus den Berichten?

BEISPIEL **Michael achtet auf sein Aussehen: Er macht viel Sport, um fit zu bleiben. Er ißt auch vernünftig und raucht nicht.**

Asking for and expressing opinions

Ein Fitneßtest

Machen Sie den Fitneßtest! Beurteilen Sie Ihre gegenwärtige Fitneß anhand der nebenstehenden fünf Punkte mit je einer Bewertung von 1 bis 10 (1 = ungenügend, 10 = ideal). Essen Sie während der nächsten 3 Monate täglich frisches Obst. Dann wiederholen Sie die Bewertung und stellen Sie fest, wie sich Ihre Fitneß verbessert hat!

Allgemeines Wohlbefinden	1	2	3	4	5	6	7	8	9	10
Körperliche Leistungsfähigkeit	1	2	3	4	5	6	7	8	9	10
Ausdauer	1	2	3	4	5	6	7	8	9	10
Konzentrationsfähigkeit	1	2	3	4	5	6	7	8	9	10
Lebensfreude, Spannkraft	1	2	3	4	5	6	7	8	9	10

WORTSCHATZ

Tanja schminkt sich ab und zu.

Sie ist schlampig angezogen.

Er fühlt sich mickrig.

Sie macht sich hübsch.

auf deutsch erklärt

sich entspannen relaxen
auf das Aussehen achten das Aussehen ist dir wichtig
mit dem Essen aufpassen darauf achten, daß man Gutes ißt
Was hältst du davon? Wie findest du das?
die Sache das Ding
zunehmen Wenn man zu viel ißt, nimmt man zu.
abnehmen Wenn man eine Diät macht, nimmt man ab.
vollwertig hat gute Nährstoffe
regelmäßig immer zur gleichen Zeit
wirkungsvoll effektiv
übertreiben schlimmer oder besser machen, als es wirklich ist
schiefgehen nicht gutgehen

auf englisch erklärt

Er macht sich Gedanken darüber. *He's thinking about it.*
Sie beschäftigt sich mit Umweltproblemen. *She is involved in environmental problems.*
Er lenkt sich mit Sport ab. *Sport is a diversion for him.*
Was das Essen angeht ... *As far as food goes ...*
Biokost schmeckt mir gut. *I like organic food.*
Das hebt die gute Laune. *That makes one feel better.*
Seine Kleidung paßt gut zusammen. *His clothes go together well.*

4 Hör gut zu!

Zweimal in der Woche beantwortet Radio Pop-shop Höreranrufe junger Leute. Jungen und Mädchen können mit dem bekannten Jugend-Psychologen Dr. Uwe Behrens über ihre Probleme sprechen. — Hört euch das Problem eines Jugendlichen an und schreibt auf, was das Problem ist und was Dr. Behrens dem Jugendlichen rät (*advises*)!

5 Wie steht's bei dir?

Interessierst du dich dafür, wie deine Klassenkameraden leben? Such dir eine Partnerin und frag sie, wie es bei ihr mit dem Essen, dem Aussehen, der Gesundheit und der Freizeit steht!

richtig?	schlampig?	wohl?	Hobbys
gesund?	modisch?	krank?	Sport
falsch?	konservativ?	mickrig?	Fernsehen

> PARTNER **Wie steht's bei dir mit dem Essen? Wie ernährst du dich?**
>
> DU **Ich ernähr' mich falsch. Ich ess' zu viel ...**

1. Wie steht's mit dem Anziehen? Wie ziehst du dich an?
2. Wie steht's mit deiner Gesundheit? Wie fühlst du dich?
3. Wie steht's mit deiner Freizeit? Womit beschäftigst du dich?

6 Was hebt deine Laune?

Schreib alle Dinge auf, die deine Laune heben, wenn du einmal down bist! Erzähl dann der Klasse, was du machst! Sind folgende Dinge auf deiner Liste? Andere Dinge?

> DU **Wenn ich einmal down bin, mache ich zuerst Ordnung. Dann ... danach ...**

Buch lesen
Musik hören
Zimmer aufräumen
Sport machen
spazierengehen
Ordnung machen
radfahren
Freund(in) anrufen

s. hübsch machen
s. modisch anziehen
s. beschäftigen mit ...
s. ablenken mit ...
s. hinlegen
s. etwas Nettes kaufen

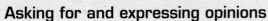

SO SAGT MAN DAS!

Asking for and expressing opinions

To ask for someone's opinion, you might ask:

Was hältst du von Biokost?

Was würdest du dazu sagen?

To give your opinion, you could say:

Ich halte viel/wenig davon.
Ich halte nichts davon.
Ich würde sagen, daß ...

How would you express these phrases in English? What case is used after **von**?[1]

7 Hör gut zu!

Hör zu, wie verschiedene Schüler ihre Meinungen zu bestimmten Themen äußern! Worüber äußern sich die Schüler? Welche Meinung hat jeder Schüler? Ist sie positiv oder negativ? Mach dir Notizen!

1. the dative case

8 Und du? Was hältst du davon?

Du unterhältst dich mit einem Klassenkameraden. Er will wissen, was du meinst. Was würdest du zu diesen Themen sagen? Was hältst du davon — viel? wenig? nicht viel? nichts? Gib Gründe an!

> PARTNER **Was hältst du von Kleidung, die „in" ist?**
> DU **Ich halte ...**

Kleidung, die „in" ist
Biokost
Bodybuilding
Designer Jeans
einer Diät ohne Fleisch
einem regelmäßigen Training

Grammatik Da- and wo-compounds (Summary)

Read the following exchange:

> HOLGER **Worüber sprecht ihr?**
> ANTJE **Wir sprechen über die Schule.**
> HOLGER **Wir haben auch gerade darüber gesprochen.**

What would be the English equivalents of **worüber** and **darüber** in the sentences above? To what does **darüber** refer? Why does Holger say **darüber** rather than **über** followed by the pronoun **sie**?

Many verbs you know are paired with particular prepositions:

> Sie **spricht** gern **über** Politik, während sie **auf** den Bus **wartet.**

When you want to replace the nouns in those prepositional phrases with pronouns, you have to watch out for certain things.

1. When the object of the preposition is a person, use an appropriate pronoun to replace it. Always consider the case of the noun:

> Ich warte **auf Anja/sie. Auf wen** wartest du?
> Heiko kommt **mit Susi.** Wer kommt noch **mit ihr? Mit wem** kommst du?

2. However, when the object of the preposition is a thing, use the appropriate **da-** or **wo-**compound:

> **Worauf** wartest du? Ich warte **auf den Bus/darauf.**
> Ich weiß nicht, **worauf** sie warten.
> Wir reden **über die Hausaufgaben/darüber. Worüber** redet ihr?

3. You should also use a **da**-compound when the object of the preposition is an entire clause, rather than just a noun.

> **Woran** denkst du? Ich denke **daran, daß ich morgen zum Zahnarzt muß.**

---

9 Umfrage in der Klasse

Was machen deine Freunde? Frag sie mal! Benutze in jeder Frage eine wo-Konstruktion!

> DU **Also, ich beschäftige mich mit meinen Briefmarken. Und du?**
> PARTNER **Ich beschäftige mich ...**

1. Ich beschäftige mich mit ...
2. Ich interessiere mich nicht für ...
3. Ich lenke mich mit ... ab.
4. Ich halte nichts von ...

Fahrradfahren	Computerspielen
Kleidung	Briefmarken
Mode	gesunde Ernährung
Bodybuilding	Zukunft
Kunst	Beruf
Musik	regelmäßiges
Aussehen	Training

10 Klassendiskussion

Ein Klassenkamerad äußert die folgenden Meinungen. Was meint ihr dazu?
Diskutiert darüber!

1. Es ist überhaupt nicht wichtig, wie man aussieht und was man anhat.
2. Alle Leute sollten nur Biokost essen!
3. Wenn man mal down ist, kann man überhaupt nichts machen. Da hilft nichts.

11 Was sagst du dazu?

Stell deiner Partnerin die folgenden Fragen! Reagiere auf das, was deine Partnerin sagt!
Jedes Gespräch soll ein paar Mal hin- und hergehen.

Ist dir gutes Aussehen wichtig?

Ißt du immer alles, was auf den Tisch kommt?

Was willst du übers Wochenende machen?

Wie oft machst du Sport?

Willst du ab- oder zunehmen, oder so bleiben, wie du bist?

Wie geht's dir denn heute? Warum?

12 Wichtig oder nicht?

Jetzt sprecht ihr über Dinge, die euch wichtig sind! Was sagen deine Klassenkameraden?
Was sagst du? Warum ist das so?

PARTNER **Wie wichtig ist dir dein Aussehen?**

DU **Ich würde sagen, mein Aussehen ist mir sehr wichtig.**

PARTNER **Warum? Kannst du mir das erklären?**

DU **(Wenn ich mich zum Beispiel modisch anziehe, fühl' ich mich wohl.)**

> deine Hobbys   deine Ernährung
> die Schule   deine Freunde
> deine Gesundheit dein Aussehen
> Sport   deine Kleidung

13 Für mein Notizbuch

Schreib einen Kurzbericht zum Thema: „Mein Aussehen ist mir (nicht) wichtig". Schreib
etwas über deine Ernährung, über Sport und über Kleidung!

14 Und deine Meinung über Kleidung?

Erzähl einer Partnerin, was du von Kleidung hältst! Wie wichtig sind dir neue Sachen?
Was trägst du gern? Was nicht? Muß alles zusammenpassen? Wie finden die Eltern deine
Kleidung?

15 Was hältst du von Kleidung?

Schreib einen Absatz zum Thema Kleidung! Hier sind ein paar Schreibhilfen.

Sachen tragen, die

halten von

was andere denken, ist

zusammenpassen

ist/sind mir wichtig

am liebsten tragen

darauf achten, daß

Die deutsche Subkultur

Lisa, 15

Ideologie

Gymnasiastin, 9. Klasse. Mutter Spanisch-Lehrerin an der Volkshochschule. Vater Internist. „Ich bin Punk, weil ich gegen die Ellenbogen-Gesellschaft rebelliere. Ich hab' mal einen Spruch gelesen, der mir sehr gut gefällt: ‚Ich fühle mich einsam, wenn ich eine Hand suche und nur Fäuste finde.'"

Je schlampiger, umso schöner! Zum Grunge-Look gehören strähnige Haare (einfach Haarwachs in die Spitzen kneten), lässig weite Opa-Hemden oder karierte Shirts.

Tekkno-Fieber

Tekkno-Parties locken tausende Jugendliche an. Kids in abenteuerlichen Verkleidungen warten vor den Discos auf Einlaß: Sie tragen Bauhelme, Sonnenbrillen, Gummihandschuhe, Mundschutz oder Plastiksäcke. Einer hat sogar einen Staubsauger auf dem Rücken.

Drinnen dröhnt die härteste Musik der Welt: Rhythmus ist alles, Melodie nichts. Die Tekkno-Fans begleiten das Ganze mit Trillerpfeifen.

Raver Grunger Punker

Raver (engl. to rave = rasen) sind die Hippies der 90er — sanft, gegen Gewalt. Sie feiern die längsten Partys (24 Stunden), ihre Musik (Tekkno) zerreißt Eltern das Trommelfell, 220 Baßschläge in der Minute. Ihr Look: Latzhosen, Minikleider mit „adidas"® Streifen, Springer-Stiefel.

Raver Girls lieben Plüschtier Rucksäcke (z.B. Drache oder Dinosaurier)

Tom, 18

Liebe

„Ich habe gerade eine ewig lange Beziehung beendet. Wir haben uns auseinander entwickelt, weil ich Raver wurde und nicht wie sie Abi machen wollte. Mein Traum wäre es, eine Freundin zu finden, die mir ähnlich ist. Ich finde es schön, wenn es jemanden gibt, dem man vertrauen kann."

Sprache

„Im Raver-Slang bedeutet »Chill-Out«: sich ausruhen. »Afterhour«-Party: die Party nach der Party, morgens ab sechs Uhr bis mittags."

LEXIKON

Wörter, die voll im Trend liegen, und was sie bedeuten

DAS IST DURCHAUS
ich stimme total zu

END DIE MEILE
weit entfernt

ENTERGIGANT
mehr als gigant, gigantischer

GESCHMEIDIG DIE LORCHE
prima, stark, optimal

KRASS IN DER BIRNE SEIN
verrückte Ideen haben

PSEUDO
jemand, der so tut, als ob er etwas ist, was er in Wirklichkeit nicht ist

A. 1. Schau die Fotos an, und lies die verschiedenen Texte! Wie viele verschiedene Trends kannst du feststellen? Beschreibe sie! Worauf beziehen sich die Trends hauptsächlich? Auf Mode? Musik? Sprache? Oder Weltanschauung?
2. Welche Trends sind dir schon bekannt? Gibt es ähnliche Trends in den USA? Was für Unterschiede gibt es?

B. Lies den Text links! Worum geht es? Was bedeuten die Ausdrücke? Wie sagt man sie auf englisch? Wie kann man sie anders auf deutsch ausdrücken?

Weiter geht's!

Immer mit der Mode. Oder?

Unsere vier Freunde erzählen, was sie von der Mode halten.

PHILIPP

Ich geb' zu, daß ich mich von der Mode schon ein wenig beeinflussen lass'. Meine Mutter sagt schon manchmal: „Für diese Klamotten zahl' ich dir nichts dazu. Die sind mir viel zu ausgefallen. Was hast du denn bloß für einen Geschmack? Du hättest dir das nicht kaufen sollen!" Aber mir gefällt's eben.

TANJA

Ich mach' auch mit der Mode mit. Das geb' ich ohne weiteres zu. Mit der Mode kann man ausdrücken, wie man sich fühlt. Wie ich ausseh', ... das sagt auch etwas über mich aus, wie ich bin und so. Und das ist wichtig für mich. Ich zieh' mich also schon modisch an. Es macht Spaß, ja und ... äh ... ich fühle mich wohl. Ich bedaure nur, daß ich oft nicht genug Geld habe, um mir wirklich schicke Sachen kaufen zu können. Manche Sachen näh' ich mir auch selbst, um Geld zu sparen.

SONJA

Ich kenn' Leute, die wollen eben bei anderen immer gut ankommen. Und sie glauben, sie können das mit der Mode machen. Die tun mir leid, diese Leute, die ... die machen alles nur mit, weil es gerade „in" ist. Ich würde mich nie so ausgeflippt anziehen, wie es manche tun. Ich seh' halt, was mir gefällt, und das kauf' ich mir halt. Aber ich muß auch zugeben, ich pass' mich schon irgendwie meinen Freunden an. Man möchte sich nicht von andern beeinflussen lassen, aber man tut es halt doch. Man möchte auch andere nicht nach der Kleidung beurteilen. Aber leider tut man das auch oft, ohne es zu wollen. Wenn ich jemand seh', der sich ganz verrückt anzieht, na, da denk' ich, wie kann man nur so herumlaufen? Haben die Leute denn überhaupt keinen Geschmack? Die müssen ganz schön blöd sein!

MICHAEL

Ich finde, man sollte schon ein bißchen mit der Mode gehen, aber nicht unbedingt den letzten Schrei tragen. Vieles sieht echt dumm aus, wenn man da mal in einer Modezeitschrift herumblättert. Ich finde, man sollte seinen eigenen Stil entwickeln. Ich zieh' eigentlich nur das an, was mir gefällt. Zu Hause lauf' ich meist im Trainingsanzug herum. Ich könnte es den ganzen Tag in Jeans nicht aushalten.

16 Hast du alles verstanden?

a. Was für ein Text ist das? Ein Bericht? Ein Interview? Eine Erzählung?

b. Lies den Text noch einmal, und stell für jeden Schüler fest, was der Hauptpunkt der Aussage ist! Welche Gründe geben die Schüler an, um den Hauptpunkt zu unterstützen?

17 Was halten die vier von Mode?

Lies die Aussagen der vier Schüler über Mode! Dann schreib auf, zu welchem Schüler jede Beschreibung paßt!

1. Hat eine Mutter, die die Klamotten von ihrem Kind kritisiert.
2. Will mit der Mode ausdrücken, wie er oder sie sich fühlt.
3. Zieht sich nie ausgeflippt an.
4. Möchte andere Leute nicht nach ihrer Kleidung beurteilen.
5. Glaubt, daß viele Leute keinen guten Geschmack haben.
6. Will schick sein, aber muß nicht den letzten Schrei tragen.
7. Kauft sich manchmal sehr ausgefallene Sachen.
8. Bedauert, daß er oder sie nicht genug Geld für wirklich schicke Sachen hat.
9. Paßt sich mit der Kleidung den Freunden an.
10. Möchte sich nicht von anderen beeinflussen lassen, aber tut es doch.
11. Will einen eigenen Stil entwickeln.
12. Kauft sich, was ihm oder ihr gefällt.
13. Findet, daß vieles in Modezeitschriften dumm aussieht.
14. Näht sich manche Sachen selbst.
15. Läuft zu Hause immer im Trainingsanzug herum.

18 Jeder wird jetzt Designer

Wähl dir eine Schülerin oder einen Schüler in diesen Interviews aus, und zeichne ein tolles Outfit, das diese Person wahrscheinlich tragen würde! Zeig deine Zeichnung deinen Klassenkameraden! Können sie erraten (*guess*), zu wem das Outfit paßt?

19 Und du? Was sagst du dazu?

Überleg dir folgende Fragen, und stell sie einem Partner! Gib deinem Partner so viel Auskunft, wie du kannst! Tauscht dann die Rollen aus!

1. Machst du mit der Mode mit? Gib ein Beispiel dazu!
2. Was ist für dich wichtig, wenn du an Kleidung denkst?
3. Du möchtest bei deinen Freunden gut ankommen. Was tust du?
4. Würdest du dich ausgeflippt anziehen? Wann? Was würdest du tragen?
5. Wie läufst du gewöhnlich herum?
   In der Schule? Zu Hause?

ZWEITE STUFE

Expressing sympathy and resignation; giving advice; giving a reason; admitting something and expressing regret

Eine Freundin gibt Rat

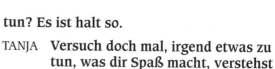

TANJA   Ja, Elke. Du bist's? Aber was ist denn los mit dir? Wie siehst du denn bloß aus?

ELKE   Warum, wie seh' ich denn aus?

TANJA   Ist alles in Ordnung mit dir? Wie geht's denn? Erzähl mal!

ELKE   Na ja, zur Zeit geht mal alles wieder schief bei mir.

TANJA   Das ist schlimm! Hast du Probleme zu Hause? In der Schule?

ELKE   Überall! In der Schule, zu Hause, mit meinem Freund ...

TANJA   Wie schrecklich! Kann ich dir irgendwie helfen?

ELKE   Nö. Ich hab' eben jetzt eine Pechsträhne, weißt du, und da kann man nichts machen.

TANJA   Das würd' ich nicht sagen. An deiner Stelle würd' ich erst mal ein wenig positiver denken.

ELKE   Ach, komm! Was kann ich schon tun? Es ist halt so.

TANJA   Versuch doch mal, irgend etwas zu tun, was dir Spaß macht, verstehst du? Du solltest ...

ELKE   Du hast gut reden! Du hast ...

TANJA   Laß mich mal ausreden! Du solltest mal etwas tun, was deine Laune hebt!

ELKE   Was denn?

TANJA   Warum gehst du nicht mal joggen? Oder spiel doch Volleyball draußen im Park!

ELKE   Ach, Quatsch! Und wer spielt denn schon mit?

TANJA   Du, kein Problem! Ich ruf' schnell mal einige Klassenkameraden an, und dann spielen wir! So was hebt meine Laune. Das hilft. Jedenfalls mir.

auf deutsch erklärt

ausgefallen angezogen
interessante Klamotten tragen, die
nicht jeder hat
bei anderen **gut ankommen**
wenn dich andere Leute mögen
Ich **pass' mich** meinen Freunden
an. Ich möchte so sein, wie
meine Freunde, und machen, was
sie machen.
Er **trägt den letzten Schrei.** Er
trägt, was gerade Mode ist.
in der Zeitung **herumblättern** die
Zeitung nicht lesen, sondern nur
Seite für Seite ansehen

auf englisch erklärt

Ich **lasse mich von** der Mode
beeinflussen. *I let myself be
influenced by fashion.*
Aber ich **mache** nicht **mit** der
Mode **mit.** *But I don't go along
with fashion.*
Man **drückt** sich durch Kleidung
aus. *You can express yourself
with clothes.*
Ich **gebe** schon **zu,** daß ich einige
Menschen **nach** ihrer Kleidung
beurteile. *I admit that I judge
some people by their clothes.*
Sagt das etwas **über** solche
Leute aus? *Does that say
something about such people?*

Sie näht gern.

Er spart Geld.

Sie zieht sich verrückt an.

SO SAGT MAN DAS!
Expressing sympathy and resignation

You have already learned some ways of
expressing sympathy:

Es tut mir leid! Wirklich!

Other ways of expressing sympathy are:

Das ist ja schlimm!
Das muß schlimm sein!
Wie schrecklich!
So ein Pech!

And resignation:

Da kann man nichts machen.

To express resignation you could say:

Was kann ich schon tun?
Es ist halt so.
Ich hab' eben eine Pechsträhne.

---

20 Wo sagen sie das? For answers, see underlined words in text on page 64.

Lest euch jetzt das Gespräch zwischen Tanja und Elke noch einmal durch! Sucht zusammen
die Stellen heraus, die Mitleid (*sympathy*), Resignation und Rat ausdrücken!

21 Dein Freund hat Probleme

Dein Partner erzählt dir etwas über seine Probleme. Du drückst dein Mitleid aus, aber dein
Freund ist resigniert. Vielleicht kannst du ihm auch einen Rat geben.

FREUND **Ich habe eine Fünf in Geschichte bekommen.**
    DU **Das ist ja schlimm!**
FREUND **Was kann ich schon tun? Es ist halt so.** Answers will vary. E.g.: **Vielleicht solltest du mehr lernen.**

1. Ich bin immer müde.
2. Ich hab' mein Taschengeld verloren.
3. Meine Freundin mag mich nicht mehr.
4. In Mathe bin ich eine absolute Niete (*loser*).
5. Meine Eltern schimpfen (*scold*) die
   ganze Zeit mit mir.

SO SAGT MAN DAS!

Giving advice

Here are several ways of making suggestions and giving advice:

> **Warum machst du dich nicht mal hübsch?**
> **Versuch doch mal, dich fesch anzuziehen!**
> **Du solltest mal etwas Tolles tragen.**
> **An deiner Stelle würde ich versuchen, positiver zu denken.**
> **Laß dir doch die Haare schneiden!**

22 Hör gut zu!

Welche Ratschläge passen für wen?

a.

b.

c.

d.

23 Komm, ich geb' dir mal einen guten Rat!

Dein Partner ist heute etwas down. Rate ihm, was er tun soll! Er reagiert positiv oder negativ.

> DU — **Warum liest du nicht mal ein Buch?**
> PARTNER — **Tja, ich habe keine Lust dazu.** *oder*
> **Gute Idee!**

Einige Ratschläge

sich mal hübsch machen
ein gutes Buch lesen
vernünftig essen
Sport machen
positiver denken
Ordnung schaffen
sich modisch anziehen
eine Reise machen

sich mit einem Hobby ablenken
sich die Haare schneiden lassen
mehr auf das Aussehen achten
sich etwas Modisches kaufen
einen Tag zu Hause bleiben

24 Hast du einen guten Rat?

Denk an fünf verschiedene Leute, die du gut kennst! Hast du einen guten Rat für sie?
Schreib auf einen Zettel, was du ihnen rätst!

> BEISPIEL — **Meine Schwester ißt sehr viele Süßigkeiten. Ich rate ihr:**
> **An deiner Stelle würd' ich nicht so viele Süßigkeiten essen!** *oder*
> **Warum versuchst du nicht, mehr Obst zu essen!** *oder*
> **Du solltest wirklich nicht so viele Süßigkeiten essen!**

Grammatik Infinitive clauses

Compare the following sentences:

Ich versuche, dir zu helfen. *I am trying to help you.*
Ich bin bereit, nach Hause zu gehen. *I am ready to go home.*
Ich habe vor mitzumachen. *I plan to participate.*

Find the verbs in the sentences above. Compare verb positions in English and German. What differences do you see? What do you notice about the verb **mitmachen** in the sentences above?

1. In infinitive clauses, the German infinitive is always preceded by **zu** and is placed at the end of the sentence. With separable-prefix verbs, **zu** is inserted between the prefix and the verb. **Zu** is never added in sentences when the conjugated verb is a modal, **werden** or **würde**!

2. A comma precedes the infinitive clause whenever anything is added to it, for example:

Ich versuche zu lernen.
Ich versuche, heute abend Deutsch zu lernen.

3. Infinitive clauses can also be introduced by **um** and **ohne**. For example, **um zu** (*in order to*) and **ohne zu** (*without ...ing*).

Ich näh' mir Kleider selbst, um Geld zu sparen.
Man tut das oft, ohne es zu wollen.

25 Gute Vorsätze

Was haben deine Klassenkameraden vor?
Jeder sagt, was für Vorsätze er oder sie hat.

BEISPIEL   DU   **Ich habe vor, weniger zu essen. Und du?**
PARTNER   **Ich habe vor, mehr Obst und Gemüse zu essen.**

gesund leben
etwas abnehmen
fit bleiben
sich modisch
   anziehen
sich mit Sport
   ablenken
etwas zunehmen
positiver denken

nicht alles
   mitmachen
sich nicht beein-
   flussen lassen
andere nicht nach
   der Kleidung
   beurteilen
seinen eigenen Stil
   entwickeln

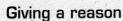

SO SAGT MAN DAS!

Giving a reason

There are different ways of expressing purpose and giving a reason. If someone asks you, for example: **Wozu machst du so viel Sport?**

You could answer:

Ich mache so viel Sport, { **weil ich mich nach dem Sport besser fühle.**
{ **damit ich mich besser fühle.**
{ **um mich besser zu fühlen.**

26 Warum machst du das?

Deine Partnerin sagt dir, warum sie verschiedene Sachen macht. Sag ihr, ob du das auch machst und wozu! Wenn du es nicht machst, sag warum!

PARTNER **Ich mach' viel Sport, damit ich fit bleibe.**

DU **Bei mir ist das auch so. Ich mach' auch viel Sport, um fit zu bleiben.**

1. Ich kauf' mir teure Klamotten, damit ich ...
2. Ich zieh' mich nett an, damit ich ...
3. Ich kauf' mir Modezeitschriften, damit ich ...
4. Ich geh' in Bioläden, damit ich ...
5. Ich ess' keine Süßigkeiten, damit ich ...
6. Ich mach' eine Diät, damit ich ...

SO SAGT MAN DAS!

Admitting something and expressing regret

To admit something, you might say:

Ich geb's zu.
Ich geb's zu, daß ich ...
Ich muß zugeben, daß ...

To express regret, you have already learned:

Leider!
Ich bedaure, daß ...
Ich bedaure es wirklich, daß ...

27 Mensch, gib's doch zu!

Du unterhältst dich mit einer Partnerin. Du fragst, ob sie folgende Sachen macht. Deine Partnerin gibt es zu und fragt dich auch. Was sagst du dazu? Bedauerst du das?

DU **Sag mal, machst du mit der Mode mit?**

PARTNERIN **Na ja, ich geb's zu, daß ich mit der Mode mitmache. Und du?**

DU **Ich eigentlich auch. Manchmal bedaure ich es, daß ...** *oder* **Nein. Das ...**

sich ab und zu ausgeflippt anziehen	zu viel Geld für Kleidung ausgeben
sich manchmal die Haare färben	zu kritisch sein
sich oft neue Klamotten kaufen	Leute nach der Kleidung beurteilen
sich zu sehr seinen Freunden anpassen	zu konservativ sein
	sich zu sehr beeinflussen lassen

28 Das bedaure ich aber ...

Denk an die Dinge in deinem Leben, die du bedauerst und schreib sie auf! Wie lang ist deine Liste? Vergleiche deine Liste mit der Liste eines Mitschülers!

BEISPIEL **Ich bedaure, daß ich mich nicht fit halte.**

29 Für mein Notizbuch

Schreib einen kurzen Aufsatz zu dem Thema Mode! Erwähne, was du von der Mode hältst, wie du dich anziehst, wieviel Geld du für modische Sachen ausgibst, ob du dich von der Mode beeinflussen läßt, ob du dich deinen Freunden anpaßt, usw.!

Have you ever read a text in which the characters were so vividly described that they seemed to be standing right in front of you? That is because the writer had carefully selected words that evoke strong visual images. In this activity, you will describe a person, either someone you know or a famous or fictional character, so that your classmates can visualize that person in their minds.

Personen beschreiben

Such dir eine Person aus, die du gut beschreiben kannst! Denk an das Aussehen dieser Person, zum Beispiel das Gesicht und die Kleidung! Wähl dann die wichtigsten Eigenschaften aus, und beschreib diese Person!

A. Vorbereiten

1. Mach einen Ideenbaum für deine Beschreibung! Auf den „Stamm" schreibst du ein Adjektiv oder eine Eigenschaft, die deiner Person am nächsten kommt! Das soll der Hauptpunkt deiner Beschreibung sein. Dann wähle Adjektive, Eigenschaften und Gewohnheiten, die diesen Hauptpunkt unterstützen, und schreib sie auf die „Zweige"!

2. Such jetzt ein Organisationsprinzip für deine Ideen! Sind sie sinnvoll, so wie du sie auf den „Baum" geschrieben hast, oder mußt du ein paar Ideen umstellen, um deine Beschreibung zu organisieren?

B. Ausführen

Verbinde jetzt die Ideen auf deinem Ideenbaum zu einer fließenden Beschreibung! Paß gut auf, daß der Hauptpunkt im Mittelpunkt steht! Vergiß auch nicht: Man soll diese Person fast sehen können, wenn man deine Beschreibung liest!

SCHREIBTIP

Organizing your ideas
No matter what you are writing, it is important to organize your thoughts around a main idea and choose details that support this main focus. There are many ways to organize your supporting details. For example, you can organize your ideas chronologically, spatially, or in order of importance. Always choose an organization pattern which fits your writing task.

C. Überarbeiten

1. Stell jetzt fest, ob deine Beschreibung die richtige Wirkung hat! Lies deine Beschreibung einem Partner vor! Dein Partner soll gleichzeitig versuchen, die Person zu zeichnen. Frag den Partner, was ihm an der Person auffällt! Was hält er von dieser Person?

2. Denk jetzt an die folgenden Fragen: Konnte dein Partner der Beschreibung folgen? Konnte er die Person gut zeichnen? Hat er den Hauptpunkt und die wichtigen Eigenschaften auch verstanden? Mach die nötigen Veränderungen, um deine Beschreibung zu verbessern!

3. Wenn du mit deiner Beschreibung und ihrer Wirkung zufrieden bist, lies den Text noch einmal durch! Hast du alles korrekt buchstabiert? Hast du auch Kommas und Punkte richtig gesetzt? Mach die nötigen Korrekturen!

4. Schreib jetzt deinen korrigierten Text auf ein reines Blatt Papier!

Das Thema, das uns alle angeht ...

Das macht viele Erwachsene richtig sprachlos

Unsere heutige Jugend und ihre Sprüche

Es begann harmlos, mit einem gedehnten „Ey, affengeil!" Von da an fing Tanja (16) jeden Satz mit „Ey ..." an. „Ey, Mom", „Ey, Dad" — und ihre Schulfreunde hießen alle „Ey, Alter!"

Sie aß keine Pizza mehr, sondern „pfiff sich 'ne Mafia-Torte rein". Wenn Tanja im Bad vor dem Spiegel stand, schminkte sie sich nicht, sondern „legte Emaille" auf.

„Sag mal, was sind denn das für Sprüche?" fragte ihre Mutter. „Reden die in deiner Klasse jetzt alle so?"

In der Tat — sie tun's.

„Die heutige Jugend will sich auf diese Art bewußt von der Sprache der Erwachsenen abheben", stellten Psychologen fest.

„Da kriegt Mama 'n Föhn!"

„Jede Clique hat ihre eigenen Sprüche, auf die sie stolz ist." Und die Begriffe wechseln so schnell, daß die „Kalkleisten" (Leute über 25) kaum mitkommen.

„Wenn ich richtig loslege", sagt Uli (14) lachend zur Reporterin, „dann brennt bei

---

LESETRICK

Determining the main idea of an article When reading magazine or newspaper articles, you can usually determine the main idea by reading the title, captions, and the first paragraph. In the case of a feature article, which is in essay form, you will also need to look carefully at the last paragraph.

Getting Started

1. Read the title, subtitle, and caption. In your opinion, what is this passage about? On what group of people does it focus?
2. Now read the first and last paragraphs. Based on this information, what would you say is the main idea? Support your answer with evidence from the passage.
3. Scan the article to see what types of people the writer quotes. How has the writer organized the article? Is it a story, a report, or something else?

A Closer Look

4. Now read the article once carefully. Find some examples of teenage slang. What do

Paps ein Chip durch, und Mama kriegt 'nen Föhn."

In der neuen Jugendsprache wird alles durcheinandergemischt: Technik, Englisch, Comic-Sprechblasen ...

„Sobald mein 15jähriger im Haushalt helfen muß", klagt eine Mutter (36), „ist alles ‚Ächz-Stöhn' oder ‚Kotz-Würg' — das klingt wirklich bescheuert".

Ganz unberechtigt sind die Sorgen vieler Eltern nicht.

Der Marburger Gymnasial-Pädagoge Joachim Kutschke (49) hält die heutige Generation für maulfaul. „Ihr fehlt das Bedürfnis, sinnvoll miteinander zu reden. Wozu lange Diskussionen, Begründungen, Erklärungen. Das stört doch nur."

Die Jugendlichen, mit denen er darüber sprach, sehen das anders. Olaf (17): „Was wollt ihr überhaupt? Die meisten Eltern sprechen zu Hause auch nur das Allernötigste." Und Lilo (16): „Die Alten sitzen doch nur stumm wie die Fische vor dem Fernseher."

Und umgekehrt. „Mein 15jähriger kommt heim, geht wortlos in sein Zimmer und dröhnt sich den ganzen Tag mit Musik voll."

Allerdings sehen viele Psychologen in den neuesten „Sprach-Schöpfungen" der Jugend auch Gutes. „Da sind Sachen dabei, die zeigen, daß sie sich auf ihre Art ebenfalls Gedanken machen."

Über das Waldsterben zum Beispiel. „Sauer macht lustig — der Wald lacht sich krank", geistert zur Zeit durch die Schulen. Sie wollen, wie frühere Generationen auch, die Welt der „Grufties" (Erwachsenen) entlarven, ablehnen und dafür etwas Eigenes, Besseres erfinden.

„Das war schon immer das Bedürfnis der Jugend", geben auch die Pädagogen zu.

... alles schon mal dagewesen

„Und dieses Gefühl finden die Kids dann eben oberaffen-megaturbo-geil. Aber sie sind dabei nicht anders als wir, als wir jung waren."

„Fetenmäßig" muß alles stimmen, „actionmäßig" der Tag in Ordnung sein, also immer was los sein.

Aber das kostet „Lappen" (Geld), und für die braucht man wieder die „Kalkleisten" (Eltern), und die haben da manchmal leider einen „Hörsturz", wenn's zuviel wird ...

Echt „heavy" (schwer), das Leben, hohl, gichtig, schlaff, abgefahren. Aber alles schon mal dagewesen.

Der einzige Rat, den Psychologen Eltern geben können, ist: Nicht nachaffen, nicht mitspielen! Wobei natürlich eigene Sprüche erlaubt sind wie „Ich geb' dir 20 Pfennig, erzähl's der nächsten Parkuhr!"

Der Sprachforscher Johannes Schwittalla hält die Jugend-Sprüche lediglich für eine „Durchgangsstation": „Wenn die Clique sich auflöst, der Beruf beginnt, sprechen die alle wieder ganz normal." Logisch, ey?

—*Emily Reuter*

---

they mean, according to the writer's "translations?" Do you think such translations are needed? Why or why not?

5. Write one to three sentences summarizing adults' complaints about teenage slang.

6. How do the teenagers in the article respond to those complaints?

7. Who comes to the defense of teenagers' language? What do these people have to say about the slang used by teens?

8. What advice do the psychologists give parents?

9. Why does the writer quote the language expert in the final paragraph?

10. Was meinst du jetzt, was der Hauptgedanke von diesem Artikel ist? Schau auf deine Antwort von Frage 2, und ändere deine erste Aussage, wenn nötig! Schreib deine Formulierung auf!

11. Welche Sätze oder Absätze unterstützen den Hauptgedanken des Textes? Schreib drei unterstützende Aussagen unter deine Formulierung des Hauptgedankens!

12. Schreib jetzt eine Zusammenfassung des Textes! Verwende dabei die Informationen von Fragen 10 und 11! Vergiß nicht, auch einen Schlußsatz zu schreiben!

1 **a.** Du möchtest dich mit richtiger Ernährung fit halten. Wieviel weißt du über den Nährwert von Lebensmitteln? Lies die Umfrage! Entscheide dann, ob die Aussagen richtig oder falsch sind!

Umfrage: Nährwert von Lebensmitteln

1. Das beste Brot ist dunkles Brot.

richtig ☐
falsch ☐

2. Braune Eier sind gesünder als weiße Eier.

richtig ☐
falsch ☐

3. Kartoffeln machen dick.

richtig ☐
falsch ☐

4. Fisch hat weniger Nährwert als Fleisch.

richtig ☐
falsch ☐

5. Öl ist Öl. Es spielt keine Rolle, welches man im Haushalt gebraucht.

richtig ☐
falsch ☐

6. Orangen und Zitronen sind die Vitamin-C-reichsten Früchte.

richtig ☐
falsch ☐

7. Brot macht dick.

richtig ☐
falsch ☐

8. Alle Mineralwässer sind gleich.

richtig ☐
falsch ☐

9. Wenn es heiß ist, soll man nichts oder weniger trinken.

richtig ☐
falsch ☐

10. Brauner Zucker enthält mehr Vitamine und Mineralien als weißer Zucker.

richtig ☐
falsch ☐

b. Du hörst im Radio einen Bericht über gesunde Ernährung. Schau dir nochmal die Umfrage von Übung 1 an und die Antworten, die du gewählt hast! Wie viele Antworten hast du richtig?

c. Schreib jetzt die Aussagen aus der Umfrage von Übung 1 in richtig-lautende Aussagen um!

2 Diskutiert die folgenden Äußerungen!
— Was haltet ihr von diesen Bemerkungen?
— Wie würdet ihr darauf reagieren?

> Schuluniformen sind eine gute Lösung für Kleiderprobleme in der Schule.
> Ute

> Eins ist sicher: gut gekleidete Leute finden eher Freunde als andere.
> Sven

> Wenn bei uns in der Klasse jemand etwas Neues anhat, wollen die andern gleich das Etikett mit der Marke sehen. Wer sich keine teuren Klamotten leisten kann, schneidet als erstes das Etikett heraus. Aber das merken die andern auch sofort. Was soll man da tun?
> Tanja

> Ich trag' gern verrückte Klamotten. Ich trag' auch einen Ohrring, und ab und zu färb' ich mir auch die Haare. Ich will mit meinem Aussehen provozieren. Und wie die Leute reagieren! Besonders ältere Leute sprechen mit mir über mein Aussehen. Und es ist ein tolles Gefühl, wenn die Leute merken, daß ich gar nicht so negativ bin, wie sie immer glauben. Uwe

> Wer nicht perfekt gekleidet ist, bekommt nie einen guten Job. Ich hab' neulich eine Einladung zu einer Fete bekommen. Am Ende stand: Festliche Kleidung erwünscht.
> Michael

3 Schreib eine Antwort zu einer dieser fünf Äußerungen! Lies danach deinen Klassenkameraden vor, was du geschrieben hast!

4
R O L L E N S P I E L

Spiel einen Dialog mit einem Partner vor der Klasse! Folgende Anleitungen helfen dir dabei.

1. Du hast dir eine Jacke und eine Hose gekauft, die deinem Vater überhaupt nicht gefallen. Er kritisiert dich. Schreib auf, was er alles sagen kann! Gebrauche diese Stichwörter!

   wie aussehen — Hose, eng — Jacke, ausgefallen — Geschmack? — nicht kaufen sollen — nichts dazu zahlen

2. Du verteidigst (*defend*) dich. Schreib auf, was du alles sagen kannst! Gebrauche diese Stichwörter!

   Freunde auch solche Klamotten haben — mit der Mode mitmachen — „in" sein — Aussehen wichtig — Sachen waren billig — nicht genug Geld für schicke Sachen

Can you ask for and express opinions? (p. 57)

1 How would you ask for an opinion and give your own opinion of
a. **Biokost**?
b. **eine Ernährung ohne Fleisch**?
c. **Bodybuilding**?

Can you express sympathy and resignation? (p. 65)

2 How would you express sympathy or resignation in response to these statements?
a. **Ich hab' jetzt schon die zweite Fünf in Geschichte.**
b. **Du hast wohl Probleme mit deiner Frisur!**
c. **Stell dir vor, ich hab' meine Kamera verloren!**
d. **Meine beste Freundin hat mich nicht zu ihrer Fete eingeladen.**
e. **Der Peter, der paßt sich seinen Freunden überhaupt nicht an.**

Can you give advice? (p. 66)

3 What advice would you give to a friend who told you the following?
a. **Meine Mutter sagt, ich zieh' mich zu schlampig an.**
b. **Sie sagt, meine Haare sind viel zu lang.**
c. **Sie sagt, mein Zimmer ist nie aufgeräumt.**
d. **Sie sagt, daß ich zu viel fernsehe.**

Can you give a reason? (p. 67)

4 How would you complete these statements so that they tell why you do these things?
a. **Ich ess' eigentlich keine Süßigkeiten, ...**
b. **Mit dem Essen pass' ich schon auf, ...**
c. **Ich treibe natürlich viel Sport, ...**
d. **Ich beschäftige mich aber auch mit meinen Hobbys, ...**

Can you admit something and express regret? (p. 68)

5 How would you admit and express regret that you
a. paid too much for ...?
b. judge your friends by their clothes?
c. dress in a ... way (**schlampig**)?

ERSTE STUFE

GIVING OPINIONS

Du hältst viel von unserer Lehrerin, oder? *You think highly of our teacher, don't you?*

OTHER USEFUL WORDS AND PHRASES

s. Gedanken machen über (acc) *to think about*
s. entspannen *to relax*
s. ablenken (sep) *to divert oneself*

s. beschäftigen mit *to keep busy with*
s. schminken *to put on makeup*
achten auf (acc) *to pay attention to*
zunehmen (sep) *to gain weight*
abnehmen (sep) *to lose weight*
übertreiben *to exaggerate*
schiefgehen (sep) *to go wrong*
treffen *to meet*
zusammenpassen (sep) *to go together, match*
aufpassen (sep) *to pay attention*
was (das) angeht *as far as (that) goes*
heben *to lift*

hübsch *pretty, handsome*
mickrig *lousy*
schlampig *sloppy*
vollwertig *nutritious*
regelmäßig *regularly*
hauptsächlich *mainly*
wirkungsvoll *effective*

die Kleidung *clothing*
die Laune *mood*
die Sache, -n *thing*
die Biokost *organic food*
das Krafttraining *weight lifting*

ZWEITE STUFE

EXPRESSING SYMPATHY AND RESIGNATION

Das muß ja schlimm sein! *That must be really bad!*
Wie schrecklich! *How terrible!*
Ich hab' eben eine Pechsträhne. *I'm just having a streak of bad luck.*
Da kann man nichts machen. *There's nothing you can do.*
Was kann ich schon tun? *Well, what can I do?*
Es ist halt so. *That's the way it is.*

GIVING ADVICE

Komm, ich geb' dir mal einen guten Rat! *Okay, let me give you some good advice.*
Versuch doch mal, etwas zu machen! *Why don't you try to do something?*
Du solltest mal ins Kino gehen. *You should go to the movies.*

An deiner Stelle würde ich mehr lernen. *If I were you, I'd study more.*
Laß dir doch die Haare schneiden! *Why don't you get your hair cut?*

OTHER USEFUL WORDS AND PHRASES

Das sagt etwas über dich aus. *That says something about you.*
mitmachen mit (sep) *to go along with*
beurteilen nach *to judge according to*
ankommen bei (sep) *to be accepted by*
s. anpassen (sep, dat) *to conform to*
beeinflussen *to influence*
ausdrücken (sep) *to express*
zugeben (sep) *to admit*
entwickeln *to develop*
versuchen *to attempt, try*

vorhaben (sep) *to plan*
aushalten (sep) *to endure, stand something*
nähen *to sew*
sparen *to save money*
herumblättern (sep) *to leaf through (a newspaper)*

der Geschmack *taste*
das Mitleid *pity, sympathy*
der letzte Schrei *the latest fashion*
Kleider (pl) *clothes*

ausgefallen *unusual*
verrückt *crazy*

ohne *without*
ohne weiteres *easily, readily*
ohne ... zu machen *without doing ...*
um ... zu machen *in order to do ...*
damit (conj) *so that, in order to*

Komm
mit
nach

Würzburg!

S. KILIANUS

Würzburg

Bundesland: Bayern

Einwohner: 128 000

Fluß: Main

Sehenswürdigkeiten: Festung Marienberg, Dom, Residenz, Haus zum Falken

Berühmte Künstler: Tilman Riemenschneider (1460-1531), Mathias Grünewald (ca. 1480-1529)

Fürstbischöfe: Rudolf von Scherenberg (1466-1495), Julius Echter (1545-1617), Franz von Schönborn (1674-1746)

Industrie: Weinbau, Textil, Elektronik, Tourismus

Bekannte Gerichte: Bratwürste, Zwiebelkuchen, Zwetschgenkuchen

Foto ① **St. Kilian, Frankenapostel und Schutzheiliger Würzburgs, mit Festung Marienberg, einst Residenz der Fürstbischöfe**

DÄNEMARK

Nordsee · Ostsee

NIEDER-LANDE

POLEN

Berlin

BEL.

Würzburg

TSCHECH. REPUBLIK

LUX.

BAYERN

FRANK-REICH

SCHWEIZ · ÖSTERREICH

Würzburg

*Würzburg feierte 1992 seinen 1250. Geburtstag! Die
Geschichte dieser Stadt reicht bis in die keltische Zeit zurück.
Schon im 8. Jahrhundert erhob St. Bonifatius den damals
kleinen Ort zum Bistum. Im 12. Jahrhundert erhob Kaiser
Friedrich Barbarossa die Bischöfe von Würzburg zu Herzögen
von Franken. Damit begann eine Entwicklung, die in den
folgenden Jahrhunderten Würzburg zu einem kulturellen Zentrum Europas machte.*

*Im Zentrum steht der Dom St. Kilian, im Jahre 1045 begonnen.
Der Dom ist die viertgrößte romanische Kirche Deutschlands.
Im Innern befinden sich die Grabmäler von Bischöfen, u.a. die
Grabmäler von Rudolf von Scherenberg (gest. 1495) und
Lorenz von Bibra (gest. 1519), beide von Riemenschneider
aus Salzburger Rotmarmor geschaffen.*

② **Die Alte Mainbrücke mit den Apostelfiguren führt in die Innenstadt zum Dom.**

③ Die fürstbischöfliche Residenz,
der bedeutendste Profanbau
des deutschen Barocks, wurde
1719-1744 unter der Leitung
von Balthasar Neumann
errichtet. Im Innern ist das
großartige Treppenhaus mit
dem berühmten Freskogemälde von Tiepolo und der
einzigartig dekorierte Kaisersaal, in dem jährlich die
Konzerte des Mozartfestes stattfinden.

④ Das Haus zum
Falken, das
heute das
Fremdenver-
kehrsamt
beherbergt, hat
die schönste
Rokokofassade
(1751) der Stadt.

4

Verhältnis zu anderen

① Du, ich geb' dir recht. Wir kommen alle gut miteinander aus.

Deutschen Teenagern ist es wichtig, bei anderen gut anzukommen, gute Freunde zu haben, vielleicht einer Clique anzugehören. Wie ist dein Verhältnis zu anderen Leuten? Kommst du mit deinen Eltern gut aus? Wer sind deine Freunde? Bist du anderen Leuten gegenüber tolerant, auch wenn sie anders sind als du? Um über diese Fragen diskutieren zu können, mußt du noch einiges lernen.

In this chapter you will learn

- to agree
- to give advice; to introduce another point of view; to hypothesize

And you will

- listen to students talk about their relationships with other people
- read about how different students get along with others
- write about the relationship you have with someone important to you
- learn more about the German school system

② Es ist schon wichtig, daß man sich nicht von den andern absondert.

③ Also, wenn ich du wäre, würde ich das gleich erledigen.

Los geht's!

Verhältnis zu Eltern und Freunden

Über ihr Verhältnis zu Eltern und Freunden sprach ein Interviewer mit vier Gymnasiasten. Er unterhielt sich mit Sonja (17), Tanja (18), Michael (17) und Philipp (17).

INTERVIEWER Wie kommt ihr mit euern Eltern aus?

MICHAEL Ja, bei mir läuft seit zwei Jahren alles prima.

INTERVIEWER Was meinst du damit? War's vorher anders?

MICHAEL Na ja, bis vor zwei Jahren hat's ab und zu Streitigkeiten gegeben.

INTERVIEWER Kannst du mal ein Beispiel geben?

MICHAEL Es ist damals meistens um so kleine Alltäglichkeiten gegangen — die Mutter will, daß man schnell noch aufräumt, bevor man weggeht und so weiter.

TANJA Ja, bei mir ist es auch so: jetzt gibt's keine Streitigkeiten mehr. Das Problem mit dem Weggehen, das früher ein Streitpunkt war, hat sich jetzt erledigt — ich bin ja jetzt achtzehn — und ja, alles andere, darüber kann man ja reden, da braucht man nicht streiten.

SONJA Da geb' ich dir recht, Tanja. Und ich möchte dazu noch sagen, daß ... also, es dauert eben auch eine Zeitlang, bis sich die Eltern daran gewöhnen, daß aus ihren Kindern erwachsene Leute geworden sind.

PHILIPP Eben. Ich versteh' mich jetzt mit meinen Eltern so prima. Mein Vater ist ein echter Kumpel. Wir gehen zusammen Tennis spielen und so ... und ich frag' mich oft, warum es früher nicht so gut geklappt hat.

INTERVIEWER Wer sind eure Freunde? Mit wem seid ihr gewöhnlich zusammen?

PHILIPP Unser Freundeskreis? Ja, das sind eigentlich die Leute aus der letzten Klasse. Es ist ja so: in der Kollegstufe gibt es keine festen Klassen, also man ist immer mit anderen Leuten zusammen. Aber im Jahr davor, da waren wir in der 10. Klasse und eben schon seit der 5. Klasse mit den gleichen Leuten zusammen. Und da haben sich gewisse Cliquen gebildet, die eben jetzt was zusammen machen.

INTERVIEWER Was macht ihr so? Geht ihr tanzen?

MICHAEL Nee, wirklich nicht!

SONJA	Wir gehen öfters weg, einfach so in ein Café, trinken irgendwas und unterhalten uns, oder wir schauen uns zusammen einen Videofilm an oder ...
MICHAEL	Ins Kino gehen wir auch ab und zu zusammen, manchmal sogar auch ins Theater.
TANJA	Besonders, wenn wir Freikarten kriegen.
PHILIPP	Und wir machen Sport zusammen, wir spielen Tennis, und im Sommer gehen wir halt oft zusammen schwimmen.
INTERVIEWER	Seid ihr auch mit anderen Leuten zusammen, mit denen ihr in der Grundschule wart?
SONJA	Kaum.
MICHAEL	Ich kenn' einen, der mit mir im Schwimmverein ist. Ich war mit dem in der Grundschule zusammen und hatte aber keinen Kontakt mehr zu ihm bis eben jetzt ... aber wir machen nichts zusammen. Er haut immer gleich ab und fährt zu seiner Clique.
SONJA	Man macht sicher auch etwas mit anderen Leuten, aber ich würd' auch sagen, daß man hauptsächlich mit den eigenen Leuten unterwegs ist. Mit der Zeit merkt man halt, mit was für Leuten man sich versteht, wer die gleichen Interessen hat, ja und demnach richtet man seinen Freundeskreis ein.
INTERVIEWER	Was machen denn die Azubis in ihrer Freizeit?
MICHAEL	Keine Ahnung. Weiß nicht.
TANJA	Ich hab' früher in einer Gegend gewohnt — da war ein Freizeitheim, in dem sich meistens Azubis getroffen haben. Aber ich weiß nicht, was die sonst so gemacht haben.

1 Verhältnis zu Eltern und Freunden

Welche Aussagen (*statements*) machen die vier Schüler zu den Fragen?

a. Wie ist euer Verhältnis zu den Eltern?
b. Wer sind eure Freunde, und was macht ihr mit ihnen?

NAME	ELTERN	FREUNDE
Michael	alles läuft prima	
Tanja	Es gibt keine Streitigkeiten mehr.	
Philipp		
Sonja		
_____		

2 Und du? Wie steht's mit dir?

Trag deinen Namen in die Tabelle ein und berichte kurz, wie dein Verhältnis zu deinen Eltern und Freunden ist!

3 Was erzählt Philipp?

Erzähle, was Philipp über sein Verhältnis zu seinen Eltern und Freunden berichtet!

a. Philipp versteht sich mit seinen Eltern prima. Sein Vater ...
b. Die Freunde, die er hat, sind Leute aus der 10. Klasse. Er ist mit ihnen ...
c. Sie machen ...

ERSTE STUFE

Agreeing

WORTSCHATZ

auf deutsch erklärt

Ich komme gut **mit** ihnen **aus.**   Wir haben keine Probleme miteinander.
Wir verstehen uns nicht so gut **mit** ihnen. Wir kommen nicht gut mit ihnen aus.
Wir richten uns nach euch.   Wir machen gern, was ihr machen wollt.
der Kumpel   ein guter Freund
der Freundeskreis   die Gruppe von Freunden
erwachsen sein   kein Kind mehr sein
reden   sprechen

auf englisch erklärt

Wir haben ein problematisches Verhältnis. *We have a difficult relationship.*
Wir haben aber wenig Krach miteinander. *We really don't argue much with one another.*
Meine Eltern schimpfen immer mit mir! *My parents are always scolding me!*
Das kann ich nicht leiden! *I can't stand that!*
der Streit   *quarrel*
der Streitpunkt   *point of contention*
Worum geht es? *What's it about?*
Sie gehört einem Volleyballclub **an.** *She belongs to a volleyball club.*

---

4 Gibt es hier Konflikte?

Was können Eltern manchmal nicht leiden? Schau dir die Zeichnungen an und suche die Satzteile ganz unten, die zu den Zeichnungen am besten passen! Schreib dann die Sätze richtig ab, indem du sie mit den Konjunktionen verbindest!

Es gibt Krach, ...

Meine Eltern schimpfen, ...   **Sie können es nicht leiden, ...**

(wenn) ich räume mein Zimmer nicht auf

(wenn) ich komme zu spät nach Hause

(wenn) ich sehe zu viel fern

(daß) ich habe mir die Haare gefärbt

(wie) ich ziehe mich an

(weil) meine Noten sind schlecht

(weil) ich helfe nicht immer

(wenn) ich spiele die Musik laut

5 Hör gut zu!

Ihr hört jetzt vier Gespräche. Die Leute, die sich unterhalten, streiten sich. Worüber streiten sie? Endet in jedem Fall der Streit gut, also produktiv, oder schlecht, d.h. die Personen erreichen nichts?

6 Die Eltern schimpfen so oft!

Erzähle deiner Partnerin, wann es bei dir zu Hause Krach gibt, und deine Partnerin erzählt dir dann, wie es bei ihr zu Hause ist!

DU **Es gibt Krach, wenn ich ...** *oder*
Meine Mutter schimpft immer, weil ... *oder*
Die Eltern können es nicht leiden, daß ...

Zimmer nicht aufräumen
einen Freund/eine Freundin haben
zu viel ausgehen
die Musik zu laut spielen
zu spät nach Hause kommen

schlechte Noten haben
zu viel Geld ausgeben
sich verrückt anziehen
sich die Haare färben
sich zu sehr schminken

SO SAGT MAN DAS!

Agreeing

You have learned a number of ways to express agreement. Here are a few more:

If your friend says:

Du sollst nicht so viel streiten.

Wir müssen unsere Hausaufgaben erledigen.

Bei uns ist der Streitpunkt das Geschirrspülen.

You may answer:

Da geb' ich dir recht.

Ganz meine Meinung.

Bei mir ist es auch so.

What are some other ways you have learned to express agreement?[1]

7 Hör gut zu!

Claudia erzählt Patrick, daß sie Streit mit ihrem Vater hatte. Hör gut zu, und mach dir Notizen, worum es geht! Stimmt Patrick Claudias Meinung zu oder nicht? Anhand deiner Notizen spiel dann mit einem Partner die Rollen von Claudia und ihrem Vater!

8 Was sagst du dazu?

Diskutier über die folgenden Aussagen mit deinem Partner! Stimmst du diesen Aussagen ganz zu oder nur teilweise? Was kannst du noch dazu sagen?

1. Eltern sollen mehr Vertrauen zu ihren Kindern haben.
2. In unserem Alter braucht man nicht streiten. Über Probleme kann ich mit meinen Eltern immer reden.
3. Die meisten Streitigkeiten gehen nur um Alltäglichkeiten.
4. Eltern können sich nicht daran gewöhnen, daß aus ihren Kindern erwachsene Leute werden.
5. Man sollte ab und zu auch mal mit den Eltern ins Theater oder in ein klassisches Konzert gehen.

1. **Da hast du recht; Ich meine das auch; Stimmt!; Das finde ich auch.**

9 Was zeigt die Statistik?

Mit wem verbringen Jugendliche ihre Freizeit? Schreib einen kurzen Bericht darüber, indem du die Satzlücken in dem folgenden Text füllst! Die Information dafür findest du in der Grafik rechts unten.

An ═══ Stelle steht die Clique. Die Statistik zeigt, daß die Jugendlichen ═══ Prozent ihrer Freizeit mit der Clique verbringen. 24 ═══ ihrer Freizeit sind die Jugendlichen mit ═══ zusammen. An ═══ Stelle steht mit 18 Prozent die ═══. Nur ═══ Prozent ihrer Freizeit verbringen die Jugendlichen allein. An ═══ Stelle nannten die Jugendlichen ═══ mit 10 Prozent.

EIN WENIG LANDESKUNDE

Die Clique, die lose, informelle Freundesgruppe, ist für die meisten Jugendlichen von heute von großer Bedeutung. Sechzig Prozent aller Jugendlichen sagen, sie gehören einer Clique an, 1962 waren es nur 15 Prozent.

Was macht die Clique so beliebt? Cliquen sind den Jugendlichen wichtig, vor allem für die Gestaltung der Freizeit. Auf diesem Gebiet fangen die Jugendlichen schon sehr früh an, sich von ihren Eltern zu lösen. Ein Sportverein ist nicht immer die ideale Lösung: Vereine sind organisiert, und das wollen viele Jugendliche nicht. In der Clique ist man nicht allein, man ist mit Gleichaltrigen zusammen, also man hat Freizeitpartner.

Wo treffen sich die Cliquen? Diskos, Jugendheime, Schwimmbäder und vor allem Fußgängerzonen und öffentliche Plätze sind Orte, wo man sich treffen kann. Hier in der Clique kann man die Zeit verbringen, miteinander reden. Hier wird man so genommen, wie man ist.

Ein wenig *Grammatik*

Ordinal numbers

In order to use numbers as adjectives, as in the sentence "I am in the tenth grade", you need to know the ordinal numbers. The first three, as in English, are irregular.

Das ist mein **erst**er Wagen.
Ich würde mir den Film ein **zweit**es Mal ansehen.
Nein, ich meine die **dritte** Straße rechts.

After that, add a **t** to the end of the cardinal number and then the correct adjective ending.

Ich bin in der **zehnt**en Klasse.
Meine Schwester hat am **achtzehnt**en Juli Geburtstag.

Remember, as adjectives, these numbers follow all the rules for adjective endings. For a list of the ordinal numbers, see the Grammar Summary.

Mit wem verbringen Jugendliche ihre Freizeit?

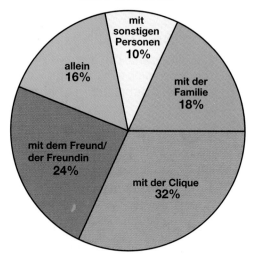

10 Für mein Notizbuch

Schreib, warum deine Eltern manchmal mit dir schimpfen, worüber sie sich freuen und wann oder warum es ab und zu Krach gibt!

KAPITEL 4   Verhältnis zu anderen

Grammatik   Relative clauses

1. Sometimes you may want to say more than you can express in a simple sentence. One solution is to create a new sentence.

   Ich kenne einen netten Jungen. Er ist in meinem Schwimmverein.

2. For a more fluid style you can also use a relative clause. A relative clause is introduced by a relative pronoun that refers back to the noun it replaces.

   Ich kenne einen netten Jungen, der in meinem Schwimmverein ist.

   Siehst du die Frau, die da drüben steht?

3. The gender of a relative pronoun depends on the word it refers back to.

   Der Freundeskreis, der aus sieben Schülern besteht, trifft sich im Café.
   Die Clique, die jedes Wochenende zusammenkommt, spielt gern Tennis.
   Das Problem, das früher ganz groß war, ist jetzt gelöst.
   Die Schüler, die jetzt von der Schule kommen, sind bei mir in der Klasse.

4. The case of the relative pronoun is determined by its *function in the relative clause* as a subject, direct object, indirect object, or object of a preposition.

Die Schüler, **die** sich immer treffen, ...	(subject)
Der Freundeskreis, **den** ich gern mag, ...	(direct object)
Die Clique, **der** ich angehöre, ...	(object of a verb taking the dative)
Die Frau, **über die** wir jetzt reden, ...	(object of an accusative preposition)
Die Leute, **mit denen** ich ausgehe, ...	(object of a dative preposition)

5. As relative clauses are dependent clauses, the conjugated verb in the relative clause is always in last position.

6. Here are the relative pronouns:

	masculine	feminine	neuter	plural
nominative	der	die	das	die
accusative	den	die	das	die
dative	dem	der	dem	denen

11 Ich verstehe mich schon ganz gut mit ihnen!

Eine Schülerin erzählt, wie ihr Verhältnis zu Eltern, Freunden und Lehrern ist. Füll die Satzlücken mit den richtigen Relativpronomen!

Mir geht's eigentlich sehr gut. Ich habe Eltern, ===== ganz vernünftig und tolerant sind. Ich habe Freunde, mit ===== ich mich gut verstehe. Ich habe Lehrer, ===== sehr nett sind. Ein Lehrer, ===== wir alle furchtbar gern haben, trifft sich mit uns nach der Schule. Wir diskutieren über irgendein Problem, ===== einer von uns gerade hat. Meine Freundin Renate, mit ===== ich schon in der Grundschule war, ist auch immer dabei. Nach einer Diskussion, ===== besonders interessant war, sind wir in ein Café gegangen, ===== nicht weit von der Schule ist, und haben uns noch lange darüber unterhalten.

Weiter geht's!

Verhältnis zu anderen Leuten

Die deutschen Schulklassen sind längst nicht mehr so homogen wie früher. Heute gibt es nicht nur Randgruppen in den Klassen sondern auch viele ausländische Schüler. Was sagen unsere vier Gymnasiasten dazu?

INTERVIEWER Gehört ihr irgendwelchen Gruppen wie Punker, Raver oder sowas an? Kennt ihr vielleicht Leute aus solchen Gruppen?

MICHAEL Bei uns, also an unserer Schule, gibt es ein paar Punker, Grunger, Öko-Freaks und so ... , und die sondern sich schon ab von den andern. Die Punker zum Beispiel sind immer zusammen, aber sie unterhalten sich genauso mit andern Leuten wie untereinander. Und ich versteh' mich mit denen auch ganz gut, aber wir machen außerhalb der Schule nie etwas zusammen.

TANJA Ja, also ich bin in einer Raver-Clique. Wir ziehen uns gern anders an und hören Raver-Musik, aber ich habe auch Freunde, die keine Raver sind.

PHILIPP Also, was ich an den Randgruppen gut finde ist, die bringen die Interessen der anderen Schüler an die Lehrer. Manche sind eben doch aufsässig ...

SONJA Ja, und damit machen sie sich auch manchmal unbeliebt bei vielen Lehrern. Aber so mit den Punkern zum Beispiel gibt's keine Schwierigkeiten. Ich hab' da auch keine Vorurteile, und ich find' es okay, wenn man zu einer Gruppe gehört.

INTERVIEWER Wie ist euer Verhältnis zu ausländischen Schülern? Sind da welche an euerm Gymnasium?

PHILIPP Ja, wir haben schon einige Ausländer, aber fast alle von ihnen sind in Deutschland geboren und sprechen deutsch genau so gut wie wir, sogar besser als ihre Muttersprache.

TANJA Meine Schwester geht auf die Realschule, in die 7. Klasse, und da sind ein paar türkische Schüler mit ihr in der Klasse. Und die Elke, so heißt meine Schwester, sagt, daß sie meistens unter sich bleiben, also in der Pause und auch nach der Schule.

MICHAEL Die sind selber schuld daran. Sie versuchen oft gar nicht, sich in unserm Land anzupassen.

PHILIPP Das stimmt aber so nicht! Auch wenn sie versuchen, sich anzupassen, werden sie oft von uns Deutschen nicht akzeptiert, weil sie Ausländer sind. Aber die Mädchen tun mir echt leid. Viele müssen sich hier so anziehen wie in der Türkei, ein Kopftuch tragen und so. Ihre Eltern wollen das so.

TANJA Genau. Meine Schwester sagt zum Beispiel, daß einige Mädchen beim Sport überhaupt nicht mitmachen dürfen. Die Eltern verbieten das einfach.

SONJA Die haben eben in der Türkei andere Sitten und Gebräuche. Ich finde, wir sollten nicht vergessen, daß sie sich nicht absichtlich absondern, sondern daß es kulturbedingt ist.

MICHAEL Ja, klar. Aber wenn ich als Gast in einem anderen Land wohne, so muß ich doch versuchen, mich ein wenig anzupassen.

TANJA Was würdest du denn einem ausländischen Schüler raten, der sich isoliert fühlt?

MICHAEL Ja, ich würde ihm sagen, du, es ist wichtig, daß du mit uns Sport machst, oder vielleicht kannst du in unserer Umwelt AG mitmachen ...

TANJA Sicher, aber denk doch mal daran, daß diese Leute oft ganz andere Interessen haben!

MICHAEL Eine Möglichkeit wäre, mal mit ihnen was zu unternehmen, um ihre Kultur besser kennenzulernen.

SONJA Das find' ich gut. Das machen aber viel zu wenig Deutsche. Warum organisieren wir nicht mal eine Fete für nächsten Samstag und laden Hassan und seine Clique dazu ein?

MICHAEL Find' ich prima!

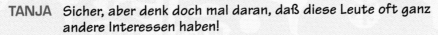

12 Stimmt oder stimmt nicht?

Wenn der Satz nicht stimmt, schreib die richtige Antwort!

1. Die Punker in dieser Schule sprechen nicht mit anderen Leuten.
2. Die Lehrer haben ab und zu Schwierigkeiten mit den Punkern.
3. Alle Ausländer an dieser Schule können nicht sehr gut Deutsch.
4. Einige ausländische Kinder dürfen sich nicht so kleiden wie die Deutschen.
5. Die meisten ausländischen Schüler sind mit anderen Sitten und Gebräuchen aufgewachsen.

13 Was hast du verstanden?

1. Wie beschreiben die vier Schüler die Randgruppen an ihrer Schule?
2. Was ist anders bei türkischen Schülern als bei deutschen Schülern?
3. Wie könnten deutsche und ausländische Schüler vielleicht besser zusammenkommen?

ZWEITE STUFE

*Giving advice; introducing another point of view;
hypothesizing*

WORTSCHATZ

auf deutsch erklärt

Was <u>an</u> dir <u>gut ist</u>, ist deine Toleranz. Ich finde deine Toleranz gut.
Sie sind <u>anders</u>. Sie sind nicht wie wir.
Wir <u>verbieten</u> es dir. Wir sagen dir, daß du es nicht darfst.
Sie <u>bleiben unter sich</u>. Sie gehen nicht mit anderen aus.
unbeliebt Man mag ihn oder sie nicht.
der Ausländer einer aus einem anderen Land
die Schwierigkeit Problem

auf englisch erklärt

Sie haben andere <u>Sitten</u> und <u>Gebräuche</u>. *They have different customs and traditions.*
Wir haben nicht die gleiche <u>Muttersprache</u>. *We don't share the same native language.*
Das Mädchen dort <u>sondert sich von</u> den anderen <u>ab</u>. *That girl there keeps to herself.*
Sie macht es nicht <u>absichtlich</u>. *She doesn't do it on purpose.*
Es ist <u>kulturbedingt</u>. *It is for cultural reasons.*
Sie gehören einer <u>Randgruppe</u> an. *They belong to a fringe group.*
Wir <u>sind</u> ja selber <u>schuld</u> dar<u>an</u>! *It's our own fault!*
Aber <u>Vorurteile</u> haben, find' ich schlimm. *But I think having prejudices is really bad.*

---

14 Hör gut zu!

Kalle und Hannes sind in der 10. Klasse. Es ist zu Anfang des Schuljahres, und sie sprechen über die neuen Schüler in der Klasse. Hör ihrem Gespräch gut zu und bestimme, welche von den neuen Schülern sich anpassen und welche nicht!

15 Hast du Vorurteile?

Setzt euch in kleinen Gruppen zusammen und seht euch die Illustrationen an! Überlegt euch folgendes und diskutiert darüber!

1. Was sind Vorurteile? Definiert dieses Wort auf deutsch!
2. Welche Vorurteile, die ihr kennt, gibt es gegen die Leute in den Illustrationen?
3. Welche Vorurteile gibt es gegen Leute in deiner Stadt? Welche Schwierigkeiten haben sie?
4. Was kann man diesen Leuten raten? Und den Leuten mit den Vorurteilen?

SO SAGT MAN DAS!

Giving advice; introducing another point of view

When giving advice, you could begin your sentence by saying:

Vielleicht kannst du dich anpassen.

Es ist wichtig, daß man frei von Vorurteilen bleibt.

Ich würde mit den anderen Sport machen.

When presenting another point of view, you might begin your sentence with:

Das mag schon sein, aber es ist schwerer, als du meinst.

Es kommt darauf an, ob deine Eltern es dir verbieten.

Aber denk doch mal daran, daß sie aus einer anderen Kultur kommen.

Du darfst nicht vergessen, daß jeder Mensch irgendwo Ausländer ist.

16 Hör gut zu!

Der Paul hat zu allem eine Meinung und gibt gern seinen Freunden Rat. Aber nicht alle akzeptieren blind, was er meint. Hör zu, wie er versucht, einem unglücklichen Kumpel Rat zu geben! Was ist das Problem? Welchem Rat will der Kumpel folgen, welchem nicht?

17 Was sagen die Gruppen?

Zwei verschiedene Gruppen von Schülern machen Aussagen rechts. Lies mit einer Partnerin die verschiedenen Aussagen und entscheide, wer wahrscheinlich diese Aussagen macht!

a. Beschreib diese Personen, wer sie sind, woher sie kommen, was sie machen, usw.!

b. Schreibt dann zusammen ein Gespräch, das zwischen den zwei Gruppen stattfindet! Wer gibt Rat? Wer akzeptiert ihn?

Die einen sagen:

Ihr habt andere Sitten und Gebräuche.

Ihr sondert euch ab.

Ihr seid selber schuld daran, weil ihr euch nicht anpaßt.

Ihr tut euch schwer.

Die anderen sagen:

Wir haben Schwierigkeiten mit der Sprache.

Wir fühlen uns isoliert.

Ihr habt Vorurteile, weil wir anders sind.

Wir sind hier fremd.

18 Der Markus tut sich schwer in der Schule

Markus' Freunde machen sich Sorgen um (*worry about*) ihn, weil der Lehrer meint, daß Markus Schwierigkeiten in der Schule hat. Markus selber ist natürlich unglücklich darüber. Such dir eine Partnerin! Hört euch Markus' Probleme an! Danach ratet ihm, was er tun soll!

a. Lest zuerst zusammen die Beobachtungen unten, die Markus' Lehrer gemacht hat! Spielt dann die Rollen von Lehrer und Markus! Der Lehrer sagt Markus, was er macht und nicht macht!

BEISPIEL **Markus, du kommst oft sehr spät in die Schule!**

ist ziemlich aufsässig

paßt sich nicht an

sondert sich von den andern ab

b. Dann tauscht die Rollen aus! Einer spielt die Rolle eines Freundes von Markus und gibt ihm Rat.

BEISPIEL **Markus, es ist wichtig, daß du pünktlich kommst.**

macht sich bei den Lehrern unbeliebt

SO SAGT MAN DAS!

Hypothesizing

People often make hypotheses about how things might or could be. In English, we often use an "if ..., then ..." statement to make a hypothesis. In German, „wenn ..., dann ..." statements express the same idea, although dann is often omitted.

When hypothesizing, you might say:

> **Wenn** du in einem fremden Land **wärst, (dann) würdest** du schon mit den andern **mitmachen.**

> **Wenn** sie Schwierigkeiten mit der Sprache **hätte, (dann) würde** sie sich isoliert **fühlen.**

What do you notice about the word order and punctuation in these statements?

19 Hör gut zu!

Kerstin und Gertrud sprechen über ihre nächste Reise, die sie in den amerikanischen Westen machen wollen. Hör gut zu, wie sie über ihre Pläne spekulieren! Was werden sie bestimmt machen? Was bleibt spekulativ?

20 Wenn ich reich wäre ...

Füll die Satzlücken mit Formen von **hätte, wäre** und **würde.** Verbinde dann die Sätze, und paß auf die Wortstellung auf!

Wenn meine junge Schwester jetzt erwachsen ═══,
Wenn wir Krach mit unsren Eltern ═══,
Wenn er mein Kumpel ═══,
Wenn ich eine schlechte Note in Mathe ═══,

wir ═══ ruhig darüber reden.
wir ═══ zum Fußballspiel gehen.
mein Lehrer ═══ schimpfen.
sie ═══ auch Auto fahren dürfen.

Ein wenig Grammatik

When making hypotheses, German speakers use two very common verbs to shorten a phrase. As you already know, **hätte** means the same as **würde** plus **haben.**

> **Wenn ich Angst haben würde, (dann) würde ich nicht hingehen.**
> *or*
> **Wenn ich Angst hätte, ...**

Another is **wäre,** which is the same as **würde** plus **sein.**

> **Ich würde lieber in München sein.**
> *or*
> **Ich wäre lieber in München.**

The endings for **wäre** are the same as for **hätte** and **würde.**

21 Als Austauschschüler in Deutschland

Setzt euch in Gruppen zusammen und sagt, was ihr tun würdet, wenn ihr in einem anderen Land wärt, zum Beispiel als Austauschschüler an einem Gymnasium in Deutschland!

BEISPIEL   DU   **Was würdest du tun, wenn du als Austauschschüler an einem deutschen Gymnasium wärst?**

       PARTNER 1   **Also, wenn ich an einem deutschen Gymnasium wäre, würde ich mich mit meinen Klassenkameraden unterhalten. Und du?**

       PARTNER 2   **Wenn ich in Deutschland wäre, ...**

Grammatik — The genitive case

You have learned to use phrases with **von** to show possession. For example: **Das ist das Auto von meinem Vater.** You can also use the genitive case to show possession: **Das ist das Auto meines Vaters.**

How would you say that in English? Notice also the difference between English and German word order.

Definite and indefinite articles as well as possessives have the following forms in the genitive case:

Das ist das Auto ...

	masculine	feminine	neuter
def. article	**des Jungen**	**der Chefin**	**des Geschäfts**
indef. article	**eines Freundes**	**einer Frau**	**eines Mädchens**
possessive	**meines Vaters**	**meiner Mutter**	**meines Kindes**

Definite articles and possessives have the same form in the plural as the feminine singular.

**Das sind die Autos der Schüler der dreizehnten Klasse,
und hier sind die Mofas meiner jüngeren Schüler.**

The following applies to the genitive:

- Most masculine nouns that end in **-e** add **-n.**
- Masculine and neuter nouns of one syllable add **-es.**
- Masculine and neuter nouns with two or more syllables add **-s.**
- Adjectives add **-en** regardless of the gender and number of the noun.

Prepositional phrases with **von** are more common in spoken than in written German. For example, **Das Haus von meinem Onkel ...,** is more common than **Das Haus meines Onkels ...** There are also some fixed expressions with the genitive which you will learn as you become more familiar with the language.

22 Die Arbeit dieses Lehrers wird zu viel!

Schreib die folgenden Sätze um, und verwende dabei Genitivformen!
1. Die Schüler vom Einstein-Gymnasium sind sehr gescheit (*clever*).
2. Die Leute von der letzten Klasse sind jetzt unsere Freunde.
3. Die Ziele von diesen Cliquen gefallen mir überhaupt nicht.
4. Die Mitglieder von diesem Schwimmverein treffen sich morgen.
5. Die Interessen, die ein Freund hat, können ganz anders sein.
6. Die Vorurteile, die unsere Schüler haben, sind oft groß.
7. Das Deutsch, das der türkische Schüler spricht, ist sehr gut.
8. Der Lehrer, den meine Schwester hat, ist aus Deutschland.

23 Für mein Notizbuch

Schreib in dein Notizbuch, wie du dich mit deinen Klassenkameraden verstehst! Hast du Vorurteile gegen Schüler, die anders sind als du? Kennst du Schüler, die sich isoliert fühlen? Hast du Kontakte zu ihnen?

Die verschiedenen Bildungswege in Deutschland

Helga, Klaus und Hassan sind im gleichen Alter und wohnen in derselben Nachbarschaft. Sie kennen sich schon Jahre lang. Als Kinder haben sie dieselbe Grundschule besucht, bis sie 10 Jahre alt waren. Danach hat jeder einen anderen Bildungsweg genommen. Jetzt sind sie 18 Jahre alt und sehen einander selten.

Hassan lernt jetzt für das Abitur. Er muß sehr gute Noten bekommen, weil er Psychologie an einer Universität studieren will.

Helga ist auch sehr fleißig und hat neulich ihre Lehre (*apprenticeship*) im Kaufhof als Verkäuferin begonnen. Sie geht zweimal die Woche in die Berufsschule; an den restlichen drei Tagen wird sie in den verschiedenen Abteilungen des Kaufhauses ausgebildet. Sie hat vor, eines Tages Abteilungsleiterin zu werden.

Klaus besucht jetzt die Fachoberschule und will danach eine Lehre als Krankenpfleger machen. Deshalb möchte er auch nach der Lehre nicht zur Bundeswehr, sondern Zivildienst in einem Krankenhaus machen.

A. 1. Schau dir die Tabelle an!

2. Welche Bildungswege sind Hassan, Klaus und Helga gegangen? Was fällt dir am deutschen Schulsystem auf? Diskutier über die Hauptmerkmale mit einem Klassenkameraden!

3. Wodurch unterscheidet sich das deutsche Schulsystem von dem amerikanischen System? Mach eine ähnliche Tabelle vom amerikanischen System.

B. Vergleiche das deutsche Schulsystem mit dem amerikanischen Schulsystem! Was findest du besser oder schlechter?

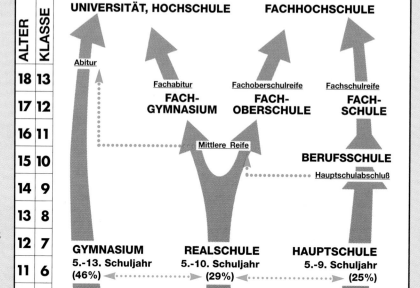

SCHEMATISCHE GLIEDERUNG DES BILDUNGSWESENS

ALTER	KLASSE
18	13
17	12
16	11
15	10
14	9
13	8
12	7
11	6
10	5
9	4
8	3
7	2
6	1

UNIVERSITÄT, HOCHSCHULE — FACHHOCHSCHULE

Abitur

Fachabitur — **FACHGYMNASIUM**

Fachoberschulreife — **FACHOBERSCHULE**

Fachschulreife — **FACHSCHULE**

Mittlere Reife

BERUFSSCHULE

Hauptschulabschluß

GYMNASIUM
5.–13. Schuljahr
(46%)

REALSCHULE
5.–10. Schuljahr
(29%)

HAUPTSCHULE
5.–9. Schuljahr
(25%)

GRUNDSCHULE
1.–4. Schuljahr

In manchen Bundesländern gibt es eine Orientierungsstufe (5. und 6. Klasse). Während dieser Zeit können die Schüler die Schulform wechseln.

Für Haupt- und Realschüler gibt es die Möglichkeit, auf ein Gymnasium zu gehen, wenn sie beim Schulabschluß überdurchschnittliche Noten haben.

LANDESKUNDE

As a teenager you have a lot of difficult decisions to make. Good advice can often help you make these decisions, and one place to get it is from advice columns. In this activity, you will ask for advice in a letter to an advice column.

Lieber Herr Weißalles!

Denk an ein Problem, das du hast oder das vielleicht deutsche Schüler haben! Schreib einen kurzen Brief an eine Zeitung, um Rat für dieses Problem zu holen!

A. Vorbereiten

1. Schreib das Problem auf, wofür du Rat suchst! Dann schreib alle Ideen auf, die mit diesem Problem zusammenhängen!
2. Denk an den Zweck (*purpose*) deines Briefes! Warum schreibst du den Brief? Was willst du damit erreichen? Wähl Ideen von der Liste aus, die diesen Zweck unterstützen und unterstreiche sie!

B. Ausführen

Verwende jetzt die Punkte, die du gewählt hast, und beschreib das Problem in einem kurzen Brief an Herrn Weißalles! Erfinde einen Namen und einen Ort für den Absender (dich)!

C. Überarbeiten

1. Lies deinen Brief einem Partner vor! Hat er dein Problem gut verstanden? Frag deinen Partner, welche Punkte geholfen haben, dein Problem klarzumachen, und streiche unnötige Punkte durch! Besprich die Wirkung der Sprache in deinem Brief!
2. Wenn dein Brief viele kurze Sätze enthält, mach ihn fließender mit Nebensätzen!
3. Wenn du mit dem Brief zufrieden bist, lies ihn noch einmal durch! Hast du alles richtig buchstabiert? Hast du Nebensätze durch Kommas getrennt?
4. Jetzt schreib deinen Brief sehr ordentlich in Spalten ab (du kannst auch einen Computer benutzen), damit er aussieht, wie ein Brief in einer Zeitung!

SCHREIBTIP

Determining the purpose
Before you begin to write, carefully consider the purpose of what you are writing. You may be writing to express yourself, to entertain, to persuade someone of something, to get or to give information, or for many other reasons. In fact, some writing may have more than one purpose. In a personal letter, for example, you may want to convey information but also entertain a friend. Thinking about the purpose(s) of your writing helps to clarify who your audience is and what tone of language you should choose.

Ein Tisch ist ein Tisch
von Peter Bichsel

Ich will von einem alten Mann erzählen, von einem Mann, der kein Wort mehr sagt, ein müdes Gesicht hat, zu müd zum Lächeln und zu müd, um böse zu sein. Er wohnt in einer kleinen Stadt, am Ende der Straße, nahe der Kreuzung. Es lohnt sich fast nicht, ihn zu beschreiben, kaum etwas unterscheidet ihn von andern. Er trägt einen grauen Hut, graue Hosen, einen grauen Rock und im Winter den langen grauen Mantel, und er hat einen dünnen Hals, dessen Haut trocken und runzelig ist, die weißen Hemdkragen sind ihm viel zu weit.

Im obersten Stock des Hauses hat er sein Zimmer, vielleicht war er verheiratet und hatte Kinder, vielleicht wohnte er früher in einer andern Stadt. Bestimmt war er einmal ein Kind, aber das war zu einer Zeit, wo die Kinder wie Erwachsene angezogen waren. Man sieht sie so im Fotoalbum der Großmutter. In seinem Zimmer sind zwei Stühle, ein Tisch, ein Teppich, ein Bett und ein Schrank. Auf einem kleinen Tisch steht ein Wecker, daneben liegen alte Zeitungen und das Fotoalbum, an der Wand hängen ein Spiegel und ein Bild.

Der alte Mann machte morgens einen Spaziergang und nachmittags einen Spaziergang, sprach ein paar Worte mit seinem Nachbarn, und abends saß er an seinem Tisch.

Das änderte sich nie, auch sonntags war das so. Und wenn der Mann am Tisch saß, hörte er den Wecker ticken, immer den Wecker ticken.

Dann gab es einmal einen besonderen Tag, einen Tag mit Sonne, nicht zu heiß, nicht zu kalt, mit Vogelgezwitscher, mit freundlichen Leuten, mit Kindern, die spielten — und das Besondere war, daß das alles dem Mann plötzlich gefiel.

Er lächelte.

„Jetzt wird sich alles ändern", dachte er. Er öffnete den obersten Hemdknopf, nahm den Hut in die Hand, beschleunigte seinen Gang, wippte sogar beim Gehen ein bißchen in den Knien und freute sich. Er kam in seine Straße, nickte den Kindern zu, ging vor sein Haus, stieg die Treppe hoch, nahm die Schlüssel aus der Tasche, freute sich über ihr Klingeln und schloß sein Zimmer auf.

Aber im Zimmer war alles gleich, ein Tisch, zwei Stühle, ein Bett. Und wie er sich hinsetzte, hörte er wieder das Ticken, und alle Freude war vorbei, denn nichts änderte sich.

Und den Mann überkam eine große Wut.

LESETRICK
Determining the main idea of a story Focusing on the main idea (or ideas) of a short story, rather than trying to understand every word, is a strategy that will make reading German more manageable and enjoyable. In a short story, the main idea is rarely stated explicitly, but rather illustrated through a series of events. As you read, ask yourself from time to time what point or statement the author is making.

Getting Started
1. Read the title and the first four paragraphs. Answer the following questions using words and phrases from the story.
   a. Wer ist die Hauptfigur?
   b. Wo wohnt er?
   c. Wie sieht er aus?
   d. Was macht der Mann an einem gewöhnlichen Tag?

Er sah im Spiegel sein Gesicht rot anlaufen, sah, wie er die Augen zukniff; dann verkrampfte er seine Hände zu Fäusten, hob sie und schlug mit ihnen auf die Tisch-platte, erst nur einen Schlag, dann noch einen, und dann begann er auf den Tisch zu trommeln und schrie dazu immer wieder:

„Es muß sich ändern, es muß sich ändern!"

Und man hörte den Wecker nicht mehr. Und dann begannen seine Hände zu schmerzen, seine Stimme versagte, dann hörte man den Wecker wieder, und nichts änderte sich. „Immer derselbe Tisch", sagte der Mann, „dieselben Stühle, das Bett, das Bild. Und dem Tisch sage ich Tisch, dem Bild sage ich Bild, das Bett heißt Bett, und den Stuhl nennt man Stuhl. Warum denn eigentlich?" Die Franzosen sagen dem Bett „li", dem Tisch „tabl", nennen das Bild „tablo" und den Stuhl „schäs", und sie verstehen sich. Und die Chinesen verstehen sich auch.

„Weshalb heißt das Bett nicht Bild", dachte der Mann und lächelte, dann lachte er, lachte, bis die Nachbarn an die Wand klopften und „Ruhe" riefen.

„Jetzt ändert es sich", rief er, und er sagte von nun an dem Bett „Bild".

„Ich bin müde, ich will ins Bild", sagte er, und morgens blieb er oft lange im Bild liegen und überlegte, wie er nun dem Stuhl sagen wolle, und er nannte den Stuhl „Wecker".

Er stand also auf, zog sich an, setz-te sich auf den Wecker und stützte die Arme auf den Tisch. Aber der Tisch hieß jetzt nicht mehr Tisch, er hieß jetzt Teppich. Am Morgen ver-ließ also der Mann das Bild, zog sich an, setzte sich an den Teppich auf den Wecker und überlegte, wem er wie sagen könnte.

Dem **Bett** sagte er Bild.
Dem **Tisch** sagte er Teppich.
Dem **Stuhl** sagte er Wecker.
Der **Zeitung** sagte er Bett.
Dem **Spiegel** sagte er Stuhl.
Dem **Wecker** sagte er Fotoalbum.
Dem **Schrank** sagte er Zeitung.
Dem **Teppich** sagte er Schrank.
Dem **Bild** sagte er Tisch.
Und dem **Fotoalbum** sagte er Spiegel.

e. Wer erzählt die Geschichte? Wie weißt du das?

2. Versuche jetzt, das Zimmer des alten Mannes zu zeichnen!

3. Read to the end of the sixth paragraph. Ex-plain what happened one day. What was that day like? How was it different from any other day?

4. Read to the end of the eighth paragraph. How does this part of the story explain the title?

5. Continue reading to the end. Outline the plot by listing the main events of the story. In your opinion, what is the main idea?

Also:

Am Morgen blieb der alte Mann lange im Bild liegen, um neun läutete das Fotoalbum, der Mann stand auf und stellte sich auf den Schrank, damit er nicht an die Füße fror, dann nahm er seine Kleider aus der Zeitung, zog sich an, schaute in den Stuhl an der Wand, setzte sich dann auf den Wecker an den Teppich und blätterte den Spiegel durch, bis er den Tisch seiner Mutter fand.

Der Mann fand das lustig, und er übte den ganzen Tag und prägte sich die neuen Wörter ein. Jetzt wurde alles umbenannt. Er war jetzt kein Mann mehr, sondern ein Fuß, und der Fuß war ein Morgen und der Morgen ein Mann.

Jetzt könnt ihr die Geschichte selbst weiterschreiben. Und dann könnt ihr, so wie es der Mann machte, auch die andern Wörter austauschen:

läuten heißt stellen,
frieren heißt schauen,
liegen heißt läuten,
stehen heißt frieren,
stellen heißt blättern

So daß es dann heißt:

Am Mann blieb der alte Fuß lange im Bild läuten, um neun stellte das Fotoalbum, der Fuß fror auf und blätterte sich auf den Schrank, damit er nicht an die Morgen schaute.

Der alte Mann kaufte sich blaue Schulhefte und schrieb sie mit den neuen Wörtern voll, und er hatte viel zu tun damit, und man sah ihn nur noch selten auf der Straße.

Dann lernte er für alle Dinge die neuen Bezeichnungen und vergaß dabei mehr und mehr die richtigen. Er hatte jetzt eine neue Sprache, die ihm ganz allein gehörte.

Hie und da träumte er schon in der neuen Sprache, und dann übersetzte er die Lieder aus seiner Schulzeit in seine Sprache, und er sang sie leise vor sich hin. Aber bald fiel ihm auch das Übersetzen schwer, er hatte seine alte Sprache fast vergessen, und er mußte die richtigen Wörter in seinen blauen Heften suchen. Und es machte ihm Angst, mit den Leuten zu sprechen. Er mußte lange nachdenken, wie die Leute den Dingen sagen.

A Closer Look

6. Read the story again more carefully and, as you read, try to determine the main idea of each paragraph or each group of paragraphs. Based on the main ideas, divide the story into sections and supply a title for each section.

7. Scan to find the first use of **dann** in the story. What purpose does **dann** serve at that point? What does the word signal in the unfolding of the story? What about **jetzt** and **aber**? How do these words help to organize the story?

8. Rarely does an author want just to relate a sequence of events. Usually a more important idea is the cause or the effect of the events. What caused the man to rename everything? What effect did this have in the short run? And in the long run? Which sentences from the story

Seinem *Bild* sagen die Leute **Bett**.
Seinem *Teppich* sagen die Leute **Tisch**.
Seinem *Wecker* sagen die Leute **Stuhl**.
Seinem *Bett* sagen die Leute **Zeitung**.
Seinem *Stuhl* sagen die Leute **Spiegel**.
Seinem *Fotoalbum* sagen die Leute **Wecker**.
Seiner *Zeitung* sagen die Leute **Schrank**.
Seinem *Schrank* sagen die Leute **Teppich**.
Seinem *Tisch* sagen die Leute **Bild**.
Seinem *Spiegel* sagen die Leute **Fotoalbum**.

Und es kam so weit, daß der Mann lachen mußte, wenn er die Leute reden hörte.

Er mußte lachen, wenn er hörte, wie jemand sagte: „Jetzt regnet es schon zwei Monate lang." Oder wenn jemand sagte: „Ich habe einen Onkel in Amerika."

Er mußte lachen, weil er all das nicht verstand.

Aber eine lustige Geschichte ist das nicht. Sie hat traurig angefangen und hört traurig auf.

Der alte Mann im grauen Mantel konnte die Leute nicht mehr verstehen, das war nicht so schlimm.

Viel schlimmer war, sie konnten ihn nicht mehr verstehen.

Und deshalb sagte er nichts mehr.

Er schwieg,
sprach nur noch mit sich selbst,
grüßte nicht einmal mehr.

support your answers?

9. Look again at what you wrote about the main idea and revise your statement if necessary.

10. Discuss with your classmates some of the funny parts of the story and some of the sad parts. How do the funny parts actually make the story sad?

11. Think again about the results of the man's actions in the long run. What is the author saying about the nature and purpose of language?

12. Compare and contrast the points made about language in Bichsel's "Ein Tisch ist ein Tisch" with "Unsere heutige Jugend und ihre Sprüche" (pp. 70-71). What similarities or differences do you see between what teenagers do and what the old man does with language, especially in terms of consequences?

1 Manche Leute sind tolerant, manche nicht. Hör zu, was folgende Leute sagen! Wie würdest du jede Aussage bezeichnen — tolerant oder nicht tolerant?

2 Schreib deine Meinung zu den folgenden Fragen! Diskutiere mit deinen Klassenkameraden das, was du geschrieben hast!

a. Redet man mit einem Freund genauso wie mit einer Freundin?

b. Ist es gut, viele Freunde oder Freundinnen zu haben?

c. Was ist der Unterschied zwischen Freunden und Bekannten?

d. Kennst du jemanden, der wirklich ganz anders ist als du und ganz andere Interessen hat? Sind Freundschaften zwischen Leuten möglich, die ganz verschieden sind?

3 Was für Probleme haben diese Leute unten? Schreib die wichtigsten Punkte jedes Leserbriefes in dein Notizheft! Wähle dann einen Leserbrief aus und erzähle anhand deiner Notizen, was darin steht!

Ratgeber-Ecke

Mein Mann und ich stehen vor einem großen Problem. Unsere Heike ist jetzt 16 Jahre alt, und sie möchte mehr Taschengeld haben. Sie will auch am Abend länger wegbleiben. Sie meint, die andern in der Clique dürfen das auch. Das ist nun alles gut und schön, und wir freuen uns auch darüber. Aber etwas stört uns: unsere Tochter will weiterhin wie ein kleines Mädchen behandelt werden. Ich muß ihr Zimmer aufräumen, ihr Bett machen, ihre Wäsche waschen, ihre Schuhe putzen, und so weiter. Und sie benimmt sich wie eine kleine Prinzessin. Und mein Mann macht das mit. Er lacht sogar darüber. Aber ich finde das nicht richtig.
Regine Pfaff (38)

Wir sind verzweifelt! Unser Ältester hat vor fast zwei Jahren den Hauptschulabschluß nicht geschafft. Er hat dann doch noch eine Lehrstelle bekommen, ist aber nach einem halben Jahr abgehauen. Dann hat er als Hilfsarbeiter gearbeitet, wir glauben in einer Gärtnerei. Vor zwei Wochen, als Gerd 18 wurde, ist er ausgezogen. Wir wissen nicht wohin. Ein früherer Klassenkamerad hat Gerd jetzt einmal im Stadtpark gesehen — mit Punkern! Wir können es nicht glauben, daß unser Gerd mit Punkern herumläuft. Was haben wir falsch gemacht? Sind wir schuld an allem? Wir glauben, daß wir unser Bestes getan haben: wir haben uns früher mit Gerd immer verstanden. Jetzt haben wir keine Ruhe. Was können wir tun? Wir möchten unsern Jungen wiederhaben.
Elli und Hans Bauer

Vor zwei Monaten habe ich einen netten Jungen kennengelernt. Er ist drei Jahre älter als ich, und er ist Türke. Er sieht phantastisch aus. Seitdem das meine Eltern wissen, gibt es zu Hause wieder Streitigkeiten, auch um kleine Dinge. Dabei helfe ich zu Hause, halte mein Zimmer in Ordnung, gehe einkaufen. Nun, vor einer Woche bin ich erst um 22 Uhr nach Hause gekommen, und seitdem verbieten mir die Eltern, abends auszugehen. Achmed ist nett, so lustig — besonders wenn er deutsch spricht und Fehler macht! Ich sollte nächste Woche seine Eltern kennenlernen. Seine Schwester und seine Mutter hab' ich schon einmal in der Stadt gesehen: echte Türkinnen, Kleider über den Hosen und mit Kopftuch und so. Ich hatte mich schon auf den Besuch gefreut. Was soll ich tun? Soll ich mit Achmed abbrechen, damit zu Hause wieder Friede wird?
Julia (16)

4 Was meinst du dazu?
  a. Was nervt Frau Pfaff wirklich?
  b. Was ist Elli und Hans Bauers Problem?
  c. Was stört Julias Eltern? Was ist wohl der eigentliche Grund?

s. benehmen (wie)	*to behave (like)*
verzweifelt	*desperate*
ausziehen	*to move out*
die Ruhe	*peace and quiet*
abbrechen mit	*to break off with*
der Friede	*peace*

5 Bildet drei Gruppen! Jede Gruppe hat die Aufgabe, einen der drei Leserbriefe zu beantworten.
  a. Überlegt euch zuerst, welche Ratschläge ihr geben wollt! Benutzt dabei die Redemittel, die ihr in dieser Lektion gelernt habt!
  b. Formuliert dann eure Antwort! Seid höflich!
  c. Wählt dann einen in der Gruppe aus, der eure Antwort den andern vorliest!
  d. Wer hat die beste Antwort geschrieben? Diskutiert darüber!

6

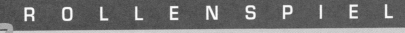

R O L L E N S P I E L

Such dir einen Partner! Zuerst interviewst du deinen Partner, dann interviewt dein Partner dich. Wenn ihr wollt, könnt ihr euer Interview auf eine Tonkassette aufnehmen. Hier sind die Interviewfragen:

1. Wie ist dein Verhältnis zu deinen Eltern? Geschwistern?

2. Mit wem unterhältst du dich am liebsten?

3. Worüber redet ihr am meisten?

4. Wofür interessiert ihr euch gemeinsam?

5. Mit wem verstehst du dich am besten?

6. Zu wem hast du keinen Kontakt? Warum nicht?

Es ist wichtig, daß euer Interview nicht nur aus Fragen und Antworten besteht, sondern daß es ein richtiges, natürliches Interview wird. Gebraucht deshalb zum Beispiel die Ausdrücke, die man benutzt, wenn man etwas nicht ganz versteht oder wenn man mehr Information braucht!

KANN ICH'S WIRKLICH?

Can you agree?
(p. 85)

1 How would you agree with the following statements?

  a. Vorurteile zu haben, find' ich schlimm.

  b. Bei uns ist der Streitpunkt das Aufräumen.

  c. Bevor wir ausgehen, müssen wir zuerst unsere Hausaufgaben erledigen.

Can you give advice?
(p. 91)

2 How would you give advice to a friend if he or she said the following things to you?

  a. Ich versteh' mich nicht mit meinen Eltern.

  b. Ich fühle mich isoliert.

  c. Ich bekomme immer schlechte Noten. Ich glaub', der Lehrer mag mich nicht.

Can you introduce another point of view? (p. 91)

3 How would you introduce another point of view if someone said the following things to you?

  a. Ausländer sollen versuchen, sich in unserm Land anzupassen.

  b. Meine Eltern verstehen mich überhaupt nicht.

  c. Ich finde die Punker zu aufsässig.

Can you hypothesize?
(p. 92)

4 How would you make a hypothesis about what you would do

  a. if you were President of the United States?

  b. if you had ten million dollars?

  c. if you lived in Germany?

ERSTE STUFE

WORDS USEFUL FOR TALK-ING ABOUT RELATIONSHIPS

Wir kommen gut miteinander aus. *We get along well with one another.*
Ich verstehe mich super mit ihr. *She and I really get along*
Wir richten uns nach euch. *We'll do whatever you want to do.*
Worum geht es? *What's it about?*
Das kann ich nicht leiden! *I can't stand that!*
der Kumpel, - *buddy*

der Freundeskreis, -e *circle of friends*
das Verhältnis *relationship*
der Krach *quarrel*
der Streit *quarrel, argument*
die Streitigkeit, -en *quarrel*
der Streitpunkt, -e *point of contention*
die Toleranz *tolerance*
gleich *immediately*
reden *to speak*
schimpfen *to scold*
angehören (sep, dat) *to belong to*
erwachsen sein *to be grown up*

AGREEING

Da geb' ich dir recht. *I agree with you about that.*
Ganz meine Meinung. *I completely agree.*
Bei mir ist es auch so. *That's the way it is with me, too.*

ORDINAL NUMBERS

erst- *first*
zweit- *second*
dritt- *third*

ZWEITE STUFE

GIVING ADVICE

Vielleicht kannst du ... *Perhaps you can ...*
Es ist wichtig, daß ... *It's important that ...*
Ich würde (ihr) sagen, ... *I would tell (her) ...*

INTRODUCING ANOTHER POINT OF VIEW

Das mag schon sein, aber ... *That may well be, but ...*
Es kommt darauf an, ob ... *It depends on whether ...*
Aber denk doch mal daran, daß ... *But just consider that ...*
Du darfst nicht vergessen, daß ... *You mustn't forget that ...*

HYPOTHESIZING

Wenn du ... wärst, dann würdest du ... *If you were ..., then you would ...*

Wenn sie ... hätte, würde sie ... *If she had ..., she would ...*

GETTING ALONG WITH OTHERS

Was an dir gut ist, ist deine Freundlichkeit. *What I like about you is your friendliness.*
die Sitten und Gebräuche (pl) *customs and habits*
das Vorurteil, -e *prejudice*
die Schwierigkeit, -en *difficulty*
die Randgruppe, -n *fringe group*
Ausländer(in), -/nen *foreigner*
geboren *born*
die Muttersprache, -n *native language*
anders *different*
aufsässig *rebellious*
kulturbedingt *for cultural reasons*
unbeliebt *unpopular*

untereinander *among one another*
unter sich bleiben *to keep to oneselves*
s. absondern von (sep) *to separate oneself from*
die Fete, -n *party*
raten (dat) *to give advice*
verbieten *to forbid*
schuld sein an etwas (dat) *to be at fault*
absichtlich *on purpose*
die Möglichkeit, -en *possibility*
außerhalb (gen) *outside of*
nicht nur ... sondern auch *not only ... but also*

— mit Absicht

5
Rechte und Pflichten

FÜHRERSCHEIN

Permis de conduire
Kørekort
Ἄδεια Ὀδηγήσεως
Permiso de Conducción
Ceadúnas Tiomána
Patente di guida
Rijbewijs
Carta de Condução
Driving licence

Modell der
OPÄISCHEN GEMEINSC
C 1420746

① Du könntest dich wirklich ein bißchen für Politik interessieren!

Mit dem Erreichen des 18. Lebensjahres, der Volljährigkeit, erwerben die jungen Erwachsenen bestimmte Rechte und Pflichten. Denk einmal daran, wie die Volljährigkeit dein Leben beeinflussen wird! Wirst du zur Wahl gehen? Wirst du eine Wohnung mieten? Welche anderen Rechte und Pflichten erwirbst du, wenn du achtzehn wirst? Um über diese Fragen diskutieren zu können, mußt du noch einige Ausdrücke lernen.

In this chapter you will learn

- to talk about what is possible; to say what you would have liked to do
- to say that something is going on right now; to report past events; to express surprise, relief, and resignation

And you will

- listen to students talk about their rights and obligations
- read a passage written during World War II by students involved in the Resistance
- write about someone's experiences in another country
- learn more about German teenagers' rights and responsibilities

(2) Was machen wir jetzt? — Wir sind grad am Diskutieren.

(3) Ich bin froh, daß ich den Zivildienst beim Roten Kreuz machen kann.

Los geht's!

Mit achtzehn darf man alles. Oder?

Über dieses Thema haben wir mit Julia (17), Angie (18),
Stefan (fast 18) und Martin (18) gesprochen.

Das einzige, was sich wirklich mit meinem achtzehnten Geburtstag
geändert hat, ist, daß ich mich jetzt im Auto selbst hinters
Steuer setzen darf. Wenn man den Führerschein hat, ist man eben
unabhängiger. Man kann schnell mal ein paar Freunde besuchen
und kurzfristig zusammen wegfahren. Aber sonst hat sich an
meinem 18. Geburtstag überhaupt nichts geändert. Ich hatte
schon vorher ein gutes Verhältnis zu meinen Eltern, also da hat
sich auch in dieser Hinsicht nichts zu ändern brauchen. Für mich
war also der 18. Geburtstag ein Geburtstag wie jeder andere.

Martin, 18

Jetzt könnte ich die Schule schwänzen und meine eigene
Entschuldigung schreiben! Als ich 15 war, war das Schule-
schwänzen oft ein großes Problem. Da hätte ich oft gern
geschwänzt, weil ich die Hausaufgaben nicht gemacht hatte, weil
ich den Unterricht blöd fand, weil ich Angst vor der Prüfung
hatte und so weiter und so fort. Und heute? Die Schule ist weiterhin stressig, aber ich weiß, daß jede Schulstunde wichtig ist.
Ich kann es mir gar nicht erlauben zu fehlen. Ich muß das Abi
schaffen, sonst ist es aus mit dem Studieren.

Angie, 18

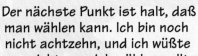

Der nächste Punkt ist halt, daß
man wählen kann. Ich bin noch
nicht achtzehn, und ich wüßte
auch heute gar nicht, wen ich wählen sollte.
Ich bin politisch überhaupt nicht aktiv. Ich kenn'
aber einige Schüler, die sich schon sehr politisch
engagieren. Die sind noch unter achtzehn und sind
schon Mitglied in der Jungen Union.[1] Übrigens, bei
meinen Eltern ist es lustig: wenn mein Vater CSU
wählt, dann wählt meine Mutter bestimmt SPD,
und auch umgekehrt. Vielleicht würd' ich meine
Stimme den Grünen[2] geben; die sind für die
Umwelt, sagen sie. Aber bevor ich wähle, werde
ich mich bestimmt besser informieren.

Stefan, fast 18

1. Die Junge Union ist die Jugendorganisation der CDU/CSU.
2. Die CDU (Christlich-Demokratische Union) und die SPD (Sozialdemokratische Partei Deutschlands)
sind die beiden größten Parteien. In Bayern gibt es die CSU (Christlich-Soziale Union); ihre Ziele stimmen
weitgehend mit denen der CDU überein. Ferner gibt es die FDP (Freie Demokratische Partei), die Grünen
(die Umweltpartei), die PDS (Partei des Demokratischen Sozialismus), die Nachfolgepartei der früheren
SED in der ehemaligen DDR, seit 1988 die Republikaner und noch einige andere, kleinere Parteien.

Bei mir ist es halt so, daß ich den Führerschein nicht gezahlt bekomm', und ich ihn also nicht machen kann. Ich würd' ihn zwar gern machen, aber er ist mir zu teuer. Und es ist mir zu schade um mein eigenes Geld.

Julia, 17

INTERVIEWER Und wie teuer ist der Führerschein?

JULIA Im Schnitt 1 500 Mark. Und wenn ich mich nicht irre, hat meine Schwester über 2 000 Mark gezahlt. Es kommt eben darauf an, wieviel Stunden man braucht.[3]

ANGIE Es dauert auch sehr lange. Also man kann durchaus ein halbes Jahr daran herummachen; drei Monate dauert's aber bestimmt.

MARTIN Ja, da zieh' ich das amerikanische System vor. Wir haben hier an der Schule ein paar Leute, die waren ein halbes Jahr oder ein Jahr in den Staaten und haben dort den Führerschein gemacht, und die fahren damit hier herum.

JULIA Mir scheint, drüben ist es einfacher.

MARTIN Der Jens hat mir gesagt, er hat nur ein paar Fragen beantworten müssen, ein paar Dollar gezahlt und ist einmal um den Block gefahren. Das war's.

STEFAN Soviel ich weiß, hat er sogar schlecht eingeparkt!

3. Seit 1986 gibt es in der Bundesrepublik den **Führerschein auf Probe.** Jeder Fahranfänger muß sich zwei Jahre im Straßenverkehr bewähren, bevor er die endgültige Fahrerlaubnis erhält. Im Jahr 1985 verursachten die 18- bis 24jährigen 39 Prozent aller Unfälle. Der Führerschein auf Probe soll dazu beitragen, die hohen Unfallquoten der jungen Leute zu verringern. Schon 1987 war die Unfallquote dieser Altersgruppe auf 33,3 Prozent gesunken. 1992 lag die Unfallquote nur noch bei 27 Prozent.

1 Der 18. Geburtstag: Was bedeutet er für diese Schüler?

Schreib in Stichworten die wichtigsten Dinge auf, die Martin, Angie, Stefan und Julia gesagt haben! Erzähle dann der Klasse, was einer von den vier deutschen Schülern erzählt hat!

Martin	
Angie	
Stefan	

2 Beantworte die Fragen!

1. Warum kann Julia den Führerschein nicht machen?
2. Warum zahlt sie nicht selbst dafür?
3. Welche Unterschiede gibt es beim Führerscheinmachen zwischen der Bundesrepublik und den Vereinigten Staaten?

ERSTE STUFE

Talking about what is possible; saying what you would have liked to do

Artikel 38/2. Absatz des Grundgesetzes:
„Wahlberechtigt ist, wer das achtzehnte Lebensjahr vollendet hat; wählbar ist, wer das Alter erreicht hat, mit dem die Volljährigkeit eintritt."

> Wieso Führerschein? Ich denke, den bekommt man erst mit achtzehn Jahren!

Seit 1975 sind Jugendliche in der Bundesrepublik Deutschland mit dem vollendeten achtzehnten Lebensjahr volljährig.

WAS BEDEUTET DAS?

1. Man kann selbst bestimmen, wo man wohnen will.
2. Man kann nach Hause kommen, wann man will.
3. Man kann Ausbildungs- und Arbeitsverträge selbst unterschreiben.
4. Man kann Entschuldigungen für die Schule selbst schreiben.
5. Man kann Verträge über Käufe, Kredite, Mieten, usw. selbst abschließen.
6. Man kann heiraten.
7. Man kann selbst wählen und gewählt werden.
8. Man kann den Führerschein machen.
9. Man kann im Lokal alkoholische Getränke bestellen.

WORTSCHATZ

auf deutsch erklärt

der Unterricht   das Lernen eines Schulfaches, zum Beispiel Deutsch (der Deutschunterricht)
die Prüfung   der Test
schwänzen   nicht in die Schule gehen, weil man keine Lust hat
fehlen   nicht da sein
Ich kann es mir nicht erlauben.   Ich darf es nicht.
Du irrst dich.   Du denkst falsch.
Das dauert lange.   Das braucht eine lange Zeit.
wählen   man sagt einem politischen Kandidaten offiziell ja
sich politisch engagieren   politisch aktiv sein
kurzfristig   nach wenig Zeit, schnell

auf englisch erklärt

Er ist Mitglied unseres Vereins.   *He is a member of our club.*
Ich will von meinen Eltern unabhängig sein.   *I want to be independent from my parents.*
Wir werden im Juni heiraten.   *We're going to get married in June.*
Es scheint, du willst nicht.   *It seems you don't want to.*
Das wäre zu schade ums Geld.   *It wouldn't be worth the money.*
Unterschreiben Sie den Vertrag!   *Sign the contract!*
In dieser Hinsicht ist es umgekehrt.   *In this respect it's the other way around.*
Es ist schwer, sich zu ändern.   *It's difficult to change yourself.*

3 Hör gut zu!

Schüler erzählen, was sich in ihrem Leben mit dem 18. Geburtstag geändert hat. Welche Aussagen passen zu den Illustrationen?

a.   b.   c.   d.   e.

SO SAGT MAN DAS!

Talking about what is possible

If you ask yourself **Was soll ich morgen machen?**, here is a way to say what you could possibly do:

> **Ich könnte die Schule schwänzen, aber ich kann es mir nicht erlauben.**

If your friend tells you **Ich habe Lust, Auto fahren zu lernen**, you can answer by saying:

> **Du könntest den Führerschein machen, weil du jetzt alt genug bist.**

How would you talk about what is possible in English?

4 Hör gut zu!

Drei Freunde sprechen über ihre Pläne. Hör zu und schreib auf, was die drei vorhaben! Wer scheint am meisten vorzuhaben?

5 Mit achtzehn könnte ich ...

Stellt euch vor, ihr wohnt in Deutschland und seid schon 18! Sag, was du jetzt alles tun könntest, und sag auch, warum du es nicht tust! Tauscht die Rollen aus!

DU **Ich könnte jetzt ...**

PARTNER **Ja, und warum tust du's nicht?**

DU **Weil ich ...**

Ein wenig *Grammatik*

To express possibility, you need to know the **könnte**-forms. Of what verbs do these forms remind you?

Ich **könnte** das Abi schaffen.
Du **könntest** ausziehen.
Es **könnte** einfacher sein.
Wir **könnten** den Meier wählen.
Ihr **könntet** euch informieren.
Sie **könnten** jetzt heiraten.

wohnen, wo ich will

die eigene Entschuldigung schreiben, wenn ich die Schule schwänze

selbst eine Wohnung mieten

nach Hause kommen, wann ich will

heiraten

den Führerschein machen

wählen

von zu Hause ausziehen

allein wegfahren

6 Ich könnte, aber ich tu's nicht.

Denk an fünf Dinge, die du jetzt tun könntest, aber aus irgendeinem Grund nicht tust und schreib sie auf!

BEISPIEL **Ich bin jetzt (16). Ich könnte abends bis elf Uhr wegbleiben, aber ich tu's nicht, weil ich früh aufstehen muß.**

SO SAGT MAN DAS!
Saying what you would have liked to do

Sometimes you have intentions that just don't get carried out. When you want to express these intentions, you can say:

Ich hätte gern die Schule **geschwänzt,** aber ich bin doch hingegangen.
Ich wäre gern zu Hause **geblieben,** aber wir hatten heute eine Prüfung.

How would you express these phrases in English?

Grammatik Further uses of **wäre** and **hätte**

In the **So sagt man das!** box you learned that intentions that don't get carried out are expressed with **hätte** or **wäre.** In that case, **hätte** and **wäre** are auxiliary verbs, and are both used with a past participle.

Sie **hätten** gern **geheiratet,** aber die Eltern wollten es nicht.
Ich **hätte** meine Hausaufgaben **gemacht,** aber ich war krank.

The decision to use **hätte** or **wäre** as the auxiliary verb depends on the past participle. If it normally takes **sein** in the past tense (like **gekommen**), then **wäre** is correct.

Wir **wären** gestern nach Berlin **gefahren,** aber unser Auto ist kaputt.
Ich **wäre** heute schwimmen **gegangen,** aber es hat furchtbar geregnet.

7 Was hättest du gern getan?

Leider gehen nicht alle Wünsche in Erfüllung. Sag einer Klassenkameradin, was du alles gern getan hättest! Hier sind einige Wünsche. Hast du andere?

Freunde besuchen	(die CDU) wählen
den Führerschein machen	seine Stimme (den Grünen) geben
die Schule schwänzen	etwas für die Umwelt tun
die Hausaufgaben machen	mit Freunden wegfahren
die Fragen beantworten	länger im Urlaub bleiben
sich politisch engagieren	sich besser informieren
Mitglied im Fußballklub werden	nach (Österreich) fahren
eine tolle Sendung sehen	den Vertrag unterzeichnen
nach Deutschland fliegen	ins Kino gehen

8 Aber sag auch warum!

Setzt euch in kleinen Gruppen zusammen und erzählt, was ihr gern getan hättet! Ihr könnt die letzte Übung zu Hilfe nehmen. Gebt auch einen Grund dafür an!

DU   **Ich hätte gern ...**

PARTNER   **Und warum hast du das nicht getan?**

DU   **Ja, weil ...**

PARTNER   **Schade!**   *oder*   **Ja, wirklich?**   *oder*   **Zu dumm!**

Warum nicht?

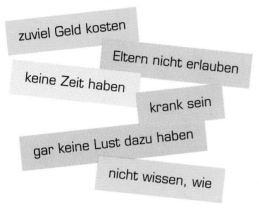

zuviel Geld kosten

Eltern nicht erlauben

keine Zeit haben

krank sein

gar keine Lust dazu haben

nicht wissen, wie

9 Für mein Notizbuch

Denk an drei Dinge, die du in letzter Zeit gern getan hättest! Gib Gründe an, warum du sie nicht getan hast!

BEISPIEL   **Gestern abend hätte ich gern ferngesehen, aber leider war unser Fernseher kaputt, und ich hatte keine Lust, zu meiner Klassenkameradin zu gehen.**

10 Was hältst du davon?

Denk über folgende Fragen nach, und schreib die Antworten in Stichworten auf! Diskutiere darüber mit deinen Klassenkameraden!

1. Wie ist die Schule für dich? Leicht? Stressig? Warum?
2. Würdest du den Unterricht schwänzen, wenn du könntest?
3. Hast du schon einmal die Schule geschwänzt? Warum?
4. Was wird sich bei dir ändern, wenn du achtzehn wirst?
5. Was hat sich geändert, als du sechzehn geworden bist?
6. Freust du dich darauf, daß du mit achtzehn wählen darfst? Wen oder welche Partei würdest du wählen? Warum?
7. Bist du politisch aktiv oder wenigstens gut informiert? Kennst du Schüler, die sich politisch engagieren?
8. Wie wichtig ist für dich der Führerschein? Hast du schon den Führerschein? Wenn ja, was hast du alles machen müssen, um ihn zu bekommen?

11 Für mein Notizbuch

Wähle eins der beiden Themen unten, und schreib einen Kurzbericht darüber!

1. Der Führerschein auf Probe ist eine gute Idee.
2. Jeder Schüler sollte sich ein wenig politisch engagieren.

Weiter geht's!

Die Wehrpflicht: dafür oder dagegen?

Das Interview geht weiter. Die vier jungen Leute unterhalten sich über das Thema „Wehrpflicht".

> **Artikel 12a des Grundgesetzes:**
> „Männer können vom vollendeten achtzehnten Lebensjahr an zum Dienst in den Streitkräften, im Bundesgrenzschutz oder in einem Zivilschutzverband verpflichtet werden."

STEFAN   Eine Pflicht, die jeder Achtzehnjährige hat, ist, zur Bundeswehr zu gehen. Und das ist auch nicht gerade angenehm, weil man fast zwei Jahre vom Studium oder von der Arbeit verliert.

INTERVIEWER   Habt ihr euch schon entschieden, ob ihr den Wehrdienst oder den Zivildienst macht?

MARTIN   Ja, wir sind halt immer noch am Diskutieren. Ich, zum Beispiel ...

STEFAN   Darf ich dich schnell mal unterbrechen, Martin?

MARTIN   Bitte.

STEFAN   Es ist nämlich so: wir hatten vorigen Monat einen Bundeswehroffizier zu einer Fragestunde eingeladen. Die Diskussion war sehr interessant, und wir konnten uns dabei gut informieren.

ANGIE   Und was ist dabei herausgekommen?

MARTIN   Ja, für mich wenig.

STEFAN   Für mich auch nicht viel. Aber trotzdem! Ich hab' die Diskussion prima gefunden.

MARTIN   Das ist mir neu, was du da sagst.

STEFAN   Ich hab' nur gesagt, die Diskussion war prima, interessant. Es hat sich gelohnt, ihn einzuladen. Das kannst du doch nicht abstreiten.

MARTIN   Tu' ich auch nicht. Ich frag mich bloß, ob jemand wirklich seine Meinung nach dieser Diskussion geändert hat.

STEFAN   Das glaub' ich nicht. Die einen sind eben für die Bundeswehr, die anderen sind dagegen. Daran ändert sich nichts. Jeder muß allein für sich entscheiden, ob er zum Bund geht oder nicht.

ANGIE   Gehst du zum Bund, Martin?

MARTIN Also, ich sag's mal so: wenn ich's vermeiden kann,
nicht. Weil ich's heutzutage für sinnlos halte. Und
wenn ich muß, geh' ich halt hin.

JULIA Ich bin wahnsinnig froh, daß ich so eine Entscheidung nicht machen muß.

MARTIN Ja, ihr Mädchen habt's gut. Man sollte euch
einziehen, wie in Israel.

ANGIE Meinst du das im Ernst?

MARTIN Ja, warum denn nicht? Ihr müßt nicht unbedingt
ein Gewehr in den Kampf tragen. Es gibt viele
Sachen, die Mädchen bei der Bundeswehr
machen könnten. Sie sollten aber wenigstens
den Zivildienst machen müssen!

STEFAN Das mag sein. Ich find' es aber wirklich schlecht,
daß man in Deutschland Wehrdienst machen muß.

ANGIE Sonst würd's keiner machen.

MARTIN Ja, stimmt. Wir müssen aber Streitkräfte haben,
auf die wir uns verlassen können!

ANGIE Das ist heutzutage nicht mehr so wichtig, wie es
noch vor kurzem war.

STEFAN Immerhin — der Wehrdienst sollte freiwillig sein.
In England klappt's, in den USA klappt's.

MARTIN Wir haben wenigstens noch einen Ersatzdienst.

STEFAN Ja, schon! Aber der Zivildienst kann noch anstrengender
sein. Es kommt eben darauf an, was man machen muß.

ANGIE Ich hab' einen Bekannten, der gerade seinen
Zivildienst in einem Altenheim macht. Er sagt, er kann es
bald nicht mehr aushalten. Die alten Leute, die er betreuen
muß, tun ihm so furchtbar leid: sie können sich nicht mehr
selber helfen. Und das belastet ihn wahnsinnig.

STEFAN Und ich find' es ausgesprochen fies, daß es Firmen gibt, die
keine Zivildienstleute einstellen.

MARTIN Andererseits nutzt dir der Zivildienst mehr als der Wehrdienst, wenn du zum Beispiel Arzt werden willst.

STEFAN Ja, schon. Aber was soll's! Ich nehm's, wie's kommt. Vielleicht mag mich der Bund gar nicht. Mit meinen Kontaktlinsen und meinem schwachen Kreuz werd' ich bei der
Musterung bestimmt durchfallen.

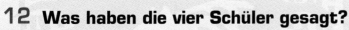

12 Was haben die vier Schüler gesagt?

Macht eine Liste mit vier Spalten und tragt die wichtigsten Dinge ein, die die vier Schüler
gesagt haben! Nehmt dann eure Notizen zur Hand und berichtet der Klasse, was die vier
Schüler zum Thema „Wehrdienst" gesagt haben! Was fällt dir an Martins Aussagen auf?

Gleichberechtigung im deutschen Militär?

Deutschen Frauen ist der Dienst mit der Waffe noch immer offiziell verboten. Aber wie lange noch?

Die Stimmen vieler Bundestagsabgeordneter werden immer lauter, den deutschen Frauen künftig das Tor zur Bundeswehr zu öffnen. Noch immer verbietet Artikel 12a des Grundgesetzes den „Dienst mit der Waffe" für Frauen.

Seit 1975 dienen Frauen bei der Bundeswehr hauptsächlich in verwaltungstechnischen Berufen und im Pflegedienst (z.B. als Ärztinnen, Apothekerinnen). Damals wollten sich junge Männer für diese Berufe nicht verpflichten, denn die Wirtschaft zahlte mehr.

Frauen im Militärdienst sind nichts Neues. Israels Frauen müssen mit 18 Jahren für 20 Monate zur Armee. Sie leisten Wehrdienst wie ihre männlichen Kameraden. Sie werden an allen Waffen ausgebildet — sie sind Pilotinnen und kommandieren Kampfpanzer.

In den USA stellen Soldatinnen heute über zehn Prozent aller Streitkräfte, mehr als in jeder anderen Berufsarmee der Welt. Sie fliegen Transportflugzeuge, reparieren Panzer, fahren Armeelaster, bewachen Kasernen, bilden Rekruten aus und ziehen mit Stahlhelm und Maschinengewehr nicht nur ins Manöver, sondern setzen auch ihr Leben an der Front aufs Spiel. Frauen können Offizier werden und auch General.

Der Ausschluß von Frauen für den Dienst bei der Bundeswehr schränkt die Karrierechancen von Frauen ein. Das widerspricht dem Recht auf Gleichberechtigung aller Bürger. Der Ausschluß verbietet Frauen die Möglichkeit, in einem Zweig des öffentlichen Dienstes Arbeit und Aufstiegsmöglichkeiten zu finden.

Natürlich müßte das Grundgesetz geändert werden, bevor Frauen beim deutschen Militär in Panzern, Bombern und U-Booten Dienst leisten könnten. Viele Leute glauben, man sollte 52 Prozent der deutschen Bevölkerung diesen Weg nicht versperren.

Kannst du das erklären?

Beantworte die Fragen!

1. Wovon handelt der Artikel?
2. Welche Länder werden im Artikel verglichen? Wie unterscheidet sich das Militär in den verschiedenen Ländern?
3. Warum dürfen deutsche Frauen nicht überall in der Bundeswehr dienen?
4. Welche Berufe üben (*perform*) seit 1975 einige Frauen in der Bundeswehr aus?
5. Was für Folgen (*consequences*) hat der Ausschluß (*exclusion*) von Frauen bei der Bundeswehr?
6. Sind Frauen für den Militärdienst geeignet? Was meinst du?
7. Sollte man das Grundgesetz in Deutschland ändern? Warum oder warum nicht?

Saying that something is going on right now; reporting past events; expressing surprise, relief, and resignation

WORTSCHATZ

In der Bundeswehr kommandieren Frauen bestimmt einmal ...

| einen Panzer | einen Bomber | einen Laster | ein Transportflugzeug | ein U-Boot |

Was würdest du gern kommandieren?

auf deutsch erklärt

die Streitkräfte   das ganze Militär
die Bundeswehr   die deutsche Armee
der Bund   die Bundeswehr
die Wehrpflicht   wenn man in die Armee gehen muß, also nicht freiwillig
freiwillig   wenn man etwas nicht machen muß, aber machen will
der Frieden   wenn es keinen Krieg gibt
sich entscheiden   wenn man zwischen zwei Dingen wählt
ausgesprochen   ganz besonders

auf englisch erklärt

Er schießt mit dem Gewehr.   *He shoots the gun.*
Ein Panzer ist eine wichtige Waffe.   *A tank is an important weapon.*
Der Kampf war hart.   *The battle was heavy.*
Muß man bei euch Wehrdienst machen?   *Do you have to serve in the military where you're from?*
Wir dürfen auch den Zivildienst wählen.   *We can also choose community service.*
Unsere Demokratie hat ein Grundgesetz.   *Our democracy has a constitution.*
Gleichberechtigung für alle!   *Equality for all!*
Können wir uns auf dich verlassen?   *Can we rely on you?*
Aber im Ernst!   *But seriously!*

SO SAGT MAN DAS!

Saying that something is going on right now

Here are three ways of expressing that something is occurring at this moment:

> **Wir diskutieren gerade darüber.**
> **Wir sind dabei, dieses Thema zu besprechen.**
> **Wir sind am (beim) Überlegen.**

What common English form do these sentences express?

13 Was macht Martin gerade?

Michael möchte mit Martin Tennis spielen, aber Martin hat vorher noch viel zu tun. Michael ruft Martin an und will wissen, wie weit er ist und ob sie bald spielen können. Spiel die Rollen mit einem Partner!

MICHAEL **Hallo, Martin! Willst du Tennis spielen?**

MARTIN **Ich bin gerade am Fenster-putzen. Vielleicht später.**

MICHAEL **Gut, bis später.**

Was Martin alles machen muß:

EIN WENIG LANDESKUNDE

In der Bundesrepublik besteht seit 1956 die allgemeine Wehrpflicht für Männer. Diese Wehrpflicht kann durch den 12monatigen Wehrdienst (ab 1996 zehn Monate) oder den 15monatigen Zivildienst (ab 1996 13 Monate) erfüllt werden. In Österreich dauert der Grundwehrdienst 6 Monate. In der Schweiz gibt es eine Rekrutenausbildung von 15 Wochen und alle zwei Jahre neunzehntägige Wehrübungen bis zum vollendeten 40. Lebensjahr.

Die Streitkräfte der Bundeswehr bestehen aus Armee, Luftwaffe und Marine. Viele junge Männer gehen zur Bundeswehr, weil sie Interesse am Soldatenberuf haben oder weil sie hoffen, später einen sicheren Arbeitsplatz zu finden. Soldaten haben nämlich die Möglichkeit — wenn sie längere Zeit beim Bund bleiben — sich während der Dienstzeit beruflich ausbilden zu lassen. Abiturienten können auch an den Bundeswehruniversitäten in Hamburg und München studieren. Ungefähr 30 Prozent der wehrpflichtigen Männer in Deutschland entscheiden sich für den Zivildienst.

SO SAGT MAN DAS !

Reporting past events

Here is a more expressive way to report something that happened in the past:

Wir haben letzten Monat einen Bundeswehroffizier eingeladen. Die Diskussion war sehr interessant, und wir konnten uns gut informieren. Wir wollten noch mehr hören, aber wir mußten zum Unterricht gehen.

What verb forms do you recognize? What are the infinitives of those verbs?

14 Hör gut zu!

Du stehst in einer langen Schlange am Bankschalter. Zwei Leute vor dir sprechen darüber, was sie am Vormittag alles erledigt haben oder noch tun müssen. Hör ihrem Gespräch gut zu, und mach dir Notizen über die Besorgungen (*errands*)! Anhand der Notizen erzähl dann deinem Partner von dem Gespräch, das du mit angehört hast.

Grammatik The past tense of modals (the imperfect)

1. The modals have these forms in the imperfect:

dürfen	müssen	können	mögen	sollen	wollen
ich durf-t-e	mußte	konnte	mochte	sollte	wollte
du durf-t-est	mußtest	konntest	mochtest	solltest	wolltest
er durf-t-e	mußte	konnte	mochte	sollte	wollte
wir durf-t-en	mußten	konnten	mochten	sollten	wollten
ihr durf-t-et	mußtet	konntet	mochtet	solltet	wolltet
sie durf-t-en	mußten	konnten	mochten	sollten	wollten

    a. The modals in the imperfect do not carry over the umlaut of the infinitive.
    b. All modals are conjugated.
    c. The imperfect of **mögen** also has a consonant change.

2. In conversation, the imperfect forms of modals are almost always used rather than the present perfect.
    — Was ist bei eurer Diskussion herausgekommen?
    — Nichts. Aber wir **konnten** uns gut informieren.
    — Und wie hast du die Diskussion gefunden?
    — Sie **war** prima! Die Klassenkameraden **wollten** gar nicht nach Hause gehen. Sie **hatten** so viele Fragen.

15 Wie war's früher?

Sag einem Partner, wie's früher war und wie's heute ist!
BEISPIEL **Früher mußte ich eine Brille tragen, heute kann ich Kontaktlinsen tragen.**

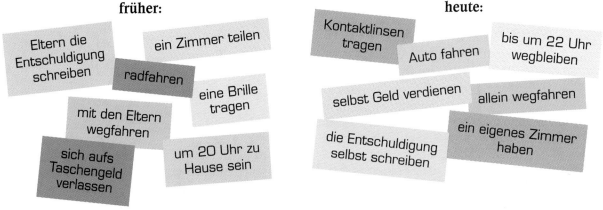

früher:

Eltern die Entschuldigung schreiben

ein Zimmer teilen

radfahren

eine Brille tragen

mit den Eltern wegfahren

sich aufs Taschengeld verlassen

um 20 Uhr zu Hause sein

heute:

Kontaktlinsen tragen

Auto fahren

bis um 22 Uhr wegbleiben

selbst Geld verdienen

allein wegfahren

die Entschuldigung selbst schreiben

ein eigenes Zimmer haben

Schon bekannt	Neu	
gestern, gestern (vormittag)	vergangen-: vergangenes Jahr	früher
vorgestern, vorgestern (abend)	vergangenen Monat	
letzt-: letzte Woche, letztes Jahr	vorig-: vorige Woche	
	im vorigen Jahrhundert	

16 Als ich zwölf war ...

Denk an sechs Dinge, die du nicht tun konntest oder durftest, als du zwölf warst! Schreib sie auf und vergleiche deine Liste mit der Liste eines Partners!

BEISPIEL **Als ich zwölf war, mußte ich/konnte ich/durfte ich (nicht) ...**

SO SAGT MAN DAS!

Expressing surprise, relief, and resignation

If someone said something surprising to you, for example:

Also, bei uns dürfen die Hunde mit ins Restaurant gehen.

You might answer:

Das ist mir (völlig) neu!

If you heard reassuring news, for example:

Gestern ist Mari gesund aus dem Krankenhaus gekommen.

You might express relief by saying:

Ich bin (sehr) froh, daß es ihr besser geht.

If someone complained to you:

Ich mußte das ganze Wochenende mit dem Matheheft verbringen.

You might express resignation about the plight of students by saying:

Ach, was soll's! Das ist leider so.

17 Hör gut zu!

Hör gut zu, wie einige Schüler darüber diskutieren, ob sie zum Bund gehen oder nicht! Welche Schüler drücken Überraschung aus? Resignation? Erleichterung?

18 Was für eine Reaktion hast du darauf?

Wie reagierst du auf folgende Aussagen? Lies einer Partnerin eine Aussage vor, und sie wird darauf reagieren! Gebrauch dabei die Ausdrücke, die du gelernt hast!

1. Ich hab' gehört, daß wir jetzt das ganze Jahr zur Schule gehen müssen und daß wir keine langen Sommerferien mehr haben.
2. Ich hab' gehört, daß Jungen zwischen 16 und 25 über $1 000 im Jahr für ihre Autoversicherung bezahlen müssen.
3. Ich hab' gehört, daß es jetzt auch bei uns einen Führerschein auf Probe geben soll.
4. Ich hab' gehört, daß Frauen in der amerikanischen Marine jetzt auf U-Booten dienen dürfen.

19 Reaktionen hervorrufen!

a. Schreib zuerst ein paar Situationen auf, auf die ein Partner mit Überraschung, Resignation oder Erleichterung reagieren könnte! Hier sind ein paar Anregungen, aber du kannst dir selber etwas ausdenken.

wie eine Sportmannschaft gespielt hat

monatliches Taschengeld von den Eltern

eine Prüfung in einem Schulfach

das kuriose Leben eines Film- oder Popstars

... oder anderes vom Leben!

b. Lies dann einem Partner die Situationen vor, und er muß jeweils darauf reagieren!

20 Vorteile und Nachteile

Der Militärdienst und der Zivildienst haben Vor- und Nachteile. Einige sind hier aufgelistet, andere kannst du dir selbst ausdenken. Du nimmst eine Position ein und ein Klassenkamerad eine andere. Diskutiert darüber!

Militärdienst

Vorteile	Nachteile
ein geregeltes Leben haben etwas lernen neue Leute kennenlernen Kameradschaft haben Karriere machen können	Zeit verlieren nicht viel lernen wenig Freiheit haben ein rauhes Leben haben Familie und Freunde verlassen müssen

Zivildienst

Vorteile	Nachteile
anderen Menschen helfen etwas Gutes tun etwas Nützliches lernen offen gegen Krieg sein können	lange Arbeitszeit haben oft deprimierende Arbeit haben berufliche Nachteile haben können wenig Geld verdienen

21 Was sagst du dazu?

Diskutier mit deinen Klassenkameraden über folgende Themen!

a. Die USA haben seit vielen Jahren keine allgemeine Wehrpflicht mehr. Sollte man die allgemeine Wehrpflicht wieder einführen — für Männer und für Frauen? Warum oder warum nicht?

b. Manche Schulen in den USA verlangen (*demand*), daß Schüler in ihrer Schulzeit etwas Zivildienst leisten. Wird sowas in eurer Schule verlangt? Was sind die Bedingungen (*conditions*)? Bist du dafür oder dagegen und warum oder warum nicht?

22 Für mein Notizbuch

Wenn du mit der Schule fertig bist, wirst du dann zum Militär gehen? Warum oder warum nicht? Möchtest du an einer Militärakademie studieren? An welcher? Schreib deine Gedanken dazu auf!

Nie wieder!

Auszüge aus Hitlers Reden

Die Welt, sie verfolgt uns. Wir wollen den Frieden. Sie wendet sich gegen uns. Sie will nicht unser Recht zum Leben anerkennen. Mein deutsches Volk, wenn so die Welt gegen uns steht, dann müssen wir umso mehr zu einer Einheit werden.

Aus einer Rede Hitlers im Mai 1933

Was für ein Glück für die Regierenden, daß die Menschen nicht denken!

Bemerkungen Hitlers bei einer Geheimkonferenz mit Generälen im Jahre 1937

Deutschland muß zusätzlichen Lebensraum gewinnen—und zwar in Europa. Ohne Gewaltanwendung geht das nicht. Wir können damit auch nicht mehr lange warten. Denn unser Rüstungspotential wird in den Jahren 1943 bis 45 seinen Höhepunkt erreicht haben. Wir müssen die Offensive ergreifen, bevor die übrige Welt unseren Vorsprung einholt.

Geheime Anweisung Hitlers an die Wehrmacht, sich auf einen Krieg mit Polen vorzubereiten. April 1939

Ich werde den propagandistischen Anlaß zur Auslösung des Krieges geben, gleichgültig, ob glaubhaft. Der Sieger wird später nicht danach gefragt, ob er die Wahrheit gesagt hat oder nicht. Bei Beginn und Führung des Krieges kommt es nicht auf das Recht an, sondern auf den Sieg.

Aus einer Rede Hitlers

Über einen humanen Weltbegriff erhebt sich heute die Erkenntnis von der Bedeutung des Blutes und der Rasse! Nichts kann das mehr aus der Welt schaffen. Das ist eine siegende Idee, die heute wie eine Welle über die ganze Erde hinwegströmt ...

Noch eine besondere Aufgabe haben wir: die Beseitigung all jener Minderwertigkeitsempfindungen, die in unserem Volk waren, da die früheren Regierungen sie notwendig benötigten und brauchten. Wir sind Todfeinde der sogenannten halben, weil falschen Bescheidenheit, die da sagt, wir wollen uns etwas zurückhalten, wir wollen nicht immer von uns reden und alles übertrumpfen, wir wollen bieder bleiben und nicht übel auffallen, man soll uns mehr lieben, die anderen sollen uns nicht mit schiefen Augen ansehen. Im Gegenteil; wir wollen unser Volk ganz nach vorne führen! Ob sie uns lieben, das ist uns einerlei! Wenn sie uns nur respektieren! Ob sie uns hassen, ist uns einerlei, wenn sie uns nur fürchten ...

Adolf Hitler am 18. Januar 1942

LESETRICK

Determining purpose

Determining the purpose of a text before you read allows you to read more critically. It will also help you guess the meaning of unfamiliar words as you read. Use your prereading strategies (looking at visual clues, titles, captions, and format) to hypothesize about the purpose for which a text was written. You'll also want to use any background knowledge you have about the author and the time in which he or she was writing.

Getting Started

1. Look at the photos and read the titles, captions, and source references for each reading selection. What kinds of texts are these? Who are the authors? When was each written?

2. Read the caption for the Geschwister Scholl again. Who were the Geschwister Scholl and why were they important?

3. Before reading further, find out as much as you can about German history before and during World War II and about Hitler and the resistance movement specifically. Together with your classmates, construct a time line of major events. What was hap-

GESCHWISTER SCHOLL

Hans, geb. 1918, Medizinstudent, Begründer der Widerstandsbewegung „Weiße Rose" im 2. Weltkrieg. Sophie, geb. 1921, Philosophiestudentin, Mitglied der „Weißen Rose". Beide 1943 zum Tode verurteilt und hingerichtet.

WIDERSTAND GEGEN DIE DIKTATUR:
DAS LETZTE FLUGBLATT

Kommilitonen! Kommilitoninnen!

Erschüttert steht unser Volk vor dem Untergang der Männer von Stalingrad. Dreihundertdreißigtausend deutsche Männer hat die geniale Strategie des Weltkriegsgefreiten sinn- und verantwortungslos in Tod und Verderben gehetzt. Führer, wir danken dir!

Es gärt im deutschen Volk: Wollen wir weiter einem Dilettanten das Schicksal unserer Armeen anvertrauen? Wollen wir den niederen Machtinstinkten einer Parteiclique

den Rest der deutschen Jugend opfern? Nimmermehr! Der Tag der Abrechnung ist gekommen, der Abrechnung der deutschen Jugend mit der verabscheuungswürdigsten Tyrannis, die unser Volk je erduldet hat. Im Namen der deutschen Jugend fordern wir vom Staat Adolf Hitlers die persönliche Freiheit, das kostbarste Gut des Deutschen zurück, um das er uns in der erbärmlichsten Weise betrogen.

pening at the time Hitler was making his speeches? And at the time Hans and Sophie Scholl were writing?

4. Using what you've learned from questions 1-3, think about the occasions for which Hitler's speeches and **Das letzte Flugblatt** were written. Who was the intended audience in each case? Can you guess what the purpose of each text was? What is the purpose of the magazine interview?

A Closer Look

5. Read the excerpts from Hitler's speeches and try to determine the meaning of the following words using root words, context, and your understanding of the purpose of the text.

anerkennen	*to stream forth*
Gewaltanwendung	*to acknowledge*
ergreifen	*to fear*
Erkenntnis	*realization*
vorbereiten	*to take*
hinwegströmen	*use of force*
fürchten	*to prepare for*

6. Look for occurrences of the words **Sieg**, **Sieger**, and **siegend**. In your own words, state what you think Hitler had in mind when he used them. What emotions is he appealing to in his various audiences?

7. In one or two sentences, summarize the main idea of each excerpt from Hitler's speeches. Does the text confirm your hypothesis about the purpose of these

In einem Staat rücksichtsloser Knebelung jeder freien Meinungsäußerung sind wir aufgewachsen. HJ, SA, SS haben uns in den fruchtbarsten Bildungsjahren unseres Lebens zu uniformieren, zu revolutionieren, zu narkotisieren versucht. Weltanschauliche Schulung hieß die verächtliche Methode, das aufkeimende Selbstdenken in einem Nebel leerer Phrasen zu ersticken ...

Es gibt für uns nur eine Parole: Kampf gegen die Partei! ... Es geht uns um wahre Wissenschaft und echte Geistesfreiheit! Kein Drohmittel kann uns schrecken, auch nicht die Schließung unserer Hochschulen. Es gilt den Kampf jedes Einzelnen von uns um un-

sere Zukunft, unsere Freiheit und Ehre in einem seiner sittlichen Verantwortung bewußten Staatswesen ...

Freiheit und Ehre! Zehn Jahre lang haben Hitler und seine Genossen die beiden herrlichen deutschen Worte bis zum Ekel ausgequetscht, abgedroschen, verdreht, ... Studentinnen! Studenten! Auf uns sieht das deutsche Volk! Von uns erwartet es, wie 1813 die Brechung des Napoleonischen, so 1943 die Brechung des nationalsozialistischen Terrors aus der Macht des Geistes. Beresina und Stalingrad flammen im Osten auf; die Toten von Stalingrad beschwören uns!

1943

VERFÜHRT VON DUMMEN, MÖRDERISCHEN SPRÜCHEN

ANGEKLAGT:
Felix K., 16

RICHTER:
Wolfgang Steffen

Im Prozeß um den Solinger Brandanschlag gab einer der Angeklagten Auskunft über seine Ideologie

Richter: Was ist denn für Sie „rechts"?
Felix: Na ja, Störkraft*, dann halt Hitler und so.
Richter: Und weiter?
Felix: Na ja, Ausländer raus.
Richter: Und weiter?
Felix: Juden raus.
Richter: Und weiter?
Felix: Türken raus, und dann noch Sieg heil und Deutschland erwache.
Richter: Und weiter?
Felix: Das war's.

*Musikgruppe mit rechtsradikalen Texten

FOCUS 20/1994

speeches? Adjust your original statement, if necessary. What tone and what images does Hitler use to convince his audiences?

8. Read the passage by Hans and Sophie Scholl several times. What do you think **Kommilitonen** and **Kommilitoninnen** mean? Who were the intended readers? What were the Scholls fighting against? What were they fighting for? Support your answer with words and phrases from the passage.

9. In the second paragraph, the writer refers to Hitler as a **Dilettant**. What does the word mean, and why do the call him that? Read the fifth paragraph. Whom do the Scholls accuse of distorting the words **Freiheit und Ehre**?

10. Does the passage confirm your hypothesis about the author's purpose? Explain.

11. Read the interview with Felix K. What does the title mean? Who has been "seduced," and by what? What is the significance of this interview in relation to the other two texts? Is there any connection?

12. Wie würdest du jemanden überzeugen, mit dir gegen eine Ungerechtigkeit zu kämpfen? Schreib jetzt dein eigenes Flugblatt, um für deine Meinung zu einer bestimmten Ungerechtigkeit zu plädieren. Bevor du schreibst, denke daran, wer dein Flugblatt lesen wird, zum Beispiel andere Schüler, Erwachsene usw. Versuche, deine Ideen so überzeugend wie möglich zu machen!

In this chapter you have learned how life for German teenagers can be different from that of American teenagers. People who live or have lived in different places do things in a variety of ways that are new to us and sometimes hard for us to understand. In this activity, you will interview a person from another place to find out what life is like in his or her native country. You will write the results of your interview in a report to share with the class.

Lerne Land und Leute durch ein Interview kennen!

Denk an eine Person, die aus einem anderen Land kommt, und interview diese Person! Stell durch das Interview fest, wie das Leben in der Heimat dieser Person ist! Was habt ihr in eurem Leben gemeinsam, und was ist anders? Faß danach das Interview zu einem Bericht zusammen!

A. Vorbereiten

1. Was willst du wissen? Formuliere deine Fragen, und schreib sie auf ein Blatt Papier! Laß zwischen deinen Fragen genug Platz für deine Notizen!
2. Interview deine ausgewählte Person! Das Interview soll ganz informell sein. Wenn dich eine Antwort besonders interessiert, stell weitere Fragen!
3. Benutze deine Notizen, um eine Struktur für deinen Bericht zu schaffen! Welche Ideen tauchen immer wieder auf? Welche Antworten passen gut zusammen? Kannst du jetzt erkennen, welche Aussagen für deinen Bericht brauchbar sind und welche nicht?

B. Ausführen

Wähle die interessantesten Aussagen aus, und schreib einen Bericht über das Leben im anderen Land auf deutsch! Präsentiere Unterschiede und Gemeinsamkeiten, die zwischen dieser Person und dir bestehen!

C. Überarbeiten

1. Lies deinem Interviewpartner deinen Bericht vor, wenn er oder sie Deutsch spricht! Wenn nicht, erkläre, was du geschrieben hast! Wie findet diese Person deine Darstellung?
2. Hast du alle interessanten und wichtigen Punkte erwähnt? Vergleiche den Bericht mit deinen Notizen!
3. Lies den Bericht noch einmal durch! Hast du alles richtig geschrieben? Achte besonders auf die Modalverben!
4. Schreib den korrigierten Bericht noch einmal ab!

SCHREIBTIP

Asking questions to gather ideas You have already learned many ways to gather ideas for your writing, including brainstorming and freewriting. Another way is to ask people questions to find out what they know or about their experiences. When asking people questions, try to phrase them in a way that is specific enough to focus in on your topic, but also open-ended enough to allow people the freedom to answer as they please. You should have a plan for your questioning, but allow yourself the flexibility to follow up with unplanned questions as the interview leads in new directions.

ANWENDUNG

1 Eine Schülerin fragt ihren Großvater, wie das Leben war, als er jung war. Hör gut zu, und schreib in Stichworten auf, was der Großvater über seine Jugendzeit berichtet!

2 Einige Schüler reden darüber, wie es früher war. Sabine erzählt von ihrer Oma. Lies, was sie berichtet!

Meine Oma hat einmal erzählt, wie es war, als sie ein Kind war. Morgens mußte sie immer sehr früh aufstehen, um zur Schule zu gehen. Sie mußte zu Fuß gehen, über drei Kilometer! Auch am Samstag mußte sie zur Schule. In der Klasse mußten die Schüler still sitzen und die Hände auf den Tisch legen. Sie durften keinen Krach machen, nicht miteinander sprechen. Wer etwas sagen wollte, mußte die Hand heben. Wenn ein Schüler frech war, durfte ihn der Lehrer schlagen. Die Schüler mußten auch auf ihre Kleidung achten. Alles mußte sauber sein, kein Knopf durfte fehlen! Ja, und die Mädchen durften auch keine Hosen tragen, nur Röcke. Nach der Schule mußte meine Oma immer gleich die Hausaufgaben machen, bevor sie mit ihren Freundinnen spielen durfte. Wenn ihre Mutter einkaufen gehen wollte, mußte meine Oma ihre Geschwister betreuen. Nur einmal im Monat durfte sie ins Kino gehen. Meine Oma meint, heute geht es den Kindern viel besser als früher. Sie müssen zwar mehr lernen, haben aber mehr Freizeit für sich.

3 Schreib auf, was die Schüler zu Omas Zeiten alles tun mußten und was sie nicht tun durften!

sie mußten:	sie durften nicht:
früh aufstehen	Hosen tragen (Mädchen)

4 Beschreibe das Foto auf Seite 124! Was ist in diesem Foto anders als heute?

 5 Was hat sich alles von früher geändert? Sag einer Partnerin, wie es früher war und wie es heute ist!

Früher	durften	die Schüler	immer
	konnten	die Mädchen	(fast) nie
	mußten	die Jungen	selten
Heute	können	die Kinder	oft
	dürfen	die Lehrer	manchmal

ihre Meinung frei sagen

auch samstags in die Schule gehen

anziehen, was sie wollen

die Schüler schlagen

sehr viel auswendig lernen

in der Klasse still sein

politisch aktiv sein

selber Vorschläge machen

6 **a.** Interview eine ältere Person, Bekannte oder Verwandte, über das Thema: Wie war das Leben, als du (Sie) sechzehn Jahre alt warst (waren)? Mach dir kurze Notizen!

 b. Schreib einen kurzen Bericht über das, was du erfahren hast! Lies deinen Bericht der Klasse vor!

c. Vergleiche das Leben, das in dem Bericht geschildert wird, mit deinem Leben heute!

 7 Ein Recht, das junge Leute mit der Volljährigkeit erwerben, ist das Recht, ihren Wohnsitz frei bestimmen zu können. — Stell dir vor, du möchtest jetzt von zu Hause ausziehen, oder du mußt ausziehen, weil du in einem anderen Ort zur Universität gehst! Denk über die Vorteile und Nachteile nach und schreib sie auf!

Vorteile:

Ich könnte jetzt ...

Nachteile:

Ich müßte (*would have to*) jetzt ...

 8 **R O L L E N S P I E L**

Es gibt Krach in der Familie!

Du bist gerade achtzehn geworden und willst von zu Hause ausziehen, aber deine Eltern sind leider nicht dafür. Schreib zuerst eine Liste von den Vorteilen und Nachteilen, die beide Perspektiven — Eltern und Kind — berücksichtigt! Dann spielt ein Gespräch zwischen euch vor!

KANN ICH'S WIRKLICH?

Can you talk about what is possible? (p. 109)

1 How would you respond if a friend said the following things to you?
- a. Wen soll ich wählen?
- b. Ich weiß nicht, wem ich meine Stimme geben soll.
- c. Der Führerschein ist mir zu teuer.

Can you say what you would have liked to do? (p. 110)

2 How would you say that
- a. you would have liked to skip class, but you know you should never do that?
- b. you would have liked to go to the movies but you had to help your parents?

Can you say that something is going on right now? (p. 115)

3 How would you respond if your parents asked you when you were going to do the following things, and you were already doing them when they asked?
- a. Hast du den Artikel über den Zivildienst schon gelesen?
- b. Überlegst du dir, ob du zur Bundeswehr gehst?
- c. Wann diskutierst du mit deinem Bruder darüber?

Can you report past events? (p. 116)

4 How would you say that
- a. you wanted to go out last Sunday, but you couldn't because you had too much to do?
- b. your friends couldn't come along and had to stay home?

Can you express surprise, relief, and resignation? (p. 118)

5 How would you respond to the following statements?
- a. Leute mit Kontaklinsen dürfen nicht in der Bundeswehr dienen.
- b. In der Bundeswehr hatte ich mir den Fuß gebrochen, aber jetzt ist er wieder in Ordnung.
- c. Ich finde es nicht gut, daß wir eine Wehrpflicht in Deutschland haben.

ERSTE STUFE

TALKING ABOUT WHAT IS POSSIBLE

Ich könnte das machen, wenn ... *I could do that, if ...*

SAYING WHAT YOU WOULD HAVE LIKED TO DO

Ich hätte gern die Sendung gesehen. *I would have liked to have seen the show.*
Ich wäre gern nach München gereist. *I would have liked to have traveled to Munich.*

OTHER USEFUL WORDS

der Unterricht *class, school*
die Prüfung, -en *test*
das Mitglied, -er *member*
der Verein, -e *club*
der Vertrag, ¨e *contract*
die Pflicht, -en *duty*
das Recht, -e *right*
in dieser Hinsicht *as far as that goes*

bevor (conj) *before*
kurzfristig *on short notice*
schade sein um *to be a shame about something*

umgekehrt *vice-versa*
schwänzen *to cut class*
fehlen *to be missing*
s. erlauben *to permit oneself*
dauern *to last*
schaffen *to achieve, make*
s. irren *to be wrong*
scheinen *to seem*
wählen *to vote for*
s. engagieren *to be active in*
unterschreiben *to sign (your name)*
heiraten *to marry*
unabhängig sein *to be independent*
s. ändern *to change oneself*

ZWEITE STUFE

SAYING THAT SOMETHING IS GOING ON RIGHT NOW

Ich arbeite an dem Projekt. *I'm working on the project.*
Ich bin dabei, am Projekt zu arbeiten. *I'm getting started on the project.*
Ich bin am Arbeiten. *I'm working.*

REPORTING PAST EVENTS

Ich konnte gestern meine Hausaufgaben erledigen. *I was able to finish my homework yesterday.*

EXPRESSING SURPRISE, RELIEF, AND RESIGNATION

Das ist mir neu! *That's news to me!*
Ich bin aber froh. *I'm sure happy about that.*
Ach, was soll's? Das ist leider so. *Well, what's the use? That's the way it is.*

OTHER USEFUL WORDS

der Panzer, - *tank*

der Laster, - *truck*
das Transportflugzeug, -e *transport plane*
der Bomber, - *bomber*
die Streitkräfte (pl) *armed forces*
die Bundeswehr *German Federal Defense Force*
der Bund=die Bundeswehr
das U-Boot, -e *submarine*
der Wehrdienst *armed forces*
die Wehrpflicht *compulsory service*
der Offizier, -e *officer*
der Frieden *peace*
das Gewehr, -e *gun*
die Waffe, -n *weapon*
der Kampf, ¨e *struggle, battle*
der Zivildienst *community service*
die Demokratie, -n *democracy*
das Grundgesetz *basic law*
die Gleichberechtigung *equality*
die Entscheidung, -en *decision*
das Studium *university studies*
im Ernst *seriously*

das Thema, Themen *theme, matter*

abstreiten (sep) *to argue against*
belasten *to weigh on, burden*
betreuen *to care for*
einstellen (sep) *to hire*
einziehen (sep) *to draft*
s. entscheiden für *to decide on*
halten für *to consider something as*
kommandieren *to command*
s. lohnen *to be worth it*
schießen *to shoot*
unterbrechen *to interrupt*
s. unterhalten über (acc) *to discuss*
s. verlassen auf (acc) *to count on*

angenehm *pleasant*
fies *awful*
anstrengend *strenuous*
sinnlos *senseless*
freiwillig *voluntary*
vergangen- *past*
vorig- *last*
früher *earlier*
ausgesprochen *particularly*

Datei SZ1.Doc

KAPITEL

6

Medien:
stets gut informiert?

① Es ist frustrierend, wenn ich so was in der Zeitung lese!

Die Presse, der Hörfunk und das Fernsehen sind unsere bedeutendsten Medien: sie spielen eine wichtige Rolle in unserem Leben. Informationen, Tatsachen sowie Meinungen finden wir in den Medien. Aber wie nutzen wir die Medien? Durch welche Medien informiert man sich am besten? Das ist oft schwer zu sagen. Welche Medien benutzt du am meisten und zu welchem Zweck? Um über diese Fragen diskutieren zu können, mußt du noch einiges lernen.

In this chapter you will learn

- to ask someone to take a position; to ask for reasons; to express opinions; to report past events; to agree or disagree; to change the subject; to interrupt
- to express surprise or annoyance

② Ich bin überrascht, daß heute kein Fußballspiel kommt.

And you will

- listen to students talk about how they stay informed
- read about the different kinds of media Germans prefer
- write your opinion on an issue that is important to you
- find out about student newspapers in Germany

③ Meiner Meinung nach sollten wir das schärfere Foto nehmen.

Los geht's!

Die Macht der Medien

Hier ist ein Ausschnitt aus einer Diskussion von Schülern einer 10. Klasse zum Thema „Medien."

Wie informiert ihr euch? Durch welche Medien erfahrt ihr, was in der Welt passiert?

SANDRA   Ja, durch Zeitung, Radio und Fernsehen.

CHRISTOF   Im Radio hört man meistens die Nachrichten; die kommen ja alle halbe Stunden. Und das Radio informiert eben am schnellsten über Neuigkeiten und wichtige Ereignisse.

FRANK   Is' doch Quatsch! Solche Informationen bekommst du im Fernsehen genau so schnell!

CHRISTOF   Aber nicht, wenn du im Auto unterwegs bist, oder wenn du ...

NICOLE   Moment mal, Christof! Laß mich auch mal zu Wort kommen!

CHRISTOF   Entschuldigung!

NICOLE   Also, ich bekomm' meine Information meistens aus der Zeitung. Ich blättere alles mal durch, und was mich dann anspricht, das les' ich halt.

FRANK   Viele Leute lesen nur die Sensationspresse und oft nur die Schlagzeilen.

NICOLE   Ja schon, aber wenn man eine seriöse Tageszeitung liest, die Stuttgarter Nachrichten vielleicht oder sogar die SZ, da muß ...

ALEX   Die liest du doch gar nicht! Das ist ...

CHRISTOF   Mensch, laß die Nicole mal ausreden!

NICOLE   Ja, wo war ich? Ach ja, wenn man so eine Zeitung liest, wie die Süddeutsche Zeitung vielleicht, da muß man sich schon aussuchen, was man lesen will. Da ist einfach zu viel da.

CHRISTOF   Eben! Aber ich möcht' noch mal auf die anderen Medien zurückkommen, aufs Fernsehen zum Beispiel.

FRANK   Richtig! Ich finde nämlich Zeitunglesen langweilig.

RALF   Ja, weil Zeitunglesen für dich zu anstrengend ist. Du sitzt lieber vor der Glotze!

MARTINA   Komm, Ralf, nicht gleich persönlich werden!

RALF Na, okay. War nur Spaß. Mach weiter!

FRANK Also, ich zum Beispiel bekomm' meine Information hauptsächlich durchs Fernsehen. Man kann sich alles viel besser vorstellen als beim Zeitunglesen. Und meiner Meinung nach trägt das Fernsehen am meisten zur Bildung einer eigenen Meinung bei.

CHRISTOF Das ist doch alles Quatsch, was du da sagst! Beim Fernsehen bekommst du kurze, oberflächliche Berichte, und du erfährst nur das, was die Redakteure für wichtig halten. Deine Meinung wird also nur durch die Berichte und Bilder geformt, die gezeigt werden, und durch das, was weggelassen wird.

FRANK Na ja, eine Zeitung beeinflußt die Leser auch.

CHRISTOF Ja, schon. Aber eine Zeitung kann viel mehr bringen; sie kann auch gründlicher berichten. Du bekommst eher das gesamte Bild sozusagen: Tatsachen, Einzelheiten, Hintergrund und auch Kommentare.

NATALIE Jetzt haben wir zwei verschiedene Meinungen gegenüberstehen. Wer nimmt mal dazu Stellung?

SANDRA Ich finde, die Zeitung regt mehr zum Nachdenken an.

NICOLE Meiner Meinung nach eignet sich das Fernsehen am besten zur Unterhaltung und Entspannung. Die Presse und das Radio informieren besser.

FRANK Kannst du das begründen?

NICOLE Ja, vielleicht so: Da gab's vor ein paar Jahren mal einen Druckerstreik, und viele Bundesbürger fanden sich nicht richtig informiert. Sie vermißten besonders die Lokalnachrichten und die Annoncen der örtlichen Geschäfte, die ja durchs Fernsehen nicht gesendet werden.

FRANK Da ist schon was dran. Aber andererseits: Möchtest du ohne Fernseher sein? Ich nicht.

1 Zeitung, Radio, Fernsehen

Was haben die Schüler über die verschiedenen Medien gesagt? Mach eine Liste mit drei Spalten: Zeitung, Radio, Fernsehen! Schreib in Stichworten auf, was die Schüler gesagt haben!

2 Wie sieht's bei dir aus?

1. Welche Medien gebrauchst du am meisten? Gib Gründe dafür an!
2. Welche Teile der Tageszeitung interessieren dich am meisten?
3. Welche Radiosender hörst du am meisten? Warum?

Asking someone to take a position; asking for reasons; expressing opinions; reporting past events; agreeing or disagreeing; changing the subject; interrupting

Fernsehen verdrängt den Konsum von Büchern, Zeitungen und Zeitschriften

Fernsehen entspannt.

Das Fernsehen ist ein Fenster zur Welt.

Fernsehen bildet.

FERNSEHEN MACHT BLÖD.

Fernsehen macht Kinder aggressiv.

Zahl des Tages

Von den Deutschen, die Bücher lesen, schaffen 38 Prozent fünf Bände pro Jahr, 26 Prozent lesen sechs bis zehn, 18 Prozent elf bis 20 und gut zehn Prozent 21 bis 50.

Die TV-Kids

Das TV-Leben der 6b des Münchner Erasmus-Grasser-Gymnasiums (fünf Mädchen, neunzehn Jungen zwischen elf und dreizehn Jahren): Nur ein Schüler ohne TV-Gerät, sechs mit eigenem Fernseher, sechzehn mit Kabelanschluß. 50 Prozent sahen den Prügelstreifen „Rambo", 40 Prozent kannten den Horrorfilm „Alien". TV-Konsum täglich 30 bis 60 Minuten: 3 Schüler; bis zu 2 Stunden: 3 Schüler; bis 3 Stunden: 15 Schüler; bis 4 Stunden: 3 Schüler.

(aus FOCUS 11/1993)

WORTSCHATZ

auf deutsch erklärt

Ich erfahre es durch das Radio.   Ich höre es im Radio.
Romeo vermißt seine Julia.   Er ist traurig, daß sie nicht bei ihm ist.
die Glotze   der Fernseher
die Neuigkeit   etwas Neues
das Ereignis   das, was passiert
die Unterhaltung   was man zum Spaß macht
die Schlagzeile   die großgedruckten Wörter über einem Text
die Tatsache   etwas, was geschehen ist
die Einzelheit   das Detail
verdrängen   den Platz von etwas oder jemandem einnehmen
unterwegs   auf dem Weg, nicht zu Hause
gesamt   total, alles
der Streik   wenn Arbeiter nicht arbeiten

auf englisch erklärt

Zuviel Fernsehen trägt zur allgemeinen Volksverdummung bei.   *Too much TV contributes to the general dumbing down of the people.*
In der Zeitung steht ein Bericht darüber.
There's a report about it in the paper.
Ich will nur schnell mal die Zeitung durchblättern.
I just want to leaf through the paper real quick.
Diese Sendung spricht mich an.
This program appeals to me.
So stelle ich es mir vor.
That's the way I imagine it.
Die Nachrichten regen mal zum Nachdenken an, mal sind sie oberflächlich.   *Sometimes the news stimulates thought, sometimes it's superficial.*
Diese Situation eignet sich gut zu einem Spaß.
This situation is well suited to making a joke.

3 Was sagst du dazu?

1. Was machen die Deutschen am liebsten in ihrer Freizeit? Was machst du am liebsten? Was steht bei dir ganz oben? Und unten?
2. Was ist ein TV-Kid?
3. Welche Aussagen über das Fernsehen auf Seite 132 sind positiv, welche negativ? Stimmst du damit überein? Kannst du noch einige Aussagen hinzufügen?

4 Hör gut zu!

Wer von diesen Leuten informiert sich hauptsächlich durch Zeitunglesen, Fernsehen oder Radiohören? Hör gut zu, und schreib die Information in die entsprechende Spalte!

Schüler	Zeitung	TV	Radio
Kässi			

SO SAGT MAN DAS!

Asking someone to take a position; asking for reasons; expressing opinions

When having a discussion, you use certain communication strategies. Here are some ways to help you encourage a discussion in German.

To ask someone to take a position on a subject you could say:

Möchtest du mal dazu Stellung nehmen?
Wer nimmt mal dazu Stellung? — who has anopmin.

To ask for reasons you say:

Kannst du das begründen?

To express an opinion you may begin with:

Meiner Meinung nach soll man Zivi werden.
Ich finde, daß wir zuviel fürs Militär ausgeben.

Ich nehme dazu stellung, daß — It is my position that

5 Hör gut zu!

Im Schulhof wird lebhaft diskutiert. Hör zu und schreib auf, wer von diesen Schülern seine Meinung begründet und wer nicht! Welcher Schüler begründet seine Meinung am besten und warum?

Schüler	Grund	keinen Grund
Markus		

6 Für mein Notizbuch

Schreib in dein Notizbuch, welches Medium (z.B. Zeitung, Radio, Fernsehen) du vorziehst! Nimm zu deiner Aussage Stellung, indem du deine Meinung mit mehreren Punkten begründest!

7 Eure Meinung über die Medien, bitte!

Bildet Gruppen zu viert! Führt ein Gespräch über die Medien, indem ihr die verschiedenen Fragen unten behandelt! Die Gesprächspartner nehmen dann dazu Stellung.

> DU **Meiner Meinung nach trägt die Zeitung am besten zur Bildung einer eigenen Meinung bei.**
> PARTNER **Kannst du das mal begründen?**
> DU **Ja, man kann die Zeitung in Ruhe lesen, man kann ...**

Tageszeitung

Fernsehen

Radio

Welches Medium ...

berichtet am wahrheitsgetreusten (*closest to the truth*)?

regt am stärksten zum eigenen Nachdenken an?

trägt am besten zur Bildung einer eigenen Meinung bei?

berichtet am verständlichsten über (politische) Ereignisse?

informiert über Neuigkeiten und wichtige Ereignisse?

ist am besten zur Unterhaltung und Entspannung geeignet?

bietet den meisten Gesprächsstoff im Freundes– und Bekanntenkreis an?

8 Nacherzählen

Lies den folgenden Text, und erzähl ihn einem Partner wieder!

Was würden Sie ohne Fernseher machen?

Vor einiger Zeit führte ein Fernsehsender folgenden Test durch: Zwei Familien erklärten sich bereit, vier Wochen lang ohne Fernsehen zu leben. Und was passierte? In der einen Familie wußten die Leute einfach nicht mehr, was sie ohne Fernseher anfangen sollten! Sie saßen da und starrten sich an. Nichts fiel ihnen ein. Sie hatten vergessen, wie man sich unterhält, wie man sich amüsiert. Sie langweilten sich zu Tode — dann fingen sie sogar an zu streiten. In der anderen Familie fing man an zu reden. Man erzählte sich Witze und Geschichten. Die Familie hörte jetzt Musik, machte Spiele, sie luden wieder Freunde ein. — Nach vier Wochen bekamen beide Familien ihren Fernseher wieder. Das Ergebnis: Die eine Familie sitzt jetzt nach wie vor jeden Abend vor dem Bildschirm, die andere Familie macht jetzt lieber etwas zusammen, anstatt automatisch den Fernseher einzuschalten.

SO SAGT MAN DAS!

Reporting past events

Here is how you might narrate a long sequence of past events:

Vor einiger Zeit **führte** ein Fernsehsender folgenden Test durch: Zwei Familien **erklärten** sich bereit, ... Und was **passierte**? Die Leute **wußten** einfach nicht mehr, was sie ohne Fernseher anfangen **sollten**. Sie **saßen** da und **starrten** sich an ...

Grammatik Narrative past (imperfect)

1. When talking about or relating events that took place in the past, use the following general rules as a guide:

   a. When writing longer sequences, use the narrative past (imperfect).

   b. In conversation, use the conversational past (perfect).

2. Weak verbs and strong verbs form the imperfect as follows:

a. Weak verbs form the imperfect by adding the past tense marker **-te** to the verb stem.

	hören	**führen**	**erklären**
ich	hör**te**	führ**te**	erklär**te**
er, sie, es, man	hör**te**	führ**te**	erklär**te**
wir, sie, Sie	hör**ten**	führ**ten**	erklär**ten**

b. Strong verbs often have a vowel change in the imperfect: geben — **gab;** finden — **fand.** The imperfect of strong verbs that you had are listed in the Grammar Summary.

	geben	**finden**
ich	**gab**	**fand**
er, sie, es, man	**gab**	**fand**
wir, sie, Sie	**gaben**	**fanden**

Note: Second-person forms of the imperfect are rarely used and are therefore not given here.

3. There are a number of verbs in German that form the imperfect like weak verbs but also have a vowel change. Here are some you have had so far:

	kennen	**nennen**	**denken**	**bringen**	**wissen**
ich	**kannte**	**nannte**	**dachte**	**brachte**	**wußte**
er, sie, es, man	**kannte**	**nannte**	**dachte**	**brachte**	**wußte**
wir, sie, Sie	**kannten**	**nannten**	**dachten**	**brachten**	**wußten**

Look at the past tense forms of modals on page 117. How is the past tense formed? What observations can you make when comparing them to weak and strong verbs? How are they similar to the verbs listed above?

9 Wie war das denn?

Erzähle die folgenden Aussagen nach! Verwende dabei das Imperfekt!

a. Ich hab' gestern abend nicht fernsehen können, weil ich keine Zeit gehabt hab'. Ich hab' gehört, daß der Bericht über die wichtigsten Ereignisse in Südafrika ausgezeichnet gewesen ist. Ich hab' nicht gewußt, daß es große Demonstrationen gegeben hat, an denen Tausende teilgenommen haben.

b. Mein Vater hat früher seine Information gewöhnlich aus den Tageszeitungen bekommen. Wie er mir gesagt hat, hat er sich nur seriöse Zeitungen gekauft. Aber er hat ja nicht alles lesen können. Er hat erst alles mal durchgeblättert, und was ihn dann angesprochen hat, hat er gelesen.

ansprechen — sprach an (ansprach)

lesen — las   bekommen — bekam

teilnehmen — nahm teil (teilnahm)   können — konnte

„Kannst du mal schön ruhig den ‚Aus'-Knopf drücken?"

10 Klassenumfrage: Mediennützung

Macht in eurer Klasse eine Umfrage! Stellt fest, welche Medien ihr am meisten und welche ihr am wenigsten benutzt! Was könnt ihr noch hinzufügen? Kassetten, CDs hören? Videos sehen? Computer, CD-Rom spielen?

SO SAGT MAN DAS!
Agreeing or disagreeing; changing the subject; interrupting

Here are some more expressions you will find useful when you're having a discussion.

To accept a point someone makes, you can say:

Da ist schon was dran.   **Eben!**   **Richtig!**

To reject a point, you might say: (and informally:)

Das stimmt gar nicht!   **Das ist alles Quatsch!**

To change the subject, use these expressions:

Übrigens, ich wollte etwas anderes sagen.
Ich möchte noch mal (aufs Fernsehen) zurückkommen.

To interrupt someone, you can say:

Laß mich mal zu Wort kommen!
Moment mal! Laß (die Nicole) mal ausreden!

11 Hör gut zu!

Im Schulhof unterhalten sich einige Schüler über die Vorteile und Nachteile des Fernsehens. Schreib mindestens drei Vorteile und drei Nachteile auf, die du hörst! Stimmst du auch mit diesen Meinungen überein?

12 Was haltet ihr vom Fernsehen?

Ist Fernsehen nützlich oder schädlich? Diskutiert in der Klasse über diese Frage!

a. Lest die Aussagen übers Fernsehen unten und nehmt dazu Stellung! Verwendet dabei die Ausdrücke, die ihr in diesem Kapitel gelernt habt! Nehmt eure Diskussion auf eine Kassette auf!

b. Hört euch dann die Diskussion an, und diskutiert über die folgenden Fragen!
1. Wer hat was gesagt?
2. Wer hat seine Aussagen am besten begründet?
3. Welche Ausdrücke habt ihr verwendet? Schreibt diese Ausdrücke in euer Notizheft!

Ist das Fernsehen **nützlich?**	Ist das Fernsehen **schädlich?**
Ja, schon. Denn ...	Fernsehen kann dazu führen, daß man ...
• man erhält eine Fülle von Informationen.	• in seiner Freizeit weniger aktiv ist.
• man hat ein „Fenster zur Welt".	• seine künstlerischen Talente vergißt.
• man wird über viele Probleme informiert und kann dann vielleicht helfen.	• weniger mit anderen Menschen zusammenkommt.
• man kann Filme und Theateraufführungen sehen, wozu man sonst keine Gelegenheit hätte.	• seine eigenen Ideen und Gefühle weniger ausdrücken kann.
	• zuviel ißt und zunimmt.

Die Schülerzeitung

Für manche Schüler ist die Mitarbeit an der Schülerzeitung nicht nur ein Hobby, sondern auch der Anfang einer Karriere im Journalismus. Wie bei einer Zeitung müssen die Schüler ihre Berichte recherchieren, Photos machen, Grafiken erstellen, Layouts vorbereiten, Platz für Anzeigen an Geschäftsleute verkaufen, den Text säuberlich tippen und für den Drucker vorbereiten — und dann die Zeitung an die Schüler verkaufen.

Eine andere Art, sich für die Schule zu engagieren, ist, in der Schülervertretung mitzuarbeiten. Gewöhnlich werden von jeder Schulklasse zwei Klassensprecher gewählt, die ein Jahr lang ihre Interessen in der SV vertreten. An der Spitze der SV stehen zwei Schulsprecher, die von den Klassensprechern gewählt werden. Schulsprecher dürfen Schulsprecherkonferenzen besuchen, bei denen Schülerprobleme des Bundeslandes diskutiert werden.

Die Schülervertretung am Markgräfler Gymnasium hat sich zum Beispiel sehr verdient gemacht. Sie hat an dem allgemeinen Rauchverbot am Gymnasium mitgearbeitet. Sie hat es durchgesetzt, daß es jetzt eine Graffitiwand an der Schule gibt, und bald sollen auf dem Schulgelände Pingpongtische aus Marmor aufgestellt werden, damit die Schüler auch bei schlechtem Wetter Tischtennis spielen können.

1. Lies den Text durch, und mach dir Notizen! Wovon handelt der Text?
2. Warum interessieren sich die Schüler für die Schülerzeitung und Schülervertretung?
3. Habt ihr auch eine Schülerzeitung und Schülervertretung in eurer Schule? Wie unterscheiden sie sich von den deutschen Schülerorganisationen?
4. Findest du es wichtig, solche Schülerorganisationen zu haben? Was meinst du?

Weiter geht's!

Unsere eigene Zeitung!

An den meisten Realschulen und Gymnasien gibt es Schülerzeitungen. Da gibt es die „Glatze" am Schwann Gymnasium in Neuss, die „Meinung" am Gymnasium in Starnberg, den „List-Käfer" an der Wirtschafts-Schule in München oder die „Pepo" (*People's Post*) am Markgräfler Gymnasium in Müllheim, um nur einige Namen zu nennen. — Drei Redaktionsmitglieder unterhalten sich hier über ihre Arbeit mit der „Pepo".

GUIDO Es ist unglaublich, wieviel Arbeit wir mit der „Pepo" haben. Und das alles nach der Schule.

RAINER Da stimm' ich dem Guido zu. Manchmal frag' ich mich, ob sich die viele Arbeit lohnt.

NATALIE Es überrascht mich, daß du das sagst.

RAINER Die viele Arbeit macht mir nichts aus. Was mich stört ist, daß sich viele Schüler gar nicht für die Zeitung interessieren und die meisten fast gar nichts dazu beitragen. Und ich werde sauer, wenn sie unsere Arbeit bloß kritisieren!

NATALIE Ich kann dich verstehen, das ist frustrierend. Aber trotzdem, ich find' die Arbeit anregend.

GUIDO Das ist wahr. Das find' ich auch. Übrigens, dein letztes Interview mit der SV war super, bestimmt das beste Interview in der *Pepo*.

Hier ist Natalies Interview mit der SV, der Schülervertretung. Sprecher: Jürgen und Petra.

NATALIE Warum macht ihr bei der SV mit?

JÜRGEN Mich hat gestört, daß einige Klassensprecher und viele Schüler am Gymnasium so ganz ohne Interessen waren. Und deshalb wollte ich mich mal selber um Rechte und Pflichten der SV kümmern.

PETRA Es hat mich auch überrascht, als ich gesehen habe, was eine SV so alles erreichen kann!

NATALIE Und was macht die SV?

PETRA Unsere größte Aufgabe ist, schulinterne Dinge zu organisieren, zum Beispiel AGs, Schulfeten, Schüleraustausch, und wir können euch auch mit der Schülerzeitung helfen, wenn ihr mal Probleme mit der Schulleitung habt.

NATALIE Ist das wahr?

JÜRGEN Klar. Und ich möchte noch dazu sagen, daß ... äh, wir bemühen uns auch um bessere Kontakte zu den Eltern und zu unseren Lehrern.

NATALIE Kannst du mir ein Beispiel geben?

JÜRGEN Kann ich. Du erinnerst dich doch, daß einige ältere Schüler und auch mehrere Lehrer mit dem Rauchverbot in der Schule nicht einverstanden waren. Das haben wir jetzt geregelt.

NATALIE Das freut mich für euch. – Übrigens, wie stehen denn die Lehrer zur SV?

PETRA Die Lehrer unterstützen uns; sie informieren uns über unsere Rechte und Pflichten.

JÜRGEN Auch helfen sie uns ab und zu mit der Arbeit, wenn die Arbeit zu viel wird und wenn es zu viel Frust gibt.

---

13 Schülerzeitung und SV

Beantworte diese Fragen mit einem Partner!
1. Was sagen die Schüler über ihre Arbeit mit der Schülerzeitung?
2. Was ist die SV? Was macht die SV?

14 Kannst du die Redemittel erkennen?

Schreib die Ausdrücke in dein Notizheft, die die Schüler in ihrer Unterhaltung verwenden! Beachte dabei genau, was diese Redemittel ausdrücken! Welche Ausdrücke sind dir neu, welche sind dir schon bekannt?

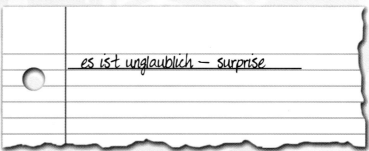

es ist unglaublich — surprise

ZWEITE STUFE

Expressing surprise or annoyance

Leserbriefe an die Redaktion der Pepo

Die Tatsache, daß in der „Meckerecke" auch anonyme Briefe erscheinen, finde ich schwach. Meiner Meinung nach sollte man zu seiner Meinung stehen. Wer Angst hat, was zu schreiben, der sollte es lassen!

Ursel Roth, 9a

Es überrascht mich wirklich, daß die Redaktion der Pepo Tatsachen und Meinungen nicht auseinanderhalten kann. Tatsache ist, daß wir das letzte Fußballspiel verloren haben. Meinung ist, daß wir nicht Fußball spielen können.

Bernd Rauh, 10b

Ich möchte mehr Berichte und Information über Veranstaltungen in der Schule!

Linda Schuster, 8b

Der Artikel im letzten Heft „Wie man sich in der Klasse gute Notizen macht" war sehr nützlich! Nur möchte ich dazu sagen, daß ich einige Vorschläge etwas unrealistisch fand. Die Lehrer zum Beispiel sprechen nicht immer sehr deutlich, und es ist schwer, ja manchmal unmöglich, alles mitzuschreiben!

Jochen Blick, 11a

WORTSCHATZ

auf deutsch erklärt

deutlich klar
sich um jemanden kümmern wenn man für jemanden alles tut, was man kann
der Schüleraustausch wenn Schüler von einer anderen Schule zu uns kommen, und Schüler von uns dorthin gehen
unterstützen einem Menschen helfen und Rat geben
nützlich man kann es gebrauchen
zustimmen zu etwas ja sagen
deshalb aus diesem Grund
die Schulleitung die Schuldirektion
anregend stimulierend

auf englisch erklärt

Die <u>Schülervertretung (SV)</u> regelt die Veranstaltung. *The student council takes care of the event.*
Wir haben eine schwere <u>Aufgabe</u> vor uns. *We have a difficult task in front of us.*
<u>Das</u> <u>macht</u> <u>mir</u> <u>nichts</u> <u>aus</u>. *That doesn't matter to me.*
<u>Meckere</u> nicht so! *Don't complain so much!*
Die Redaktion <u>bemüht</u> <u>sich</u> <u>um</u> Klarheit. *The editors strive for clarity.*
Du machst ihn <u>sauer</u>, wenn du ihn <u>störst</u>. *He'll get annoyed with you if you disturb him.*
<u>Überraschen</u> wir sie mit einer Fete! *Let's surprise her with a party!*

15 Was sagen die Schüler?

Diskutiert die Leserbriefe auf dieser Seite! Was sagen die Leserbriefe aus? Was ist der Hauptgedanke jedes Briefes? Wer drückt folgendes aus: Ärger (*annoyance*), Frust (*frustration*), Überraschung (*surprise*)?

140 *hundertvierzig*   KAPITEL 6   Medien: stets gut informiert?

16 Hör gut zu!

Ein paar Schüler arbeiten für eine Schülerzeitung und müssen morgen eine neue Ausgabe drucken. Hör ihrem Gespräch gut zu und entscheide, wer diese Arbeit gern macht und wer nicht!

SO SAGT MAN DAS!

Expressing surprise or annoyance

To express surprise you could say:

Es ist unglaublich, daß die Mannschaft verloren hat.
Das schlechte Spiel **überrascht mich.**
Ich bin überrascht, daß sie so miserabel gespielt haben.

To express annoyance or frustration you could say:

Was mich stört ist, daß wir besser spielen können.
Ich werde sauer, wenn die Spieler so oft meckern.
Es ist frustrierend, daß wir ihnen nicht helfen können.

---

17 Hör gut zu!

Die Mitglieder der Schülerzeitung haben dich zu ihrer Versammlung eingeladen. Hör gut zu, wie einige Schüler Überraschung und Frust ausdrücken! Notiere, wer wie reagiert!

	Überraschung	Frust
Bodo		

---

18 Bist du überrascht, oder stört es dich?

Such dir eine Partnerin! Sie spricht mit dir über einige Probleme an der Schule. Drück deine Überraschung oder deinen Ärger darüber aus! Wechselt einander ab!

1. Wir haben so viel Arbeit mit der Schülerzeitung.
2. Die meisten Schüler interessieren sich nicht einmal für die Zeitung.
3. Die Arbeit ist manchmal sehr frustrierend.
4. Wir haben leider auch keine gute Schülervertretung.
5. Wir haben auch keinen Schüleraustausch mit anderen Schulen.
6. Unsere Eltern haben wenig Kontakt zu den Lehrern.
7. ...

Das tut mir leid.   Das ist schade.

Da stimme ich dir zu.   Das ist frustrierend.

Das ist aber wahr!   Das stört mich auch!

Ja, das ist eben so.   Da kann man nichts machen.

Grammatik Superlative forms of adjectives

1. You have been using comparative forms of adjectives in sentences such as:

   Wir haben ein **größeres** Auto (als ihr).   Das ist eine **bessere** Kamera.

2. You have also been making equal and unequal comparisons like these:

   Das Fernsehen informiert **genau so schnell wie** das Radio.
   Das Radio informiert **schneller als** die Zeitung.

3. Superlative forms in German are similar to English superlative forms, for example fastest, smallest, most expensive, best. The superlative form in German is made by adding **-st** (sometimes **-est**) to the positive form. When used before a noun, the superlative form must have an adjective ending.

4. Most adjectives of one syllable take an umlaut in the comparative and superlative. Here are some examples. For a more complete listing, refer to the Grammar Summary at the end of this textbook.

Positive	Comparative	Superlative	Positive	Comparative	Superlative
alt	älter	ältest-	kurz	kürzer	kürzest-
arm	ärmer	ärmst	lang	länger	längst-
groß	größer	größt-	oft	öfter	öftest-
hart	härter	härtest-	schwach	schwächer	schwächst-
jung	jünger	jüngst-	stark	stärker	stärkst-
kalt	kälter	kältest-	warm	wärmer	wärmst-

Note that adjectives that end in **-d**, **-t**, **-z** add **-est** in the superlative form.

5. Several adjectives have irregular comparative and superlative forms.

Positive	Comparative	Superlative	Positive	Comparative	Superlative
gern	lieber	liebst-	nah	näher	nächst-
gut	besser	best-	viel	mehr	meist-
hoch	höher	höchst-			

6. Superlative forms are often used in the following phrase:

   am *superlative form* + **en**   Was mich **am meisten** stört ist, …

19 Unsere Schülerzeitung ist die beste!

Spiel mit einem Partner die Rollen von zwei Schülern, die für verschiedene Schülerzeitungen mitarbeiten! Ihr denkt natürlich, daß jeder die beste Zeitung hat. Macht Reklame für eure eigene Schülerzeitung, indem ihr nur in Superlativen redet! Was sagt ihr?

BEISPIEL **Wir haben die lustigsten Witze!**   *oder*   **Unsere Witze sind am lustigsten!**

Neuigkeiten	Leserbriefe	Witze
Interviews	Tips	Geschichten
Anekdoten	Cartoons	Artikel

seriös	spannend	gut	wichtig
witzig	toll	klug	lustig
faszinierend	komisch	schön	

20 Stimmst du dem Guido zu?

Guido hat ganz bestimmte Ansichten, und du, als sein bester Freund, stimmst ihm immer zu! Such dir eine Partnerin, und spielt zusammen die Rollen von Guido und seinem Freund! Tauscht oft die Rollen aus!

BEISPIEL   GUIDO **Keine Zeitung ist so interessant wie diese.**
                        DU **Da stimm' ich dir zu. Es ist die interessanteste Zeitung!**

1. Keine Arbeit ist so schwer wie diese.
2. Keine Schüler sind so faul wie diese.
3. Kein Interview ist so langweilig wie dieses.
4. Kein Beispiel ist so blöd wie dieses.
5. Keine Schule ist so gut wie diese.
6. Keine Lehrerin ist so nett wie diese.

21 Nicht gut, nicht besser, sondern das beste!

a. Such dir eine Partnerin, und sprecht einander die Sätze unten vor! Benutzt dabei aber die Superlative statt der Wörter in Klammern!
b. Schreibt dann die neuen Formen dieser Wörter in eure Notizbücher!
   1. Der (gut) Radiosender, den wir haben, ist ... Dieser Sender hat den (nett) Discjockey, und der spielt die (toll) Hits. Für die (neu) Nachrichten unterbricht er jede Sendung und berichtet die (wichtig) Ereignisse.
   2. Die (alt) Zeitung in unserer Stadt ist ... Es ist die (groß) Zeitung im ganzen Staat. Die Zeitung hat die (schön) Sportartikel und die (lustig) Comics — ganze zwei Seiten! Meine Mutter sagt, die Zeitung hat auch die (gut) Reklame.
   3. Im Sommer haben wir die (langweilig) Fernsehprogramme. Sie zeigen uns die (schlecht) Filme und die (alt) Krimis. Im Herbst haben wir das (gut) Fernsehen. Die (viel) Sendungen sind super, besonders die (neu) Shows.

22 Wie ist es bei euch?

Such dir einen Partner, und spielt die Rollen von zwei Cousins! Dein Cousin besucht dich in seinen Ferien und fragt dich, wie es in deiner Schule ist. Natürlich habt ihr das beste von allem!

BEISPIEL   COUSIN **Habt ihr eine große Schule?**
                        DU **Wir haben die größte Schule!**

23 Über Massenmedien

Stellt in der Klasse eine Liste darüber zusammen, welche der drei wichtigen Medien ihr benutzt! Gebraucht die folgenden Hinweise als Hilfe!

1. Beobachtet euch selbst und schreibt auf, wann ihr die Medien benutzt und wie lange!
2. Schreibt auf, was ihr am liebsten in der Zeitung lest oder welche Sendungen ihr euch im Radio anhört und im Fernsehen anseht!
3. Schreibt auf, welche Medien ihr im Unterricht und zu Hause benutzt! Wie oft und wie lange benutzt ihr diese?

4. Stellt diese Fragen euren Eltern, Großeltern, Verwandten und Bekannten! Welche Medieninteressen haben Menschen verschiedenen Alters, Geschlechts und verschiedener Berufe?

5. Schreib dann einen Bericht über die Ergebnisse dieser Gruppenarbeit!

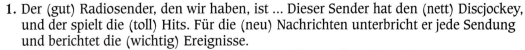

WORTSCHATZ

Words of quantity

Schon bekannt
wie viele
keine
ein paar
viele
alle

Neu
wenige
einige

Rumpelstilzchen

Gebrüder Grimm

Es war einmal ein Müller, der war arm, aber er hatte eine schöne Tochter. Nun traf es sich, daß er mit dem König zu sprechen kam, und um sich ein Ansehen zu geben, sagte er zu ihm: „Ich habe eine Tochter, die kann Stroh zu Gold spinnen." Der König sprach zum Müller: „Das ist eine Kunst, die mir wohl gefällt; wenn deine Tochter so geschickt ist, wie du sagst, so bring sie morgen in mein Schloß, da will ich sie auf die Probe stellen."

Als nun das Mädchen zu ihm gebracht wurde, führte er es in eine Kammer, die ganz voll Stroh lag, gab ihr Rad und Haspel und sprach: „Jetzt mache dich an die Arbeit, und wenn du diese Nacht durch bis morgen früh dieses Stroh nicht zu Gold versponnen hast, so mußt du sterben!" Darauf schloß er die Kammer selbst zu, und sie blieb darin allein.

Da saß nun die arme Müllerstochter und wußte um ihr Leben keinen Rat; sie verstand gar nichts davon, wie man Stroh zu Gold spinnen konnte, und ihre Angst wurde immer größer, daß sie endlich zu weinen anfing. Da ging auf einmal die Tür auf, und trat ein kleines Männlein herein und sprach: „Guten Abend, Jungfer Müllerin, warum weinst du so sehr?" — „Ach", antwortete das Mädchen, „ich soll Stroh zu Gold spinnen und verstehe das nicht." Sprach das Männchen: „Was gibst du mir, wenn ich dir's spinne?" — „Mein Halsband", sagte das Mädchen. Das Männchen nahm das Halsband, setzte sich vor das Rädchen, und schnurr, schnurr, schnurr, dreimal gezogen, war die Spule voll. Dann steckte es eine andere auf, und schnurr, schnurr, schnurr, dreimal gezogen, war auch die zweite voll; und so ging's fort bis zum Morgen, da war alles Stroh versponnen, und alle Spulen waren voll Gold.

Bei Sonnenaufgang kam schon der König, und als er das Gold erblickte, staunte er und freute sich. Aber sein Herz ward nur noch goldgieriger. Er ließ die Müllerstochter in eine andere Kammer bringen, die noch viel größer war, und befahl ihr, auch dieses Stroh in einer Nacht zu spinnen, wenn ihr das Leben lieb wäre.

Das Mädchen wußte sich nicht zu helfen und weinte. Da ging abermals die Tür auf, und das kleine Männchen erschien und sprach: „Was gibst du mir, wenn ich dir das Stroh zu Gold spinne?" — „Meinen Ring vom Finger", antwortete das Mädchen. Das Männchen nahm den Ring, fing wieder an zu schnurren mit dem Rade und hatte bis zum Morgen alles Stroh zu glänzendem Gold gesponnen.

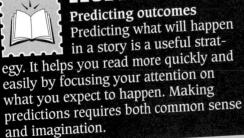

LESETRICK

Predicting outcomes

Predicting what will happen in a story is a useful strategy. It helps you read more quickly and easily by focusing your attention on what you expect to happen. Making predictions requires both common sense and imagination.

Getting Started

1. Read the title and the first paragraph of the reading selection. What characters are introduced?

2. What is the English equivalent of **Es war einmal ...** ? To which genre of literature does this story belong? When and where does the story take place?

3. Now read the first three paragraphs paying careful attention to the quotations. Make sure you know who is speaking at each point. What is the daughter's dilemma? How will it be resolved?

4. Before reading further, make some predictions about what might happen next.

er König freute sich über die Maßen bei dem Anblick, war aber noch immer nicht des Goldes satt, sondern ließ die Müllerstochter in eine noch größere Kammer voll Stroh bringen und sprach: „Die mußt du noch in dieser Nacht verspinnen! Gelingt dir's aber, so sollst du meine Gemahlin werden." — Wenn's auch eine Müllerstochter ist, dachte er, eine reichere Frau finde ich in der ganzen Welt nicht.

Als das Mädchen allein war, kam das Männlein zum drittenmal wieder und sprach: „Was gibst du mir, wenn ich dir noch diesmal das Stroh spinne?" — „Ich habe nichts mehr, das ich geben könnte", antwortete das Mädchen. „So versprich mir, wenn du Königin wirst, dein erstes Kind." — Wer weiß, wie das noch geht, dachte die Müllerstochter und wußte sich auch in der Not nicht anders zu helfen. Sie versprach also dem Männchen, was es verlangte, und das Männchen spann dafür noch einmal das Stroh zu Gold. Und als am Morgen der König kam und alles fand, wie er gewünscht hatte, so hielt er Hochzeit mit ihr, und die schöne Müllerstochter wurde eine Königin.

5. Reread the first three paragraphs and continue reading until the end of the fifth paragraph. Did the predictions you made in activity 4 prove correct? Continue reading until the end of the story, pausing every few paragraphs to make predictions. Check to see if your predictions were correct.

6. Now create a time line showing the order in which events occur. (*Hint:* In a European story of this genre, things often occur in sets of three. There are at least two sets of three things happening together in this story. Be sure to include these events in your time line.)

A Closer Look

7. **a.** Identify the following story-telling or antiquated words and phrases in the first three paragraphs and match each with a more common expression.

es traf sich	*der kleine Mann*
die Kammer	*das Fräulein*
das Männlein	*es ist passiert*
die Jungfer	*das kleine Spinnrad*
das Rädchen	*nicht wissen, was*
um das Leben	*man tun soll*
keinen Rat	*das Zimmer*
wissen	

äber ein Jahr brachte sie ein schönes Kind zur Welt und dachte gar nicht mehr an das Männchen. Da trat es plötzlich in ihre Kammer und sprach: „Nun gib mir, was du versprochen hast!" Die Königin erschrak und bot dem Männchen alle Reichtümer des Königreichs an, wenn es ihr das Kind lassen wollte. Aber das Männchen sprach: „Nein, etwas Lebendiges ist mir lieber als alle Schätze der Welt." Da fing die Königin so an zu jammern und zu weinen, daß das Männchen Mitleid mit ihr hatte. „Drei Tage will ich dir Zeit lassen", sprach es, „wenn du bis dahin meinen Namen weißt, so sollst du dein Kind behalten."

Nun besann sich die Königin die ganze Nacht über auf alle Namen, die sie jemals gehört hatte. Und sie schickte einen Boten über Land, der sollte sich erkundigen weit und breit, was es sonst noch für Namen gäbe. Als am andern Tag das Männchen kam, fing sie an mit Kaspar, Melchior, Balzer und sagte alle Namen, die sie wußte, der Reihe nach her. Aber bei jedem sprach das Männlein: „So heiß' ich nicht."

Den zweiten Tag ließ sie in der Nachbarschaft herumfragen, wie die Leute genannt würden, und sagte dem Männchen die ungewöhnlichsten und seltsamsten Namen vor:

„Heißt du vielleicht Rippenbiest oder Hammelswade oder Schnürbein?" Aber es antwortete immer: „So heiß' ich nicht."

Am dritten Tag kam der Bote wieder zurück und erzählte: „Neue Namen habe ich keinen einzigen finden können. Aber wie ich an einem hohen Berge um die Waldecke kam, wo Fuchs und Has' sich gute Nacht sagen, so sah ich da ein kleines Haus, und vor dem Haus brannte ein Feuer, und um das Feuer sprang ein gar zu lächerliches Männchen, hüpfte auf einem Bein und schrie:

> ,Heute back' ich, morgen brau' ich,
> übermorgen hol' ich der Königin ihr Kind;
> ach, wie gut, daß niemand weiß,
> daß ich Rumpelstilzchen heiß!'"

Da könnt ihr euch denken, wie die Königin froh war, als sie den Namen hörte. Und als bald danach das Männlein hereintrat und fragte: „Nun, Frau Königin, wie heiß' ich?" fragte sie erst: „Heißt du Kunz?" — „Nein." — „Heißt du Hinz?" — „Nein." — „Heißt du etwa Rumpelstilzchen?"

„Das hat dir der Teufel gesagt, das hat dir der Teufel gesagt!" schrie das Männlein und stieß mit dem rechten Fuß vor Zorn so tief in die Erde, daß es bis an den Leib hineinfuhr. Dann packte es in seiner Wut den linken Fuß mit beiden Händen und riß sich selbst mitten entzwei.

---

b. What does the word **schnurr** mean in the third paragraph? What is it the sound of? Explain what the author is doing here.

> Writers use many kinds of cohesive devices (conjunctions, adverbs, and pronouns) to tie the elements of a story together. For example, **aber** lets you know to look for a contrast. Adverbs indicating time are clues to the sequence of events. When you see pronouns, including **da**-compounds, pay attention to the nouns they refer to in order to understand how individual sentences tie together.

8. Read the first three paragraphs again.

   a. Decide which characters the pronouns in the following sentences refer to:

   • Und um sich ein Ansehen zu geben, sagte **er** zu **ihm**: …

   • Als nun das Mädchen zu **ihm** gebracht wurde, führte **er es** in eine Kammer …

   • Dann steckte **es** eine andere auf, …

   b. Identify the **da**-compounds **darin** and **davon** in the second and third paragraphs. What function does each compound serve?

9. Lies die Geschichte noch einmal! Erzähl die Geschichte mit eigenen Worten nach! Verwende dabei ordnende Zeitausdrücke!

10. Übernimm die Rolle von einer der Hauptfiguren, und erzähl die Geschichte aus ihrer Sicht, aber mit deinen eigenen Worten!

*W*hen people talk about their opinions they agree or disagree with one another and ask for clarification and support. When taking a position in writing, another person is not there to disagree or ask for clarification, so you need to state your argument clearly and address possible opposition. In this activity, you will select an issue of importance to you and write an essay about it, clearly stating and supporting your point of view.

Ich nehme dazu Stellung.

Schreib einen Aufsatz von fünf Abschnitten, in dem du Stellung zu einem wichtigen Thema nimmst! Schreib zuerst eine Inhaltsangabe (*outline*), um die Struktur des Aufsatzes im voraus zu planen!

A. Vorbereiten

1. Mach eine Inhaltsangabe für deinen Aufsatz! Schreib die römischen Zahlen I–V auf ein Blatt Papier, und laß viel Platz unter jeder Zahl! Schreib dann jeweils die Buchstaben A, B und C unter II, III und IV!
2. Denk an ein Problem, das dir wichtig ist! Nimm zu diesem Problem Stellung, und drück deine Stellungnahme in einem Satz aus! Schreib diesen Satz neben die Zahl I!
3. Begründe die Stellungnahme mit mindestens drei Punkten! Schreib diese stichwortartig (*in key words*) neben die Zahlen II–IV! Dann unterstütze diese Punkte mit zwei bis drei weiteren Ideen, und schreib diese wieder in Stichworten jeweils neben die Buchstaben A, B und C!
4. Lies dir die Inhaltsangabe durch, und schreib einen Satz, um den ganzen Aufsatz zusammenzufassen! Schreib diesen Satz als Schlußsatz unter die Zahl V!

B. Ausführen

Halte dich an deine Inhaltsangabe, und schreib den Aufsatz! Du mußt deine Ideen jetzt nur noch in ganze Sätze umwandeln! Gebrauche auch Nebensätze und Relativsätze, damit die Sprache fließend wirkt!

C. Überarbeiten

1. Such dir jemanden in der Klasse, der eine andere Stellung zu deinem Thema hat! Lies dieser Person deinen Aufsatz vor! Welche Gegenargumente äußert diese Person? Hast du diese Gegenargumente in deinem Aufsatz berücksichtigt? Wie kannst du deine Meinung gegen die Meinung deines Partners verteidigen?
2. Bist du deiner Inhaltsangabe gefolgt? Vergleich den Aufsatz mit dem Entwurf (*draft*)! Hast du etwas vergessen? Hast du überzeugend argumentiert?
3. Lies den Aufsatz noch einmal durch! Hast du alles richtig geschrieben? Gib besonders auf die komparativen und superlativen Adjektive acht!
4. Schreib den korrigierten Aufsatz noch einmal ab!

SCHREIBTIP

Using an outline To write effectively, you need to organize your ideas before you begin. One way to do this is by using an outline. In an outline, you decide what general ideas you want to include as well as what order you want to discuss them in. Then you group more specific ideas together under your general headings. For a position paper, for example, your outline should include an introduction stating your position, followed by the main reasons for your position. Under each reason you should include supporting details. All of this is followed by a concluding section that ties the whole essay together.

1 Einige Schüler möchten gern eine Schülerzeitung herausgeben. Mit einem Lehrer zusammen haben sie folgende Gedanken aufgeschrieben. Lies die Aufgaben durch! Welche Aufgaben findest du wichtig, welche nicht so wichtig? Gibt es einige Aufgaben, die du weglassen würdest? Möchtest du etwas hinzufügen? Schreib es auf!

Aufgaben einer Schülerzeitung

A. Anregungen und Information für alle Schüler
1. Gute Schüleraufsätze abdrucken
2. Interessante Bücher und neue Filme besprechen
3. Tips geben, zum Beispiel, wie man vor einer Arbeit richtig lernt und wie man einen guten Aufsatz schreibt
4. Über Berufe informieren
5. Ratschläge geben über Geldverdienen, Taschengeld, usw.
6. An wichtige Ereignisse und bedeutende Menschen erinnern
7. Geschichten, Witze, Cartoons, lustige Anekdoten bringen

B. Berichte aus dem Schulleben
1. Von Veranstaltungen und Ereignissen in der Schule berichten, zum Beispiel über Konzerte, Theaterspiele, Ausstellungen, Klassenreisen, Sport, usw.
2. Neue Lehrer vorstellen
3. Über allgemeine Schulfragen berichten, wie zum Beispiel Länge des Schultages, Wahl- und Pflichtfächer, Veränderungen im Schulgebäude oder im Verlauf des Schultages
4. Deutsche und ausländische Schulen vergleichen

C. Sprachrohr der Schüler
1. Fragen an die Schüler richten
2. Meinungen der Schüler veröffentlichen
3. Kritik und Vorschläge diskutieren
4. Stellungnahmen der Lehrer und Schuldirektion bringen

2 Zwei Redaktionsmitglieder einer Schülerzeitung unterhalten sich über Themen, die in der nächsten Ausgabe erscheinen sollen, und danach sprechen sie über einige Arbeiten, die die Schüler noch machen müssen. Hör zu und schreib mindestens drei Themen auf, über die du auch gern in einer Schülerzeitung lesen möchtest! Dann schreib zwei Arbeiten auf, die du gern für deine Schülerzeitung machen möchtest!

3 Wenn du an eurer Schule so eine Schülerzeitung hättest, was würde dich am meisten interessieren? Was würdest du regelmäßig lesen? Was interessiert dich nicht? Wenn du die Gelegenheit hättest, an so einer Zeitung mitzuarbeiten, für welche Artikel möchtest du verantwortlich sein?

4 Vergleicht eure Schülerzeitung mit der Liste von Aufgaben, die die Schüler in der ersten Übung aufgestellt haben! Was macht eure Zeitung alles? Was macht sie nicht? Könnt ihr an Hand eurer Zeitung Beispiele geben?

 5 Gebt in eurer Deutschklasse eine Schülerzeitung heraus! Stellt zuerst eine Liste mit Aufgaben eurer Zeitung auf! Entscheidet euch, was für Artikel ihr schreiben wollt, und teilt die Arbeit unter den Klassenmitgliedern auf! Jeder bekommt eine Aufgabe.

 6 Such dir einen Partner! Macht zusammen eine Umfrage für eure Schülerzeitung! Denkt an die Leute, die ihr in der Schule kennt oder von denen ihr etwas wißt! Seht euch die Kategorien an, und schreibt Sätze wie im Beispiel! Wen wählt ihr für die verschiedenen Kategorien? Vergleicht eure Umfrage mit denen eurer Klassenkameraden!

Kategorien:

sich schick anziehen	gute Noten haben	gescheit sein
tolle Witze erzählen	gut singen	sportlich sein
sich verrückt anziehen	viele Freunde haben	gut aussehen

Umfrage: 1. Wer zieht sich am schicksten an?
2. Wer erzählt die tollsten Witze?
3. Wer …

 7 Nimm Stellung zu folgenden Aussagen, und schreib einen Leserbrief an die Schülerzeitung!
— Muß man immer sagen, was man denkt?
— Darf eine Schülerzeitung Lehrer kritisieren?

8

ROLLENSPIEL

Du bist Reporter oder Reporterin an einer Zeitung. Du interviewst einen Klassenkameraden oder eine Klassenkameradin über Medienbenützung. Stell folgende Fragen:

1. Warum liest du Zeitung?
2. Welche Zeitung(en) liest du?
3. Welche anderen Zeitungen kennst du?
4. Welches sind seriöse Zeitungen und welches Boulevardzeitungen?
5. Welche liest du intensiv? Welche blätterst du nur durch?
6. Welche Programmzeitschriften kennst du?
7. Was hörst du so alles im Radio?
8. Für welche Interessengruppen gibt es besondere Sendungen im Radio?
9. Welche TV-Sendungen sind besonders für Jugendliche geeignet?
10. Welche anderen Medien benützt du?

Can you ask someone to take a position? (p. 133)

Can you ask for reasons? (p. 133)

1 How would you ask a friend to take a position on an issue or state his or her point of view?

2 How would you ask someone for reasons that justify the way he or she feels about something?

Can you express opinions? (p. 133)

3 How would you say that in your opinion we're not doing enough to protect the environment?

Can you report past events? (p. 134)

4 How would you rewrite the following anecdote in a more formal style if a newspaper offered you to publish it?

Ich bin vier Jahre in der Redaktion der „Pepo" gewesen. Die viele Arbeit hat sich gelohnt, und es hat mir immer viel Spaß gemacht. Was mich ab und zu gestört hat, war, daß sich viele Schüler für die Zeitung nicht interessiert und sie nur kritisiert haben. Ich bin dann auch noch zwei Jahre in der SV gewesen. Wir haben Feten organisiert und unserer Schülerzeitung geholfen, wenn sie Probleme mit der Schulleitung gehabt hat.

Can you agree or disagree? (p. 136)

5 How would you respond if someone said the following things to you?
a. Geld allein macht nicht glücklich. Hauptsache, man ist gesund.
b. Was in der Zeitung steht, ist immer richtig.

Can you change the subject? (p. 136)

6 How would you tell a friend with whom you're having a conversation that you would like to change the subject and go back to talking about the media?

Can you interrupt? (p. 136)

7 How would you tell a friend who is talking a lot that you want him or her to let you say something?

Can you express surprise or annoyance? (p. 141)

8 How would you express your surprise that your school's team didn't win the game?

9 How would you express your annoyance if someone was constantly criticizing you?

ERSTE STUFE

ASKING SOMEONE TO TAKE A POSITION

Möchtest du mal dazu Stellung nehmen? *Would you like to take a position on that?*

ASKING FOR REASONS

Kannst du das begründen? *Can you give a reason for that?*

EXPRESSING OPINIONS

Meiner Meinung nach soll man sich besser informieren. *In my opinion one should get better informed*

AGREEING

Da ist schon was dran. *There's something to that.*
Eben! *Exactly!*
Richtig! *Right!*

DISAGREEING

Das stimmt gar nicht! *That's not true at all!*
Das ist alles Quatsch! *That's all a bunch of baloney!*

CHANGING THE SUBJECT

Ich möchte nochmal darauf zurückkommen. *I would like to get back to that.*

INTERRUPTING

Laß mich mal zu Wort kommen! *Let me get in a word!*
Moment mal, laß den Berti mal ausreden! *Hold on there, let Berti speak his mind!*

OTHER USEFUL WORDS

die Bildung *formation*
der Bericht, -e *report*
der Drucker, - *printer*
die Einzelheit, -en *detail*
das Ereignis, -se *event*
die Glotze, -n *television, idiot box*
der Hintergrund, ⁻e *background*
der Kommentar, -e *commentary*
die Medien (pl) *media*
das Nachdenken *reflection*
die Neuigkeit, -en *most recent event*
die Redaktion *editorial staff*

die Schlagzeile, -n *headline*
der Spaß *joke*
der Streik, -s *strike*
die Tatsache, -n *fact*
die Unterhaltung, -en *entertainment*
die Veranstaltung, -en *organized event*
die Wahrheit *truth*

anregen (sep) *to encourage, stimulate*
ansprechen (sep) *to appeal, speak to*
beitragen zu (sep) *to contribute to*
durchblättern (sep) *to page through*
s. eignen zu *to be suited to*
erfahren *to experience*
verdrängen *to displace, repress*
vermissen *to miss*
s. vorstellen (sep) *to imagine*
weglassen (sep) *to omit, drop*

oberflächlich *superficial*
gesamt *entire*
gründlich *thorough*
meist- *most*

ZWEITE STUFE

EXPRESSING SURPRISE

Es ist unglaublich, daß ... *It's unbelievable that ...*
Das überrascht mich. *That surprises me.*
Ich bin überrascht, daß ... *I'm surprised that ...*

EXPRESSING ANNOYANCE

Was mich stört, ist ... *What bothers me is ...*
Ich werde sauer, wenn ... *I get annoyed when ...*
Es ist frustrierend, wenn ... *It's frustrating when ...*

OTHER USEFUL WORDS AND EXPRESSIONS

die Aufgabe, -n *task*
der Schüleraustausch *student exchange*
die Schülervertretung *students' representatives*
die Schulleitung *school administration*

Das macht mir nichts aus. *That doesn't matter to me.*
Wie stehst du dazu? *What do you think of that?*
s. bemühen um *to strive for*
erreichen *to achieve*

s. kümmern um *to be concerned about*
meckern *to complain*
unterstützen *to support*

ab und zu *now and then*
anregend *stimulating*
deshalb *for this reason*
deutlich *clearly*
fast immer *almost always*
nützlich *useful*
selbst *oneself*
unterwegs *underway*
einige *some*
mehrere *several*
wenige *few*

KAPITEL 7, 8, 9

Komm mit nach
Frankfurt!

Frankfurt

Bundesland: Hessen

Einwohner: 650 000

Fluß: Main

Sehenswürdigkeiten: Römer, Paulskirche, Dom, Goethehaus

Berühmte Leute: Maria Sybilla Merian (1647-1717); J.W. von Goethe (1749-1832); Otto Hahn (1879-1968)

Industrie und Handel: Bankwesen, Buchmesse

Bekannte Gerichte: Rippchen mit Kraut, Handkäs mit Musik, Äppelwoi (Apfelwein)

Foto ① **Die Frankfurter Skyline**

DÄNEMARK
Nordsee
Ostsee
Kiel
Hamburg
NIEDERL.
POLEN
Berlin
BELG.
Hessen
Frankfurt
TSCHECH.
REPUBLIK
LUX.
München
FRANKR.
SCHWEIZ
ÖSTERREICH

Frankfurt

Frankfurt feierte 1994 seinen 1200. Geburtstag! Der Ort wurde 794 zum ersten Mal erwähnt als einer der Sitze Karls des Großen, Kaiser des Fränkischen Reiches und seit 800 Kaiser des Heiligen Römischen Reiches Deutscher Nation. Heute ist Frankfurt eine moderne Großstadt, das Finanzzentrum der Bundesrepublik und seit 1994 auch geplante Finanzmetropole der Europäischen Union.

② Der Römer (in der Mitte), das alte Rathaus der Stadt, ist das Wahrzeichen Frankfurts. Im ersten Stock befindet sich der Kaisersaal mit Bildern der deutschen Kaiser, wo glanzvolle Krönungsfeierlichkeiten und Bankette stattfanden. Diese drei Häuser sind im gotischen Stil erbaut.

③ Der Dom St. Bartholomäus, im 13.-15. Jahrhundert erbaut, ist ein Wahrzeichen Frankfurts. Dieser Dom war von 1356 bis 1792 Wahlkapelle für die deutschen Könige und Kaiser, und seit 1562 fanden hier auch die Kaiserkrönungen statt.

(5) Das Goethehaus, Geburtshaus des großen deutschen Dichters Johann Wolfgang von Goethe (1749-1832) ist so eingerichtet, wie es einst war. Im Arbeitszimmer schrieb Goethe den „Götz", den „Werther" und Teile des „Faust". Nebenan ist das Goethe- museum mit über 100 000 Büchern und Manuskripten.

(4) Die Paulskirche (1787-1833) war in den Jahren 1848-1849 Tagungsort der ersten Deutschen Nationalversammlung. Die Kirche dient heute der Stadt zu repräsentativen Anlässen, wie zum Beispiel zur Verleihung des Goethepreises oder des Friedenspreises des Deutschen Buchhandels.

(6) Die schönen histori- schen Fachwerkbauten auf der Ostseite des Römerbergs gegenüber vom Römer wurden im Krieg total zerstört und erst 1984 wieder völlig aufgebaut. In zwei dieser Häuser befinden sich gemütliche Lokale, wo man im Sommer auch draußen sitzen und schmackhafte Frankfurter Spezia- litäten probieren kann.

KAPITEL

7

Ohne Reklame geht es nicht!

① Mir gefällt dieser Werbeslogan am besten.

Werbung, in Zeitungen und Zeitschriften, im Radio und Fernsehen, an Plakatwänden und Litfaßsäulen ist ein unumgänglicher Teil unseres Lebens. Ist Werbung gut? Schlecht? Informativ? Überhaupt nötig? Um über diese Fragen diskutieren zu können, mußt du noch einiges lernen.

In this chapter you will learn

- to express annoyance; to compare
- to elicit agreement and agree; to express conviction, uncertainty, and what seems to be true

And you will

- listen to students talk about advertising in various media
- read various ads and a popular cartoon
- write your own ads
- learn about German advertising

„Da haben wir den Salat ... kein Leerdammer im Haus."

Leerdammer. Löcher mit viel Geschmack drumherum.

② Diese Werbung ist sehr informativ. Glaubst du nicht?

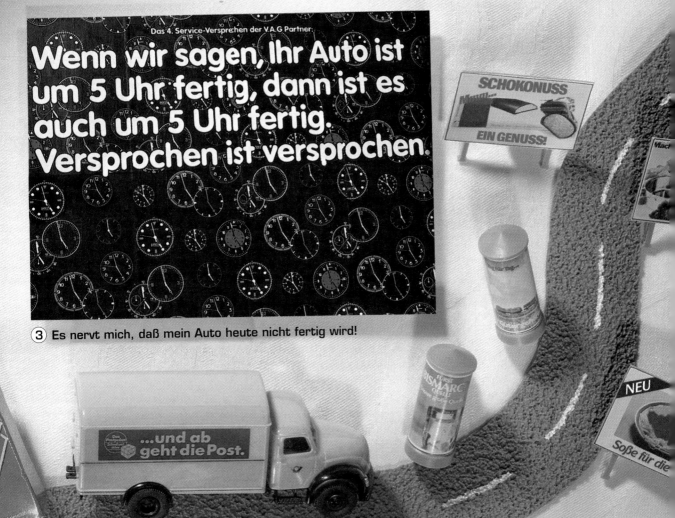

Das 4. Service-Versprechen der V.A.G Partner:

Wenn wir sagen, Ihr Auto ist um 5 Uhr fertig, dann ist es auch um 5 Uhr fertig. Versprochen ist versprochen.

③ Es nervt mich, daß mein Auto heute nicht fertig wird!

SCHOKONUSS
EIN GENUSS!

...und ab geht die Post.

NEU

Soße für die

Los geht's!

Werbung — ja oder nein?

Constance und ihr Freund Stefan haben mit einem Herrn von einem Meinungsforschungs-Institut gesprochen. Er wollte wissen, ob und wie sie sich von der Werbung beeinflussen lassen.

INTERVIEWER Wie werden Sie zum Kaufen angeregt, und welche Rolle spielt dabei die Werbung?

STEFAN Ich trag' halt gern Sachen, die „in" sind.

INTERVIEWER Und woher wissen Sie, was „in" ist?

STEFAN Da seh' ich ja, was die andern tragen. Und dann les' ich auch die Reklame in Zeitschriften und so und an Plakatwänden.

CONSTANCE Ich kann nicht sagen, daß ich von der Werbung beeinflußt werde. Ich seh' eben etwas, was mir gefällt — im Fernsehen, in irgendwelchen Zeitschriften — und dann kauf' ich es mir eben. Aber zuvor vergleich' ich schon die Preise.

INTERVIEWER Nun, bitte: Sie sagen es ja selbst, daß Sie durch die Werbung zum Kaufen angeregt werden.

CONSTANCE Klar, aber das möchte ich nicht so einfach eingestehen. Es gibt heute so viele Sachen, die alle irgendwie die gleiche Qualität haben oder haben sollen, aber die eben doch verschieden sind. Und hier kann die Reklame informieren, das Produkt beschreiben, den Konsumenten aufklären.

Die Kunst der leichten Küche. Mit Schwein.

Geniessen auf gut deutsch. F[...]

Die Kunst

STEFAN Das meine ich auch, aber ich möchte dazu etwas sagen: Oft beschreibt die Reklame das angepriesene Produkt gar nicht, sondern ... äh ... die Reklame zeigt Leute, die irgendwelche Eigenschaften haben, die der Käufer gern hätte. Er soll also glauben, wenn er dieses Produkt kauft, wird er auch diese Eigenschaften haben. Die Reklame manipuliert also den Käufer. Wer möchte nicht frei und fröhlich sein, nicht wahr? Oder etwas Gutes tun, ja?

INTERVIEWER Ja, logisch. Und können Sie mir auch ein Beispiel geben?

STEFAN Hm, da muß ich mal überlegen. Ach, ja! Da wird im Werbefunk zum Beispiel irgendein Fertiggericht angepriesen. Da sehen wir die hübsche Mutter in ihrer blitzblanken Küche stehen, im Hintergrund die glücklichen, guterzogenen Kinder und möglichst noch den gutmütigen Mann, der seine fabelhafte Frau stolz anstrahlt. Man hört überhaupt nichts vom Nährwert des Gerichts, sondern nur solche Werbesprüche wie „Eine weise Hausfrau denkt zuerst an ihre Kinder" oder „aus Liebe zur Familie", und dann kommt der Name des Produktes. Man kauft das Produkt, weil man im Unterbewußtsein glaubt, wenn ich dieses Fertiggericht meiner Familie gebe, wird mein Leben auch so perfekt sein.

CONSTANCE	Ja, das nervt mich auch immer, wenn ich so was höre und sehe — wie zum Beispiel mit der Autoreklame. Da werden immer nur Autos gezeigt in einer schönen Wiese, in den Bergen, wo alles heil ist, aber nie auf einer Straße im Stau. Die versteckte Mitteilung: Mit diesem Auto wirst du nie im Stau sitzen.
STEFAN	Genau! Da hast du ganz recht.
CONSTANCE	Und was mich noch aufregt ist die Werbung, wo irgendwelche Spitzensportler ein Produkt anpreisen ... und dann essen sie es selbst vielleicht überhaupt nicht. Und sie bekommen unheimlich viel Geld für so eine Reklame.
STEFAN	Eben! Und ich kann mir gar nicht leisten, was diese Leute ...
INTERVIEWER	Sie mögen also keine Statussymbole?
STEFAN	Mögen? Klar. Aber ich kann sie mir nicht leisten.
INTERVIEWER	Wie werden Sie denn auf ein bestimmtes Produkt aufmerksam gemacht?
CONSTANCE	Ach, ich würde sagen, da ist immer zuerst ein Bild, eine Bildreklame, häßlich oder schön ... und da schau ich eben hin.
STEFAN	Genau! Oft ist es ein Mädchen, ein Blickfang ...
CONSTANCE	Logo, im letzten Jahr zum Beispiel die Quark-Reklame, ein großer, roter Mund ...
STEFAN	Ja, daran erinnere ich mich auch. Diese Reklame war schon sehr raffiniert!
CONSTANCE	Was mich dabei nervt ist, daß die Reklame die Frau oft nur als Blickfang benutzt und daß sehr oft das Image der Frau weiterhin in einer traditionellen Rolle gezeigt wird. Es ist immer noch die Frau, die das Bad putzt — und die allwissende, männliche Stimme, die ihr sagt, welche Putzmittel sie dazu gebrauchen soll!
INTERVIEWER	Na, da ist schon was dran. Und zum Schluß ...
CONSTANCE	Ja, zum Schluß möchte ich sagen, daß ich ... ja, ich glaube wirklich, daß die Werbung in erster Linie das angepriesene Produkt in einem günstigen Licht zeigt und mit positiven Elementen in Verbindung bringt und weniger die Eigenschaften des Produkts dem Konsumenten beschreibt.
STEFAN	So ist es auch! Damit stimm' ich völlig überein!

1 Zusammenfassung

Schreib stichwortartig auf, was Stefan und Constance über die Werbung sagen! Schreib dann eine Zusammenfassung (*synopsis*) von dem, was jeder gesagt hat, und lies die Zusammenfassung der Klasse vor!

2 Was meinst du?

1. Informiert oder manipuliert Werbung die Konsumenten? Wie tut sie das?
2. Warum machen Spitzensportler Werbung für Produkte? Was soll damit erreicht werden?
3. Welche Werbung beeindruckt dich? Warum? Welche Werbung findest du wirklich blöd?
4. Vergleiche die Werbespots in diesem Kapitel mit denen, die du oft bei dir zu Hause siehst!

Expressing annoyance; comparing

Werbung — pro und contra

1 *„Werbung weckt verborgene Wünsche, verkauft Träume und macht den Verbraucher kritiklos."*

2 *„Werbung ist ein Motor der Wirtschaft, sorgt für Absatz und damit auch für Arbeitsplätze."*

3 *„Ohne Werbung wäre die Welt langweiliger. Werbung macht die Welt bunter."*

4 *„Werbung muß vielfältig sein. Es liegt allein am Verbraucher, sich von den Appellen an Gefühle nicht beeinflussen zu lassen und nur auf die Informationen zu achten."*

5 *„Werbung will den Verbraucher dazu verführen, Dinge zu kaufen, die er in Wirklichkeit nicht braucht."*

6 *„Werbung kostet viel Geld und verteuert dadurch die Waren."*

7 *„Nur durch Werbung werden Produkte bekannt. Dadurch erfährt der Verbraucher, wie er seine Bedürfnisse befriedigen kann."*

8 *„Wer Werbung als ‚Verführung' bezeichnet, überschätzt ihre Wirkung maßlos. Die Menschen sind viel zu kritisch: Es hat sich längst herumgesprochen, daß man nicht glücklich wird, nur weil man dieses oder jenes kauft."*

Mit welchen Aussagen stimmst du überein? Warum? Mit welchen stimmst du nicht überein? Warum nicht?

WORTSCHATZ

auf deutsch erklärt

die Reklame Werbung
der Werbespruch ein Slogan für ein Produkt
der Verbraucher der Konsument, Käufer
aufklären informieren
anpreisen mit vielen Worten empfehlen
raffiniert clever
verborgen man kann es nicht sehen
die Wirtschaft die Ökonomie
wahrnehmen man hört oder sieht es
überlegen über etwas nachdenken
glücklich froh
fröhlich gut gelaunt
das Putzmittel ein Produkt, mit dem man etwas saubermacht
Wir stimmen miteinander überein. Wir haben die gleiche Meinung.
Diesen Wagen kann ich mir nicht leisten. Ich habe nicht genug Geld für den Wagen.

auf englisch erklärt

Lies mal, was auf der Plakatwand steht! *Read what's on the billboard.*
Vergleichen wir die Waren! *Let's compare the goods.*
Ich möchte dich auf diese interessante Werbung aufmerksam machen. *I would like to draw your attention to this interesting advertisement.*
Eine typische Eigenschaft von Werbung ist die versteckte Mitteilung. *A typical characteristic of advertising is the hidden message.*
Ich gestehe es ein, daß günstige Preise ein echter Kaufreiz sind. *I admit that favorable prices are a real enticement to buy.*
Wer weiß, was im Unterbewußtsein steckt. *Who knows what lurks in the subconscious.*

SO SAGT MAN DAS!

Expressing annoyance

Here are two useful expressions to help you convey annoyance or irritation:

Was mich aufregt ist, wenn Leute ihre Fehler nie eingestehen.
Es nervt mich, daß Anja sich von allen beeinflussen läßt.

You can use the conjunctions **wenn** and **daß** with both these phrases. How do you express annoyance in English?

3 Hör gut zu!

Einige Freunde reden über Werbung, die sie im Fernsehen gesehen haben. Was regt sie auf? Was ist ihnen egal? Hör gut zu und schreib auf, wie diese Schüler reagieren!

4 Meckerecke

Was nervt euch alles — in der Schule, zu Hause, beim Sport, im Fernsehen, in der Werbung? Bildet eine größere Gruppe und sagt abwechselnd, was euch nervt oder aufregt!

5 Wie ist die Werbung bei euch?

Besprecht die folgenden Fragen gemeinsam in einer Gruppe!

1. Wo seht ihr die meiste Werbung?
2. Für welche Produkte wird die meiste Werbung gemacht?
3. Welche Werbung und welche Werbeslogans sind am effektivsten? Warum?

SO SAGT MAN DAS!

Comparing

When making statements about different things, we often compare them.
You've already learned to make comparisons using the following expressions:

Ich kenne auch **so** einen Spitzensportler **wie** dich.
Diese Werbung ist nicht **so gut wie** diese.
Ich finde diesen Werbeslogan viel **besser als** den da.
Und mir gefällt die Kinoreklame **am besten**.

What are some other comparative adjectives that you often use?
Here are some new ways to talk about comparisons:

Bevor ich mir etwas kaufe, **vergleiche** ich die Preise.
Manche Produkte haben die **gleiche** Qualität, aber die Preise sind oft sehr **verschieden**.
Einige Leute kaufen sich immer **dieselben** Waren.

6 Hör gut zu!

Du kaufst in einem deutschen Supermarkt ein und bleibst vor einigen Leuten stehen, die lebhaft einige Produkte vergleichen. Hör ihrem Gespräch gut zu und schreib auf, für welche Produkte sie sich entscheiden und warum!

Grammatik derselbe, der gleiche

The determiner **derselbe** is a combination of the definite article **der** and the word **selber**, and means *the very same*. The new word changes in form like any other adjective with a preceding definite article.

Ich habe **dieselben** Reklamen gesehen.
Wir haben **denselben** Preis dafür gezahlt.

	Masculine	Feminine	Neuter	Plural
Nominative	derselbe	dieselbe	dasselbe	dieselben
Accusative	denselben	dieselbe	dasselbe	dieselben
Dative	demselben	derselben	demselben	denselben

Der (die, das) gleiche means *similar, the same kind or type* and also functions like an adjective. Compare these sentences:

Wir tragen die **gleiche** Jacke und spielen die **gleichen** Kartenspiele.[1]
Mein Freund und ich gehen in **dieselbe** Schule und haben **denselben** Lehrer in Mathe.[2]

7 Was ist bei dir dasselbe oder das gleiche?

Such dir einen Partner und macht Vergleiche! Hier sind Beispiele.

BEISPIEL **Meine Schwester und ich, wir wohnen in demselben Haus.** *oder*
Mein Vater und mein Onkel fahren den gleichen Wagen, beide haben einen Opel. *oder*
Mein Freund und ich ...

8 Machen wir Vergleiche!

Was meint ihr? Stellt euch gegenseitig die folgenden Fragen, und besprecht sie dann zusammen! Sagt eure Meinungen frei und offen!

1. Welche Werbung ist effektiver, die Radiowerbung oder die Fernsehwerbung? Warum?
2. Welche Jeans sind deiner Meinung nach besser, einfache Jeans oder Designerjeans?
3. Welche Autos sind deiner Meinung nach besser, kleine oder große?
4. Welche Werbeslogans kennst du? Vergleiche sie!

1. We wear the same (type of) jacket and play the same (kinds of) card games.
2. My friend and I go to the (very) same school and have the (very) same teacher for math.

Grammatik Adjective endings following determiners of quantity

Determiners of quantity can be used as determiners before nouns or as pronouns.

1. Adjectives that follow determiners of quantity have the following endings in the nominative and accusative cases. What are the English equivalents of these words?

alle, beide	**andere, ein paar, einige, mehrere, viele, wenige, zwei (drei, vier, usw.)**
Nom. alle **-en** Häuser	mehrere **-e** Dörfer
Acc. alle **-en** Häuser	mehrere **-e** Dörfer

2. In the dative case, the determiners of quantity (not the numerals) add the ending **-n,** and any following adjectives have the usual **-en** ending of the dative case.

An einig**en** groß**en** Plakatwänd**en** hängen Poster.

9 Was gibt es alles in eurer Stadt?

Such dir eine Partnerin! Beschreibt einander eure Stadt oder eine Stadt, die ihr gut kennt! Wie viele Sätze könnt ihr machen?

Es gibt	wenige mehrere ein paar einige etliche viele drei keine	gut schlecht alt neu ausländisch deutsch interessant modern schön	Zeitungen Schulen Kinos Museen Diskotheken Bücherläden Videoläden Restaurants Parks Universitäten Kirchen

10 Hör gut zu!

Hör jetzt einigen Werbeslogans gut zu! Welcher Werbeslogan, den du hörst, paßt zu welchem Produkt unten?

a.

b.

c.

d.

e.

11 Schreiben wir auch einen Werbeslogan!

Experten in der Werbebranche benutzen viele Adjektive, die weniger das Produkt beschreiben als die Gefühle des Konsumenten ansprechen. Bildet Gruppen von vier Schülern und kreiert drei Werbeslogans für verschiedene Produkte! Dann lest euren besten Werbeslogan der Klasse vor! Diskutiert über eure Slogans und vergleicht sie miteinander! Welche findet ihr gut und welche nicht so gut? Warum?

märchenhaft   erstklassig
sensationell   super
                neu
einmalig   modern
          fabelhaft
atemberaubend   phantastisch

12 Kennst du die Sprache der Werbung?

In der Werbung benutzt man sehr viele Adjektive. Manche beschreiben das Produkt und informieren den Konsumenten. Natürlich stellt die Beschreibung das Produkt in ein schönes Licht. Wie beschreibt die Werbung die Produkte unten links? Such dir eine Partnerin, und versucht zusammen, die passenden Adjektive für jedes Produkt zu wählen!

BEISPIEL   **In der Werbung sind Zigaretten gewöhnlich ... und ...**

Produkte

Zigaretten   Kaffee

Autos   Fruchtsaft

Adjektive

rostfrei   nikotinarm   tassenfertig   mild

superschnell   geräuscharm   natürlich

vitaminreich

13 Werbesprüche

Wie gut kannst du Werbung und Werbesprüche analysieren? Schau dir die Werbesprüche unten an, und diskutiere über diese Fragen mit einem Partner!

1. Welche Produkte werben mit diesen Werbesprüchen?
2. Versuche, diese vier Texte zu charakterisieren! Welcher Text informiert mehr? Welcher manipuliert mehr? Welcher diskriminiert? Welche Wörter im Text begründen deine Analyse?
3. Was für Konsumenten sollen diese Produkte kaufen? Wie weißt du das vom Text?

Auf die Teller, fertig, los!

Nur ABLAM ist in weniger als 15 Minuten servierfähig!

Der neue Europäer

robust, sicher, schnell, ein preisgünstiges Fahrzeug im Sportlook, nicht nur für Männer, auch für jede Frau spielend zu beherrschen: macht seinen Fahrer zum Souverän am Steuer

Bei dem Training! Da kann ich gar nicht oft genug duschen.

Dazu brauch' ich was Herbfrisches: Meeresduft von

BREMA

Modell Alaska läßt sich mit Jeans und Pullis kombinieren.

14 Zum Überlegen und Diskutieren

Diskutiert die folgenden Meinungen in der Klasse! Seid kritisch und gebt Beispiele!

1. Werbung hat die Aufgabe, uns über die Produkte zu informieren.
2. Die Werbung beeinflußt uns, auch wenn wir es nicht immer gleich eingestehen wollen.
3. Die meiste Werbung ist Image-Werbung; sie manipuliert den Käufer nur.
4. Manipulative Werbung sollte verboten werden.
5. Sportler in der Werbung? Nein!
6. Frauen werden in der Werbung oft nur als Blickfang benutzt.
7. Wir brauchen die Werbung überhaupt nicht; wir können auch ohne Werbung leben.

15 Für mein Notizbuch

Such dir zwei Themen von Übung 14 aus, und schreib deine eigene Meinung darüber! Gib mindestens drei Gründe für deine Meinung!

Warum so wenig Unterbrecherwerbung?

Michael ist seit einer Woche Austauschstudent in Deutschland. Seine Gasteltern sind ausgegangen, und er schaut allein zu Hause Fernsehen. Im ZDF läuft gerade der Film „Raumschiff Enterprise". Michael hat Hunger und möchte sich etwas aus dem Kühlschrank holen, aber er wartet auf einen Werbeblock. Nach zwanzig Minuten gibt es immer noch keine Pause. Wann kommt denn endlich die Reklame, fragt er sich. Er muß bis zum Ende der Sendung warten, bevor er sein Essen holen kann.

Danach schaltet er das Programm auf RTL um. In ein paar Minuten kommt ein Wildwestfilm mit Clint Eastwood. Diesmal holt er sich etwas zu essen, bevor die Sendung anfängt. Aber jetzt fällt ihm etwas auf. In der Mitte der Sendung kommen einige Reklamen. Bis zum Ende des Films gibt es zwei weitere Unterbrechungen (*interruptions*). Er versteht nicht, warum es im ZDF keine Unterbrecherwerbung und im RTL dreimal Unterbrecherwerbung gibt.

1. Warum gibt es bei der Unterbrecherwerbung einen Unterschied zwischen ZDF und RTL? Was meinst du?
2. Welches Programm ist ein Privatsender(*private station*)? Welches ist ein öffentlich-rechtlicher (*public*) Sender? Hast du eine Ahnung (*idea*), wie die Sender finanziert werden?
3. Wie ist die Werbezeit in den USA kontrolliert? Wie oft kommen Werbeblöcke?

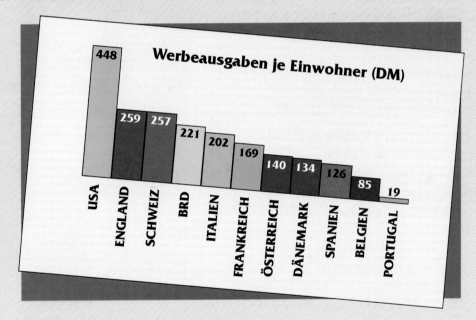

Werbeausgaben je Einwohner (DM)

USA	448
ENGLAND	259
SCHWEIZ	257
BRD	221
ITALIEN	202
FRANKREICH	169
ÖSTERREICH	140
DÄNEMARK	134
SPANIEN	126
BELGIEN	85
PORTUGAL	19

Erklärung zu Michaels Situation:
ARD und ZDF sind öffentlich-rechtliche Sender, die vorwiegend aus Fernsehgebühren finanziert werden. Werbeeinblendungen werden daher gesetzlich geregelt. Es dürfen nur 20 Minuten Werbung am Tag gesendet werden, davon dürfen zehn Minuten vor und zehn Minuten nach 20 Uhr laufen. Da RTL ein Privatsender ist, fällt er nicht unter diese Regelung. Für Privatsender, deren wichtigste Einnahmequelle die Werbewirtschaft ist, gelten andere Regeln. Ein Film bis zu 85 Minuten Länge darf nur einmal unterbrochen werden und ein Film von 90 Minuten Länge oder mehr zweimal. Privatsender dürfen täglich 20% ihres Programms mit Werbung füllen.

Weiter geht's!

Image-Werbung

Im Rahmen des Deutschunterrichts über aktuelle Themen hat Frau Klose ihren Schülern der 11. Klasse folgenden Werbespot gezeigt, der vor einiger Zeit im Werbefernsehen zu sehen war. Danach hat sie mit ihren Schülern über diesen Werbespot gesprochen.

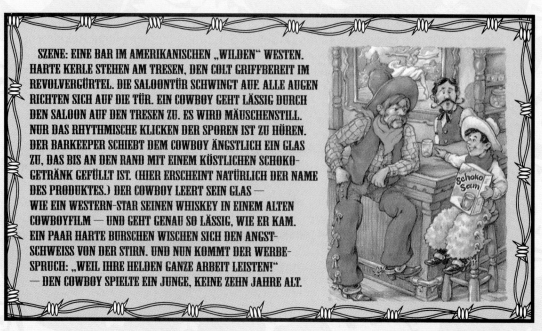

SZENE: EINE BAR IM AMERIKANISCHEN „WILDEN" WESTEN. HARTE KERLE STEHEN AM TRESEN, DEN COLT GRIFFBEREIT IM REVOLVERGÜRTEL. DIE SALOONTÜR SCHWINGT AUF. ALLE AUGEN RICHTEN SICH AUF DIE TÜR. EIN COWBOY GEHT LÄSSIG DURCH DEN SALOON AUF DEN TRESEN ZU. ES WIRD MÄUSCHENSTILL. NUR DAS RHYTHMISCHE KLICKEN DER SPOREN IST ZU HÖREN. DER BARKEEPER SCHIEBT DEM COWBOY ÄNGSTLICH EIN GLAS ZU, DAS BIS AN DEN RAND MIT EINEM KÖSTLICHEN SCHOKO-GETRÄNK GEFÜLLT IST. (HIER ERSCHEINT NATÜRLICH DER NAME DES PRODUKTES.) DER COWBOY LEERT SEIN GLAS — WIE EIN WESTERN-STAR SEINEN WHISKEY IN EINEM ALTEN COWBOYFILM — UND GEHT GENAU SO LÄSSIG, WIE ER KAM. EIN PAAR HARTE BURSCHEN WISCHEN SICH DEN ANGST-SCHWEISS VON DER STIRN. UND NUN KOMMT DER WERBE-SPRUCH: „WEIL IHRE HELDEN GANZE ARBEIT LEISTEN!" — DEN COWBOY SPIELTE EIN JUNGE, KEINE ZEHN JAHRE ALT.

LEHRERIN   Nun, zuerst einmal, wer von euch kann sich noch an diesen Werbespot im Fernsehen erinnern?

CHRISTIAN   Ich kann mich gut daran erinnern, oder besser gesagt, zu gut!

GABRIELE   Logo! Weil dich deine Mutter mit diesem blöden Getränk großgezogen hat. Stimmt's?

CHRISTIAN   Genau so ist es. Und schau, was aus mir geworden ist! Ich bin groß und kräftig.

ANNETTE   Also, ich muß sagen, ich bin dagegen, daß man Kinder in der Werbung verwendet.

HANS-JÖRG   Aber dieser Werbespot richtet sich an Kinder!

ANNETTE   Eben! Aber Kinder wissen noch nicht, was wirklich gut ist für sie. Sie sind noch nicht kritisch genug; sie wollen halt alles, was sie sehen.

LEHRERIN   Und was meinst du, Sebastian?

SEBASTIAN   Es scheint, Christians Mutter hat das Getränk gekauft, weil es dem Christian geschmeckt hat.

KERSTIN   Was mich eben nervt ist das Image. Wenn Ihr Kind, Ihr Sohn, dieses Getränk trinkt, so wird er einmal ein ganzer Kerl. Er wird ein Mann, der vor keinen anderen Männern Angst hat!

KAPITEL 7   Ohne Reklame geht es nicht!

CHRISTIAN	Du übertreibst, Kerstin.
KERSTIN	Überhaupt nicht. Diese Werbung nützt die Gefühle von Eltern und Kindern aus. Und die Firma, die am besten wirbt, die verkauft ja auch leider am meisten, verdient das meiste Geld.
FLORIAN	Genau! Im österreichischen Fernsehen sollen angeblich Werbespots mit Kindern und für Kinder verboten sein. Nicht wahr, Frau Klose?
LEHRERIN	Es kann sein, aber ich weiß es nicht. Da bin ich überfragt.
WALTER	Mir scheint, die Werbemacher haben's nicht einfach: sie müssen immer neue Ideen haben.
GABRIELE	In der Werbung sieht es so aus, als ob sich jeder alles leisten kann und unbedingt haben muß. Viele Sachen braucht man doch gar nicht!
ANNETTE	Eben! Ich möchte nur noch mal klarstellen, daß ich nicht gegen Werbung bin, nur gegen übertriebene Image-Werbung. Zigarettenmarken, Rasierwasser, Sportwagen und so passen angeblich zur Männlichkeit, aber die Werbung sagt nicht, wie schädlich zum Beispiel Zigaretten sind.
HANS-JÖRG	Da stimm' ich dir zu. Und mit der Werbung für Motorräder, Mode und auch Zigaretten wird uns „Freiheit" versprochen.
PETRA	Da kann ich nur lachen. Und teure Parfüms und die neueste Mode passen nur zu schönen Frauen, was?
GÖTZ	Na ja, eins steht fest: Wir haben uns an die Werbung gewöhnt.
USCHI	Das mag schon sein. Was mich aber stört ist, daß ... äh, die Werbung macht uns Appetit aufs Kaufen. Sie zeigt die Welt als ein riesiges Kaufhaus, wo man sich alle Wünsche erfüllen kann.
GÖTZ	Und warum nicht?
USCHI	Weil man glaubt, man muß diese Sachen haben, um glücklich, zufrieden und beliebt zu sein. Das schlimme ist aber, daß es zu viele arme Menschen gibt. Und je weniger Geld man hat, desto mehr sehnt man sich nach einem guten, zufriedenstellenden Leben, nach einem Leben, das die Werbung verspricht, das sich aber die meisten doch nicht leisten können.

Reisefieber?
Mit uns fällt Ihr Urlaub nicht ins Wasser!

Ihre Apotheke.
Uns können Sie fragen.

Ihre Apotheke hat die richtigen Tips und Produkte, um die Ferien für Sie zu einem ungetrübten Vergnügen zu machen. Bitte fordern Sie Ihre persönliche Urlaubs-Checkliste an unter der Telefon-Nr. 030/19814.

16 Was sagt der Text?

1. Schreib alle Adjektive und Adverbien in dein Notizheft, die in der Barszene vorkommen!
2. Mach dein Buch zu! Erzähle die Barszene nach, so gut du kannst!
3. Jeder von euch übernimmt eine Rolle der Schüler von Frau Kloses Klasse. Lest das Klassengespräch dramatisch vor!
4. Welchen von den Aussagen im Text stimmst du am meisten zu?

ZWEITE STUFE

Eliciting agreement and agreeing; expressing conviction, uncertainty, and what seems to be true

auf deutsch erklärt

werben   Werbung machen
verdienen   wenn man Geld für die Arbeit bekommt
klarstellen   verständlich machen
Meine Tante hat mich großgezogen.
Meine Tante hat mir geholfen, vom Kind zum Erwachsenen zu werden.
Es steht fest.   Es ist klar, wahr.
kräftig   wenn man starke Muskeln hat
riesig   sehr groß
schädlich   nicht gut oder ungesund für einen
die Sache   das Ding
der Kerl   der Mann
Ich bin überfragt.   Ich weiß die Antwort nicht.

auf englisch erklärt

Werbung versucht oft, unsere Gefühle auszunutzen.   *Advertising often attempts to take advantage of our feelings.*
Dieser Spot richtet sich an Jugendliche.   *This ad is directed at young people.*
Je öfter ich den Namen eines Produktes sehe, desto größer ist die Chance, daß ich es kaufe.
The more I see the name of a product, the greater the chance that I'll buy it.
Dieser Star spaziert herum, als ob er König wäre.   *This star struts around as if he were king.*
Angeblich verdient er sehr viel.   *He reportedly earns a lot.*

SO SAGT MAN DAS!

Eliciting agreement and agreeing

Here are some ways to elicit and express agreement. Which expressions do you know? Which are new?

To elicit agreement, you could say:

Die Werbung beeinflußt uns,
   nicht?
   nicht wahr?
   ja?
   stimmt's?
   oder?
   meinst du nicht?

To agree, you could say:

   Da hast du ganz recht.
   Damit stimm' ich überein.
   Das meine ich auch.
   Logisch!/Logo!
   Genau./Genau so ist es.
   Eben!/Klar!/Sicher!

What similar words or phrases do you use in everyday speech?

17 Hör gut zu!

Die Mitarbeiter der Schülerzeitung reden über Werbespots in Zeitungen, die sie gesehen haben. Hör ihrem Gespräch gut zu und entscheide, wessen Meinungen am meisten akzeptiert werden!

18 Einverstanden oder nicht?

Constance und Stefan äußern ihre Meinungen über die Werbung. Bist du einverstanden oder nicht mit dem, was sie sagen? Was sagst du dazu? Such dir eine Partnerin und reagiert zusammen auf die Aussagen! Versucht auch, Gründe anzugeben!

CONSTANCE	**Die Werbung versucht nur, den Käufer zu beeinflussen, meinst du nicht?**
DU	**Klar!** *oder*
	Das ist nicht ganz wahr. Es gibt Werbung, die auch informiert.
STEFAN	„Die meisten Reklamen haben Frauen als Blickfang."
CONSTANCE	„Viele Sportler verdienen mit der Werbung zu viel Geld."
STEFAN	„Das Image der Frau wird weiterhin in einer traditionellen Rolle gezeigt."
CONSTANCE	„Es gibt aber auch gute Werbung, die nicht so manipulativ ist."
STEFAN	„Die meisten Werbespots für Kinder find' ich sehr blöd."
CONSTANCE	„Die Werbung nutzt oft nur die Gefühle der Kinder aus."
STEFAN	„Die Werbemacher brauchen immer wieder neue Ideen."
CONSTANCE	„Die Werbung macht nur Appetit aufs Kaufen."
STEFAN	„Je weniger Geld man hat, desto mehr sehnt man sich nach einem guten Leben."
CONSTANCE	„Die Werbung verspricht, was sich die meisten nicht leisten können."

Schon bekannt
Ein wenig *Grammatik*

In **Kapitel 4** you learned about relative clauses. Relative clauses are introduced by relative pronouns, the various forms of **der, die, das.**

> **Das ist ein Werbeslogan, den ich nicht kenne.**

Identify the relative pronoun in this sentence. What does it refer to? What case is it in? Why?

Die bringen in der Werbung immer das, was wir schon haben.

Grammatik   Introducing relative clauses with **was** and **wo**

1. The word **was** introduces a relative clause when it refers back to
   a. indefinite pronouns like **das, alles, etwas, nichts, wenig, viel.**

   > Ich sehe **etwas, was** mir gefällt.

   b. the entire idea of the preceding clause.

   > **Ich kann es mir nicht leisten, was** diese Leute anpreisen.

2. The word **wo** is used to refer to places, especially in a broader sense.

   > Die Welt ist ein Kaufhaus, **wo** man sich alles kaufen kann.

Relative clauses are dependent clauses. Do you remember what happens to the conjugated verb in dependent clauses?

19 Was möchtest du alles?

Frag einen Partner, was er möchte! Er antwortet dir, und dann fragt er dich.

1. Was kaufst du dir?   2. Was wünschst du dir?   3. Was gefällt dir?

BEISPIEL   DU **Was wünschst du dir?**
PARTNER **Ich wünsche mir nichts, was ich mir nicht leisten kann.**

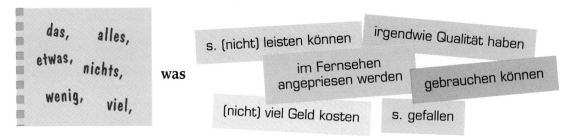

das, alles, etwas, nichts, wenig, viel, **was**

s. (nicht) leisten können

irgendwie Qualität haben

im Fernsehen angepriesen werden

gebrauchen können

(nicht) viel Geld kosten

s. gefallen

20 Was regt dich auf?

Bist du aufgeregt? Such dir eine Partnerin und sag ihr, was dich alles aufregt! Sie sagt es dir dann auch. Stimmt ihr miteinander überein?

Mich regt Werbung auf, wo ...

Frauen dienen als Blickfang.

Die Gefühle der Leute werden ausgenutzt.

Werbung verspricht „Freiheit".

Die Werbesprüche sind besonders blöd.

Kinder werben für ein Produkt.

Die Image-Werbung ist übertrieben.

21 Das Analysieren ist eine Übung, die ...

Suche aus dem Text „Weiter geht's!" alle Relativsätze heraus! Analysiere die Relativpronomen! Was sind ihre Beziehungsworte (*antecedents*)? Sind sie spezifisch oder generell?

SO SAGT MAN DAS!

Expressing conviction, uncertainty, and what seems to be true

To express conviction, you may say:

Es steht fest, daß Werbung einen großen Einfluß auf uns ausübt.

To express uncertainty, you may say:

Es kann sein, daß ...   *oder*   **Das mag schon sein.**

You already know how to express what seems true to you:

Es scheint, daß Sportler immer mehr Geld durch Werbung verdienen.

You also may say:

Es sieht so aus, als ob sie das tun.

22 Hör gut zu!

Du hörst jetzt, wie Frau Kloses Schüler über den Werbespruch vom kleinen Cowboy sprechen. Welche Schüler sind überzeugt, daß sie recht haben? Welche sind nicht sicher oder sogar dagegen? Mach eine Tabelle und füll sie aus!

23 Nein, irgendeine Antwort geht nicht!

Welche Form von irgendein paßt in diese Lücken?

1. Das ist ... Reklame für Videos.
2. Er soll ... Werbeslogan schreiben.
3. Das sind ... Sachen für Kinder.
4. Das ist ... Fertiggericht.
5. Das sind ... Slogans für Bekleidung.
6. Ich suche ... Autoreklame.
7. Das Auto steht auf ... Wiese.
8. Die Wiese ist in ... Bergen.
9. ... Sportler preisen den Wagen an.
10. Ich kann nicht ohne ... Statussymbole sein.

24 Du warst irgendwo anders ...

Ein Klassenkamerad fragt dich über die Barszene, die Frau Klose in ihrer Klasse gezeigt hat. Du weißt aber sehr wenig darüber. Gebrauche deshalb das Wort „irgend" in deinen Antworten! Tauscht dann die Rollen aus!

1. Wo spielt sich diese Szene mit dem Jungen ab?
2. Wer sind die Männer, die um den Tresen stehen?
3. Welche Tür schwingt auf?
4. Was für ein Cowboy geht durch den Saloon?
5. Was schiebt der Barkeeper dem Cowboy zu?
6. Wo hast du so einen Cowboy-Star schon gesehen?
7. Durch welche Tür geht dieser Cowboy raus?
8. Wann hat man diese Werbung gezeigt?

WORTSCHATZ

Words preceded by **irgend**

> **irgend etwas**
> **irgend jemand**
> **irgendwann**
> **irgendwie**
> **irgendwo**
> **irgendwohin**

25 Zum Überlegen und Diskutieren

Überlegt euch, was ihr zu folgenden Themen zu sagen habt, und diskutiert in der Gruppe darüber! Schreibt für jedes Thema die Argumente dafür und dagegen auf!

1. Werbespots für Kinder und mit Kindern sollten verboten werden.
2. Die Image-Werbung: dafür oder dagegen?
3. Die Werbung macht uns Appetit aufs Kaufen.
4. Werbung für gesundheitsschädliche Produkte wie Zigaretten und alkoholische Getränke sollte nicht erlaubt sein.

26 Für mein Notizbuch

Wähle eins der obigen Themen, und schreib deine Meinung darüber! Gebrauche mindestens sechs Sätze!

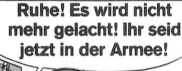

LESETRICK

Using pictures and print type as clues to meaning When reading cartoons and comics, look at the pictures and the way words are written before you begin to read. Pictures and print can tell you a lot about what is happening in a story.

Getting Started

1. Read the title and then look at the entire sequence of frames. What can you tell about the story just by looking at the pictures? Make some predictions about what you think is happening. For instance, where and when is the story taking place? Is everything going smoothly, or is

und OBELIX

there some kind of conflict?

2. Before you read the text, notice the different types of print in the bubbles. Looking only at the pictures and print, why do you think the cartoonist uses different types of print?

3. Skim the entire text twice. What is the setting? What is the approximate time period? How many different characters are introduced and where are they from?

A Closer Look

4. Look at the pictures again as you read the story. For which character does the writer use pictures instead of words in the bubbles? Why do you think he does that?

5. What, in general, is happening in the story? Are the characters who come in at the beginning really **Freiwillige**? What are they? Does the text confirm the predictions you made?

Bei den Legionären

Read the comic again more carefully and answer the following questions.

6. Based on the context, what do you think a **Dolmetscher** is? How do you know? Why does the Roman need a **Dolmetscher**?

7. What does the Egyptian want to know? What kind of mix-up has occurred?

8. Where does the Roman soldier take the men after signing them in? Why? What are they supposed to do when they get there?

9. What do you think **mager** means? How do you know?

10. Zeichne jetzt deinen eigenen Comic strip! Schreib auch die Sprechblasen dazu! Die Handlung darf komisch oder ernst sein, sogar belehrend, wie du willst.

Advertisements can be very persuasive. They sometimes portray a product in such a way that you think you can't live without it. But, as we all know from experience, products are not always as good as they seem in the ads. In this activity, you will write a business letter complaining to a manufacturer about a product you have purchased.

Es stört mich!

Wähl ein nicht zufriedenstellendes Produkt, das du benutzt hast, und dessen Werbung du gesehen hast! Schreib einen Brief an den Hersteller, um deinen Ärger als Verbraucher des Produkts auszudrücken!

SCHREIBTIP

Using tone and word choice for effect When you write you use words that convey how you feel. It is important to think about and choose words that will create the effect you want. This is exactly what advertisers do to get you to buy their products. Adjectives and adverbs are particularly effective for setting a tone. Different degrees of adjectives and adverbs can be used to intensify the strength of a given statement, such as **schlecht** vs. **schrecklich** or **gut** vs. **ausgezeichnet**. A person complaining about a product, for example, is likely to use strong adjectives to convey frustration.

A. Vorbereiten

1. Mach zuerst eine Liste von allem, was dich an diesem Produkt stört!
2. Vergleich das Produkt mit anderen, ähnlichen Produkten! Ist es genau so gut? Schlechter? Teurer? Hat es die gleiche Wirkung? Schreib alles auf!
3. Hat dieses Produkt irgendwelche besonderen Qualitäten? Ist das Produkt so, wie es die Werbung verspricht? Mach dir Notizen!
4. Nimm jetzt deine Notizen zur Hand und suche Adjektive und Adverbien, die deinen Ärger gut ausdrücken!

B. Ausführen

Benutze jetzt deine Notizen, und schreib einen Brief an den Hersteller des Produktes! Vergiß nicht, die Adresse, Anrede und Schlußformulierung dazuzuschreiben!

C. Überarbeiten

1. Lies deinen Brief einem Partner vor und besprecht, ob der Brief den richtigen Ton hat, um deine Beschwerde (*complaint*) auszudrücken!
2. Besprecht die Adjektive! Was wolltest du mit ihnen ausdrücken? Wirken die Adjektive auf deinen Partner, wie du beabsichtigt hast?
3. Lies deinen Brief noch einmal durch! Hast du den Text in Briefform geschrieben? Hast du eine passende Anrede und eine geeignete Schlußformulierung benutzt? Hast du alles richtig buchstabiert?
4. Schreib den korrigierten Brief noch einmal ab!

1 Lies den folgenden Text, und such dir die Wortkreationen der Werbetexter heraus! Bei allen Ausdrücken handelt es sich um erfundene Wörter. Versuch, diese Ausdrücke in gutes Deutsch zu übertragen! Zum Beispiel „Deutschlands meiste Kreditkarte" bedeutet: „Kreditkarte, die man in Deutschland am meisten benutzt."

Im kreativen Rausch
Zu kühn formuliert: Viele Werbeslogans stoßen bei Sprachexperten auf Kritik

Wenn Katrin M. Frank-Cyrus Schulkindern beim Pausenhofpalaver zuhört, befällt sie leichtes Unbehagen. Dann registriert die Geschäftsführerin der Wiesbadener Gesellschaft für deutsche Sprache (GfdS), daß die Kids gern Slogans aus der Fernsehwerbung nachplappern — nicht immer, aber immer öfter.

Pädagogen haben Bedenken, denn die Werbetexter gebrauchen in ihrem kreativen Rausch oft inkorrekte Formulierungen, also Sprache, die gegen die Normen von Grammatik und Semantik verstößt.

Der Sprach-TÜV der Wiesbadener Experten und Expertinnen findet viele Formulierungen einfach zu viel.

Ärgerlich: *„Deutschlands meiste Kreditkarte"* (Kampagne für Eurocard): absichtlicher Grammatikfehler, um mehr Aufmerksamkeit zu erregen — was auch funktioniert; *„unkaputtbar"* (Kampagne für Coca-Cola): raffinierte, aber sprachlich völlig unkorrekte Konstruktion; *„BahnCard"* (Deutsche Bahn): orthographisch (noch) nicht akzeptabel; *„Geschmackskraft der Natur"* (Food-Werbung): Natur kann weder uns schmecken noch selber schmecken — eine Unsinnsbildung.

Gefällig: *„Schnupperpreise"* (Kampagne für Bekleidung): werbewirksam, sprachlich in Ordnung; *„Jugend froscht"*[1] (Reiseveranstalter): platter Kalauer, erregt aber Aufmerksamkeit.

Originell: *„aprilfrisch", „tiefenwirksam", „atmungsaktiv"*: anschaulich witzig, einprägsam — und korrekt.

Rausch: *intoxication;* **stoßen:** *meet;* **Unbehagen:** *uneasiness;* **nachplappern:** imitieren; **Bedenken:** *concerns;* **Unsinn:** *nonsense;* **schnuppern:** *to sniffle out;* **Frosch:** *frog;* **Kalauer:** *word-play*

---

1. The slogan „Jugend froscht" alludes to „Jugend forscht", the title of a science contest for young people.

2 Du hörst jetzt einige Werbesendungen im Radio. Schau dir folgende Illustrationen an! Welche Zielgruppe soll mit jeder Werbung erreicht werden?

a.   b.   c.   d.   e.

3 Stellt euch vor, ihr seht die folgenden Reklamen ganz groß auf einer Litfaßsäule! Reagiert darauf! Was findet ihr gut, was nicht? Begründet eure Antworten!

4 Jeder von euch muß eine Werbeanzeige mit in die Klasse bringen. Sprecht darüber, und diskutiert dabei besonders über die folgenden Punkte:

1. Ist das Informationswerbung oder Image-Werbung, oder beides?
2. Mit welchen Worten werden die Produkte angepriesen?
3. Hat die Werbung einen Blickfang? Welchen? Ist er wirkungsvoll?
4. Würdet ihr dieses Produkt kaufen, so wie es beschrieben ist? Warum?
5. Hat diese Werbung eine versteckte Mitteilung? Was für eine?

5 Schreib einen Bericht über „deine" Werbeanzeige! Halte dich dabei an die Diskussionsfragen von Übung 4!

6  **R O L L E N S P I E L**

Gruppen spielen Mitglieder einer Werbeagentur, die einen wichtigen Werbespot fürs Fernsehen entwerfen muß.

Sucht ein Produkt aus, für das ihr werben wollt! Entwerft drei verschiedene Werbesprüche, und schreibt den Werbetext dazu! Einigt euch auf den besten Spruch, und verteilt Rollen an jedes Gruppenmitglied, um der Klasse den Spot vorzuspielen! Wenn möglich, macht auch ein Video davon!

KANN ICH'S WIRKLICH?

Can you express annoyance? (p. 161)

1 How would you respond if a friend asked you **Was nervt dich alles**?

2 How would you say

   a. that it annoys you when commercials show women in traditional roles?

   b. that it irritates you that commercials always try to manipulate consumers?

Can you compare? (p. 161)

3 How would you compare

   a. magazine ads and TV ads?

   b. your family and your best friend's family?

4 How would you say that you always compare products, and that you know that product 1 is not as good as product 2? How would you say that you find product 2 to be the best?

Can you elicit agreement and agree? (p. 168)

5 How would you elicit agreement after making each one of the following statements?

   a. Die Werbung manipuliert den Konsumenten.

   b. Die meisten Werbespots im Fernsehen sind blöd.

   c. Wir haben uns an die Werbung gewöhnt.

How would you agree with each of those statements?

Can you express conviction, uncertainty, and what seems to be true? (p. 170)

6 How would you elaborate on the following statements, indicating that you are convinced, that you are uncertain, or that you feel the statement seems to be true?

   a. Die Werbung macht uns Appetit aufs Kaufen.

   b. Kinderwerbung ist unfair.

   c. Wir kaufen nur das, was wir brauchen.

ERSTE STUFE

EXPRESSING ANNOYANCE

Was mich aufregt ist, wenn ... *What annoys me is when ...*
Es nervt mich, daß ... *It gets on my nerves that ...*

COMPARING

Bevor ich etwas kaufe, vergleiche ich die Preise. *Before I buy something I compare prices.*
das gleiche *the same*
derselbe, dieselbe, dasselbe *the same*

OTHER WORDS AND USEFUL EXPRESSIONS

aufmerksam machen auf (acc) *to draw attention to*
blitzblank *squeaky clean*
fröhlich *happy*
heil *whole, perfect*
raffiniert *clever*
weise *wise*
weiterhin *as before*

der Blickfang *eye-catcher*
die Eigenschaft, -en *characteristic*
der Kaufreiz *temptation to buy*
der Konsument, -en *consumer*
Linie: in erster Linie *primarily*
die Mitteilung, -en *message*
die Plakatwand, ¨e *billboard*
das Putzmittel, - *cleaning agent*
die Reklame, -n *advertisement*
Schluß: zum Schluß *finally*
der Stau, -s *traffic jam*
das Unterbewußtsein *subconscious*
der Verbraucher, - *consumer*
die Ware, -n *product, ware*
der Werbespruch, ¨e *advertising slogan*
die Werbung, -en *advertisement*
die Wiese, -n *meadow*
die Wirtschaft *economy*

anpreisen (sep) *to praise*
aufklären (sep) *to enlighten*
eingestehen (sep) *to admit*
s. leisten können *to be able to afford*
gebrauchen *to use*
überfluten *to flood*
überlegen *to consider*
verbergen *to hide*
verführen *to seduce*
vergleichen *to compare*
verstecken *to hide*
verursachen *to cause*
wahrnehmen (sep) *to perceive*

ZWEITE STUFE

AGREEING

Damit stimm' ich überein. *I agree with that.*
Logisch! Logo! *Of course!*
Klar! *Of course!*
Genau so ist es. *That's exactly right.*

EXPRESSING CONVICTION

Es steht fest, daß ... *It's certain that ...*

EXPRESSING UNCERTAINTY

Das mag schon sein. *That may well be.*

EXPRESSING WHAT SEEMS TO BE TRUE

Es sieht so aus, als ob ... *It looks as if ...*
angeblich *ostensibly, reported to be*

OTHER WORDS AND USEFUL EXPRESSIONS

glücklich *happy*
je mehr ... desto ... *the more ... the ...*
kräftig *strong*
riesig *huge*
schädlich *harmful*
überfragt sein *to not know*
irgend- *some-*
die Freiheit *freedom*
das Gefühl, -e *feeling*
der Kerl, -e *guy*

ausnützen (sep) *to take advantage of*
erfüllen *to fulfill*
s. gewöhnen an (acc) *to get used to*
großziehen (sep) *to raise (a child)*
klarstellen (sep) *to make clear*
s. richten an (acc) *to be directed at*
s. sehnen nach *to long for*
verdienen *to earn*
verwenden *to use*
werben *to advertise*

KAPITEL

8

Weg mit den Vorurteilen!

① Es lohnt sich, sich so eine Tiroler Blaskapelle im Gebirge anzuhören.

Was sind Vorurteile (*prejudices*)? Woher kommen sie? Wie kann man seine Vorurteile abbauen? In diesem Kapitel unterhalten sich junge Deutsche und junge Amerikaner über ihre Vorurteile, und wie sie diese teilweise oder sogar ganz abgebaut haben, als sie sich näher kennenlernten.

In this chapter you will learn

- to express surprise, disappointment, and annoyance
- to express an assumption; to make suggestions and recommendations; to give advice

And you will

- listen to students talk about their experiences in America
- read about stereotypes Germans and Americans have about each other's cultures
- write about what you think Germans and Americans are like, and examine those preconceptions
- learn more about how prejudices and stereotypes can be challenged through personal interaction and reflection

② Die meisten von uns hätten nicht gedacht, daß es in Deutschland so viele Blumen gibt.

③ Ich war erstaunt darüber, wie umweltbewußt die Deutschen sind.

Los geht's!

Wie sehen uns die jungen Deutschen?

Was die Deutschen über die Vereinigten Staaten wissen, erfahren sie gewöhnlich durch Presse, Film und Fernsehen, auch durch Reisen in Amerika oder durch Reiseberichte von Freunden und Bekannten. Was sind ihre Eindrücke?

Junge Deutsche, die noch nie in den Staaten waren, sehen die USA so:

Junge Deutsche, die in den Staaten waren, sagen:

„Ich hatte nicht gewußt, daß das Land so groß ist."

„Ich habe gestaunt, wie gut mir das Essen drüben geschmeckt hat — alles frisch und wenig aus Büchsen."

„Es hat mich furchtbar gestört, daß es dort keine Fahrradwege gibt, jedenfalls nicht dort, wo ich war."

„Die meisten Amerikaner sind äußerst hilfreich."

„Es ist unwahrscheinlich, wie wenig die Amerikaner lesen. Die Tageszeitung, ja, aber Bücher?"

„Es hat mich wahnsinnig gestört, daß meine Gastfamilie beim Abendessen ferngesehen hat."

„Mir haben die Lehrer gefallen: der Unterricht ist lockerer als bei uns, weniger stressig."

„Ich war schon etwas enttäuscht, daß viele Städte so schmutzig sind."

„Ich hatte immer gehört, die Amerikaner haben keinen Geschmack; alles ist aus Plastik, künstlichen Blumen und so weiter. Aber das stimmt wirklich nicht."

„Ich war erstaunt, wie wenig die Amerikaner über die Bundesrepublik wissen."

„Ich bedaure, daß die Leute zu wenig für die Umwelt tun."

„Ich fand es unangenehm, wie so viele Leute ihren Kaugummi kauen — ich mein', so richtig kauen!"

„Als ich nach Amerika kam, hatte ich ein ganz anderes Amerikabild. Ich hatte starke Vorurteile gegen die Amerikaner, denn ich kannte sie nur als Touristen in Deutschland — laut angezogen, mit der Kamera um den Hals. Ich hatte angenommen, daß alle Amerikaner so sind."

Vier deutsche Schüler, Tanja, Sonja, Michael und Philipp erzählen, wie sie ihre Vorstellungen von den Vereinigten Staaten nach einem kurzen Besuch ändern mußten.

SONJA Also, ich war vier Wochen drüben, in der Nähe von Boston, und ich muß sagen, ich war wahnsinnig begeistert von den amerikanischen Jugendlichen. Sie sind viel herzlicher und offener als wir.

PHILIPP In diesem Punkt geb' ich dir recht. Aber sie wissen nur viel zu wenig über die Deutschen — sie wissen etwas über das Oktoberfest und unsere Autobahnen ...

MICHAEL Na, komm! Das stimmt aber auch nicht immer. Meine Gastfamilie, und insbesondere mein Gastbruder, wußte eine ganze Menge über Deutschland.

TANJA Ich hatte vorher überhaupt keinen Bezug zu Amerika. Ich hatte mir immer gedacht, da will ich überhaupt nicht hin, das interessiert mich gar nicht. Aber dadurch, daß ich einige Leute kennengelernt habe und die so wahnsinnig nett waren, hab' ich ein ganz anderes Verhältnis zu dem Land und zu den Leuten.

MICHAEL Ja, so ein Schüleraustausch ist schon ideal, weil man da mitten in die Familie hineinkommt. Und nur so kann man die Leute richtig kennenlernen, seine eigenen Vorurteile abbauen und seine eigene Meinung bilden.

PHILIPP Das möchte ich unterstützen. Man soll sich auf jeden Fall eine eigene Meinung bilden, bevor man eine fremde wiedergibt.

MICHAEL Ja, genau!

TANJA Ja, ich würd' auch sagen: nehmt keine Klischeevorstellungen an, und verbreitet auch keine! Fahrt in das Land und schaut euch die Leute an! So hab ich's gemacht und mußte sämtliche Meinungen überprüfen, die ich von dem Land und den Leuten hatte.

SONJA Also, hinfahren, alles gut beobachten, Leute kennenlernen! Nur so kann man sich das beste Urteil über ein Land bilden und nicht von dem, was man von andern hört oder im Fernsehen sieht.

TANJA Das ist auch meine Meinung.

1 Hast du alles verstanden?

1. Was meinen die Leute, die noch nie in den Staaten waren? Schaut euch die Collage auf Seite 182 an, und sprecht darüber! Welche sind Klischees, welche nicht?
2. Was meinen die jungen Deutschen, die schon in den Staaten waren?
3. Welche Eindrücke sind positiv, welche negativ? Wieso? Schreib sie in zwei Spalten auf!

ERSTE STUFE

Expressing surprise, disappointment, and annoyance

Meinung, Vorurteil oder Klischee?

Lies die folgenden Definitionen!

Was ist eine Meinung?
Eine Meinung ist etwas, was jemand glaubt, für richtig hält, als Tatsache annimmt.
(Meinung = Urteil = Standpunkt)

Was ist ein Vorurteil?
Ein Vorurteil ist eine nicht objektive, meist negative, von Gefühlen bestimmte Meinung, die man sich im voraus über jemanden oder über etwas gebildet hat.

Was ist eine Klischeevorstellung?
Eine Klischeevorstellung (ein Klischee) ist eine abgedroschene (*trite*) und übermäßig gebrauchte Vorstellung, die unwirksam geworden ist.

WORTSCHATZ

auf deutsch erklärt

das Klischee   ein Wort, das man zu oft gebraucht hat; ein Stereotyp
abbauen   weniger machen
locker   entspannt, ruhig
herzlich   sehr freundlich
hilfreich   wenn man anderen Leuten oft hilft
begeistert   wenn man etwas wirklich ganz toll findet
eine Menge   sehr viel
sämtliche   alle
künstlich   von Menschenhand gemacht, nicht natürlich

auf englisch erklärt

Deine <u>Vorstellung</u> von Österreich <u>hat</u> wenig <u>Bezug zur</u> Realität!   *Your ideas of Austria have little connection to reality!*
Ich bin <u>erstaunt</u>, was du über das Land weißt.   *I am amazed at what you know about the country.*
Ich muß sagen, daß ich von deinem <u>Urteil</u> <u>äußerst</u> <u>enttäuscht</u> bin.   *I have to say that I'm extremely disappointed in your judgment.*
Manche <u>Klischees</u> sind weit <u>verbreitet</u>, <u>jedenfalls</u> das von dem Deutschen mit der Lederhose.   *Many clichés are widespread, especially the one about the Germans in lederhosen.*
Ich <u>nehme an</u>, wir wechseln Geld <u>im voraus</u>.   *I assume we will exchange money in advance.*

---

2 Hör gut zu!

Ein deutscher Austauschschüler spricht über Amerika und die Amerikaner. Schreib drei Dinge auf, die er gut gefunden hat und drei, die er nicht so gut gefunden hat! Gib Gründe an!

3 Sprechen wir offen über uns selber!

1. Setzt euch zum Brainstorming zusammen! Das Thema heißt: Wie sehen wir uns selbst? Wählt einen Schriftführer, der alle Aussagen aufschreibt! Gebraucht Ausdrücke wie:
   — Wir Amerikaner sind (nicht) ...
   — Wir halten uns für ...
   — Wir glauben, wir ...

2. Gruppiert jetzt eure Aussagen in zwei Kategorien: Tatsachen und Meinungen! Gebraucht bei dieser Gruppierung Ausdrücke wie:
   — Ich würd' sagen, das ist eine/keine ...
   — ... ist eine Tatsache/eine Meinung.
   — In diesem Punkt geb' ich dir recht.
   — Ich glaube nicht, daß ...
   — (John) hat recht, wenn er sagt, daß ...

4 Wie sehen uns die Deutschen?

Schüler in Deutschland haben folgende Aussagen gemacht. Was ist für dich eine Meinung, was ist ein Vorurteil? Was sagst du zu diesen Aussagen? Diskutiert darüber!

Die Amerikaner ...

sind wahnsinnig naiv

arbeiten furchtbar gern

haben es immer eilig

sehen viel zu viel fern

sind kinderlieb

kochen nicht gern und essen meistens Fertiggerichte oder aus der Büchse

interessieren sich nur für Sport

lernen nicht gern Fremdsprachen

spielen die Polizisten der Welt

gehen nie zu Fuß, fahren immer nur Auto

tun wenig für die Umwelt

lesen wenig

interessieren sich nicht für andere Kulturen

leben im Land der unbegrenzten Möglichkeiten

diskutieren selten über Politik

essen zu viel Fast food

verdienen zu viel Geld

SO SAGT MAN DAS!

Expressing surprise, disappointment, and annoyance

Comments others make are likely to elicit various feelings. You may feel surprised to hear something, you may be disappointed, or even annoyed or displeased.

To express surprise, you might say:

Ich war überrascht, daß ...
Ich habe gestaunt, ...
Ich habe nicht gewußt, daß ...

Ich hätte nicht gedacht, daß ...
Es ist unwahrscheinlich, daß ...
Ich war erstaunt, ...

To express disappointment, you could begin with:

Ich bedaure, daß ...
Ich finde es schade, daß ...

Ich bin enttäuscht, daß ...

If you are annoyed, you could use one of these expressions:

Es regt mich auf, wenn/daß ...
Es stört mich, wenn/daß ...

Es ärgert mich, wenn/daß ...
Ich finde es unangenehm, wenn/daß ...

5 Hör gut zu!

Schüler unterhalten sich über ihre Erfahrungen in Amerika. Worüber sind sie überrascht? Enttäuscht? Was stört sie? Schreib die Grafik in dein Heft um, und trag die Information in die drei Spalten ein!

Schüler	überrascht	enttäuscht	stört

6 Wie reagierst du darauf?

Die Deutschen interessieren sich sehr für Amerika, und jeder Deutsche scheint irgendeine Meinung über Amerika und die Amerikaner zu haben. Stimmen die Meinungen? Was überrascht dich, was enttäuscht dich und worüber regst du dich auf? Sag es deinem Partner!

1. Es gibt zu viele Amerikaner, die Vorurteile gegen andere Menschen haben.
2. Die Leute essen zu viel und haben zu wenig Bewegung.
3. Alles wird nur auf die Schnelle gemacht, nichts hat Hand und Fuß.
4. Die Regierung tut nichts für die Armen.
5. Viele Städte sind alt und sollten renoviert werden.
6. Die meisten Leute werden von der Werbung beeinflußt.
7. Die meisten Leute lesen nur den Sportteil in der Zeitung.
8. Das amerikanische Fernsehen bringt einfach zu viel Reklame!
9. Es gibt kein Familienleben.

— Sind diese Blumen künstlich?
— Natürlich!
— Natürlich?
— Nein, künstlich!

7 Für mein Notizbuch

Schreib in dein Notizbuch je drei Sätze über Dinge — in der Schule, zu Hause, auf der Reise — die dich in diesem Jahr überrascht haben, die dich enttäuscht haben und die dich aufgeregt haben! Gib Gründe dafür an!

8 Wie kann man alles beschreiben?

Wenn wir Leute oder Dinge beschreiben, können wir die Intensität unserer Beschreibung variieren. Hier sind einige Wörter links unten, mit denen wir das tun.

a. Such dir eine Partnerin, und füll die Lücke in diesem Satz!

   **Die meisten Amerikaner sind ...
   hilfreich/naiv.**

b. Frag jetzt deine Partnerin, was sie über Amerika sagen würde! Unten rechts stehen ein paar Ideen.

gar nicht nicht ziemlich ein bißchen so sehr besonders ganz furchtbar zu äußerst wahnsinnig irre unheimlich unwahrscheinlich

Die meisten Amerikaner sind ... nett.

Die meisten Leute sind ... arm/reich.

Die meisten Leute essen und trinken ... viel.

Die meisten Leute lesen ... viel/wenig.

Macht weiter! Was sagt ihr über Amerikaner?

9 Zwei Austauschschüler unterhalten sich

Zwei deutsche Austauschschüler sprechen über die USA. Spielt die beiden Rollen!

DU **Das Land ist so wahnsinnig groß!**

PARTNER **Das stimmt. Ich hätte ...** *oder*
Ich war sehr erstaunt, wie ...

Der Unterricht in der Schule ist sehr locker.

Das Land ist so wahnsinnig groß.

Sie wissen schon eine ganze Menge über Deutschland.

Sie haben wenige Klischeevorstellungen von den Deutschen.

Sie interessieren sich für die Ereignisse in Deutschland.

Mein Amerikabild hat sich schnell geändert.

Mit 16 kann man schon den Führerschein bekommen.

Ein wenig *Grammatik*

The subordinating conjunction **als** is generally used with the narrative past (the imperfect) and has the meaning of *when, at the time when.* The **als**-clause can either follow or precede the main clause.

> Ich hatte ein ganz anderes Amerikabild, **als** ich nach Amerika **kam.**
> **Als** ich nach Amerika **kam,** hatte ich ein ganz anderes Amerikabild.

What do you observe about the word order in the main clause when it is preceded by a subordinate clause?

10 Bericht vom Austausch

Hanno schreibt seinen Eltern in Deutschland von seinem Austauschsemester in den USA. Was sagt er? Hilf ihm mit einem besseren Schreibstil, indem du die Sätze unten verbindest!

1. So ein Schüleraustausch ist ideal. (weil) Man kommt mitten in die Familie hinein.
2. Man lernt die Leute richtig kennen. (wenn) Man wohnt bei ihnen längere Zeit.
3. Meine Gasteltern sind erstaunt. (wie) Das Essen schmeckt mir hier gut.
4. Mir gefällt es so gut. (daß) Ich möchte noch ein Jahr da bleiben.
5. Ich seh' mir das Land noch besser an. (bevor) Ich fahre im Juni nach Hause.
6. Ich hatte es mir hier ganz anders vorgestellt. (als) Ich kam nach Amerika.

11 Bei mir war es auch so

Zwei Austauschschüler unterhalten sich über ihre Amerikareise. Sie haben die gleichen Erfahrungen gemacht. Spielt die beiden Rollen, und gebraucht in jeder Wiederholung einen als-Satz!

PARTNER **Ich bin im August nach Amerika gekommen. Es war furchtbar heiß.**

DU **Stimmt. Als ich im August nach Amerika kam, war es auch furchtbar heiß.**

1. Meine Gastfamilie hat mich vom Flughafen abgeholt (*picked up*). Ich habe sie gleich erkannt (*recognized*).
2. Wir sind nach Hause gekommen, und sie wollten mir gleich alles zeigen.
3. Wir haben dann zu Abend gegessen. Es hat mir furchtbar gut geschmeckt.
4. Am nächsten Tag hab' ich die Umgebung gesehen. Ich war ganz begeistert.
5. Ich bin mit meinem Gastbruder in die Schule gegangen. Die Schüler waren alle sehr nett und freundlich zu mir.

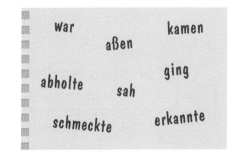

war   kamen
    aßen
         ging
abholte   sah
    schmeckte   erkannte

Grammatik Coordinating conjunctions (Summary)

The conjunctions **denn, und, oder, aber,** and **sondern** are called coordinating conjunctions because they join two independent clauses.

> Ich hatte Vorurteile, **denn** ich kannte die Amerikaner nur als Touristen.
> Ich möchte meine Vorurteile abbauen, **aber** das ist nicht so einfach!

What do you notice about the word order in clauses introduced by coordinating conjunctions? You have also learned that both **weil** and **denn** can be used to introduce a clause expressing cause or reason. But they are significantly different in the kind of word order that follows each. What is this difference?[1]

12 Warum ist das so?

Verbinde jedes der folgenden Satzpaare einmal mit „weil" und einmal mit „denn"!

1. Ein Schüleraustausch ist ideal. Man kommt da mitten in die Familie hinein.
2. Man kann die eigenen Vorurteile abbauen. Man lernt die Leute richtig kennen.
3. Man kann seine eigene Meinung bilden. Man macht genügend persönliche Erfahrungen.
4. Man sieht die Leute plötzlich ganz anders. Man hat ein anderes Verhältnis zu ihnen.
5. Man nimmt oft Klischeevorstellungen an. Man war selbst noch nie im anderen Land.
6. Der Unterricht in Amerika gefällt mir. Er ist lockerer und weniger stressig.

13 Gruppenprojekt: Wie sehen wir uns selbst?

Blättert durch eure eigenen Zeitungen und Zeitschriften, und sucht nach Artikeln und Illustrationen, die entweder ein positives oder ein negatives Amerikabild zeigen! Bringt eure Beispiele mit in die Klasse, und macht eine Collage mit diesen Artikeln und Illustrationen! Vielleicht kann einer von euch selbst einige passende Illustrationen machen.

14 Klassendiskussion

Diskutiert über eure Collagen! Was für ein Amerikabild stellen sie dar? Gebt Gründe an! Was zeigen sie, und was zeigen sie nicht? Wie könnten sie noch verbessert werden?

15 Was sagst du dazu?

Überleg dir folgende Fragen, und sag deiner Gruppe, was du dazu meinst!

1. Was sagst du zu Leuten, die nur Vorurteile über die Vereinigten Staaten haben?
2. Mit welchen Eigenschaften würdest du dich und deine Landsleute beschreiben?
3. Was ist deine eigene Meinung über die Amerikaner? Erwähne Tatsachen, Meinungen, sowie Vorurteile, die du gehört hast, aber an die du selbst nicht glaubst!

16 Für mein Notizbuch

Schreib deine Meinung zu dem Thema: „Wie sehe ich uns Amerikaner?"! Führe Tatsachen an und begründe sie! Baue Vorurteile ab, die andere Leute haben und die dich stören! Fang so an: Ich glaube, wir Amerikaner sind ...

---

1. As a subordinating conjunction, **weil** requires verb-last position in the clause. As a coordinating conjunction, **denn** requires verb-second position.

Verständnis für Ausländer?

Auch in einer Welt, die durch die Medien und durch Reisen kleiner geworden ist, gibt es noch immer viele Klischeevorstellungen über andere Länder.

Was kann man tun, um solche Klischees abzubauen? Es ist natürlich am besten, selbst in das andere Land zu fahren. Für junge Menschen bestehen viele Möglichkeiten, sich an Ort und Stelle zu informieren. Da gibt es eine Menge Schüleraustauschprogramme, wo junge Deutsche und junge Amerikaner die Lebensgewohnheiten ihrer Austauschpartner kennenlernen können.

Auch gibt es immer mehr Partnerstädte zwischen verschiedenen Ländern. Das Ziel der Städtepartnerschaften ist es, durch gegenseitiges Kennenlernen (z.B. in kulturellen Veranstaltungen, Sportwettkämpfen oder Jugendgruppen) das Verständnis für einander zu fördern (*encourage*) und alte Klischees abzubauen.

1. Schau die Abbildungen an! Mit welchen Städten haben Passau und Soltau eine Partnerschaft? Weißt du, ob die Schulen in deiner Stadt oder deinem Dorf auch ein Austauschprogramm mit ausländischen Schulen haben? Mit welchen Ländern sind diese Austauschprogramme?
2. Mit welcher Stadt im Ausland würdest du gern ein Austauschprogramm haben? Was würdest du gern über diese Stadt und die Menschen dieses Landes herausfinden?
3. Was für Folgen (*results*) würde ein Austauschprogramm haben? Was meinst du?
4. In der Bundesrepublik muß man nicht unbedingt ins Ausland reisen, um Ausländer kennenzulernen. Der Anteil der Ausländer an der Gesamtbevölkerung, der mit knapp acht Prozent zu den höchsten in Europa gehört, bereichert das kulturelle Spektrum. Millionen von Ausländern — Jugoslawen, Spanier, Italiener, Griechen und vor allem Türken — wohnen und arbeiten in Deutschland. Ihre Kinder gehen auf deutsche Schulen und sprechen Deutsch oft besser als ihre Muttersprache. Welche Klischees oder Stereotypen hat man von diesen Gruppen?

Weiter geht's!

Wie sehen junge Amerikaner die Deutschen?

Junge Amerikaner, die noch nie in Deutschland waren, sehen
die Deutschen gewöhnlich so:

**Die Deutschen werden oft so charakterisiert. Welche Wörter passen
zu deinem Deutschlandbild?**

groß   blond   blauäugig   gutmütig   ordentlich   ernst

freundlich   stolz   streng   stur   kameradschaftlich   stark

still   reserviert   materialistisch   arrogant   athletisch

nett   geduldig   unhöflich   snobistisch   pünktlich   höflich

gemütlich   vorsichtig   gründlich   verwöhnt   intolerant

intelligent   fleißig   musikalisch   ehrgeizig   egoistisch

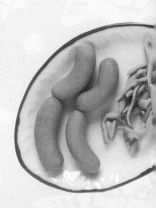

Hier sind einige Aussagen junger Amerikaner, die nach einem kurzen Besuch in den deutschsprachigen Ländern ihre Klischeevorstellungen relativieren mußten. Diese Aussagen wurden übersetzt, weil die meisten Schüler nur wenig oder gar kein Deutsch sprachen.

„Ich weiß nicht warum, aber ich hatte mir vorgestellt, daß die Deutschen in Lederhosen und Dirndlkleidern herumlaufen; aber das stimmt überhaupt nicht; sie sind meistens so angezogen wie wir."
John, 16

„Mir ist aufgefallen, daß die Deutschen die Natur sehr lieben. Überall sieht man Blumen und Pflanzen, drinnen und draußen. Die Deutschen gehen auch viel spazieren. Überall gibt es Spazierwege und Wanderwege!"
Kim, 17

„Ein Klischee ist, daß die Deutschen dick sind, weil sie sehr viel essen, besonders Knödel und Brezeln, auch Bratwurst und Sauerkraut. Ich hab' aber gesehen, daß die Leute auch nicht anders essen als wir; viele achten sogar sehr auf ihre schlanke Linie. Meine Gastfamilie ißt zum Beispiel sehr viel Obst, Gemüse und Joghurt — eine wirklich ausgewogene Kost."
Jessy, 16

„Es hat mich beeindruckt, daß die Deutschen sehr umweltbewußt sind. Sie bringen leere Flaschen in die Geschäfte zurück oder werfen sie in Container, und sie sammeln Papier."
Cathy, 17

„Ich dachte immer, daß die jungen Deutschen viel Bier trinken. Ich habe aber schnell meine Meinung geändert; sie trinken meistens Spezi, Apfelsaft oder Mineralwasser!"
Rich, 17

„Ich war überrascht, daß die Deutschen so tierlieb sind. Ich hab' nie so viele Hunde gesehen wie in Deutschland. Die dürfen sogar mit ins Restaurant gehen, und vor manchen Geschäften hab' ich Behälter mit Wasser gesehen für durstige Hunde. Das würde ich auch unseren Geschäftsleuten empfehlen."
Mandy, 15

„Ich war überrascht, wie friedliebend die Deutschen sind. Es gibt bei ihnen Großdemonstrationen gegen Gewaltanwendung, wenn in der Welt ein weiterer Krieg auszubrechen droht. Daran können sich viele ein Beispiel nehmen!"
Eric, 15

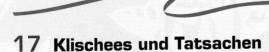

17 Klischees und Tatsachen

1. Was für Klischeevorstellungen haben viele junge Amerikaner, die noch nie in Deutschland waren? — Schreib auf, was für Klischeebilder in der Collage auf Seite 190 zu sehen sind.

2. Wie charakterisieren die jungen Amerikaner, die schon in Deutschland waren, die Deutschen? Stimmst du den Aussagen zu, oder hast du eine andere Meinung? Warum?

3. Was für Klischeevorstellungen hatten diese jungen Amerikaner und wie mußten sie diese nach ihrem Deutschlandbesuch revidieren (*revise*)? Mach deine eigene Liste!

Name	Klischee oder Vorurteil	„neue" Meinung
John, 16	Lederhosen, Dirndl	so angezogen wie wir
Rich, 17	trinken viel Bier	

Expressing an assumption; making suggestions and recommendations; giving advice

Der sympathische Deutsche

1993 hat die deutsche Zeitschrift FOCUS eine weltweite Image-Studie gemacht. Mehr als 32 000 Erwachsene in 17 Ländern wurden gefragt, wie sympathisch oder unsympathisch ihnen die Deutschen sind. Das Ergebnis: ein durchweg freundliches Deutschlandbild! „Erfolgreich, fleißig, stark" lautet das Urteil der 17 befragten Nationen, ein Wirtschaftswunderland und Exportweltmeister. Lange stützte sich das deutsche Image einseitig auf diese industrielle Tatsache. Jetzt rundet sich das Bild: „Friedlich", „modern", „demokratisch" wirken die Deutschen der neunziger Jahre. Negative Eigenschaften gibt es jedoch auch. Die Deutschen werden auch von vielen als arrogant, humorlos, gefühlslos und intolerant bezeichnet. Resultat der Untersuchung: Die Welt sieht die Deutschen in weit besserem Licht, als die Deutschen selbst bislang geglaubt hatten.

WORTSCHATZ

auf deutsch erklärt

ehrgeizig   wenn man viel plant und erreichen will
stark   muskulös, kräftig, kann vieles machen
gutmütig   freundlich und hilfsbereit
aufgeschlossen   offen, freundlich
friedliebend   wenn man keinen Krieg, sondern Frieden will
still   ruhig, nicht laut
ordentlich   wenn man immer Ordnung macht oder hat
umweltbewußt   wenn man etwas zum Schutz der Umwelt tut

auf englisch erklärt

Es ist uns <u>aufgefallen</u>, wie <u>verwöhnt</u> diese Kinder sind.   *We've noticed how spoiled these children are.*
Es <u>beeindruckt</u> mich, wenn Eltern <u>streng</u> aber auch <u>geduldig</u> sind.   *It impresses me when parents are both strict and patient.*
Ich bin <u>stolz auf</u> meinen <u>höflichen</u> Sohn.
I am proud of my polite son.
Du bist so <u>stur</u> wie ein Esel.
You're as stubborn as a mule.

18 Eigenschaften — gute und schlechte

Macht in der Klasse eine Liste von Eigenschaften, guten und schlechten! Ihr könnt die aufschreiben, die auf diesen Seiten erscheinen und auch andere dazufügen.

19 Hör gut zu!

Was sagen Jugendliche über die Deutschen? Hör gut zu, wie einige amerikanische Schüler ihre Erlebnisse in Deutschland besprechen! Welche Aussage paßt zu welchem Bild?

a.

b.

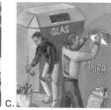
c.

d.

e.

20 Wie sehen wir die Deutschen?

Kommt jetzt wieder zu einer Brainstorming-Sitzung zusammen! Das Thema heißt diesmal: Wie sehen wir die Deutschen? Gebt Gründe an! Wählt wieder einen Schriftführer, der alle Aussagen aufschreibt. Verwendet Ausdrücke wie:

Die Deutschen sind ...   Ich glaube, daß die Deutschen ...
Nicht alle Deutschen sind ...   Ich halte die Deutschen für ...
Einige/viele Deutsche sind ...

21 Tatsachen, Vorurteile, Klischees

Seht euch die Aussagen an, die ihr in der letzten Gruppenarbeit erarbeitet habt!

a. Ordnet jetzt diese Aussagen in drei Gruppen: Tatsachen, Vorurteile und Klischees! Die Deutschen haben/sind ...

Tatsachen	Vorurteile	Klischees
schnelle Autos	arrogant	tragen Lederhosen, Dirndl

b. Diskutiert jetzt darüber! Äußert eure Meinung und gebraucht dabei Ausdrücke wie:

Das stimmt (nicht). Ich glaube, daß ...   (Jessica) hat recht, wenn sie sagt, daß ...
Ich denke, daß ...   In diesem Punkt geb' ich dir (nicht) recht.

SO SAGT MAN DAS!

Expressing an assumption

To make an assumption or introduce an impression, you know these phrases:

Ich glaube schon, daß ...
Ich meine doch, daß ...

Other phrases you can use to make an assumption or introduce an impression are:

Ich nehme an, daß ...
Ich vermute, daß ...
Ich hatte den Eindruck, daß ...
Ich hatte mir vorgestellt, daß ...

22 Hör gut zu!

Schüler erzählen, wie sie sich Deutschland und die Deutschen vorstellen. Schreib mindestens fünf Eindrücke auf, die diese Schüler erwähnen!

23 Hast du deine Meinung geändert?

Wie hast du dir am Anfang Deutschland und die Deutschen vorgestellt? Sag einem Partner deine Vorstellung! Dann sag ihm, ob du deine Meinung geändert hast! Erkläre ihm auch warum! Tauscht dann die Rollen aus!

BEISPIEL   **Ich hatte mir immer vorgestellt, daß die Deutschen ...**
            Aber das stimmt überhaupt nicht. (Als ich in Deutschland war ...)

leben, um zu arbeiten   sind militaristisch   essen viel Fleisch und wenig Gemüse

sind nicht umweltbewußt   sind unfreundlich   tragen nur Lederhosen und Dirndl

                       trinken immer nur viel Bier

haben keinen Humor   mögen keine Hunde

24 Und du? Woher bekommst du deine Informationen?

Such dir eine Partnerin! Überlegt euch, wie man sich ein Bild von anderen Ländern und anderen Leuten macht, während ihr folgende Fragen beantwortet!

1. Woher bekommst du deine Informationen über die deutschsprachigen Länder? Unten sind einige Möglichkeiten aufgelistet.
2. Wie würdest du die Informationen charakterisieren, die du im Fernsehen über Deutschland erhältst?
3. Warum kommt es vor, daß Medien manchmal Vorurteile verstärken oder wenigstens nicht schwächen? Nenne Beispiele!

vom Fernsehen • vom Radio • von Zeitungen/Zeitschriften • aus Büchern • von Spielfilmen • aus dem Deutschunterricht • aus dem Geschichtsunterricht • von den Eltern • von Freunden/Bekannten • selbst dort gewesen

---

Grammatik   Verbs with prefixes (Summary)

1. Some of the most common separable prefixes are: **an, ab, ein, mit, zu, zurück;** also, the words that involve motion, **hin** and **her,** or combinations of these, such as **hinein, heraus, herum.** Compare and contrast the sentences. Explain the differences in the verb forms.

   (ankommen) Ich **kam** im August in den Vereinigten Staaten **an.**
   (einladen) Meine Gastfamilie **lädt** mich noch immer **ein.**
   (abbauen) **Bau** endlich mal deine Vorurteile **ab!**
   (abholen) Wer hat dich am Flugplatz **abgeholt**?
   (mitnehmen) Wir haben ihn doch auf die Reise **mitgenommen.**
   (anrufen) Mein Gastbruder hatte alle Freunde **angerufen.**

2. Of course, when such infinitives are used with **zu,** they get separated by **zu.**
   (kennenlernen) Ich hoffe, die Leute besser **kennenzulernen.**

3. There is another category of verbs with prefixes, called inseparable prefix verbs. Compare and contrast the sentences. How are the verb forms different?
   (überraschen) Das **überrascht** mich überhaupt nicht.
   (wiederholen) **Wiederhole** bitte deine Frage!
   (übersetzen) Das hast du wirklich prima **übersetzt**!
   (unterstützen) Versuch doch mal, mich zu **unterstützen.**

---

25 Hör gut zu!

Schüler erzählen von ihren Erfahrungen mit deutschen Jugendlichen in Deutschland. Welches sind Empfehlungen und welches sind Warnungen?

Name	Empfehlung	Warnung
Dorothee		
Christian		

SO SAGT MAN DAS!

Making suggestions and recommendations; giving advice

There are different ways to make suggestions and recommendations, and to give advice. Note how the command forms are used in these examples.

To make a suggestion or a recommendation, you can say:

> Ich kann dir einen Tip geben: fahr nach Deutschland!
> Ich empfehl' dir, selbst einmal nach Deutschland zu fahren.
> Es lohnt sich, einen Schüleraustausch mitzumachen.
> Fahr selbst mal hin!   Hinfahren!   Leute kennenlernen!

To give advice, you can say:

> Verbreite keine Klischees!
> Wiederhole bloß nicht eine fremde Meinung!

26 Was rätst du deinem Freund?

Ein guter Freund von dir will nach Deutschland fahren, aber du findest, daß er viele Vorurteile hat. Unten ist eine Liste mit Dingen, die dein Freund tun soll. Versuche, ihn zu überreden (*convince*), daß er deinem Rat folgt, bevor er wegfliegt!

DU **Ich kann dir einen Tip geben, verbreite keine Klischees!**
PARTNER **Ja, und warum denn (nicht)?**
DU **Die Leute werden denken, daß alle Amerikaner Klischees verbreiten!**

keine Klischees verbreiten   sich eine eigene Meinung bilden   Vorurteile abbauen/haben

die Leute genau beobachten   einen Schüleraustausch mitmachen

27 Zum Überlegen und Diskutieren

Diskutiert mit euren Klassenkameraden über folgende Fragen!

1. Was für Vorurteile haben manche Deutsche gegen Ausländer und warum?
2. Wißt ihr von ähnlichen Situationen, vielleicht wo du wohnst, wo Vorurteile anderen Menschen gegenüber existieren? Was sind diese Vorurteile?
3. Warum bestehen Vorurteile? Was würdet ihr empfehlen, um Vorurteile abzubauen?

28 Klassenprojekt: Unser Deutschlandbild

Arbeitet an euerm Deutschlandbild! Sammelt Informationen aus Zeitungen und Zeitschriften, und fügt diese zu einer Collage zusammen! Wenn ihr wollt, könnt ihr euer Projekt erweitern und ein Österreichbild und ein Schweizbild erarbeiten.

29 Diskussion

Diskutiert über eure Collage, was sie zeigt, was sie nicht zeigt und wie sie noch verbessert werden könnte! Welche Images informieren? Welche Images verbreiten Klischees?

30 Für mein Notizbuch

Beschreibe dein jetziges Deutschlandbild! Überleg dir, was für Klischeevorstellungen und Vorurteile du hattest und warum du sie vielleicht geändert hast!

ZUM LESEN

Stille Grenzen

Sabines Eltern

O Mann, bin ich glücklich! Ich strahle im ganzen Gesicht. Könnte alle Menschen umarmen. Ja, ich würde sogar fliegen, wenn ich es nur könnte. Meine Freude kennt keine Grenzen, seit ein paar Wochen. Plötzlich entdecke ich meine Liebe für Blumen. Ich wußte gar nicht, daß sie so herrlich duften können. Die Welt sieht auf einmal auch ganz anders aus. Sie ist doch nicht grau in grau. Die Welt ist rosarot. Ich bin so unendlich glücklich. Pessimist bin ich nun auch nicht mehr. Seit vier Wochen bin ich ein großer Optimist geworden. Man muß einfach alles positiv sehen. Die Stadt stinkt nicht mehr nach Autoabgasen, und das Ozonloch wird schon wieder werden. Die Wälder, die werden mit Sicherheit wieder gesund — die Umweltheinis malen Bilder, die übertrieben sind. Diese unsere Welt ist noch so gut

intakt wie ein Mensch mit 17 Jahren. Wie gesagt, ich sehe alles positiv. Weil ich eben so glücklich bin. Und warum, will ich auch verraten: Ich bin verliebt. Jawohl. Ich habe jetzt eine Freundin, die mich liebt, wie ich bin. Wie ich bin? Eigentlich bin ich ein ganz normaler Mensch. Nur, ich bin kein Inländer. Dafür ist meine Freundin eine Deutsche. Und nicht nur das. Sie ist zudem noch Schwäbin. Durch und durch. Was aber nichts aussagt. Sie liebt mich und ich liebe sie. Nur das zählt und nichts anderes. Wir sehen uns fast jeden Tag. Wenn wir uns auch nur einen einzigen Tag nicht sehen, kommt es mir so vor, als ob ich sie eine kleine Ewigkeit nicht mehr gesehen hätte. Ich liebe sie über alles. So sehr, daß ich den ganzen Tag fast nur an sie denke. Sie ist so wunderschön. Die Mandelaugen schauen mich so an, daß ich beinahe ohnmächtig werde. Und ihre Stupsnase gibt es nur einmal. Diese Nase, diese Nase. Alles an ihr ist einmalig. Auch ihre Eltern! Wie jeder Mensch hat auch meine Freundin Eltern. Aber was für liebe Leute! Sie lieben mich wie ihren eigenen Sohn. Und vielleicht mehr. Wenn ich mit meiner Freundin zu ihren Eltern gehe, stehen sie sogar kurz auf, um mich zu begrüßen. Immer wieder laden sie mich zum Essen ein. Weil sie nur ein Kind haben, sitzen wir zu viert am Tisch. Nach dem Essen spielen wir verschiedene Spiele. Bei einem Pilsbier sprechen wir anschließend über die Probleme der nicht-

LESETRICK

Interpreting rhetorical devices When reading a story or essay that seems to be addressed directly to you — the reader — it's helpful to note rhetorical questions and exclamations. A question is *rhetorical* when it has no real answer or if its answer is obvious. Authors sometimes use rhetorical questions and exclamations to make their point more dramatically or to say something about their own doubts or prejudices. Think of these devices as invitations to get involved in the author's thought processes.

Getting Started

1. Read the title and the first paragraph, up to **Wir sehen uns fast jeden Tag.**
   a. In welcher Person wird die Geschichte erzählt?
   b. Schau den Titel an! Was meinst du, wer Sabine ist?
   c. Wann und wo spielt die Handlung ab? In welchem Land? In welchem Jahrhundert?
2. Read the first part again. What is happening? How has the narrator's view of the world changed in the previous few weeks? (Notice the colors he mentions.) What is the reason for this change? Identify the connecting

einheimischen Leute, um nicht Ausländer zu sagen. Es gibt jedesmal andere Themen. Wen wunderts? Die Eltern meiner Freundin mögen die Nicht-Einheimischen. Natürlich auch mich. Sie waren schon so oft im Ausland. Vor allem in meiner Heimat. In der Türkei. Das gelobte Land der Touristen. Sie erzählen, wie herzlich und freundlich sie empfangen wurden. Jedesmal. Immer wieder. Sie haben sich schämen müssen, sagen sie mir. Ich erwidere aber, daß sie sich nicht zu schämen brauchen. Ich sage, es sollen sich die schämen, die blind alles und jedes hassen, was nicht einheimisch ist. Ausländische Autos, ausländische Waren und auch ausländische Menschen. Es ist nicht so einfach, sagen sie mir. Sie haben recht, denke ich. Was machen diese alles-Hasser, wenn Europa eins wird?

Manchmal kommen Sabine, so heißt übrigens meine Freundin, und ihre Eltern zu uns nach Hause. Meine Eltern mögen sie auch sehr. Meine Mutter kocht türkisch. Das Essen ist für Sabines Eltern nichts Neues. Aber sie essen trotzdem gerne unsere Spezialitäten. Danach trinken sie natürlich Cay, also Tee. Es ist ein Muß. Meine Freundin und ich amüsieren uns unheimlich, wenn unsere Eltern versuchen, miteinander zu sprechen. Es ist ein wenig mühsam, aber zum Schluß verständigen sie sich doch. Ich wünsche mir, daß alle Menschen hier so miteinander leben. Nicht nur unsere Familien.

words which indicate the cause-and-effect relationship.

3. What does the narrator mention about the way his girlfriend loves him? Why would this be important?

4. Finish reading the first paragraph. On whom does the narrator focus? What kind of relationship does he have with these people? Support your answer with expressions from the text. What attitude do these people have toward non-Germans?

5. Finish reading the story. What is the unexpected twist? Were you surprised by the ending? If not, did you notice any clues that foreshadowed the ending?

A Closer Look

6. Read the story again more carefully. In the fourth paragraph, what does Ali become convinced of? What has led him to believe this?

7. Now read the fifth paragraph. What is the function of the rhetorical question here? What effect does repeating **nein** have? Are you convinced of what Ali is saying or made more skeptical?

8. What function does the word **plötzlich** serve at the beginning of the sixth paragraph? What happens at this point in the story?

9. Retell the story in your own words. Pay careful attention to how the plot develops. (Look at your answers to questions 2, 6, and 8.)

Wieder einmal bin ich bei ihren Eltern eingeladen. Mit leeren Händen will ich nicht hingehen. Ich kaufe einen schönen großen Strauß. Ich klingle, ihre Mutter macht die Tür auf. Wie immer, werde ich höflich hereingebeten. Wir essen, trinken und danach, auch wie fast immer, spielen wir etwas zusammen. Kaum haben wir angefangen, da klingelt es an der Haustür. Herein kommen Sabines Onkel und Tante, väterlicherseits. Als sie mich, zum erstenmal übrigens, sehen, sind sie sehr überrascht. So schauen sie mich jedenfalls an. Ich versuche, höflich zu wirken, stehe auf und grüße sie. Ich bin irgendwie unsicher. Was denken diese Leute über mich? Sind die Nicht-Einheimischen auch ihnen sympathisch? Oder mögen sie sie vielleicht gar nicht? Was wird nun geschehen? Was wird er sagen? »Guten Tag, ich heiße Peter. Wie heißt du?« fragt Sabines Onkel mich lächelnd. Ich bin sehr erleichtert.

»Mein Name ist Ali«, sage ich. »Es freut mich, Sie kennenzulernen«, füge ich hinzu.

Danach sitzen wir, diesmal zu sechst, am Tisch und spielen weiter. Sabines Onkel scheint ein sehr netter Mensch zu sein. Sie bewundern sogar meine Freundin, Mut bewiesen zu haben mit mir. Es ist spät in der Nacht, als sie gehen. Auch sie laden mich zu sich nach Hause ein. Ich freue mich unendlich. Langsam fange ich an zu glauben, daß eigentlich niemand hierzulande etwas gegen Ausländer hat. Sabines Eltern mögen mich, ihr Onkel konnte mich auf Anhieb leiden.

Also was soll das Gerede vom Rassismus? Sowas gibt es doch in meiner zweiten Heimat nicht. Ich lächle und sage immer wieder: nein, sowas gibt es hier nicht. Nein, Antisemitismus gibt es auch nicht. Nein, Herrgott nochmal, das gibt es nicht.

Plötzlich klingelt mein Wecker. Tut, tut, tut. Ich hatte einen schönen Traum. Ich habe von meiner Freundin Sabine geträumt. War irgend etwas passiert? Weil ich abergläubisch bin, rufe ich meine Freundin an. Es ist sieben Uhr morgens. Ihr Vater geht ans Telefon.

»Ich bin's, Ali. Ich möchte bitte mit Sabine sprechen«, sage ich.

Eine unfreundliche Stimme schreit mich an:

»Ich habe Ihnen doch schon einmal gesagt, daß Sie uns nicht anrufen sollen. Lassen Sie uns und meine Tochter in Ruhe.«

Ich habe eine Freundin. Sie heißt Sabine. Ihre Eltern habe ich noch nie gesehen ...

Mustafa S.

10. How do you think Ali feels after the telephone call? What causes him to feel this way? Why do you think the story is entitled *Sabines Eltern*? In your opinion, what is the main idea of the story?

11. Ergänze die Geschichte mit einem neuen Schluß, der der Wirklichkeit entspricht! Wo und wie oft treffen sich Ali und Sabine? Wissen ihre Eltern davon? Wie fühlt sich das junge Paar? Wie ist ihr Verhältnis zur Gesellschaft, in der sie leben?

12. Schreib nach dem folgenden Muster ein Gedicht darüber, wie man sich als Außenseiter fühlt!

a noun	(*the subject of poem*)
two adjectives	(*describing the subject*)
three verbs	(*actions associated with the subject*)
one sentence	(*expressing an emotion or idea about the subject*)
a noun	(*restating the subject in a different way*)

As you have seen in this chapter, prejudices can arise from a lack of knowledge about others. If we could know what others feel and think, we would probably be surprised at how much they are like us, and we would be better able to avoid prejudice. In this activity, you will write a fictional short story about an event that brought people in different groups together and changed their opinions of one another.

Es waren einmal zwei Gruppen ...

Schreib eine fiktive Kurzgeschichte von zwei Gruppen, die eines Tages zusammenkommen und die durch diese Begegnung ein besseres Verständnis zueinander finden! Erzähl was passiert, was die Hauptfiguren denken und wie sie ihre Vorurteile abbauen!

A. Vorbereiten

1. Entwickle eine Idee für deine Geschichte! Denke an Gruppen, die traditionelle Vorurteile gegeneinander haben, wie zum Beispiel Männer und Frauen, Ausländer und Einheimische, Cowboys und Indianer, usw.
2. Erfinde Charakterrollen für die Geschichte! Wie heißen sie? Wie alt sind sie? Wie sehen sie aus? Was denken sie von den anderen? Wie sprechen sie? Stelle auch den Handlungsraum (*setting*) der Geschichte fest!
3. Überleg dir die Handlung und den Konflikt für die Geschichte!
4. Wähle jetzt eine Perspektive, aus der die Geschichte erzählt wird (erste Person oder dritte Person)! Denk an die verschiedenen Charakterrollen und an die Handlung, und entscheide dich, ob du die Gedanken von allen oder nur von einem wiedergeben willst!

B. Ausführen

Benutze deine Notizen, um einen ersten Entwurf der Geschichte abzufassen! Verwende sowohl Dialog als auch Beschreibung, um die Eigenschaften der Hauptfiguren zu entwickeln!

C. Überarbeiten

1. Lies deine Geschichte noch einmal durch! Hast du die Geschichte aus ein und derselben Perspektive erzählt? Streiche alle Sätze durch, die die Erzählperspektive ändern!
2. Denk an die Handlung und die Charakterrollen! Ist die Handlung interessant? Hast du den Konflikt schnell entwickelt und in den Vordergrund gestellt? Bist du mit dem Schluß zufrieden? Paßt der Dialog der Hauptfiguren zu ihrer Wesensart?
3. Prüfe jetzt deinen Stil! Hast du die Zeitformen konsequent eingehalten? Wenn du die Vergangenheit gewählt hast, hast du „**als**" richtig benutzt? Hast du ab und zu Nebensätze verwendet, um den Satzbau zu variieren?
4. Hast du alles richtig buchstabiert? Hast du Kommas richtig gesetzt?
5. Schreib die korrigierte Geschichte noch einmal ab!

SCHREIBTIP

Selecting a point of view In most of what you have written so far, you have used the first person point of view, relating feelings and experiences from your personal vantage point. When writing fiction, however, you have more choices, including *first person,* in which the "I" of the story does not represent you; *third person limited,* in which the narrator focuses on the thoughts and feelings of one character; and *third person omniscient,* in which the narrator knows all the thoughts of all the characters. The point of view you choose to use affects the story because it establishes what can be perceived and determines which details can be included. Whichever point of view you select, be sure to remain consistent throughout your story.

1 Jeden Tag kann man im Radio die Sendung „Kurz notiert" hören. Man liest kurze Meldungen aus Zeitungen und Zeitschriften vor. Hör jetzt gut zu! Welche Schlagzeile unten paßt zu welcher Meldung? Schreib einige Notizen für jede Schlagzeile, damit du anschließend über die Meldungen diskutieren kannst. Welche Klischeevorstellungen sind zu erkennen? Diskutier mit deinen Klassenkameraden darüber!

Ohne Mutter geht es nicht   **Amerika für junge Mädchen**

Jobs — immer noch   **Ein partnerschaftlicheres**
nach traditioneller Manier   **Leben im Kommen**

Wie alt ist zu alt?

2 Es gibt viele Vorurteile, wenn es zum Thema Mädchen und Jungen kommt. Diese Wörter sollen zum Nachdenken und Diskutieren anregen. Sieh dir die Wörter im Kasten an, und schreib dann die Eigenschaften in zwei Spalten auf!

Mädchen/Jungen

3 Was ist typisch Mädchen? Was ist typisch Junge? Vergleiche deine Liste mit denen deiner Klassenkameraden! Denkt an andere Eigenschaften, die mit Mädchen und Jungen verbunden werden, und schreibt sie hinzu!

4 Mach eine Umfrage! Du kannst mit einem Partner arbeiten. Frag deine Klassenkameraden und auch Schulkameraden nach ihren Interessen und Hobbys! Schreib deine Ergebnisse in eine ähnliche Tabelle wie in Übung 2, Mädchen und Jungen, aber diesmal mit Tatsachen und nicht nur Stereotypen!

5 Kennst du Leute, die nicht zu den Klischeebildern von Mädchen/Jungen, Frauen/Männern passen? Beschreibe diese Personen!

6 Wer als Austauschschüler in ein anderes Land gehen will, muß nicht unbedingt an einem Austauschprogramm teilnehmen. Man kann sich auch an Verwandte oder Bekannte wenden. Anke Weber war im vorigen Jahr als Austauschschülerin in den USA. Von den Webers hat Julia Bauer die Adresse einer amerikanischen Bekannten, die auch Deutsch kann. Lies Julias Brief an Frau Weiß!

Hagen, den 3. April

Liebe Frau Weiß,

Vor ein paar Tagen fragten wir die Webers nach einer amerikanischen Familie, die eventuell ein deutsches Mädchen aufnehmen würde, da wir dachten, daß Anke uns vielleicht weiterhelfen könnte. Herr Weber gab uns dann Ihre Adresse, in der Hoffnung, daß Sie uns helfen könnten. Deshalb wende ich mich jetzt an Sie.

Ich heiße Julia und bin 16 Jahre alt. Da ich hier ziemlich weit von der Stadt entfernt lebe, würde ich es begrüßen, in den USA etwas näher an einer Stadt zu wohnen, wobei die Wohnlage eigentlich das Unwichtigste ist. Die Hauptsache für mich wäre eine nette Familie. Ganz toll fände ich es, wenn die Familie einen Teenager in meinem Alter hätte, damit ich leichten Anschluß zu Gleichaltrigen finden könnte.

Ich möchte entweder für 3 oder 6 Monate in den USA bleiben. Ich wäre sehr an einem Austausch interessiert. Wenn dies nicht möglich ist, würden wir meinen Aufenthalt natürlich bezahlen.

In meiner Freizeit spiele ich sehr gern Tennis. Außerdem mag ich auch Tiere unheimlich gern. Ich wäre sehr glücklich, wenn Sie eine nette Familie für mich ausfindig machen könnten. Im voraus bedanke ich mich schon recht herzlich bei Ihnen. Hoffentlich sind Sie erfolgreich!

Viele Grüße
Ihre Julia Bauer

7 Setzt euch in Gruppen zusammen und diskutiert Julias Brief! Kennt ihr eine Familie für Julia? Ist eine von euren Familien geeignet? Warum?

8 Du findest, daß deine Familie für die Julia geeignet ist, oder du kennst eine Familie für sie. Schreib einen Brief an Julia und erzähle davon! (Wenn du keine Familie kennst, erfinde eine!)

9

R O L L E N S P I E L

Zwei Klassenkameraden spielen die Rollen von deinen Eltern.
1. Du möchtest gern Julia zu euch einladen. Erzähle deinen Eltern davon und versuche, sie zu überzeugen! (*convince*)
2. Du möchtest gern ein Jahr als Austauschschüler in Deutschland verbringen. Du bittest deine Eltern um Erlaubnis. Sie stellen Fragen und du versuchst, sie zu überzeugen.

KANN ICH'S WIRKLICH?

Can you express surprise, disappointment, and annoyance? (p. 185)

1 How would you express your surprise at hearing that a friend of yours wrote a novel?

2 How would you express your disappointment
   a. if your school's team didn't win?
   b. if your teacher said to you **Wir haben keine Austauschschüler aus Deutschland bekommen**?

3 How would you respond if someone annoyed or displeased you by reinforcing stereotypes?

Can you express an assumption? (p. 193)

4 How would you express the following assumptions?
   a. **Deutsche Wagen sind alle sehr gut.**
   b. **Viele Deutsche haben ihr Amerikabild vom Fernsehen.**

5 How would you say that before you started studying German, you had the impression all German people drank beer?

Can you make suggestions and recommendations? Can you give advice? (p. 195)

6 How would you recommend to someone
   a. that he or she learn German?
   b. that he or she visit Germany, Switzerland, and Austria?

7 How would you advise a friend not to skip class?

ERSTE STUFE
EXPRESSING SURPRISE

Ich hätte nicht gedacht ...
I wouldn't have thought ...
Es ist unwahrscheinlich ...
It's improbable ...
Ich war erstaunt, ... *I was surprised ...*
Ich habe gestaunt, ... *I was amazed ...*
Ich habe nicht gewußt, ...
I didn't know ...
Ich war überrascht, daß ...
I was surprised that ...

EXPRESSING DISAPPOINT-MENT

Ich finde es schade, daß ...
I think it's too bad that ...
Ich bin enttäuscht, daß ...
I am disappointed that ...

EXPRESSING ANNOYANCE OR DISPLEASURE

Es regt mich auf, wenn ... *It irritates me when ...*

Es stört mich, daß ... *It disturbs me that ...*
Es ärgert mich, wenn ... *It annoys me when ...*
Ich finde es unangenehm, wenn ... *I think it's unpleasant when ...*

OTHER USEFUL WORDS

die Autobahn, -en *interstate highway*
Bezug haben zu *to have a connection to*
die Büchse, -n *can*
auf jeden Fall *in any case*
der, die Jugendliche, -n *teenager*
der Kaugummi *chewing gum*
das Klischee, -s *cliché*
Menge: eine ganze Menge *quite a lot*
in der Nähe von *in the vicinity of*
in diesem Punkt *in this matter*
das Urteil, -e *judgement*
die Vorstellung, -en *impression, image*

der Weg, -e *path*
als (conj) *when, at the time*
äußerst *highly*
herzlich *heartfelt*
hilfreich *helpful*
insbesondere *particularly*
jedenfalls *in any case*
künstlich *artificial*
laut *loud*
locker *easygoing*
nett *nice*
offen *open*
sämtlich *all*
stressig *stressful*
begeistert von *to be excited about*

abbauen (sep): **Vorurteile abbauen** *to overcome prejudices*
annehmen (sep) *to assume*
beobachten *to observe*
kauen *to chew*
überprüfen *to double-check*
verbreiten *to spread*
wiedergeben (sep) *to repeat*

ZWEITE STUFE
MAKING ASSUMPTIONS

Ich hatte den Eindruck ...
I had the impression ...
Ich hatte mir vorgestellt ...
I had imagined ...
Ich nehme an, daß ... *I assume that ...*
Ich vermute, daß ... *I suppose that ...*

MAKING SUGGESTIONS AND RECOMMENDATIONS

Ich kann dir einen Tip geben: ...
I can give you a tip: ...
Ich empfehl' dir ... *I recommend ...*
Mach das selbst! *Do that yourself!*
Es lohnt sich, das zu machen.
It's worth doing.

OTHER USEFUL WORDS

ausgewogen *well-balanced*
dick *fat*
durstig *thirsty*
ehrgeizig *ambitious*
friedliebend *peace-loving*
geduldig *patient*
gutmütig *good-natured*
höflich *polite*
kameradschaftlich *friendly*
ordentlich *orderly*
pünktlich *punctual*
stark *strong, robust*
still *quiet*
stolz sein auf (acc) *to be proud of*
streng *strict*
stur *stubborn*
tierlieb *animal-loving*
umweltbewußt *environmentally conscious*
im voraus *beforehand*

der Behälter, - *container*
der Container, - *recycling bin*
das Dirndl, - *traditional costume for females*
die Gewalt *violence*
die Pflanze, -n *plant*

abholen (sep) *to pick up*
auffallen (sep) *to notice*
mir ist aufgefallen ... *I noticed ...*
beeindrucken *to impress*
empfehlen *to recommend*
drohen *to threaten*
relativieren *to qualify, make less absolute*
übersetzen *to translate*
verwöhnen *to spoil, pamper*

Aktiv für die Umwelt!

1 Wenn wir Flaschen und Papier zu den Containern bringen würden, hätten wir weniger Müll zu Hause.

Der Schutz unserer Umwelt ist heute eines der Hauptziele unserer Gesellschaft geworden. Die Umweltprobleme wurden zwar schon vor vielen Jahren erkannt, und in den letzten Jahren ist schon viel getan worden. Es gibt aber noch viele Probleme, die auf eine Lösung warten. Es ist klargeworden, daß wir alle gemeinsam an der Lösung der Umweltprobleme arbeiten müssen, wenn wir in einer gesunden Umgebung leben und eine heile Welt hinterlassen wollen.

In this chapter you will learn

- to express concern; to make accusations; to offer solutions; to make polite requests
- to say what is being done about a problem; to offer solutions; to hypothesize

And you will

- read about environmental concerns
- listen to reports about environmental challenges
- write about your perceptions and opinions of environmentally responsible actions
- become aware of new ways to reduce pollution

② Wir könnten noch viel mehr Sonnenenergie benutzen!

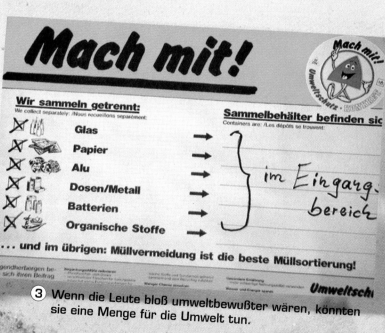

Mach mit!

Wir sammeln getrennt:
We collect separately: /Nous recueillons séparément:

- ☒ 🍾 Glas
- ☒ 📄 Papier
- ☒ 🥫 Alu
- ☒ 🪣 Dosen/Metall
- ☒ 🔋 Batterien
- ☒ 🗑 Organische Stoffe

Sammelbehälter befinden sic
Containers are: /Les dépôts se trouvent:

} im Eingarg. bereich

... und im übrigen: Müllvermeidung ist die beste Müllsortierung!

Jugendherbergen be-
en sich ihren Beitrag

Umweltsch

③ Wenn die Leute bloß umweltbewußter wären, könnten sie eine Menge für die Umwelt tun.

NUR FÜR PAPIER
ALTPAPIER
CONTAINER

Los geht's!

Für eine saubere Umwelt

Eine saubere Welt und der Umweltschutz sind nach Meinung der meisten Jugendlichen heute ganz besonders wichtig. Manche Jugendliche geben zu, daß sie selbst noch zu wenig für die Umwelt tun; aber die meisten engagieren sich schon aktiv für den Umweltschutz. Was sagen einige Schüler dazu?

Das größte Umweltproblem, glaub' ich, sind die Abgase. Die verpesten unsere Luft ganz schön. Und hier könnte man einiges tun, wenn nur alle mitmachen würden! Man könnte zum Beispiel Fahrgemeinschaften bilden, damit nicht jeder mit seinem Auto allein fährt. Und man sollte den VV[1] auch billiger machen; dann würden bestimmt mehr Leute mit dem Zug oder mit dem Bus fahren. Und man müßte jetzt nur noch Katautos[2] zulassen — dann könnte unsere Luft bestimmt wieder besser werden.

Mark, 18

Die Luftverschmutzung macht mir große Sorgen und ganz besonders das Ozonloch, das immer größer wird. Ich geh' schon gar nicht mehr gern in die Sonne, weil ich vor den UV-Strahlen Angst habe, die Hautkrebs auslösen können. Endlich haben unsere Politiker etwas Positives für die Umwelt getan, das FCKW[3] gesetzlich zu verbieten. FCKW wurde doch als Treibgas in Spraydosen benutzt, und das hat ja wesentlich mit zur Zerstörung der Ozonschicht beigetragen.

Julia, 17

Die Industrie verpestet die Luft immer mehr mit Schmutz. Die Fabriken blasen Schadstoffe und Chemikalien in die Luft, die dann mit dem Regen wieder zurück zur Erde kommen als saurer Regen.

Ulli, 16

Die Abgase von Autos und Lastwagen und die Schadstoffe der Industrie sind am großen Waldsterben schuld — nicht nur hier bei uns in Deutschland, sondern in der ganzen Welt.

Michaela, 17

---

1. VV ist die Abkürzung für Verkehrsverbund. In den Großstädten der Bundesrepublik darf man innerhalb einer bestimmten Zeit mit einem Fahrschein alle öffentlichen Verkehrsmittel benutzen, die man braucht, um ans Ziel zu gelangen.
2. Katautos sind Autos mit Katalysatoren, die die Luftverschmutzung reduzieren.
3. FCKW ist die Abkürzung für Fluor-Chlor-Kohlenwasserstoff, *chlorofluorocarbons (CFCs)*. Dieses Mittel wurde häufig als Treibgas in Spraydosen benutzt. Solche Spraydosen wurden mehr und mehr durch Pumpzerstäuber ersetzt. Die Verwendung von FCKW in Verbraucherprodukten wurde 1991 gesetzlich verboten. Bis 1995 soll die gesamte FCKW-Produktion in Deutschland eingestellt werden.

Wir zu Hause sortieren unseren Hausmüll. Einmal in der Woche bring' ich Papier, Flaschen und Aludosen zum Container.[4] Aber ich fürchte, daß viele Leute das nicht tun. Ein großer Teil des Hausmülls wäre überhaupt vermeidbar. Man müßte Getränke eben ausschließlich in Pfandflaschen kaufen und Einwegflaschen vermeiden. Und man sollte im Geschäft wirklich den Mut haben und sagen: „Dürfte ich bitte einen Papierbeutel haben?", wenn einem ein Plastikbeutel angeboten wird. Plastikbeutel müßte man überhaupt ganz durch Papierbeutel ersetzen.

Stefan, 18

Für mich ist die Verschmutzung des Wassers ein großes Umweltproblem. Durch den sauren Regen gibt es in vielen Seen schon keine Fische mehr, und wenn mal ein riesiger Öltanker irgendwo aufläuft und leck wird, dann verschmutzt das ausgelaufene Öl das Wasser und die Küste kilometerweit. Die Bilder aus Alaska mit den sterbenden Fischen und Vögeln werde ich nie vergessen! Aber ich glaube, jeder muß bei sich selbst anfangen, damit was verändert wird. Man müßte eben wirklich darauf achten, daß man Produkte kauft, die die Umwelt nicht belasten. Wir zu Hause kaufen zum Beispiel umweltfreundliche Wasch- und Spülmittel, die den Blauen Engel[5] draufhaben. Und wir benutzen Naturseife, die zu 99 Prozent biologisch abbaubar ist.

Angie, 18

---

4. In den meisten Dörfern und Städten stehen Container für Papier und Glas. Die Glascontainer sind oft dreigeteilt für Weiß-, Braun- und Grünglas. Auch gibt es heute schon genügend Annahmestellen für verbrauchte Batterien. Batterien gehören nicht in den Hausmüll. Sie enthalten Blei, Cadmium und Quecksilber, alles gefährliche Umweltgifte.

5. Der „Blaue Engel" ist ein Umweltzeichen, das Produkte haben, die umweltfreundlich oder weniger umweltschädlich als andere sind. Es gibt heute schon mehrere tausend Produkte mit diesem Zeichen.

1 Hast du alles verstanden?

Mach eine Liste mit Umweltwörtern und Begriffen! Weißt du, wie all diese Ausdrücke auf Englisch heißen?

2 Die Umwelt verbessern

Die deutschen Schüler nennen in ihren Aussagen Probleme und auch konkrete Vorschläge zur Verbesserung der Umwelt. Schreib diese in Stichwörtern auf!

3 Was läuft bei dir zu Hause?

Diskutiert die einzelnen Vorschläge zur Verbesserung der Umwelt, die die Schüler oben ausgeführt haben! Sind das praktische oder unpraktische Vorschläge? Warum? Wißt ihr, ob einige dieser Vorschläge in den USA schon praktiziert werden? Welche? Wo?

ERSTE STUFE

Expressing concern; making accusations; offering solutions; making polite requests

eine Pfandflasche

eine Plastiktüte

ein Pumpzerstäuber

ein Waschmittel

auf deutsch erklärt

verschmutzen schmutzig machen
der Schmutz das, was schmutzig ist
der Schadstoff Material, das schädlich ist
verpesten verschmutzen
die Autoabgase Gase, die aus dem Auto kommen und die Luft verschmutzen
eine Fahrgemeinschaft Leute, die gemeinsam mit nur einem Auto zur Arbeit fahren
herstellen produzieren
die Fabrik das Gebäude, wo Produkte hergestellt werden
das Spülmittel damit wäscht man Gläser, Teller und Tassen

auf englisch erklärt

<u>Giftige</u> <u>Treibgase</u> <u>vergrößern</u> das <u>Ozonloch</u>. *Poisonous gases enlarge the hole in the ozone layer.*
Ich <u>fürchte</u>, daß der <u>saure</u> <u>Regen</u> die Umwelt belastet und zum <u>Waldsterben</u> beiträgt. *I'm afraid that acid rain puts a load on the environment and contributes to the forests dying off.*
Das Gute an <u>Papierbeuteln</u> ist, daß sie <u>biologisch</u> <u>abbaubar</u> sind. *The good thing about paper bags is that they are biodegradable.*
Dem Umweltschutz zuliebe müßten wir <u>Einwegflaschen</u> mit <u>Pfandflaschen</u> <u>ersetzen</u>. *For the sake of environmental protection we should replace non-returnable bottles with returnable ones.*

SO SAGT MAN DAS!

Expressing concern

Many people are concerned about the environment and are apprehensive about the future. To express concern, you may say:

Ich habe Angst, daß das Ozonloch immer größer wird.
Ich fürchte, daß die Leute nicht viel für die Umwelt tun.
Die Luftverschmutzung **macht mir große Sorgen.**

How might you express similar things in English?

4 **Hör gut zu!**

Verschiedene Leute drücken ihre Sorge zur Umweltverschmutzung aus. Schreib auf, welche Sorgen jeder hat, und was jeder vorschlägt, um die Umwelt zu verbessern!

5 Was macht dir Sorgen?

Wir haben schon viele Umweltprobleme und Gründe dafür erkannt (*recognized*). Einige sind hier aufgelistet. Sprich mit einem Partner darüber! Sag, was dir Sorgen macht und warum!

BEISPIEL	DU	Wenn du an deine Umwelt denkst, was macht dir da Sorgen?
	PARTNER	**Das Ozonloch über der Antarktis.**
	DU	**Mir auch. Und ich fürchte, daß die meisten Leute immer noch Spraydosen mit Treibgas benutzen.**
	PARTNER	**Da hast du ganz recht.** *oder* **Das glaub' ich nicht.**

was?

das Ozonloch über der Antarktis
die Autoabgase
die großen Müllberge
die Verschmutzung des Wassers
der saure Regen
die Industrieabgase

warum?

wenige Fahrgemeinschaften
Autos verpesten die Luft
Spraydosen mit Treibgas
Produkte nicht abbaubar
sortieren den Müll nicht
wenig gesetzliche Kontrolle

SO SAGT MAN DAS!

Making accusations

Who is to blame for our environmental problems? To make accusations, you can say:

> Du **bist** auch **schuld an** dem Problem, weil du ...
> Wir Verbraucher **sind schuld daran,** daß ... , wenn wir ...

An is a two-way preposition, and is used here in an idiomatic phrase. Note which case always follows this phrase!

6 Ihr Umweltverschmutzer!

Suse, eine engagierte Umweltschützerin und Mitglied der Umwelt AG, sagt anderen Klassenkameraden, daß sie auch an der Umweltverschmutzung schuld sind. Aber sie haben viele Ausreden! Spiel die Rolle der Suse, und unterhalte dich mit deinen Klassenkameraden!

BEISPIEL	SUSE	**Du bist auch schuld an der Umweltverschmutzung, weil du dich für die Umwelt nicht engagierst.**
	DU	**Ach du, ich habe einfach keine Zeit!**
	SUSE	**Das ist eine schlechte Ausrede. Für die Umwelt solltest du schon Zeit haben.**

Vorwürfe (*reproaches*):

den Hausmüll nicht sortieren

sich nicht für die Umwelt engagieren

die Flaschen nicht zum Container bringen

Getränke nur in Einwegflaschen kaufen

Ausreden:

keine Zeit haben

es einfach vergessen

es nicht für nötig halten

nicht daran denken

7 Schuld oder nicht?

Du und ein Partner, ihr unterhaltet euch darüber, wer oder was an unserer Umweltverschmutzung schuld ist. Stimmst du deinem Partner zu? Begründe deine Antwort!

BEISPIEL   SUSE **Woran sind die Autoabgase schuld?**
            UWE **Am Waldsterben.**
            SUSE **Genau! Denn ...** *oder* **Das stimmt eigentlich nicht, weil ...**

wer oder was?

der saure Regen?   viele Fabriken?

FCKW   die großen Öltanker?

schuld an

die Luftverschmutzung
die Wasserverschmutzung
das Ozonloch   das Waldsterben

SO SAGT MAN DAS!

Offering solutions

There are many ways to offer solutions to problems. Here are some ways to say what could or should be done:

> Man **könnte** einiges für die Umwelt tun.
> Man **müßte** nur noch Katautos bauen.
> Man **sollte** den VV billiger machen.
> Wenn wir nur Papierbeutel gebrauchen **dürften!**
> Ein großer Teil des Mülls **wäre** vermeidbar.

8 Hör gut zu!

Der Allgemeine Deutsche Fahrradklub macht Werbung mit einem Bericht im Radio. Hör zu und schreib fünf Gründe auf, warum man öfters radfahren sollte!

Grammatik Subjunctive forms of **können, müssen, dürfen, sollen,** and **sein**

You can use the subjunctive form to express a variety of attitudes. The subjunctive forms of the modals and **sein** can be used to express what could or should be done, or not be done. What similarities and differences can you observe between these forms and the imperfect forms?

	können	müssen	dürfen	sollen	sein
ich	könnte	müßte	dürfte	sollte	wäre
du	könntest	müßtest	dürftest	solltest	wärst
er, sie, es, man	könnte	müßte	dürfte	sollte	wäre
wir	könnten	müßten	dürften	sollten	wären
ihr	könntet	müßtet	dürftet	solltet	wärt
sie, Sie	könnten	müßten	dürften	sollten	wären

9 Was könnten wir tun?

Was könnten wir tun, um unsere Umwelt zu verbessern? Unterhaltet euch in der Klasse darüber! Frag deine Mitschüler, was man tun könnte, um verschiedene Umweltprobleme zu verbessern! Ein Mitschüler sagt jemandem, was diese Person nicht mehr machen sollte. Kann man noch etwas dazu sagen?

BEISPIEL

DU Was könnten wir denn tun, um (die Luft) zu verbessern?

PARTNER A He, du! Du solltest nicht mehr rauchen!

PARTNER B Das stimmt. (Aber wir müßten auch darauf achten, daß unsere Industrie keine Abgase in die Luft bläst — das trägt zum Waldsterben bei.)

Vorschläge

- nicht rauchen
- keine Einwegflaschen kaufen
- nur Produkte kaufen, die die Umwelt nicht belasten
- Pfandflaschen zurückbringen
- keine Industrieabgase in die Luft blasen
- Fahrgemeinschaften bilden
- keine Plastiktüten annehmen

SO SAGT MAN DAS!

Making polite requests

You can use subjunctive forms to make polite requests:

Könnte ich bitte einen Papierbeutel haben?

Dürfte ich bitte ein umweltfreundliches Waschmittel haben?

Würden Sie bitte den Motor abstellen?

10 Ein umweltfreundlicher Mensch

Du bist in einem Geschäft, und deine Partnerin ist die Verkäuferin. Deine Partnerin bietet dir Produkte an, die du für umweltschädlich hältst. Du bist aber sehr umweltfreundlich, und du sagst der Verkäuferin, was du haben möchtest. Die Verkäuferin gibt dir ...

1. einen Taschenrechner mit Batterien.
2. einen Kaffee in einem Plastikbecher.
3. ein Getränk in einer Einwegflasche.
4. ein Waschmittel mit Phosphaten.
5. eine Seife, die die Natur belastet.
6. eine Plastiktüte für deine Einkäufe.

11 Klassenprojekt: Unsere Umwelt

Sammelt schriftliche Informationen und Bildinformationen, die folgendes zeigen:

1. die Belastung unserer Umwelt
2. was wir tun können, um unsere Umwelt zu schützen und zu verbessern

Macht eine Collage am Wandbrett, die Schüler an eurer Schule über Umweltprobleme und Lösungen informiert! Beschreibt die Collage und diskutiert darüber!

12 Für mein Notizbuch

Wähl eins der folgenden drei Umweltthemen: Luft, Wasser, Hausmüll! Schreib, warum du besonders an diesem Thema interessiert bist, wie du dich aktiv auf diesem Gebiet engagierst und was noch getan werden sollte, um die Umwelt in diesem Bereich zu verbessern!

Weiter geht's!

Die Umwelt AG diskutiert: Umwelttips für Schüler

Schon seit Jahren ist Umweltschutz ein Bestandteil der Lehrpläne an fast allen Schulen. Die Schüler handeln heute viel umweltbewußter als früher, doch gibt es noch immer eine Menge von Umweltsünden, gegen die man etwas tun könnte. Die Umwelt AG ist wie immer am Dienstagnachmittag mit ihrem Biolehrer zusammengekommen. Heute haben die Gymnasiasten Artikel aus Zeitungen und Zeitschriften mitgebracht, über die sie diskutieren wollen.

Energiesparen: Papier wiederverwenden

Papier wird aus Holz gemacht. Für Papier müssen also Wälder abgeholzt werden. Aber Wälder sind wichtig, weil sie Sauerstoff produzieren und die Luft sauberhalten. Zur Herstellung von Papier braucht man Energie (Elektrizität oder Öl), viel Frischwasser und Chemikalien. Außerdem belasten die Abgase und Abwässer der Papierindustrie die Umwelt. Es lohnt sich also, Papier zu sparen, und wiederzuverwerten. Man braucht zur Herstellung von Umweltschutzpapier 98% weniger Frischwasser und 60% weniger Energie!

Vorsicht mit Tintenkillern!

Tintenkiller enthalten das giftige Formaldehyd. Das ist sehr gefährlich! Es ist wichtig, daß man bei der Verwendung von Tintenkillern das Gesicht nicht zu nahe ans Papier bringt, daß man den Stift nicht in den Mund steckt und die Kappe immer sofort aufsteckt. Am besten ist es, solche Stifte nicht zu benutzen.

Die deutsche Industrie sorgt für Sauberkeit!

- Die deutsche Papierindustrie basiert heute schon zu 43% auf Recycling!
- Die Wiederverwertung von Glas liegt heute bei 31%. (Vor fünf Jahren 5,5%)
- Alte Autos werden heute zu etwa 90% wiederverwertet!

Diesem Artikel nach bin ich ein großer Energiesparer. Das Papier und die Hefte, die ich benutze, sind alle aus Recyclingpapier. Aber natürlich könnten wir noch mehr für die Umwelt tun, wenn nur alle Schüler Recyclingpapier benutzen würden und wenn sie ihre Hefte nicht in Plastikumschläge stecken würden. Es wäre auch besser, wenn keiner mehr Kulis, Faserstifte und diese schädlichen Tintenkiller benützen würde! Das sind eben ein paar Vorschläge, die ich persönlich habe.

Sandra, 17

Ihr habt miterlebt, wieviel Müll in einer Woche an unserer Schule zusammenkommt. Freilich könnte dieser Müllberg kleiner werden, wenn jeder seinen Abfall nicht in den Papierkorb, sondern gleich in den Container werfen würde. Und wir alle müßten eben darauf achten, wie wir unsere Pausenbrote verpacken. Alu-Folie, PVC-Folie, Plastikbecher und Dosen müßten eben ganz verschwinden. Meine Mutter könnte mein Pausenbrot genau so gut in Butterbrotpapier einpacken. Ja, und wenn der Hausmeister die Milch in Mehrwegflaschen verkaufen würde, hätten wir viel weniger Abfall.[1]

Gregor, 16

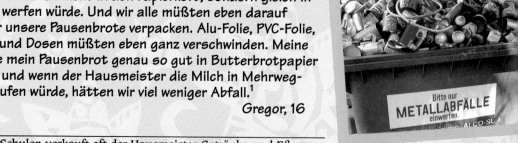

---

1. An vielen deutschen Schulen verkauft oft der Hausmeister Getränke und Eßwaren an Schüler.

Ich weiß nicht, wie das bei euch zu Hause ist, aber wir leben schon immer umweltbewußt. Solange ich lebe, höre ich schon immer: „Könntest du bitte das Licht in deinem Zimmer ausschalten!" oder: „Würdest du bitte die Tür schließen?" oder: „Würdest du bitte nicht so lange duschen und nicht so viel Shampoo benutzen?!" Und bei uns wird auch fast nichts weggeworfen, nichts verschwendet. Was zu reparieren ist, wird repariert. Wir haben zum Beispiel auch einen Sonnenkollektor auf unserm Dach. Mein Vater hat sich ausgerechnet, daß sich der Kollektor schon bezahlt gemacht hat.

Oliver, 17

Na ja, so umweltbewußt wie ihr leben wir wohl nicht. Es sieht so aus, als ob wir uns an euch ein Beispiel nehmen könnten. Wir leben mehr naturbewußt, und da tun wir schon einiges für die Umwelt. Meine Mutter liebt Tiere — Vögel, Bienen, Frösche, sogar Ameisen! — und deshalb benutzen wir in unserm Garten keinen Kunstdünger und keine Chemikalien. Und wir radeln viel. Mein Vater würde am liebsten jedes Wochenende nur radeln und lieber das Auto zu Hause lassen. Meine Eltern unterstützen den „sanften Tourismus".[2] Sie sind zum Beispiel letzten Winter mit ihren Freunden nicht zum Skilaufen gefahren. Sie wollten damit gegen den Bau neuer Skipisten protestieren. Und ich wäre so gern mitgefahren!

Viktoria, 17

2. Es hat sich gezeigt, daß längere Freizeit und aktiver Urlaub großen Schaden in der Natur angerichtet haben. Immer mehr Leute unterstützen deshalb die Aktion „Sanfter Tourismus", die sich für die Erhaltung der Natur für alle einsetzt.

13 Hast du alles verstanden?

Lies dir die Zeitungsartikel auf Seite 212 noch einmal durch! Es ist nicht notwendig, daß du jedes einzelne Wort verstehst. Schreib mit eigenen Worten die wichtigsten Punkte jedes Artikels auf!

14 Vergleiche mit anderen Texten

Such in amerikanischen oder deutschen Zeitungen und Zeitschriften nach einem ähnlichen Artikel wie auf Seite 212! Bring ihn in die Klasse mit und berichte darüber!

15 Wiederhole die Ansichten!

Schreib auf, was für umweltbewußte Vorschläge Sandra, Gregor, Oliver und Viktoria machen! Was machen die Eltern von Oliver und Viktoria, um Energie zu sparen und die Natur zu erhalten?

Saying what is being done about a problem; offering solutions; hypothesizing

WORTSCHATZ

Was verschwindet, wenn wir zuviel Gift herstellen?

der Vogel

die Biene

der Frosch

die Ameise

auf deutsch erklärt

der Abfall Sachen, die man wegwirft
wiederverwenden nochmal gebrauchen
wiederverwerten recyceln
die Mehrwegflasche eine Flasche, die man zurückbringt und die dann wieder benutzt wird
verzichten auf wenn man ohne etwas lebt
ausschalten ausmachen
das Abwasser schon gebrauchtes Wasser
die Herstellung die Produktion
der Wald wo viele Bäume sind
abholzen wenn man Bäume aus dem Wald nimmt
der Sauerstoff was wir in die Lungen einnehmen, um zu leben

auf englisch erklärt

Du mußt aufpassen, daß du beim <u>Duschen</u> nicht so viel Wasser <u>verschwendest</u>.
You should take care not to waste so much water when showering.
<u>Außerdem</u> sind <u>Kunstdünger</u> und <u>Tintenkiller</u> <u>giftig</u>. *Besides that, artificial fertilizer and chemical erasers are poisonous.*
Ich müßte <u>ausrechnen</u>, wieviel <u>Strom</u> ich verbrauche. *I would have to calculate how much electricity I use.*
Es ist <u>gefährlich</u>, wenn man keine <u>Vorsicht</u> übt. *It's dangerous when you don't use caution.*

16 Würdest du bitte …

Was könnten deine Freunde für die Umwelt tun? Sag es ihnen!

BEISPIEL **Würdet ihr bitte …**
Könntet ihr bitte …

17 Hör gut zu!

Die Umwelt-AG möchte für jeden Slogan ein Poster entwerfen. Du hörst jetzt die Slogans. Zeichne einfache Skizzen (*sketches*), die die Slogans wiedergeben!

18 Was für Vorschläge hast du?

Schreib zehn Dinge auf, die du selbst tun könntest oder tun würdest, um deine Umwelt zu schützen!

Ich könnte ...   Ich würde ...

SO SAGT MAN DAS!

Saying what is being done about a problem

Many things are already being done to protect the environment. Here is how you can express what is being done:

Batterien **werden** jetzt **gesammelt.**
Recyclingpapier **wird benutzt.**
Mehrwegflaschen **werden** schon oft **verkauft.**

How might you express similar intentions in English?

Grammatik   The passive voice, present tense

1. German often uses the passive voice for reporting that something generally is done, without telling who or what does it.

> **Papier wird jetzt aus Altpapier gemacht.**
> *Paper is now made from recycled paper.*

2. The present tense of the passive voice is formed by using a present-tense form of **werden** and the past participle of another verb.

	werden	*past participle*
Das Licht	wird	ausgemacht.
Alte Autos	werden	wiederverwertet.

3. If necessary, use the preposition **von** to indicate the performer of the action.

> **Die Flaschen werden von Schülern zum Container gebracht.**
> *The bottles are (being) brought by the students to the recycling bin.*

4. The passive voice is often used in German to make general statements.

> **Heute wird ein Film über Recycling gezeigt.**
> *A film about recycling is being shown today.*

---

19 Hör gut zu!

Schüler unterhalten sich über Umweltfragen. Über welche Produkte sprechen sie, und was erfährst du über diese Produkte? Mach dir Notizen!

20 Was wird alles für die Umwelt gemacht?

Sag verschiedenen Klassenkameraden, was für die Umwelt gemacht wird!

Dosen
mein Sandwich
Batterien
Recyclingpapier
PVC-Folie
Mehrwegflaschen
der Müll
Energie die Wälder
alte Fahrräder Alu-Dosen

wird
werden

benutzt gesammelt geschützt
gespart in Butterbrotpapier
in den Container eingepackt
geworfen
sortiert repariert
vermieden
zurückgebracht wiederverwendet

SO SAGT MAN DAS!
Offering solutions

To express what can, should, or must be done to protect the environment, you can say:

Der Abfall **kann** leicht **sortiert werden.**
Die Flaschen **sollen zurückgebracht werden.**
Alles **muß repariert werden.**

---

21 Deine Ideen zur Umweltverbesserung!

Schau dir die Bilder und Vorschläge in diesem Kapitel an! Schreib so viele Ideen und Vorschläge zur Umweltverbesserung, wie du kannst!

22 Was soll ich damit tun?

Du bist bei deinem Freund zu Hause und hilfst ihm aufräumen. Du fragst ihn, was du machen sollst. Stell ihm dann auch ein paar allgemeine Umweltfragen!

DU **Was soll ich mit dem Müll tun? Sortieren?**
FREUND **Ja, der muß sortiert werden.**

1. Was soll ich mit den Flaschen tun? Zurückbringen?
2. Was soll ich mit den Dosen tun? In den Container werfen?
3. Was soll ich mit dem Fahrrad tun? Reparieren?
4. Kann man Kunstdünger überhaupt ersetzen?
5. Kann man überhaupt umweltfreundliche Seife herstellen?
6. Kann man Mehrwegflaschen überhaupt richtig waschen?

Ein wenig *Grammatik*

When expressing in German what can, should, or must be done about a problem, you use a conjugated modal verb along with a past participle and the infinitive **werden.**

Der Abfall **kann sortiert werden.**
The garbage can be sorted.
Die Umwelt **muß geschützt werden.** *The environment has to be protected.*

SO SAGT MAN DAS!

Hypothesizing

When making a hypothetical statement, the hypothetical condition can either be fulfilled or not (for example, if it's perhaps too late to do anything about it). If the hypothetical condition can be fullfilled, you say:

Wenn wir die Flaschen zurückbringen würden, hätten wir weniger Müll.
If we returned the bottles, we would have less garbage.

If the condition cannot be fulfilled, you use the past subjunctive:

Wenn wir die Flaschen zurückgebracht hätten, hätten wir weniger Müll gehabt.
If we had returned the bottles, we would have had less garbage.

Grammatik   Conditional sentences

Conditional sentences can be used to make hypothetical statements.

1. If the hypothesis can be realized or fulfilled, use subjunctive forms such as **hätte, wäre, könnte, dürfte,** or **würde** with the infinitive in both the conditional clause (the **wenn**-clause), and the conclusion.

Wenn ich Zeit hätte, würde ich den Müll **sortieren.**
If I had time, I would sort the trash.
Wenn wir klug wären, würden wir uns um unsere Umwelt **kümmern.**
If we were smart, we would be concerned about our environment.
Wenn ich könnte, würde ich das Fenster **schließen.**
If I could, I would close the window.
Wenn der Hausmeister die Milch in Mehrwegflaschen verkaufen würde, hätten wir weniger Abfall.
If the custodian sold the milk in recyclable bottles, we would have less garbage.

2. If the hypothesis can no longer be realized or fulfilled, the subjunctive forms are used in the compound tenses; that is, the forms of **hätte** and **wäre,** together with the past participle of the main verb.

Wenn ich Zeit gehabt hätte, hätte ich den Müll **sortiert.**
If I had had time, I would have sorted the trash.
Wenn wir klug gewesen wären, hätten wir uns um die Umwelt **gekümmert.**
If we had been clever, we would have taken care of the environment.
Wenn der Hausmeister die Milch in Mehrwegflaschen verkauft hätte, hätten wir weniger Abfall **gehabt.**
If the custodian had sold the milk in recyclable bottles we would have had less garbage.

3. Conditional sentences can also start with the conclusion, and then follow with the **wenn**-clause.

Ich würde den Müll **sortieren,** wenn ich Zeit **hätte.**
Ich hätte den Müll **sortiert,** wenn ich Zeit gehabt **hätte.**

23 Hör gut zu!

Du hörst jetzt, was einige Mädchen und Jungen für die Umwelt tun. Schreib ein paar Sachen auf, die sie machen!

24 Jeder kommt zu Wort!

Du interviewst deine Klassenkameraden und fragst sie:

DU   **Was würdest du für deine Umwelt tun, wenn du wirklich umweltbewußt leben würdest?**

PARTNER   **Ich würde** (unsern Müll sortieren und selbst zum Container bringen).

25 Es ist leider schon zu spät!

Frag deine Klassenkameraden jetzt, was sie früher für den Umweltschutz getan hätten!

DU   **Was hättest du alles für den Umweltschutz getan, wenn du mehr darüber gewußt hättest?**

PARTNER   **Ich hätte** (immer nur Mehrwegflaschen gekauft und Einwegflaschen vermieden).

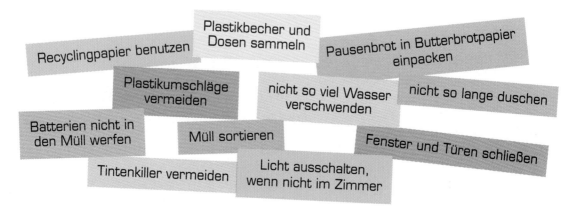

26 Und du? Wie steht's mit dir?

Umweltschutz fängt bei jedem einzelnen an. Bilde eine größere Gruppe und beantwortet folgende Fragen!

1. Was tust du für deine Umwelt? Denk daran, daß auch ganz kleine Dinge wichtig sind!
2. Engagierst du dich aktiv in einer Umweltgruppe? Was machst du dort?
3. Was würdest du selbst gern für deine Umwelt tun, wenn du es könntest?
4. Was tut dein Heimatort für den Umweltschutz? Was macht deine Schule?
5. Was für Gesetze gibt es, die für die Erhaltung einer reinen und gesunden Umwelt sind?
6. Sollte es noch mehr Gesetze geben und welche, oder haben wir schon genügend Gesetze zum Schutz der Umwelt? Welche Gesetze sind überflüssig (*superfluous*) oder haben zu viele Nachteile?
7. Wenn du an die Umwelt denkst, siehst du optimistisch oder pessimistisch in die Zukunft?
8. Was wäre für dich eine ideale Umwelt?

27 Für mein Notizbuch

Schreib über das Thema „Was die Umwelt für mich bedeutet."! Halte dich an die Fragen in Übung 26!

Ein umweltfreundlicher Einkauf

Chelsea ist Austauschstudentin in Deutschland. Ihr deutscher Freund Martin und sie sind hungrig. Da es nichts Besonderes im Kühlschrank gibt, gehen die beiden einkaufen. Martin nimmt einen Korb und zwei Einkaufstaschen aus Baumwolle mit.

Draußen regnet es, und da Martin schon seinen Führerschein hat, erwartet Chelsea, daß sie mit dem Auto zum Supermarkt fahren. Aber statt dessen gehen die beiden zu Fuß mit Regenschirmen zum Supermarkt. Chelsea denkt, in Amerika würden wir ganz einfach mit dem Auto hinfahren, besonders wenn es regnet.

Im Supermarkt kaufen sie alles ein, was sie brauchen. Als sie an der Kasse stehen, merkt Chelsea, daß die Kassiererin ihnen keine Einkaufstaschen aus Papier oder Plastik gibt, sondern daß Martin die Sachen selber in den Korb und in die Baumwolltaschen einpackt. Bevor sie den Supermarkt verlassen, nimmt Martin das Verpackungsmaterial von verschiedenen Packungen und wirft es in eine große Tonne vor dem Ausgang des Supermarkts. Chelsea fragt sich, warum ist das Einkaufen anders hier?

1. Chelseas Erlebnis ist ein typischer Einkauf in Deutschland. Was ist beim Einkaufen in den USA anders? Beschreib die Unterschiede!
2. Warum bringt Martin Einkaufstaschen aus Stoff und einen Korb mit? Warum packt er alles an der Kasse selber ein? Warum läßt er das Verpackungsmaterial in der Tonne im Supermarkt?
3. Chelsea und Martin gehen zu Fuß einkaufen, obwohl es regnet. Was würdest du in diesem Fall machen? Warum?
4. Warum ist der Einkauf umweltfreundlich?

In Deutschland ist es üblich, Einkaufstaschen aus Stoff oder Körbe zum Einkaufen mitzubringen. Wenn man keine Taschen bei sich hat, kann man im Supermarkt Plastiktaschen für 20 Pfennig pro Stück kaufen. Um die zusätzlichen Kosten und den Gebrauch von Plastiktüten zu vermeiden, bringt man gewöhnlich seine eigenen Stofftaschen mit. Natürlich ist es auch umweltfreundlicher. Man darf auch Verpackungsmaterialien im Supermarkt lassen, denn Supermärkte sind gesetzlich verpflichtet, die sogenannten „Umverpackungen" zurückzunehmen und zu recyceln. Auch benutzen die Leute gewöhnlich nicht das Auto, um einkaufen zu gehen. In jeder Nachbarschaft gibt es genügend Lebensmittelgeschäfte, die man gut zu Fuß oder mit dem Rad erreichen kann. In der Großstadt ist es außerdem nicht leicht, einen Parkplatz zu finden.

ZUM LESEN
Die Welt gehört allen!

Mit Gasmasken protestieren Berliner Schüler gegen die Luftverschmutzung. In den Greenteams von Greenpeace sind heute rund 10 000 Kinder für die Umwelt aktiv.

LESETRICK
Interpreting statistics
When you come across statistics in a text, use the following steps to help make sense of them. Find out 1) what is being compared, 2) what the numbers refer to, and 3) the source of the statistics. Most importantly, once you understand what the statistics represent, you'll want to draw conclusions based on them. Try to put your conclusions in your own words using phrases such as *more than, much less than*, etc., rather than numbers.

Getting Started
Identify the main idea by using the strategies you've learned. Remember that a main idea can be made up of several related ideas.

1. Look at the photo and then read the caption, the title, and subtitle of the reading. What is the topic? What group of people does it focus on?

2. What kind of text is this? Is it a narrative, a news report, or something else? Just by looking at the text, how many sections do you think it has? Can you identify them?

Mehr Bauch als Kopf

Eine Studie belegt: Jugendliche wissen zuwenig über Umweltfragen.
Dennoch wachsen Ökobewußtsein und Opferbereitschaft

Ob sie bereit wären, für verbesserten Umweltschutz auch auf einen Teil ihres Taschengeldes zu verzichten, wollten Wissenschaftler der Universität Bielefeld kürzlich von 600 Schülern wissen. Viele sind es. Bei immerhin 30 Prozent macht das Umweltbewußtsein selbst vor dem eigenen Geldbeutel nicht halt. Dieselbe Frage hatten 1980 in einer gleich großen Gruppe noch geringfügig weniger (28 Prozent) bejaht.

Für den Leiter des Forscherteams, Professor Axel Braun, sind solche kleinen Fortschritte »ein Silberstreifen am Horizont«. Aus dem Vergleich der beiden Umfragen im Abstand von 13 Jahren zieht er den Schluß: »Es geht in die richtige Richtung, aber langsam.«

Besonders da, wo die Gesellschaft allgemein dazugelernt hat, ziehen die 15- bis 18jährigen verstärkt mit. So bringen heute 84 Prozent der Kids nach Partys ihre Flaschen zum Altglascontainer. 1980 machten sich nur 39 Prozent die Mühe. 70 Prozent verschmähen beim Einkaufen die Plastiktüte

(1980: 58 Prozent). Die Hälfte schreibt heute »Papier beidseitig voll« (1980: 37 Prozent), und 40 Prozent weisen aufwendig verpackte Ware zurück (1980: 15 Prozent).

Mehr als zwei Drittel sind bereit, für die Umwelt auf die Straße zu gehen, 41 Prozent haben schon an Unterschriftenaktionen teilgenommen, und 38 Prozent beteiligten sich an der Säuberung von Bächen und ähnlichen Einsätzen. Durchweg liegen diese Werte um zehn bis 20 Prozent über denen von 1980.

In **Kapitel 7** you learned that cohesive devices are words or phrases that help tie the individual ideas of a text together. Cohesive devices can be pronouns, including relative pronouns (**die, den, denen**), conjunctions (**aber, ob, wenn**), or adverbs (**dennoch, jetzt, im Vergleich**).

3. Scan the title and subtitle for cohesive devices indicating comparison or contrast. Using these words or phrases as clues, state what you think the main idea of the article is. Now read the first paragraph and decide which part of the main idea the first half of the essay must refer to.

4. Scan the first paragraph of the second part of the article for key words relating to or illus-

trating the title and subtitle of the article. Decide which part of the main idea this half of the essay refers to.

A Closer Look
Now that you have indentified the main idea, look at how the statistics support this point.

5. Look at the statistics given in the first paragraph. What facts are being compared? What do the numbers actually refer to? What is the source for these statistics? Based on the statistics, what conclusion can you draw about differences between teenagers today and those that answered the survey in 1980? Try to state your conclusion in terms that make sense to you.

Was die Jugendlichen bewegt, scheint vor allem Angst zu sein. Ob atomare Strahlung, Wasserverschmutzung, Klimaveränderung, Überbevölkerung oder Müll-Lawine, man sieht die Zukunft schwärzer als früher. Am Fachwissen mangelt es allerdings nach wie vor. Im Wissenstest erreichten Gymnasiasten nur rund die Hälfte der möglichen Punkte, Hauptschüler gut ein Drittel. Braun: »Glatt unbefriedigend.«

Während die Jungen eher sachlich Bescheid wissen, ist bei den Mädchen die persönliche Betroffenheit und die Handlungsbereitschaft größer. Jungen lasten die Umweltschäden eher Politik und Wirtschaft an, Mädchen kehren lieber vor der eigenen Haustüre.

Die wichtigste Rolle bei der Förderung des Umweltbewußtseins spielt nach den Bielefelder Erkenntnissen die Schule. Vor allem, wenn konkrete Probleme mit anschließenden Aktionen auf dem Stundenplan stehen, »bleibt bei den Schülern deutlich mehr hängen«.

Nach Umfragen des Kieler Instituts für Pädagogik in den Naturwissenschaften und der Deutschen Gesellschaft für Umwelterziehung (DGU) stieg in den letzten Jahren die Zahl der Schulen, die diesen Grundsatz beherzigen, von 15 auf 40 Prozent. DGU-Geschäftsführer Axel Beyer: »Da wird schon mal durch Schülereinsatz eine vierspurige Straße auf zwei Spuren verkleinert und Hausmeistern das Energiesparen vorgemacht.«

6. Continue reading the first part of the essay. What do the statistics in the third and fourth paragraphs refer to? What conclusions can you draw from these numbers? How do they fit with your original statement about the main idea of the article?

7. Read the entire second part of the article. In the sixth paragraph, identify cohesive devices and list them. Based on your list, what do you think the writer is showing in this paragraph? A sequence of events? Comparison and contrast? Cause and effect? Or something else?

8. Answer the following questions.
   a. What is the main reason teenagers try to protect the environment?
   b. Why did Herr Braun give the students mentioned in the fifth paragraph the grade **unbefriedigend**?
   c. In what ways do girls and boys differ in their involvement with the environment?
   d. Which single factor has helped most in promoting environmental awareness?

9. Schreib jetzt eine Zusammenfassung des Artikels! Verwende dabei deine Aussage über den Hauptgedanken (Frage 3)! Schließe mindestens drei unterstützende Aussagen von dem Text und einen Schlußsatz ein!

10. Bildet Gruppen von vier, und haltet jetzt eure eigene Umfrage, indem ihr zwei verschiedene Gruppen (zum Beispiel Mädchen und Jungen oder Schüler und Lehrer) vergleicht. Das Thema heißt Umwelt. Nachdem ihr die Statistiken gesammelt habt, müßt ihr logische Schlüsse daraus ziehen. Schreibt am Ende einen Bericht über die Ergebnisse!

As you have discussed in this chapter, you as an individual can do many different things to help protect the environment. Politicians, however, have even more potential to help the environment, since they determine policies for a whole country. In this activity, you will imagine that you are a candidate to become Chancellor of Germany. You will write a campaign speech outlining what you would do for the environment if elected.

Als Kanzler würde ich alles ändern!

Schreib eine Rede als Kanzlerkandidat! Erkläre in der Rede, was du als Kanzler für die Umwelt oder für andere wichtige Probleme der Gesellschaft machen würdest! Kritisiere die alten Politiker! Woran sind sie schuld? Erzähle auch deinem Publikum, was gemacht werden muß und soll!

A. Vorbereiten

1. Wer wird deine Rede hören? Wofür interessieren sich diese Leute, und was wissen sie schon über das Thema? Entwirf einen Fragebogen in der Klasse, um festzustellen, welche Probleme deinen Klassenkameraden besonders wichtig sind!
2. Wähle die Probleme aus, die du besprechen willst, und schreib sie auf Karteikarten (*index cards*)! Denk an die Details, die für die Zuschauer interessant wären, und schreib sie auch auf!
3. Wo hältst du die Rede? Wieviel Zeit hast du dazu? Wähle die geeigneten Karten aus, und ordne sie in der gewünschten Reihenfolge an!
4. Denk an die Ausführung der Rede! Willst du Diagramme oder Bilder benutzen?

> **SCHREIBTIP**
>
> **Analyzing your audience**
> Whenever you write, you are writing *for* someone — your intended audience. Analyzing who that audience is before you begin helps you determine the content as well as the style and tone of what you will write. To analyze your audience, first ask yourself what your intended readers or listeners know and what interests them. If they don't know much about your topic, include background details to inform them; if they already know a lot, focus on particular aspects of the topic that fit their interests. Select a style and tone, too, which are most appropriate to your audience. The more your audience knows, the more in-depth your arguments can be.

B. Ausführen

Benutze deine geordneten Karten, um die Rede zu schreiben! Du mußt dich während der Rede nicht unbedingt an den geschriebenen Text halten, aber schreibe alles auf, damit du nichts vergißt!

C. Überarbeiten

1. Bildet Gruppen von jeweils vier Schülern und Schülerinnen! Jeder soll der Rede von den anderen zuhören. Hört einander sehr aufmerksam zu, und merkt euch die Fragen, die euch während der Rede einfallen!
2. Besprecht die Wirkung (*effect*) jeder Rede! Würdet ihr diesen Kandidaten jetzt wählen? Hat er euch mit seinen Gesichtspunkten überzeugt? Hat er seine Stimme und Gesten wirksam eingesetzt?
3. Habt ihr als Zuschauer die Rede interessant gefunden? Habt ihr etwas gelernt, oder habt ihr schon alles gewußt?
4. Lies deine eigene Rede noch einmal! Hast du alles richtig buchstabiert? Beachte besonders die Konjunktivformen der Modalverben! Hast du **konnte** und **könnte** richtig verwendet?
5. Schreib die korrigierte Rede noch einmal ab!

1 In vielen Orten und in vielen Schulen gibt es Umweltprojekte. Eine Schule in Prüm, eine kleine Stadt in der Eifel, hat zum Beispiel ein interessantes Projekt durchgeführt. Das Projekt wurde in einer Zeitschrift beschrieben. Lies zuerst den Artikel und versuche danach, dir ein interessantes Umweltprojekt für eure Schule auszudenken!

DAS SAUBERE KLASSENZIMMER

Die Schüler und Schülerinnen einer 11. Klasse am Regino-Gymnasium in Prüm haben sich eine tolle Projektwoche ausgedacht. Während der Projektwoche sollen alle Talente genutzt werden: eine „Müllband" will Instrumente aus Müll bauen und damit ein Konzert geben, Hobby-Köche wollen die Schüler mit Biokost versorgen, Rate-Füchse einen Müllquiz entwickeln, angehende Journalisten wollen Passanten über ihr Müllverhalten befragen, andere Schüler wollen „Kunst aus Müll" herstellen und die Fotogruppe will die Aktionen dokumentieren. Und am Ende wird's in der Schulturnhalle ein öffentliches Fest geben, bei dem die Ergebnisse präsentiert werden. „Natürlich soll nach einer Woche nicht alles vorbei sein", so die Klassenlehrerin Susanne Faschin, „deshalb möchten wir, daß jede Klasse einen festen Klassenraum erhält, für den sie verantwortlich ist und den sie auch selber reinigen muß. Dann würden viele Jugendliche nicht mehr alles so bedenkenlos wegschmeißen". Außerdem sollen ältere Schüler Patenschaften für jüngere übernehmen, um sie in die Geheimnisse des Müllsparens einzuweihen.

BRIGITTE 21/91

2 Hör gut zu!
Ein Mitglied der Umwelt-AG kommt in die Klasse und erzählt den Schülern, was sie alles für ihre Umwelt machen können. Hör seiner Rede zu und schreib acht Vorschläge auf, die er macht!

3 Teilt euch in zwei Gruppen auf! Sucht euch an eurer Schule oder in eurem Ort irgendein Umweltprojekt, an dem ihr aktiv arbeiten könnt. Schreibt eure Erfahrungen auf und macht Fotografien für euren Bericht! Jede Gruppe berichtet dann der anderen Gruppe, was sie gemacht hat und wie umweltbewußt ihre Arbeit war.

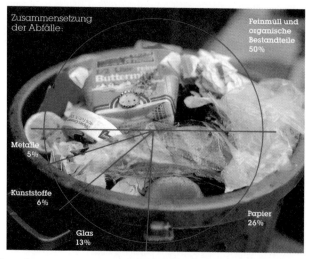

Zusammensetzung der Abfälle:
Feinmüll und organische Bestandteile 50%
Metalle 5%
Kunststoffe 6%
Glas 13%
Papier 26%

4 Du bist aktiv in der Umwelt-AG in deiner Schule. Du mußt morgen in eine Grundschulklasse gehen und mit den Kindern über Umweltschutz sprechen. Bereite eine kleine Rede vor, und übe sie mit deinen Klassenkameraden ein! Was halten sie von deiner Rede?

 5 Im deutschen Fernsehen gibt es ein Diskussionsprogramm: „Pro und Contra". Eure Klasse wurde dazu eingeladen. Teilt euch in zwei Gruppen auf und bereitet euch vor, eine von den zwei Ansichten zu argumentieren! Gruppe A ist der Ansicht, daß die Regierung mehr für die Umwelt machen muß; Gruppe B bereitet das Argument vor, daß die Regierung schon genug für die Umwelt macht — es kostet viel Geld und auch Jobs, und das können wir uns nicht leisten. Wählt abwechselnd Schüler von jeder Gruppe und diskutiert darüber!

Abfallvermeidung durch Recycling

Verpackungsstoffe	Sammelquoten (%)		Recyclingquoten (%)	
	1993	1995	1993	1995
Glas	60	80	42	72
Weißblech	40	80	26	72
Aluminium	30	80	18	72
Papier/Pappe	30	80	18	64
Kunststoffe	30	80	9	64
Verbund	20	80	66	4

Nach der Verpackungsverordnung von 1991 vorgeschrieben; Quelle: Verpackungsverordnung

6 Schau dir die Tabelle an! Welche Daten über Abfallvermeidung in Deutschland werden gezeigt? Welche Verpackungsstoffe werden am meisten gesammelt und wiederverwertet? Mach eine Umfrage in deiner Klasse oder in deiner Schule, und entwirf mit den Ergebnissen eine ähnliche Tabelle!

7 Die Grafik auf Seite 224 zeigt eine Zusammensetzung der gesamten Abfälle. Nenne für jede Kategorie konkrete Beispiele, und überlege dann, wie man diesen Müll wiederverwerten kann, anstatt ihn wegzuwerfen!

8

R O L L E N S P I E L

Du versuchst, deine Familie umweltbewußter zu machen. Du sprichst mit deinen Eltern und Geschwistern darüber, aber sie haben viele Ausreden. Du gibst dir Mühe, sie zu überzeugen. Deine Klassenkameraden spielen die Rollen von deinen Eltern und Geschwistern.

KANN ICH'S WIRKLICH?

Can you express concern? (p. 208)

1 How would you express your fear that the hole in the ozone layer is getting larger?

2 How would you express your concern about air pollution?

Can you make accusations? (p. 209)

3 How would you blame air pollution on people who always take their cars and never walk or take the bus?

Can you offer solutions? (p. 210)

4 How would you respond if someone asked you **Was könnte man für die Umwelt tun?**

Can you make polite requests? (p. 211)

5 How would you politely ask a salesperson for the following things?
a. a can without CFC
b. **einen Papierbeutel**
c. **ein Waschmittel ohne Phosphate**

Can you say what is being done about a problem? (p. 215)

6 How would you say that in Germany trash is always sorted?

Can you offer solutions? (p. 216)

7 How would you respond if someone asked you what can, should, or must be done with the following things?
a. **Müll (sortieren)**
b. **Pfandflaschen (zurückbringen)**
c. **alte Fahrräder (reparieren)**

Can you hypothesize? (p. 217)

8 How would you express the idea that we would have no air pollution if we all left our cars at home and rode bicycles?

9 How would you respond if a friend asked you **Was hättest du heute gemacht, wenn du nicht in der Schule gewesen wärst?**

ERSTE STUFE

EXPRESSING FEAR

Ich fürchte, daß ... *I am afraid that ...*

Das macht uns große Sorgen. *We are really worried about that.*

SAYING WHAT YOU COULD OR SHOULD DO ABOUT A PROBLEM

Wenn wir nur Naturprodukte benutzen dürften! *If only we were allowed to use natural products!*

Man müßte nur daran denken. *You would only have to think about it.*

OTHER USEFUL WORDS

das Abgas, -e *exhaust*
das Treibgas, -e *propulsion gas*
die Fabrik, -en *factory*

die Fahrgemeinschaft, -en *carpool*
das Kataauto, -s *car with emission control*
das Öl, -e *oil*
die Luftverschmutzung *air pollution*
das Ozonloch *hole in the ozone layer*
der saure Regen *acid rain*
der Schadstoff, -e *pollutant*
der Schmutz *dirt*
das Waldsterben *the dying of the forests*
die Aludose, -n *aluminum can*
die Einwegflasche, -n *non-returnable bottle*
der Papierbeutel, - *paper bag*
die Pfandflasche, -n *deposit-only bottle*
die Plastiktüte, -n *plastic bag*
der Pumpzerstäuber, - *pump spray*

das Spülmittel, - *dishwashing liquid*
das Waschmittel, - *laundry soap*
der Mut *courage*
der Teil, -e *part*

s. Sorgen machen *to worry*
anbieten (sep) *to offer*
blasen *to blow*
ersetzen *to replace*
herstellen (sep) *to produce*
leck werden *to spring a leak*
sortieren *to sort*
vergrößern *to enlarge*
verpesten *to poison, pollute*
verschmutzen *to pollute*

biologisch abbaubar *biodegradable*
ausschließlich *exclusively*
umweltfreundlich *environmentally safe*
vermeidbar *avoidable*

ZWEITE STUFE

WORDS FOR TALKING ABOUT THE ENVIRONMENT

der Umweltschutz *environmental protection*
die Ameise, -n *ant*
die Biene, -n *bee*
der Frosch, ²e *frog*
der Vogel, ² *bird*
der Wald, ²er *forest*
der Sauerstoff *oxygen*
der Schaden, ² *damage*
die Skipiste, -n *ski run*
die Herstellung, -en *production*
die Vorsicht *caution*
der Abfall, ²e *trash, waste*
das Abwasser, ² *wastewater*
die Batterie, -n *battery*
der Faserstift, -e *felt-tip pen*
der Kunstdünger, - *artificial fertilizer*

die Mehrwegflasche, -n *reusable bottle*
der Strom *electricity*
der Tintenkiller, - *chemical eraser*
das Gift, -e *poison*
das Dach, ²er *roof*

abholzen (sep) *to deforest*
ausrechnen (sep) *to calculate*
ausschalten (sep) *to switch off*
duschen *to shower*
miterleben (sep) *to experience*
radeln *to bicycle*
stecken *to put (into)*
verbessern *to improve*
verschwenden *to waste*
verzichten auf (acc) *to do without*

wiederverwenden (sep) *to use again*
wiederverwerten (sep) *to recycle*

außerdem *besides that*
gefährlich *dangerous*
giftig *poisonous*
nahe *near*
sogar *even*

Komm mit nach

Dresden!

Dresden

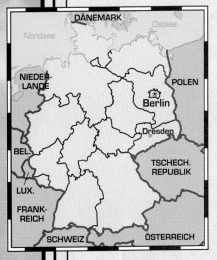

Bundesland: Sachsen

Einwohner: 520 000

Fluß: Elbe

Sehenswürdigkeiten: Zwinger, Albertinum, Schloß, Semperoper

Berühmte Leute: Kurfürsten Friedrich August I. und II., Carl Maria von Weber (1786-1826), Richard Wagner (1813-1883)

Industrie: Maschinenbau, Elektronik, Arzneimittelproduktion, Genußmittelindustrie (Schokolade), optische Artikel

Bekannte Gerichte: Dresdener Stollen

Foto ① Die bekannteste Stadtansicht, Schloß mit Hofkirche und Semperoper im Hintergrund

Dresden

Dresden, das weltberühmte „Elbflorenz", erlebte seine Glanzzeit unter den prunkliebenden Kurfürsten Friedrich August I. und seinem Sohn Friedrich August II., beide auch Könige von Polen. In diesem „Augustäischen" Zeitalter (1694-1783) entwickelte sich Dresden zu einer der schönsten barocken deutschen Residenzstädte.

② Der Goldene Reiter zeigt August I. — auch August der Starke genannt — in der Rüstung eines römischen Cäsaren.

③ Dresdens berühmtestes Baudenkmal ist der Zwinger, eine Perle des Barock von Baumeister Pöppelmann in den Jahren 1711 bis 1732 geschaffen. Der Zwinger beherbergt Dresdens einmalige Kunstsammlung, die „Gemäldegalerie Alte Meister", mit Meisterwerken europäischer Maler wie Rubens, Rembrandt, Dürer, Holbein, Cranach, Velázquez, Raffael, Giorgione, Corregio, Tintoretto und andere Meister.

④ Das Albertinum enthält die „Gemäldegalerie Neue Meister". Diese Kunstsammlung von Weltruf zeigt Meisterwerke der Romantik, des Biedermeier, des Expressionismus und Impressionismus deutscher und europäischer Meister. Im Albertinum befindet sich auch das „Grüne Gewölbe", eine Kunstsammlung aus der kurfürstlichen Schatzkammer. Ausgestellt sind Gefäße, Schmuck, Waffen und andere Gegenstände, viele aus Gold, Silber und kostbaren Edelsteinen gefertigt.

6 Die Ruine der Frauenkirche. Hier stand einst Deutschlands bedeutendster protestantischer Kirchenbau und das Wahrzeichen Dresdens. Die Kirche, wie auch der größte Teil Dresdens, wurde im Februar 1945 durch Bombenangriffe total zerstört. Die Kirche wird zur Zeit wieder aufgebaut.

5 Die ehemalige Katholische Hofkirche, die größte Kirche Sachsens, wurde vom römischen Architekten Gaetano Chiaveri zwischen 1739 und 1755 im Stil des römischen Barock errichtet.

7 Die weltberühmte Semperoper, ein Bauwerk von Gottfried Semper im Stil der Hochrenaissance in den Jahren 1871 bis 1878 errichtet, ist Heimat der Dresdner Staatsoper.

10
Die Kunst zu leben

① Ich bewundere dich, daß du dich für Hausmusik interessierst.

Worin besteht die kulturelle Lebenswelt der deutschen Schüler? Was für Möglichkeiten gibt es für sie, sich kulturell zu bilden, und was für eine Rolle können Eltern und Lehrer dabei spielen? Um über diese Fragen diskutieren zu können, mußt du noch einige Ausdrücke lernen.

In this chapter you will learn

- to express preference, given certain possibilities; to express envy and admiration
- to express happiness and sadness; to say that something is or was being done

And you will

- listen to students talk about their cultural activities
- read about cultural life in German-speaking countries
- write about your own cultural interests
- learn more about the cultural activities being offered to German students

② Ich würde eventuell nächste Woche wieder ins Theater gehen.

③ Ich bin glücklich, daß Giselle wieder gezeigt wird.

Los geht's!

Was tun für die Kultur?

Wie sieht es mit dem kulturellen Leben bei deutschen Gymnasiasten aus? Interessieren sie sich für Kunst? Besuchen sie Theateraufführungen? Gehen sie in Konzerte? Hier unterhalten sich vier Gymnasiasten über ihre kulturellen Interessen außerhalb der Schule.

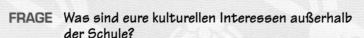

FRAGE Was sind eure kulturellen Interessen außerhalb der Schule?

PHILIPP Also, ich würd' sagen, hauptsächlich Theater, eventuell mal ein klassisches Konzert. Meine Eltern haben ein Konzertabonnement, und da kaufen sie ab und zu mal eine Karte für mich und nehmen mich mit. Aber sonst? Ich les' zum Beispiel ausgesprochen wenig. Ich hab' kaum Zeit dazu. Für den Deutschunterricht, ja da lesen wir Goethe, Schiller und wie sie alle heißen.[1] Das langt.

MICHAEL Bei mir ist es genau dasselbe. Ich konzentrier' mich so auf wissenschaftliche Werke, Informationen und so, aber Bücher ... so Philosophen lesen wie Nietzsche,[2] ja, ich beneide alle, die so was lesen können. Aber ich hätt' nicht die Geduld dazu. Mich interessiert also mehr das Wissenschaftliche als das Literarische.

SONJA Also ich muß sagen, daß ich sehr viel lese und daß ich lieber lese als — meinetwegen — Hausaufgaben mache. Ich les' wahnsinnig gern Romane, historische Romane.

TANJA Musik ist mein Hobby. Ich könnte mir ein Leben ohne Musik nicht vorstellen. Also, ich selbst spiele Geige, schon zwölf Jahre lang, und hab' zweimal in der Woche Unterricht. Ich spiel' ganz gut; bin zwar keine Sophie Mutter und werde auch kaum in der Jungen Deutschen Philharmonie[3] spielen. Aber ich hab' viel Spaß daran. Ich mach' oft mit Freunden Hausmusik,[4] klassische Musik von Bach, Beethoven und so. Aber ich mag auch Jazz, besonders New Orleans Jazz. Den find' ich stark, den find ich Spitze!

FRAGE Geht ihr in Museen und Ausstellungen?

MICHAEL Wenn ich in ein Museum gehe, dann nur ins Deutsche Museum. Das ist ein technisch-wissenschaftliches Museum und äh ... aber so Kunstausstellungen, nö.

---

1. An deutschen Gymnasien bestehen für alle Fächer feste Lehrpläne. Für den Deutschunterricht in allen Klassen gibt es Listen von Autoren und ihren Werken, aus denen die Deutschlehrer geeignetes Material für den Unterricht aussuchen können.
2. Friedrich Nietzsche (1844–1900), der als Philosoph und Kulturbeobachter großen Ruhm erlangt hat, zeichnete sich auch durch seinen gehobenen Schreibstil aus.
3. Die Junge Deutsche Philharmonie ist ein Orchester, das aus zirka 150 begabten Musikstudenten und -studentinnen zwischen 18 und 28 besteht. Zweimal im Jahr übt das Orchester mit berühmten Dirigenten zwei Wochen lang. Dann geht das Orchester auf Tournee und spielt in bekannten Konzerthallen der Welt.
4. Hausmusik ist beliebt. Rund eine Million Bundesbürger, so schätzt man, spielen zu Hause oder im Freundeskreis ein Instrument.

TANJA Bei mir ist es gerade umgekehrt. Irgendwelche technisch-wissenschaftlichen Ausstellungen interessieren mich überhaupt nicht. Wenn, dann geh' ich eben in Galerien, Bilderausstellungen.

MICHAEL Im technischen Museum blüh' ich auf! Wenn ich die Wunderwerke der Technik sehe und wenn man da so alles verstehen kann, aber nicht, wenn ich da so vor einem Bild stehe.

PHILIPP Aber ich glaub', die meisten Museumsbesuche gehen doch von der Schule aus, daß man an irgendwelchen Schulausflugstagen eben in ein Museum geht.

SONJA Für die Schüler wird schon wahnsinnig viel getan. Wenn man da mit seinem Schülerausweis an die Abendkasse geht, kann man sich für sechs Mark eine Oper oder ein schönes Theaterstück anschauen. Was da alles für die Schüler geboten wird! Man nützt es einfach zu wenig aus.

TANJA Ist doch grotesk der Unterschied: wenn man in ein Café geht und sich etwas bestellt, da sind gleich so zehn Mark weg. Wenn man ins Theater oder ins Konzert geht, da kostet eine Karte nur sechs Mark, und man hat bestimmt mehr davon.

FRAGE Wie sieht's bei euch mit dem Wort „Tradition" aus?

PHILIPP Von Tradition ist wenig vorhanden bei uns.

FRAGE Kennt ihr überhaupt noch Sagen und Märchen?

TANJA Natürlich. Märchen haben mir unheimlich gut gefallen.

MICHAEL Mir auch. Meine Mutter hat mir immer Märchen vorgelesen, als ich klein war ... ja, „Hänsel und Gretel" oder ...

SONJA Teilweise hat man Märchen später auch selber gelesen. Ich, zum Beispiel, hab's getan.

FRAGE Besucht ihr während des Jahres mal ein Volksfest?

PHILIPP Schon, aber nur zum Vergnügen, nicht unbedingt wegen der Tradition.[5]

---

5. In den deutschsprachigen Ländern besteht eine große, regionale Tradition. Es gibt z. B. viele Theaterstücke bekannter Autoren, die im Dialekt geschrieben und auch im Dialekt aufgeführt werden. Auch gibt es Gesangsvereine und Volksfeste in jeder Region. Das größte und bekannteste Volksfest ist das Oktoberfest in München.

1 Was sind ihre Interessen?

Lies dir den Text noch einmal durch! Dann mach eine Tabelle mit vier Spalten! Schreib auf, was für Interessen jeder der vier Gymnasiasten hat!

2 Kannst du das beantworten?

Bildet zwei Gruppen! Jede Gruppe überlegt sich fünf Fragen zu dem Text, die die andere Gruppe beantworten muß. Zum Beispiel: Was ist ein Konzertabonnement? Warum spricht Tanja über die Violinistin Anne-Sophie Mutter?

3 Kennst du diese Personen?

Sammelt in kleinen Gruppen Informationen über die berühmten Personen, die im Text erwähnt werden! Berichtet der Klasse darüber!

ERSTE STUFE

*Expressing preference, given certain possibilities;
expressing envy and admiration*

WORTSCHATZ

auf deutsch erklärt

das Vergnügen etwas, was viel Spaß macht
vorlesen lesen, so daß es alle hören können
die Hausmusik Musik, die man zu Hause macht
die Geige die Violine
die Abendkasse wo man Karten für die
Abendvorstellung verkauft
eventuell vielleicht
teilweise zum Teil
unheimlich sehr groß, sehr viel

auf englisch erklärt

<u>Meinetwegen</u> brauchen wir nicht in die Oper zu
gehen, ich gehe lieber ins Rockkonzert. *As far
as I'm concerned we don't need to go to the
opera, I'd rather go to a rock concert.*
**Es gibt riesige <u>Unterschiede</u> zwischen den
Grimms <u>Märchen</u>.** *There are huge differences
in the Grimms' fairy tales.*
**Man braucht viel <u>Geduld</u>, wenn man die
<u>wissenschaftlichen</u> <u>Werke</u> der Gebrüder Grimm
<u>durchlesen</u> will.** *You need a lot of patience if
you want to read through the research of the
Grimm Brothers.*
**Die Picasso <u>Ausstellung</u> wird <u>möglicherweise</u>
<u>verlängert</u>.** *The Picasso exhibit will possibly
be extended.*

SO SAGT MAN DAS!

Expressing preference, given certain possibilities

You have learned several ways to express preference. Here is another way to express general preference. If someone asks you

> **Welche kulturellen Veranstaltungen würdest du besuchen, wenn du genug
> Zeit hättest?**

You might say:

> **Ich würde mir hauptsächlich** ausländische Filme ansehen.

You could continue the thought by expressing specific possibility:

Und ich würde — eventuell / vielleicht / möglicherweise — auch mal in ein Konzert gehen.

4 Hör gut zu!

Erwin hat Lust, mit einigen Klassenkameraden an diesem Wochenende irgendeine kulturelle
Veranstaltung zu besuchen. Er ruft seine Klassenkameradin Lise an und bittet sie, ihm aus
ihrem Kulturkalender vorzulesen. Hör gut zu, wie sie die Veranstaltungen besprechen!
Welche kulturellen Interessen haben die beiden? Zu welchen Veranstaltungen entschließen
sie sich? Mach dir Notizen, und vergleiche sie mit denen einer Klassenkameradin!

5 Und ihr? Wenn ihr viel Zeit hättet?

Was würdest du tun, wenn du viel Zeit für kulturelle Interessen hättest? Sag einem Partner, was du hauptsächlich — also generell — und was du möglicherweise — also spezifisch — tun würdest!

> DU   Ich würd' hauptsächlich Comics lesen, eventuell auch mal ein Märchen.
>
> PARTNER   Ich würd' ...

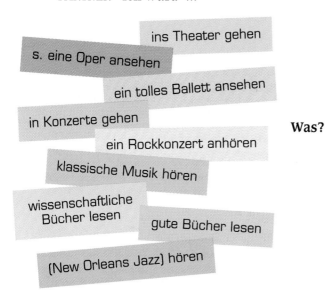

ins Theater gehen

s. eine Oper ansehen

ein tolles Ballett ansehen

in Konzerte gehen

ein Rockkonzert anhören

klassische Musik hören

wissenschaftliche Bücher lesen

gute Bücher lesen

(New Orleans Jazz) hören

Was?

einen guten Film sehen

Comics lesen

Werke von Shakespeare lesen

ein Märchen lesen

in ein Kunstmuseum gehen

gute Ausstellungen besuchen

in ein technisches Museum gehen

eine Bildergalerie besuchen

(Goethe oder Schiller) lesen

6 Was ist für euch wichtig?

Sagt jetzt einander, was für euch wichtig ist und was weniger wichtig ist!

> PARTNER   Es ist für mich wichtig, ab und zu mal in ein Museum zu gehen.
>
> DU   In ein Museum zu gehen, ist für mich weniger wichtig. Wichtig ist für mich, am Wochenende einen guten Film zu sehen.

7 Was könntet ihr euch nicht vorstellen?

Was möchtet ihr im Leben nicht vermissen? Ohne welche kulturellen Dinge könntet ihr euch das Leben nicht vorstellen?

> DU   Also, ich könnte mir ein Leben ohne klassische Musik nicht vorstellen.
>
> PARTNER   Tja, ich ...

Sport   Bücher   Filme

Fernsehen   Kunst

Musik   Reisen

SO SAGT MAN DAS!

Expressing envy and admiration

You can use the verb **beneiden** to express envy:

> **Ich beneide** meinen Freund. Der kann jeden Monat ins Theater gehen.

and the verb **bewundern** to express admiration:

> **Ich bewundere alle, die** sich für Philosophie interessieren.

8 Wen beneidest du? Wen bewunderst du?

Sag deinem Partner, wen du beneidest und wen du bewunderst und warum! Denk auch an berühmte Leute!

DU Ich beneide meine Schwester! Die fährt im Sommer nach England.
PARTNER Ich bewundere meinen Freund! Er übt sehr viel und spielt gut Klavier.

Grammatik Prepositions with the genitive case

Certain prepositions are always followed by the genitive case.

anstatt eines Konzerts	*instead of a concert*
außerhalb der Schule	*outside of school*
innerhalb des Hauses	*inside the house*
während des Jahres	*during the year*
wegen der Tradition	*because of tradition*

---

9 Was sind Jörgs kulturelle Interessen?

Lies den folgenden Absatz, den der Realschüler Jörg über seine kulturellen Interessen für die Schule schreiben mußte! Da es leider auf sein Papier geregnet hat, fehlen jetzt einige Wörter. Setz die Wörter aus dem Kasten in die Lücken, damit er eine gute Note bekommt! Vergiß die richtigen Artikel nicht! Sag dann einem Partner, ob du ähnliche Interessen hast!

Meine kulturellen Interessen? Nun, ich mache oft während _____ Hausmusik, besonders Musik _____ großen _____ Beethoven, und ich gehe auch gern in Konzerte. Wenn das Wetter schlecht ist, besuche ich anstatt _____ ein Museum, besonders das Museum _____ und Technik. In Kunstmuseen gehe ich weniger gern. Die meisten Gemälde _____ alten _____ langweilen mich. Moderne Kunst ist schon besser. Ja, außerdem lese ich ziemlich viel. Im Moment ist es Literatur _____ neunzehnten _____, besonders Eichendorff und Keller, auch Werke _____ Heinrich Heine.

10 Was besuchst du?

Sag einer Partnerin, was du besuchst und warum!

DU **Besuchst du Volksfeste?**
PARTNER **Ja, schon. Aber nur zum Vergnügen, nicht wegen der Tradition.**

des Jahrhunderts	der Meister
des Komponisten	
des Lyrikers	der Wissenschaft
eines Konzerts	des Winters

was?	wozu/warum?	(nicht) wegen
Konzerte	zum Vergnügen	Tradition
Museen	zum Spaß	Musiker
Ausstellungen	zur Abwechslung	Schauspieler
Theateraufführungen	zum Zeitvertreib	Wissenschaft
Galerien	für die Schule	Gemälde
Volksfeste	für meine Eltern	Kunst

11 Klassenprojekt: Eine Collage machen

Sammelt Informationen über kulturelle Ereignisse, die zur Zeit in eurer Stadt stattfinden, und fertigt mit diesen Dokumenten eine Collage an!

12 Zeig mal deine Collage her!

Seht euch eure Collagen an und sprecht darüber! Wofür interessiert ihr euch? Welche Sachen würdet ihr gern besuchen? Welche habt ihr schon gesehen? Wie war's? Welche Aufführungen sind mehr für Erwachsene, welche mehr für Jugendliche oder Kinder geeignet?

13 Leseübung: Aphorismen

In der Schule müssen Schüler die Werke berühmter Autoren lesen. Dazu gehören auch Aphorismen und Sprüche. Lest die folgenden Zitate (*quotes*) und diskutiert darüber!

> „Zwei Dinge sollen Kinder von ihren Eltern bekommen: Wurzeln und Flügel."
> Johann Wolfgang von Goethe
> (1749–1832)

> „Es ist nicht genug zu wissen; man muß es auch anwenden; es ist nicht genug zu wollen; man muß es auch tun."
> Goethe

> „Was der Frühling nicht säte, kann der Sommer nicht reifen, der Herbst nicht ernten und der Winter nicht genießen."
> Johann Gotthelf Herder
> (1744–1803)

> „Kenntnisse kann jedermann haben, aber die Kunst zu denken ist das seltsamste Geschenk der Natur."
> Friedrich der Große
> (1712–1786)

14 Und du?

Was sind deine kulturellen Interessen? Überleg dir folgende Fragen und beantworte sie! Mach dir dabei stichwortartige Notizen!

1. Welche kulturellen Interessen hast du? Berichte deiner Gruppe darüber!
2. Welche Schriftsteller oder Dichter kennst du, und welche Werke von ihnen hast du schon gelesen?
3. Wie sieht es bei dir mit Musik aus? Bist du auch an klassischer Musik interessiert? Welche Werke bekannter Komponisten kennst du?
4. Spielst du ein Instrument und wenn ja, was für Musik spielst du? Spielst du in einer Gruppe? In welcher? Hast du auch andere musikalische Interessen?
5. Welche Museen hast du schon besucht? Welche Ausstellungen? Was hat dir besonders gut gefallen? Warum?
6. An welchen kulturellen Ereignissen würdest du gern mal teilnehmen, und warum hast du das bisher nicht getan?
7. Wie sieht es bei dir in der Familie mit „Tradition" aus?
8. Wer oder was trägt zu deiner kulturellen Erziehung am meisten bei? Erzähle darüber!

15 Für mein Notizbuch

Schreib einen Absatz darüber, welche kulturellen Interessen für dich wichtig sind! Hörst du lieber klassische Musik oder Pop und Rock? Welchen kulturellen Zeitvertreib (*pastime*) würdest du als dein Hobby bezeichnen?

Weiter geht's!

Zeitungsbericht: Schüler besuchen Staatstheater

Die Stuttgarter Zeitung druckt einmal in der Woche eine Seite „Zeitung in der Schule", die nur von Schülern für Schüler geschrieben wird. Hier haben junge Menschen die Möglichkeit, eine große Tageszeitung als Forum für ihre Ideen und Erfahrungen zu benutzen.

Ein kulturelles Erlebnis für die Schüler

Die 8b der Friedensschule beim „Musikunterricht" im Staatstheater

Für einen Ballettabend in das prächtige Reich der Wilis

Immer wieder mal zieht unser Klassenlehrer aus dem Schulhaus hinaus, und wir sind natürlich dabei! Diesmal verlegte er seinen Musikunterricht in die Staatsoper. Nach vielen vergeblichen Versuchen hatten wir endlich Glück: Schülerkarten für das Ballett „Giselle".[1] Das war schon etwas Besonderes! Die Buben waren skeptisch. Ballett, Theater, Großes Haus — das kannten die meisten kaum. Im Kino und auf dem Sportplatz waren sie eher zu Hause. Da es sich um eine richtige Abendvorstellung handelte, mußte auch die Kleiderfrage geklärt werden. Unser Lehrer erzählte uns einiges über Handlung, Musik und Tanz. Er sprach auch übers Große Haus mit seinen drei Rängen, übers Foyer, über Garderobe und Theke. Langsam wurden wir neugierig.

Am Tag der Aufführung wurden die Eintrittskarten verteilt, und irgendwie war der Nachmittag anders als sonst. Dauernd schaute ich auf die Uhr. Gegen Abend erwischte ich mich immer wieder vor dem Spiegel. Die meisten waren viel zu früh vor dem Theater. Die einen wurden zum zweiten Range hinaufbegleitet, andere hatten ihre Plätze in den Seitenlogen. Da öffneten sich die Türen des Zuschauerraums. Was für eine Pracht! Super, riesig, echt nobel, prunkvoll, großartig — so hörten wir uns sagen. Wir sahen uns in aller Ruhe um. Die meisten Zuschauer waren recht schick gekleidet, gut,

daß wir unsere besten Klamotten angezogen hatten. Unten stimmten die Musiker ihre Instrumente, die Bläser, die Streicher; nur Michael sah sie kaum, auch nicht die Pauken oder die Harfe, er saß nämlich genau hinter der großen Krone über der Königsloge.

Die Kronleuchter wurden hochgezogen, das

letzte Klingelzeichen ertönte, einige Spätkommer suchten noch ihre Plätze. Das Licht ging ganz langsam aus, atemlose Stille! Vor lauter Spannung bekam Snjezana eine Gänsehaut, und ihre Nebensitzerin hatte sogar Herzklopfen vor lauter Aufregung.

Der Dirigent wurde mit Klatschen begrüßt. Nach einem kurzen Vorspiel der Instrumente ging der Vorhang auf: Eine Insel im Meer. Wir kamen aus dem Staunen nicht mehr heraus, denn dort landeten laufend neue Gäste mit einem Schiff. Im bunten Treiben auf dem Jahrmarkt erkannten wir die verträumte Giselle, die von zwei Männern geliebt wird. Der junge Maler Albrecht sah ganz toll aus, der bärtige Hilarion, wütend vor Eifersucht, gefiel uns besser. Sie alle tanzten und stellten ihre Pantomimen so gut dar, daß wir verstanden, um was es ging, obwohl weder gesprochen noch gesungen wurde. Das war besonders auch für die vielen ausländischen Schüler unserer Klasse leichter. Nur Serken beklagte sich über die Musik, sie hatte für ihn zu wenig Power. Dafür freute er sich auf die Pause. Hier schauten wir uns, nun schon sicherer geworden, überall um. Erdal aus der Türkei zeigte uns seine Loge. Ihm blieb beinahe die Spucke weg, als er erfuhr, daß sein Platz normalerweise 99 Mark gekostet hätte. Leider war der zweite Akt gar nicht mehr so lustig. Im romantischen Reich der Königin der Wilis mit ihren wunderschönen Kostümen war wohl alles recht märchenhaft, doch die meisten von uns waren traurig, weil es kein Happy-End gab. Die Clowns, die anfangs heiter und spaßig waren, blieben ganz ratlos zurück. Wir aber waren glücklich, weil wir einen so schönen Abend erlebt hatten. Alle fanden es toll; wir klatschten, bis uns die Hände weh taten, besonders, als die Blumensträuße für die Tänzer auf die Bühne flogen.

Der nächste Morgen — wieder im Schulalltag: Die einen träumten noch vom Balletterlebnis, andere diskutierten darüber. Wann gehen wir wieder ins Theater?
Sandra, Ralf, Manuela, Indir und die 8b
der Friedensschule Stuttgart-West

1. „Giselle" (auch „Les Wilis" genannt) ist das Symbol des romantischen Balletts. Es beruht auf einem Gedicht von Heinrich Heine (1797–1856). Das Ballett wurde 1841 zum ersten Mal in Paris aufgeführt, wo Heine seit 1831 lebte.

16 Arbeiten mit dem Text

1. Beantworte mit deinen Klassenkameraden folgende Fragen!
   a. Wohin hat der Lehrer den Musikunterricht verlegt?
   b. Warum sind besonders die Jungen skeptisch über den Besuch?
   c. Wie hat der Lehrer seine Klasse auf den Ballettbesuch vorbereitet?
   d. Für welche Schüler war der Besuch im Staatstheater ein besonderes Erlebnis? Wie zeigt sich das?
   e. Wie zeigt es sich, daß den Schülern die Aufführung gut gefallen hat?

2. Lest den Bericht euren Partnern vor, diesmal in der Gegenwart!

3. Schreib aus dem Text die Stellen heraus, die Enthusiasmus, Skepsis, Erwartung (*expectation*) und Bewunderung zeigen!

4. Schreib eine Liste mit Adjektiven, die in diesem Text erscheinen!

Expressing happiness and sadness; saying that something is or was being done

Was findet man im Theater oder in der Oper?

einen Vorhang

eine Bühne

einen Rang

einen Dirigenten

auf deutsch erklärt

begrüßen   jemanden grüßen, willkommen heißen
begleiten   mit jemandem mitgehen
Zuschauer   Besucher einer Veranstaltung, bei der es etwas zu sehen gibt
die Aufführung   die Show
Handlung   was passiert
aufführen   im Theater etwas präsentieren
klatschen   applaudieren
heiter   gut gelaunt, froh
Bube   (süddeutsch) Junge

auf englisch erklärt

Unser <u>Versuch</u>, Karten zu bekommen, war zuerst <u>vergeblich</u>.   *Our attempt to get tickets was futile at first.*
Es <u>handelte sich um</u> eine Vorstellung, die <u>weder</u> ich <u>noch</u> mein Freund kannte.   *It was about a performance that neither I nor my friend knew.*
Die Kleiderfrage <u>war geklärt worden</u>.   *The issue of what to wear had been resolved.*
Ich war <u>atemlos</u> vor <u>lauter</u> Aufregung, bekam <u>Herzklopfen</u> und sogar eine <u>Gänsehaut</u>.   *I was breathless from sheer excitement, my heart started pounding, and I even got goose bumps.*
Die Musiker <u>stimmten</u> ihre Instrumente.   *The musicians tuned their instruments.*
Serken <u>beklagte sich</u> darüber.   *Serken complained about that.*
Ich <u>erkannte</u> Giselle.   *I recognized Giselle.*
Die Pantomimen der Tänzer waren so gut, daß wir verstanden, <u>worum es ging</u>.   *The pantomimes of the dancers were so good that we understood what it was all about.*

SO SAGT MAN DAS!

Expressing happiness and sadness

Here is one way to use **froh** for expressing happiness:

   (Erdal) war froh, daß er einen billigen Platz hatte.

And here is a way to express sadness using **traurig**:

   (Sie) waren traurig, weil es kein Happy-End gab.

17 Hör gut zu!

Du hörst jetzt einen Bericht über einen Klassenausflug. Was haben die Freunde gemacht? Wie hat es ihnen gefallen? Schreib die wichtigsten Dinge auf, die sie sagen!

18 Froh oder traurig?

Worüber sind die Schüler, die das Ballett besucht haben, froh, und worüber sind sie traurig? Du und deine Klassenkameraden übernehmen die Rollen der verschiedenen Schüler.

PARTNER **Ja, ich bin die Sandra, und ich bin froh, daß ...**

DU **Gut, ich bin der Serken, und ich bin traurig, weil ...**

Gründe

Schülerkarten bekommen

der Vorhang endlich aufgehen

in die Oper gehen können

eine Abendvorstellung sein

die Pause so lange dauern

der 2. Akt nicht so lustig sein

die besten Klamotten anziehen können

kein Happy-End geben

die Handlung (nicht) kennen

(k)einen guten Platz haben

wieder in die Schule müssen

einen schönen Abend erleben

19 Erzähle mir, wie es dir geht!

Sag einer Partnerin, worüber du jetzt froh oder traurig bist und warum! Sie sagt es dir dann auch.

20 Wofür interessiert ihr euch?

Sag einem Partner, wofür du dich interessierst und warum! Dein Partner kann dir dann sagen, ob er sich auch dafür interessiert oder nicht.

DU **Ich interessiere mich für Musik, weil ich selbst ein Instrument spiele.**

PARTNER **Ich interessiere mich auch dafür, aber ich kann nur das Radio spielen.**

DU **Na prima!**

> ### Schon bekannt
> # Ein wenig *G*rammatik
>
> Do you remember how to form **da-** and **wo-**compounds? If someone said the following to you, but you didn't hear the last word well, how would you form a question to get the desired information?
>
> **Es handelt sich um eine Abendvorstellung.**
> DU **... handelt es sich?**[1]
>
> If someone said something to you and you basically agreed with the statement, how might you restate it without being too redundant?
>
> **Ein Schüler beklagt sich über die Musik.**
> DU **Ich möchte mich auch ...**[2]

Musik — Instrument spielen

Oper — gern singen

Gemälde — gern malen

Ballett — gern tanzen

Bücher — gern lesen

Theater — Theater spielen

1. **Worum**
2. **darüber beklagen**

21 Verben mit Präpositionen

Lies dir die Texte **Los geht's!** and **Weiter geht's!** noch einmal durch und schreib alle Verben mit Präpositionen auf: teilnehmen an, sich unterhalten über, usw.! Schreib dann eine Frage mit jedem Verb, indem du ein Interrogativ mit „wo" gebrauchst!

22 Für mein Notizbuch

Wie ist es bei dir? Schreib deine Antworten in dein Notizbuch, und erkläre sie dann auch!
1. Worauf freust du dich?
2. Wofür interessierst du dich am meisten?
3. Wozu hast du keine Geduld?
4. Woran möchtest du auch gern mal teilnehmen?
5. Wovon träumst du manchmal?
6. Worüber beklagst du dich am meisten?

SO SAGT MAN DAS!

Saying that something is or was being done

In speaking, we often turn the sentence around to focus on the thing being done, for example:

Die Instrumente werden vor der Aufführung gestimmt.
Die Musiker werden vom Dirigenten geleitet.

Of course, you can also express something that was being done, i.e. in the past.

Die Schüler wurden auf ihre Plätze geführt.
Das Ballett ist gestern nicht aufgeführt worden.

23 Hör gut zu!

Du setzt dich in einen bequemen Sessel, um an einem ruhigen Sonntagnachmittag etwas Musik im Radio zu hören. Du hörst, wie der Ansager die Konzerthalle und die Vorbereitungen der Musiker auf das Konzert beschreibt. Was beschreibt er genau? Wer spielt, und was für Musik wird gespielt? Mach dir Notizen!

24 Was passiert hier?

Sieh dir die Illustrationen und die Verbformen im Kasten an! Sag dann deinen Partner, was hier passiert! Wechselt einander ab!
BEISPIEL   **Hier wird/werden ...**

angeboten
entwickelt
gespielt
verkauft

Grammatik The passive voice (Summary)

1. You have been using the passive voice in sentences to express that something is being done:

> Der Tisch **wird** (eben/jetzt) **gedeckt.**

that something was being done:

> Der Dirigent **wurde** mit Klatschen **begrüßt.**

or that something must still get done:

> Der Wagen **muß** (noch) gewaschen **werden.**

2. The passive construction is very similar in English and in German. One construction, the impersonal passive, is different. It uses **es** as the subject:

> **Es wurde** nicht **gesungen.**   *There was no singing.*
> **Es wird** viel **geklatscht.**   *There is a lot of applause.*

When **es** is not used at the beginning of the sentence, it is omitted:

> Nach der Aufführung **wurde** lange **geklatscht.**
> ..., obwohl weder **gesprochen** noch **gesungen wurde.**

3. The following is a summary of the tenses in the passive voice:

Present	Die Schülerkarten **werden verteilt.**
	The student tickets are being distributed.
Imperfect	Der Dirigent **wurde** vom Publikum **begrüßt.**
	The conductor was greeted by the audience.
Perfect	Ein Ballett **ist** gestern **aufgeführt worden.**
	A ballet has been performed yesterday.
Past Perfect	Eine Oper **war** am Abend vorher **gezeigt worden.**
	An opera had been performed on the previous evening.
Future	Ein Film **wird** von unserem Lehrer **gezeigt werden.**
	A movie will be shown by our teacher.

with modals:

Present	Dieses Museum **muß** von den Schülern **besucht werden.**
	This museum must be visited by the students.
Past	Die Kleiderfrage **konnte geklärt werden.**
	The question of what to wear could be cleared up.

with subjunctive forms:

Die Karten	**könnten abgeholt werden.**	*would be able to be picked up.*
	müßten abgeholt werden.	*would have to be picked up.*
	sollten abgeholt werden.	*ought to be picked up.*

Note:
a. The past participle is used in all tenses: even in the present!
b. In the perfect tenses, forms of **sein** are used with **worden** (which comes from **geworden**, the past participle of **werden**).
c. To also say who performed the action, you use **von** and the dative case.

25 Lese- und Schreibübung

Lies dir den Text auf Seite 240-41 noch mal durch! Achte beim Lesen besonders darauf, wie diese Schüler ihren Ballettbesuch in der Staatsoper beschrieben haben! Mach dann eine Liste von den Verbformen, die das Imperfekt und das Passiv zeigen!

Imperfekt	Passiv
er verlegte, wir hatten Glück, ...	geklärt werden, werden verteilt, ...

26 Wie war das?

Erzähle einem Partner, was alles am Ballettabend passiert ist! Benutze dabei das Passiv!

1. Zuerst ... die Eintrittskarten ...
2. Dann ... wir auf unsere Plätze ...
3. Die Instrumente ... noch ...
4. Dann ... das Licht ..., und der Kronleuchter ...
5. Der Dirigent ... mit Klatschen ...
6. Dann ... Musik ..., und es ... nur ..., nicht ... und nicht ...
7. In der Pause ... etwas ... und ...
8. Am Ende der Aufführung ... laut ...

ausgemacht begrüßt gegessen
geführt geklatscht gesungen
gesprochen hochgezogen gestimmt
getanzt verteilt gespielt getrunken

27 Spielen wir Dramaturgen!

Entwickelt eine Idee für ein Theaterstück! Schreibt dazu in Stichwörtern folgendes auf: Zeit, Ort, Personen, Handlung und das Ende! Das Stück soll nicht in der Gegenwart spielen, und es soll in einem anderen Land stattfinden und auch ein Happy-End haben. Denkt euch dann einen Titel aus! Vergleicht, was sich jede Gruppe ausgedacht hat!

28 Rezensionen (*critiques*) in Schlagzeilen

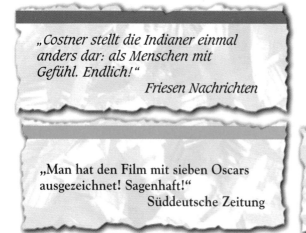

Unten stehen Schlagzeilen über den Film „Der mit dem Wolf tanzt", den du vielleicht gesehen hast. Schreib mit Hilfe einer Partnerin diese Schlagzeilen ins Passiv um, soweit es geht!

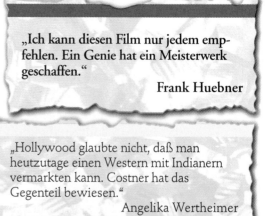

„Costner stellt die Indianer einmal anders dar: als Menschen mit Gefühl. Endlich!"
Friesen Nachrichten

„Ich kann diesen Film nur jedem empfehlen. Ein Genie hat ein Meisterwerk geschaffen."
Frank Huebner

„Man hat den Film mit sieben Oscars ausgezeichnet! Sagenhaft!"
Süddeutsche Zeitung

„Hollywood glaubte nicht, daß man heutzutage einen Western mit Indianern vermarkten kann. Costner hat das Gegenteil bewiesen."
Angelika Wertheimer

Kultur findet man überall!

Die deutschsprachige Jugend hat sehr viele Möglichkeiten, am kulturellen Leben ihrer Stadt teilzunehmen. Sie brauchen diese Möglichkeiten nur zu nutzen. Wenn Kinder noch klein sind, lesen ihnen ihre Eltern die Sagen, Märchen und Geschichten vor, die schon seit Generationen erzählt werden.

Ein gutes Buch ist noch immer ein passendes Geschenk zu Weihnachten oder zum Geburtstag. Viele Eltern nehmen ihre Kinder zu kulturellen Veranstaltungen mit, in Konzerte, in die Oper, in Museen und zu Sonderausstellungen. In Deutschland gibt es heute rund 4000 Museen, 150 Theater, über 180 Orchester, 800 Musikschulen und mehr als 25 000 Bibliotheken.

Das Interesse der Jugendlichen an Musik ist groß. Die meisten Jugendlichen hören sich „ihre" Musik an, aber viele zeigen auch Interesse an klassischer Musik. Viele Jugendliche spielen selbst ein Instrument; sie spielen in irgendwelchen Gruppen in der Schule oder in der Gemeinde, oder sie machen Hausmusik mit Freunden und Bekannten. In der Schule selbst werden die Schüler mit Literatur, Philosophie, Musik und den bildenden Künsten vertraut gemacht. Die Unterrichtspläne für die verschiedenen Klassen beinhalten Museumsbesuche und Besuche zu anderen kulturellen Veranstaltungen. Für freiwillige Besuche zu kulturellen Veranstaltungen werden oft eine Anzahl von Freikarten für Schüler bereitgestellt, und die Schüler selbst können mit ihrem Schülerausweis die meisten kulturellen Veranstaltungen zu verbilligten Preisen besuchen.

A. 1. Wovon handelt der Text? Welche kulturellen Möglichkeiten werden genannt, an denen die Jugend teilnehmen kann? Mach eine Liste!

2. Warum interessiert man sich für solche kulturellen Veranstaltungen? Was meinst du?

3. Macht deine Klasse auch oft Besuche zu kulturellen Veranstaltungen? Zu welchen?

4. Findest du, daß es wichtig ist, solche Veranstaltungen zu besuchen oder daran teilzunehmen? Warum oder warum nicht?

B. Was ist Kultur für dich? Zum Beispiel, erlebt man Kultur nur, wenn man in die Oper, ins Theater oder ins Museum geht? Oder meinst du, daß man Kultur auch auf eine andere Art definieren kann? Gehören zum Beispiel Rockkonzerte und Kultfilme auch dazu?

DIE NACHT BEI DEN WACHSFIGUREN

LESETRICK

Reading for Comprehension
After reading the title and the first one or two paragraphs of a short story, always ask yourself the *who, when, where, what,* and *why* of the story. As you read the next few paragraphs, try to answer those questions completely. Focusing on those questions before reading further will aid comprehension and make reading German more fun.

Getting Started

1. Read the title of the story. What do you think the story might be about? What genre does it probably belong to?
2. Look at the title again and read the first paragraph. Try to answer the following questions.
   a. Wann spielt sich die Handlung ab?
   b. Wer ist die Hauptfigur?
   c. Wo findet die Handlung statt?
   d. Was passiert im ersten Absatz?

Als er das erste Stockwerk durchlaufen hatte, gähnte er lange und ausgiebig. Im zweiten Stock mußte er sich schon dreimal fünf Minuten auf einen der rotgepolsterten, leicht angestaubten Plüschsessel setzen. In der nächsten Etage aber drückte er sich in eine der dämmerigen Ecken, wo ihn kein Aufseher beobachten konnte, streckte genießerisch die Beine von sich und stellte zum soundsovieltenmal fest, daß es doch sehr anstrengend war, durch ein Museum zu gehen — auch wenn seine einzelnen Säle mit den interessantesten Wachsfiguren angefüllt waren, die man sich denken konnte: Kaiser, Wilderer und Mörder, Erfinder und Schwindler, Gauner und berühmte Künstler.

Hein fühlte, wie ihn der Schlaf überkam. Er stützte den rechten Ellenbogen aufs Knie und legte den schweren Kopf in die rechte Hand. So schlief er ein.

Er konnte noch nicht lange geschlafen haben — oder täuschte er sich? — da schreckte er zusammen. Irgend jemand hatte ihm auf die Schulter getippt.

Hein guckte sich um. Hinter ihm stand eine Wachsfigur in Lebensgröße; sie hielt die rechte Hand weit von sich gestreckt, und in dieser Hand trug sie — man sah ihn deutlich glänzen — einen Dolch. „Deveroux, einer von Wallensteins Mördern", entzifferte Hein auf dem Messingschildchen am Boden.

Der Junge beugte sich hinter die Figur, ob sich vielleicht dort jemand versteckt hielt. Niemand! Auch hinter den anderen Wachsplastiken niemand.

„Aber irgend jemand hat mich doch angestupst!" murmelte Hein und schritt auf den Zehenspitzen quer durch den Saal. Er wollte zum Ausgang zurück. Es bedrückte ihn, keinem Menschen zu begegnen. Und mit jedem Schritt wuchs dieses dumme Gefühl des Unbehagens noch mehr an.

Auch im nächsten Saal war Hein der einzige Besucher.

Im übernächsten wagte er leise „Hallo?" zu rufen. Doch niemand gab Antwort. Nur weiter vorne schien sich etwas bewegt zu haben: aber als Hein näher kam, war auch dort alles leblos und still.

Jetzt bekam es der Junge mit der Angst zu tun. „Ich werde doch nicht so lange geschlafen haben, daß das Museum inzwischen geschlossen worden ist?" stammelte er. „Das war — ja — nicht — auszudenken!" Halt! Waren das nicht Schritte gewesen? Hein erstarrte, als sei er selber aus Wachs.

Da kam doch wer? Ein Wärter vielleicht, der nochmals einen Rundgang machte? Hein hätte jubeln mögen — aber die Lippen blieben ihm geschlossen, als seien sie aufeinandergeklebt. Der da vorne um die Ecke bog, war doch — war doch — ja ganz gewiß: war niemand anders als Deveroux! Hein erkannte ihn

---

Weißt du noch? When using context to guess the meaning of unfamiliar words, it's helpful to look at grammatical and lexical clues. For example, ask yourself if the word is a noun, verb, adjective, conjunction, and so on. Then decide to which category the word belongs. For example, does the word represent a location, person, or object? If it is an object, to which class of objects does it belong?

3. Skim the first paragraph again, locating the following words: **Stock(werk)**, **gähnte**, **dämmerig**, **Aufseher**, **anstrengend**, and **Säle**. Using context, decide what these words might mean.

4. Reread the first paragraph and adjust your original answers to question 2, if necessary. Now answer the following question: **Warum setzt sich die Hauptfigur hin?** Before reading further, use what you know about stories of this genre to make predictions about what might happen.

A Closer Look

5. Lies die nächsten fünf Absätze, und beantworte die folgenden Fragen!
   a. Wer ist „er"?
   b. Was tut er im dritten Stock?
   c. Was erweckt ihn ganz plötzlich?

an dem dreieckigen Spitzhut und an der ausgestreck-
ten Hand, die den Dolch hielt.

Dem Jungen setzte das Herz einen Schlag lang
aus. Was war denn hier los? Ging denn das
noch mit rechten Dingen zu? Plötzlich über-
fiel Hein ein Zittern. „Wenn mich der Wallenstein-
Mörder nur nicht entdeckt!" flüsterte er. Und ohne
sich recht bewußt zu werden, was er tat, drängte sich
Hein unter die neben ihm stehende Gruppe. Wilderer
stellten diese Wachsfiguren dar; sie trugen schwarze
Bärte, dicke Rucksäcke und lange Flinten. Und als
Hein sich jetzt in ihre Mitte schob, wichen — wichen
— wichen sie ein paar Schritte zur Seite und
machten dem Jungen bereitwillig Platz!

Der Junge wagte kaum zu atmen, als jetzt —
wenige Meter von ihm entfernt — Wallensteins Mörder in einen anderen Raum
hinüberschritt. Er ging, ohne den Kopf zu wenden,
mit steifen Knien und hatte die Hand mit dem Dolch
weit nach rechts ausgestreckt. Ganz deutlich hörte
man es, wenn er die Füße aufsetzte. Tapp — tapp —
tapp — tapp. Langsam ebbte das Geräusch ab und
verwehte nun völlig. „Nur jetzt nicht schlappmachen", redete er sich ein, „sonst bin ich unter
diesen unheimlichen Gesellen unweigerlich
verloren!"

Am liebsten hätte er schnell einmal die Wilderer
studiert, die neben ihm standen und ihm vorhin
Platz gemacht hatten. Aber er traute sich nicht einmal die Pupillen zu bewegen; obgleich er fühlte, daß
ihn jemand starr ansah. Endlich faßte er sich ein
Herz und hob unmerklich den Blick. Und — sah
einem der Wilderer direkt ins Gesicht.

War das wirklich noch eine Wachsfigur? Eine tote,
zusammengebastelte Wachsfigur? Der Kerl lebte
doch! Auch wenn er sich Mühe gab, geradeaus zu
schauen! Freilich, man sah doch, wie seine Lippen
ganz leicht bebten!

Hatten sich hier vielleicht ein paar über-
mütige Kerle maskiert, um Hein einen
Schrecken einzujagen? Schon wollte Hein
hell hinauslachen, um denen zu zeigen, daß er ihr
Spiel durchschaut hatte, da sah er es.

Er sah es, und er dachte nur noch: Mensch, ich
werde verrückt!

Er sah nämlich, daß eben diesem Wilderer der Hut
mitsamt dem ganzen Kopf von einem furchtbaren
Messerhieb auseinandergespalten war.

Hein fühlte, daß er jetzt gleich zusammensinken
würde; da packte ihn der Wilderer vorne an der Jacke
und schrie: „He, junger Mann! Aufwachen! Das
Museum wird in zehn Minuten geschlossen!"

nach Thomas Burger

---

d. Was oder wen sieht er?

e. Wohin will er zunächst gehen?

f. Wie fühlt er sich dabei?

6. Lies die Erzählung zu Ende und versuche,
die Ereignisse jedes Absatzes in Stichwörtern zusammenzufassen! Dann beantworte die folgenden Fragen!

7. Wie fühlt sich Hein, als er keine Besucher
im Museum findet? Was befürchtet Hein?

8. Wer war Deveroux?

9. Im vierten Absatz vor dem Ende, was meint
Hein, was passiert? Stimmt das?

10. Was sieht er plötzlich? Wie fühlt er sich?

11. Wie wird der Konflikt gelöst?

12. Bildet Gruppen zu dritt, und schreibt jetzt
eure eigene Gruselgeschichte! Ein Schüler
leitet die Gruppe, der zweite schreibt die
Geschichte auf und der dritte liest sie nachher der Klasse vor. Einer fängt mit einem
Satz an, der nächste ergänzt die Geschichte,
indem er einen neuen Satz hinzufügt, usw.
Macht weiter, bis ihr drei oder vier Absätze
geschrieben habt! Versucht auch, eurer
Gruselgeschichte eine überraschende Wende
(*twist*) zu geben wie in „Die Nacht bei den
Wachsfiguren"!

In this chapter you have learned new ways to express feelings of fear, happiness, and sadness. The expression of feelings is central to some of the cultural activities you have discussed, as well as such works of art, poetry, and song. In this activity, you will write a poem or a song to express your feelings about a place, a memory, a person, or an image that had a strong impact on you.

Ein Gedicht — ein Bild mit Wörtern gemalt

Schreib ein Gedicht oder ein Lied über etwas (ein Erlebnis, einen Ort, eine Person, oder ein Bild), was dich tief beeindruckt hat! Drück in dem Gedicht ein bestimmtes Gefühl wie Furcht, Freude oder Traurigkeit in malerischer Sprache aus!

A. Vorbereiten

1. Such eine Idee für dein Gedicht oder Lied! Sieh dir alte Fotos an, und lies alte Tagebücher und Briefe, die du einmal geschrieben hast! Wähl einen Moment in deiner Vergangenheit, wo du ein starkes Gefühl erlebt hast!

2. Such ein Wort für das Gefühl, das du in dem Gedicht ausdrücken willst! Stell dir den Moment vor, und denk an die verschiedenen Empfindungen und Gefühle, die du mit dem Moment verbindest!

3. Schreib malerische Ausdrücke auf, die zu diesem Gefühl passen! Wähle Metaphern, Gleichnisse und Personifizierungen, um die Details zu beschreiben! Denk auch an den Klang der Sprache!

4. Mach einen Plan für das Gedicht oder Lied! Wie lang soll es sein? Wie viele Strophen soll es haben? Soll es einen bestimmten Rhythmus oder Reim haben?

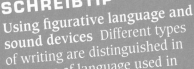

SCHREIBTIP

Using figurative language and sound devices Different types of writing are distinguished in large part by the type of language used in them. Newspaper articles, critical reviews, and business letters are composed of matter-of-fact writing for the purpose of conveying information efficiently and clearly. But creative writing, especially poetry and song, is often composed of figurative language and sound devices. Use figurative language such as metaphors, similes, personification, and concrete imagery to evoke sensory images and to create an appropriate mood for the emotion you want to convey. Use sound devices such as rhyme, rhythm, assonance and alliteration to play with the musical sounds of language itself.

B. Ausführen

Benutze deinen Plan und die Ausdrücke, die du aufgelistet hast, und schreibe das Gedicht oder das Lied! Wenn du ein Lied schreibst, achte auf die Melodie und den Rhythmus der Musik, damit die Musik und die Wörter gut zusammenpassen!

C. Überarbeiten

1. Lies dein Gedicht oder Lied einem Partner vor! Kann sich der Partner die Gefühle vorstellen, die du ausdrückst? Rufen deine Wörter die richtige Wirkung hervor?

2. Lies das Gedicht noch einmal laut vor, und paß diesmal auf den Klang der Wörter auf! Verwende Stabreim und Assonanz, um die Sprache musikalischer zu machen!

3. Hör jetzt auf den Rhythmus der Wörter! Nimm Silben heraus oder setze Wörter ein, um den Rhythmus zu verbessern!

4. Hast du alles richtig buchstabiert? Hast du Präpositionen mit dem Akkusativ und Dativ richtig verwendet?

5. Schreib das verbesserte Gedicht oder Lied noch einmal ab!

1 Du hörst jetzt einige junge Leute über kulturelle Interessen sprechen. Schreib auf, wovon jeder spricht: von Literatur, von Kunst, von einem Konzert, von einer Oper oder von einem Ballett!

2 Der folgende Artikel ist eine typische Rezension eines Musikabends mit dem berühmten englischen Geiger Nigel Kennedy. Lies diese Rezension, und diskutier darüber mit deinen Klassenkameraden! Hast du Nigel Kennedy schon gesehen oder gehört? Was hältst du von ihm?

Super Geiger im Punk-Look

Die Presse hatte die Musikfanatiker schon genügend auf den jungen Super Geiger vorbereitet. Trotzdem schienen anfangs einige Musikliebhaber „schockiert". Er trug nämlich keinen schwarzen Frack. Die Haare hatte er punkig hochgekämmt. So präsentierte sich der junge englische Geiger Nigel Kennedy dem Frankfurter Musikpublikum. Ein Kulturschock? Überhaupt nicht! Der junge Geiger ist ein netter Kerl, der auf dem Klavier modernen Jazz genau so perfekt spielt wie klassische Musik auf seiner Guarnerius-Geige. Nigel Kennedy spielt nämlich in Stephane Grappellis Jazzgruppe mit — das ist lustig, aber noch kein Grund zur Panik. Kennedy ist auch ein Fußballfreak — so aber auch der berühmte Tenor Placido Domingo.

Die Freunde der ernsten Musik hörten gestern abend einen Musiker von großer Energie. Bachs a-Moll-Konzert wurde kraftvoll perfekt gespielt. Danach kamen Vivaldis „Vier Jahreszeiten" — exakt gegeigt, nicht besonders unorthodox oder sogar aufsässig, nein — nur etwas rigoros vielleicht. Der junge Geiger machte außerdem ein paar witzige Bemerkungen am Mikrofon, und das Publikum fand das prima. Demnächst will Kennedy in München spielen. Seine Fans in der bayrischen Hauptstadt warten schon eifrig auf ihn!

3 Schreib eine Rezension über ein Konzert, eine Theateraufführung oder einen Film, den du erlebt hast!

4 Entwerft in der Klasse einen kulturellen Veranstaltungskalender für diesen Monat! Was für Konzerte, Theateraufführungen, Kunstausstellungen werden angeboten? Wann finden sie statt, oder wann fanden sie statt? Welche Veranstaltungen habt ihr schon besucht? Was könnt ihr darüber berichten?

5 Schau dir den Veranstaltungskalender an, den du mit deinen Klassenkameraden entworfen hast! Wähle eine Veranstaltung, die du noch nicht kennst! Besuche sie, schreib eine Rezension darüber, und lies sie der Klasse vor!

6 Stellt mit Hilfe eures Lehrers oder eurer Lehrerin eine Liste zusammen mit Namen von berühmten Deutschen auf den Gebieten der Kunst, der Musik, der Literatur und der Philosophie! Teilt euch in vier Gruppen auf! Jede Gruppe ist für ein Gebiet verantwortlich und macht für dieses Gebiet eine Ausstellung. Die Ausstellung soll aus schriftlichen Berichten und visuellen Materialien bestehen. Die Mitglieder jeder Gruppe sollen dann ihre Ausstellung der Klasse zeigen und beschreiben.

7 Macht jetzt ein „Kulturspiel"! Schreibt die Namen aus der Liste mit berühmten deutschen Frauen und Männern auf Zettel! Teilt euch in zwei Teams auf! Team A bekommt einen Zettel und muß die Person identifizieren: Maler, Komponisten, Sänger, Philosophen, Schriftsteller, Dichter, usw. Dann kommt Team B dran. Welches Team hat die meisten Personen richtig identifiziert?

8

R O L L E N S P I E L

Bereite eins von diesen beiden Rollenspielen mit drei anderen Schülern vor!

a. Du gehst mit drei Schülern in ein Reisebüro. Ihr sucht euch ein Reiseziel aus, das euch allen gefallen wird. Einer von euch spielt die Rolle des Angestellten im Reisebüro.

b. Du diskutierst mit deinen drei Freunden über ein Picknick, das du für die ganze Klasse organisieren mußt. Besprecht zuerst, was ihr alles braucht, und wer was zum Picknick mitbringen muß! Anschließend geht ihr Proviant fürs Picknick einkaufen. Einer von euch übernimmt die Rolle des Verkäufers.

Can you express preference, given certain possibilities? (p. 236)

1 How would you ask a friend what book he or she would read if he or she were on vacation? How would your friend respond if he or she wanted to read *It* by Stephen King?

2 How would you respond if someone asked you **Welche kulturellen Veranstaltungen würdest du besuchen, wenn du genug Zeit hättest?** How would you then express specific possibility?

Can you express envy and admiration? (p. 237)

3 How would you respond if a friend said to you **Ich hab' gerade einen neuen Wagen zum Geburtstag bekommen**?

4 How would you say that you admire people who speak several languages?

Can you express happiness and sadness? (p. 242)

5 How would you say that you are happy about the following things?
a. **Ich darf ins Theater gehen.**
b. **Die Plätze sind sehr gut.**

6 How would you say that you are sad about the following things?
a. **Die Karten fürs Ballett waren ausverkauft.**
b. **Unsere Schulklasse darf keinen Ausflug machen.**

Can you say that something is or was being done? (p. 244)

7 How would you say that you and your classmates are taught (**unterrichtet**) by very good teachers?

8 How would you say that *Cats* was performed in your town last year?

ERSTE STUFE

EXPRESSING PREFERENCE, GIVEN CERTAIN POSSIBILITIES

Ich höre mir hauptsächlich Jazz an. *I listen mainly to Jazz.*

Ich würde mir möglicherweise auch klassische Musik anhören. *I would possibly also listen to classical music.*

Und eventuell noch Country-Western. *And perhaps also Country-Western.*

EXPRESSING ENVY AND ADMIRATION

Wir beneiden unseren Freund, weil ... *We envy our friend because ...*

Ich bewundere Steffi Graf, da ... *I admire Steffi Graf since ...*

OTHER USEFUL WORDS

die Abendkasse, -n *ticket window*
die Ausstellung, -en *exhibition*
das Abonnement, -s *subscription*
die Geige, -n *violin*
das Werk, -e *work, achievement*
die Hausmusik *house music*
die Sage, -n *legend*
das Märchen, - *fairy-tale*
der Philosoph, -en *philosopher*
das Wunder, - *wonder, miracle*
das Volksfest, -e *regional festival*
die Geduld *patience*
das Vergnügen, - *pleasure*
der Unterschied, -e *difference*

aufblühen (sep) *to blossom, thrive*
ausgehen von (sep) *to be initiated by*
vorhanden sein *existing*
vorlesen (sep) *to read aloud*
verlängern *to extend*

grotesk *grotesque*
unheimlich (gut) *really (well)*
historisch *historical*
wissenschaftlich *scientific*
meinetwegen *as far as I'm concerned*
zwar *indeed*
teilweise *partly*

PREPOSITIONS WITH THE GENITIVE CASE

während *during*
wegen *because of*
anstatt *instead of*
innerhalb *inside of*

ZWEITE STUFE

TELLING THAT SOMETHING IS OR WAS BEING DONE

Die Instrumente werden vor der Aufführung gestimmt. *The instruments are being tuned before the performance.*

Die Tänzer sind kräftig applaudiert worden. *The dancers were strongly applauded.*

OTHER USEFUL WORDS

die Aufführung, -en *performance*
die Bühne, -n *stage*
der Dirigent, -en *conductor*
die Handlung, -en *plot*
der Rang, ⸚e *(theater) balcony*
der Vorhang, ⸚e *curtain*
der Zuschauer, - *spectator*

die Aufregung, -en *excitement*
die Eifersucht *jealousy*
die Gänsehaut *goose bumps*
das Herzklopfen *pounding heart*
die Spannung, -en *tension, excitement*
der Bube, -n *(southern German) boy*
die Königin, -nen *queen*
die Pracht *splendor*
der Spiegel, - *mirror*
der Versuch, -e *attempt*

aufführen (sep) *to perform*
begleiten *to accompany*
begrüßen *to greet*
s. beklagen über (acc) *to complain about*
darstellen (sep) *to play (act)*

erkennen *to recognize*
erleben *to experience*
s. handeln um *to be about*
klären *to clear up*
klatschen *to applaud*
stimmen *to tune (an instrument)*
träumen *to dream*
s. umsehen (sep) *to look around*
verteilen *to distribute*

atemlos *breathless*
bärtig *bearded*
heiter *cheerful*
vergeblich *futile*
weder ... noch *neither ... nor*

Deine Welt ist deine Sache!

① Ich hab' mich entschieden, dieses Stellenangebot anzunehmen.

Was für Wünsche, Ziele, Vorstellungen, Hoffnungen und Erwartungen haben Jugendliche, die kurz vor ihrem Schulabschluß stehen? — Hast du dir schon einmal überlegt, was du werden möchtest? Ob oder was du studieren willst? Welchen Beruf du gern ausüben möchtest? Wie dein Leben in zehn Jahren sein wird? Werden sich dann deine Erwartungen erfüllt haben? Wirst du einen guten Job haben, verheiratet sein, eine Familie und vielleicht auch Kinder haben? Um über diese Dinge reden zu können, mußt du noch einiges lernen.

In this chapter you will learn

- to express determination or indecision; to talk about whether something is important or not important
- to express wishes; to express certainty and to refuse or accept with certainty; to talk about goals for the future; to express relief

And you will

- listen to other young people's ideas on their future
- read about the possibilities open to German youth after they graduate
- write about decisions you will make for your future
- discover, visualize, and refine your own plans

② Entscheidend für mich ist, daß ich einen guten Schulabschluß habe.

③ Mit dreißig möchte ich meinen Traumjob gefunden haben.

LEBENSLAU

Name
Geburtsdatum und -ort   Hans-Jür
Staatsangehörigkeit   27. Mai I
Familienstand   deutsch
                                         ledig

Schulbildung

August 1983 bis
Juli 1987

August 1987 bis   Städtische Gr
Juni 1996   Südpark in Ne

                                         Alexander-von-
seit   Gymnasium in i
September 1996
                                         Studium der Ang
                                         Universität zu Kö
Interessen

Fußball (Mitglied im F.C. Novesia),
Modellflugzeugbau, Sch

Los geht's!

Was kommt nach der Schule?

Ein Schulabschluß ist wichtig für alle jungen Leute. Mit einem guten Schulabschluß haben sie eine bessere Möglichkeit, sich auf einen richtigen Beruf vorbereiten zu können. Hier unterhalten sich vier Gymnasiasten über ihre Wünsche und Vorstellungen für die Zukunft.

Ich will auf alle Fälle studieren; ich weiß nicht, warum. Ich kann dafür keinen konkreten Grund angeben. Ich wüßte gar nicht, was ich anderes machen sollte. Wir haben ja hier 13 Jahre nichts anderes getan als gelernt. — Was ich studieren möchte? Nun, ich kann mich noch nicht entscheiden. Wirtschaftswissenschaften vielleicht oder Jura. Ich muß mir das mal überlegen. Für mich spielt die größere Rolle, daß ich nach dem Studium wirklich etwas anfangen kann. Es kommt eben darauf an, ob es dann einen Job in meinem Fach gibt, wenn ich fertig bin. Ich muß mal zum Arbeitsamt gehen und mich erkundigen, wie es in fünf bis sechs Jahren aussehen wird. Aber erst mal mach' ich Ferien, ruh' mich von der Schule aus. Ich hab's nötig.

Sonja

Ich lege großen Wert darauf, an einer guten Universität zu studieren. Ich würde gern in den USA studieren, ja, weil die USA halt ... ja, erst mal wegen der Sprache. Ich mein', Englisch oder Amerikanisch ist nun mal Wissenschaftssprache, und zweitens: ich war in Amerika, und mir hat die Mentalität der Leute so wahnsinnig gut gefallen, und drittens, weil es eins der führenden Länder auf dem technologischen und wissenschaftlichen Sektor ist. Ja, für mich ist es am wichtigsten, daß ich wirklich etwas lerne und mich auf eine gute Karriere vorbereiten kann.

Michael

Ja, ich wollte mal studieren, aber jetzt bin ich nicht mehr besonders daran interessiert. Ich wüßte gar nicht, was ich studieren sollte. An der Uni beruht alles auf freiwilliger Basis, und ich bin zu undiszipliniert, ich würde das gar nicht schaffen. Entscheidend für mich ist, daß ich mal einen Beruf ausüben kann, der mir Spaß macht. Ich werd' also wahrscheinlich auf die Modehochschule gehen, weil ich an Mode besonders interessiert bin.

Tanja

Also, besonders vorbereiten tu' ich mich eigentlich nur durch die Schule, also dadurch, daß ich jetzt eben in der Schule die Kurse gewählt hab', die für mich im Studium am wichtigsten sein können. Ich mach' jetzt zum Beispiel einen Physik-Leistungskurs mit, denn Physik braucht man, wenn man Medizin studieren will. Ausschlaggebend ist für mich erst mal ein gutes Abi, denn nur so kann man überhaupt Medizin studieren. Zuerst aber werd' ich wohl zum Bund müssen. Ich werd' mal sehen, daß ich zum Sanitätskorps komme. Das ist eine gute, praktische Erfahrung für meinen späteren Beruf.

Philipp

Nach dem Abi?

Von je 100 Schulabgängern machen ein halbes Jahr nach dem Abitur	
junge Männer	junge Frauen
51% Wehrdienst/Zivildienst	30% ein Studium
21% ein Studium	29% eine Lehre
15% eine Lehre	13% eine Fachschule
3% eine Berufstätigkeit	9% ein Praktikum
2% eine Beamtenausbildung	4% eine Beamtenausbildung
1% ein Praktikum	2% eine Berufstätigkeit
5% Jobben, Ferien, usw.	13% Jobben, Ferien, usw.

Information für junge Leute

*** 71 Prozent aller Mädchen interessieren sich für Umweltschutz, danach folgen Mode (35%), dann Politik (26%), Religion (17%) und Wirtschaft (16%) *** Ein Drittel aller Abiturienten entscheidet sich für eine Lehre vor dem Studium *** Sechs Prozent aller Jugendlichen unter 18 sind auf Sozialhilfe angewiesen *** Mehr als eine halbe Million ausländischer Mädchen leben in der Bundesrepublik Deutschland ***

1 Hast du alles verstanden?

a. Mach eine Liste und schreib auf, was für Wünsche und Ziele diese vier jungen Leute haben!

b. Such dir einen von diesen vier Schülern aus, und berichte an Hand deiner Notizen über ihn oder über sie in der Klasse!

2 Genauer lesen

Schaut euch die beiden Grafiken an und sprecht darüber!

a. Welche Fakten stehen hinter folgenden Zahlen: 51%, 30%, 15%, 29%?

b. Was machen die jungen Leute ein halbes Jahr nach dem Abitur? Diskutiert über die Unterschiede zwischen jungen Männern und jungen Frauen!

c. Was für allgemeine Interessen haben deutsche Mädchen? Vergleicht diese mit euren eigenen Interessen!

3 Umfrage

Macht in eurer Klasse eine ähnliche Umfrage um festzustellen, was ihr ein halbes Jahr nach eurem Schulabschluß wahrscheinlich machen werdet! Vergleicht das Ergebnis mit dem Ergebnis der deutschen Umfrage! Diskutiert über die Unterschiede!

ERSTE STUFE

Expressing determination or indecision; talking about whether something is important or not important

auf deutsch erklärt

Schulabschluß das Ende der Schulzeit, wenn man das Diplom bekommt
fertig wenn man zu Ende gekommen ist
Zukunft zeitlich nicht jetzt, sondern alles das, was noch kommen wird
anfangen beginnen
Beruf der hauptberufliche Job
jobben arbeiten, aber nicht hauptberuflich
Arbeitsamt von der Stadt organisierte Stelle, wo man Arbeit suchen kann
s. ausruhen s. entspannen
nötig haben wenn man etwas sehr braucht
beschließen s. entscheiden
entschlossen man hat sich entschieden
auf etwas Wert legen wenn man etwas für wichtig hält

auf englisch erklärt

Ich möchte <u>mich nach</u> der <u>Möglichkeit erkundigen</u>, eine <u>Lehre</u> als Schreiner anzufangen. *I would like to get information on the possibility of beginning an apprenticeship as a carpenter.*

Andreas rnuß <u>sich auf</u> das Studium der <u>Naturwissenschaft vorbereiten</u>. *Andreas has to prepare himself for his studies in the natural sciences.*

<u>Auf alle Fälle</u> gibt es gute <u>Gründe</u>, Beamter zu werden. *In any case, there are good reasons to become a civil servant.*

Wenn man die <u>Sprache</u> eines Landes nicht kann, <u>ist</u> man <u>auf</u> Handbewegungen <u>angewiesen</u>. *When you can't speak the language of a country, you have to rely on gestures.*

SO SAGT MAN DAS!

Expressing determination or indecision

Sometimes, when you have made a firm decision, you'll want to express your determination. You can say:

> Ich hab' beschlossen, Jura zu studieren.
> Ich hab' mich entschieden, einen Beruf zu erlernen.
> Ich bin fest entschlossen, in den USA zu studieren.
> Ich weiß jetzt, daß ...

Of course, you may not be quite sure about something. This is the way you might express indecision:

> Ich weiß nicht, **ob** ich Musik studieren soll.
> Ich hab' mich noch nicht entschieden, was/ob ...
> Ich kann (das) noch nicht sagen, was/ob ...
> Ich muß mir das überlegen.
> Es kommt darauf an, was/ob ...
> (Ich werde) mal sehen, ob ...

4 Hör gut zu!

Drei Schüler machen bald ihren Schulabschluß. Hör ihrem Gespräch gut zu und entscheide dich, wer schon feste Pläne hat und wer sich über seine Zukunft noch nicht so sicher ist!

5 Wie sieht's bei dir aus?

Sprich mit einer Partnerin über deine Pläne für die Zukunft! Wofür habt ihr euch entschieden? Was ist noch ungewiß? Was sind die Gründe?

PARTNER **Weißt du schon, ob oder was du studieren willst?**

DU **Ich bin fest entschlossen, Jura zu studieren. Rechtsanwalt ist ein Beruf mit Zukunft.**

Wünsche und Pläne	Gründe
zuerst studieren	ein Beruf mit Zukunft sein
eine Lehre machen	mit dem Studium etwas
einen Job suchen	anfangen können
nach der Schule nichts machen	einen besseren Job nach
im Ausland studieren	dem Studium haben
im Ausland arbeiten	erst einmal Ferien machen
auf die (Musikhochschule) gehen	wegen der Sprache
Wehrdienst oder Zivildienst machen	sich auf eine Karriere vorbereiten

6 Und du? Was möchtest du alles?

Sag einer Partnerin, was du alles machen möchtest, nachdem du deinen Schulabschluß hast!

DU **Ich möchte ...** *oder* **Ich hab' mich entschieden, ...** *oder* **Ich hab' beschlossen, ...**

Was?

die Universität besuchen   (Jura) studieren   einen Beruf erlernen   einen tollen Beruf ausüben

eine gute Allgemeinbildung haben   in (Deutschland) studieren   erst mal Ferien machen

7 Du machst dasselbe

Dein Partner sagt dir, was er macht. Sag ihm, daß du beschlossen hast, dasselbe zu tun!

PARTNER **Ich bereite mich auf eine gute Karriere vor.**

DU **Ich hab' auch beschlossen, mich auf eine gute Karriere vorzubereiten.**

s. auf eine gute Karriere vorbereiten   s. beim Arbeitsamt erkundigen, wie der Arbeitsmarkt aussieht

s. um ein Studium in Deutschland bewerben

s. zuerst mal umsehen, was man alles machen kann   s. gut überlegen, was man werden will

EIN WENIG LANDESKUNDE

Im Jahre 1386 wurde die älteste deutsche Hochschule, die Universität Heidelberg, gegründet. In Deutschland gibt es viele alte Universitäten und auch ganz junge. Seit 1960 sind mehr als zwanzig Universitäten gegründet worden. Immer mehr junge Deutsche wollen heute studieren. 1960 begannen nur fünf Prozent eines Altersjahrgangs ein Studium. Heute bewirbt sich fast jeder dritte Jugendliche um einen Studienplatz. Im Wintersemester 1992/93 studierten über 1,8 Millionen in Deutschland. Davon waren rund 122 000 Ausländer. Der Staat fördert nämlich das Studium von Ausländern an deutschen Hochschulen als Beitrag zur internationalen Verständigung.

Studienwünsche männlicher Abiturienten 1992		Studienwünsche von Abiturientinnen 1992	
Fach	Anteil (%)	Fach	Anteil (%)
Wirtschaft	14	Wirtschaft	11
Maschinenbau	13	Jura	7
Elektrotechnik	11	Sozialwesen	6
Jura	5	Medizin	6
Informatik	5	Architekur	5
Bauinge- nieurwesen	4	Gestaltung	4
Architektur	4	Erziehungs- wissenschaft	4
Medizin	3	Germanistik	3
Physik	3	Biologie	3
Chemie	3	Psychologie	3

8 Fragen an dich

Sag einer Partnerin, wie du dich zu den folgenden Fragen stellst! Hast du zu diesen Fragen schon eine feste Meinung, oder kannst du dich noch nicht entscheiden? — Gebrauch in deiner Antwort die Ausdrücke, die auf Seite 260 aufgelistet sind!

1. Hast du schon feste Vorstellungen von deiner Zukunft?
2. Weißt du schon, was du nach der Schule machen willst?
3. Möchtest du studieren? — Wenn ja, was?
4. Welchen Beruf würdest du gern einmal ausüben?
5. Wirst du zum Arbeitsamt gehen, um dich nach Job-Möglichkeiten zu erkundigen?
6. Was machst du erst mal ganz bestimmt, wenn du mit der Schule fertig bist?
7. Würdest du gern in Deutschland oder anderswo im Ausland studieren oder arbeiten?
8. Möchtest du gleich nach der Schule heiraten und eine Familie gründen?

9 Für mein Notizbuch

Mach eine Liste mit fünf Dingen, für die du dich schon entschieden hast, und mit fünf Dingen, die du dir noch überlegen mußt!

10 Klassendiskussion

1. Vergleicht eure Listen in der Klasse und diskutiert über die Unterschiede in euren Wünschen und Zielen für die Zukunft!
2. Macht eine Klassenliste, die euch zeigt, wofür sich die meisten schon entschieden haben, und was sich die meisten von euch noch überlegen müssen!

11 Was ist am Arbeitsplatz wichtig?

Es gibt viele Gesichtspunkte, nach denen man einen Arbeitsplatz beurteilen kann. Hier ist das Ergebnis einer Umfrage. Es zeigt, was den Deutschen am wichtigsten ist und was ihnen weniger wichtig ist. (Die Nummern zeigen, wievielmal die einzelnen Gesichtspunkte erwähnt wurden.) Diskutiert über das Ergebnis der Umfrage! Was würde bei euch ganz oben stehen? Ganz unten? — Schreibt eure eigene Liste von Prioritäten am Arbeitsplatz!

Einkommenshöhe 53
Bedingungen am Arbeitsplatz 45
Inhalt der Arbeit 34
Kontakte mit Kollegen 34
Aufstiegschancen 23
Sicherheit vor Entlassung 22
Arbeitszeit 19
Verhältnis zum Boss 17
Sicherheit am Arbeitsplatz 15
Mitbestimmung im Betrieb 13
Angenehmes Arbeitstempo 9
Zugang zu Informationen 3

SO SAGT MAN DAS!

Talking about whether something is important or not important

To say what is important, you can use the following phrases:

> Ich lege großen Wert darauf, daß ...
> Ich bin interessiert daran, daß ...
> Für mich spielt die größte Rolle, daß ...
> Mir ist wichtig, daß ...
> Entscheidend für mich ist, daß ...
> Für mich ist es am wichtigsten, daß ...
> Ausschlaggebend ist für mich, daß ...

To say that something is not important, you can say:

> Ich lege keinen großen Wert darauf, daß ...
> Ich bin nicht besonders interessiert daran, daß ...
> Es ist nicht entscheidend für mich, daß ...
> Mir ist weniger wichtig, daß ...

12 Hör gut zu!

Hör Steffi und Horst gut zu, wie sie über ihre Wünsche und Pläne für die Zukunft sprechen! Was für Dinge sind Steffi wichtig? Und Horst? Wie unterscheiden sich die zwei?

13 Kette: Worauf legt ihr großen Wert?

Wenn ihr an die Zukunft denkt, worauf legt ihr da großen Wert? — Drückt eure Meinungen auf verschiedene Arten aus! Jeder in der Gruppe kommt einmal dran.

FRAGE   **Worauf legst du großen Wert?**
SCHÜLER 1   **Ich lege großen Wert auf eine gute Universität.**
SCHÜLER 2   **Entscheidend ist für mich, daß ich eine gute Universität besuche.**

> Schon bekannt
> **Ein wenig *Grammatik***
>
> Do you remember how to use **wo**-compounds to ask a question? If someone said **Wir interessieren uns für Politik** and you didn't hear the end of their sentence, how would you ask for clarification?[1]
> Look at the following sentence:
> **Es kommt darauf an, ob ich einen guten Job finde.**
> What does **darauf** anticipate?[2]
>
> 1. **Wofür interessiert ihr euch?**
> 2. It anticipates the entire clause that follows.

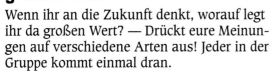

netter Mitarbeiter haben

gute Universität besuchen

viel Freizeit haben

vernünftige Arbeitszeit haben

Zugang zu Information haben

große Karriere vorbereiten

Sicherheit am Arbeitsplatz haben

Aufstiegschancen haben

gutes Gehalt bekommen

angenehmes Arbeitstempo haben

interessanten Beruf erlernen

14 Und du? Wie steht's mit dir?

Denk an deine Wünsche und Ziele für die Zukunft, und beantworte die folgenden Fragen!

1. Woran denkst du schon mit (16) Jahren?
2. Worauf bereitest du dich vor?
3. Woran bist du am meisten interessiert?
4. Wofür wirst du dich entscheiden?
5. Worauf kommt es dir am meisten an?
6. Worauf legst du den größten Wert?

Tierärztin

Musiker

Biologe

Kauffrau

Und dann noch ...

Apotheker(in)	Journalist(in)	Professor(in)
Architekt(in)	Kaufmann, -frau	Rechtsanwalt, -anwältin
Biologe/Biologin	Krankenschwester, -pfleger	Reporter(in)
Computerspezialist(in)	Musiker(in)	Sekretär(in)
Diplomat(in)	Physiker(in)	Soldat(in)
Ingenieur(in)	Politiker(in)	Tierarzt, -ärztin

15 Was möchtest du mal werden?

Sag, was du mal werden möchtest und warum! Frag deine Klassenkameraden, was sie werden möchten! Jeder muß einen Grund angeben.

Talent dazu haben (Kinder) gern haben ein Beruf mit Zukunft gut sein in ...

mein Vater/meine Mutter ist auch ... interessante Arbeit viel reisen können

16 Für mein Notizbuch

Schreib über deine eigenen Zukunftswünsche und Pläne! Folgende Fragen können dir dabei helfen.

1. Was möchtest du machen, wenn du mit der High School fertig bist?
2. Was für einen Beruf möchtest du einmal ausüben?
3. Was ist dir wichtig, wenn du an einen späteren Beruf denkst? Was ist dir weniger wichtig?
4. Mit wem besprichst du deine Zukunftspläne? Wer hilft dir bei deinen Entscheidungen?
5. Der zukünftige Beruf ist natürlich wichtig, aber was für andere Wünsche und Pläne hast du? Möchtest du zum Beispiel viel reisen oder eine Zeitlang im Ausland leben?
6. Möchtest du einmal heiraten und eine Familie gründen?
7. Wo möchtest du einmal wohnen?

Wie findet man eine Arbeitsstelle in Deutschland?

Wie bewirbt man sich um einen Job oder um eine Arbeitsstelle in Deutschland, wenn man mit der Schule fertig ist? Wer eine Arbeitsstelle sucht, sollte hauptsächlich die Stellenangebote in der Zeitung lesen. Alle Tageszeitungen in Deutschland haben in der Samstagsausgabe einen Sonderteil für Stellenangebote, den „Stellenmarkt". Hat man eine Anzeige gefunden, für die man sich interessiert, fertigt man eine schriftliche Bewerbung an. Zu den vollständigen Bewerbungsunterlagen gehören ein tabellarischer Lebenslauf, getippt oder handgeschrieben, ein Foto und Kopien von Schul- und Arbeitszeugnissen. Außerdem schreibt man einen Brief, in welchem man kurz erwähnt, warum man sich für diese Stelle interessiert.

Hier siehst du ein typisches Stellenangebot aus einer deutschen Tageszeitung.

A. 1. Lies zuerst den Text! Wie findet man eine Arbeitsstelle in Deutschland? Welche Unterlagen (*documents*) schickt man an die Firma?

2. Lies jetzt das Stellenangebot (*job offer*)! Wer würde sich für diese Anzeige interessieren? Welche Ausbildung ist für die angebotene Position nötig? Welche persönlichen Eigenschaften soll der Bewerber (*applicant*) haben? Was bietet die Firma dem Bewerber?

B. 1. Wie bewirbt man sich bei einer Firma in den USA? Was schickt man gewöhnlich an die Firma?

2. Wie unterscheidet sich das Bewerbungsverfahren in Deutschland von dem amerikanischen? Was schickt man in Deutschland, aber nicht hier? Welches Verfahren findest du besser? Warum?

3. Welche Fähigkeiten (*skills*) hast du, die eine Firma von einem Bewerber erwartet? Welche Leistungen (*benefits*) soll dir die Firma bieten?

WERTMARKT

Ihr steiler Weg nach oben

Wir suchen

Absolventen von Hoch- und Fachhochschulen der Studienrichtung Betriebswirtschaft

(mit Berufserfahrung)

SIE: suchen eine gutdotierte Führungsposition; sind bereit, Verantwortung zu tragen und selbständig Entscheidungen zu treffen; bringen die Fähigkeit mit, Mitarbeiter zu führen und zu motivieren; verfügen über gute Umgangsformen und ein gepflegtes Erscheinungsbild.

WIR: bieten Ihnen die eigenverantwortliche Führung eines Filialbereiches für eines der führenden Lebensmittel–Filialunternehmen in Deutschland als leitender Angestellter und Vorgesetzter; zahlen ein übertarifliches Gehalt bereits während der Einarbeitung; stellen Ihnen einen neutralen PKW zur Verfügung, den Sie auch privat nutzen können.

Ihre Bewerbung mit den üblichen Unterlagen wie handgeschriebenem Lebenslauf, Lichtbild, Zeugniskopien und Gehaltswunsch richten Sie bitte an:

WERTMARKT Lebensmittelfilialbetrieb GmbH z. Hd. Herrn Reinke Kaiserstraße 10 97070 Würzburg

Weiter geht's!

Wenn ich mal dreißig bin, ...

Fünf Jugendliche sprechen darüber, wie sie ihre Zukunft sehen und was sie mit dreißig Jahren erreicht haben möchten.

Bis vor kurzem hab' ich meine Zukunft ziemlich pessimistisch gesehen. Manchmal hatte ich richtige Angst, daß unsere Welt kaputtgeht an der Umweltverschmutzung und vor allem am Ost-West Konflikt: Panzer, Raketen, Krieg — vor einem Atomkrieg hab' ich mir große Sorgen gemacht. Gott sei Dank hab' ich diese Angst jetzt nicht mehr. Gut, daß der Osten vernünftig geworden ist. Was sich jetzt im Osten tut, gibt mir große Hoffnung für meine Zukunft. Jetzt will ich wirklich einen guten Schulabschluß machen, einen Beruf erlernen, Geld verdienen und reisen, in die ehemaligen Ostblockländer, vielleicht sogar dort arbeiten. Wer weiß?

Sandra, 16

Mit dreißig möchte ich eine politische Karriere begonnen haben. Mein Vater ist Politiker, und ich steh' auch auf Politik. Und was gerade in dieser Zeit auf uns zukommt, ist unbeschreiblich! Die Demokratisierung des Ostens und ein großes, vereintes Europa — da möchte ich auf jeden Fall einmal dabeisein. Ich bin froh, daß ich in der Schule gut bin, und ich werde das Abi ganz bestimmt schaffen. Nun, es steht fest, daß ich Politik und Sprachen studieren werde. Wer nämlich eine, zwei oder sogar mehrere Sprachen kann, der hat bessere Chancen im Beruf und im Leben überhaupt. Und ich mit dreißig? Vielleicht werd' ich bis dahin einen Traumjob gefunden haben oder im Bundestag sein, oder vielleicht werd' ich irgendwo in der Welt herumreisen oder sogar schon verheiratet sein und Kinder haben. Wer weiß? Es ist jedenfalls interessant, so viele Möglichkeiten vor sich zu haben.

Uta, 17

Wenn ich dreißig bin, möchte ich einen tollen Beruf ausüben — Raumfahrttechniker vielleicht, weil das ein Beruf mit Zukunft ist. Auf alle Fälle möchte ich keine materiellen Sorgen haben und ganz bestimmt viel reisen. Eine Familie haben? Kommt nicht in Frage! Nicht mit dreißig, vielleicht mit vierzig Jahren. Ich möchte ganz bestimmt erst mal viel mehr von der Welt sehen, einen weiteren Horizont kriegen.

Alexander, 17

Ich freu' mich direkt auf meine Zukunft. Mit dreißig möchte ich schon viel Geld verdienen, eine schöne Wohnung oder ein Haus haben, ich möchte verheiratet sein und Kinder haben, ja, natürlich auch ein tolles Auto fahren. Nun, das klingt wohl alles ziemlich materialistisch. Aber man muß Ziele im Leben haben und Sachen, an denen man sich freuen kann. Zum Glück bin ich gesund, und ich bin bereit, hart zu arbeiten, um das alles möglich zu machen.

Oliver, 16

Ich hab' noch keine großen Pläne für die Zukunft. Im Sommer werd' ich mit dem Real-gymnasium fertig, und dann werde ich bei einer Bank oder bei einer Versicherung eine Lehre anfangen. Bis ich mal Bankkaufmann bin, vergeht noch eine Weile. Ich werde weiterhin bei meinen Eltern wohnen; ausziehen kommt für mich nicht in Frage. Ich liebe geregelte Verhältnisse. Ich komm' mit meinen Eltern prima aus, und ich möchte weiterhin so leben wie jetzt und auch noch eine Weile so bleiben, wie ich bin. Angst vor der Zukunft hab' ich nicht.

Christian, 17

17 Was sagen die Jugendlichen?

Mach eine Liste und schreib auf, was für Wünsche und Ziele diese fünf Jugendlichen für ihre Zukunft haben!

18 Brainstorming

Unterhaltet euch in der Klasse über eure Wünsche und Ziele für die Zukunft! Macht eine Liste, und schreibt sie in euer Notizheft!

ZWEITE STUFE

Expressing wishes; expressing certainty and refusing or accepting with certainty; talking about goals for the future; expressing relief

Wie sieht die Jugend ihre Zukunft?

In Zeitschriften findet man oft Umfragen und Tests. Hier sind einige Beispiele.

Die Jugendlichen: Was ist ihnen wichtig?				
	sehr wichtig	ziemlich wichtig	kaum wichtig	nicht wichtig
den richtigen Beruf wählen	63%	33%	2,5%	1,5%
keine materiellen Sorgen haben	48%	47%	4%	1%
schöne Wohnung / schönes Haus haben	32%	52%	15%	1%
die Lebensweise selbst bestimmen	34%	50%	15%	1%
heiraten und Kinder haben	31%	34%	27%	8%

Wenn du an deine Zukunft denkst, welche Ziele hast du da? Rangliste		
	Mädchen	Jungen
sicheren Arbeitsplatz	2	2
gutes Einkommen	1	5
gesund leben	5	1
Partnerschaft	4	3
anderen Menschen helfen	6	4
schönes Haus haben	3	7
politisch aktiv sein	7	6

Möchtest du später mal heiraten?			
	Jugendliche insgesamt	Mädchen	Jungen
Ja	48%	40%	55%
Nein	22%	25%	20%
Unentschieden	30%	35%	25%

Wer sind deine Vorbilder? Welche Männer und Frauen bewunderst du besonders?
Albert Schweitzer
Mutter Theresa
Martin Luther King
Sandra Day O'Connor
Ken Griffey Jr.
Mary Joe Fernandez
andere Personen

WORTSCHATZ

auf deutsch erklärt

der Atomkrieg   Krieg mit Nuklearwaffen geführt
das kommt nicht in Frage   daran wird überhaupt nicht gedacht
die Hoffnung   was man hat, wenn man auf etwas hofft
die Raumfahrt   was die Astronauten machen
dabeisein   mitmachen
vereint   zusammen als eins
der Bundestag   das deutsche Parlament
geregelt   ordentlich
Ich stehe auf Politik.   Ich bin von Politik begeistert.
vor allem   besonders
auf jeden Fall   ganz bestimmt
jedenfalls   sicher, gewiß
ehemalig-   früher-

auf englisch erklärt

Ich liebe <u>geregelte</u> <u>Verhältnisse.</u> Ich werde eine Lehre bei einer <u>Versicherung</u> anfangen. *I like orderly conditions. I will become an apprentice with an insurance company.*
Es <u>vergeht</u> noch <u>eine Weile</u>, <u>bis</u> ich <u>Bankkaufmann</u> bin.   *It is going to take a while for me to become a banker.*
<u>Bis dahin</u> weiß ich, was <u>auf</u> mich <u>zukommt.</u> *By then, I'll know what's in store for me.*
<u>Auf alle Fälle</u> muß man ein <u>Ziel</u> haben.   *In any case, one must have a goal.*

19 Was sagt ihr dazu?

1. Überlegt euch mal, was ihr zu den Umfragen auf Seite 268 sagen würdet!
2. Was würdet ihr an diesen Umfragen ändern? Hinzufügen? Weglassen? Diskutiert mit euren Klassenkameraden darüber!
3. Stellt eine Liste mit Leuten auf, die für euch Vorbilder sind!
4. Macht die Umfragen in der Klasse, und diskutiert die Ergebnisse!

SO SAGT MAN DAS!

Expressing wishes

When discussing the future, you often talk about how you wish or hope it might be.

Viel Geld wäre mir nicht wichtig.
In meiner idealen Welt gäbe es keinen Krieg.

Note that **gäbe** is a subjunctive form like **wäre**.

20 Hör gut zu!

Hör zu und schreib auf, was sich diese Schüler wünschen! Wer hat mehr realistische Wünsche und wer mehr ideale? Mit welchem Schüler kannst du dich am besten identifizieren?

21 Was gäbe es in deiner idealen Welt?

Sag einem Partner, was es in deiner idealen Welt gäbe und was nicht!

Es gäbe viel ...   Es gäbe wenig ...   Es gäbe kein ...

Geld   Musik   Theater   Kunst   Sport   Freunde   Tiere
Hunger   Armut   Krieg   Konflikt   Krankheit
Umweltverschmutzung   Blumen   Kinder   Hobbys   ein guter Job
Bücher   ein schönes Haus   eine glückliche Ehe   Reisen

SO SAGT MAN DAS!

Expressing certainty and refusing or accepting with certainty

If you are certain about something, you can say:

Es steht fest, daß ...   *or*   **Es ist sicher, daß ...**
Ich möchte unbedingt ...

If someone asks you if you'd like to do something, here is how you might say that you absolutely refuse: or certainly accept:

Nein, tut mir leid.   **Ja, natürlich!** *or* **Ganz bestimmt.**
Kommt nicht in Frage!   **Auf jeden Fall.** *or* **Auf alle Fälle.**
Auf keinen Fall!

22 Wie steht's mit euch?

Sagt, was bei euch feststeht, und was bei euch nicht in Frage kommt! Benutzt in euren Fragen und Antworten die Liste, die ihr in Übung 18 erstellt habt!

PARTNER 1 **Hast du Angst vor der Zukunft?**

DU **Ganz bestimmt. Ich weiß gar nicht, was kommt!** *oder*
Auf keinen Fall.

DU **Möchtest du in der Welt herumreisen?**

PARTNER 2 **Ja! Ich möchte unbedingt einen Beruf erlernen, wo ich viel reisen kann.**
oder
Kommt nicht in Frage, ich reise gar nicht gern.

23 Für mein Notizbuch

Schreib zehn Sachen auf eine Liste, die dir für deine Zukunft sehr wichtig sind! Das wichtigste muß oben stehen.

24 Vergleicht eure Pläne!

Vergleicht jetzt eure Listen miteinander und sprecht über die Unterschiede, die ihr entdeckt! Denkt daran, daß ihr Gründe für eure Rangordnung angeben müßt!

25 Zukunftspläne

Was wirst du in der Zukunft machen? Was werden deine Freunde machen? Deine Geschwister? Deine Klassenkameraden? Bilde Sätze mit „werden"!

einen interessanten Beruf erlernen

Kinder haben

studieren   etwas für andere tun

viel reisen

politisch aktiv sein   verheiratet sein

Schon bekannt
Ein wenig *Grammatik*

Read the two sentences below. What do they mean? Is their meaning the same or different? What construction is used in the first sentence? In the second? How is the future tense formed? How else can future time be expressed?

Ich schaffe das Abi ganz bestimmt.
Ich werde das Abi ganz bestimmt schaffen.

SO SAGT MAN DAS!

Talking about goals for the future

When thinking about the future, you often speculate on what you would like to have accomplished by a certain time in your life. You could say:

Mit dreißig **möchte ich** eine politische Karriere **begonnen haben.**
Vielleicht **werde ich** bis dahin einen Traumjob **gefunden haben.**

How would you talk about your goals in English?

26 Hör gut zu!

Schreib auf, was diese Jugendlichen mit dreißig Jahren erreicht haben möchten! Wer von ihnen hat große Pläne?

Grammatik The perfect infinitive with modals and **werden**

1. To express that something will have happened or have been completed in the future, you can use the perfect infinitive with a modal or with **werden**.

> Ich **möchte** eine politische Karriere **begonnen haben**.
> Ich **werde** einen Traumjob **gefunden haben**.

2. The perfect infinitive consists of the infinitives **haben** or **sein** (when the main verb requires **sein**), and the past participle of the main verb.

> Ich werde fertig **studiert haben**.   *or*   Wir werden weit **gereist sein**.

27 Mit dreißig ...

Sagt euren Klassenkameraden, was ihr mit dreißig alles getan haben werdet, wenn es nach euren Wünschen geht!

> DU **Mit dreißig werd' ich viel von der Welt gesehen haben.**
> PARTNER **Mit dreißig ...**

Was?

viel von der Welt sehen

viel erleben

überallhin reisen

schon heiraten

schon viel Geld verdienen

ein Haus kaufen

das Studium abschließen

28 Was werde ich alles erreicht haben?

Schreib auf, was du mit 20 und mit 25 Jahren erreicht haben wirst, wenn alles so kommt, wie du es dir vorstellst!

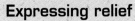

SO SAGT MAN DAS !

Expressing relief

These are some ways of saying that you are relieved about something:

> Gut, daß ...
> Gott sei Dank, daß ...
> Ein Glück, daß ...
>
> Zum Glück habe ich ...
> Ich bin froh, daß ...

29 Worüber seid ihr froh?

Jeder in der Klasse sagt, worüber er oder sie froh ist. Jeder muß der Reihe nach etwas anderes sagen!

> DU **Gut, daß ich meine Zukunft nicht so pessimistisch sehe.**
> PARTNER 1 **Gott sei Dank, daß es keinen Ost-West Konflikt mehr gibt!**
> PARTNER 2 **Zum Glück habe ich ...**

30 Für mein Notizbuch

Eine Bewerbung fürs College oder für die Universität verlangt häufig einen Aufsatz, in dem man einen Eindruck von sich gibt. Schreib einen solchen Aufsatz in dein Notizheft! Erwähne in deinem Aufsatz folgendes:

1. Was sind deine Wünsche und Ziele?
2. Wie bereitest du dich darauf vor?
3. Was willst du mit 30 erreicht haben?
4. Was würde dir Zufriedenheit geben?

Das Märchen vom kleinen Herrn Moritz

von Wolf Biermann

Eines Tages geht ein kleiner älterer Herr spazieren. Er heißt Herr Moritz und hat sehr große Schuhe und einen schwarzen Mantel dazu und einen langen schwarzen Regenschirmstock, und damit geht er oft spazieren. Dann kommt nun der lange Winter, der längste Winter auf der Welt in Berlin, da werden die Menschen allmählich böse:

Die Autofahrer schimpfen, weil die Straßen so glatt sind, daß die Autos ausrutschen.

Die Verkehrspolizisten schimpfen, weil sie immer auf der kalten Straße rumstehen müssen.

LESETRICK

Interpreting symbols In works of fiction authors often use objects and characters as symbols that stand for something greater than themselves, usually something abstract. For example, objects and characters may symbolize emotions, ideas, or abstract concepts, such as good and evil; characters may represent particular groups of people or different aspects of society. A character's name is often a key to understanding what that character symbolizes.

Getting Started

1. Read the title and the first paragraph of the reading selection. To what genre of literature does this story belong? What elements are usually included in a **Märchen**? Answer the following questions:
   a. Wer ist die Hauptfigur?
   b. Wie sieht er aus?
   c. Wann und wo findet die Handlung statt?

2. Reread the first paragraph and continue reading to **An einem solchen ...** What is the main idea of that part of the story? Which statements support the main idea?

3. Lies die ganze Geschichte einmal! Schreib in zwei bis drei Sätzen, worum es in dieser Geschichte geht!

Die Verkäuferinnen schimpfen, weil ihre Verkaufsläden so kalt sind.

Die Männer von der Müllabfuhr schimpfen, weil der Schnee gar nicht alle wird.

Der Milchmann schimpft, weil ihm die Milch in den Milchkannen zu Eis friert.

Die Kinder schimpfen, weil ihnen die Ohren ganz rot gefroren sind, und die Hunde bellen vor Wut über die Kälte schon gar nicht mehr, sondern zittern nur noch und klappern mit den Zähnen vor Kälte, und das sieht auch sehr böse aus.

An einem solchen kalten Schneetag geht Herr Moritz mit seinem blauen Hut spazieren, und er denkt: „Wie böse die Menschen alle sind, es wird höchste Zeit, daß es wieder Sommer wird und die Blumen wachsen." Und als er so durch die schimpfenden Leute in der Markthalle geht, wachsen ganz schnell und ganz viele Krokusse, Tulpen, Maiglöckchen, Rosen und Nelken, auch Löwenzahn und Margeriten auf seinem Kopf. Er merkt es aber erst gar nicht, und dabei ist schon längst sein Hut vom Kopf hoch gegangen, weil die Blumen immer mehr werden und auch immer länger.

Da bleibt vor ihm eine Frau stehen und sagt: „O, Ihnen wachsen aber schöne Blumen auf dem Kopf!"

„Mir Blumen auf dem Kopf?" sagt Herr Moritz, „so was gibt es gar nicht!"

„Doch! Schauen Sie hier in das Schaufenster, Sie können sich darin spiegeln. Darf ich eine Blume abpflücken?"

Und Herr Moritz sieht im Schaufensterspiegelbild, daß wirklich Blumen auf seinem Kopf wachsen, bunte und große, und er sagt: „Aber bitte, wenn Sie eine wollen …"

„Ich möchte gerne eine kleine Rose", sagt die Frau und pflückt sich eine.

„Und ich eine Nelke für meinen Bruder", sagt ein kleines Mädchen und Herr Moritz bückt sich, damit das Mädchen ihm auf den Kopf langen kann. Er braucht sich aber nicht so sehr tief zu bücken, denn er ist etwas kleiner als andere Männer. Viele Leute kommen und brechen sich Blumen vom Kopf des kleinen Herr Moritz, und es tut ihm nicht weh, und die Blumen wachsen immer gleich nach, und es kribbelt so schön am Kopf, als ob ihn jemand freundlich streichelte. Herr Moritz ist froh, daß er den Leuten mitten im kalten Winter Blumen geben kann. Immer mehr Menschen kommen zusammen und lachen und wundern sich und brechen sich Blumen vom Kopf des kleinen Herrn Moritz. Keiner, der eine Blume erwischt, sagt an diesem Tag noch ein böses Wort.

Aber da kommt auf einmal auch der Polizist Max Kunkel. Max Kunkel ist schon seit zehn Jahren in der Markthalle als Markthallenpolizist tätig, aber so was hat er nocht nicht gesehen! Mann mit Blumen auf dem Kopf! Er drängelt sich durch die vielen lauten Menschen, und als er

A Closer Look

4. Scan the first eight paragraphs to identify those that begin with sequencing expressions. Read the sentences or paragraphs that are introduced by those expressions. What different purposes do those expressions serve?

5. Lies die Geschichte noch einmal, und beantworte die folgenden Fragen!

   a. Woran denkt Herr Moritz, als er durch die Markthalle geht? Was passiert ihm dort? Wie reagieren die Leute darauf?

   b. Was will der Polizist sehen? Was geschieht, als Herr Moritz danach sucht?

   c. Was passiert dem Herrn Moritz am Ende der Geschichte?

Read the story again and discuss the following questions with a partner. Share your ideas with the rest of the class.

6. Why does the policeman want to see Herr Moritz's identification card? Why do you think the flowers wilt as Herr Moritz searches for his card?

7. Why do you think Herr Moritz is described as **klein**? What does the word **klein** suggest to you? Who or what might Herr Moritz represent? Think about his name, his appearance, and what you know about his character from his actions in the story. What might the policeman represent?

vor dem kleinen Herrn Moritz steht, schreit er: „Wo gibt's denn so was! Blumen auf dem Kopf, mein Herr. Zeigen Sie doch bitte mal sofort Ihren Personalausweis!"

Und der kleine Herr Moritz sucht und sucht und sagt verzweifelt: „Ich habe ihn doch immer bei mir, ich habe ihn doch in der Tasche!" Und je mehr er sucht, um so mehr verschwinden die Blumen auf seinem Kopf.

„Aha", sagt der Polizist Max Kunkel, „Blumen auf dem Kopf haben Sie, aber keinen Ausweis in der Tasche!!"

Und Herr Moritz sucht immer ängstlicher seinen Ausweis und ist ganz rot vor Verlegenheit, und je mehr er sucht — auch im Jackenfutter — um so mehr schrumpfen die Blumen zusammen, und der Hut geht allmählich wieder herunter auf den Kopf! In seiner Verzweiflung nimmt Herr Moritz seinen Hut ab, und siehe da, unter dem Hut liegt in der abgegriffenen Gummihülle der Personalausweis. Aber was noch!? Die Haare sind alle weg! Kein Haar mehr auf dem Kopf hat der kleine Herr Moritz. Er streicht sich verlegen über den kahlen Kopf und setzt dann schnell den Hut darauf.

„Na, da ist ja der Ausweis", sagt der Polizist Max Kunkel freundlich, „und Blumen haben Sie wohl auch nicht mehr auf dem Kopf, wie?!"

„Nein", sagt Herr Moritz und steckt schnell seinen Ausweis ein und läuft, so schnell wie man auf den glatten Straßen laufen kann, nach Hause. Dort steht er lange vor dem Spiegel und sagt zu sich: „Jetzt hast du eine Glatze, Herr Moritz!"

8. There are many objects in this fairy tale that could be thought of as symbols, for example, the flowers or even the long, cold winter. What other symbols can you find in the story? What might they represent? Do your answers help to make the story more meaningful?

9. Was meinst du, was der Hauptgedanke der Geschichte ist? Schreib deine Idee in einem Satz auf!

10. Wähle zusammen mit einem Partner eine der folgenden Situationen, und entwickle ein passendes Gespräch dazu! Führ danach die Szene der Klasse vor!

a. Einige Reporter haben von den Ereignissen in der Markthalle gehört. Du bist ein Augenzeuge der Ereignisse. Mit deinem Partner übernimm die Rollen von Reporter und Zeuge! Erzähl dem Reporter alles, was passiert ist, damit er einen Bericht darüber schreiben kann!

b. Du bist Herr Moritz und triffst dich mit einem guten Freund einen Tag nach den Ereignissen in der Markthalle. Er will wissen, warum du ganz plötzlich eine Glatze hast. Erzähl ihm, was dir gestern alles passiert ist! Erzähl auch, wie du dich jetzt fühlst!

You have been reading about teenagers in Germany making career decisions that can be major turning points in their lives. Such pivotal moments are often the subject of TV shows and dramas. Imagine a show in which the characters must make a difficult decision which might result in arguments with parents or cause shifts in their relationships with others. In this activity you and your classmates will write a scene, as from a TV show or a movie, about such a turning point.

Von einem Wendepunkt erzählen

Bildet Gruppen von zwei bis vier Schülern, und schreibt zusammen eine Szene, in der jeder von euch eine Rolle hat! Die Szene soll von einer wichtigen Entscheidung und einem dadurch entstandenen Wendepunkt handeln.

SCHREIBTIP

Writing drafts and revising When you first sit down to write, the task can seem overwhelming, so don't try to make your writing perfect the first time through. Instead, write several drafts following your outlines and plans, yet allowing yourself the freedom to be creative and add any new ideas that come to you. Between drafts, share your writing with friends to get constructive criticism. They can tell you what they don't understand so you'll know where you need to clarify your ideas. You may also want to wait a little while between drafts so that you can gain an objective perspective on what you have already written and improve upon it.

A. Vorbereiten

1. Bildet eine Gruppe und besprecht eure Szene! Wer übernimmt welche Rolle? Was ist die wichtige Entscheidung? Was ist der Wendepunkt? Wo und wann spielt sich die Szene ab?
2. Jeder wählt eine Rolle und entwickelt seine Persönlichkeit. Was sind die Gefühle, Hoffnungen, Ziele und Erwartungen, die in dieser Rolle ausgearbeitet werden müssen?
3. Kommt zusammen und spielt eine Szene spontan vor! Schreibt alle guten Ideen auf, die während der Improvisation vorkommen! Denkt auch an die körperlichen Bewegungen, die die einzelnen Darsteller auf der Bühne ausführen sollen!

B. Ausführen

Verwendet eure Ideen von der Improvisation und den ausgearbeiteten Rollen, und schreibt zusammen die Szene! Paßt gut auf, daß die Rollen glaubhaft sind! Sie sollen schon in der geschriebenen Form einen lebendigen Charakter erhalten.

C. Überarbeiten

1. Spielt eure Szene als Gruppe unter euch vor! Denkt an die Rollen der anderen, und gebt einander nützliche Kritik!
2. Tauscht eure Rollen aus, damit ihr eine andere Perspektive gewinnt! Versteht ihr die Rollen der anderen? Müßt ihr irgendwelche Regie- oder Bühnenanweisungen hinzufügen, damit die anderen die Rollen überzeugend spielen können?
3. Verbessert die Szene, indem ihr eine neue Version schreibt! Spielt sie danach vor, und verbessert sie noch einmal, bis ihr alle damit zufrieden seid!
4. Lest eure Szene zusammen laut vor! Habt ihr alles richtig geschrieben?
5. Schreibt die endgültige Version der Szene auf ein reines Blatt Papier!

ANWENDUNG

 1 Hör zu, wie einige Schüler sich über ihre Berufswünsche unterhalten! Was möchte jeder werden? Welche Vorteile und welche Nachteile erwähnen die Schüler? Mach dir Notizen!

 2 Wenn man einen Beruf wählt, muß man sich die Vorteile und die Nachteile überlegen. Was für den einen ein Vorteil ist, kann für den anderen ein Nachteil sein. Wie würdest du folgendes einschätzen? Ist das für dich ein Vorteil oder ein Nachteil? Mach zwei Listen, und besprich diese mit deinen Klassenkameraden!

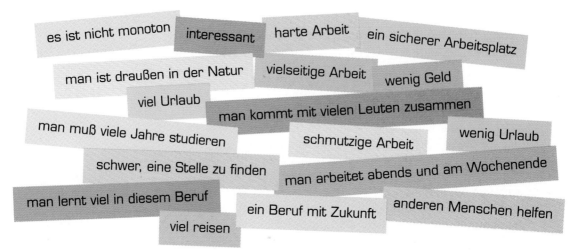

es ist nicht monoton   interessant   harte Arbeit   ein sicherer Arbeitsplatz

man ist draußen in der Natur   vielseitige Arbeit   wenig Geld

viel Urlaub   man kommt mit vielen Leuten zusammen

man muß viele Jahre studieren   schmutzige Arbeit   wenig Urlaub

schwer, eine Stelle zu finden   man arbeitet abends und am Wochenende

man lernt viel in diesem Beruf   anderen Menschen helfen

viel reisen   ein Beruf mit Zukunft

3 Was sind die Berufswünsche deiner Klassenkameraden? Stellt eine Liste auf! Wer will was werden? Wie viele von euch haben denselben Berufswunsch? Besprecht die Gründe für eure Berufswahl!

 4 Klassenprojekt: Eure Schule hat vielleicht ein „Career Center". Dort findet ihr Information über die Ausbildung für alle Berufe. Jeder von euch wählt einen Beruf und sammelt darüber Information im „Career Center". Dann berichtet jeder der Klasse darüber — auf deutsch, natürlich! Ihr müßt Antworten auf Fragen haben, wie: Wie lange dauert die Ausbildung? Wie teuer ist sie? Welche Schulfächer braucht man für diesen Beruf? Hat dieser Beruf eine Zukunft? Wieviel kann man verdienen?

 5 Ab und zu wird in einer Zeitung oder Zeitschrift die Frage gestellt: Hat die Familie als soziale Institution eine Zukunft? Was meinst du? Lies den folgenden Fragebogen! Überleg dir die Fragen, bevor du sie beantwortest!

Fragebogen

  1. Möchtest du einmal heiraten?
  2. Wie viele Kinder möchtest du haben?

3. Wo möchtest du leben?

4. Welchen Beruf möchtest du am liebsten haben?

5. Werden beide Eltern den Beruf ausüben, wenn Kinder kommen?

6. Sollten beide Ehepartner sich die tägliche Hausarbeit teilen?

7. Was findest du in deiner Familie gut? Weniger gut?

8. Findest du, daß deine Eltern Fehler in deiner Erziehung gemacht haben? Welche?

9. Was würdest du als Vater oder Mutter anders machen?

10. Möchtest du später einmal so leben wie deine Eltern?

 6 Diskutier die ausgefüllten Fragebögen mit deinen Klassenkameraden! — Wie sieht es aus? Stellt gemeinsam eine Tabelle auf, und füllt die Ergebnisse der Klassenumfrage ein! Sprecht dann über die Ergebnisse!

7 Nehmen wir an, du willst einmal heiraten! Welche Charakteristiken soll dein idealer Lebenspartner haben? Hier sind zwei Listen von Qualifikationen, die dich zu eigenen Wünschen und Vorstellungen anregen sollen. Wie wichtig sind dir zum Beispiel Geld und Statussymbole? — Was wäre für dich bei der Wahl eines Partners ausschlaggebend, und worauf legst du weniger Wert?

attraktiv	humorvoll
sportlich	reich
musikalisch	intelligent
unkompliziert	verständnisvoll
treu	fröhlich
tierlieb	kinderlieb
großzügig	witzig
zuverlässig	phantasievoll

gern reisen · gern ausgehen · gern zu Hause bleiben · gern tanzen · gern Karten spielen · gern lesen · gern kochen · gern ins Kino gehen

 8 Schreib einen kurzen Brief an einen Briefpartner oder an eine Briefpartnerin! Berichte zuerst etwas über dich selbst, worauf du im Leben Wert legst und was für dich nicht so wichtig ist, und schreib dann, was du von deinem Lebenspartner erwartest!

9

R O L L E N S P I E L

Du bist Personalchef in einer Firma, und du interviewst einen Bewerber für einen Job.

Sucht euch ein Stellenangebot aus der Zeitung heraus, und bereitet euch auf das Interview vor, indem du einige Fragen dafür schreibst und dein Partner sich einige Dinge ausdenkt, die man bei so einer Situation vielleicht sagen müßte! Spielt dann das Interview!

KANN ICH'S WIRKLICH?

Can you express determination or indecision (p. 260)

1 How would you tell someone that you are determined to
  a. study at a university?
  b. have an interesting profession?

2 How would you say that you're undecided about the following things you might do after graduation?
  a. **erst einmal Ferien machen**
  b. **im Ausland studieren**

Can you talk about whether something is important or not important? (p. 263)

3 How would you respond if a friend asked you what is important to you?

4 How would you say what it is you find unimportant?

Can you express wishes? (p. 269)

5 How would you respond if someone asked you what your ideal world would be like?

Can you express certainty and refuse or accept with certainty? (p. 269)

6 How would you mention two things you are certain about?

7 How would you tell someone that you absolutely refuse to take drugs (**Drogen**)?

8 How would you tell a friend that you certainly accept his or her invitation to see a movie?

Can you talk about goals for the future? (p. 270)

9 How would you respond if someone asked you what your plans for the future are, and how you envision your life at age 30?

Can you express relief? (p. 271)

10 How would you tell a friend you're relieved about the following things?
  a. **Es gibt keinen Ost-West Konflikt.**
  b. **Es gibt heute in Mathe keine Klassenarbeit.**

ERSTE STUFE

EXPRESSING DETERMINATION

Ich hab' beschlossen, ... *I've decided ...*
Ich hab' mich entschieden, ... *I have decided ...*
Ich bin fest entschlossen, ... *I am determined ...*

EXPRESSING INDECISION

Ich hab' mich noch nicht entschieden, was/ob ... *I haven't decided yet what/whether ...*
Ich muß mir das überlegen. *I have to consider that.*

TALKING ABOUT WHETHER SOMETHING IS IMPORTANT

Ich lege großen Wert darauf, ... *I place great emphasis on ...*
Ich bin interessiert daran, ... *I am interested in ...*
Für mich spielt die größte Rolle, daß ... *What counts most for me is ...*

Mir ist wichtig, daß ... *Important to me is that ...*
Entscheidend für mich ist, ... *Decisive for me is ...*
Für mich ist es auch am wichtigsten,... *For me it's also most important ...*
Ausschlaggebend ist für mich, daß ... *The determining factor for me is that ...*

PROFESSIONS

der Beruf, -e *profession*
Biologe/Biologin, -n/nen *biologist*
die Kauffrau, -en *business woman*
Musiker(in), -/nen *musician*
Tierarzt, -ärztin *veterinarian*

OTHER WORDS

die Fachschule, -n *vocational school*
die Lehre, -n *apprenticeship*
der Abschluß, ¨sse *diploma*
das Arbeitsamt, ¨er *employment office*

die Erfahrung, -en *experience*
die Tätigkeit, -en *occupation*
die Karriere, -n *career*
die Zukunft *future*
Jura *(study of) law*
die Wissenschaft, -en *science*
die Mentalität *mentality*
die Möglichkeit, -en *possibility*
der Grund, ¨e *reason*
die Sprache, -n *language*

anfangen (sep) *to begin*
angeben (sep) *to indicate*
s. ausruhen (sep) *to rest*
ausüben (sep) *to practice* (a profession)
beruhen auf (acc) *to be based on*
s. erkundigen nach *to inquire about*
jobben *to have a job*
nötig haben *to require*
s. vorbereiten (sep) **auf** (acc) *to prepare for*

angewiesen sein auf (acc) *to be dependent on*
fertig *finished*

ZWEITE STUFE

EXPRESSING WISHES

Viele Freunde haben, wäre mir wichtig. *To have many friends would be important to me.*
In meiner idealen Welt gäbe es nur Frieden. *In my ideal world there would only be peace.*

REFUSING OR ACCEPTING WITH CERTAINTY

Kommt nicht in Frage! *It's out of the question!*
Auf keinen Fall! *No chance!*
Auf jeden Fall. *In any case.*
Auf alle Fälle. *By all means.*
Ganz bestimmt. *Certainly.*

EXPRESSING CERTAINTY

Es steht fest, ... *It's definite ...*

Ich möchte unbedingt ... *I certainly would like ...*

TALKING ABOUT GOALS FOR THE FUTURE

Mit dreißig möchte ich ... gemacht haben. *At thirty I would like to have done ...*

EXPRESSING RELIEF

Gott sei Dank, ... *Thank God!*
Ein Glück, daß ... *Lucky that ...*
Zum Glück ... *Luckily ...*

OTHER WORDS

die Versicherung, -en *insurance company*
der Bundestag *German Federal Parliament*
der Ostblock *Eastern Bloc*
der Osten *east*
der Atomkrieg, -e *nuclear war*

die Hoffnung, -en *hope*
der Horizont *horizon*
die Raumfahrt *space travel*
der Traum, ¨e *dream*
das Verhältnis, -se *condition*
die Weile *while*
die Welt, -en *world*
das Ziel, -e *goal*

klingen *to sound*
stehen auf (acc) *to like*
vergehen *to pass (time)*
zukommen (sep) **auf** (acc) *to be in store for*
dabei sein *to take part*

bis (acc) *until*
bis dahin *by, until then*
vor allem *most of all*
geregelt *orderly*
vereint *unified*
ehemalig- *former*

12
Die Zukunft liegt in deiner Hand!

① Ich hab' beschlossen, eine Lehre als Werkzeugmacherin zu beginnen.

Ein deutsches Sprichwort heißt „Wie man sich bettet, so schläft man". Das heißt, daß es von einem selbst abhängt, wie man sein Leben gestaltet. Jeder junge Mensch muß lernen, eigene Entscheidungen zu treffen und auch keine Angst davor zu haben, daß man ab und zu mal eine falsche Entscheidung trifft. Wer schlau ist, informiert sich genügend, befragt Eltern, Freunde, Lehrer und andere Personen, die ihre eigenen Erfahrungen mit Dingen gemacht haben, für die man sich entscheiden muß. Das schlimmste ist, nichts zu tun und den Kopf in den Sand zu stecken!

In this chapter you will learn

- to report past events; to express surprise and disappointment; to agree; to agree with reservations; to give advice; to give advice and give reasons
- to express determination or indecision; to talk about what is important or not important; to hypothesize

And you will

- listen to students make plans for their future
- read about some problems German teenagers face and how they deal with them
- write about your own expectations for the future
- find out how you can make your world a better one

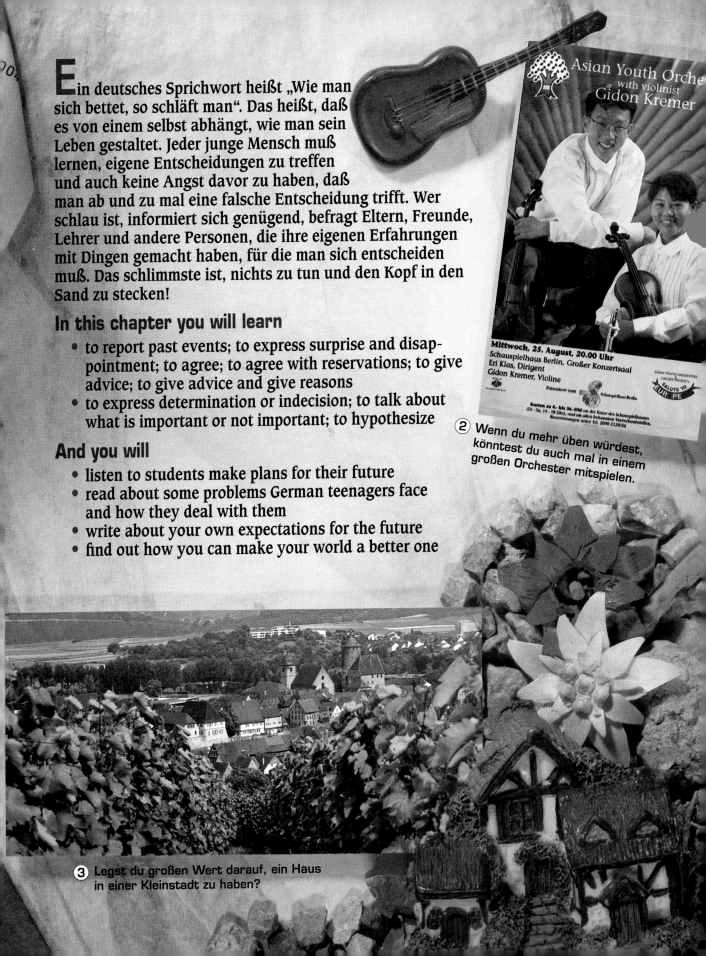

Asian Youth Orchestra
with violinist
Gidon Kremer

Mittwoch, 25. August, 20.00 Uhr
Schauspielhaus Berlin, Großer Konzertsaal
Eri Klas, Dirigent
Gidon Kremer, Violine

② Wenn du mehr üben würdest, könntest du auch mal in einem großen Orchester mitspielen.

③ Legst du großen Wert darauf, ein Haus in einer Kleinstadt zu haben?

Los geht's!

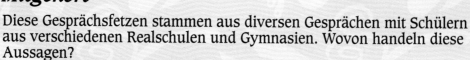

Mitgehört

Diese Gesprächsfetzen stammen aus diversen Gesprächen mit Schülern aus verschiedenen Realschulen und Gymnasien. Wovon handeln diese Aussagen?

„Für mich steht fest, daß ich nach dem Abitur erst einmal den Zivildienst mache, bevor ich studiere. Wenn ich mich nicht irre, dauert der Zivildienst ja nur 12 Monate."

Uwe

„Es ist wichtig, daß die Verbraucher ihre Getränke nur in Mehrwegflaschen kaufen; Einwegflaschen und vor allem Aludosen müßten eigentlich verboten werden."

Veronika

„Ich lege keinen großen Wert darauf, wie ich mich kleide, wie ich aussehe, und darüber bin ich sehr glücklich."

Hannes

„Ich weiß noch nicht, ob ich Kunst oder Sprachen studieren soll, denn ich bin gut in beiden Fächern. Fest steht jedoch, daß ich nicht Physik studiere, denn in diesem Fach bin ich eine absolute Niete."

Brigitte

„Ich habe beschlossen, meine Diät zu ändern und ein gesundes Leben zu führen. Und ich empfehle euch, dasselbe zu tun."

Jens

„Dein Husten macht mir aber langsam Sorgen, und ich bin wirklich sehr erstaunt, daß du noch nicht zum Arzt gegangen bist."

Katja

„Meiner Meinung nach solltest du mal diese Uhr reparieren lassen. Was mich stört ist, daß du alles immer gleich wegwerfen willst und dir was Neues kaufst."

Markus

„Ich geb' Ihnen recht, das Theaterstück war super. Als der Vorhang aufging und ich die bunten Kostüme der Schauspieler sah, bekam ich eine Gänsehaut."

Claudia

1 Hast du alles verstanden?

a. Über welche Themen sprechen diese Schüler? Mach eine Liste!
b. Was drückt jede dieser Aussagen aus? Diskutier darüber mit einem Partner!

2 Und du?

Was würdest du diesen Schülern antworten, wenn sie diese Aussagen dir gegenüber gemacht hätten? Schreib zwei Antworten auf, und lies sie der Klasse vor!

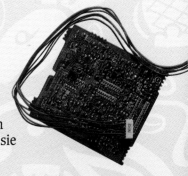

ERSTE STUFE

Reporting past events; expressing surprise and disappointment; agreeing; agreeing with reservations; giving advice; giving advice and giving reasons

3 Hör gut zu!

Junge Leute erzählen, wie ihr Leben vor nur einem halben Jahr war, wie es jetzt ist und warum es sich geändert hat. Schreib die wichtigsten Tatsachen auf! Wer hat die größten Änderungen erlebt?

4 Unzufrieden? Worüber denn?

Setzt euch in kleinen Gruppen zusammen, und erzählt euch gegenseitig, worüber jeder von euch schon mal im Leben unzufrieden war und warum! Einer von euch muß dabei die einzelnen „Unzufriedenheiten" auf einen Zettel schreiben.

SO SAGT MAN DAS!

Schon bekannt

Reporting past events

What do you observe about the following text?

> Vor drei Wochen hatte ich eine schwere Erkältung. Ich fühlte mich gar nicht wohl und konnte nicht in die Schule gehen. Als es mir nach zwei Tagen noch immer nicht besser ging, rief meine Mutter unseren Hausarzt an. Der sagte, ...

What verb forms are used here? Why?

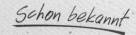

Schon bekannt
Ein wenig *G*rammatik

For the forms of the narrative past (imperfect), used to report past events, see the Grammar Summary.

5 Worüber war Elke unzufrieden?

Elke war gerade dabei, etwas über sich selbst in ihr Tagebuch zu schreiben, als sie ans Telefon gerufen wurde. Schreib für sie die Eintragung fertig! Ein paar Ideen dafür stehen rechts unten. Lest danach eure Texte einander vor!

> *Datum:* Mittwoch, den 10. Mai
>
> Es gab mal eine Zeit bei mir, so ungefähr vor drei Monaten, da fühlte ich mich ziemlich

sich nicht wohl fühlen

schlechte Noten haben

keine tollen Klamotten haben

es gibt zu viel Schmutz und Lärm

kein Geld für Konzertkarten haben

keine Zukunft sehen

mit jemandem Streit haben

SO SAGT MAN DAS!

Schon bekannt

Expressing surprise and disappointment

When expressing surprise, you may begin your statement by saying:

Ich bin/war überrascht, daß Elke Streit mit ihrem Freund hat/hatte.

Ich war erstaunt, daß sie so schlechte Noten hatte.

Ich hätte nicht geglaubt, daß sie überhaupt Probleme hat.

When expressing disappointment, you may begin your statement
by saying:

Ich bin enttäuscht, daß Elke mir nichts gesagt hat.

Ich bedaure, daß sie sich keine neuen Klamotten leisten kann.

Ich finde es schade, daß wir ihr nicht helfen können.

What would you tell a beginning German student about the position of the conjugated verb in **daß**-clauses?

6 Arme Elke!

Such dir eine Partnerin, und schaut euch Übung 5 noch mal an! Sprecht über Elkes Probleme der letzten drei Monate, und drückt dabei eure Überraschung und Enttäuschung aus!

7 Für mein Notizbuch

Womit warst du in der letzten Zeit nicht zufrieden? Schreib einen kurzen Bericht darüber!

8 Hör gut zu!

Junge Leute unterhalten sich über verschiedene Probleme. Hör gut zu und schreib auf, was die einzelnen Probleme sind und welcher Rat gegeben wird, wie man das Problem vielleicht lösen könnte!

wer?	Problem?	was tun?

SO SAGT MAN DAS!

Schon bekannt

Agreeing; agreeing with reservations; giving advice

When agreeing, you may say:

Da geb' ich dir recht, ... *or*

Bei uns ist es auch so; wir ...

When agreeing, but with reservations, you may say:

Das stimmt zwar, aber ... *or*

Es kommt darauf an, ob ...

When giving advice, you may say:

Vielleicht kannst du ... *or*

Es ist wichtig, daß ... *or*

Ich würde sagen, du gehst ...

Schon bekannt
Ein wenig *Grammatik*

For the **würde**-forms, see the
Grammar Summary.

9 Was meinst du?

Such dir eine Partnerin! — Die Aufgabe ist, jede der folgenden Aussagen zu diskutieren. Deine Partnerin liest zuerst eine der aufgelisteten Aussagen vor, als ob diese von ihr wäre. Du nimmst dazu Stellung: du gibst ihr recht und sagst warum, oder du machst Einwände (*express reservations*). Darauf rät dir deine Partnerin, was du tun sollst.

BEISPIEL   PARTNERIN   **Also, ich stehe auf Country Western: die Musik ist immer super, und die Texte sind immer aktuell.**

                DU   **Da geb' ich dir recht. Ich ...**   *oder*
                       Na ja, aber es kommt doch darauf an, wer oder welche Gruppe singt, denn ...

       PARTNERIN   **Ich würde sagen, daß du dir mal die (...) anhören solltest, denn die sind wirklich fetzig.**

1. „Also, ich stehe auf Country Western: die Musik ist immer super, und die Texte sind immer aktuell."
2. „Es hat keinen Sinn für mich, Kunst zu studieren, weil ich später damit wenig anfangen kann — davon kann ich nicht leben."
3. „Ich weiß nicht, ob ich als zweite Fremdsprache Italienisch oder Spanisch lernen soll. Meine Freunde meinen, ich soll Japanisch lernen."
4. „Meiner Meinung nach tun wir bei uns zu Hause noch nicht genug für die Umwelt. Wir sortieren oft unseren Müll nicht, und wir benutzen meistens nur Einwegflaschen."

WORTSCHATZ

Welche Berufe interessieren dich? Vielleicht der ...

eines Schornsteinfegers

eines Steuerberaters

einer Rundfunkmoderatorin

einer Toningenieurin

eines Friseurs

einer Schweißerin

Und dann noch ...

Anästhesist(in)
Elektroinstallateur(in)
Fotograf(in)
Koch/Köchin
Optiker(in)
Schuhmacher(in)
technische(r) Zeichner(in)
Winzer(in)
Zahnarzt/Zahnärztin
Zimmermann

eines Schreiners

einer Glasbläserin

10 Was willst du werden?

Sag einigen Klassenkameraden, welche von den oben aufgelisteten Berufen dich interessieren und warum! Kennst du auch Leute, die diese Berufe ausüben?

11 Hör gut zu!

Schüler unterhalten sich. Was raten einige Schüler ihren Klassenkameraden, und welche Gründe geben sie dafür an? Mach dir Notizen! Welcher Rat, findest du, paßt am besten zu welchem Schüler?

wer?	welcher Rat?	warum?

SO SAGT MAN DAS!

Schon bekannt

Giving advice and giving reasons

When giving advice, you may say:

Versuch doch mal, etwas gesünder zu leben!
An deiner Stelle würde ich nicht rauchen.
Und du solltest wirklich auch mehr schlafen.

When giving reasons for others to do something, you may say:

Du solltest mehr Fisch als Fleisch essen, **weil Fisch gesünder ist.**
Du solltest mehr Sport treiben, **damit du dich besser fühlst.**

When giving your own reasons for doing something, you may say:

Ich treibe viel Sport, **um wirklich fit zu bleiben.**

What words are used to introduce the clauses stating the reasons?
How do they differ in meaning?

12 Was ich alles tun sollte und warum!

Denk an fünf verschiedene Dinge, die du für dich selbst tun sollst, und schreib sie auf! Schreib auch einen Grund daneben!

> Schon bekannt
> **Ein wenig Grammatik**
>
> For infinitive forms of verbs, see the Grammar Summary.

13 Rat geben

Such dir eine Partnerin! — Sag ihr drei Dinge, die du tun solltest, und nenne einen Grund dafür! Sie gibt dir Rat und begründet ihren Rat.

BEISPIEL   DU   **Ich sollte erst mal mehr Zeit für Deutsch verwenden, um eine bessere Note zu bekommen. Und zweitens ...**

        PARTNERIN   **An deiner Stelle würde ich versuchen, alle Noten zu verbessern, damit du einen guten Schulabschluß machst und ...**

14 Leserbriefe beantworten

Lies die Leserbriefe im Kummerkasten! — Als Jugendpsychologe der Kummerkasten-Seite eines Jugendmagazins hast du die Aufgabe, solche Briefe zu beantworten. Such dir einen der vier Briefe aus und beantworte ihn! Drück in deiner Antwort Verständnis für die Probleme aus, und gib den Leuten einen guten Rat, den sie auch befolgen können! Lies dann deine Antwort einem Partner vor!

KUMMERKASTEN

Meine Eltern fahren dieses Wochenende weg, und ich muß auf das Haus achten. Ich würde in dieser Zeit gern meine Clique einladen zum Musikhören oder Videoschauen. Ich weiß aber, daß meine Eltern dagegen wären. Soll ich meine Freunde trotzdem einladen?

Haussitter Tobias

Ich habe vier Wochen „Hausarrest", weil ich letzten Samstag erst um Mitternacht nach Hause gekommen bin anstatt, wie fest versprochen, um 22.30 Uhr. Ich darf jetzt in den nächsten vier Wochen das Haus nach 19.00 Uhr nicht mehr verlassen. In zwei Wochen hat nun mein bester Freund eine Fete, zu der ich eingeladen bin. Die Fete geht bis 23.00 Uhr, und ich möchte gern dabei sein, kann es aber nicht. Was soll ich tun?

„Arrestant" Michael

Ich habe Probleme in der Schule, und meine Eltern werden deshalb bestimmt bald einen blauen Brief[1] erhal-

ten. Soll ich meine Eltern darauf vorbereiten? In zwei Wochen wird es sich entscheiden. Meine einzige Chance ist, eine gute Lateinarbeit zu schreiben, aber dafür müßte ich jetzt jeden Tag 3-4 Stunden und noch länger lernen. Ich habe aber wenig Lust, so viel Zeit mit Latein zu verbringen.

Antje, ein Lateinmuffel

Ich war mit meiner besten Freundin beim Einkaufen. In einem großen Bekleidungsgeschäft hat sie ein Halstuch gesehen, das ihr so gut gefallen hat. Sie hat es sich umgebunden, wir haben noch andere Sachen angeschaut — und plötzlich waren wir draußen auf der Straße. Ich habe meiner Freundin geraten, zurückzugehen und das Halstuch zu bezahlen. Aber das wollte sie nicht. Sie hatte Angst, daß man denkt, sie wollte es stehlen. Jetzt will ich mit meiner Freundin nie wieder einkaufen gehen!

Monika

1. Ein blauer Brief ist ein Mahnschreiben der Schule an die Eltern, wenn die Versetzung des Schülers in die nächste Klasse gefährdet ist.

Pauken allein reicht nicht

Für den Schulabschluß braucht man gute Noten und muß sehr fleißig lernen. Doch wo bleibt das soziale Lernen? Wer engagiert sich für seine Mitmenschen? Wie engagiert man sich? Zwei Schüler haben dazu Stellung genommen. Lies, auf welche Arten sie sich sozial engagieren!

„Man muß sich einmischen", meint Judith. Die Abiturientin hat oft nach diesem Motto gehandelt. Als Schulsprecherin versuchte sie immer „in Erfahrung zu bringen, was die Mitschülerinnen bedrückte". Sie vermittelte bei Konflikten und organisierte Feten und Konzerte für die Schulgemeinde. Der Schulkiosk verkauft dank ihrer Initiative statt „Süßkram" jetzt Biobrötchen. Judith setzte eine Mülltrennaktion an der Schule durch und engagierte sich für eine Kroatienhilfe. „Wenn ich mich über etwas aufrege, werde ich aktiv", erklärt die Schülerin, die am liebsten im Team arbeitet. Ihrer Meinung nach erzieht das Gymnasium heute zu viele „Einzelkämpfer": „Später im Beruf arbeitet man doch meistens in Gruppen."

Judith

„Man kann etwas verändern", weiß Ingo. Das hat der Abiturient eines Wirtschaftsgymnasiums selbst erfahren. Mit einem Freund sammelte er Kleidung und Nahrung für Menschen im ehemaligen Jugoslawien. Der Erfolg war groß. „Die anderen Schüler konnten sehen, daß sich Engagement lohnt", sagt Ingo heute. Etwas Besonderes haben sich Ingo und seine Mitschüler zum Abitur einfallen lassen: Es gibt Zeugnisse für Lehrer. Bewertet werden zum Beispiel Unterrichtsgestaltung, Toleranz, Charisma, Stärken und Schwächen. Besonders viel Lob hat Ingo für seinen Deutschlehrer: „Ein echter Pädagoge, wie es ihn nur selten gibt. Er hat Zeit für die Probleme der Heranwachsenden, nimmt uns als Schüler ernst und stellt dafür auch mal den Unterrichtsstoff zurück."

Ingo

A. 1. Mach dir Notizen darüber, was jeder Schüler für seine Mitmenschen macht! Wie unterscheiden sich die Schüler voneinander?
2. Welche Gründe geben die Schüler an, sich für andere zu engagieren?
3. Glaubst du, daß man die Verantwortung hat, sich für seine Mitmenschen zu engagieren? Was meinst du dazu?
4. Wie engagiert sich deine Klasse oder Schule auf sozialer Ebene? Habt ihr schon mal was verändert oder verbessert?

B. Welche Veränderungen könnte man erreichen (*achieve*), wenn man an sozialen Projekten teilnimmt? Wie würde die Welt deiner Meinung nach dann aussehen?

Weiter geht's!

Pläne für die Zukunft

Gymnasiasten einer 10. Klasse erzählen von ihren Zukunftsplänen.

1. Ich möchte Jura studieren und Strafverteidigerin werden. Erst dann möchte ich heiraten und eine Familie gründen, denn ich möchte immer unabhängig von meinem Mann sein (finanziell) im Fall einer Scheidung, damit ich meine Kinder auch alleine ernähren kann. Trotzdem wünsche ich mir ein Haus, eine gute und glückliche Ehe, zwei bis drei Kinder und Erfolg im Beruf.

2. Ich möchte später Zahntechniker werden, gut verdienen und eine Familie mit zwei Kindern haben. Und ein Haus wäre nicht schlecht. Ich würde vielleicht gern im Ausland arbeiten, weil man dort besser verdienen kann und die Menschen vielleicht nicht so kalt sind wie hier.

3. Wenn ich 35 bin, möchte ich einen Mann haben und vielleicht auch schon ein Kind — und gesund und glücklich sein. Natürlich einen guten Job und viel Geld. Ich möchte in Deutschland leben bleiben, weil ich es hier ganz schön finde. In anderen Ländern, mit anderen Glauben, gibt es nur Konflikte und oft auch Kriege; das wäre nichts für mich. Aber nach Frankreich oder England zu ziehen, könnte ich mir schon vorstellen. In anderen Ländern werden Frauen immer noch zu stark unterdrückt.

4. Nach meinem Schulabschluß habe ich mir schon mal leise überlegt, ob ich nicht vielleicht Jura studieren sollte. Durch das Jurastudium habe ich natürlich auch gute Chancen auf einen guten Beruf, viel Geld und ein Häuschen. Ich würde gerne heiraten und auch ein oder mehrere Kinder haben.

5. Sicherlich möchte ich später einmal einen guten Job und viel Geld haben. Ich weiß aber auch, daß ich mich sehr anstrengen muß, denn wie auch in Amerika ist es hier schwer, eine Arbeit zu finden, die einem wirklich gefällt. Ich glaube nicht, daß ich heiraten werde, denn ich habe es gern, unabhängig zu sein und machen zu können, was ich will. Durch meine Arbeit und andere Pflichten werde ich sowieso schon genug eingeengt sein.

15 Was sagst du zu diesen Aussagen?

1. Welche von diesen Aussagen stammen von einem Jungen und welche von einem Mädchen? Welche können von beiden sein? Wie weißt du das?
2. Welche Aussagen haben etwas gemeinsam (*in common*), und welche sind verschieden? Begründe deine Antwort!
3. Wer von diesen Gymnasiasten hat sich deiner Meinung nach die meisten Gedanken über die Zukunft gemacht? Warum meinst du das?
4. Was für einen allgemeinen Eindruck hast du von diesen Aussagen?

16 Eine Antwort

Mit welchem von diesen Gymnasiasten kannst du dich am besten identifizieren? — Schreib ihm oder ihr einen kurzen Brief, und berichte von deinen eigenen Plänen für die Zukunft!

Expressing determination or indecision; talking about what is important or not important; hypothesizing

In einer Zeit, in der es für Jugendliche nicht so einfach ist, Pläne für die Zukunft zu machen, hat die 16jährige Claudia aus Hamburg jedoch feste Pläne für ihre Zukunft. Lies, was sie geschrieben hat!

> **Pläne für die Zukunft**
>
> Nachdem ich die Schule mit einem Abi-Durchschnitt von 2,5 oder besser beendet habe, studiere ich Betriebswirtschaftslehre.
>
> Nach meinem Studium werde ich eine Lehre in einem großen, berühmten Hotel machen.
>
> Dann möchte ich für einige Zeit im Ausland arbeiten, am liebsten in Frankreich oder in den USA.
>
> Wenn ich so zwischen 25 und 30 Jahre alt bin, ziehe ich nach Frankreich, um dort ein eigenes Hotel zu bauen, oder ein anderes, gutlaufendes Hotel zu übernehmen.
>
> Dort werde ich meinen zukünftigen Mann kennenlernen und ihn heiraten. In den Flitterwochen fahren wir nach Hawaii.
>
> Dann möchte ich 2 Kinder haben. Es sollen Zwillinge sein (ein Mädchen und ein Junge).
>
> Wenn die beiden etwas älter sind, so etwa 14/15/16, sollen sie im Hotel mithelfen, soweit die Schule es ermöglicht.
>
> Claudia Müller (16)

by Claudia Müller, student in Herr Boelicke's class at Johann-Rist-Gymnasium in Wedel, Germany

17 Claudias Pläne

1. Wie viele konkrete Pläne hat Claudia erwähnt? Liste sie auf!
2. Welche Ausdrücke gebraucht Claudia, wenn sie über ihre Pläne spricht? Was drückt sie damit aus?
3. Was ist dein Eindruck von Claudia? Begründe deine Meinung!

18 Bist du so sicher, Claudia?

Such dir eine Partnerin! Sie übernimmt die Rolle von Claudia. Versuche nun, die einzelnen Pläne in Claudias Brief in Frage zu stellen! Claudia muß ihre Pläne verteidigen oder eine andere Möglichkeit erwähnen.

19 Eine Antwort an Claudia

Schreib Claudia einen Brief! Schreib ihr, was du von ihren Plänen hältst und was für Pläne du für deine Zukunft hast!

20 Hör gut zu!

Schüler sprechen über ihre Zukunftspläne. Einige von ihnen haben schon feste Pläne, andere wissen noch nicht genau, was sie machen wollen. Schreib auf, was jeder vorhat, und schreib auch die Gründe auf, die jeder für seine Entscheidung angibt!

wer?	sicher	nicht sicher

SO SAGT MAN DAS!

Schon bekannt

Expressing determination or indecision

When expressing determination, you may say:

Ich weiß jetzt, daß ich Jura studieren werde.
Ich hab' beschlossen, Strafverteidigerin zu werden.
Ich hab' mich entschieden, finanziell unabhängig zu sein.

When expressing indecision, you may say:

Ich weiß nicht, ob ich studieren soll.
Ich kann noch nicht sagen, wann ich nach England ziehe.
Ich muß mir überlegen, wo ich einmal arbeiten werde.

---

21 Deine Pläne

Frag eine Partnerin, was für Pläne sie für die Zukunft hat, und ob sie sich schon für etwas fest entschieden hat oder noch nicht ganz sicher ist! Frag sie auch nach den Gründen! — Erzähl ihr danach von deinen eigenen Plänen!

einige Gründe:

unabhängig sein
viel Geld verdienen
Familie
Haus
guter Job
im Ausland arbeiten
nicht eingeengt sein

Moderne Berufe

Gesundheitswissenschaftler(in)
Sportökonom(in)
Umweltökonom(in)
Mediaplaner(in)
Kommunikationselektroniker(in)
Industriedesigner(in)
PR-Berater(in)
Touristikfachwirt(in)
Lebensmittelkontrolleur(in)

SO SAGT MAN DAS!

Talking about what is important or not important

To talk about what is important to you, you may say:

> **Ich lege großen Wert darauf, daß ...**
> **Mir ist wichtig, daß ...**
> **Entscheidend für mich ist, daß ...**

To talk about what is not important to you, you may say:

> **Ich lege keinen großen Wert auf** ein
> großes Haus.
> **Ich lege keinen Wert darauf, daß** das
> Haus einen Pool hat.
> Ein großer Wagen **ist mir überhaupt
> nicht wichtig.**

> **Schon bekannt**
> **Ein wenig Grammatik**
>
> Identify the direct and indirect object pronouns in these sentences. Why are they different? For the forms of pronouns, see the Grammar Summary.

22 Partner für die Zukunft

Was wäre für dich bei der Wahl eines Partners sehr wichtig, und worauf legst du keinen Wert?

a. Mach zuerst eine Liste mit Qualifikationen, die dein Partner oder deine Partnerin haben sollte!

b. Diskutier dann mit einem Klassenkameraden deine Vorstellungen von einem idealen Partner! Im Kasten rechts stehen ein paar Ideen.

> humorvoll   kinderlieb
>
> Nichtraucher   sportlich
>
> gern reisen   s. für Musik
>   interessieren

23 Hör gut zu!

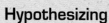

Hör diesen Leuten zu, wie sie über ihre Zukunft reden! Welche Wünsche drücken sie aus? Was würden sie gern tun? Mach dir Notizen!

SO SAGT MAN DAS!

Schon bekannt

Hypothesizing

When making hypotheses, you can say:

> **Wenn ich in Deutsch fleißiger wäre, würde ich** eine Eins **bekommen.**
> **Wenn ich** mehr Geld **hätte, würde ich** nach Deutschland **ziehen.**
> **Wenn ich könnte, würde ich** gern
> Jura **studieren.**

What do these sentences mean? What does each one express?

> **Schon bekannt**
> **Ein wenig Grammatik**
>
> Identify the verb forms in these sentences. When can you use such forms? For subjunctive forms, see the Grammar Summary.

---

294 *zweihundertvierundneunzig*   KAPITEL 12   Die Zukunft liegt in deiner Hand!

24 Wenn das Wörtchen wenn nicht wär', ...

Ein deutsches Sprichwort heißt: „Wenn das Wörtchen wenn nicht wär', wär' mein Vater Millionär." — Nun, setzt euch alle zusammen, und sucht so viele Möglichkeiten wie ihr könnt, um folgende Sätze zu vollenden! Wenn möglich, gebt auch einen Grund für eure Antworten an!

BEISPIEL **Also, wenn ich gut fotografieren könnte, würde ich Werbefotograf werden, weil man dann viel Geld verdient.**

1. Also, wenn ich viel Geld hätte, ...
2. Wenn ich mehr Zeit hätte, ...
3. Wenn ich in (Mathe) eine Eins hätte, ...
4. Wenn ich zwei Fremdsprachen könnte, ...
5. Wenn ich einen guten Beruf hätte, ...
6. Wenn ich nicht so müde wäre, ...
7. Wenn ich jetzt nicht so schlampig angezogen wäre, ...
8. ...

Fotograf: Thomas Balzar

25 Wenn ich ...

Welche Vorteile und welche Nachteile hättest du deiner Meinung nach, wenn du:
a. studieren würdest?
b. schon sehr jung heiraten würdest?
c. in ein anderes Land ziehen würdest?

Denk über diese Fragen nach, und mach dir Notizen! Such dir dann einen Partner, und diskutiert darüber, was jeder von euch aufgeschrieben hat! (Ihr dürft euch auch andere Themen aussuchen.)

26 Für mein Notizbuch

Mach dir kurze Notizen über deine Zukunft! Was hast du schon beschlossen, und was weißt du noch nicht? Worauf legst du großen Wert und worauf weniger oder keinen Wert? Was würdest du gern tun, wenn du deine Zukunft so einrichten könntest, wie du möchtest?

27 Pläne diskutieren

Such dir einen Partner! Diskutiert eure Pläne für die Zukunft, und gebraucht dabei die Notizen, die ihr in eure Notizbücher geschrieben habt!

28

R O L L E N S P I E L

Die Klasse soll sich in vier Gruppen teilen. Eine Gruppe spielt Berater an eurer Schule, die zweite Gruppe spielt Studenten im ersten Jahr (*freshmen*), die dritte Gruppe spielt Eltern, und der Rest spielt Schüler, die bald ihren Schulabschluß machen. Die Schüler sollen Fragen über ihre Zukunft vorbereiten, die anderen sollen sich typische Ratschläge ausdenken, die sie den Schülern geben können. Jeder Schüler geht dann zu einer Person in jeder der drei Gruppen und holt sich Rat. Wie unterscheiden sich die Ratschläge?

29 Textbilder

Seht euch diese Textbilder an! Experimentiert danach mit Buchstaben, und entwerft eure eigenen Textbilder!

```
            HU
           CHUL
          SCHULE
         ESCHULES
        LESCHULESC
       ULESCHULESCH
      HULESCHULESCHU
     CHULESCHULESCHUL
   SCHULE   ab   SCHULE
   SCHULE   cd   SCHULE
   SCHULE   f    SCHULE
   SCHULE   gh   SCHULE
   SCHULE   ij   SCHULE
   SCHULE   kl   SCHULE

         m    ?
           o
         r sx p q   w z
           u          ?
```

Würden Sie bitte aufrücken?!

////////II//////// ..//////////
Hier soll es Löwen geben!

```
ℓℓℓℓℓℓℓℓℓℓℓℓℓℓℓℓℓℓℓℓℓℓℓℓℓℓℓℓℓℓ& o &
```
Tolpatsch!

/////////////////////////////
Drängelt doch nicht so!

Throughout this book you have been learning how to express yourself in German in more and more sophisticated and personal ways. You have also learned how to write in many different genres including journals, short stories, poems and songs, letters, speeches, and many others. In this activity, you will select the genre you enjoy the most and write a short autobiographical piece expressing something important about yourself.

Eine Selbstbiographie schreiben

Wähle ein Genre, das du gern hast, und schreib etwas Selbstbiographisches. Denk an etwas (an ein Ereignis, eine bestimmte Zeit, eine Person, ein Ding), was irgendwie in deinem Leben wichtig ist! Versuche, nicht nur Daten und Fakten aus deinem Leben auf- zulisten, sondern beschreib auch deine Gefühle, Reaktionen, usw.!

A. Vorbereiten

1. Wähle ein Genre, das am besten zu deiner Persön- lichkeit paßt!
2. Denk an dein Leben! Sieh dir alte Fotos, Dias, Tagebücher, persönliche Dokumente und Videos an! Welche wichtigen Ereignisse und Personen haben in deinem Leben eine bedeutende Rolle bei deiner persönlichen Entwicklung gespielt?
3. Mach eine Stichwortsammlung für deine Selbstbio- graphie, zum Beispiel in Form einer Inhaltsangabe oder einer Skizze! Wähle ein Organisationsprinzip! Willst du deine Biographie chronologisch oder the- matisch organisieren?

B. Ausführen

Benutze die Stichwortsammlung, die Fotos und deine Erinnerungen, und schreib jetzt deine Selbstbiographie!
Vergiß nicht, daß du nicht nur persönliche Daten und Ereignisse wiedergeben sollst, sondern auch ein Porträt deiner Persönlichkeit vermitteln sollst. Beschreib dich, damit dich Unbekannte erkennen oder verstehen können!

C. Überarbeiten

1. Tausch deine Selbstbiographie mit der Biographie eines Klassenkameraden aus, ohne deinen Namen auf das Papier zu schreiben! Kann der Klassenkamerad dich in deiner Selbst- biographie erkennen? Kannst du ihn erkennen? Hast du dich treffend beschrieben?
2. Besprich deine Selbstbiographie mit einigen Klassenkameraden! Glauben sie, daß du ein passendes Genre gewählt hast?
3. Stell dir die folgenden Fragen: Hast du ein zentrales Thema deines Lebens dargestellt? Hast du die Ideen gut organisiert und einen geeigneten Ton gefunden? Ist die Sprache auf dem richtigen Niveau?
4. Wenn du mit dem Inhalt zufrieden bist, überprüfe Rechtschreibung und Grammatik!
5. Schreib deine korrigierte Selbstbiographie noch einmal auf ein reines Blatt Papier! Füge Fotos oder sonstige Illustrationen hinzu, die zu deiner Selbstbiographie passen!

SCHREIBTIP

Evaluating your writing
After you have conceived a plan and written several drafts, you should evaluate your writing by asking yourself questions which address many of the points you have learned throughout this book. Ask yourself, for example, whether the writing achieves a clear purpose, whether you have arranged your ideas in a coherent and effec- tive way, and whether the tone and the choice of words is appropriate for your purpose and your audience. Don't worry about mechanical as- pects of writing such as spelling, grammar and punctuation until you are satisfied with the content and structure of your writing. When you do finally proofread, focus carefully on each line and use reference guides to check your work.

Der hellgraue Frühjahrsmantel
von Wolfgang Hildesheimer

Vor zwei Monaten — wir saßen gerade beim Frühstück — kam ein Brief von meinem Vetter Eduard. Mein Vetter Eduard hatte an einem Frühlingsabend vor zwölf Jahren das Haus verlassen, um, wie er behauptete, einen Brief in den Kasten zu stecken, und war nicht zurückgekehrt. Seitdem hatte niemand etwas von ihm gehört. Der Brief kam aus Sydney in Australien. Ich öffnete ihn und las:

Lieber Paul!
Könntest Du mir meinen hellgrauen Frühjahrsmantel nachschicken? Ich kann ihn nämlich brauchen, da es hier oft empfindlich kalt ist, vor allem nachts. In der linken Tasche ist ein „Taschenbuch für Pilzsammler." Das kannst Du herausnehmen und behalten. Eßbare Pilze gibt es hier nämlich nicht. Im voraus vielen Dank.

Herzlichst Dein Eduard

Ich sagte zu meiner Frau: „Ich habe einen Brief von meinem Vetter Eduard aus Australien bekommen." Sie war gerade dabei, den Tauchsieder in die Blumenvase zu stecken, um Eier darin zu kochen, und fragte: „So? Was schreibt er?"

Daß er seinen hellgrauen Mantel braucht und daß es in Australien keine eßbaren Pilze gibt. — „Dann soll er doch etwas anderes essen", sagte sie. — „Da hast du recht", sagte ich.

Später kam der Klavierstimmer. Er war ein etwas schüchterner und zerstreuter Mann, ein wenig weltfremd sogar, aber er war sehr nett, und natürlich sehr musikalisch. Er stimmte

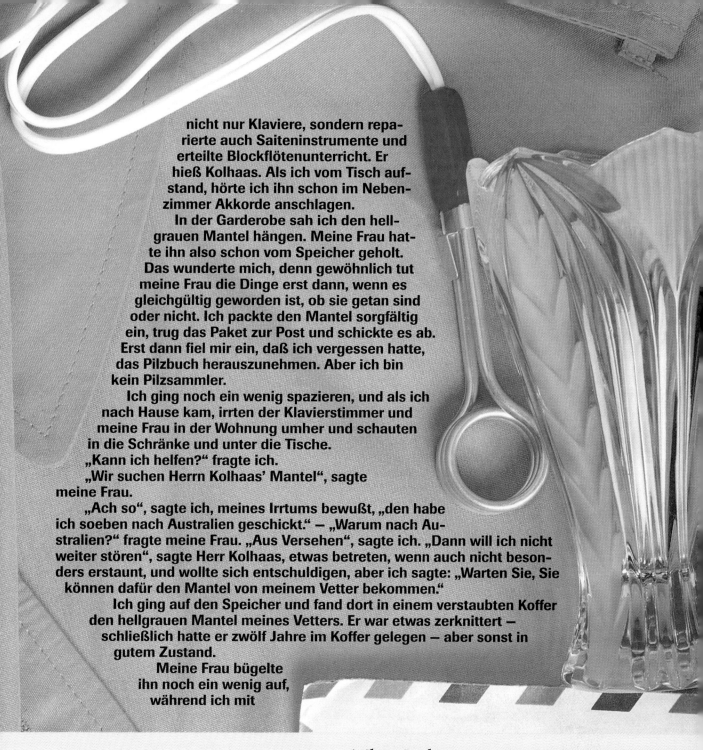

nicht nur Klaviere, sondern repa-
rierte auch Saiteninstrumente und
erteilte Blockflötenunterricht. Er
hieß Kolhaas. Als ich vom Tisch aufstand, hörte ich ihn schon im Nebenzimmer Akkorde anschlagen.

In der Garderobe sah ich den hellgrauen Mantel hängen. Meine Frau hatte ihn also schon vom Speicher geholt.
Das wunderte mich, denn gewöhnlich tut
meine Frau die Dinge erst dann, wenn es
gleichgültig geworden ist, ob sie getan sind
oder nicht. Ich packte den Mantel sorgfältig
ein, trug das Paket zur Post und schickte es ab.
Erst dann fiel mir ein, daß ich vergessen hatte,
das Pilzbuch herauszunehmen. Aber ich bin
kein Pilzsammler.

Ich ging noch ein wenig spazieren, und als ich
nach Hause kam, irrten der Klavierstimmer und
meine Frau in der Wohnung umher und schauten
in die Schränke und unter die Tische.
„Kann ich helfen?" fragte ich.
„Wir suchen Herrn Kolhaas' Mantel", sagte
meine Frau.
„Ach so", sagte ich, meines Irrtums bewußt, „den habe
ich soeben nach Australien geschickt." — „Warum nach Australien?" fragte meine Frau. „Aus Versehen", sagte ich. „Dann will ich nicht
weiter stören", sagte Herr Kolhaas, etwas betreten, wenn auch nicht besonders erstaunt, und wollte sich entschuldigen, aber ich sagte: „Warten Sie, Sie
können dafür den Mantel von meinem Vetter bekommen."
Ich ging auf den Speicher und fand dort in einem verstaubten Koffer
den hellgrauen Mantel meines Vetters. Er war etwas zerknittert —
schließlich hatte er zwölf Jahre im Koffer gelegen — aber sonst in
gutem Zustand.
Meine Frau bügelte
ihn noch ein wenig auf,
während ich mit

3. Before you make your final choice of strategies, discuss some of your ideas with your
classmates and find out which strategies
they find useful.

4. Before reading, make sure you understand
how to apply the stategies you've chosen
and what kind of information you will gain
from each.

A Closer Look
After you have worked with the story, check
your comprehension by answering the following
questions.

5. Was hat Eduard vor zwölf Jahren getan?
Warum erwähnt der Erzähler ihn überhaupt? Was will Eduard?

6. Was schickt der Erzähler nach Australien
und warum?

Herrn Kolhaas ein Glas Sherry trank und er mir von einigen Klavieren erzählte, die er gestimmt hatte. Dann zog er ihn an, verabschiedete sich und ging.

Wenige Tage später erhielten wir ein Paket. Darin waren Steinpilze, etwa ein Kilo. Auf den Pilzen lagen zwei Briefe. Ich öffnete den ersten und las:

Lieber Herr Holle, (so heiße ich) da Sie so liebenswürdig waren, mir ein „Taschenbuch für Pilzsammler" in die Tasche zu stecken, möchte ich Ihnen als Dank das Resultat meiner ersten Pilzsuche zuschicken und hoffe, daß es Ihnen schmecken wird. Außerdem fand ich in der anderen Tasche einen Brief, den Sie mir wohl irrtümlich mitgegeben haben. Ich schicke ihn hiermit zurück.

Ergebenst Ihr A. M. Kolhaas

Der Brief, um den es sich hier handelte, war also wohl der, den mein Vetter damals in den Kasten stecken wollte. Offenbar hatte er ihn dann mitsamt dem Mantel zu Hause vergessen. Er war an Herrn Bernhard Haase gerichtet, der, wie ich mich erinnerte, ein Freund meines Vetters gewesen war. Ich öffnete den Umschlag. Eine Theaterkarte und ein Zettel fielen heraus. Auf dem Zettel stand:

Lieber Bernhard! Ich schicke Dir eine Karte zu „Tannhäuser" nächsten Montag, von der ich keinen Gebrauch machen werde, da ich

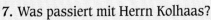

7. Was passiert mit Herrn Kolhaas?

8. Was schickt Herr Kolhaas dem Erzähler und seiner Frau? Warum?

9. Was findet Herr Kolhaas noch im Mantel? Für wen war das bestimmt? Warum war es noch im Mantel?

10. Was meint Eduard über den Mantel, den er bekam? Was will er noch von seinem Cousin haben?

11. Wie reagiert die Frau des Erzählers auf die Briefe?

12. Discuss the story with your classmates. Find out what they thought it was about. Which strategies did they find useful? Which strategies allowed each of you to enjoy the story most and get the most out of it?

verreisen möchte, um ein wenig auszuspannen. Vielleicht hast Du Lust, hinzugehen. Die Schmidt-Hohlweg singt die Elisabeth. Du schwärmst doch immer so von ihrem hohen Gis.

Herzliche Grüße, Dein Eduard

Zum Mittagessen gab es Steinpilze. „Die Pilze habe ich hier auf dem Tisch gefunden. Wo kommen sie eigentlich her?" fragte meine Frau. „Herr Kolhaas hat sie uns geschickt." — „Wie nett von ihm. Es wäre doch gar nicht nötig gewesen."
„Nötig nicht", sagte ich, „aber er ist eben sehr nett."
„Hoffentlich sind sie nicht giftig. — Übrigens habe ich auch eine Theaterkarte gefunden. Was wird denn gespielt?"
„Die Karte, die du gefunden hast", sagte ich, „ist zu einer Aufführung von ‚Tannhäuser', aber die war vor zwölf Jahren!" — „Na ja", sagte meine Frau, „zu ‚Tannhäuser' hätte ich ohnehin keine große Lust gehabt."
Heute morgen kam wieder ein Brief von Eduard mit der Bitte, ihm eine Tenorblockflöte zu schicken. Er habe nämlich in dem Mantel (der übrigens seltsamerweise länger geworden sei, es sei denn, er selbst sei kürzer geworden) ein Buch zur Erlernung des Blockflötenspiels gefunden und gedenke, davon Gebrauch zu machen. Aber Blockflöten seien in Australien nicht erhältlich.
„Wieder ein Brief von Eduard", sagte ich zu meiner Frau. Sie war gerade dabei, die Kaffeemühle auseinanderzunehmen und fragte: „Was schreibt er?" — „Daß es in Australien keine Blockflöten gibt." — „Dann soll er doch ein anderes Instrument spielen", sagte sie.
„Das finde ich auch", meinte ich.
Meine Frau ist von erfrischender, entwaffnender Sachlichkeit. Ihre Repliken sind zwar nüchtern aber erschöpfend.

13. Reread the story with the following question in mind: Which actions or dialogues deviate from what you would consider to be "normal" reactions or responses? For example, what do you expect to be in the first letter from the cousin? Are your expectations met? How do these instances make the story humorous?

14. Erzähl die Geschichte zusammen mit deinen Klassenkameraden nach! Fang die Geschichte mit einem Satz an, und eine Klassenkameradin erzählt weiter, indem sie einen neuen Satz hinzufügt. Jeder kommt einmal dran, bis die Geschichte zu Ende ist. Verwende ordnende Zeitausdrücke (**zuerst, dann usw.**) in der Nacherzählung!

KANN ICH'S WIRKLICH?

Can you report past events? (p. 284)

1 How would you respond if someone said to you **Erzähl mir alles, was du in den letzten Ferien gemacht hast!**?

Can you express surprise and disappointment? (p. 285)

2 How would you respond if
a. a friend said **Meine Tante Anna hat mir 20 000 Mark zum Geburtstag geschenkt**?
b. you heard that one of your friends takes drugs (**Drogen**)?

Can you agree? (p. 285)

3 How would you agree with someone who said **Wir schauen zuviel Fernsehen, anstatt zu lesen**?

Can you agree with reservations? (p. 285)

4 How would you agree, but with reservations, if someone said **Wer Geld hat, hat auch Freunde**?

Can you give advice? (p. 285)

5 How would you respond if a friend said to you **Ich weiß nicht mehr, was ich machen soll; ich bekomme immer schlechte Noten**?

Can you give advice and give reasons? (p. 287)

6 How would you tell someone that he or she should exercise and why? How would you give your own reason for exercising regularly?

Can you express determination or indecision? (p. 293)

7 How would you say
a. what you're determined to do after high school?
b. that you're not yet sure what you'll do?

Can you talk about what is important or not important? (p. 294)

8 How would you tell a friend
a. what is important to you?
b. what is not important?

Can you hypothesize? (p. 294)

9 How would you respond if someone asked you **Was würdest du tun, wenn du Millionär wärst?**

ERSTE STUFE
PROFESSIONS

Schornsteinfeger(in), -/nen
chimney sweep
Steuerberater(in), -/nen
tax consultant
Rundfunksprecher(in), -/nen
radio announcer
Toningenieur(in), -e/nen
sound engineer
Friseur/Friseuse, -e/n *hair stylist*
Schweißer(in), -/nen
welder
Schreiner(in), -/nen
cabinet maker

Glasbläser(in), -/nen *glass blower*
Anästhesist(in), -en/nen
anesthesiologist
Elektroinstallateur(in), -e/nen
electrician
Fotograf(in), -en/nen
photographer
Koch (Köchin), ⸚e/nen *chef*
Optiker(in), -/nen *optician*
Schuhmacher(in), -/nen
shoemaker
**technische(r) Zeichner(in),
-/nen** *technical designer*
Winzer(in), -/nen *vintner*

der Zahnarzt, ⸚e *dentist*
die Zahnärztin, -nen (female) *dentist*
der Zimmermann, -leute
carpenter

OTHER USEFUL WORDS

die Niete, -n *failure (in a subject)*
die Diät, -en *diet*
das Kostüm, -e *costume*

führen *to lead*

ZWEITE STUFE
MODERN PROFESSIONS

Zahntechniker(in), -/nen
dental technician
Strafverteidiger(in), -/nen
lawyer for the defense
**Gesundheitswissenschaftler(in),
-/nen** *nutritional scientist*
Sportökonom(in), -en/nen
sports scientist
Umweltökonom(in), -en/nen
environmental scientist
Mediaplaner(in), -/nen
media planner
**Kommunikationselektroniker
(in), -/nen** *communications engineer*

**Industriedesigner(in), -
/nen** *industrial designer*
PR-Berater(in), -/nen
PR-consultant
Touristikfachwirt(in), -e/nen
tourism specialist
**Lebensmittelkontrolleur(in),
-e/nen** *health inspector*

OTHER USEFUL WORDS

die Ehe, -n *marriage*
die Scheidung, -en *divorce*
der Erfolg, -e *success*

der Konflikt, -e *conflict*
die Chance, -n *chance*

ziehen *to move (residence)*
unterdrücken *to oppress*
gründen *to found*
s. anstrengen (sep) *to make an effort*
einengen (sep) *to confine*

finanziell *financially*
im Fall *in the case (of)*
sicherlich *certainly*

SUMMARY OF FUNCTIONS

Functions are probably best defined as the ways in which you use a language for specific purposes. When you find yourself in specific situations, such as in a restaurant, in a grocery store, or at school, you will want to communicate with those around you. In order to do that, you have to "function" in the language so that you can be understood: you place an order, make a purchase, or talk about your class schedule.

Such functions form the core of this book. They are easily identified by the boxes in each chapter that are labeled SO SAGT MAN DAS! These functions are the building blocks you need to become a speaker of German. All the other features in the chapter—the grammar, the vocabulary, even the culture notes—are there to support the functions you are learning.

Here is a list of the functions from Levels 1, 2, and 3 accompanied by the German expressions you will need in order to communicate in a wide range of situations. The level of the book is indicated by a Roman numeral I, II, or III. The chapter and page on which the expressions were introduced is also indicated.

You have learned to communicate in a variety of situations. Using these expressions, you will be able to communicate in many other situations as well.

SOCIALIZING

Saying hello
I, Ch. 1, p. 21

Guten Morgen!
Guten Tag!
Morgen!
Tag! ⎱ *shortened forms*
Hallo!
Grüß dich! ⎱ *informal*

Saying goodbye
I, Ch. 1, p. 21

Auf Wiedersehen!
Wiedersehen! *shortened form*
Tschüs!
Tschau! ⎱ *informal*
Bis dann!

Offering something to eat and drink
I, Ch. 3, p. 70

Was möchtest du trinken?
Was möchte *(name)* trinken?
Was möchtet ihr essen?

Responding to an offer
I, Ch. 3, p. 70

Ich möchte *(beverage)* trinken.
Er/Sie möchte im Moment gar nichts.
Wir möchten *(food/beverage)*, bitte.

Saying please
I, Ch. 3, p. 72

Bitte!

Saying thank you
I, Ch. 3, p. 72

Danke!
Danke schön!
Danke sehr!

Saying you're welcome
I, Ch. 3, p. 72

Bitte!
Bitte schön!
Bitte sehr!

Giving compliments
I, Ch. 5, p. 127

Der/Die/Das *(thing)* sieht *(adjective)* aus!
Der/Die/Das *(thing)* gefällt mir.
II, Ch. 8, p. 194
Dein/Deine *(clothing item)* sieht echt fetzig aus.
Sie/Er/Es paßt dir auch echt gut.
Und dieser/diese/dieses *(clothing item)* paßt dir prima!
Sie/Er/Es paßt gut zu deiner/deinem *(clothing item)*.

Responding to compliments
I, Ch. 5, p. 127

Ehrlich?
Wirklich?
Nicht zu *(adjective)*?
Meinst du?
II, Ch. 8, p. 193
Meinst du wirklich?
Ist er/sie/es mir nicht zu *(adjective)*?
Das ist auch mein/meine Lieblings*(clothing item)*.
Echt?

Starting a conversation
I, Ch. 6, p. 145

Wie geht's?
Wie geht's denn?] *Asking how someone is doing*

Sehr gut!
Prima!
Danke, gut!
Gut!
Danke, es geht.
So lala.   *Responding to* **Wie geht's?**
Nicht schlecht.
Nicht so gut.
Schlecht.
Sehr schlecht.
Miserabel.

Making plans
I, Ch. 6, p. 150

Was willst du machen?   Ich will *(activity)*.
Wohin will *(person)* gehen? Er/Sie will in/ins
                             (place) gehen.

Ordering food and beverages
I, Ch. 6, p. 154

Was bekommen Sie? Ich bekomme *(food/beverage)*.
Ja, bitte?
Was essen Sie?   Einen/Eine/Ein *(food)*, bitte.
Was möchten Sie?   Ich möchte *(food/beverage)*,
                   bitte.
Was trinken Sie?   Ich trinke *(beverage)*.
Was nimmst du?   Ich nehme *(food/beverage)*.
Was ißt du?   Ich esse *(food)*.

II, Ch. 11, p. 274

Haben Sie schon gewählt?   Ja, bringen Sie mir bitte
                           den/die/das *(menu item)*.
Und was hätten Sie gern?   Ich hätte gern den/die/
                           das *(menu item)*.

Talking about how something tastes
I, Ch. 6, p. 156

Wie schmeckt's?   Gut!
                  Prima!
                  Sagenhaft!
                  Der/Die/Das *(food/beverage)*
                     schmeckt lecker!
                  Der/Die/Das *(food/beverage)*
                     schmeckt nicht.
Schmeckt's?   Ja, gut!
                  Nein, nicht so gut.
                  Nicht besonders.

Paying the check
I, Ch. 6, p. 156

Hallo! Ich will/
  möchte zahlen.   Das macht (zusammen)
                    (total).
Stimmt schon!

Extending an invitation
I, Ch. 7, p. 174; Ch. 11, p. 277

Willst du *(activity)*?
Wir wollen *(activity)*. Komm doch mit!
Möchtest du mitkommen?
Ich habe am *(day/date)* eine Party. Ich lade dich ein.
  Kannst du kommen?

Responding to an invitation
I, Ch. 7, p. 174; Ch. 11, p. 277

Ja, gern!
Toll!
Ich komme gern mit.] *accepting*
Aber sicher!
Natürlich!
Das geht nicht.   ] *declining*
Ich kann leider nicht.

Accepting with certainty
III, Ch. 11, p. 269

Ja, natürlich!
Ganz bestimmt.
Auf jeden Fall.
Auf alle Fälle.

Refusing with certainty
III, Ch. 11, p. 269

Nein, tut mir leid.
Kommt nicht in Frage!
Auf keinen Fall.

Expressing obligations
I, Ch. 7, p. 175

Ich habe keine Zeit. Ich muß *(activity)*.

Offering help
I, Ch. 7, p. 179

Was kann ich für dich tun?   ]
Kann ich etwas für dich tun?   ] *asking*
Brauchst du Hilfe?
Gut! Mach' ich!   *agreeing*

Asking what you should do
I, Ch. 8, p. 198

Was soll ich für dich tun?   Du kannst für mich
                             (chore).
Wo soll ich *(thing/things)*
  kaufen?   Beim (Metzger/Bäcker).
                             In der/Im *(store)*.
Soll ich *(thing/things)* in
  der/im *(store)* kaufen?   Nein, das kannst du
                             besser in der/im *(store)*
                             kaufen.

Getting someone's attention
I, Ch. 9, p. 222

Verzeihung!
Entschuldigung!

Offering more
I, Ch. 9, p. 230

> Möchtest du noch etwas?
> Möchtest du noch einen/eine/ein *(food/beverage)*?
> Noch einen/eine/ein *(food/beverage)*?

Saying you want more
I, Ch. 9, p. 230

> Ja, bitte. Ich nehme noch einen/eine/ein
>   *(food/beverage)*.
> Ja, bitte. Noch einen/eine/ein *(food/beverage)*.
> Ja, gern.

Saying you don't want more
I, Ch. 9, p. 230

> Nein, danke! Ich habe keinen Hunger mehr.
> Nein, danke! Ich habe genug.
> Danke, nichts mehr für mich.
> Nein, danke, keinen/keine/kein *(food/beverage)* mehr.

Using the telephone
I, Ch. 11, p. 274

> Hier *(name)*.
> Hier ist *(name)*.
> Ich möchte bitte *(name)*
>   sprechen.   *starting a conversation*
> Kann ich bitte *(name)*
>   sprechen?
> Tag! Hier ist *(name)*.
> Wiederhören!
> Auf Wiederhören!   *ending a conversation*
> Tschüs!

Talking about birthdays
I, Ch. 11, p. 278

> Wann hast du Geburtstag?   Ich habe am *(date)*
>   Geburtstag.
>   Am *(date)*.

Expressing good wishes
I, Ch. 11, p. 278

> Alles Gute zum/zur *(occasion)*!
> Herzlichen Glückwunsch zum/zur *(occasion)*!

II, Ch. 11, p. 275

> Zum Wohl!
> Prost!
> Auf dein/euer/Ihr Wohl!
> Guten Appetit!
> Mahlzeit!

Changing the subject
III, Ch. 6, p. 136

> Ich möchte noch mal auf *(topic)* zurückkommen.
> Übrigens, ich wollte etwas anderes sagen.

Interrupting
III, Ch. 6, p. 136

> Laß mich mal zu Wort kommen!
> Moment mal! Laß *(person)* mal ausreden!

Making polite requests
III, Ch. 9, p. 211

> Könnte ich bitte ...?
> Dürfte ich bitte ...?
> Würden Sie bitte ...?

EXCHANGING INFORMATION

Asking someone his or her name and giving yours
I, Ch. 1, p. 22

> Wie heißt du?   Ich heiße *(name)*.
> Heißt du *(name)*?   Ja, ich heiße *(name)*.

Asking and giving someone else's name
I, Ch. 1, p. 22

> Wie heißt der Junge?   Der Junge heißt *(name)*.
> Heißt der Junge *(name)*? Ja, er heißt *(name)*.
> Wie heißt das Mädchen?   Das Mädchen heißt
>   *(name)*.
> Heißt das Mädchen *(name)*? Nein, sie heißt *(name)*.

Asking and telling who someone is
I, Ch. 1, p. 23

> Wer ist das?   Das ist der/die *(name)*.

Asking someone his or her age and giving yours
I, Ch. 1, p. 25

> Wie alt bist du?   Ich bin *(number)* Jahre alt.
>   Ich bin *(number)*.
>   *(Number)*.
> Bist du schon *(number)*? Nein, ich bin *(number)*.

Asking and giving someone else's age
I, Ch. 1, p. 25

> Wie alt ist der Peter?   Er ist *(number)*.
> Und die Monika? Ist
>   sie auch *(number)*?   Ja, sie ist auch *(number)*.

Asking someone where he or she is from and telling where you are from
I, Ch. 1, p. 28

> Woher kommst du?   Ich komme aus *(place)*.
> Woher bist du?   Ich bin aus *(place)*.
> Bist du aus *(place)*? Nein, ich bin aus *(place)*.

Asking and telling where someone else is from
I, Ch. 1, p. 28

> Woher ist *(person)*?   Er/Sie ist aus *(place)*.
> Kommt *(person)* aus *(place)*? Nein, sie kommt aus
>   *(place)*.

Talking about how someone gets to school
I, Ch. 1, p. 31

Wie kommst du
zur Schule?   Ich komme mit der/dem
    (mode of transportation).

Kommt Ahmet zu Fuß
zur Schule?   Nein, er kommt auch mit
    der/dem *(mode of
    transportation)*.

Wie kommt Ayla
zur Schule?   Sie kommt mit der/dem
    (mode of transportation).

Talking about interests
I, Ch. 2, p. 46

Was machst du in
deiner Freizeit?   Ich *(activity)*.
Spielst du *(sport/
instrument/game)*?   Ja, ich spiele *(sport/
    instrument/game)*.
    Nein, *(sport/instrument/
    game)* spiele ich nicht.
Was macht *(name)*?   Er/Sie spielt *(sport/
    instrument/game)*.

Asking about interests
II, Ch. 8, p. 193; Ch. 10, p. 240

Interessierst du dich für *(thing)*?
Wofür interessierst du dich?
Was für Interessen hast du?

Expressing interest
II, Ch. 8, p. 193; Ch. 10, p. 240

Ja, *(thing)* interessiert mich.
Ich interessiere mich für *(thing)*.

Expressing disinterest
II, Ch. 8, p. 193

(Thing) interessiert mich nicht.
Ich hab' kein Interesse an *(thing)*.

Expressing indifference
II, Ch. 8, p. 193

(Thing) ist mir egal.

Saying when you do various activities
I, Ch. 2, p. 53

Was machst du nach
der Schule?   Am Nachmittag *(activity)*.
    Am Abend *(activity)*.
Und am Wochenende?   Am Wochenende *(activity)*.
Was machst du im
Sommer?   Im Sommer *(activity)*.

Talking about where you and others live
I, Ch. 3, p. 69

Wo wohnst du?   Ich wohne in *(place)*.
    In *(place)*.

Wo wohnt
der/die *(name)*?   Er/Sie wohnt in *(place)*.
    In *(place)*.

Describing a room
I, Ch. 3, p. 75

Der/Die/Das *(thing)* ist alt.
Der/Die/Das *(thing)* ist kaputt.
Der/Die/Das *(thing)* ist klein,
aber ganz bequem.
Ist *(thing)* neu?   Ja, er/sie/es ist neu.

Talking about family members
I, Ch. 3, p. 78

Ist das dein/deine
(family member)?   Ja, das ist mein/
    meine *(family
    member)*.

Und dein/deine *(family
member)*? Wie heißt er/sie?   Er/Sie heißt *(name)*.
Wo wohnen deine
(family members)?   In *(place)*.

Describing people
I, Ch. 3, p. 80

Wie sieht *(person)* aus?   Er/Sie hat *(color)* Haare und
    (color) Augen.

Talking about class schedules
I, Ch. 4, p. 98

Welche Fächer hast du?   Ich habe *(classes)*.
Was hast du am *(day)*?   *(Classes)*.
Was hat die Katja am *(day)*?   Sie hat *(classes)*.
Welche Fächer habt ihr?   Wir haben *(classes)*.
Was habt ihr nach der Pause?   Wir haben *(classes)*.
Und was habt ihr am Samstag?   Wir haben frei!

Using a schedule to talk about time
I, Ch. 4, p. 99

Wann hast du *(class)*?   Um *(hour)* Uhr *(minutes)*.
Was hast du um
(hour) Uhr?   *(Class)*.
Was hast du von *(time)*
bis *(time)*?   Ich habe *(class)*.

Sequencing events
I, Ch. 4, p. 101

Welche Fächer hast
du am *(day)*?   Zuerst hab' ich *(class)*, dann
    (class), danach *(class)*, und
    zuletzt *(class)*.

Talking about prices
I, Ch. 4, p. 107

Was kostet *(thing)*?   Er/Sie kostet nur *(price)*.
Was kosten *(things)*?   Sie kosten *(price)*.
Das ist (ziemlich) teuer!
Das ist (sehr) billig!
Das ist (sehr) preiswert!

Pointing things out
I, Ch. 4, p. 108

Wo sind die *(things)*?	Schauen Sie!
	Dort!
	Sie sind dort drüben!
	Sie sind da hinten.
	Sie sind da vorn.

Expressing wishes when shopping
I, Ch. 5, p. 122

Was möchten Sie?	Ich möchte einen/eine/ein *(thing)* sehen, bitte.
	Ich brauche einen/eine/ein *(thing)*.
Was bekommen Sie?	Einen/Eine/Ein *(thing)*, bitte.
Haben Sie einen Wunsch?	Ich suche einen/eine/ein *(thing)*.

Describing how clothes fit
I, Ch. 5, p. 125

Es paßt prima.
Es paßt nicht.

Talking about trying on clothes
I, Ch. 5, p. 131

Ich probiere den/die/das *(item of clothing)* an.
Ich ziehe den/die/das *(item of clothing)* an.

If you buy it:	*If you don't:*
Ich nehme es.	Ich nehme es nicht.
Ich kaufe es.	Ich kaufe es nicht.

Telling time
I, Ch. 6, p. 146

Wie spät ist es jetzt?	Es ist *(time)*.
Wieviel Uhr ist es?	Es ist *(time)*.

Talking about when you do things
I, Ch. 6, p. 146

Wann gehst du *(activity)*?	Um *(time)*.
Um wieviel Uhr *(action)* du?	Um *(time)*.
Und du? Wann *(action)* du?	Um *(time)*.

Talking about how often you do things
I, Ch. 7, p. 178

Wie oft *(action)* du?	(Einmal) in der Woche.
Und wie oft mußt du *(action)*?	Jeden Tag.
	Ungefähr (zweimal) im Monat.

Explaining what to do
I, Ch. 7, p. 179

Du kannst für mich *(action)*.

Talking about the weather
I, Ch. 7, p. 183

Wie ist das Wetter heute?	Heute regnet es.
	Wolkig und kühl.
Wie ist das Wetter morgen?	Sonnig, aber kalt.
Regnet es heute?	Ich glaube schon.
Schneit es am Abend?	Nein, es schneit nicht.
Wieviel Grad haben wir heute?	Ungefähr 10 Grad.

Talking about quantities
I, Ch. 8, p. 202

Wieviel *(food item)* bekommen Sie?	500 Gramm *(food item)*.
	100 Gramm, bitte.

Asking if someone wants anything else
I, Ch. 8, p. 203

Sonst noch etwas?
Was bekommen Sie noch?
Haben Sie noch einen Wunsch?

Saying you want something else
I, Ch. 8, p. 203

Ich brauche noch einen/eine/ein *(food/beverage/thing)*.
Ich bekomme noch einen/eine/ein *(food/beverage/thing)*.

Telling someone you don't need anything else
I, Ch. 8, p. 203

Nein, danke.
Danke, das ist alles.

Giving a reason
I, Ch. 8, p. 206

Jetzt kann ich nicht, weil ...
Es geht nicht, denn ...
III, Ch. 3, p. 67

..., weil ich ...
..., damit ...
..., um ... zu ...

Saying where you were
I, Ch. 8, p. 207

Wo warst du heute morgen?	Ich war in/im/an/am *(place)*.
Wo warst du gestern?	Ich war in/im/an/am *(place)*.

Saying what you bought
I, Ch. 8, p. 207

Was hast du gekauft?	Ich habe *(thing)* gekauft.

Talking about where something is located
I, Ch. 9, p. 222

Verzeihung, wissen Sie, wo der/die/das *(place)* ist?	In der Innenstadt.
	Am *(place name)*.
	In der *(street name)*.
Wo ist der/die/das *(place)*?	Es tut mir leid. Das weiß ich nicht.
Entschuldigung! Weißt du, wo der/die/das *(place)* ist?	Keine Ahnung! Ich bin nicht von hier.

Asking for directions
I, Ch. 9, p. 226

Wie komme ich zum/zur *(place)*?
Wie kommt man zum/zur *(place)*?

II, Ch. 9, p. 222

Entschuldigung! Wo ist bitte *(place)*.
Verzeihung! Wissen Sie vielleicht, wie ich zum/zur
(place) komme?

Giving directions
I, Ch. 9, p. 226

Gehen Sie geradeaus bis zum/zur *(place)*.
Nach rechts/links.
Hier rechts/links.

II, Ch. 9, p. 222

Sie biegen hier *(direction)* in die *(streetname)* ein.
Dann kommen Sie zum/zur *(place)*.
Das ist hier *(direction)* um die Ecke.
Ich weiß es leider nicht. Ich bin nicht von hier.

Talking about what there is to eat and drink
I, Ch. 9, p. 229

Was gibt es hier zu essen?	Es gibt *(foods)*.
Und zu trinken?	Es gibt *(beverage)* und auch *(beverage)*.

Talking about what you did in your free time
I, Ch. 10, p. 260

Was hast du *(time phrase)* gemacht?	Ich habe ... *(person/thing)* gesehen. *(book, magazine, etc.)* gelesen. mit *(person)* über *(subject)* gesprochen.

Discussing gift ideas
I, Ch. 11, p. 282

Schenkst du *(person)* einen/eine/ein *(thing)* zum/zur *(occasion)*?	Nein, ich schenke ihm/ihr einen/eine/ein *(thing)*.
Was schenkst du *(person)* zum/zur *(occasion)*?	Ich weiß noch nicht. Hast du eine Idee?
Wem schenkst du den/die/das *(thing)*?	Ich schenke *(person)* den/die/das *(thing)*.

Asking about past events
II, Ch. 3, p. 57; Ch. 3, p. 62

Was hast du *(time phrase)* gemacht?
Was hat *(person)* *(time phrase)* gemacht?

Asking what someone did
II, Ch. 3, p. 57

Was hast du *(time phrase)* gemacht?
Was hat *(person)* *(time phrase)* gemacht?

Telling what someone did
II, Ch. 3, p. 57

Ich habe *(activity + past participle)*.
Er/Sie hat *(activity + past participle)*.

Asking where someone was
II, Ch. 3, p. 63

Wo bist du gewesen?
Und wo warst du?

Telling where you were
II, Ch. 3, p. 63

Ich bin in/im/an/am *(place)* gewesen.
Ich war in/im/an/am *(place)*.
Ich war mit *(person)* in/im/an/am *(place)*.

Asking for information
II, Ch. 4, p. 95; Ch. 10, p. 248

Ich habe eine Frage: ...?
Sag mal, ...?
Wie steht's mit *(thing)*?
Darf ich dich etwas fragen? ...?
Wissen Sie, ob ...?
Können Sie mir sagen, ob ...?

Stating information
II, Ch. 10, p. 248

Ich glaube schon, daß ...
Ich meine doch, daß ...

Responding emphatically
II, Ch. 4, p. 95

Ja, natürlich!
Na klar!
Aber sicher!

Agreeing with reservations
II. Ch. 4, p. 95

Ja, das kann sein, aber ...
Das stimmt, aber ...
Eigentlich schon, aber ...

Asking what someone may or may not do
II, Ch. 4, p. 98

Was darfst du (nicht) tun?
Was darfst du (nicht) essen/trinken?
Darfst du *(activity)*?

Telling what you may or may not do
II, Ch. 4, p. 98

Ich darf (nicht) *(activity)*.
Ich darf *(food/drink)* (nicht) essen/trinken.

Expressing skepticism
II, Ch. 5, p. 114

Was soll denn das sein, dieser/diese/dieses *(thing)*?

Making certain
II, Ch. 5, p. 113

Du ißt nur vegetarisch, was? — Ja/Nein.
Du ißt wohl viel Fleisch, ja? — Nicht unbedingt!
Du magst Joghurt, oder? — Na klar!
Du magst doch Quark, nicht wahr? — Sicher!

Calling someone's attention to something and responding
II, Ch. 5, p. 118

Schau mal! — Ja, was denn?
Guck mal! — Ja, was bitte?
Sieh mal! — Was ist denn los?
Hör mal! — Was ist?
Hör mal zu! — Was gibt's?

Asking for specific information
II, Ch. 5, p. 123

Welchen/Welche/Welches
 (thing) magst du? — Ich mag (thing).
Welchen/Welche/Welches
 (thing) willst du? — Diesen/Diese/Dieses
 (thing), bitte!

Inquiring about someone's health
II, Ch. 6, p. 137

Wie fühlst du dich?
Wie geht es dir?
Ist dir nicht gut?
Ist was mit dir?
Was fehlt dir?

Responding to questions about your health
II, Ch. 6, p. 137

Ich fühl' mich wohl!
Es geht mir (nicht) gut!
Mir ist schlecht
Mir ist nicht gut.

Responding to statements about someone's health
II, Ch. 6, p. 137

Ach schade!
Gute Besserung!
Hoffentlich geht es dir bald besser!

Asking about pain
II, Ch. 6, p. 143

Tut's weh?
Was tut dir weh?
Tut dir was weh?
Tut dir (body part) weh?

Expressing pain
II, Ch. 6, p. 143

Au!
Aua!
Es tut weh!
Der/Die/Das (body part) tut mir weh.
Ja, ich hab' (body part) schmerzen.

Expressing wishes
II, Ch. 7, p. 168

Was möchtest du gern
 mal haben? — Ich möchte gern mal
 einen/eine/ein (thing)!

Was wünschst du dir mal? — Ich wünsche mir mal ...
Und was wünscht ihr euch? — Wir wünschen uns ...

III, Ch. 11, p. 269

(Thing) wäre mir (nicht) wichtig.
In meiner idealen Welt gäbe es (kein/en/e) (thing).

Talking about plans
II, Ch. 10, p. 252

Ich werde (activity).
(Time phrase) werde ich (activity).

Expressing hearsay
II, Ch. 11, p. 270

Ich habe gehört, daß ...
Man hat mir gesagt, daß ...
(Thing) soll (adjective) sein.

Admitting something
III, Ch. 3, p. 68

Ich geb's zu.
Ich geb's zu, daß ich ...
Ich muß zugeben, daß ...

Reporting past events
III, Ch. 5, p. 116; Ch. 6, p. 134

Wir haben letzten Monat einen Bundeswehroffizier eingeladen. Die Diskussion war sehr interessant, und wir konnten uns gut informieren. Wir wollten noch mehr hören, aber wir mußten zum Unterricht gehen.

Vor einiger Zeit führte eine Fernsehstation folgenden Test durch: Zwei Familien erklärten sich bereit, ... Und was passierte? Die Leute wußten einfach nicht mehr, was sie ohne Fernseher anfangen sollten. Sie saßen da und starrten sich an ...

Saying that something is going on right now
III, Ch. 5, p. 115

Wir (action) gerade.
Wir sind dabei, (person/place/thing) zu (action).
Wir sind am (beim) (action).

Comparing
III, Ch. 7, p. 161

Ich kenne auch so einen/eine (*type of person*) wie dich.
Dieser/Diese/Dieses (*thing*) ist nicht so gut wie
dieser/diese/dieses.
Ich finde diesen/diese/dieses (*thing*) viel besser als
den/die/das da.
Und mir gefällt der/die/das (*thing*) am besten.

Saying what is being done about a problem
III, Ch. 9, p. 215

(*Things*) werden jetzt (*past participle*).
(*Thing*) wird (*past participle*).
(*Things*) werden schon oft (*past participle*).

Saying that something is being done
III, Ch. 10, p. 244

Die (*people/places/things*) werden (*past participle*).
Die (*people/places/things*) werden vom (*person*) (*past participle*).

Saying that something was being done
III, Ch. 10, p. 244

Die (*people/places/things*) wurden (*past participle*).
Der/Die/Das (*person/place/thing*) ist (nicht) (*past participle*) worden.

Talking about goals for the future
III, Ch. 11, p. 270

Mit dreißig möchte ich ...
Vielleicht werde ich bis dahin ...

EXPRESSING ATTITUDES AND OPINIONS

Asking for an opinion
I, Ch. 2, p. 55; Ch. 9, p. 232

Wie findest du (*thing/activity/place*)?
III, Ch. 3, p. 57
Was hältst du von (*person/place/thing*)?
Was würdest du dazu sagen?

Expressing your opinion
I, Ch. 2, p. 55; Ch. 9, p. 232

Ich finde (*thing/activity/place*) langweilig.
(*Thing/Activity/Place*) ist Spitze!
(*Activity*) macht Spaß!
Ich finde es toll, daß ...
Ich glaube, daß ...
III, Ch. 3, p. 57; Ch 6, p. 133
Ich halte viel/wenig davon.
Ich halte nichts davon.
Ich würde sagen, daß ...
Meiner Meinung nach ...
Ich finde, daß ...

Asking for reasons
III, Ch. 6, p. 133

Kannst du das begründen?

Eliciting agreement
III, Ch. 7, p. 168

..., nicht?
..., nicht wahr?
..., ja?
..., stimmt's?
..., oder?
..., meinst du nicht?

Agreeing
I, Ch. 2, p. 56

Ich auch!
Das finde ich auch!
Stimmt!
II, Ch. 10, p. 251
Da stimm' ich dir zu!
Da hast du (bestimmt) recht!
Einverstanden!
II, Ch. 4, p. 85; Ch. 6, p. 136; Ch. 7, p. 168
Da geb' ich dir recht.
Ganz meine Meinung.
Bei mir ist es auch so.
Da ist schon was dran.
Eben!
Richtig!
Da hast du ganz recht.
Damit stimm' ich überein.
Das meine ich auch.
Logisch! Logo!
Genau. Genau so ist es.
Eben!
Klar!
Sicher!

Disagreeing
I, Ch. 2, p. 56

Ich nicht!
Das finde ich nicht!
Stimmt nicht!
II, Ch. 10, p. 251
Das stimmt (überhaupt) nicht!
III, Ch. 6, p. 136
Das stimmt gar nicht!
Das ist alles Quatsch!

Agreeing with reservations
II, Ch. 7, p. 175

Ja, schon, aber ...
Ja, aber ...
Eigentlich schon, aber ...
Ja, ich stimme dir zwar zu, aber ...

Commenting on clothes
I, Ch. 5, p. 125

Wie findest du
den/die/das
(clothing item)?   Ich finde ihn/sie/es (adjective).
                     Er/Sie/Es gefällt mir (nicht).

Expressing uncertainty
I, Ch. 5, p. 125; Ch. 9, p. 222

Ich bin nicht sicher.
Ich weiß nicht.
Keine Ahnung!

III, Ch. 7, p. 170
Es kann sein, daß ...
Das mag schon sein.

Expressing what seems to be true
III, Ch. 7, p. 170

Es scheint, daß ...
Es sieht so aus, als ob ...

Expressing certainty
III, Ch. 11, p. 269

Es steht fest, daß ...
Es ist sicher, daß ...
Ich möchte unbedingt ...

Expressing regret
I, Ch. 9, p. 222

Es tut mir leid.

II, Ch. 5, p. 113
Ich bedaure, ...
Was für ein Pech, ...
Leider, ...

III, Ch. 3. p. 68
Leider!
Ich bedaure, daß ...
Ich bedaure es wirklich, daß ...

Downplaying
II, Ch. 5, p. 113

Das macht nichts!
Schon gut!
Nicht so schlimm!
Dann (action) ich eben (alternative).
Dann (action) ich halt (alternative).

Asking how someone liked something
II, Ch. 3, p. 68

Wie war's?
Wie hat dir Dresden gefallen?
Wie hat es dir gefallen?
Hat es dir gefallen?

Responding enthusiastically
II, Ch. 3, p. 68

Na, prima!
Ja, Spitze!
Das freut mich!

Responding sympathetically
II, Ch. 3, p. 68

Schade!
Tut mir leid!
Das tut mir aber leid!

Expressing enthusiasm
II, Ch. 3, p. 68

Phantastisch!
Es war echt super!
Es hat mir gut gefallen.
Wahnsinnig gut!

Expressing sympathy
III, Ch. 3, p. 65

Es tut mir leid! Wirklich!
Das ist ja schlimm!
Das muß schlimm sein!
Wie schrecklich!
So ein Pech!

Expressing disappointment
II, Ch. 3, p. 68

Na ja, soso!
Nicht besonders.
Es hat mir nicht gefallen.
Es war furchtbar!

III, Ch. 8, p. 185
Ich bedaure, daß ...
Ich finde es schade, daß ...
Ich bin enttäuscht, daß ...

Expressing approval
II, Ch. 4, p. 88

Es ist prima, daß ...
Ich finde es toll, daß ...
Ich freue mich, daß ...
Ich bin froh, daß ...

Expressing disapproval
II, Ch. 4, p. 88

Es ist schade, daß ...
Ich finde es nicht gut, daß ...

Expressing indecision
II, Ch. 9, p. 213

Was machen wir jetzt?
Was sollen wir bloß machen?

Expressing an assumption
II, Ch. 10, p. 248

> Ich glaube schon, daß ...
> Ich meine doch, daß ...

III, Ch. 8, p. 193

> Ich nehme an, daß ...
> Ich vermute, daß ...
> Ich hatte den Eindruck, daß ...
> Ich hatte mir vorgestellt, daß ...

Introducing another point of view
III, Ch. 4, p. 91

> Das mag schon sein, aber ...
> Es kommt darauf an, ob ...
> Aber denk doch mal daran, daß ...
> Du darfst nicht vergessen, daß ...

Hypothesizing
III, Ch. 4, p. 92; Ch. 9, p. 217

> Wenn du ... wärest, dann würdest ...
> Wenn sie ... hätte, dann würde sie ...
> Wenn wir (*activity*) würden, hätten wir ...
> Wenn wir (*activity + past participle*) hätten,
>   hätten wir ...

Talking about what is possible
III, Ch. 5, p. 109

> Ich könnte (*action*).
> Du könntest (*action*).

Saying what you would have liked to do
III, Ch. 5, p. 110

> Ich hätte gern (*activity + past participle*).
> Ich wäre gern (*activity + past participle*).

Asking someone to take a position
III, Ch. 6, p. 133

> Möchtest du mal dazu Stellung nehmen?
> Wer nimmt mal dazu Stellung?

Talking about whether something is important
III, Ch. 11, p. 263

> Ich lege großen Wert darauf, daß ...
> Ich bin interessiert daran, daß ...
> Für mich spielt die größte Rolle, daß ...
> Mir ist wichtig, daß ...
> Entscheidend für mich ist, daß ...
> Für mich ist es am wichtigsten, daß ...
> Ausschlaggebend ist für mich, daß ...

Saying something is not important
III, Ch. 11, p. 263

> Ich lege keinen großen Wert darauf, daß ...
> Ich bin nicht besonders interessiert daran, daß ...
> Es ist nicht entscheidend für mich, daß ...
> Mir ist weniger wichtig, daß ...

EXPRESSING FEELINGS AND EMOTIONS

Asking about likes and dislikes
I, Ch. 2, p. 48; Ch. 4, p. 102; Ch. 10, p. 250

> Was (*action*) du gern?
> (*Action*) du gern?
> Magst du (*things/activities*)?
> Was für (*things/activities*) magst du?

Expressing likes
I, Ch. 2, p. 48; Ch. 4, p. 102; Ch. 10, p. 250

> Ich (*action*) gern.
> Ich mag (*things/activities*).
> (*Thing/Activities*) mag ich (sehr/furchtbar) gern.

Expressing dislikes
I, Ch. 2, p. 48; I, Ch. 10, p. 250

> Ich (*action*) nicht so gern.
> Ich mag (*things/action*) (überhaupt) nicht.

Talking about favorites
I, Ch. 4, p. 102

> Was ist dein
>   Lieblings(*category*)?   Mein Lieblings(*category*)
>   ist (*thing*).

Responding to good news
I, Ch. 4, p. 104

> Toll!
> Das ist prima!
> Nicht schlecht.

Responding to bad news
I, Ch. 4, p. 104

> Schade!
> So ein Pech!
> So ein Mist!
> Das ist sehr schlecht!

Expressing familiarity
I, Ch. 10, p. 252

> Kennst du (*person/
>   place/thing*)?   Ja, sicher!
>   Ja, klar! *or*
>   Nein, den/die/das kenne ich nicht.
>   Nein, überhaupt nicht.

Expressing preferences
I, Ch. 10, p. 253

> (Siehst) du gern ...?   Ja, aber ... (sehe) ich lieber.
>   Und am liebsten (sehe) ich ...
>
> (Siehst) du lieber ...
>   oder ...?   Lieber ...

II, Ch. 5, p. 123; Ch. 7, p. 165

Welche *(thing)* magst du lieber?
(Thing) oder *(thing)*?   *(Thing)* mag ich lieber.
Welchen/Welche/Welches
(food item) schmeckt dir
besser? *(Food item)* oder
(food item)?   *(Food item)* schmeckt
mir besser.

Mir gefällt *(person/place/
thing)* besser als
(person/place/thing).
Ich finde die *(person/place/
thing)* schöner.
Ich ziehe *(person/place/
thing)* vor.

Expressing strong preference and favorites
I, Ch. 10, p, 253

Was (siehst) du am liebsten?   Am liebsten (sehe) ich ...
II, Ch, 5, p. 123
Welches *(thing)* magst
du am liebsten?   Am liebsten mag ich
     (thing).

Welche *(food item)* schmeckt
dir am besten?   *(Food item)* schmeckt
     mir am besten.

Expressing preference given certain possibilities
III, Ch. 10, p. 236

Ich würde (hauptsächlich) *(activity)*.
     ... eventuell mal ...
     ... vielleicht ...
     ... möglicherweise ...

Expressing hope
II, Ch. 6, p. 148

Ich hoffe, ...
Wir hoffen, ...
Hoffentlich ...

Expressing doubt
II, Ch. 9, p. 217

Ich weiß nicht ob ...
Ich bezweifle, daß ...
Ich bin nicht sicher, ob ...

Expressing resignation
II, Ch. 9, p. 217

Da kann man nichts machen.
Das ist leider so.
III, Ch. 3, p. 65; Ch. 5, p. 118
Was kann ich schon tun?
Es ist halt so.
Ich habe eben eine Pechsträhne.
Ach, was soll's! Das ist leider so.

Expressing conviction
II, Ch. 9, p. 217

Du kannst mir glauben: ...
Ich bin sicher, daß ...

III, Ch. 7, p. 170

Es steht fest, daß ...

Expressing determination
III, Ch. 11, p. 260

Ich habe beschlossen, ...
Ich habe mich entschieden, ...
Ich bin fest entschlossen, ...

Expressing indecision
III, Ch. 11, p. 260

Ich weiß nicht, ob ich ...
Ich habe mich noch nicht entschieden, was/ob ...
Ich kann noch nicht sagen, ob ...
Ich muß mir das überlegen.
Es kommt darauf an, was/ob ...
Ich werde mal sehen, ob ...

Expressing surprise
II, Ch. 10, p. 251

Das ist ja unglaublich!
(Das ist) nicht möglich!
Das gibt's doch nicht!
III, Ch. 5, p. 118; Ch. 6, p. 141; Ch. 8, p. 185
Das ist mir (völlig) neu!
Es ist unglaublich, daß ...
... überrascht mich.
Ich bin überrascht, daß ...
Ich war überrascht, daß ...
Ich habe gestaunt, ...
Ich habe nicht gewußt, daß ...
Ich hätte nicht gedacht, daß ....
Es ist unwahrscheinlich, daß ...
Ich war erstaunt, ...

Expressing relief
III, Ch. 5, p. 118

Ich bin (sehr) froh, daß ...

Expressing annoyance
III, Ch. 6, p. 141; Ch. 7, p. 161; Ch. 8, p. 185

Was mich stört ist, daß ...
Ich werde sauer, wenn ...
Es ist frustrierend, daß ...
Was mich aufregt ist, wenn ...
Es nervt mich, daß ...
Es regt mich auf, wenn/daß ...
Es stört mich, wenn/daß ...
Es ärgert mich, wenn/daß ...
Ich finde es unangenehm, wenn/daß ...

Expressing concern
III, Ch. 9, p. 208

Ich habe Angst, ...
Ich fürchte, daß ...
... macht mir große Sorgen.

Expressing envy
III, Ch. 10, p. 237

Ich beneide *(people)*.

Expressing admiration
III, Ch. 10, p. 237

Ich bewundere ...

Expressing happiness
III, Ch. 10, p. 242

(Person) war froh, daß ...

Expressing sadness
III, Ch. 10, p. 242

(People) waren traurig, weil ...

Expressing relief
III, Ch. 11, p. 271

Gut, daß ...
Gott sei Dank, daß ...
Ein Glück, daß ...
Zum Glück habe ich ...
Ich bin froh, daß ...

PERSUADING

Telling someone what to do
I, Ch. 8, p. 199

Geh bitte *(action)*!
(Thing/Things) holen, bitte!

Asking for suggestions
II, Ch. 9, p. 213; Ch. 11, p. 266

Hast du eine Idee?
Was schlägst du vor?
Was sollen wir machen?
Wofür bist du?

Making suggestions
II, Ch. 6, p. 138; Ch. 9, p. 213; Ch. 11, p. 266

Möchtest du *(activity)*?
Willst du *(activity)*?
Du kannst für mich *(activity)*.
(Activity) wir mal!
Sollen wir mal *(activity)*?
Wir können mal *(activity)*.
Ich schlage vor, ...
Ich schlage vor, daß ...
Ich bin dafür, daß ...
Wie wär's mit *(activity/place)*?

III, Ch. 8, p. 195
Ich kann dir einen Tip geben: ...!
Ich empfehl' dir, ...
Es lohnt sich, ..

Responding to suggestions
II, Ch. 11, p. 266

Das wäre nicht schlecht.

Asking for advice
II, Ch. 6, p. 147

Was soll ich machen?
Was soll ich bloß tun?

Giving advice
II, Ch. 6, p. 147

Am besten ...
Du mußt unbedingt ...
III, Ch. 3, p. 66; Ch. 4, p. 91; Ch. 8, p. 195
Warum machst du nicht ... ?
Versuch doch mal ... !
Du solltest mal ...
An deiner Stelle würde ich versuchen, ...
Laß dir doch ... !
Vielleicht kannst du ...
Es ist wichtig, daß ...
Ich würde ...

Persuading someone to buy or wear something
II, Ch. 8, p. 189

Warum kaufst du dir keinen/keine/kein *(thing)*?
Kauf dir doch diesen/diese/dieses *(thing)*!
Trag doch mal etwas *(adjective)*!

Persuading someone not to buy something
II, Ch. 8, p. 189

Kauf dir ja keinen/keine/kein *(thing)*!
Trag ja nichts aus *(material)*!

Asking for permission
II, Ch. 10, p. 247

Darf ich (bitte) *(activity)*?
Kann ich bitte mal *(activity)*?
He, du! Laß mich mal *(activity)*!

Giving permission
II, Ch. 10, p. 247

Ja, natürlich!
Bitte schön!
Bitte!
Gern!

Making accusations
III, Ch. 9, p. 209

Du bist auch schuld an dem Problem, weil du ...
Wir Verbraucher sind schuld daran, daß ...,
  wenn wir ...

Offering solutions
III, Ch. 9, p. 210; Ch. 9, p. 216

Man könnte *(action)*.
Man müßte *(action)*.
Man sollte *(action)*.
Wenn wir nur *(action)* dürften!
(Thing) kann leicht *(past participle)* werden.
(Things) sollen *(past participle)* werden.
Alles muß *(past participle)* werden.

ADDITIONAL VOCABULARY

This list includes additional vocabulary that you may want to use to personalize activities. If you can't find the words you need here, try the German-English and English-German vocabulary sections beginning on p. 342.

SPORT UND INTERESSEN
(SPORTS AND HOBBIES)

Aerobic machen *to do aerobics*
amerikanischen Fußball spielen *to play football*
Baseball spielen *to play baseball*
bergsteigen *to go mountain climbing*
Bodybuilding machen *to lift weights*
Handball spielen *to play handball*
Kajak fahren *to go kayaking*
Kanu fahren *to go canoeing*
malen *to paint*
Münzen sammeln *to collect coins*
nähen *to sew*
reiten *to ride (a horse)*
Rollschuh laufen *to roller-skate*
rudern *to row*
schnorcheln *to snorkle*
Skateboard fahren *to skateboard*
Ski laufen *to (snow) ski*
sticken *to embroider*
stricken *to knit*
Tischtennis spielen *to play table tennis*
Videospiele spielen *to play video games*
zelten *to go camping*

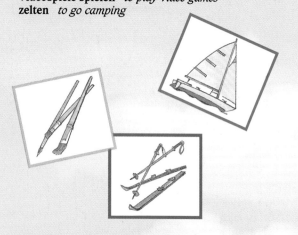

FAMILIE (FAMILY)

der Enkel, - *grandson*
die Enkelin, -nen *granddaughter*
der Halbbruder, ⸚ *half-brother*
die Halbschwester, -n *half-sister*
der Neffe, -n *nephew*
die Nichte, -n *niece*
der Schwager, ⸚ *brother-in-law*
die Schwägerin, -nen *sister-in-law*
die Schwiegermutter, ⸚ *mother-in-law*
der Schwiegervater, ⸚ *father-in-law*

der Stiefbruder, ⸚ *stepbrother*
die Stiefmutter, ⸚ *stepmother*
die Stiefschwester, -n *stepsister*
der Stiefvater, ⸚ *stepfather*
die Urgroßmutter, ⸚ *great-grandmother*
der Urgroßvater, ⸚ *great-grandfather*

ZUM DISKUTIEREN
(TOPICS TO DISCUSS)

der Präsident *president*
die Reklame *advertising*
das Verbrechen *crime*
der Wehrdienst *military service*
der Zivildienst *community service*
die Drogen *drugs*
Gewalt im Fernsehen *violence on TV*

TIERE
(ANIMALS)

der Affe, -n *monkey*
der Bär, -en *bear*
der Büffel, - *buffalo*
der Bulle, -n *bull*
die Eidechse, -n *lizard*
die Ente, -n *duck*
der Frosch, ⸚e *frog*
der Fuchs, ⸚e *fox*
die Gans, ⸚e *goose*
die Giraffe, -n *giraffe*

der Hahn, ¨-e *rooster*
der Hamster, - *hamster*
der Hase, -n *hare*
die Henne, -n *hen*
das Huhn, ¨-er *chicken*
der Kanarienvogel, ¨- *canary*
das Kaninchen, - *rabbit*
die Klapperschlange, -n *rattlesnake*
die Kuh, ¨-e *cow*
der Löwe, -n *lion*
die Maus, ¨-e *mouse*
das Meerschweinchen, - *guinea pig*
das Nashorn, ¨-er *rhinoceros*
das Nilpferd, -e *hippopotamus*
der Ochse, -n *ox*
der Papagei, -en *parrot*
das Pferd, -e *horse*
die Robbe, -n *seal*
der Seelöwe, -n *sea lion*
das Schaf, -e *sheep*
die Schildkröte, -n *turtle*
die Schlange, -n *snake*
der Schmetterling, -e *butterfly*
das Schwein, -e *pig*
der Stier, -e *steer*
der Tiger, - *tiger*
der Truthahn, ¨-e *turkey*
der Vogel, ¨- *bird*
der Wal, -e *whale*
das Walroß, (pl) Walrosse *walrus*
der Waschbär, -en *racoon*
der Wolf, ¨-e *wolf*
die Ziege, -n *goat*

GETRÄNKE *(BEVERAGES)*

der Grapefruitsaft *grapefruit juice*
der Kakao *cocoa*
der Kirschsaft *cherry juice*
der Kräutertee *herbal tea*
das Leitungswasser *tap water*
das Malzbier *(sweet, non-alcoholic beverage)*
der Milkshake *milkshake*
der Tomatensaft *tomato juice*

SPEISEN *(FOODS)*

die Ananas, - *pineapple*
der Apfelstrudel, - *apple strudel*
der Chip, -s *potato chip*
der Eintopf *stew*
die Erdbeere, -n *strawberry*
die Erdnußbutter *peanut butter*
das Gebäck *baked goods*
das Gulasch *goulash*
der Hamburger, - *hamburger*
die Himbeere, -n *raspberry*
die Karotte, -n *carrot*
der Ketchup *ketchup*
die Magermilch *low-fat milk*
die Mayonnaise *mayonnaise*
die Melone, -n *melon*
die Nuß, (pl) Nüsse *nut*
die Orange, -n *orange*
das Plätzchen, - *cookie*
der Pudding, -s or -e
  pudding
die Sahne *cream*
die Vollmilch *whole milk*

FARBEN *(COLORS)*

beige *beige*
golden *gold*
lila *purple*
orange *orange*
rosa *pink*
silbern *silver*
türkis *turquoise*

KLEIDUNGSSTÜCKE
(CLOTHING)

der Badeanzug, ⁻e *swimsuit*
das Halstuch, ⁻er *scarf*
der Handschuh, -e *glove*
der Mantel, ⁻ *coat*
der Minirock, ⁻e *miniskirt*
der Parka, -s *parka*
der Rollkragenpullover, - *turtleneck sweater*
die Sandalen (pl) *sandals*
die Strumpfhose, -n *panty hose*
die Weste, -n *vest*

KÖRPERTEILE
(PARTS OF THE BODY)

die Augenbraue, -n *eyebrow*
das Augenlid, -er *eyelid*
die Faust, ⁻e *fist*
die Ferse, -n *heel*
das Gesicht, -er *face*
die Handfläche, -n *palm of the hand*
das Handgelenk, -e *wrist*
die Hüfte, -n *hip*
der Kiefer, - *jaw*
das Kinn *chin*
die Lippe, -n *lip*
der Magen *stomach*
der Nacken, - *neck*
die Nase, -n *nose*
das Ohr, -en *ear*
der Schenkel, - *thigh*
das Schienbein, -e *shin*
die Stirn *forehead*
die Wade, -n *calf*
die Wange, -n *cheek*
die Wimper, -n *eyelash*
der Zahn, ⁻e *tooth*
der Zeh, -en *toe*
der Zeigefinger, - *index finger*
die Zunge, -n *tongue*

STOFFE *(MATERIALS)*

Acryl *acrylic*
Kaschmir *cashmere*
Kunstfasern *synthetic fibers*
Kunstseide *rayon*
Nylon *nylon*
Polyacryl *acrylic*
Polyester *polyester*

INSTRUMENTE
(MUSICAL INSTRUMENTS)

die Blockflöte, -n *recorder*
die Bratsche, -n *viola*
das Cello (Violoncello), -s *cello*
die elektrische Gitarre, -n *electric guitar*
die Flöte, -n *flute*
die Geige, -n *violin*
die Harfe, -n *harp*
das Horn, ⁻er *French horn*
die Klarinette, -n *clarinet*
der Kontrabaß, (pl) Kontrabässe *double bass*
die Mandoline, -n *mandolin*
die Mundharmonika, -s *harmonica*
die Oboe, -n *oboe*
die Posaune, -n *trombone*
das Saxophon, -e *saxophone*
das Schlagzeug, -e *drums*
die Trompete, -n *trumpet*
die Tuba, (pl) Tuben *tuba*

FÄCHER *(SCHOOL SUBJECTS)*

Algebra *algebra*
Chemie *chemistry*
Chor *choir*
Französisch *French*
Hauswirtschaft *home economics*
Informatik *computer science*
Italienisch *Italian*
Literatur *literature*
Orchester *orchestra*
Philosophie *philosophy*
Physik *physics*
Politik *political science*
Russisch *Russian*
Spanisch *Spanish*
Sozialkunde *social studies*
Werken *shop*
Wirtschaftslehre *economics*

HAUSARBEIT (HOUSEWORK)

den Fußboden kehren *to sweep the floor*
saubermachen *to clean*
die Wäsche aufhängen *to hang clothes up*
die Wäsche einräumen *to put clothes away*
die Wäsche zusammenlegen *to fold clothes*

MÖBEL (FURNITURE)

das Bild, -er *picture*
der Kleiderschrank, ̈e *wardrobe*
die Kommode, -n *chest of drawers*
der Nachttisch, -e *night stand*
der Vorhang, ̈e *curtain*

IN DER STADT
(PLACES AROUND TOWN)

die Brücke, -n *bridge*
die Bücherei, -en *library*
der Flughafen, (pl) Flughäfen *airport*
das Fremdenverkehrsamt, (pl) Fremdenverkehrsämter
   tourist office
der Frisiersalon, -s *beauty shop*
das Krankenhaus, (pl) Krankenhäuser *hospital*
der Kreis, -e *district, county*
die Minigolfanlage *mini-golf course*
die Polizei *police*
das Stadion, (pl) Stadien *stadium*
der Stadtrand, ̈er *outskirts*
der Stadtteil, -e *urban district*
das Stadtzentrum, (pl) Stadtzentren *downtown*

AUF DEM LAND
(IN THE COUNTRY)

auf dem Land wohnen *to live in the country*
Tiere haben/züchten/füttern *to have/raise/feed ani-*
   mals
pflügen *to plow*
der Bauernhof, ̈e *the farm*
das Feld, -er *field*
das Korn/Getreide *grains*
die Landschaft, -en *countryside*
der Mais *corn*
die Scheune, -n *barn*
die Sojabohnen (pl) *soybeans*
der Weizen *wheat*
die Wiese, -n *meadow*

KULTURELLE VERANSTALTUNGEN
(CULTURAL EVENTS)

die **Ausstellung**, -en *exhibit*
das **Chorkonzert**, -e *choir concert*
das **Kabarett** *cabaret*
das **Symphoniekonzert**, -e *symphony*
der **Vorverkauf**, ̈e *advance ticket sales*
der **Zirkus**, (pl) **Zirkusse** *circus*

GESCHENKIDEEN
(GIFT IDEAS)

das **Bild**, -er *picture*
die **Kette**, -n *chain, necklace*
die **Puppe**, -n *doll*
das **Puppenhaus**, ̈er *doll house*
das **Spielzeug**, -e *toy*

AUTO (AUTOMOBILES)

die **Alarmanlage**, -n *alarm system*
die **Alufelge**, -n *aluminum rim, mag wheel*
der **Aufkleber**, - *(bumper) sticker*
die **Automatik**, -en *automatic transmission*
das **5-Gang-Getriebe** *five speed (standard) transmission*
das **Kabriolett**, -s *convertible*
der **Kassettenspieler**, - *cassette player*
der **Kombiwagen**, - *station wagon*
die **Lautsprecherbox**, -en *speaker*
der **Rallyestreifen**, - *racing stripe*
die **Servolenkung** *power steering*
die **Servobremsen** (pl) *power brakes*
der **Sitzschoner**, - *seat cover*
das **Stereo-Radio**, -s *stereo*
die **Zentralverriegelung**, -en *power locks*

IM HAUSHALT
(HOUSEHOLD UTENSILS)

die **Bratpfanne**, -n *frying pan*
die **Butterdose**, -n *butter dish*
der **Deckel**, - *lid*
der **Herd**, -e *stove*
die **Kaffeekanne**, -n *coffee pot*
der **Kamin** *fireplace*
der **Kaffeelöffel**, - *coffee spoon*
der **Kochtopf**, ̈e *large pot*
der **Korkenzieher**, - *corkscrew*
die **Kuchenplatte**, -n *cake plate*
die **Lampe**, -n *lamp*
die **Müslischüssel**, -n *cereal bowl*
das **Salatbesteck**, -e *salad server*
die **Schöpfkelle**, -n *ladle*
die **Schüssel**, -n *serving dish*
der **Spiegel**, - *mirror*
das **Spülbecken**, - *sink*
die **Tasse**, -n *cup*
der **Teekessel**, - *tea kettle*
das **Tischtuch**, ̈er *table cloth*
der **Topf**, ̈e *pot*
die **Untertasse**, -n *saucer*
die **Zuckerdose**, -n *sugar dish*

AUSSEHEN (APPEARANCE)

zum Friseur gehen *to go to a barber shop/hairdresser*
zur Friseuse gehen *to go to a hairdresser*
der **Haarschnitt/die Frisur** *haircut*
sich die Haare schneiden lassen *to get a haircut*
die **Dauerwelle**, -n *permanent wave*
sich eine Dauerwelle machen lassen *to get a perm*
sich maniküren lassen *to get a manicure*
die **Nagelschere**, -n *manicure scissors*
die **Wimperntusche** *mascara*
der **Lippenstift**, -e *lipstick*
der **Augenbrauenstift**, -e *eyebrow pencil*
der **Fön** *blow dryer*
sich das Haar fönen *to blow-dry one's hair*
der **Handspiegel**, - *hand mirror*
die **Haarbürste**, -n *hairbrush*
der **Rasierapparat** *electric razor*
der **Lockenstab**, ̈e *curling iron*
die **Lockenwickler** (pl) *curlers*
das **Deodorant** *deodorant*

FESTE *(HOLIDAYS)*

Advent *Advent (the four Sundays before Christmas)*
Allerheiligen *All Saint's Day (Nov. 1)*
Chanukka *Hanukkah*
Christi Himmelfahrt *Ascension*
Erntedankfest *Thanksgiving*
Heiligabend *Christmas Eve*
Karneval *Carnival, Mardi Gras*
Karfreitag *Good Friday*
Martinstag *St. Martin's Day (Nov. 11)*
Muttertag *Mothers' Day*
Neujahr *New Year*
Nikolaus *St. Nicholas' Day (Dec. 6)*
Ostern *Easter*
Silvester *New Year's Eve*
Tag der Arbeit/Maifeiertag *May Day (Labor Day)*
Tag der Deutschen Einheit *Day of German Unity*
Vatertag *Fathers' Day*
Weihnachten *Christmas*

DAS WETTER *(WEATHER)*

bedeckt *cloudy*
feucht *wet*
gewittrig *stormy*
halbbedeckt *partially overcast*
heiter *sunny*
neblig *foggy*
trüb *hazy*
schwül *humid*
windig *windy*
es blitzt *there is lightning*
es donnert *it is thundering*
es nieselt *it is drizzling*
es regnet *it is raining*
es schneit *it is snowing*
der Blitz, -e *lightning*
der Donner *thunder*
der Regen *rain*
der Schnee *snow*

BERUFE *(CAREERS)*

Anästhesist(in), -en/innen *anesthesiologist*
Apotheker(in), -/innen *pharmacist*
Architekt(in), -en/innen *architect*
Beamte/Beamtin, -n/innen *civil servant*
Computerspezialist(in), -en/innen *computer specialist*
Diplomat(in), -en/innen *diplomat*
Elektroinstallateur(in) ,-/innen *electrician*
Fotograf(in), -en/innen *photographer*
Friseur/Friseuse, -e/n *hair stylist*
Gesundheitswissenschaftler(in), -/innen *nutritional scientist*
Industriedesigner(in), -/innen *industrial designer*
Ingenieur(in), -e/innen *engineer*
Kaufmann/Kauffrau, -leute *merchant*
Koch/Köchin, ¨-e/innen *chef*
Kommunikationselektroniker(in), -/innen *communications engineer*
die Krankenschwester, -n *nurse*
der Krankenpfleger, - *(male) nurse*
Mediaplaner(in), -/innen *media planner*
Lebensmittelkontrolleur(in), -e/innen *health inspector*
Lehrer(in), -/innen *teacher*
Optiker(in), -/innen *optician*
Physiker(in), -/innen *physicist*
Politiker(in), -/innen *politician*
PR-Berater(in), -/innen *PR consultants*
Professor(in), -en/innen *professor*
Rechtsanwalt/Rechtsanwältin, ¨-e/innen *lawyer*
Reporter(in), -/innen *reporter*
Rundfunksprecher(in), -/innen *radio announcer*
Schreiner(in), -/innen *cabinet maker*
Schweißer(in), -/innen *welder*
Steuerberater(in), -/innen *tax consultant*
Sekretär(in), -e/innen *secretary*
Soldat(in), -en/innen *soldier*
Sportökonom(in), -en/innen *sports scientist*
Srrafverteidiger(in), -/innen *lawyer for the defense*
technischer Zeichner, - *(male) drafter*
technische Zeichnerin, -nen *(female) drafter*
Toningenieur(in), -e/innen *sound engineer*
Touristikfachwirt(in), -e/innen *tourism specialist*
Unternehmer(in), -/innen *entrepreneur*
Winzer(in), -/innen *vintner*
Zahnarzt(¨-in), ¨-e/innen *dentist*
Zahntechniker(in), -/innen *dental technician*
der Zimmermann, -leute *carpenter*

ERDKUNDE *(GEOGRAPHY)*

Here are some terms you will find on German-language maps.

LÄNDER *(STATES)*

Most of the states in the United States (**die Vereinigten Staaten**) have the same spelling in German that they have in English. Listed below are those states that have a different spelling.

Kalifornien	*California*
Neumexiko	*New Mexico*
Nordkarolina	*North Carolina*
Südkarolina	*South Carolina*
Süddakota	*South Dakota*

KONTINENTE *(CONTINENTS)*

Afrika	*Africa*
die Antarktis	*Antarctica*
Asien	*Asia*
Europa	*Europe*
Nordamerika	*North America*
Südamerika	*South America*

MEERE *(BODIES OF WATER)*

der Atlantik	*the Atlantic*
der Golf von Mexiko	*the Gulf of Mexico*
der Indische Ozean	*the Indian Ocean*
das Mittelmeer	*the Mediterranean*
der Pazifik	*the Pacific*
das Rote Meer	*the Red Sea*
das Schwarze Meer	*the Black Sea*

GEOGRAPHISCHE BEGRIFFE *(GEOGRAPHICAL TERMS)*

der Breitengrad	*latitude*
die Ebene, -n	*plain*
der Fluß, (pl) Flüsse	*river*
das ... Gebirge	*... mountains*
die Grenze, -n	*border*
die Hauptstadt, ¨e	*capital*
der Kontinent, -e	*continent*
das Land, ¨er	*state or country*
der Längengrad	*longitude*
das Meer, -e	*ocean, sea*
der Nordpol	*the North Pole*
der See, -n	*lake*
der Staat, -en	*country or state*
der Südpol	*the South Pole*
das Tal, ¨er	*valley*

ADDITIONAL VOCABULARY

LAND UND LEUTE

STAAT		Adjektiv	Bewohner	Währung
Argentinien	*Argentina*	argentinisch	Argentinier	Peso
Australien	*Australia*	australisch	Australier	Dollar
Brasilien	*Brazil*	brasilianisch	Brasilianer	Cruzeiro
Haiti	*Haiti*	haitianisch	Haitianer	Gourde
Indien	*India*	indisch	Inder	Rupie
Indonesien	*Indonesia*	indonesisch	Indonesen	Rupie
Israel	*Israel*	israelisch	Israeli	Schekel
Jamaika	*Jamaica*	jamaikanisch	Jamaikaner	Dollar
Kolumbien	*Columbia*	kolumbisch	Kolumbianer	Peso
Korea	*Korea*	koreanisch	Koreaner	Won
Kuba	*Cuba*	kubanisch	Kubaner	Peso
Mexiko	*Mexico*	mexikanisch	Mexikaner	Peso
Neuseeland	*New Zealand*	neuseeländisch	Neuseeländer	Dollar
Norwegen	*Norway*	norwegisch	Norweger	Krone
Panama	*Panama*	panamaisch	Panamaner	Balboa
Philippinen	*Phillipines*	philippinisch	Philippiner	Peso
Puerto Rico	*Puerto Rico*	puertoricanisch	Puertoricaner	Dollar
Schweden	*Sweden*	schwedisch	Schweden	Krone
Südafrika	*South Africa*	südafrikanisch	Südafrikaner	Rand
Vietnam	*Vietnam*	vietnamesisch	Vietnamesen	Dong

GRAMMAR SUMMARY
NOUNS AND THEIR MODIFIERS

In German, nouns (words that name a person, place, or thing) are grouped into three classes or genders: masculine, feminine, and neuter. All nouns, both persons and objects, fall into one of these groups. There are words used with nouns that signal the class of the noun. One of these is the definite article. In English there is one definite article: *the*. In German, there are three, one for each class: **der, die,** and **das**.

THE DEFINITE ARTICLE

SUMMARY OF DEFINITE ARTICLES

	NOMINATIVE	ACCUSATIVE	DATIVE	GENITIVE
Masculine	der	den	dem	des
Feminine	die	die	der	der
Neuter	das	das	dem	des
Plural	die	die	den	der

When the definite article is used with a noun, a noun phrase is formed. Noun phrases that are used as subjects are in the nominative case. Nouns that are used as direct objects or the objects of certain prepositions (such as **für**) are in the accusative case. Nouns that are indirect objects, the objects of certain prepositions (such as **mit, bei**), or the objects of special verbs (see page 335) are in the dative case. Below is a summary of the definite articles combined with nouns to form noun phrases.

SUMMARY OF NOUN PHRASES

	NOMINATIVE	ACCUSATIVE	DATIVE	GENITIVE
Masculine	der Vater der Ball	den Vater den Ball	dem Vater dem Ball	des Vaters des Balls
Feminine	die Mutter die Kassette	die Mutter die Kassette	der Mutter der Kassette	der Mutter der Kassette
Neuter	das Mädchen das Haus	das Mädchen das Haus	dem Mädchen dem Haus	des Mädchens des Hauses
Plural	die Kassetten die Häuser	die Kassetten die Häuser	den Kassetten den Häusern	der Kassetten der Häuser

DIESER-WORDS

The determiners **dieser**, **jeder**, **welcher**, and **alle** are called **dieser**-words. Their endings are similar to those of the definite articles.

SUMMARY OF DIESER-WORDS

dieser	*this, that, these*	welcher	*which, that*
jeder	*each, every*	mancher	*many, many a*
alle	*all*	solcher	*such, such a*

	NOMINATIVE		ACCUSATIVE		DATIVE		GENITIVE	
Masculine	dieser	jeder	diesen	jeden	diesem	jedem	dieses	jedes
Feminine	diese	jede	diese	jede	dieser	jeder	dieser	jeder
Neuter	dieses	jedes	dieses	jedes	diesem	jedem	dieses	jedes
Plural	diese	alle	diese	alle	diesen	allen	dieser	aller

DERSELBE

	NOMINATIVE	ACCUSATIVE	DATIVE	GENITIVE
Masculine	derselbe	denselben	demselben	desselben
Feminine	dieselbe	dieselbe	derselben	derselben
Neuter	dasselbe	dasselbe	demselben	desselben
Plural	dieselben	dieselben	denselben	derselben

THE INDEFINITE ARTICLE

Another type of word that is used with nouns is the *indefinite article:* **ein, eine, ein** in German, *a, an* in English. There is no plural form of **ein**.

SUMMARY OF INDEFINITE ARTICLES

	NOMINATIVE	ACCUSATIVE	DATIVE	GENITIVE
Masculine	ein	einen	einem	eines
Feminine	eine	eine	einer	einer
Neuter	ein	ein	einem	eines
Plural	—	—	—	—

THE NEGATING WORD KEIN

The word **kein** is also used with nouns and means *no, not,* or *not any*. Unlike **ein**, **kein** has a plural form.

	NOMINATIVE	ACCUSATIVE	DATIVE	GENITIVE
Masculine	kein	keinen	keinem	keines
Feminine	keine	keine	keiner	keiner
Neuter	kein	kein	keinem	keines
Plural	keine	keine	keinen	keiner

THE POSSESSIVES

These words also modify nouns and tell you *whose* object or person is being referred to (*my* car, *his* book, *her* mother). These words have the same endings as **kein**.

SUMMARY OF POSSESSIVES

	BEFORE MASCULINE NOUNS				BEFORE FEMININE NOUNS		
	NOM	ACC	DAT	GEN	NOM & ACC	DAT	GEN
my	mein	meinen	meinem	meines	meine	meiner	meiner
your	dein	deinen	deinem	deines	deine	deiner	deiner
his	sein	seinen	seinem	seines	seine	seiner	seiner
her	ihr	ihren	ihrem	ihres	ihre	ihrer	ihrer
our	unser	unseren	unserem	unseres	unsere	unserer	unserer
your	euer	eueren	euerem	eueres	euere	euerer	euerer
their	ihr	ihren	ihrem	ihres	ihre	ihrer	ihrer
your	Ihr	Ihren	Ihrem	Ihres	Ihre	Ihrer	Ihrer

	BEFORE NEUTER NOUNS			BEFORE PLURAL NOUNS		
	NOM & ACC	DAT	GEN	NOM & ACC	DAT	GEN
my	mein	meinem	meines	meine	meinen	meiner
your	dein	deinem	deines	deine	deinen	deiner
his	sein	seinem	seines	seine	seinen	seiner
her	ihr	ihrem	ihres	ihre	ihren	ihrer
our	unser	unserem	unseres	unsere	unseren	unserer
your	euer	euerem	eueres	euere	eueren	euerer
their	ihr	ihrem	ihres	ihre	ihren	ihrer
your	Ihr	Ihrem	Ihres	Ihre	Ihren	Ihrer

Commonly used short forms for unseren: unsren *or* unsern   *for* unsere: unsre
        eueren: euren *or* euern   euere: eure
   for unserem: unsrem *or* unserm   *for* unserer: unsrer
        euerem: euerm *or* euerm   euerer: eurer
   for unseres: unsres
        eueres: eures

DETERMINERS OF QUANTITY

alle	all	manche	some
andere	other	mehrere	several
beide	both	solche	such
ein paar	a few	viele	many
einige	a few, some	wenige	few

NOUN PLURALS

Noun class and plural forms are not always predictable. Therefore, you must learn each noun together with its article (**der, die, das**) and with its plural form. As you learn more nouns, however, you will discover certain patterns. Although there are always exceptions to these patterns, you may find them helpful in remembering the plural forms of many nouns.

Most German nouns form their plurals in one of two ways: some nouns add endings in the plural; some add endings and/or change the sound of the stem vowel in the plural, indicating the sound change with the umlaut (¨). Only the vowels **a, o, u,** and the diphthong **au** can take the umlaut. If a noun has an umlaut in the singular, it keeps the umlaut in the plural. Most German nouns fit into one of the following five plural groups.

1. Nouns that do not have any ending in the plural. Sometimes they take an umlaut.
   NOTE: There are only two feminine nouns in this group: **die Mutter** and **die Tochter**.

der Bruder, die Brüder	der Schüler, die Schüler	das Fräulein, die Fräulein
der Lehrer, die Lehrer	der Vater, die Väter	das Mädchen, die Mädchen
der Onkel, die Onkel	die Mutter, die Mütter	das Poster, die Poster
der Mantel, die Mäntel	die Tochter, die Töchter	das Zimmer, die Zimmer

2. Nouns that add the ending -e in the plural. Sometimes they also take an umlaut.
   NOTE: There are many one-syllable words in this group.

der Bleistift, die Bleistifte	der Sohn, die Söhne	das Jahr, die Jahre
der Freund, die Freunde	die Stadt, die Städte	das Spiel, die Spiele

3. Nouns that add the ending -er in the plural. Whenever possible, they take an umlaut, i.e., when the noun contains the vowels **a, o,** or **u,** or the diphthong **au. NOTE:** There are no feminine nouns in this group. There are many one-syllable words in this group.

das Buch, die Bücher	das Haus, die Häuser
das Fach, die Fächer	das Land, die Länder

4. Nouns that add the ending -en or -n in the plural. These nouns never add an umlaut.
   NOTE: There are many feminine nouns in this group.

der Herr, die Herren	die Frau, die Frauen	die Küche, die Küchen
der Junge, die Jungen	die Klasse, die Klassen	die Schwester, die Schwestern
die Briefmarke, die Briefmarken	die Karte, die Karten	die Tante, die Tanten
die Familie, die Familien	der Name, die Namen	die Wohnung, die Wohnungen
die Farbe, die Farben	der Vetter, die Vettern	die Zahl, die Zahlen

   Feminine nouns ending in -**in** add the ending -**nen** in the plural.

die Freundin, die Freundinnen	die Verkäuferin, die Verkäuferinnen

5. Nouns that add the ending -s in the plural. These nouns never add an umlaut.
   NOTE: There are many words of foreign origin in this group.

der Kuli, die Kulis	das Auto, die Autos
die Kamera, die Kameras	das Hobby, die Hobbys

SUMMARY OF PLURAL ENDINGS

Group	1	2	3	4	5
Ending:	-	-e	-er	-(e)n	-s
Umlaut:	sometimes	sometimes	always	never	never

MASCULINE NOUNS WITH THE ENDINGS -N OR -EN IN THE SINGULAR

	NOMINATIVE	ACCUSATIVE	DATIVE	GENITIVE
Singular	der Name der Polizist	den Namen den Polizisten	dem Namen dem Polizisten	des Namen des Polizisten

Some other nouns that add -n: **der Achtzehnjährige, der Auszubildene, der Bekannte, der Deutsche, der Erwachsene, der Gedanke, der Herr, der Junge, der Nachbar, der Reisende, der Verwandte, der Vorfahre**

Some other nouns that add en: **der Astronaut, der Dirigent, der Gymnasiast, der Held, der Klassenkamerad, der Konsument, der Mensch, der Philosoph, der Planet, der Tourist**

PRONOUNS

PERSONAL   REFLEXIVE

	NOMINATIVE	ACCUSATIVE	DATIVE	ACCUSATIVE	DATIVE
Singular					
1st person	ich	mich	mir	mich	mir
2nd person	du	dich	dir	dich	dir
3rd person *m.*	er	ihn	ihm		
f.	sie	sie	ihr	sich	sich
n.	es	es	ihm		
Plural					
1st person	wir	uns	uns	uns	uns
2nd person	ihr	euch	euch	euch	euch
3rd person	sie	sie	ihnen	sich	sich
you (formal, sing. & pl.)	Sie	Sie	Ihnen	sich	sich

DEFINITE ARTICLES AS DEMONSTRATIVE PRONOUNS

The definite articles can be used as demonstrative pronouns, giving more emphasis to the sentences than the personal pronouns **er, sie, es**. Note that these demonstrative pronouns have the same forms as the definite articles, with the exception of the dative plural form, which is **denen**.

Wer bekommt *den* Cappuccino? *Der* ist für mich.
Wer sagt es *den* Schülern? *Denen* sag' ich es nicht.

	NOMINATIVE	ACCUSATIVE	DATIVE
Masculine	der	den	dem
Feminine	die	die	der
Neuter	das	das	dem
Plural	die	die	denen

DEFINITE ARTICLES AS RELATIVE PRONOUNS

The definite articles can be used as relative pronouns. Relative pronouns introduce relative clauses. Note that **was** is used as a relative pronoun after **alles, das, etwas, nichts, viel, wenig,** and when referring to a whole clause. **Wo** is used as a relative pronoun to refer to places, literally or in a broader sense.

	NOMINATIVE	ACCUSATIVE	DATIVE
Masculine	der	den	dem
Feminine	die	die	der
Neuter	das	das	dem
Plural	die	die	denen

INTERROGATIVES

INTERROGATIVE PRONOUNS

	PEOPLE		THINGS	
Nominative	wer?	*who?*	was?	*what?*
Accusative	wen?	*whom?*	was?	*what?*
Dative	wem?	*to, for whom?*		

OTHER INTERROGATIVES

wann?	*when?*	**wie viele?**	*how many?*	**welch-?**	*which?*
warum?	*why?*	**wo?**	*where?*	**was für (ein)?**	*what kind of (a)?*
wie?	*how?*	**woher?**	*from where?*		
wieviel?	*how much? how many?*	**wohin?**	*to where?*		

WAS FÜR (EIN)?

	NOMINATIVE	ACCUSATIVE	DATIVE
Masculine	**Was für ein** Lehrer ist er?	**Was für einen** Lehrer hast du?	**Mit was für einem** Lehrer?
Feminine	**Was für eine** Uhr ist das?	**Was für eine** Uhr kaufst du?	**Mit was für einer** Uhr?
Neuter	**Was für ein** Buch ist das?	**Was für ein** Buch liest du?	**Mit was für einem** Buch?
Plural	**Was für Bücher** sind das?	**Was für** Bücher hast du?	**Mit was für** Büchern?

PREPOSITIONS

Accusative	durch, für, gegen, ohne, um
Dative	aus, bei, mit, nach, seit, von, zu
Two-Way: *Dative-**wo?*** *Accusative-**wohin?***	an, auf, hinter, in, neben, über, unter, vor, zwischen
Genitive	(an)statt, außerhalb, innerhalb, trotz, während, wegen

CONJUNCTIONS

COORDINATING CONJUNCTIONS

Coordinating conjunctions join independent or main clauses — clauses that can stand alone as complete sentences. When independent clauses are joined together by a coordinating conjunction, both clauses maintain verb-second word order.

aber	*but, (however)*	**oder**	*or*	**und**	*and*
denn	*because, for*	**sondern**	*but (on the contrary)*		

SUBORDINATING CONJUNCTIONS

Subordinating conjunctions introduce dependents or subordinating clauses — clauses that cannot stand alone because they do not make complete sense without the main clause. Dependent clauses may either follow or precede the main clause, but they always require verb-last position.

als	*(at the time) when*	**daß**	*that*	**seit(dem)**	*since (that time)*
als ob	*as if*	**bevor**	*before*	**während**	*while*
bis	*until*	**indem**	*while, as, by*	**weil**	*because*
damit	*in order (so) that*	**ob**	*whether*	**wenn**	*if, when, whenever*

WORD ORDER

POSITION OF VERBS IN A SENTENCE

The conjugated verb is in *first* position in:	yes/no *questions (questions that do not begin with an interrogative)* **Trinkst du Kaffee?** **Spielst du Tennis?** **Möchtest du ins Konzert gehen?** *both formal and informal commands* **Kommen Sie bitte um 2 Uhr!** **Geh doch mit ins Kino!**
The conjugated verb is in *second* position in:	*statements with normal word order* **Wir spielen heute Volleyball.** *statements with inverted word order* **Heute spielen wir Volleyball.** *questions that begin with an interrogative* **Wohin gehst du?** **Woher kommst du?** **Was macht er?** *sentences connected by* **und, oder, aber, denn** **Ich komme nicht, denn ich habe keine Zeit.**
The conjugated verb is in *second* position and the infinitive or past participle is *final* in:	*statements with modals* **Ich möchte heute ins Kino gehen.** *statements in conversational past* **Ich habe das Buch gelesen.** *statements with* **werde** *and* **würde** **Ich werde im Mai nach Berlin fliegen.** **Die Oma würde gern ins Theater gehen.**
The conjugated verb is in *final* position in:	*clauses that begin with interrogatives (* **wo, wann, warum,** *etc.)* **Ich weiß, wo das Hotel ist.** **Ich weiß nicht, wer heute morgen angerufen hat.** *clauses that begin with* **weil, daß,** *or* **ob** **Ich gehe nicht ins Kino, weil ich kein Geld habe.** **Ich glaube, daß er Rockmusik gern hört.** **Ich komme morgen nicht, weil ich zu Hause helfen muß.** **Ich weiß nicht, ob er den Film schon gesehen hat.**

POSITION OF NICHT IN A SENTENCE

To negate the entire sentence, as close to end of sentence as possible:	Er fragt seinen Vater		nicht.
Before a separable prefix:	Ich rufe ihn	nicht	an.
Before any part of a sentence you want to negate, contrast, or emphasize:	Er kommt	nicht	heute. (Er kommt morgen.)
Before part of a sentence that answers the question **wo?**	Ich wohne	nicht	in Berlin.

ADJECTIVES

ENDINGS OF ADJECTIVES AFTER DER- AND DIESER-WORDS

	NOMINATIVE	ACCUSATIVE	DATIVE	GENITIVE
Masculine	der -e Vorort	den -en Vorort	dem -en Vorort	des -en Vororts
Feminine	die -e Stadt	die -e Stadt	der -en Stadt	der -en Stadt
Neuter	das -e Dorf	das -e Dorf	dem -en Dorf	des -en Dorfes
Plural	die -en Vororte	die -en Vororte	den -en Vororten	der -en Vororte

NOTE: 1. Names of cities used as adjectives always have the ending -er: **der Frankfurter Zoo, das Münchner Oktoberfest**
  2. Adjectives such as **super, klasse, spitze,** and **rosa, lila, beige,** and **orange** never take endings.
  Das ist ein klasse Wagen. Möchtest du auch so einen klasse Wagen?
  Ich möchte auch so ein schönes rosa Hemd.

ENDINGS OF ADJECTIVES AFTER EIN AND KEIN

	NOMINATIVE	ACCUSATIVE	DATIVE	GENITIVE
Masculine	ein -er Vorort	einen -en Vorort	einem -en Vorort	eines -en Vororts
Feminine	eine -e Stadt	eine -e Stadt	einer -en Stadt	einer -en Stadt
Neuter	ein -es Dorf	ein -es Dorf	einem -en Dorf	eines -en Dorfes
Plural	keine -en Vororte	keine -en Vororte	keinen -en Vororten	keiner -en Vororte

ENDINGS OF ADJECTIVES AFTER THE POSSESSIVES

	NOMINATIVE	ACCUSATIVE	DATIVE	GENITIVE
Masculine	mein -er Vorort	meinen -en Vorort	meinem -en Vorort	meines -en Vororts
Feminine	meine -e Stadt	meine -e Stadt	meiner -en Stadt	meiner -en Stadt
Neuter	mein -es Dorf	mein -es Dorf	meinem -en Dorf	meines -en Dorfes
Plural	meine -en Vororte	meine -en Vororte	meinen -en Vororten	meiner -en Vororte

ENDINGS OF UNPRECEDED ADJECTIVES

	NOMINATIVE	ACCUSATIVE	DATIVE
Masculine	-er Salat	-en Salat	-em Salat
Feminine	-e Suppe	-e Suppe	-er Suppe
Neuter	-es Eis	-es Eis	-em Eis
Plural	-e Getränke	-e Getränke	-en Getränken

ENDINGS OF ADJECTIVES AFTER DETERMINERS OF QUANTITY

	NOMINATIVE	ACCUSATIVE	DATIVE
alle, beide, solche, manche	alle **-en** Häuser	alle **-en** Häuser	allen **-en** Häusern
andere, ein paar, einige, mehrere, viele, wenige, etc.	mehrere **-e** Dörfer	mehrere **-e** Dörfer	mehreren **-en** Dörfern

MAKING COMPARISONS

	Positive	Comparative	Superlative
1. *All comparative forms end in* **-er**.	schnell	schneller	am schnellsten
2. *Most one-syllable forms have an umlaut.*	alt	älter	am ältesten
3. *Exceptions must be learned as they appear.*	dunkel gut	dunkler besser	am dunkelsten am besten

Equal Comparisons:	Er spielt **so gut wie** ich (spiele). *He plays as well as I (do).*
Unequal Comparisons:	Sie spielt **besser als** ich (spiele). *She plays better than I (do).*
Comparative and superlative adjectives before nouns:	der **bessere** Wagen / der **beste** Wagen ein **schöneres** Auto / mein **schönstes** Kleid.

NOTE: Comparative adjectives before nouns have the same endings as descriptive adjectives (see page 332).

ORDINAL NUMBERS

1. Ordinal numbers are formed by adding **-t** or **-st** to the cardinal numbers. They are used to express a place in a series. Irregular ordinal numbers are printed in boldface below.

eins	der, die, das **erst-**	sieben	der, die, das **siebt-**
zwei	zweit-	acht	acht-
drei	**dritt-**	neun	neunt-
vier	viert-	zehn	zehnt-
fünf	fünft-	zwanzig	zwanzigst-
sechs	sechst-	dreißig	dreißigst-

2. Ordinal numbers are most often used as adjectives. They take regular adjective endings.

> Heute ist der erste Mai.
> Tu das nicht ein zweites Mal!
> In der dritten Stunde haben wir Deutsch.
> Ostern ist dieses Jahr am fünften April.
> Wann hat Heinrich der Achte gelebt?

VERBS

PRESENT TENSE VERB FORMS

		REGULAR	-eln VERBS	STEM ENDING WITH t/d	STEM ENDING WITH s/ß
INFINITIVES		spiel -en	bastel -n	find -en	heiß -en
PRONOUNS		stem + ending	stem + ending	stem + ending	stem + ending
I	ich	spiel -e	bastl -e	find -e	heiß -e
you	du	spiel -st	bastel -st	find -est	heiß -t
he	er				
she	sie }	spiel -t	bastel -t	find -et	heiß -t
it	es				
we	wir	spiel -en	bastel -n	find -en	heiß -en
you (plural)	ihr	spiel -t	bastel -t	find -et	heiß -t
they	sie	spiel -en	bastel -n	find -en	heiß -en
you (formal)	Sie	spiel -en	bastel -n	find -en	heiß -en

NOTE: There are important differences between the verbs in the above chart:

1. Verbs ending in -eln (basteln, segeln) drop the **e** of the ending -eln in the ich-form: **ich bastle, ich segle** and add only -n in the **wir-, sie-,** and **Sie**-forms. These forms are always identical to the infinitive: **basteln, wir basteln, sie basteln, Sie basteln.** Similarly, verbs ending in -ern, (wandern) drop the **e** of the ending -ern in the ich-form: **ich wandre** and add only **-n** in the **wir-, sie-,** and **Sie**-forms. These forms are always identical to the infinitive: **wandern.**

2. Verbs with a stem ending in **d** or **t**, such as **finden**, add an **e** before the ending in the **du**-form (**du findest**) and the **er**- and **ihr**-forms (**er findet, ihr findet**).

3. All verbs with stems ending in an **s**-sound (**heißen**) add only -t in the **du**-form: **du heißt.**

VERBS WITH A STEM-VOWEL CHANGE

There are a number of verbs in German that change their stem vowel in the **du**- and **er/sie**-forms. A few verbs, such as **nehmen** (*to take*), have a change in the consonant as well. You cannot predict these verbs, so it is best to learn each one individually. They are usually irregular only in the **du**- and **er/sie**-forms.

	e → i			e → ie		a → ä	
	essen	geben	nehmen	lesen	sehen	fahren	einladen
ich	esse	gebe	nehme	lese	sehe	fahre	lade ein
du	ißt	gibst	nimmst	liest	siehst	fährst	lädst ein
er, sie	ißt	gibt	nimmt	liest	sieht	fährt	lädt ein
wir	essen	geben	nehmen	lesen	sehen	fahren	laden ein
ihr	eßt	gebt	nehmt	lest	seht	fahrt	ladet ein
sie	essen	geben	nehmen	lesen	sehen	fahren	laden ein
Sie	essen	geben	nehmen	lesen	sehen	fahren	laden ein

SOME IMPORTANT IRREGULAR VERBS: HABEN, SEIN, WISSEN, AND WERDEN

	haben	sein	wissen	werden
ich	habe	bin	weiß	werde
du	hast	bist	weißt	wirst
er, sie	hat	ist	weiß	wird
wir	haben	sind	wissen	werden
ihr	habt	seid	wißt	werdet
sie	haben	sind	wissen	werden
Sie	haben	sind	wissen	werden

VERBS FOLLOWED BY AN OBJECT IN THE DATIVE CASE

antworten, *to answer*	gratulieren, *to congratulate*
danken, *to thank*	helfen, *to help*
gefallen, *to like*	passen, *to fit*
glauben, *to believe*	

Es geht (mir) gut.	Es steht (dir) gut.
Es schmeckt (mir) nicht.	Es macht (mir) Spaß.
Es tut (mir) leid.	Es tut (mir) weh.
Was fehlt (dir)?	

MODAL (AUXILIARY) VERBS

The verbs **dürfen, können, müssen, sollen, wollen, mögen** (and the **möchte**-forms) are usually used with an infinitive at the end of the sentence. If the meaning of that infinitive is clear, it can be left out: **Du mußt sofort nach Hause!** (**Gehen** is understood and omitted.)

	dürfen	können	müssen	sollen	wollen	mögen	möchte
ich	darf	kann	muß	soll	will	mag	möchte
du	darfst	kannst	mußt	sollst	willst	magst	möchtest
er, sie	darf	kann	muß	soll	will	mag	möchte
wir	dürfen	können	müssen	sollen	wollen	mögen	möchten
ihr	dürft	könnt	müßt	sollt	wollt	mögt	möchtet
sie	dürfen	können	müssen	sollen	wollen	mögen	möchten
Sie	dürfen	können	müssen	sollen	wollen	mögen	möchten

VERBS WITH SEPARABLE PREFIXES

Some verbs have separable prefixes: prefixes that separate from the conjugated verbs and are moved to the end of the sentence.

Present:		
	einladen	Meine Gastfamilie **lädt** mich immer noch **ein**.
	abbauen	**Bau** endlich mal deine Vorurteile **ab**!
Narrative Past (Imperfect):		
	ankommen	Ich **kam** in August in den Vereinigten Staaten **an**.
	hingehen	Er **ging** sofort **hin** und **holte** sein Gepäck **ab**.
	abholen	Wir **holten** die Kinder am Flugplatz **ab**.
Conversational Past:		
	abholen	Wer **hat** dich am Flughafen **abgeholt**?
Past Perfect:		
	mitnehmen	Mein Vater **hatte** alle Kinder **mitgenommen**.
Infinitives used with zu:		
	kennenlernen	Ich hoffe, die Leute besser **kennenzulernen**.
Certain prefixes are never separated from the verb:		
	überraschen	Das **überrascht** mich überhaupt nicht.
	wiederholen	**Wiederhole** bitte deine Frage!
	übersetzen	Das hast du wirklich prima **übersetzt**.

COMMAND FORMS

Regular Verbs	gehen	spielen
with **du** (singular)	**Geh!**	**Spiel!**
with **ihr** (pl)	**Geht!**	**Spielt!**
with **Sie** (sing & pl)	**Gehen Sie!**	**Spielen Sie!**
"let's" form	**Gehen wir!**	**Spielen wir!**

Separable-prefix Verbs	mitkommen	anrufen	aufräumen	anziehen	ausgehen
	Komm mit!	**Ruf an!**	**Räum auf!**	**Zieh an!**	**Geh aus!**
	Kommt mit!	**Ruft an!**	**Räumt auf!**	**Zieht an!**	**Geht aus!**
	Kommen Sie mit!	**Rufen Sie an!**	**Räumen Sie auf!**	**Ziehen Sie an!**	**Gehen Sie aus!**
	Kommen wir mit!	**Rufen wir an!**	**Räumen wir auf!**	**Ziehen wir an!**	**Gehen wir aus!**

Stem-changing Verbs	essen	nehmen	geben	sehen	fahren
	Iß!	**Nimm!**	**Gib!**	**Sieh!**	**Fahr!**
	Eßt!	**Nehmt!**	**Gebt!**	**Seht!**	**Fahrt!**
	Essen Sie!	**Nehmen Sie!**	**Geben Sie!**	**Sehen Sie!**	**Fahren Sie!**
	Essen wir!	**Nehmen wir!**	**Geben wir!**	**Sehen wir!**	**Fahren wir!**

NOTE: The vowel changes **e → i** and **e → ie** are maintained in the **du**-form of the command. The vowel change **a → ä** does not occur in the command form.

EXPRESSING FUTURE TIME

In German, there are three ways to express future time:

1. present tense verb forms	Ich **kaufe** eine Jeans. Ich **finde** bestimmt etwas.	*I'm going to buy a pair of jeans.* *I will surely find something.*
2. present tense verb forms with words like **morgen, später**	Er kommt **morgen.** Elke ruft **später** an.	*He's coming tomorrow.* *Elke will call later.*
3. **werden,** *will,* plus infinitive	Ich **werde** ein Hemd **kaufen.** Er **wird** bald **gehen.**	*I'll buy a shirt.* *He'll go soon.*

To express that something will have happened or be completed in the future, you can use the perfect infinitive with a modal or with **werden:**

Ich möchte eine politische Karriere begonnen haben.
Ich werde einen Traumjob gefunden haben.

THE CONVERSATIONAL PAST

German verbs are divided into two groups: weak verbs and strong verbs. Weak verbs usually follow a regular pattern, such as the English verb forms *play — played — has played*. Strong verbs usually have irregularities, like the English verb forms *run — ran — has run* or *go — went — has gone*.

The conversational past tense of weak and strong verbs consists of the present tense of **haben** or **sein** and a form called the past participle, which is usually in last position in the clause or sentence.

Die Schüler Sabine	**haben** **ist**	ihre Hausaufgaben schon gestern zu Hause	**gemacht.** **geblieben.**

FORMATION OF PAST PARTICIPLES				
Weak Verbs	spielen	(er) spielt	gespielt	Er hat gespielt.
with inseparable prefixes	besuchen	(er) besucht	besucht	Er hat ihn besucht.
with separable prefixes	aufräumen	(er) räumt auf	aufgeräumt	Er hat aufgeräumt.
Strong Verbs	kommen	(er) kommt	gekommen	Er ist gekommen
with inseparable prefixes	bekommen	(er) bekommt	bekommen	Er hat es bekommen.
with separable prefixes	mitkommen	(er) kommt mit	mitgekommen	Er ist mitgekommen.

NOTE: For past participles of strong verbs and irregular verbs, see pages 340–341.

WEAK VERBS FORMING THE PAST PARTICIPLE WITH SEIN

bummeln, *to stroll*	ist gebummelt	**surfen,** *to surf*	ist gesurft
reisen, *to travel*	ist gereist	**wandern,** *to hike*	ist gewandert

THE NARRATIVE PAST (IMPERFECT)

When relating a longer sequence that took place in the past, the narrative past is generally used.
NOTE: The **du**- and **ihr**-forms are rarely used in the narrative past.

Weak verbs add the past tense marker -**te** to the verb stem:

	hören	führen	sagen
ich	hörte	führte	sagte
du	hörtest	führtest	sagtest
er, sie	hörte	führte	sagte
wir	hörten	führten	sagten
ihr	hörtet	führtet	sagtet
sie, Sie	hörten	führten	sagten

Strong verbs often have a vowel change in the imperfect:

	haben	sein	werden	geben	finden
ich	hatte	war	wurde	gab	fand
du	hattest	warst	wurdest	gabst	fandest
er, sie, es	hatte	war	wurde	gab	fand
wir	hatten	waren	wurden	gaben	fanden
ihr	hattet	wart	wurdet	gabt	fandet
sie, Sie	hatten	waren	wurden	gaben	fanden

The modals in the imperfect do not have the umlaut of the infinitive:

	dürfen	können	mögen	müssen	sollen	wollen
ich	durfte	konnte	mochte	mußte	sollte	wollte
du	durftest	konntest	mochtest	mußtest	solltest	wolltest
er, sie	durfte	konnte	mochte	mußte	sollte	wollte
wir	durften	konnten	mochten	mußten	sollten	wollten
ihr	durftet	konntet	mochtet	mußtet	solltet	wolltet
sie, Sie	durften	konnten	mochten	mußten	sollten	wollten

There are some verbs in German that form the imperfect like weak verbs but also have a stem vowel change:

	kennen	nennen	denken	bringen	wissen
ich	kannte	nannte	dachte	brachte	wußte
du	kanntest	nanntest	dachtest	brachtest	wußtest
er, sie	kannte	nannte	dachte	brachte	wußte
wir	kannten	nannten	dachten	brachten	wußten
ihr	kanntet	nanntet	dachtet	brachtet	wußtet
sie, Sie	kannten	nannten	dachten	brachten	wußten

THE SUBJUNCTIVE FORMS

	haben	sein	werden	wissen
ich	hätte	wäre	würde	wüßte
du	hättest	wärst	würdest	wüßtest
er, sie, es	hätte	wäre	würde	wüßte
wir	hätten	wären	würden	wüßten
ihr	hättet	wäret	würdet	wüßtet
sie, Sie	hätten	wären	würden	wüßten

	können	müssen	dürfen	sollen	wollen
ich	könnte	müßte	dürfte	sollte	wollte
du	könntest	müßtest	dürftest	solltest	wolltest
er, sie, es	könnte	müßte	dürfte	sollte	wollte
wir	könnten	müßten	dürften	sollten	wollten
ihr	könntet	müßtet	dürftet	solltet	wolltet
sie, Sie	könnten	müßten	dürften	sollten	wollten

CONDITIONAL SENTENCES

Conditional sentences can be used to make hypothetical statements.

fulfillable	Wenn ich Zeit **hätte**, **würde** ich den Müll **sortieren**. Wenn wir **könnten**, **würden** wir dir **helfen**. Sie **würde kommen**, wenn sie nicht so viel zu **tun hätte**.
unfulfillable	Wenn ich Zeit **gehabt hätte**, **hätte** ich den Müll **sortiert**. Wenn du **gekommen wärst**, **hättest** du auch Spaß **gehabt**. Ich **wäre gekommen**, wenn du mich **eingeladen hättest**.

PASSIVE VOICE

The passive voice is used to express that something is being done or that something has to be done. It can also describe customary occurrence. The following is a summary:

Present *Imperfect* *Perfect* *Past Perfect* *Future*	Die Karten **werden verteilt**. Der Dirigent **wurde begrüßt**. Ein Ballett **ist aufgeführt worden**. Eine Oper **war gezeigt worden**. Ein Film **wird gezeigt werden**.	*The tickets are being distributed.* *The conductor was greeted.* *A ballet has been performed.* *An opera had been shown.* *A movie will be shown.*
with modals: *Present* *Past*	Dieses Museum **muß renoviert werden**. Die Kleiderfrage **konnte geklärt werden**.	*This museum must be renovated.* *The question of what to wear was able to be cleared up.*
with subjunctive forms Die Karten { **könnten abgeholt werden**. **müßten abgeholt werden**. **sollten abgeholt werden**.		The tickets { *could be picked up.* *need to be picked up.* *should be picked up.*

PRINCIPAL PARTS OF VERBS

This list includes the strong verbs listed in the **Wortschatz** sections of Level 1, Level 2, and Level 3. Weak verbs with stem vowel changes and other irregularites are also listed. Past participles formed with **sein** are indicated. All other past participles on the list are formed with **haben**. Usually, only one English meaning of the verb is given. Other meanings may be found in the German-English Vocabulary.

INFINITIVE	PRESENT	IMPERFECT	PAST PARTICIPLE	MEANING
abnehmen	nimmt ab	nahm ab	abgenommen	*to lose weight*
anbieten	bietet an	bot an	angeboten	*to offer*
anfangen	fängt an	fing an	angefangen	*to begin*
angeben	gibt an	gab an	angegeben	*to indicate*
anpreisen	preist an	pries an	angepriesen	*to praise*
abheben	hebt ab	hob ab	abgehoben	*to lift*
annehmen	nimmt an	nahm an	angenommen	*to assume*
anrufen	ruft an	rief an	angerufen	*to call up*
ansprechen	spricht an	sprach an	angesprochen	*to address, speak to*
anziehen	zieht an	zog an	angezogen	*to put on (clothes)*
auffallen	fällt auf	fiel auf	aufgefallen	*to be conspicuous*
aushalten	hält aus	hielt aus	ausgehalten	*to endure*
ausleihen	leiht aus	lieh aus	ausgeliehen	*to borrow, lend*
aussehen	sieht aus	sah aus	ausgesehen	*to look, appear*
beitragen	trägt bei	trug bei	beigetragen	*to contribute*
bekommen	bekommt	bekam	bekommen	*to get, receive*
beschreiben	beschreibt	beschrieb	beschrieben	*to describe*
bestreichen	bestreicht	bestrich	bestrichen	*to spread, to butter*
blasen	bläst	blies	geblasen	*to blow*
bleiben	bleibt	blieb	(ist) geblieben	*to stay*
brechen	bricht	brach	gebrochen	*to break*
denken	denkt	dachte	gedacht	*to think*
eingestehen	gesteht ein	gestand ein	eingestanden	*to admit*
einladen	lädt ein	lud ein	eingeladen	*to invite*
einziehen	zieht ein	zog ein	eingezogen	*to draft*
erfahren	erfährt	erfuhr	erfahren	*to experience*
erkennen	erkennt	erkannte	erkannt	*to recognize*
essen	ißt	aß	gegessen	*to eat*
fahren	fährt	fuhr	(ist) gefahren	*to drive, ride*
fernsehen	sieht fern	sah fern	ferngesehen	*to watch TV*
finden	findet	fand	gefunden	*to find*
geben	gibt	gab	gegeben	*to give*
gefallen	gefällt	gefiel	gefallen	*to like, be pleasing to*
gehen	geht	ging	(ist) gegangen	*to go*
gießen	gießt	goß	gegossen	*to pour, to water*
großziehen	zieht groß	zog groß	großgezogen	*to raise (a child)*
haben	hat	hatte	gehabt	*to have*
halten	hält	hielt	gehalten	*to keep*
heben	hebt	hob	gehoben	*to lift*
heißen	heißt	hieß	geheißen	*to be called*
helfen	hilft	half	geholfen	*to help*
herausnehmen	nimmt heraus	nahm heraus	herausgenommen	*to take out*
kennen	kennt	kannte	gekannt	*to know*
klingen	klingt	klang	geklungen	*to sound*
kommen	kommt	kam	(ist) gekommen	*to come*

INFINITIVE	PRESENT	IMPERFECT	PAST PARTICIPLE	MEANING
lassen	läßt	ließ	gelassen	*to let*
laufen	läuft	lief	(ist) gelaufen	*to run*
lesen	liest	las	gelesen	*to read*
messen	mißt	maß	gemessen	*to measure*
nachsehen	sieht nach	sah nach	nachgesehen	*to check*
nehmen	nimmt	nahm	genommen	*to take*
radfahren	fährt Rad	fuhr Rad	(ist) radgefahren	*to bicycle*
scheinen	scheint	schien	geschienen	*to shine*
schiefgehen	geht schief	ging schief	(ist) schiefgegangen	*to go badly*
schießen	schießt	schoß	geschossen	*to shoot*
schlafen	schläft	schlief	geschlafen	*to sleep*
schlagen	schlägt	schlug	geschlagen	*to hit; to slam*
schreiben	schreibt	schrieb	geschrieben	*to write*
schwimmen	schwimmt	schwamm	(ist) geschwommen	*to swim*
sehen	sieht	sah	gesehen	*to see*
sein	ist	war	(ist) gewesen	*to be*
sprechen	spricht	sprach	gesprochen	*to speak*
stehen	steht	stand	gestanden	*to stand*
streiten	streitet	stritt	gestritten	*to quarrel*
tragen	trägt	trug	getragen	*to wear; to carry*
trinken	trinkt	trank	getrunken	*to drink*
tun	tut	tat	getan	*to do*
übertreiben	übertreibt	übertrieb	übertrieben	*to exaggerate*
s. umsehen	sieh s. um	sah s. um	umgesehen	*to look around*
umziehen	zieht um	zog um	(ist) umgezogen	*to move (residence)*
unterbrechen	unterbricht	unterbrach	unterbrochen	*to interrupt*
s. unterhalten	unterhält s.	unterhielt s.	unterhalten	*to discuss*
unternehmen	unternimmt	unternahm	unternommen	*to undertake*
unterschreiben	unterschreibt	unterschrieb	unterschrieben	*to sign*
verbergen	verbirgt	verbarg	verborgen	*to hide*
verbieten	verbietet	verbot	verboten	*to forbid*
s. verbrennen	verbrennt s.	verbrannte s.	verbrannt	*to burn oneself*
vergehen	vergeht	verging	(ist) vergangen	*to pass (time)*
vergleichen	vergleicht	verglich	verglichen	*to compare*
s. verlassen	verläßt s.	verließ s.	verlassen	*to count on*
verlieren	verliert	verlor	verloren	*to lose*
vermeiden	vermeidet	vermied	vermieden	*to avoid*
vorlesen	liest vor	las vor	vorgelesen	*to read aloud*
vorschlagen	schlägt vor	schlug vor	vorgeschlagen	*to suggest*
versprechen	verspricht	versprach	versprochen	*to promise*
vorhaben	hat vor	hatte vor	vorgehabt	*to plan*
vorziehen	zieht vor	zog vor	vorgezogen	*to prefer*
wahrnehmen	nimmt wahr	nahm wahr	wahrgenommen	*to perceive*
waschen	wäscht	wusch	gewaschen	*to wash*
weggeben	gibt weg	gab weg	weggegeben	*to give away*
weglassen	läßt weg	ließ weg	weggelassen	*to omit, to drop*
wegtragen	trägt weg	trug weg	weggetragen	*to take away*
wegwerfen	wirft weg	warf weg	weggeworfen	*to throw away*
werben	wirbt	warb	geworben	*to advertise*
wiedergeben	gibt wieder	gab wieder	wiedergegeben	*to repeat*
wissen	weiß	wußte	gewußt	*to know*
zugeben	gibt zu	gab zu	zugegeben	*to admit*
zukommen	kommt zu	kam zu	(ist) zugekommen	*to be in store for*
zunehmen	nimmt zu	nahm zu	zugenommen	*to gain weight*
zurückbringen	bringt zurück	brachte zurück	zurückgebracht	*to bring back*

GERMAN-ENGLISH VOCABULARY

This vocabulary includes almost all the German words in the textbook, both active (for production) and passive (for recognition only). Active words and phrases, indicated by bold faced type, are practiced in the chapter and are listed in the Wortschatz section at the end of each chapter. You are expected to know and be able to use active vocabulary. All other words are for recognition only and can often be understood from the context.

With some exceptions, the following are not included: proper nouns, verb conjugations, and forms of determiners. You will find irregular forms of past participles and the narrative past.

Nouns are listed with definite article and plural form, where applicable. The numbers after the entries refer to the level and chapter where the word or phrase first appears or where it becomes an active vocabulary word. Vocabulary from the location openers is followed by a "Loc" and the chapter number directly following the location spread.

The following abbreviations are used in this list: acc (accusative case), adj (adjective), coll (colloquial), conj (conjunction), dat (dative case), gen (genitive case), pl (plural), poss adj (possessive adjective), pp (past participle), prep (preposition), s. (*sich,* or reflexive), sep (separable-prefix verb), and sing (singular).

A

ab (dat prep) *down, off,* III 1
ab und zu *now and then,* III6
abbaubar *degradable,* III9
abbauen (sep): **Vorurteile abbauen** *to overcome prejudices,* III8
abbilden (sep) *to depict, draw,* III1
die Abbildung, -en *drawing, picture,* III8
abbrechen (sep) *to break off,* III4
abdrucken (sep) *to print, reprint,* III6
der Abend, -e *evening,* I; **am Abend** *in the evening,* I
das Abendessen, - *dinner, evening meal,* II
die Abendkasse, -n *ticket booth,* III10
das Abendkleid, -er *evening gown,* II
abends *evenings,* III4
die Abendvorstellung, -en *evening performance,* III10
der Abenteuerfilm, -e *adventure film,* I
abenteuerlich *adventurous,* III3
aber (conj) *but,* I; **aber sicher!** *but of course!,* II
abermals *over and over again,* III7
der Abfall, -̈e *trash, waste,* III9
die Abfalltüte, -n *trash bag,* III2
das Abgas, -e *exhaust,* III9
abgedroschen *trite, hackneyed,* III5
abgefahren (slang) *worn out,* III3
abgegriffen *well-worn, shabby,* III11
abgeschlossen *finished,* III11
abgeschnitten *cut-off,* II
abgeworben *enticed away,* III2
abhängen von (sep) *to be dependent on,* III12
abhauen (sep) (coll) *to leave,* III4
abheben (sep) *to pick up,* I; **den Hörer abheben** *to pick up the receiver,* I
abholen (sep) *to pick up,* III8

abholzen (sep) *to deforest,* III9
das Abi=Abitur, III3
das Abitur *(final exam and diploma from a German high school),* III4
Abiturient(in), -en/nen *student studying for the Abitur,* III5
die Abkürzung, -en *abbreviation,* III9
das Ablagefach, -̈er *storage shelf,* II
ablehnen (sep) *to turn down, reject,* III3
s. ablenken mit (sep) *to divert oneself with,* III3
abnehmen (sep) *to lose weight,* III3
das Abonnement, -s *subscription,* III10
abpflücken (sep) *to pick (from a plant),* III11
abräumen (sep) *to clean up, clear off,* I
die Abrechnung, -en *deduction, settlement of an account,* III5
der Absatz, -̈e *paragraph,* III3; *sales,* III7; *shoe heel,* II
abschließen (sep) *to lock up,* III1
der Abschluß, -̈sse *end, conclusion; diploma,* III11
der Abschnitt, -e *paragraph,* III6
abschreiben (sep) *to copy,* III4
absichtlich *on purpose,* III4
absolut *absolute(ly), unconditional(ly),* III3
der Absolvent, -en *graduate,* III11
s. absondern von (sep) *to separate oneself from,* III4
der Abstand: im Abstand von *at an interval of,* III9
abstellen (sep) *to switch off,* II
abstreiten (sep) *to dispute, contest,* III5
die Abteilung, -en *division, department,* III4

die Abteilungsleiterin, -nen *head of a department,* III4
abwarten (sep) *to wait and see,* III2
das Abwasser, -̈ *wastewater,* III9
abwechselnd *alternating, one after the other,* III1
die Abwechslung, -en *variety,* III10
abwechslungsreich *varied, diversified,* II
Ach *Oh!,* I; **Ach ja!** *Oh yeah!,* I
Ach schade! *That's too bad.,* II
achten auf (acc) *to pay attention to,* III3
ächzend *groaning,* III2
der Actionfilm, -e *action movie,* I
die Adresse, -n *address,* III2
ägyptisch (adj) *Egyptian,* II
ahnen *to suspect, surmise,* III1
ähnlich *similar,* III3
die Ahnung, -en *idea, notion,* III4; **Keine Ahnung!** *I have no idea!,* I
der Akkord, -e *agreement,* III12
der Akt, -e *act, action,* III10
die Aktion, -en *activity, initiative,* III9
aktiv *active,* III1
aktuell *current, contemporary,* III7
akzeptabel *acceptable,* III7
akzeptieren *to accept,* III4
der Alkohol, -e *alcohol,* II
all- *all,* II
allein *alone,* III5
allerdings *certainly, by all means,* III3
die Allergie, -n *allergy,* III1
allergisch (gegen) *allergic (to),* II
allerkleinst- *the littlest,* III2
allernötigst- *indispensible,* III3
allgemein *general,* III5
die Allgemeinbildung *all-round education, general knowledge,* III11
allmählich *gradually,* III11

der **Alltag**, -e *weekday, workday routine,* III1
    alltäglich *daily,* III1
    allwissend *omniscient,* III7
    als *than,* II; **als** (conj) *when, at the time,* III8
       als ob (conj) *as if, as though,* III7
       also (part) *well, okay,* III2
    alt *old,* I
das **Altenheim**, -e *home for the elderly,* III5
    älter *older,* II
die **Altersgruppe**, -n *age group,* III5
der **Altersjahrgang**, ⸚e *year of birth,* III11
das **Altpapier** *recyclable paper,* III9
das **Alu=Aluminium** *aluminum,* III9
die **Aludose**, -n *aluminum can,* III9
    am=an dem *at the,* I; **am Abend** *in the evening,* I; **am ersten (Juli)** *on the first (of July),* I; **am letzten Tag** *on the last day,* II; **am liebsten** *most of all,* I; **am Tag** *during the day,* II
die **Ameise**, -n *ant,* III9
das **Amerikabild** *impression of America,* III8
die **Ampel**, -n *traffic light,* I; **bis zur Ampel** *until you get to the traffic light,* I
  s. **amüsieren** *to have a good time,* III6
    an (acc, dat prep) *to; at,* II; **an der Schule** *at school,* II
    an: Was an dir gut ist, ist ... *What I like about you is ...,* III4
die **Analyse**, -n *analysis,* III7
    analysieren *to analyse,* III7
    Anästhesist(in), -en/nen *anesthesiologist,* III12
    anbieten (sep) *to offer,* III9
der **Anblick**, -e *view, sight, look,* III7
    ander- *other,* I; **ein(-) ander-** *another (a different) one,* II
    andererseits *on the other hand,* III5
  s. **ändern** *to change oneself,* III5
    anders *different,* III4
    anderswo *elsewhere,* III11
die **Änderung**, -en *change,* III12
die **Anekdote**, -n *anecdote,* III6
    anerkennen (sep) *to recognize, acknowledge,* III5
der **Anfang**, ⸚e *beginning,* III1
    anfangen (sep) *to begin,* III11
der **Anfänger**, - *beginner,* II
    anfangs *in the beginning,* III10
    anfüllen (sep) *to fill up,* III10
    angeben (sep) *to indicate, state,* III11
    angeblich *ostensibly, reported to be,* III7
das **Angebot**, -e *offer,* I; **Angebot der Woche** *weekly special,* I
    angeboten *offered,* III2
    angehören (sep, dat) *to belong to,* III4
    angehend- *would-be, future,* III9
    angeht: was (das) angeht *as far as (that) goes,* III3
    angeln *to fish,* II

    angenehm *comfortable, pleasant,* III5
    angenommen *accepted, assumed,* III8
    angepriesen *praised,* III7
    angespannt *tense,* III2
    angesprochen *spoken to,* III6
    angestaubt *old, dusty,* III10
    Angestellte, -n *employee,* III11
    angewiesen sein auf (acc) *to be dependent on,* III11
    angezogen *dressed,* III3
    Angst haben vor (dat) *to be afraid of,* III2
    ängstlich *anxious,* III7
    anhaben (sep) *to have on,* III3
der **Anhaltspunkt**, -e *guiding principle, deciding factor,* III7
    anhand *based on,* III3
    anhören (sep) *to listen to,* III1
    ankommen (sep) *to arrive,* III1; **Es kommt darauf an, ob ...** *It depends on whether ...,* III4; **ankommen bei** (sep) *to be accepted by,* III3
    ankreuzen (sep) *to cross, mark off,* III3
die **Anlage**, -n *grounds, site,* II; *system, installation,* II
    anlaufen: rot anlaufen *to blush,* III4
der **Anlaß**, (pl) **Anlässe** *occasion,* III5
    anlasten (sep) *to blame,* III9
die **Anleitung**, -en *direction, introduction,* III3
    anlocken (sep) *to lure,* III2
die **Annahmestelle**, -n *receiving area,* III9
    annehmen (sep) *to assume,* III8
die **Annonce**, -n *ad, announcement,* III6
    anonym *anonymous,* III6
der **Anorak**, -s *parka,* II
  s. **anpassen** (sep) *to conform to,* III3
    anpreisen (sep) *to praise,* III7
    anprobieren (sep) *to try on,* I
die **Anrede**, -n *speech, address,* III7
    anregen (sep) *to encourage, stimulate,* III6
    anregend *stimulating, exciting,* III6
die **Anregung**, -en *stimulation, incitement,* III2
die **Anreise**, -n *arrival,* III2
    anrichten (sep) *to produce, cause, prepare,* III9
    anrufen (sep) *to call (on the phone),* I
der **Ansager**, - *announcer,* III10
    ansah (*imperfect of* ansehen), III10
    anschauen (sep) *to look at,* III4
    anschaulich *clear, vivid,* III7
der **Anschlag**, ⸚e *announcement,* II
    anschlagen (sep) *to strike; to post,* III12
    anschließend *following, adjacent,* III1
  s. **ansehen** (sep) *to have a look at,* III2
die **Ansicht**, -en *view, point of view,* III9
    ansprechen (sep) *to talk to,* III6
    anstatt (gen prep) *instead of,* III10
    anstrahlen (sep) *to shine on; to smile at,* III7
  s. **anstrengen** (sep) *to make an effort,*

III12
    anstrengend *strenuous,* III5
    anstupsen (sep) *to nudge,* III10
der **Anteil**, -e *portion, share,* III8
die **Antwort**, -en *answer,* III2
    antworten (dat) *to answer,* III1
    anvertrauen (sep, dat) *to entrust to,* III5
der **Anwalt**, ⸚e *lawyer,* III11
die **Anwältin**, -nen *lawyer,* III11
die **Anweisung**, -en *order, instruction,* III5
    anwenden (sep) *to make use of,* III10
die **Anwendung**, -en *application, use,* III3
die **Anzahl** *number, quantity,* III10
die **Anzeige**, -n *ad,* III6
    anziehen (sep) *to put on, wear,* I
der **Anziehungspunkt**, -e *center of attraction,* III1
der **Anzug**, ⸚e *suit,* II
der **Apfel**, ⸚ *apple,* I
der **Apfelkuchen**, - *apple cake,* I
der **Apfelsaft**, ⸚e *apple juice,* I; **ein Glas Apfelsaft** *a glass of apple juice,* I
die **Apotheke**, -n *pharmacy,* II
der **Apotheker**, - *pharmacist,* III5
der **Apparat**, -e *telephone,* I
der **Appell**, -e *appeal,* III7
der **Appetit: Guten Appetit!** *Bon appétit!,* II
    applaudieren *to applaud,* III10
die **Aprikose**, -n *apricot,* II
der **April** *April,* I
die **Arbeit**, -en *work,* III1
    arbeiten *to work,* II
der **Arbeiter**, - *worker,* III6
das **Arbeitsamt**, ⸚er *employment office,* III11
der **Arbeitsmarkt**, ⸚e *job market,* III11
die **Arbeitsstelle**, -n *job position,* III11
das **Arbeitstempo**, -s *work rate,* III11
der **Arbeitsvertrag**, ⸚e *work contract,* III5
das **Arbeitszeugnis**, -se *work performance review,* III11
der **Architekt**, -en *architect,* III11
die **Architektur** *architecture,* III11
der **Ärger** *irritation, annoyance,* III6
    ärgerlich *annoying,* III1
  s. **ärgern** *to get annoyed,* III8
    argumentieren *to argue,* III2
der **Arm**, -e *arm,* II
das **Armband**, ⸚er *bracelet,* II
die **Armbanduhr**, -en *wristwatch,* I
die **Armee**, -n *army,* III5
der **Armeelaster**, - *army truck,* III5
    ärmellos *sleeveless,* II
die **Armen** (pl) *poor,* III8
die **Armut** *poverty,* II
der **Arrestant**, -en *prisoner,* III12
die **Art**, -en *kind, sort,* III11; **auf ihre Art** *in their own way,* III3
der **Artikel**, - *article, commodity,* III3
die **Arzneimittelproduktion** *pharmaceutical production,* Loc10
der **Arzt**, ⸚e *doctor,* II
    aßen (*imperfect of* essen), III8
    atemberaubend *breathtaking,* III7

atemlos *breathless*, III10

athletisch *athletic*, III8

atmen *to breathe*, III10

der Atomkrieg, -e *nuclear war*, III11

attraktiv *attractive*, III11

Au!, Aua! *Ouch!*, II

auch *also*, I; Ich auch. *Me too.*, I; auch noch *also*, II; auch schon *also*, II

auf (acc, dat prep) *on, onto, to*, II; Auf dein/Ihr/euer Wohl! *To your health!*, II; auf dem Land *in the country*, I; Auf Wiederhören! *Goodbye!*, I; auf einer Fete *at a party*, II

aufbauen (sep) *to construct*, Loc7

aufbewahren (sep) *to preserve, store*, III1

aufblühen (sep) *to blossom*, III10

aufeinanderkleben (sep) *to stick, glue together*, III10

der Aufenthaltsraum, ¨e *waiting room*, III2

auffallen (sep) *to be conspicuous*, III8

aufführen (sep) *to perform*, III10

die Aufführung, -en *performance*, III10

die Aufgabe, -n *assignment*, III6

aufgehen (sep) *to rise, expand*, III10

aufgeschlossen *open, friendly*, III8

aufgeschrieben *written down*, III1

aufging (*imperfect of* aufgehen), III12

aufkeimend *budding, dawning*, III5

aufklären (sep) *to enlighten*, III7

auflaufen (sep) *to run aground*, III9

auflegen (sep) *to hang up (the telephone)*, I

auflisten (sep) *to list*, III8

auflösen (sep) *to solve*, III3

aufmerksam machen auf (acc) *to draw attention to*, III7

die Aufmerksamkeit, -en *attention*, III7

aufnehmen (sep) *to take, pick up*, III4

aufpassen (sep) *to pay attention*, III3

aufräumen (sep) *to clean up*, I

aufregen (sep) *to excite*, III7

die Aufregung, -en *excitement*, III10

aufsässig *rebellious*, III4

der Aufsatz, ¨e *essay*, III3

aufschieben (sep) *to push open*, III2

aufschneiden (sep) *to cut open*, III1

der Aufschnitt *cold cuts*, I

aufschreiben (sep) *to write down*, III2

der Aufseher, - *supervisor*, III10

aufsetzen (sep) *to put or place on*, III10

aufstand (*imperfect of* aufstehen), III12

aufstecken (sep) *to put up*, III9

aufstehen (sep) *to get up*, III5

die Aufstiegschance, -n *chance for promotion*, III11

die Aufstiegsmöglichkeit, -en *possibility for promotion*, III5

aufwachen (sep) *to wake up*, III10

aufwachsen (sep) *to grow up*, III4

aufwendig: aufwendig verpackt *elaborately wrapped*, III9

aufzeigen (sep) *to show, exhibit*, III10

das Auge, -n *eye*, I

der Augenblick, -e *moment*, III1

der August *August*, I

aus (dat prep) *from, out of*, II; aus Baumwolle *made of cotton*, I; aus dem (16.) Jahrhundert *from the (16th) century*, II

ausarbeiten (sep) *to work out in detail*, III11

ausbilden (sep) *to educate*, III4

die Ausbildung, -en *education*, II

ausbleiben (sep) *to stay out*, III1

ausbrechen (sep) *to break out*, III8

die Ausdauer *perseverance, endurance*, III3

ausdenken (sep) *to think, work out*, III10

der Ausdruck, ¨e *expression*, III4

ausdrücken (sep) *to express*, III3

auseinander *from each other*, III3

auseinanderhalten (sep) *to hold, keep apart*, III6

auseinandernehmen (sep) *to take apart*, III12

auseinanderspalten (sep) *to split apart*, III10

der Ausflug, ¨e *excursion*, II

das Ausführen *development*, III1

ausführlich *detailed*, III1

ausfüllen (sep) *to fill out*, III11

die Ausgabe, -n *edition*, III6

der Ausgangspunkt, -e *point of departure*, III1

ausgeben (sep) *to give out; to spend (money)*, III3

ausgedacht *thought up*, III10

ausgefallen *unusual*, III3

ausgeflippt (slang) *flipped-out*, III3

ausgegangen *gone out*, III7

ausgehen (sep) *to go out*, III4

ausgehen von (sep) *to be initiated by*, III10

ausgelassen *boisterous*, III1

ausgeliehen *borrowed, checked out*, III1

ausgerechnet *just, of all*, III9

ausgesprochen *particularly*, III5

ausgewogen *well-balanced*, III8

ausgezeichnet *excellent, outstanding*, II

ausgezogen *moved out*, III4

ausgiebig *extensive, exhaustive*, III10

aushalten (sep) *to endure, stand something*, III3

auskommen: Wir kommen gut mit ihm aus. *We get along well with him.*, III4

auslachen (sep) *to laugh (at someone)*, III2

das Ausland *foreign country*, III8

Ausländer(in), -/nen *foreigner*, III4

ausländisch *foreign*, II

ausleihen (sep) *to borrow, lend*, III1

auslösen (sep) *to trigger, cause*, III9

die Auslösung, -en *cause*, III5

s. ausmachen (sep) *to make up, consti-*

tute, III9; Das macht mir nichts aus. *That doesn't matter to me.*, III6

ausnutzen (sep) *to take advantage of*, III7

ausquetschen (sep) *to squeeze out*, III5

ausrechnen (sep) *to calculate*, III9

die Ausrede, -n *excuse*, III9

ausreden (sep) *to finish speaking*, III6

s. ausruhen (sep) *to relax, rest*, III11

ausrutschen (sep) *to slip*, III1

die Aussage, -n *statement*, III1

aussagen: Das sagt etwas über mich aus. *That says something about me.*, III3

ausschalten (sep) *to switch off*, III9

ausschlaggebend *decisive*, III11

ausschließlich *exclusively*, III9

der Ausschluß, ¨sse *exclusion*, III5

der Ausschnitt, -e *excerpt*, III6

aussehen (sep) *to look like, to appear*, I; der Rock sieht ... aus. *The skirt looks...*, I; Wie sieht er aus? *What does he look like?*, I

das Außengelände *surroundings*, III2

außerdem *besides that*, III9

außerhalb (gen prep) *outside of*, III4

äußern *to express*, III3

äußerst *highly*, III8

die Äußerung, -en *comment, remark*, III3

ausspannen (sep) *to spread, stretch out*, III12

ausstatten (sep) *to equip*, III2

die Ausstattung, -en *equipment, furnishing*, III2

aussteigen (sep) *to get off (a train)*, III1

ausstellen (sep) *to exhibit, display*, Loc10

die Ausstellung, -en *exhibition*, III10

ausstrecken (sep) *to stick out*, III10

s. aussuchen (sep) *to pick out, select*, III1

der Austausch, -e *exchange*, III4

austauschen (sep) *to exchange*, III4

die Auster, -n *oyster*, II

ausüben (sep) *to practice, pursue*, III11

auswählen (sep) *to choose from*, III2

der Ausweis, -e *identification*, III2

auswendig *by heart, rote*, III5

auswickeln (sep) *to unwrap, undo*, III10

ausziehen (sep) *to move out, away*, III4; *to undress*, III7

der Auszug, ¨e *excerpt*, III5

das Auto, -s *car*, I; mit dem Auto *by car*, I

die Autobahn, -en *interstate highway*, III8

der Autofahrer, - *driver*, III11

automatisch *automatic*, III6

Autor(in), -en/nen *author*, III10

der Azubi(=Auszubildende), -s *trainee, apprentice,* III4

B

der **Bäcker,** - *baker,* I
die **Bäckerei,** -en *bakery,* I
die Backsteingotik *gothic architecture style with red brick,* III1
baden *to swim,* I; **baden gehen** *to go swimming,* I
der Badeort, -e *swimming resort,* III1
das **Badezimmer,** - *bathroom,* II
die **Bahn,** -en *train,* II
der **Bahnhof,** ⸚e *train station,* I
das **Ballett,** -e *ballet,* II
die **Banane,** -n *banana,* II
bang, *anxious,* III2
die **Bank,** -en *bank,* III1
Bankangestellte, -n *bank employee,* III1
das Bankett, -e *banquet,* Loc7
die Bankkauffrau, -en *banker,* III11
der Bankkaufmann, -leute *banker,* III11
der Bankschalter, - *bank window,* III5
das Bankwesen *banking,* Loc7
das Barock *baroque style,* Loc4
barock *baroque,* Loc10
bärtig *bearded,* III10
basieren auf (acc) *to establish, base on,* III9
Basketball *basketball,* I
die Baßschläge (pl) *bass beats,* III3
basteln *to do crafts,* I
die **Batterie,** -n *battery,* III9
der Bau *construction,* III8
der **Bauch,** ⸚e *stomach,* II
die **Bauchschmerzen** (pl) *stomachache,* II
der Baudenabend, -e *folkloristic evening entertainment at a cabin,* III2
das **Baudenkmal,** ⸚er *monument,* II
bauen *to build,* III8
der Bauhelm, -e *hardhat,* III3
der **Baum,** ⸚e *tree,* II
der Baumeister, - *architect,* Loc10
die **Baumwolle** *cotton,* I
das Bauwerk, -e *structure, building,* Loc10
beabsichtigen *to intend,* III7
beachten *to notice, heed, regard,* III6
der Beamte, -n *offical, civil servant,* III11
die Beamtin, -nen *offical, civil servant,* III11
beantworten *to answer,* III1
bearbeiten *to work at, process,* III2
beben *to shake, tremble,* III10
der **Becher,** - *mug,* III2
bedauern *to be sorry about,* II
die Bedenken (pl) *misgivings,* III7
bedeuten *to mean,* III1
die Bedeutung, -en *meaning,* III4
bedienen: die Kamera bedienen *to operate the camera,* II
die Bedingung, -en *condition,* III11

bedrücken *to press; to oppress,* III10
das Bedürfnis, -se *need,* III3
beeindrucken *to impress,* III8
beeinflussen *to influence,* III3
beenden *to end,* III3
befahl (*imperfect of* befehlen), III7
befallen *to befall,* III7
befehlen *to command,* III7
s. befinden *to find oneself, to be,* Loc1
befolgen *to obey, follow,* III12
befragen *to ask questions,* III8
befriedigen *to satisfy,* III7
befürchten *to fear, suspect,* III10
begabt *gifted,* III10
begann (*imperfect of* beginnen), III3
begegnen (dat) *to run into, meet,* III10
die Begegnung, -en *meeting, encounter,* III2
begeistert sein von *to be excited about,* III8
der Beginn *beginning,* III5
beginnen *to begin,* III11
begleiten *to accompany,* III10
begonnen *begun,* III4
der Begriff, -e *concept, idea,* III9
begründen *to found; to give a reason for,* III6
der Begründer, - *founder,* III5
die Begründung, -en *reason; foundation,* III2
begrüßen *to greet,* III10
behalten *to keep,* III7
der Behälter, - *container,* III8
behandeln *to handle, treat,* III4
behaupten *to claim, assert,* III12
beherbergen *to shelter,* Loc4
beherrschen *to rule,* III7
beherzigen *to take to heart,* III9
behindertenfreundlich *accessible to the physically challenged,* III7
bei (dat prep) *by, near, at,* II; **beim Bäcker** *at the baker's,* I; **Bei mir ist es auch so.** *That's the way it is with me, too.,* III4
beide *both,* III2
beidseitig *on both sides, mutual,* III9
die **Beilage,** -n *side dish,* II
das **Bein,** -e *leg,* II
beinahe *almost,* III8
beinhalten *to contain,* III10
das **Beispiel,** -e *example,* III1
der Beitrag, ⸚e *contribution,* III11
beitragen zu (sep) *to contribute to,* III6
bejahen *to concur, agree,* III9
bekam (*imperfect of* bekommen), III6
bekannt *known,* III1
der Bekanntenkreis, -e *circle of acquaintances,* III6
s. **beklagen über** (acc) *to complain about,* III10
die Bekleidung, -en *clothes,* III7
bekommen *to get, receive,* I
bekömmlich *wholesome, beneficial,* III10
belasten *to weigh on, burden,* III5

die Belastung, -en *burden,* III9
belegen *to cover; to register for,* III1; *to verify,* III9
beliebt *popular,* III4
bellen *to bark, howl,* III11
die Bemerkung, -en *comment, remark,* III1
s. **bemühen um** *to strive for,* III6
s. **benehmen** *to behave,* III4
beneiden *to envy,* III10
benötigen *to need,* III5
benutzen *to use,* III4
beobachten *to observe,* III8
die Beobachtung, -en *observation,* III4
bequem *comfortable,* I
beraten *to advise,* III2
der Berater, - *advisor,* III12
der Bereich, -e *area, field, region,* III9
bereichern *to enrich,* III8
bereit *willing, prepared,* III3
bereits *already,* III11
bereitstellen (sep) *to make ready,* III10
bereitwillig *willing,* III10
der **Berg,** -e *mountain,* II
die Bergtour, -en *tour or trip in the mountains,* III1
der **Bericht,** -e *report,* III6
berichten *to report,* III3
berücksichtigen *to take into consideration,* III5
der **Beruf,** -e *profession,* III11
beruflich *professional(ly),* III5
die Berufserfahrung, -en *professional experience,* III11
die Berufstätigkeit, -en *occupation,* III11
die Berufswahl, -en *choice of profession,* III11
beruhen auf (acc) *to be founded on,* III11
berühmt *famous,* III2
besann (*imperfect of* besinnen), III7
s. **beschäftigen mit** *to keep busy with,* III3
die Bescheidenheit, -en *modesty,* III5
bescheuert *dumb,* III3
beschleunigen *to accelerate,* III4
beschließen *to decide,* III11
beschlossen *decided,* III11
beschränken *to limit,* III1
beschreiben *to describe,* II
die Beschreibung, -en *description,* III2
beschrieben *described,* III1
die Beschwerde, -n *trouble, complaint,* III7
beschwören *to implore,* III5
die Beseitigung, -en *removal, elimination,* III5
besetzt *busy (on the telephone),* I
besichtigen *to sightsee, visit a place,* II
die Besichtigung, -en *sightseeing, visit,* III2
besiegt *defeated,* III1
besinnen *to think about, consider,* III7
besonders *especially,* I

besorgen *to provide*, III1
die Besorgung, -en *worry*, III5
besprechen *to discuss*, III5
besser *better*, I
die **Besserung**, -en *improvement*, II; **Gute Besserung!** *Get well soon!*, II
der Bestandteil, -e *part, component*, III9
das **Besteck** *silverware*, III2
bestehen aus *to consist of*, III5
bestellen *to order*, III1
besten: am besten *the best*, II
bestimmen *to determine*, III2
bestimmt *certainly, definitely*, I
bestreichen *to spread, to butter*, III1
der Besuch, -e *visit*, III4
besuchen *to visit*, I
betäuben *to stun, anesthetize*, III2
s. **beteiligen an** (dat) *to take part in*, III9
betrachten *to observe*, III11
betreten *to step on; to enter*, III12
betreuen *to take care of*, III7
der Betrieb, -e *business, firm*, Loc 10
die Betriebswirtschaft *business administration*, III11
betrogen *deceived, defrauded*, III5
das **Bett**, -en *bed*, I
betten *to rest*, III12
beugen *to bend*, III10
beurteilen nach *to judge according to*, III3
der Beutel, - *bag, pouch, sack*, III9
die Bevölkerung *population, inhabitants*, III5
bevor (conj) *before*, III5
bewachen *to guard*, III5
s. **bewähren** *to prove oneself*, III5
bewegen *to move*, III10
die Bewegung, -en *movement, motion*, III8
beweisen *to prove*, III10
s. **bewerben** *to apply*, III11
der Bewerber, - *applicant*, III2
die Bewerbung, -en *application*, III11
die Bewerbungsunterlage, -n *application material*, III11
das Bewerbungsverfahren *process of making an application*, III11
bewerten *to assess*, III12
die Bewertung, -en *assessment*, III3
bewiesen *proven*, III10
bewundern *to admire*, III10
die Bewunderung *astonishment, marvel*, III10
bewußt *conscious(ly)*, III3
bezahlen *to pay*, III1
bezeichnen *to indicate*, III2
die Bezeichnung, -en *indication, description*, III4
s. **beziehen auf** (acc) *to refer to*, III3
die Beziehung, -en *relationship*, III3
das Beziehungswort, ¨er *antecedent*, III7
Bezug haben zu *to have a connection to*, III8
bezweifeln *to doubt*, II
die Bibliothek, -en *library*, III10
bieder *upright, bourgeois*, III5
biegen *to bend, curve, turn*, II; **ein-**

biegen (sep): **Biegen Sie hier ein!** *Turn here!*, II
die **Biene**, -n *bee*, III9
bieten *to offer*, III1
das **Bild**, -er *picture*, III2
bilden *to form, construct*, III1
bildend: die bildenden Künste *the visual arts*, III10
der Bildhauer, - *sculptor*, Loc1
bildreich *rich in imagery*, III10
der Bildschirm, -e *display screen*, III6
die **Bildung**, -en *formulation*, III6
der Bildungsweg, -e *educational path*, III4
billig *cheap*, III2
die **Biokost** *organic food*, III3
Biologe/Biologin -n/nen, *biologist*, III11
die **Biologie=Bio** *biology*, I
die **Biologielehrerin**, -nen *biology teacher*, I
biologisch abbaubar *bio-degradable*, III9
birgst (*from* bergen) *to hide*, III2
die **Birne**, -n *pear*, II
bis (acc prep) *until*, III11; **Bis dann!** *Till then! See you later!*, I; **bis dahin** *until then*, III11
der Bischof, ¨e *bishop*, Loc4
bisher *up to now*, III10
bislang *up to now*, III8
das Bistum, ¨er *episcopate, diocese*, Loc4
bitte *please*, I; **Bitte (sehr/schön)!** *You're (very) welcome!*, I; **Bitte! Hier!** *Here you go!*, II
bitten *to request*, III1
bitter *bitter*, II
bißchen: ein bißchen *a little*, I
blasen *to blow*, III9
der Bläser, - *wind instrument player*, III10
die Blaskapelle, -n *brass-band*, III8
das **Blatt**, ¨er *leaf*, III1
blau *blue*, I
die **Blaubeere**, -n *blueberry*, II
der **Blazer**, - *blazer*, II
das Blei *lead*, III9
bleiben *to stay, remain*, II
der **Bleistift**, -e *pencil*, I
der Blick, -e *glance, view*, III2
der **Blickfang** *eye-catcher*, III7
der Blickpunkt, -e *point of view*, III2
blieb (*imperfect of* bleiben), III4
blitzblank *squeaky clean*, III7
die Blockflöte, -n *recorder (flute)*, III12
blöd *dumb*, I
blond *blonde*, I
der Blouson, -s *bomber jacket*, II
bloß *only*, I; **Was soll ich bloß machen?** *Well, what am I supposed to do?*, II
blühen *to flower, blossom*, III10
die **Blume**, -n *flower*, I
der **Blumenkohl** *cauliflower*, II
der **Blumenstrauß**, ¨e *flower bouquet*, I
die **Bluse**, -n *blouse*, II
das Blut *blood*, III5
der Boden *floor, ground*, III10

das Bogenschießen *archery*, II
die **Bohne**, -n *bean*, II
der Bombenangriff, -e *bomb attack*, Loc10
der **Bomber**, - *bomber*, III5
das **Boot**, -e *boat*, II; **Boot fahren** *to go for a boat ride*, II
böse *angry, evil*, III4
der Bote, -n *messenger*, III7
der Botengang, ¨e *errand*, III1
die Boulevardzeitung, -en *tabloid newspaper*, III6
brachte (*imperfect of* bringen), III6
brannte (*imperfect of* brennen), III7
der Braten *roast*, II
die **Bratkartoffeln** (pl) *fried potatoes*, II
brauchen *to need*, I
braun *brown*, I
s. **brechen (etwas)** *to break (something)*, II; **er/sie bricht** *he/she breaks*, II
die Brechung, -en *breaking*, III5
breit *large, wide*, III7
die **Bremse**, -n *brake*, II
brennen *to burn*, III3
das **Brettspiel**, -e *board game*, I; **ein Brettspiel spielen** *to play a board game*, I
die **Brezel**, -n *pretzel*, I
der **Brief**, -e *letter*, III10
die **Briefmarke**, -n *postage stamp*, I
der Briefpartner, - *pen pal*, III2
die **Brille**, -n *a pair of glasses*, I
bringen *to bring*, III1
der **Brokkoli** *broccoli*, II
die Bronzeskulptur, -en *bronze sculpture*, Loc1
das **Brot**, -e *bread*, I
das **Brötchen**, - *breakfast roll*, III1
der **Bruder**, ¨ *brother*, I
der **Brunnen**, - *fountain*, II
brutal *brutal, violent*, I
der Bube, -n (southern German) *boy*, III10
das **Buch**, ¨er *book*, I
die **Bücherei**, -en *lending library*, III1
der Buchhandel *book trade*, Loc1
der Buchladen, ¨ *bookstore*, III1
die Buchmesse, -n *book trade fair*, Loc7
die **Büchse**, -n *can*, III8
der Buchstabe, -n *letter (of the alphabet)*, III6
buchstabieren *to spell*, III7
die **Bucht**, -en *bay*, II
bücken *to bend*, III11
bügeln *to iron*, II
die **Bühne**, -n *stage*, III10
die Bühnenanweisung, -en *stage instruction*, III11
der Bummel *stroll*, III1
der **Bund=Bundeswehr**, III5
der Bundesbürger, - *citizen of the Federal Republic*, III6
der Bundesgrenzschutz *Federal Border Defense*, III5
das Bundesland, ¨er *(German or*

Austrian) federal state, I

der **Bundestag** *German Federal Parliament*, III11

Bundestagsabgeordnete, -n *parliamentarian*, III5

die **Bundeswehr** *German Federal Defense Force*, III5

bunt *colorful*, II

die **Burg, -en** *castle*, III2

der **Bürger, -** *citizen*, III2

bürgerlich *civic, civil*, II; **gut bürgerliche Küche** *good home-cooked food*, II

der **Bursche, -n** *young man*, III7

der **Bus, -se** *bus*, I

die **Busfahrt, -en** *bus trip*, III2

die **Butter** *butter*, I

das **Butterschmalz** *shortening*, I

bzw.=beziehungsweise *respectively*, III5

C

das **Café, -s** *café*, I

der **Camembert Käse** *Camembert cheese*, II

der **Cäsar, -en** *Caesar*, Loc10

Ćevapčići *(Serbocroat: rolled spicy ground meat)*, II

die **CD, -s** *compact disc*, I

die **Chance, -n** *chance*, III12

Chanukka *Hanukkah*, I; **Frohes Chanukka-Fest!** *Happy Hanukkah!*, I

der **Charakter** *character, personality, quality*, III10

charakterisieren *to characterize*, III7

die **Charakteristik, -en** *characteristic*, III11

der **Chefkoch, ¨e** *head chef*, II

der **Chef, -s** *boss*, III4

die **Chemie** *chemistry*, III11

die **Chemikalie, -n** *chemical*, III9

chic *smart (looking)*, I

chinesisch (adj) *Chinese*, II

das **Chlor** *chlorine*, III9

die **Chronologie, -n** *chronology*, III7

die **Clique, -n** *clique*, II

das **Cola, -s** *cola (also: die Cola)*, I

die **Comics** (pl) *comic books*, I

Computerspezialist(in), -en/nen *computer specialist*, III11

der **Container, -** *recycling bin*, III8

cool (adj) *cool*, II

die **Couch, -en** *couch*, I

der **Court, -s** *court*, II

der **Couscous=Kuskus** *couscous*, II

der **Cousin, -s** *cousin (male)*, I

die **Creme, -s** *cream*, II

die **Crêpes** (pl) *crepes*, II

D

da *there*, II; **Da hast du (bestimmt) recht!** *You're right about that!*, II;

da hinten *there in the back*, I; **da vorn** *there in the front*, I; **Da stimm' ich dir zu!** *I agree with you about that!*, II

da (conj) *since*, (part) *there*, III1

dabeisein (sep) *to take part*, III11

das **Dach, ¨er** *roof*, III9

dachte *(imperfect of denken)*, III4

dafür *for it*, II; **Ich bin dafür, daß ... I am for doing...**, II

dagewesen *been there*, III3

daher (conj) *for this reason*, III2

dalli *schnell*, III7

damals *at that time*, III2

damit (conj) *so that, in order to*, III3

dämmerig *dim, shadowy, vague*, III10

danach *after that*, I

Danke (sehr/schön)! *Thank you (very much)!*, I; **Danke! Dir/Ihnen auch!** *Thank you! Same to you!*, II; **Danke gleichfalls!** *Thank you and the same to you!*, II

danken (dat) *to thank*, III3

dann *then*, II; **Dann nehm' ich eben ... In that case I'll take...**, II; **Dann trink' ich halt ... I'll drink instead...**, II

Darf ich (bitte) ...? *May I (please)...?*, II

darstellen (sep) *to play (act)*, III10

der **Darsteller, -** *actor*, III11

die **Darstellung, -en** *depiction, performance*, III5

darüber *over it*, II

darunter *under it, underneath*, II

daß (conj) *that*, I

dauern *to last*, III5

dauernd *continually*, III1

der **Daumen, -** *thumb*, III1

dazu *in addition*, III4

dazufügen (sep) *to add to*, III8

die **Decke, -n** *blanket*, III2

decken *to cover*, II; **den Tisch decken** *to set the table*, I

definieren *to define*, III4

deftig *robust*, II

dein (poss adj) *your*, I

die **Delikatesse, -n** *delicacy*, II

demnach *accordingly*, III4

demnächst *before long*, III10

die **Demokratie, -n** *democracy*, III5

demokratisch *democratic*, III8

die **Demokratisierung, -en** *democratization*, III11

die **Demonstration, -en** *demonstration*, III6

denken an (acc) *to think of or about*, III2; **Aber denk doch mal daran, daß ... But just consider that ...**, III4

der **Denker, -** *intellectual*, III2

das **Denkmal, ¨er** *monument*, III2

denn (conj) *because, for*, I; **denn** (particle), I

dennoch *however*, III9

derselbe *the same*, III7

deshalb *therefore*, III6

dessen *of him, it; of whose*, III4

desto: je mehr ... desto ... *the more ... the ...*, III7

deutlich *clear*, III6

das **Deutsch** *German (language)*, I; (school subject), I

der **Deutschlehrer, -** *German teacher*, I

die **Deutschlehrerin, -nen** *German teacher*, I

deutschsprachig *German-speaking*, III8

der **Deutschunterricht, -e** *German instruction*, III2

der **Dezember** *December*, I

das **Dia, -s** *slide*, II

der **Dialekt, -e** *dialect*, III10

der **Dialog, -e** *dialogue*, III3

die **Diät, -en** *diet*, III12

der **Dichter, -** *writer, poet*, III2

dick (adj) *fat*, III8; **dick machen** *to be fattening*, II

dienen (dat) *to serve*, III5

der **Dienst, -e** *service*, III5

der **Dienstag** *Tuesday*, I

dienstags *Tuesdays*, II

dies- *this*, II

diesmal *this time*, III1

der **Dilettant, -en** *dilettante, amateur*, III5

das **Ding, -e** *thing*, II; **vor allen Dingen** *especially*, III1

der **Dinosaurier, -** *dinosaur*, III3

der **Diplomat, -en** *diplomat*, III11

dir *to you*, II

direkt *direct*, III10

der **Dirigent, -en** *conductor*, III10

das **Dirndl, -** *traditional costume for females*, III8

die **Disko, -s** *disco*, I; **in eine Disko gehen** *to go to a disco*, I

die **Diskothek, -en** *discothek*, II

diskriminieren *to discriminate*, III7

die **Diskussion, -en** *discussion*, II

das **Diskuswerfen** *discus throw*, II

diskutieren *to discuss*, III2

diszipliniert *disciplined*, III11

divers *sundry, diverse*, III12

DM=Deutsche Mark *German mark (monetary unit)*, I

doch (particle) *yes, it is!*, I; **Ich meine doch, daß ...**, *I really think that...*, II

das **Dokument, -e** *document*, III2

der **Dolch, -e** *dagger*, III10

der **Dolmetscher, -** *interpreter*, III6

der **Dom, -e** *cathedral*, II

der **Donnerstag** *Thursday*, I

donnerstags *Thursdays*, II

doof *dumb*, I

das **Dorf, ¨er** *village*, II

dort *there*, I; **dort drüben** *over there*, I

dorthin *to there*, III2

die **Dose, -n** *can*, III9

dramatisch *dramatic*, III7

der **Dramaturg, -en** *theatrical producer*,

III10

dran=daran, III10

drängeln *to jostle, shove*, III11

drängen *to push, crowd*, III10

draußen *outside*, III8

drehen *to turn*, III2

dreieckig *triangular*, III10

dreischiffig *with three naves*, Loc1

drin=darin, III1

drinnen *inside*, III3

dritt- *third*, III4

das Drittel: ein Drittel *one third*, III11

drittens *thirdly*, III3

die **Drogerie, -n** *drugstore*, II

Drohen (dat) *to threaten*, III8

die Drohmittel (pl) *threatening measures*, III5

dröhnen *to roar, boom*, III3

drüben *over there*, III4

drücken *to press, squeeze*, III1

der **Drucker, -** *printer*, III6

der Druckerstreik, -s *print workers' strike*, III6

der **Druckknopf, -̈e** *snap*, II

duften *to be fragrant, smell sweet*, III8

dumm *dumb, stupid*, I

die Dummheit, -en *stupidity*, III10

dunkel *dark*, II

dünn *thin*, III4

durch (acc prep) *through*, II

durchaus *thoroughly*, III5

durchblättern (sep) *to page through*, III6

durchfallen (sep) *to fail*, III5

die Durchgangsstation, -en *intermediate station*, III3

durchlaufen (sep) *to run through*, III10

durchlesen (sep) *to read through*, III10

durchschauen (sep) *to see through*, III10

durchsetzen (sep) *to achieve*, III6

durchweg *throughout*, III8

dürfen *to be allowed to*, II; **er/sie/es darf** *he/she/it is allowed to*, II

dürfte: Wenn wir nur Naturprodukte benutzen dürften! *If only we were allowed to use natural products!*, III9

dürr *barren, dry*, III2

durstig *thirsty*, III8

duschen *to shower*, III9

düster *dark, sinister*, III2

E

ebben *to subside*, III10

eben (gerade) *just now*, III2; **eben** (particle), II; **Dann nehm' ich eben ...** *In that case I'll take...*, II; **eben nicht** *actually not*, II

die Ebene, -n *plain*, III12

ebenfalls *likewise*, III3

echt *real(ly)*, II; *genuine*, II

die Ecke, -n *corner*, II

eckig *with corners*, I

der Edelstein, -e *precious stone*, Loc10

effektiv *effective*, III3

egal *alike, equal*, II; **egal sein: Mode ist mir egal.** *I don't care about fashion.*, II

egoistisch *egoistic*, III8

die Ehe, -n *marriage*, III12

ehemalig *former*, III11

der Ehepartner, - *spouse*, III11

eher *sooner; rather*, III3

die Ehre, -n *honor*, III5

ehrgeizig *ambitious*, III8

ehrlich *honestly*, III3

das Ei, -er *egg*, I

die Eifersucht *jealousy*, III10

eifrig *eager*, III10

eigen *(one's) own*, II

die Eigenschaft, -en *characteristic*, III7

eigentlich *actual(ly)*, III1; **Eigentlich schon, aber ...** *Well yes, but...*, II

eigenverantwortlich *solely responsible*, III11

s. **eignen zu** *to be suited to*, III6

eilen *to hurry*, III1

eilig *quick, hurried*, III1

ein(-) ander- *another (a different) one*, II

einander *one another*, III3

die Einarbeitung, -en *familiarization*, III11

einbiegen (sep) *to turn*, II

der **Eindruck, -̈e** *impression*, III8

einengen (sep) *to confine*, III12

einerlei *the same (to me, him)*, III5

einfach *simple, simply*, III1

Einfach! *That's easy!*, I

einfallen (dat, sep) *to occur to*, III12

der Einfluß, (pl) Einflüsse *influence*, III7

eingebettet *embedded*, III2

eingestehen (sep) *to admit*, III7

eingestellt sein auf (acc) *to be set up for*, III2

eingeweiht *dedicated*, Loc1

eingezeichnet *written in, indicated*, III1

einheimisch *local, native*, III8

die Einheit, -en *unity, unit*, III5

einholen (sep) *to catch up with*, III5

einige *some*, III6

s. einigen auf (acc) *to agree*, III1

einjagen: ihm einen Schrecken einjagen (sep) *to scare him*, III10

einkaufen (sep) *to shop*, I; **einkaufen gehen** *to go shopping*, I

der Einkaufsweg *shopping route*, III2

der Einkaufszettel, - *shopping list*, III2

das **Einkommen, -** *income*, II

die Einkommenshöhe *earnings, income level*, III11

einladen (sep) *to invite*, I; **er/sie lädt ... ein** *he/she invites*, I

die Einladung, -en *invitation*, III2

der Einlaß *admission*, III3

einlegen (sep): **ein Video einlegen** *to insert a video*, II

einmal *once*, I; **einmal am Tag** *once a day*, II

einmalig *unique*, III7

s. **einmischen** (sep) *to get involved*, III12

die Einnahmequelle, -n *source of income*, III7

einnehmen (sep) *to take*, III6

einpacken (sep) *to pack up*, III9

einprägsam *easily remembered, impressive*, III7

einrichten (sep) *to furnish, arrange*, III2

die Einrichtung, -en *arrangement*, III2

einsam *lonely*, III3

einsame Spitze! *simply fantastic!*, III1

der Einsatz, -̈e *effort*, III9

einschalten (sep) *to switch on*, III6

einschätzen (sep) *to estimate*, III11

die Einschränkung, -en *limitation*, III1

einschreiben (sep) *to enroll*, III7

einseitig *one-sided*, III8

einsetzen (sep) *to put, fill in*, III9

einst *once, formerly*, III1

einstellen (sep) *to hire*, III5

einstig *former, one-time*, III1

eintragen (sep) *to enter*, III1

s. **eintragen lassen** *to register*, III7

die Eintragung, -en *entry*, III1

eintreten (sep) *to enter*, III5

eintritt (*imperfect of* eintreten), III5

die Eintrittskarte, -n *admission ticket*, III10

Einverstanden! *Agreed!*, II

der Einwand, -̈e *objection*, III12

die Einwegdose, -n *non-returnable can*, III9

die **Einwegflasche, -n** *non-returnable bottle*, III9

einweihen in (sep, acc), - *to initiate into*, III9

der Einwohner, - *resident*, III7

die **Einzelheit, -en** *detail*, III6

der Einzelkämpfer, - *lone fighter*, III12

einzeln *single, individual*, III2

Einzelreisende, -n *lone traveler*, III2

einziehen (sep) *to move in*, III5

einzig *only; unique*, III3

einzigartig *unique*, Loc4

das **Eis** *ice cream*, I

der **Eisbecher, -** *a dish of ice cream*, I

die Eisenbahnstrecke, -n *train route*, III2

eiskalt *ice cold*, III1

der Ekel *loathing, nausea*, III5

elegant *elegant*, II

die Elektrizität *electricity*, III9

Elektroinstallateur(in), -e/nen *electrician*, III12

die Elektronik *electronic industry*, Loc4

die Elektrotechnik *electrical engineering*, III11

das Element, -en *element*, III7

der **Ellbogen, -** *elbow*, III1

Ellenbogen=Ellbogen, III3

die **Eltern** (pl) *parents*, I

die Emaille *nail polish*, III3

der Empfang, -̈e *reception*, III7

empfangen *to greet, receive*, III8

empfehlen *to recommend,* III8

die Empfehlung, -en *recommendation,* III8

empfindlich *sensitive,* III12

die Empfindung, -en *sensation, feeling,* III10

das Ende, -n *end,* III1

enden *to end,* III2

endgültig *final(ly), last(ly),* III1

endlich *at last,* III7

die Energie, -n *energy,* III9

eng *tight,* I

s. **engagieren** *to be active in,* III5

der Engel, - *angel,* III9

das **Englisch** *English* (school subject), I; (language), I

entdecken *to discover,* III8

entfernt *away, at a distance,* III2

enthalten *to contain,* III2

der Enthusiasmus *enthusiasm,* III10

entlang *along,* III1

entlarven *to uncover,* III3

die Entlassung, -en *dismissal,* III11

s. **entscheiden** *to decide,* III5

die **Entscheidung, -en** *decision,* III5

entschieden *decided,* III1

s. **entschließen** *to decide,* III11

entschlossen *decided,* III11

entschuldigen *to excuse,* III12

Entschuldigung! *Excuse me!,* I

s. **entspannen** *to relax,* III3

die Entspannung, -en *relaxation,* III6

entsprechen (dat) *to correspond to, to agree with,* III1

entstanden *originated,* III11

enttäuschen *to disappoint,* III8

die Enttäuschung, -en *disappointment,* III12

entwaffnen *to disarm,* III12

entweder: entweder ... oder *either ... or,* III8

entwerfen *to draw up, design,* III7

entwickeln *to develop,* III3

die Entwicklung, -en *development,* Loc4

entworfen *sketched, outlined,* III10

der Entwurf, ¨e *sketch, outline,* III6

entziffern *to decipher,* III10

entzwei *in two,* III7

die Epoche, -n *epoch,* Loc1

er *he,* I; *it,* I

erarbeiten *to gain by working for,* III8

erbärmlich *pitiful,* III5

erbaut *built, constructed,* Loc7

erblicken *to catch sight of,* III7

die **Erbse, -n** *pea,* II

die **Erdbeere, -n** *strawberry,* II

die **Erde, -n** *earth,* III5

die **Erdkunde** *geography,* I

die **Erdnußbutter** *peanut butter,* III1

erdulden *to suffer, endure,* III5

das **Ereignis, -se** *event,* III6

erfahren *to experience,* III6

Erfahrene, -n *experienced (person),* II

die Erfahrung, -en *experience,* III11

erfinden *to invent,* III1

der Erfinder, - *inventor,* III10

der **Erfolg, -e** *success,* III12

erfolgreich *successful,* III8

erfordern *to demand, require,* III1

erfrischen *to refresh, revive,* III12

erfuhr (*imperfect of* erfahren), III10

erfüllen *to fulfill,* III7

die Erfüllung, -en *fulfillment,* III5

erfunden *invented,* III7

ergänzen *to add to, complete,* III10

ergebenst *respectfully,* III12

das Ergebnis, -se *result,* III6

erglänzen *to shine,* Loc1

ergreifen *to seize, take,* III5

erhalten *to get, receive,* III5; **gut erhalten** *well maintained,* II

erhältlich *obtainable,* III12

die Erhaltung *preservation,* III9

erheben *to raise, edify,* III5

erhielt (*imperfect of* erhalten), III12

erhob (*imperfect of* erheben), Loc4

s. **erinnern an** (acc) *to remember,* III2

die **Erkältung, -en** *cold (illness),* II

erkannte (*imperfect of* erkennen), III10

erkennen *to recognize,* III10

die Erkenntnis, -se *knowledge,* III5

erklären *to explain,* III1

die Erklärung, -en *explanation,* III3

s. **erkundigen nach** *to inquire about,* III11

erlangen *to attain,* III10

s. **erlauben** (dat) *to permit,* III5

erleben *to experience,* III10

das Erlebnis, -se *experience,* III1

erledigen *to take care of,* III1

die Erleichterung *relief,* III5

erleiden *to suffer,* III1

erlernen *to learn,* III11

die Erlernung *learning,* III12

der Erlkönig *elf-king,* III2

ermüdet *exhausted,* III1

s. **ernähren** *to feed, nourish,* II

die Ernährung *food,* III3

ernst *serious,* III5

ernten *to harvest,* III10

erregen *to excite,* III7

erreichen *to reach,* III6

errichten *to construct,* Loc4

der Ersatzdienst *alternative service to military service,* III5

erscheinen *to appear,* III6

das Erscheinungsbild, -er *manifestation,* III11

erschien (*imperfect of* erscheinen), III7

erschöpfend *exhausting,* III12

erschrak (*imperfect of* erschrecken), III7

erschrecken *to be frightened,* III7

erschüttert *shaken,* III5

ersetzen *to replace,* III9

erst- *first,* III4

erstarren *to freeze up,* III10

erstaunt sein *to be astonished,* III8

erstellen *to make available,* III6

ersten: am ersten *on the first,* I

erstens *in the first place,* III3

ersticken *to suffocate,* III5

erstklassig *first-class,* III7

erstmal *first of all,* III12

erteilen (dat) *to give, grant,* III12

ertönen *to make a sound,* III10

das Ertragen *existence,* III1

erwachsen sein *to be grown up,* III4

Erwachsene, -n *adult,* III3

erwähnen *to mention,* III1

erwarten *to expect,* III5

die Erwartung, -en *expectation,* III10

erwecken *to waken,* III10

erweitern *to expand,* III8

erwerben *to obtain,* III5

erwidern *to reply,* III8

erwischen *to catch,* III10

erwünscht *desirable,* III3

erzählen *to tell,* III1

Erzähler(in), -/-nen *story-teller, writer,* III12

die Erzählung, -en *story,* III10

erziehen *to raise,* III12

die Erziehung *upbringing, education,* III10

der Esel, - *donkey,* III8

eßbar *edible,* III12

essen *to eat,* I; **er/sie ißt** *he/she eats,* I

die Eßgewohnheit, -en *eating habit,* III1

der **Eßtisch, -e** *dining table,* I

die Eßwaren (pl) *food,* III9

das **Eßzimmer, -** *dining room,* II

die Etage, -n *floor, story,* III10

das Etikett, -e *label,* III3

etlich- *some, a certain,* III7

etwa *about, more or less,* III7

etwas *something,* I; **Noch etwas? Anything else?,* I

euch (pl, acc case) *you,* I; (pl, dat case) *to you,* II; (reflexive) *yourselves,* II

euer (poss adj) *your,* II

eventuell *possibly,* III10

ewig *eternal,* III3

die Ewigkeit, -en *eternity,* III8

F

fabelhaft *fabulous, amazing,* III7

die **Fabrik, -en** *factory,* III9

das **Fach, ¨er** *school subject,* I

das Fachabitur *vocational degree,* III4

die Fachhochschule, -n *vocational college,* III11

die Fachoberschule, -n *vocational school,* III4

die Fachoberschulreife (*degree from a vocational school*), III4

die **Fachschule, -n** *vocational school,* III11

die Fachschulreife (*degree from a vocational school*), III4

das Fachwerkhaus, ¨er *cross-timbered house,* II

die Fähigkeit, -en *ability,* III11

fahren *to go, ride, drive,* I; **er/sie**

fährt *he/she drives*, I; **Fahren wir mal nach ... !** *Let's go to... !*, II

die Fahrerlaubnis, -se *permission to drive*, III5

die Fahrgemeinschaft, -en *carpool*, III9

der Fährhafen, ¨ *ferry port*, III1

das Fahrrad, ¨er *bicycle*, II

das Fahrrad-Depot, -s *bicycle racks*, II

der Fahrschein, -e *ticket*, III9

das Fahrzeug, -e *vehicle*, III7

der Fakt, -en *fact*, III11

der Falke, -n *falcon*, Loc4

der Fall, ¨e *case*, III1; **im Fall** *in the case (of)*, III12; **auf alle Fälle** *by all means*, III11; **auf jeden Fall** *in any case*, III8; **Auf keinen Fall!** *No chance!*, III11

fallen *to fall*, III5

falsch *false, wrong*, III3

der Faltenrock, ¨e *pleated skirt*, II

die Familie, -n *family*, I

fand (*imperfect of* finden), III4

der Fantasyroman, -e *fantasy novel*, I

das Farbbild, -er *color photograph*, II

die Farbe, -n *color*, I

färben *to color, paint*, III3

das Farbfernsehgerät, -e *color TV set*, II

die Faser, -n *thread, material*, I

der Faserstift, -e *felt-tip pen*, III9

faßte: s. ein Herz fassen *to gather courage*, III10

fast *almost*, III6

faszinierend *fascinating*, III6

faul *lazy*, II

faulenzen *to be lazy*, II

die Faust, ¨e *fist*, III3

der Februar *February*, I

fechten *to fence*, II

fehlen *to be missing*, III5; **Was fehlt dir?** *What's wrong with you?*, II

der Fehler, - *mistake*, III1

feiern *to celebrate*, III1

der Feiertag, -e *holiday*, I

fein *fine, exquisite*, II

das Fenster, - *window*, I

die Ferien (pl) *vacation (from school)*, II

die Ferienlektüre, -n *vacation reading*, III1

die Fernbedienung, -en *remote control*, II

die Ferne *distance*, III1

ferner *further*, III5

Fernseh gucken (colloquial) *to watch TV*, II

der Fernseh- und Videowagen *TV and video cart*, II

das Fernsehen *the medium of television*, III3

fernsehen (sep) *to watch TV*, II

Fernsehen schauen *to watch TV*, I

der Fernseher, - *television set*, II

das Fernsehgerät, -e *television set*, II

der Fernsehraum, ¨e *TV room*, II

der Fernsehsender, - *television station*, III6

die Ferse, -n *heel*, III1

fertig *finished*, III11

fertigen *to finish*, Loc10

das Fertiggericht, -e *frozen food*, III7

fesch *stylish, smart*, I

fest *firm*, III3

das Festland *mainland*, III1

festlich *festive*, III3

feststehen (sep) *to be certain*, III7; **Es steht fest, daß ...** *It's certain that ...*, III7

feststellen (sep) *to determine*, III3

die Festung, -en *fortress*, Loc4

die Fete, -n *party*, III4

fetenmäßig *partywise*, III3

fett *fat, greasy*, II

das Fett: hat zu viel Fett *has too much fat*, II

fetzig *really sharp (looking)*, II

das Feuer, - *fire*, III7

das Fieber, - *fever*, II

fiel (*imperfect of* fallen), III4

fies *awful*, III5

die Figur, -en *figure, character*, III10

der Filialbereich, -e *subsidiary region*, III11

das Filialunternehmen, - *subsidiary operation*, III11

der Film, -e *movie*, I; *roll of film*, II

filmen *to film, videotape*, II

finanziell *financially*, III12

finanzieren *to finance*, III7

die Finanzmetropole, -n *financial center*, Loc7

finden *to think about*, I; **Das finde ich auch.** *I think so, too.*, I; **Ich finde es gut/schlecht, daß ...** *I think it's good/bad that ...*, I; **Ich finde den Pulli stark!** *The sweater is awesome!*, I

fing an (*imperfect of* anfangen), III3

der Fingernagel, ¨ *finger nail*, III1

die Firma, (pl) Firmen *firm, business*, III5

der Fisch, -e *fish*, I

der Fischerhafen, ¨e *fishing harbor*, III1

das Fischstäbchen, - *fish stick*, II

s. fit halten *to stay fit*, II

die Fitneß *fitness*, III3

der Fitneßraum, ¨e *training and weight room*, II

flach *flat*, II

die Fläche, -n *flat area, surface*, Loc1

flammen *to burn*, III5

die Flasche, -n *bottle*, III1

der Flaschenöffner, - *bottle opener*, III2

das Fleisch *meat*, I

fleißig *hard-working*, II

die Fliege, -n *bow tie*, II

fliegen *to fly*, III5

fließend *running (water)*, III3

die Flinte, -n *shot-gun, musket*, III10

flogen (*imperfect of* fliegen), III10

das Flugblatt, ¨er *pamphlet, flyer*, III5

der Flügel, - *wing*, III10

der Flughafen, ¨ *airport*, III8

der Flugplatz, ¨e *municipal airport*, III8

das Flugzeug, -e *airplane*, II

flüstern *to whisper*, III10

der Fluß, (pl) Flüsse *river*, II

Föhn: Mama kriegt 'nen Föhn. *Mom's going crazy.*, III3

folgen (dat) *to follow*, III4

folgend- *following*, III1

die Folie, -n *foil*, III9

fördern *to encourage*, III2

die Forelle, -n *trout*, II

formen *to form*, III4

formulieren *to formulate*, III4

die Formulierung, -en *formulation*, III3

forschen *to research*, III7

der Forscher, - *researcher*, III9

die Forschung *research*, III7

Fortgeschrittene, -n *advanced (person)*, II

der Fortschritt *progress*, III9

das Foto, -s *photo*, III11

das Fotoalbum, -alben *photo album*, III4

Fotograf(in), -en/nen *photographer*, III12

fotografieren *to photograph*, II

der Frack, ¨e *tails*, III10

die Frage, -n *question*, II; **Das kommt nicht in Frage!** *It's out of the question!*, III11

der Fragebogen, ¨ *questionnaire*, III11

fragen *to ask*, II

französisch (adj) *French*, II

die Frau, -en *woman; Mrs.*, I

frech *fresh, insolent*, III5

frei *free*, III1; **Wir haben frei.** *We have off (from school).*, I

die Freiheit *freedom*, III7

die Freikarte, -n *free ticket*, III4

freilich *to be sure, quite so*, III9

der Freitag *Friday*, I

freitags *Fridays*, II

freiwillig *voluntary*, III5

die Freizeit *free time, leisure time*, I

die Freizeiteinrichtung, -en *leisure area*, III2

die Freizeitgestaltung *leisure planning*, III2

das Freizeitheim, -e *leisure center*, III4

fremd *foreign; other; strange*, III4

die Fremdsprache, -n *foreign language*, III8

das Freskogemälde, - *fresco painting*, Loc4

die Freude *happiness*, III4

s. freuen auf (acc) *to look forward to*, III1

s. freuen über (acc) *to be happy about*, II; **Ich freue mich, daß ...** *I am happy that...*, II

der Freund, -e *friend*, I

der Freundeskreis, -e *circle of friends*, III4

freundlich *friendly*, II

die Freundlichkeit *friendliness*, III4

die Freundschaft, -en *friendship*, III4

der Frieden *peace*, III5

der Friedenspreis *Medal of Freedom*, Loc7

friedlich *peaceful*, II

friedliebend *peace-loving*, III8

frieren *to freeze*, III4
frisch *fresh*, III2
Friseur/Friseuse,
   -e/n *hair stylist*, III12
die Frisur, -en *hair style*, III3
   froh *happy*, II
   fröhlich *happy*, III7
   fror (*imperfect of* frieren), III4
der Frosch, -e *frog*, III9
die Frucht, -e *fruit*, III3
   fruchtbar *productive*, III5
   früh *early*, III1
   früher *earlier*, III5
der Frühjahrsmantel, - *light coat*, III12
der Frühling *spring* (season), I
das Frühstück, -e *breakfast*, II
die Frust *frustration*, III6
   frustrierend *frustrating*, III6
s. fühlen *to feel*, II; Ich fühle mich
   wohl! *I feel great!*, II
   fuhr (*imperfect of* fahren), III10
   führen *to lead*, III12
der Führer, - *leader*, III5
der Führerschein, -e *driver's license*, II
die Führung *leadership*, III5
   füllen *to fill*, III4
   funktionieren *to function*, III7
   für (acc prep) *for*, I
die Furcht *fear, terror*, III10
   furchtbar *terrible, awful*, I; furchtbar
   gern haben *to like a lot*, I
   fürchten *to fear*, III9
   fürs=für das, II
der Fürstbischof, -e *prince bishop*, Loc4
der Fuß, -e *foot*, II
   Fußball *soccer*, I
die Fußbremse, -n *foot brake*, II
der Fußgänger, - *pedestrian*, III4
die Fußgängerzone, -n *pedestrian zone*,
   III1
   fußkrank sein *too lazy to walk*, III2
   füttern *to feed*, I
   futtern *to stuff oneself*, III2

G

   gab (*imperfect of* geben), III6
   gäbe=würde geben, III7
die Gabel, - *fork*, III2
   gähnen *to yawn*, III10
die Galerie, -n *gallery*, III10
die Gänsehaut *goose bumps*, III10
   ganz *all, whole*, III1; Ganz klar! *Of
   course!*, I; ganz wohl *extremely
   well*, II; Ganz meine Meinung. *I
   completely agree.*, III4; Ganz bestimmt. *Certainly*, III11
   gar nicht gern haben *not to like at
   all*, I
die Garage, -n *garage*, II; die Garage
   aufräumen *to clean the garage*, II
die Garderobe, -n *coat check-room*, III10
   gären *to ferment*, III5
der Garten, - *garden, yard*, II
das Gartenhaus, -er *garden house*, III2

die Gärtnerei, -n *gardening, nursery*, III4
das Gas, -e *gas*, III9
die Gasse, -n *alley*, III1
der Gast, -e *guest*, III2
das Gästehaus, -er *hotel*, III2
der Gasthof, -e *restaurant, inn*, II
der Gauner, - *cheat, rogue*, III10
das Gebäude, - *building*, III9
   geben *to give*, I; er/sie gibt *he/she
   gives*, I; Das gibt's doch nicht!
   There's just no way!, II
   gebeten *asked*, II
das Gebiet, -e *area*, III4
   gebildet *educated*, III4
das Gebirge, - *mountains*, III8
   geblieben *remained, stayed*, II
   geblümt *flowery*, II
   geboren *born*, III4
   geboten *offered*, III10
   gebracht *brought*, III1
   gebraten *fried*, II
der Gebrauch, -e *custom*, III4
   gebrauchen *to use*, III7
   gebrochen *broken*, II
die Gebrüder (pl) *brothers*, III10
die Gebühr, -en *fee*, III7
   gebunden an (acc) *connected with*,
   III2
das Geburtsdatum, -daten *birthdate*, III2
der Geburtstag, -e *birthday*, I; Alles Gute
   zum Geburtstag! *Best wishes on
   your birthday!*, I; Herzlichen
   Glückwunsch zum Geburtstag!
   Best wishes on your birthday!, I;
   Ich habe am ... Geburtstag. *My
   birthday is on...*, I
   gedacht *thought*, III8
der Gedanke, -n *thought, idea*, III1
s. Gedanken machen über (acc) *to
   think about*, III3
   gedenken *to consider*, III12
die Gedenkstätte, -n *monument*, III2
das Gedicht, -e *poem*, III10
die Geduld *patience*, III10
   geduldig *patient*, III8
   geeignet *suitable*, III10
   gefährdet *endangered*, III12
   gefährlich *dangerous*, III9
   gefallen *to like*; Wie hat es dir
   gefallen? *How did you like it?*, II
   gefällig *agreeable*, III7
   gefangen *captured*, III4
das Gefäß, -e *container (for liquid)*,
   Loc10
   gefiel (*imperfect of* gefallen), III4
   gefroren *frozen*, III11
das Gefühl, -e *feeling*, III7
   gefühllos *insensitive, without feelings*, III8
   gefüllt: das gefüllte Ei, -er *deviled
   egg*, II
   gefunden *found, discovered*, III1
   gefüttert *padded*, II
   gegangen *gone*, II
   gegen (acc prep) *against*, III1
die Gegend, -en *area*, III2

   gegenseitig *mutual(ly)*, III1
der Gegenstand, -e *object*, Loc10
das Gegenteil, -e *opposite*, III5
   gegenüber (dat prep) *across from*, II
   gegenüberstehen (dat, sep) *to stand
   across from, oppose*, III6
die Gegenwart *present*, III10
   gegenwärtig *current*, III3
   gegessen *eaten*, II
   gegrillt *grilled*, II
das Gehalt, -er *salary*, III11
der Gehaltswunsch, -e *desired income*,
   III11
   geheim *secret*, III5
das Geheimnis, -se *secret*, III9
der Geheimtip, -s *secret tip*, II
   gehen *to go*, I; Das geht nicht. *That
   won't work*, I; Es geht. *It's okay*, I;
   Wie geht's (denn)? *How are
   you?*, I; Gehen wir mal auf den
   Golfplatz! *Let's go to the golf
   course!*, II
   gehoben *elevated*, III10
   geholfen *helped*, II
   gehören (dat) *to belong to*, III1
die Geige, -n *violin*, III10
   geigen *to play the violin*, III10
   Geigenbaumeister(in), -/nen *master
   violin maker*, III10
   geil *great*, III3
   geistern *to wander*, III3
die Geistesfreiheit *freedom of ideas*, III5
   gekauft *bought*, I
   gekleidet *dressed*, III3
   gelangen *to acquire*, III9
   gelaunt: gut gelaunt *in a good
   mood*, II
   gelb *yellow*, I
das Geld *money*, I
   gelegen *appropriate*, III12
die Gelegenheit, -en *opportunity*, III6
   gelesen (pp) *read*, I
   gelingen (dat) *to succeed*, III7
   gelten *to mean, count*, III7
   gemacht *done*, I; Was hast du am
   Wochenende gemacht? *What did
   you do on the weekend?*, I
die Gemahlin *wife*, III7
das Gemälde, - *painting*, II
   gemein *mean*, III9
die Gemeinde, -n *community*, III10
   gemeinsam *in common; joint, together*, III2
die Gemeinsamkeit, -en *common interest*,
   III5
das Gemüse *vegetables*, I; im Obst- und
   Gemüseladen *at the produce store*, I
der Gemüseladen, - *produce store*, I
   gemütlich *comfortable*, II
   genannt *named*, III7
   genau *exact(ly)*, III1
   genau: Genau so ist es. *That's exactly
   right.*, III7
   genauso *just so*, III3
die Generation, -en *generation*, III3
   generell *generally*, III7

genial *ingenious*, III5
genießen *to enjoy*, III10
genommen *taken*, III4
der Genosse, -n *comrade*, III5
genug *enough*, I
genügen *to be enough*, III2
genügend *enough*, II; **genügend
    schlafen** *to get enough sleep*, II
der Genuß, (pl) Genüsse *pleasure*, III1
die Genußmittelindustrie *industry pro-
    ducing luxury articles*, Loc10
die Geografie *geography*, III2
gepflegt *well cared-for, well-groomed*,
    III11
gepunktet *polka-dotted*, II
gerade *just*, III1; *straight*, II; **Das ist
    gerade passiert.** *It just happened.*,
    II
geradeaus *straight ahead*, III10
geradezu *outright*, III1
das Gerät, -e *appliance*, III6
geraten *to get into*, III12
geräuchert *smoked*, II
das Geräusch, -e *sound*, III10
geräuscharm *low-noise*, III7
geregelt *ordered, fixed*, III11
das Gericht, -e *meal, entrée*, III1
geringfügig *negligible, trivial*, III9
die Germanistik (sing) *German studies*,
    III11
gern (machen) *to like (to do)*, I;
    gern haben *to like*, I; **Gern
    geschehen!** *My pleasure!*, I;
    besonders gern *especially like*, I;
    Gern! Hier ist es! *Here! I insist!*, II
gesamt *entire, whole*, III6
die Gesamtbevölkerung *total population*,
    III8
der Gesangsverein, -e *choral society*, III10
die Gesäßtasche, -n *back pocket*, II
das Geschäft, -e *store; business*, III1
geschehen *to happen*, III6
gescheit *smart, clever*, III4
das Geschenk, -e *gift*, I
die Geschenkidee, -n *gift idea*, I
die Geschichte *history*, I;
    Geschichte, -n *story*, III3
geschichtlich *historical*, III1
geschickt *skillful*, III7
das Geschirr *dishes*, I; **Geschirr spülen**
    to wash the dishes, I
das Geschlecht, -er *gender*, III2
geschlossen *closed*, III10
der Geschmack *taste*, III3
die Geschmackskraft *power of taste*, III7
geschrieben *written*, II
die Geschwister (pl) *brothers and sisters*,
    I
geschwommen *swum*, II
der Geselle, -n *fellow*, III10
die Gesellschaft, -en *social group; society*,
    III3
das Gesetz, -e *law, by law*, III1
gesetzlich *legal*, III7
das Gesicht, -er *face*, III3
der Gesichtspunkt, -e *point of view*, III11

gesponnen *spun*, III7
das Gespräch, -e *conversation*, III1
die Gesprächsfetzen (pl) *scraps of con-
    versation*, III2
der Gesprächsstoff *topic, subject of con-
    versation*, III6
gesprochen *spoken*, I; **Worüber habt
    ihr gesprochen?** *What did you
    talk about?*, I
gestalten *to form, arrange*, III4
die Gestaltung *arrangement, formation*,
    III11
gestern *yesterday*, I; **gestern abend**
    yesterday evening, I
gestiegen *climbed*, II
gestreift *striped*, II
gesund *healthy*, II
die Gesundheit *health*, II
gesundheitsschädlich *injurious to
    health*, III7
**Gesundheitswissenschaftler(in),
    -/nen** *nutritional scientist*, III12
gesungen *sung*, III10
gesunken *sunk*, III5
getan *done*, III1
das Getränk, -e *drink*, II
getroffen *met*, III1
getrunken *drunk*, III10
die Gewalt *violence*, III8
die Gewaltanwendung *use of force*, III8
das Gewehr, -e *gun, rifle*, III5
gewesen *been*, II
gewinnen *to win*, III5
gewiß *certain(ly)*, III4
das Gewitter, - *storm*, I
s. **gewöhnen an** (acc) *to get used to*,
    III7
die Gewohnheit, -en *habit*, III2
gewöhnlich *usually*, II
das Gewölbe, - *archway, vault*, Loc10
geworden *became*, II
geworfen *thrown*, III9
gewußt *known*, III1
gezogen *pulled*, III7
gichtig *arthritic*, III3
der Giebel, - *gable*, III1
gießen *to water*, I
das Gift, -e *poison*, III9
giftig *poisonous*, III9
gigantisch *gigantic*, III3
ging (*imperfect of* gehen), III4
Gis *g-sharp*, III12
die Gitarre, -n *guitar*, I
glänzen *to shine*, III10
glänzend *sparkling*, III7
glanzvoll *magnificent, glorious*, Loc7
die Glanzzeit *golden age*, Loc10
das Glas, ¨er *glass*, I; **ein Glas Apfelsaft**
    a glass of apple juice, I
Glasbläser(in), -/nen *glas blower*,
    III12
glatt *slick*, III9
die Glatze, -n *bald head*, III6
glauben *to believe*, I; **Ich glaube
    nicht, daß ...** *I don't think that...*,
    II
glaubhaft *believable*, III5

gleich *immediately*, III4; *same*, III7
gleichaltrig *of the same age*, III4
die Gleichberechtigung *equality (of
    rights)*, III5
gleichen (dat) *to be equal to, be alike*,
    III3
gleichfalls: Danke, gleichfalls!
    Thank you and the same to you!, II
gleichgültig *no matter*, III5; **es ist
    gleichgültig geworden** *it no longer
    matters*, III12
das Gleichnis, -se *simile*, III10
gleichzeitig *at the same time*, III3
die Glotze, -n *television, idiot box*, III6
das Glück *luck*, I; **So ein Glück!** *What
    luck!*, I; **Ein Glück, daß ...** *Lucky
    that ...*, III11; **Zum Glück habe
    ich ...** *Luckily I have ...*, III11
glücklich *happy*, III7
das Goethehaus *(Goethe's birthplace)*, II
das Gold *gold*, III7
goldgierig *lusting for gold*, III7
der Goldschmuck *gold jewelry*, III1
Golf *golf*, I
der Golfplatz, ¨e *golf course*, II
der Gott, ¨er *God*, III11; **Gott sei Dank,
    daß ...** *Thank God that ...*, III11
der Graben, ¨ *ditch*, III2
das Grabmal, ¨er *tomb*, Loc4
der Grad *degree(s)*, I; **zwei Grad** *two
    degrees*, I; **Wieviel Grad haben
    wir?** *What's the temperature?*, I
der Graf, -en *count*, III10
die Grafik, -en *illustration, grid*, III6
der Grafiker, - *graphic artist*, Loc1
das Gramm *gram*, I
grau *gray*, I; **in Grau** *in gray*, I
grausam *cruel*, I
die Grenze, -n *border*, Loc1
griechisch (adj) *Greek*, II
griffbereit *handy*, III7
groß *big*, I
großartig *wonderful*, II
die Größe, -n *size*, I
die Großeltern (pl) *grandparents*, I
größer *bigger*, II
großgedruckt *in capital letters*, III6
großgezogen *raised (a child)*, III7
die Großmutter, ¨ *grandmother*, I
die Großschachanlage, -n *gigantic chess
    board*, II
die Großstadt, ¨e *big city*, II
der Großvater, ¨ *grandfather*, I
großziehen (sep) *to raise (a child)*,
    III7
großzügig *generous*, III11
grotesk *grotesque*, III10
grün *green*, I; **in Grün** *in green*, I
der Grund, ¨e *reason*, III11
gründen *to found*, III12
das Grundgesetz *basic law, constitution*,
    III5
gründlich *thorough(ly)*, III6
die Grundschule, -n *grade school*, III4
der Grundstein, -e *corner stone*, Loc1
der Grundwehrdienst *basic military train-
    ing*, III5

die **Gruppe**, -n *group*, I
die **Gruppierung**, -en *grouping*, III8
die **Gruselgeschichte**, -n *horror story*, III10
der **Gruselroman**, -e *horror novel*, I
der **Gruß**, ̈-e *greeting*, III12
grüßen *to greet* III4; **Grüß dich!** *Hi!*, I
gucken *to look*, II; **Guck mal!** *Look!*, II; **Fernseh gucken** *to watch TV* (colloquial), II
der **Gummihandschuh**, -e *rubber glove*, III3
die **Gummihülle**, -n *rubber covering*, III11
günstig *favorable*, III2
die **Gurke**, -n *cucumber*, II; **die saure Gurke** *pickle*, III1
der **Gürtel**, - *belt*, I
gut *good*, I; **gut gelaunt** *good-tempered*, II; **Gut! Mach' ich!** *Okay, I'll do that!*, I; **gut sein: Ist dir nicht gut?** *Are you not feeling well?*, II
gutdotiert *well funded*, III11
guterzogen *well behaved*, III7
gutgehen (sep) *to go well*, III3
gutmütig *good-natured*, III8
Gymnasiast(in), -en/nen *student in Gymnasium*, III3
das **Gymnasium**, (pl) **Gymnasien** *(German academic) high school*, III6
die **Gymnastik** *exercise, calisthenics*, II; **Gymnastik machen** *to exercise*, II
das **Gyros** *gyros*, I

H

das **Haar**, -e *hair*, I
das **Haarwachs** *hair wax*, III3
haben *to have*, I; **er/sie hat** *he/she has*, I; **Haben Sie das auch in Rot?** *Do you also have that in red?*, I
das **Hackfleisch** *ground meat*, I
der **Hafen**, ̈- *harbor*, III1
das **Hähnchen**, - *chicken*, I
halb *half*, I; **halb (eins, zwei, usw.)** *half past (twelve, one, etc.)*, I
halblang: Macht halblang! *Don't exaggerate!*, III1
die **Hälfte**, -n *half*, III1
die **Halle**, -n *hall*, II
das **Hallenbad**, ̈-er *indoor pool*, II
Hallo! *Hi! Hello!*, I
der **Hals**, ̈-e *throat*, II
das **Halsband**, ̈-er *necklace*, III7
die **Halskette**, -n *necklace*, II
die **Halsschmerzen** (pl) *sore throat*, II
das **Halstuch**, ̈-er *kerchief*, III12
halt (particle), I; **Die Kleinstadt gefällt mir gut, weil es da halt ruhiger ist.** *I like a small town because it's just quieter there.*, II
halten *to stop, hold*, III1; **halten für** *to consider as*, III5; **s. fit halten** *to keep fit*, II; **halten von** *to think of*, III3
die **Haltestelle**, -n (bus) *stop*, III2
haltmachen (sep) *to stop*, III9

die **Hand**, ̈-e *hand*, II
die **Handbewegung**, -en *hand movement*, III11
die **Handbremse**, -n *emergency brake*, II
die **Handcreme** *hand cream*, II
s. handeln um *to be about*, III10
handeln von *to deal with, be about*, III5
das **Handgelenk**, -e *wrist*, III1
die **Handlung**, -en *plot*, III10
die **Handtasche**, -n *handbag*, II
hängen *to hang*, II
die **Hansestadt**, ̈-e *Hanseatic city*, III1
die **Harfe**, -n *harp*, III10
harmlos *harmless*, III3
hart *hard, tough*, III7
das **Hasenfleisch** *rabbit meat*, III1
die **Haspel**, -n *reel*, III7
hassen *to hate*, III5
häßlich *ugly*, I
hätte: Ich hätte gern ... *I would like...*, II
häufig *frequent(ly)*, III9
hauptberuflich *as a main profession*, III11
die **Hauptfigur**, -en *leading character*, III10
der **Hauptgedanke**, -n *main idea*, III3
das **Hauptgericht**, -e *main dish*, II
das **Hauptmerkmal**, -e *main characteristic*, III4
der **Hauptpunkt**, -e *main point*, III3
hauptsächlich *mainly*, III3
der **Hauptschulabschluß** *degree (from a Hauptschule)*, III4
die **Hauptstadt**, ̈-e *capital*, I
die **Hauptstraße**, -n *main street*, II
das **Hauptthema**, -themen *main theme*, III1
das **Hauptziel**, -e *primary destination*, III9
das **Haus**, ̈-er *house*, II; **zu Hause bleiben** *to stay at home*, I
die **Hausarbeit**, -en *housework*, III11
der **Hausarrest** *house arrest*, III12
die **Hausaufgaben** (pl) *homework*, I; **Hausaufgaben machen** *to do homework*, I
das **Häuschen**, - *small house*, III12
hauseigen *belonging to the house, in-house*, III2
der **Haushalt**, -e *household*, III3
der **Hausmeister**, - *janitor*, III9
der **Hausmüll** *garbage*, III9
die **Hausmusik** *house music*, III10
das **Haustier**, -e *pet*, I
das **Haustor**, -e *gate*, III1
die **Haut**, ̈-e *skin*, II
der **Hautkrebs** *skin cancer*, III9
hautnah *very close*, III2
heben *to lift*, III3
das **Heft**, -e *notebook*, I
heil *whole, perfect*, III7
der **Heilbutt** *halibut*, II
heilig *holy*, Loc7
heim *home*, III3
die **Heimat** *homeland*, III5

der **Heimatort**, -e *native place*, III1
heiraten *to marry*, III5
heiter *cheerful*, III10
heiß *hot*, I
heißen *to be called*, I; **er heißt** *his name is*, I
der **Held**, -en *hero*, III7
helfen (dat) *to help*, I
hell *bright*, II
hellgrau *light gray*, III12
das **Hemd**, -en *shirt*, I
der **Hemdknopf**, ̈-e *shirt button*, III4
der **Hemdkragen**, - *shirt collar*, III4
heranwachsen (sep) *to grow up*, III12
heraus *out*, III1
herausbringen (sep) *to publish*, III6
herausfinden (sep) *to find out*, III8
herausgeben (sep) *to publish*, III6
herausnehmen (sep) *to take out*, II
heraussuchen (sep) *to pick out, select*, III1
die **Herberge**, -n *hostel*, III2
der **Herbst** *fall* (season), I; **im Herbst** *in the fall*, I
der **Herd**, -e *stove*, I
hereingebeten *asked in*, III8
hereintrat (*imperfect of* hereintreten), III7
hereintreten (sep) *to enter*, III7
hergehen: hin- und hergehen *to go back and forth*, III3
der **Herr** *Mr.*, I
herrlich *fantastic*, III5
herstellen (sep) *to produce*, III9
der **Hersteller**, - *manufacturer*, III7
die **Herstellung**, -en *production*, III9
herum *around; about*, III3
herumblättern (sep) *to leaf through* (a newspaper), III3
herumlaufen (sep) *to run around*, III4
herumreisen (sep) *to travel around*, III11
herunter *down*, III11
hervor *out of*, III10
das **Herz**, -en *heart*, III7
herzhaft *hearty*, II
das **Herzklopfen** *pounding heart*, III10
herzlich *heartfelt*, III8; **Herzlichen Glückwunsch zum Geburtstag!** *Best wishes on your birthday!*, I
der **Herzog**, ̈-e *duke*, Loc4
hetzen *to chase, harass*, III5
heute *today*, I; **heute morgen** *this morning*, I; **heute nachmittag** *this afternoon*, I; **heute abend** *tonight, this evening*, I
heutig *of today, today's*, III3
heutzutage *nowadays*, III5
hielt (*imperfect of* halten), III7
hier *here*, I; **Hier bei ...** *The ... residence.*, I; **Hier ist ...** *This is...*, I
hiermit *with this, herewith*, III12
hieß (*imperfect of* heißen), III3
die **Hilfe**, -n *help*, III5
hilfreich *helpful*, III8
der **Hilfsarbeiter**, - *temporary worker*, III4

hilfsbereit *helpful, cooperative*, III8

die **Himbeermarmelade, -n** *raspberry marmalade*, II

hin *to*, III2

hinaufbegleiten (sep) *to take up, upstairs*, III10

hinaus *out*, III10

hinauslachen (sep) *to laugh at*, III10

hingehen (sep) *to go to*, III4

s. hinlegen (sep) *to lie down*, III3

hinrichten (sep) *to execute*, III5

s. hinsetzen (sep) *to sit down*, III4

Hinsicht: in dieser Hinsicht *as far as that goes*, III5

hinten *at the back*, II; **da hinten** *there in the back*, I

der **Hintergrund, ̈-e** *background*, III6

hinterlassen *to leave behind*, III9

hinüberschreiten (sep) *to walk across*, III10

hinüberschritt (*imperfect of* hinüberschreiten), III10

hinunterstampfen (sep) *to stomp downstairs*, III1

hinwegströmen (sep) *to flow away*, III5

hinzufügen (sep) *to add to*, III6

historisch *historical*, III10

hob (*imperfect of* heben), III4

das **Hobby, -s** *hobby*, II

hoch *high*, III4

hochgezogen *pulled up*, III10

hochhinaufragend *reaching high up*, III1

hochkämmen (sep) *to comb up*, III10

die **Hochschule, -n** *university*, III3

höchst *highest, greatest*, III8

die **Hochzeit, -en** *wedding*, III7

hoffen *to hope*, II

Hoffentlich ... *Hopefully...*, II; **Hoffentlich geht es dir bald besser!** *I hope you'll get better soon.*, II

die **Hoffnung, -en** *hope*, III11

die **Hofkirche, -n** *church of the royal court*, Loc10

höflich *polite*, III8

hoh- *high*, III1

die Höhenzüge (pl) *hills*, III2

der **Höhepunkt, -e** *highlight*, III5

hohl *hollow, empty*, III3

holen *to get, fetch*, I

das **Holz, ̈-er** *wood*, I; **aus Holz** *out of wood*, I

homogen *homogenous*, III4

der **Honig** *honey*, III1

hören: Hör mal zu! *Listen to this!*, II; **Hör mal!** *Listen!*, II; **Musik hören** *to listen to music*, I; **Hör gut zu!** *Listen carefully.*, I

der **Hörer, -** *listener; receiver*, I; **den Hörer abheben** *to pick up the receiver*, I; **den Hörer auflegen** *to hang up (the telephone)*, I

der **Hörfunk** *radio*, III6

der **Horizont** *horizon*, III11

der **Horrorfilm, -e** *horror movie*, I

der Hörsturz *hearing failure*, III3

die **Hose, -n** *pants*, I

das **Hotel, -s** *hotel*, II

hübsch *pretty, handsome*, III3

die **Hüfte, -n** *hip*, II

das **Huhn, ̈-er** *chicken*, II

das **Hühnerfleisch** *chicken meat*, III3

der **Hummer, -** *lobster*, II

humorlos *humorless*, III8

humorvoll *humorous*, III11

der **Hund, -e** *dog*, I

der Hundertmarkschein *hundred mark bill*, III1

der Hunger *hunger*, I; **Ich habe Hunger.** *I am hungry.*, II

hungrig *hungry*, III9

hupen *to honk the horn*, II

hüpfen *to hop, jump*, III7

der **Hürdenlauf, ̈-e** *hurdling*, II

der **Husten** *cough*, II

der **Hut, ̈-e** *hat*, II

I

ich *I*, I; **Ich auch.** *Me too.*, I; **Ich nicht.** *I don't.*, I

ideal *ideal*, III4

die **Idee, -n** *idea*, II; **Gute Idee!** *Good idea!*, II; **Hast du eine Idee?** *Do you have an idea?*, II

der Ideenbaum *tree of ideas*, III3

identifizieren *to identify*, III1

ihm *to, for him*, I

ihn *it, him*, I

ihnen *to them*, II

Ihnen (formal) *to you*, II

ihr (poss adj) *her, their*, I; *to, for her*, I; (pl) *you*, I

Ihr (poss adj, formal, pl, sing) *your*, II

die Illustration, -en *illustration*, III1

illustrieren *to illustrate*, III2

im=in dem; im Frühling *in the spring*, I; **im Januar** *in January*, I; **(einmal) im Monat** *(once) a month*, I

die **Imbißstube, -n** *snack bar*, II

imitieren *to imitate*, III7

immer *always*, I

immerhin *nevertheless, at least*, III5

in (acc, dat prep) *into, in*, II; **in Blau** *in blue*, I; **in der (Basketball) Mannschaft** *on the (basketball) team*, II; **in die Apotheke gehen** *to go to the pharmacy*, I

indem (conj) *in that*, III8

indisch (adj) *(Asian) Indian*, II

die Industrie, -n *industry*, III9

Industriedesigner(in), -/nen *industrial designer*, III12

die Informatik *computer science*, III11

die Information, -en *information*, III2

informativ *informative*, III7

informell *informal*, III2

s. **informieren** *to inform oneself*, III2

Ingenieur(in), -e/nen *engineer*, III11

das Ingenieurwesen *engineering*, III11

der **Inhalt** *content*, III11

die Inhaltsangabe, -n *table of contents*, III6

die Initiative, -n *initiative*, III12

inkorrekt *incorrect*, III7

der Inländer, - *native* III8

die **Innenstadt, ̈-e** *downtown*, II

inner *interior*, III2

die **Innereien** (pl) *innards*, III1

innerhalb (gen prep) *within, on the inside*, III10

innerlich *on the inside*, III3

insbesondere *particularly*, III8

die **Insel, -n** *island*, II

insgesamt *altogether*, III11

das Institut, -e *institute* III7

das **Instrument, -e** *instrument*, I

intakt *intact*, III8

intelligent *intelligent*, II

die Intensität *intensity*, III8

interessant *interesting*, III1

das **Interesse, -n** *interest*, I; **Hast du andere Interessen?** *Do you have any other interests?*, I; **Ich habe kein Interesse an Mode.** *I am not interested in fashion.*, II

s. **interessieren für** *to be interested in*, II; **Interessierst du dich für Mode?** *Are you interested in fashion?*, II

interessiert sein an (dat) *to be interested in*, III11

international *international*, III2

interviewen *to interview*, III4

inzwischen *in the meantime*, III10

irgend- *some-*, III7

ironisch *ironic*, III2

s. **irren** *to be mistaken*, III5

der **Irrtum, ̈-er** *error, misunderstanding*, III12

irrtümlich *erroneous(ly), mistaken(ly)*, III12

isoliert *isolated*, III4

ist: sie ist aus ... *she's from...*, I; **Ist was mit dir?** *Is something wrong?*, II

italienisch (adj) *Italian*, II

J

das **Jahr, -e** *year*, I; **Ich bin ... Jahre alt.** *I am... years old.*, I

ja *yes*, I; **Ja klar!** *Of course!*, I; **Das ist ja unglaublich!** *That's really unbelievable!*, II; **Ja, kann sein, aber ...** *Yes, maybe, but...*, II; **Ja, natürlich!** *Certainly!*, II; *Yes, of course!*, II; **Ja, schon, aber ...** *Well yes, but...*, II; **Ja? Was denn?** *Okay, what is it?*, II

die **Jacke, -n** *jacket*, I

das **Jackenfutter** *jacket lining*, III11

jahrelang *for years*, Loc1

jähren: **das jährt sich** *it's been a year (ago) since*, III2

die **Jahreszeit, -en** *season*, III10

das **Jahrhundert**, -e *century*, II; **aus dem 17. Jahrhundert** *from the 17th century*, II
jahrhundertealt *centuries old*, III1
jährig *year-old*, III3
jährlich *yearly, annual*, Loc4
der **Jahrmarkt**, ¨e *annual fair* III10
jammern *to mourn, lament*, III7
der **Januar** *January*, I; **im Januar** *in January*, I
je *each, every*, III1; **je ... desto** *the more ... the*, III7
die **Jeans** (mostly sing) *jeans*, I
die **Jeansweste**, -n *jeans vest*, II
jed- *every*, II; **jede Woche** *every week*, II; **jeden Tag** *every day*, I
jedenfalls *in any case*, III8
jedermann *everyone*, III10
jedoch *however, nevertheless*, III1
jemals *ever*, III7
jemand *someone, somebody*, III3
jener *that one*, III5
jetzig *present, current*, III8
jetzt *at present, now*, I
jeweils *in each case, respectively*, III2
der **Job**, -s *job*, II
jobben *to have a job*, III11
joggen *to jog*, I
der **Jogging-Anzug**, ¨e *jogging suit*, I
das **Joghurt**, -s (or der) *yogurt*, II
der **Journalismus** *journalism*, III6
Journalist(in) -en/nen *journalist*, III11
jubeln *to rejoice*, III10
die **Jugend** *youth*, III3
das **Jugendgästehaus**, ¨er *youth hostel* III2
das **Jugendheim** *youth center*, III4
die **Jugendherberge**, -n *youth hostel*, II
der **Jugendherbergsausweis**, -e *youth hostel I.D.*, III2
Jugendliche, -n *teenager*, III8
der **Jugendpsychologe**, -n *psychologist for young people*, III12
die **Jugendsprache** *youth language*, III3
der **Juli** *July*, I
jung *young*, II
der **Junge**, -n *boy*, I
jünger *younger*, II
die **Jungfer**, -n *maiden* III7
der **Juni** *June*, I
Jura *law*, III11
das **Jurastudium** *study of law*, III12

K

der **Kabelanschluß**, ¨sse *cable connection*, III6
der **Käfer**, - *bug, beetle*, III6
der **Kaffee** *coffee*, I
die **Kaffeemühle**, -n *coffee grinder*, III12
kahl *bald*, III11
die **Kaiserkrönung**, -en *coronation of an emperor*, Loc7
der **Kaisersaal** *emperial banquet hall*, Loc4
der **Kakao** *chocolate milk*, II

der **Kalauer** *dumb joke*, III7
der **Kalender**, - *calendar*, I
die **Kalkleisten** (pl) *(ironic) parents*, III3
kalt (adj) *cold*, III4
die **Kälte**, -n *cold, coldness*, III11
kam *(imperfect of* kommen), III4
die **Kamera**, -s *camera*, II
kameradschaftlich *friendly*, III8
der **Kaminabend**, -e *evening by the fire-place*, III2
der **Kaminraum**, ¨e *room with a fireplace*, III2
s. **kämmen** *to comb one's hair*, II
die **Kammer**, -n *chamber*, III7
die **Kampagne**, -n *campaign*, III7
der **Kampf**, ¨e *struggle, battle* III5
kämpfen *to fight*, III5
der **Kampfpanzer**, - *battle tank*, III5
der **Kandidat**, -en *candidate*, III5
kannten *(imperfect of* kennen), III10
der **Kantor**, -en *choirmaster, organist*, Loc1
das **Kapitel**, - *chapter*, III1
die **Kappe**, -n *cap*, III9
das **Käppi**, -s *(baseball) cap*, II
kaputt *ruined, broken*, I
kaputtgehen (sep) *to go to pieces*, III11
die **Kapuze**, -n *hood*, II
kariert *checked*, II
das **Karo**, -s *(pattern) check, diamond*, II
der **Karpfen**, - *carp*, II
die **Karriere**, -n *career*, III11
die **Karte**, -n *card; ticket*, I
die **Kartoffel**, -n *potato*, I
der **Käse**, - *cheese*, I
das **Käsebrot**, -e *cheese sandwich*, I
die **Kaserne**, -n *barracks*, III5
die **Kasse**, -n *cash register*, III9
die **Kassette**, -n *cassette*, I
die **Kassiererin**, -nen *cashier*, III9
der **Kasten**, ¨ *box*, III2
der **Katalysator**, -en *catalytic converter*, III9
das **Kataauto**, -s *car with emission control*, III9
die **Kategorie**, -n *category*, III1
die **Katze**, -n *cat*, I
kauen *to chew*, III8
der **Kauf**, ¨e *purchase*, III5
kaufen *to buy*, I
die **Kauffrau**, -en *saleswoman*, III11
das **Kaufhaus**, ¨er *department store*, III4
der **Kaufmann**, (pl) **Kaufleute** *salesman*, III11
das **Kaufmannshaus**, ¨er *commercial building*, III1
der **Kaufreiz** *temptation to buy*, III7
der **Kaugummi** *chewing gum*, III8
kaum *barely, hardly*, II
kein *no, none, not any*, I; **Ich habe keine Zeit.** *I don't have time.*, I; **Ich habe keinen Hunger mehr.** *I'm not hungry any more.*, I; **Keine Ahnung!** *I have no idea!*, I
der **Keks**, -e *cookie*, I

der **Keller**, - *cellar*, III2
der **Kellner**, - *waiter*, III2
kennen *to know, be familiar or acquainted with*, I
kennenlernen (sep) *to get to know*, III2
die **Kenntnis** *knowledge*, III10
der **Kerl**, -e *fellow*, III7
die **Kette**, -n *chain*, III11
der **Kiefer**, - *jaw*, III1
das **Kilo=Kilogramm**, - *kilogram*, I
kilometerweit *for kilometers*, III9
das **Kind**, -er *child*, II
kinderlieb *fond of children*, III8
das **Kinderlied**, -er *children's song*, III2
das **Kino**, -s *cinema*, I; **ins Kino gehen** *to go to the movies*, I
die **Kirche**, -n *church*, I
die **Kirsche**, -n *cherry*, II
klagen *to lament*, III3
die **Klamotten** (pl) *(casual term for) clothes*, I
der **Klang**, ¨e *sound, ring*, III10
klappen *to go smoothly, work*, III4
klappern *to rattle, clatter*, III11
Klar! *Of course!*, III7
klären *to clarify*, III10
die **Klarheit** *clarity*, III6
klarstellen (sep) *to make clear*, III7
klarwerden (sep) *to become clear*, III9
Klasse! *Great!; Terrific!*, I
die **Klasse**, -n *grade level*, I; *class*, II
der **Klassenausflug**, ¨e *class trip*, III10
Klassenkamerad(in), -en/nen *class-mate*, III1
die **Klassenliste**, -n *class roster*, III11
der **Klassensprecher**, - *class representa-tive*, III6
die **Klassik** *classical period*, III2
die **Klassikermetropole** *capital of the clas-sicists*, III2
klassisch *classic(al)*, III4
klatschen *to applaud*, III10
das **Klavier**, -e *piano*, I; **Ich spiele Klavier.** *I play the piano.*, I
der **Klavierstimmer**, - *piano tuner*, III12
kleben *to glue, stick*, III2
das **Kleid**, -er *dress*, I
s. **kleiden** *to dress, get dressed*, III3
die **Kleider** (pl) *clothes*, III3
die **Kleidung** *clothing*, III3
klein *small*, I
die **Kleinstadt**, ¨e *town*, II
die **Klimaanlage**, -n *air conditioning*, II
klingeln *to ring*, III4
das **Klingelzeichen**, - *reminder bell*, III10
klingen *to sound*, III11
die **Klinke**, -n *door handle*, III1
die **Klippe**, -n *cliff*, II
das **Klischee**, -s *cliché*, III8
das **Klischeebild**, -er *clichéd image*, III8
die **Klischeevorstellung**, -en *clichéd image, impression*, III8
klopfen *to knock, pound*, III2
die **Klosteranlage**, -n *monastery grounds*, III1

der **Kloß**, ⸚e *dumpling*, II
klug *intelligent*, III6
der **Knabe**, -n *(small) boy*, III2
knapp *scarce(ly)*, III1
die **Knebelung** *gagging*, III5
kneten *to knead*, III3
das **Knie**, - *knee*, II
die **Kniescheibe**, -n *knee cap*, III1
knistern *to rustle, crackle*, III10
der **Knoblauch** *garlic*, II
der **Knöchel**, - *ankle*, II
der **Knödel**, - *dumpling*, III8
der **Knopf**, ⸚e *button*, II
Koch/Köchin, ⸚e/nen *chef*, III12
kochen *to cook*, II
der **Koffer**, - *suitcase*, III12
der **Kofferraumdeckel**, - *trunk lid*, II
der **Kohlenwasserstoff** *hydrocarbon*, III9
der **Koks** *degassified coal, coke*, III2
die **Kollegstufe** *(last three years at a Gymnasium)*, III4
der **Kollektor**, -en *collector*, III9
die **Kombination**, -en *combination*, III3
kombinieren *to combine*, III7
komisch *funny; strange*, III6
kommandieren *to command*, III5
kommen *to come*, I; **er kommt aus** *he's from*, I; **Komm doch mit!** *Why don't you come along?*, I; **Wie komme ich zum (zur) ... ?** *How do I get to...?*, I
der **Kommentar**, -e *commentary*, III6
kommerziell *commercial*, III2
der **Kommilitone**, -n *fellow-student* (university), III5
die **Kommilitonin**, -nen *fellow-student* (university), III5
Kommunikationselektroniker(in), -/**nen** *communications engineer*, III12
die **Komödie**, -n *comedy*, I
der **Komponist**, -en *composer*, III10
der **Konflikt**, -e *conflict*, III12
der **König**, -e *king*, Loc7
die **Königin**, -nen *queen*, III10
das **Königreich**, -e *kingdom*, III7
die **Königsloge** *royal box* (theater), III10
konkret *concrete*, III9
können *to be able to*, I; **Kann ich bitte Andrea sprechen?** *Could I please speak with Andrea?*, I
könnte *could*, III5
konservativ *conservative*, II
der **Konsum** *consumption*, III6
der **Konsument**, -en *consumer*, III7
der **Kontakt**, -e *contact*, III4
die **Kontaktlinse**, -n *contact lense*, III5
kontrollieren *to control, check*, III7
die **Konzentrationsfähigkeit** *ability to concentrate, focus*, III3
konzentrieren *to concentrate*, III10
das **Konzert**, -e *concert*, I; **ins Konzert gehen** *to go to a concert*, I
das **Konzertabonnement**, -s *concert subscription*, III10
die **Konzerthalle**, -n *concert hall*, III10

der **Kopf**, ⸚e *head*, II
der **Kopfhörer**, - *headphones*, II
die **Kopfschmerzen** (pl) *headache*, II
das **Kopftuch**, ⸚er *head scarf*, III4
das **Kopfweh** *headache*, III1
die **Kopie**, -n *copy*, III11
der **Korb**, ⸚e *basket*, III9
körperlich *physical(ly)*, III1
der **Körperteil**, -e *part of the body*, III1
korrekt *correct, proper*, III3
die **Korrektur**, -en *correction*, III3
korrigieren *to correct*, III1
kostbar *precious, valuable*, III5
die **Kosten** (pl) *costs*, III9
kosten *to cost*, I; *to taste*, II
köstlich *delicious, charming*, III7
die **Köstlichkeit**, -en *delicacy*, II
das **Kostüm**, -e *costume*, III12
kotzen *to vomit*, III2
die **Krabbe**, -n *crab*, II
der **Krach** *quarrel*, III4
kräftig *strong*, II
das **Krafttraining** *weight lifting*, III3
kraftvoll *powerful, vigorous*, III10
krank *sick*, III3
das **Krankenhaus**, ⸚er *hospital*, III4
der **Krankenpfleger**, - *male nurse*, III4
die **Krankenschwester**, -n *female nurse*, III11
die **Krankheit**, -en *illness, disease*, III11
die **Krawatte**, -n *tie*, II
kreativ *creative*, III7
der **Kredit**, -e *credit*, III5
kreieren *to create*, III7
der **Kreis**, -e *circle; district*, III2
das **Kreuz**, -e *cross, check mark*, III5
die **Kreuzung**, -en *crossing, junction*, III4
kribbeln *to tickle*, III11
der **Krieg**, -e *war*, II
kriegen *to get, receive*, III3
der **Kriegsfilm**, -e *war movie*, I
der **Krimi**, -s *detective movie*, I
die **Kritik**, -en *criticism, critique*, III6
kritiklos *uncritical*, III7
kritisch *critical*, III3
kritisieren *to criticize*, III3
die **Kroatienhilfe** *support for Croatia*, III12
die **Kroketten** (pl) *potato croquettes*, II
der **Krokus**, -se *crocus*, III11
die **Krone**, -n *crown*, III1
der **Kronleuchter**, - *chandelier*, III10
die **Krönungsfeierlichkeit**, -en *coronation festivity*, Loc7
die **Küche**, -n *kitchen*, I; *cuisine*, II
der **Kuchen**, - *cake*, I
das **Kugelstoßen** *shot put*, II
kühl *cool*, I
die **Kühlbox**, -en *cooler*, III2
der **Kühlschrank**, ⸚e *refrigerator*, I
kühn *bold, brave*, III7
der **Kuli**, -s *ballpoint pen*, I
die **Kultur**, -en *culture*, III2
kulturbedingt *having to do with the culture*, III4
der **Kulturbeobachter**, - *observer of the*

cultural scene, III10
kulturell *cultural*, III2
der **Kulturkalender**, - *calendar of cultural events*, III10
der **Kulturmuffel**, *a person who ignores cultural events*, III2
das **Kulturspiel**, -e *cultural event*, III10
die **Kulturstadt**, ⸚e *city of great cultural significance*, III2
die **Kulturstätte**, -n *cultural sight*, Loc1
die **Kulturszene** *culture scene, art scene*, III2
der **Kummerbund**, -e *cummerbund*, II
der **Kummerkasten** *grief column* (in a newspaper), III12
s. **kümmern um** *to be concerned about*, III6
der **Kumpel**, - *buddy*, III4
künden *to tell (of), herald*, III1
künftig *future, next*, III5
die **Kunst**, ⸚e *art*, I
die **Kunstausstellung**, -en *art exhibition*, III10
der **Kunstdünger**, - *artificial fertilizer*, III9
Künstler(in), -/nen *artist*, III10
künstlerisch *artistic*, III6
künstlich *artificial*, III8
die **Kunstsammlung**, -en *art collection*, Loc10
der **Kunststoff**, -e: **aus Kunststoff** *made of plastic*, I
der **Kurfürst**, -en *Elector* (of a king), Loc10
der **Kurs**, -e *course*, III11
die **Kurve**, -n *curve*, II
kurz *short*, I
kurzfristig *on short notice*, III5
kürzlich *recently*, III9
die **Kusine**, -n *cousin* (female), I
die **Küste**, -n *coast*, II

L

lächeln *to smile*, III4
lachen *to laugh*, III3
lächerlich *ridiculous*, III7
der **Lachs**, -e *salmon*, II
der **Lackschuh**, -e *patent leather shoe*, II
der **Laden**, ⸚ *store*, I
lag *(imperfect of* liegen*)*, Loc1
die **Lage**, -n *setting, place*, III2
das **Lammfleisch** *lamb*, II
die **Lampe**, -n *lamp*, I
das **Land**, ⸚er *country*, I; **auf dem Land** *in the country*, I
landen *to land*, III10
die **Landkarte**, -n *map of the country*, III1
die **Landschaft**, -en *countryside*, III1
die **Landschaftsmalerei** *landscape painting*, III1
die **Landsleute** (pl) *compatriots*, III8
lang *long*, I
langsam *slow(ly)*, II
längst *long ago, since*, III4

der Langstreckenlauf, ¨e *long distance run*, II

langt: das langt *that's enough*, III2

s. langweilen *to be bored*, II

langweilig *boring*, I

der Lappen, - (coll) *money*, III3

der Lärm *noise*, II

las (*imperfect of* lesen), III6

lassen *to let, allow*, II; er/sie läßt *he/she lets*, II; Laß mich mal ... *Let me...*, II

lässig *casual*, I

der Laster, - *truck*, III5

der Lastkraftwagen (Lkw), - *truck*, II

der Lastwagen, - *truck*, III9

Latein *Latin*, I

der Lateinmuffel, - *a person who does not like Latin*, III12

die Latzhose, -n *bib pants*, III3

der Lauf, ¨e *run*, II; der 100-Meter-Lauf *the 100 meter dash*, II

laufen *to run*, II; er/sie läuft *he/she runs*, II; Was läuft im Fernsehen? *What's on TV?*, II

die Laune *mood*, III3

laut *loud*, III8

lauten *to sound, read*, III3

läuten *to ring*, III4

lauter: vor lauter ... *because of pure...*, III5

lautlos *soundless, silent*, III2

der Lautstärkeregler, - *volume control*, II

das Leben *life*, II

lebendig *lively*, III7

die Lebensaufgabe, -n *life-work*, III1

die Lebensgewohnheit, -en *lifelong habit*, III8

die Lebensgröße *life-size, actual-size*, III10

der Lebenslauf, ¨e *curriculum vitae*, III11

die Lebensmittel (pl) *groceries*, I

der Lebensmittelfilialbetrieb, -e *grocery store branch*, III11

Lebensmittelkontrolleur(in), -e/nen *health inspector*, III12

der Lebenspartner, - *partner (to share one's life with)*, III11

der Lebensraum *living space*, III5

die Lebensweise *way of life*, III11

die Lebenswelt *world one lives in*, III10

die Leber *liver*, III1

der Leberkäs (*a Bavarian specialty*), I

lebhaft *lively*, III6

leblos *lifeless, inanimate*, III10

leck werden *to spring a leak*, III9

lecker *tasty, delicious*, I

das Leder *leather*, I

die Lederhose, -n *leather pants*, III8

die Lederjacke, -n *leather jacket*, II

leer *empty*, III1

legen *to lay*, Loc1; Wert legen auf (acc) *to consider important*, III11

die Lehre *instruction*, III11

Lehrer(in), -/nen *teacher*, I

der Lehrplan, ¨e *teaching curriculum*, III9

die Lehrstelle, -n *apprenticeship*, III4

der Leib, -er *body*, III7

leicht *easy, simple*, II; *light*, II

die Leichtathletik *track and field*, II

das Leid *harm, injury*, III2

leid: Es tut mir leid. *I'm sorry.*, I

leiden: Das kann ich nicht leiden! *I can't stand that!*, III4

leider *unfortunately*, I; Ich kann leider nicht. *Sorry, I can't.*, I; Das ist leider so. *That's the way it is unfortunately.*, II; Ich hab' leider nur ... *I only have...*, II

das Leinen, - *linen*, II

leise *soft, lightly*, III2

s. leisten können *to be able to afford*, III7

die Leistung, -en *effort*, III2

die Leistungsfähigkeit *efficiency*, III3

der Leistungskurs, -e *special courses (at a Gymnasium)*, III11

leiten *to guide, lead*, III10

der Leiter, - *leader*, III9

die Leitung, -en *direction*, Loc4

die Lektion, -en *lesson*, III4

die Lektüre, -n *reading*, III1

lenken *to steer*, III3

lernen *to learn, study*, III3

lesen *to read*, I; er/sie liest *he/she reads*, I

Leser(in), -/nen *reader*, III2

letzt- *last*, I; letztes Wochenende *last weekend*, I

die Leute (pl) *people*, I

das Licht, -er *light, lamp*, III8

das Lichtbild, -er *photograph*, III11

der Lichtschutzfaktor, -en *sun protection factor*, II

lieb *dear*, III2

lieben *to love*, III3

liebenswürdig *charming, kind*, III7

lieber: lieber mögen *to prefer*, I

der Liebesfilm, -e *romance*, I

der Liebesroman, -e *romance novel*, I

Lieblings- *favorite*, I

liebst: Ich würde am liebsten ... *I would rather...*, II

das Lied, -er *song*, I

liegen *to lie (on)*, III1

liegen an (dat) *to depend on*, III1

die Liegewiese, -n *lawn for relaxing and sunning*, II

die Limo, -s (Limonade, -n) *lemon drink*, I

die Linie, -n *line*, III2; Linie: in erster Linie *primarily*, III7

link-, *left*, III2

die Lippe, -n *lip*, III10

die Liste, -n *list*, III1

der Liter, - *liter*, I

literarisch *literary*, III10

die Literatur *literature*, III10

die Litfaßsäule, -n *advertising column*, III7

der Lkw=Lastkraftwagen, - *truck*, II

loben *to praise*, III8

das Loch, ¨er *hole*, II

locken *to lure, tempt*, III3

locker *easy-going*, III8

der Löffel, - *spoon*, III2

die Loge, -n *(theater) box*, III10

Logisch! Logo! *Of course!*, III7

s. lohnen *to be worth it*, III5; Es lohnt sich, das zu machen. *It's worth doing.*, III8

das Lokal, -e *small restaurant*, II

los *detached*, III1; Was ist los? *What's going on?*, III3

lösen *to solve*, III4

loslegen (sep) *to get going*, III3

die Lösung, -en *solution*, III3

der Löwenzahn *dandelion*, III11

die Lücke, -n *blank*, III7

die Luft *air*, II

der Luftsprung, ¨e *jump*, III2

die Luftverschmutzung *air pollution*, III9

die Lunge, -n *lung*, III9

Lust haben *to want to, to feel like*, III2

lustig *funny*, I

Lyriker(in), -/nen *lyricist*, III10

M

machen *to do*, I; Das macht (zusammen) ... *That comes to...*, I; Gut! Mach' ich! *Okay, I'll do that!*, I; Machst du Sport? *Do you play sports?*, I; Hausaufgaben machen *to do homework*, I; macht dick *is fattening*, II; Macht nichts! *That's all right*, II

das Mädchen, - *girl*, I

mager *meager, scrawny*, III6

magisch *magic(al)*, III1

mähen *to mow*, I; den Rasen mähen *to cut the grass*, III1

die Mahlzeit *meal, mealtime*, III10; Mahlzeit! *Bon appétit*, II

das Mahnschreiben, -n *reminder notice*, III12

der Mai *May*, I; im Mai *in May*, I

das Maiglöckchen, - *lily of the valley*, III11

der Mais *corn*, III1

mal (particle), I

das Mal, -e *time*, III1

malen *to paint*, III8

der Maler, - *painter*, III2

malerisch *picturesque*, III2

man *one, you (in general), people*, I; Man hat mir gesagt, daß ... *Someone told me that...*, II

manch- *some*, III2

manchmal *sometimes*, I

die Mandelaugen (pl) *almond-shaped eyes*, III8

manipulativ *manipulative*, III7

manipulieren *to manipulate*, III7

der Mann, ¨er *man*, I

das Männchen, - *little man*, III7

das Männlein, - *little man*, III7

die **Männlichkeit** *masculinity*, III7

die **Mannschaft**, -en *team*, II

das **Manöver**, - *maneuver*, III5

das **Märchen**, - *fairy tale*, III10

märchenhaft *legendary, fairy-tale like*, III7

die **Margarine** *margarine*, II

die Margeriten (pl) *daisies*, III11

mariniert *marinated*, II

die **Mark**, - *mark (German monetary unit)*, I

die Marke, -n *emblem*, III7

der Markt, ̈e *market*, III1

die Markthalle, -n *indoor market*, III11

der **Marktplatz**, ̈e *market square*, I

die **Marmelade** *marmalade*, II

der Marmor *marble*, III6

der **März** *March*, I

der Maschinenbau *mechanical engineering*, III11

das Maschinengewehr, -e *machine gun*, III5

maskieren *to mask*, III10

die Masse, -n *mass (of people)*, III3

maßlos *boundless(ly)*, III7

die **Mastente**, -n *fattened duck*, II

die Materialien (pl) *materials*, III10

materialistisch *materialistic*, III8

materiell (adj) *material*, III11

die **Mathematik=Mathe** *math*, I

die Mauer, -n *wall*, Loc1

maulfaul *reserved, tight-lipped*, III3

mäuschenstill *very quiet*, III7

die Meckerecke, -n *complaint column (newspaper)*, III7

meckern *to complain, nag*, III6

Mediaplaner(in), -/nen *media planner*, III12

die **Medien** (pl) *media*, III6

mediterran *Mediterranean*, II

die Medizin *medicine*, III11

das Meer, -e *ocean*, III1

der Meeresduft, ̈e *fragrance of the sea*, III7

das **Mehl** *flour*, I

mehr *more*, I; Ich habe keinen Hunger mehr. *I'm not hungry anymore.*, I

mehrere *several*, III6

die **Mehrwegflasche**, -n *reusable bottle*, III9

mein (poss adj) *my*, I

meinen: Meinst du? *Do you think so?*, I

meinetwegen *as far as I'm concerned*, III10

die **Meinung**, -en *opinion*, III4; Meiner Meinung nach ... *In my opinion...*, III6

die Meinungsäußerung, -en *expression of opinion*, III5

meist- *most*, III6

meistens *most of the time*, II

der Meister, - *master, champion*, III1

das Meisterwerk, -e *masterpiece*, III10

die Melodie, -n *melody*, III3

die **Menge**, -n *a lot*, III8: eine ganze Menge *quite a lot*, III8

der Mensch, -en *human, person*, III3

das Menschenprodukt *human product*, III1

die **Mentalität** *mentality*, III11

merken *to notice, pay attention to*, III1

messen: Fieber messen *to take someone's temperature*, II; er/sie mißt *he/she measures*, II

das Messer, - *knife*, III2

der Messerhieb, -e *knife blow*, III10

das Messingschildchen, - *brass tag*, III10

die Metapher, -n *metaphor*, III10

die Methode, -n *method*, III5

der **Metzger**, - *butcher*, II

die **Metzgerei**, -en *butcher shop*, I

mexikanisch (adj) *Mexican*, II

mich *me, myself*, I

mickrig *lousy*, III3

mieten *to rent*, III5

das Mikrofon, -e *microphone*, III10

die **Milch** *milk*, I

die Milchkanne, -n *milk jug*, III11

mild *mild*, II

das Militär *military, armed forces*, III5

der Militärdienst *military service*, III5

militaristisch *militaristic*, III8

die Million, -en *million*, III11

der Millionär, -e *millionaire*, III12

die Minderwertigkeit *inferiority*, III5

mindestens *at least*, III1

die Mineralien (pl) *minerals*, III3

das **Mineralwasser** *mineral water*, I

das Minikleid, -er *mini-dress*, III3

die Minute, -n *minute*, III6

mir *to, for me*, II; Mir gefällt ... *I like...*, II

mischen *to mix*, III3

miserabel *miserable*, I

mit (dat prep) *with, by*, I; mit dem Auto *by car*, I

die Mitarbeit *cooperation*, III6

mitarbeiten (sep) *to cooperate*, III6

der Mitarbeiter, - *co-worker, colleague*, III2

die Mitbestimmung *co-determination*, III11

mitbringen (sep) *to bring along*, III1

miteinander *with one another*, III1

miterleben (sep) *to experience*, III9

mitfahren (sep) *to go along, come along*, III2

mitgeben (sep) *to give (to)*, III12

mitgebracht *brought along*, III1

mitgehen (sep) *to go along*, III10

mitgehört *overheard*, III12

das **Mitglied**, -er *member*, III5

die Mithilfe *cooperation*, III2

mitkommen (sep) *to come along*, I

das **Mitleid** *pity*, III3

mitmachen mit (sep) *to go along with*, III3

die Mitmenschen (pl) *fellow-men, neigh-*

bors, III12

mitnehmen (sep) *to take along*, III2

mitsamt *including*, III10

mitschreiben (sep) *to write down*, III6

Mitschüler(in), -/nen *schoolmate*, III1

mitspielen (sep) *to play along, take part in*, III3

mittag: heute mittag *this noon*, III1

das **Mittagessen** *lunch*, II

mittags *at noon*, III3

die Mitte *middle*, III2

die **Mitteilung**, -en *message*, III7

das Mittel, - *means, method*, III9

das Mittelalter *the Middle Ages*, III1

mittelalterlich *medieval*, III1

der Mittelpunkt *center*, III2

die Mitternacht *midnight*, III12

der **Mittwoch** *Wednesday*, I; am Mittwoch *on Wednesday*, I

mittwochs *Wednesdays*, II

mitziehen (sep) *to pull along*, III9

die **Möbel** (pl) *furniture*, I

möchten *would like to*, I; Ich möchte noch ein ... *I'd like another...*, I; Ich möchte kein ... mehr. *I don't want another...*, I

die **Mode**, -n *fashion*, I

die Modehochschule *fashion school*, III11

das Modell, -e *model*, III7

modern *modern*, I

die Modezeitschrift, -en *fashion magazine*, III3

modisch *fashionable*, II

das Mofa, -s *moped*, III4

mögen *to like, care for*, I; Ich mag kein ... *I don't like...*, II; Das mag schon sein, aber ... *That may well be, but...*, III4

möglich *possible*, II

möglicherweise *possibly*, III10

die **Möglichkeit**, -en *possibility*, III4

die **Möhre**, -n *carrot*, II

Moll (musical key) *minor*, III10

der **Moment**, -e *moment*, I; Einen Moment, bitte! *Just a minute, please.*, I; im Moment gar nichts *nothing at the moment*, I

der **Monat**, -e *month*, I; einmal im Monat *once a month*, I

monoton *monotonous*, III11

der **Montag** *Monday*, I; am Montag *on Monday*, I

montags *Mondays*, II

das **Moped**, -s *moped*, I

der Mörder, - *murderer*, III10

morgen *tomorrow*, I

der **Morgen**, - *morning*, I; Guten Morgen! *Good morning!*, I; morgens *in the mornings*, III1

motivieren *to motivate*, III11

der **Motor**, -en *motor*, II

das **Motorrad**, ̈er *motorcycle*, II

müde *tired*, II

die Mühe *trouble, pains*, III2

mühsam *with difficulty*, III8

der **Müll** *trash*, I; den Müll sortieren *to sort the trash*, I

die Müllabfuhr *garbage collection*, III11
der Müller, - *miller*, III7
die Mülltrennaktion *separation of garbage campaign*, III12
das Müllverhalten *attitude toward garbage*, III9
der Mund, ̈er *mouth*, III2
der Mundschutz *mouth protection*, III3
die Münze, -n *coin*, I; Münzen einstecken *to insert coins*, I
murmeln *to murmer, mutter*, III10
das Museum, (pl) Museen *museum*, II
das Musical, -s *musical*, II
die Musik *music*, I; klassische Musik *classical music*, I
musikalisch *musical(ly)*, III8
Musiker(in), -/nen *musician*, III11
die Musikhochschule, -n *music conservatory*, III11
der Musikladen, ̈ *music store*, III1
der Musikliebhaber, - *music fan*, III10
das Musikpublikum *music audience*, III10
der Musikunterricht *music instruction*, III10
der Muskel, -n *muscle*, III7
musulös *muscular*, III8
müssen *to have to*, I; ich muß *I have to*, I
müßte: Man müßte nur daran denken. *You would only have to think about it.*, III9
das Muster, - *pattern*, II
die Musterung, -en *recruitment physical*, III5
der Mut *courage*, III9
die Mutter, ̈ *mother*, I
die Muttersprache, -n *native language*, III4
der Muttertag *Mother's Day*, I; Alles Gute zum Muttertag! *Happy Mother's Day!*, I
die Mütze, -n *cap*, II

N

Na ja, soso. *Oh, all right.*, II
Na klar! *Of course!*, II
nach (dat prep) *after*, I; nach der Schule *after school*, I; nach links (rechts) *to the left (right)*, I; nach Hause gehen *to go home*, I; nach dem Mittagessen *after lunch*, II
nachaffen (sep) *to imitate, ape*, III3
der Nachbar, -n *neighbor*, III4
die Nachbarschaft *neighborhood*, III4
nachdem (conj) *after*, III11
das Nachdenken *reflection, thinking over*, III6
nacherzählen (sep) *to retell*, III6
die Nacherzählung, -en *retelling*, III1
nachher *afterwards*, II
der Nachmittag, -e *afternoon*, I
nachmittags *in the afternoon*, III4
nachplappern (sep) *to parrot, imitate*, III7
die Nachricht, -en *message*, III2
die Nachrichten (pl) *the news*, II10

nachschicken (sep) *to send on, forward*, III12
nachsehen (sep) *to check on*, III2
die Nachspeise, -n *dessert*, II
nächst- *next*, II; die nächste Straße *the next street*, I
die Nacht, ̈e *night*, III2
der Nachteil, -e *disadvantage*, II
der Nachtisch, -e *dessert*, II
nächtlich *nocturnal*, III2
nachts *nights, at night*, III12
nahe *near*, III9
Nähe: in der Nähe von *near to*, III8
nähen *to sew*, III3
nahm (imperfect of nehmen), III4
der Nährstoff, -e *nutrient*, III3
die Nahrung *nutrition*, III1
der Nährwert *nutritional value*, III3
naiv *naive*, III8
der Name, -n *name*, III2
nämlich *namely*, III2
nannte (imperfect of nennen), III4
narkotisieren *to drug*, III5
die Nase, -n *nose*, III8
naß *wet*, III8
die Nation, -en *nation*, III8
die Nationalversammlung *National Assembly*, Loc7
die Natur *nature*, III2
naturbewußt *nature conscious*, III9
Natürlich! *Certainly!*, I; natürlich *natural*, II8
die Natursendung, -en *nature program*, III10
der Nebel *fog*, III5
der Nebelstreif *streak of mist*, III2
neben (acc, dat prep) *next to*, II
nebenan *close by*, Loc7
der Nebensatz, ̈e *dependent clause*, III6
Nebensitzer(in), -/nen *neighbor*, III10
nebenstehend *accompanying*, III3
die Nebenumstände (pl) *minor details*, III1
das Nebenzimmer, - *adjoining room*, III12
negativ *negative*, III1
nehmen *to take*, I; er/sie nimmt *he/she takes*, I; Ich nehme ... *I'll take...*, I
nein *no*, I
die Nelke, -n *carnation*, III11
nennen *to name*, III1
nerven: Es nervt mich, daß ... *It gets on my nerves that...*, III7
nett *nice*, III8
neu *new*, I
neugierig *curious*, II
die Neuigkeit, -en *most recent event*, III6
neulich *the other day*, III1
nicht *not*, I; Nicht besonders. *Not really (especially).*, I; nicht gern haben *to dislike*, I; Ich nicht. *I don't.*, I
nicht nur ... sondern auch *not only... but also*, III4
Nichtraucher(in), -/nen *nonsmoker*, II

nichts *nothing*, I; Nichts mehr, danke! *Nothing else, thanks!*, I
nicken *to nod*, III4
nie *never*, I
nieder *down*, III5
niemand *no one*, III10
die Niete, -n *failure (in a subject)*, III12
nikotinarm *low in nicotine*, III7
nimmermehr *by no means, never again*, III5
nobel *noble*, III10
noch *yet, still*, I; Haben Sie noch einen Wunsch? *Would you like anything else?*, I; Ich brauche noch ... *I also need...*, I; Möchtest du noch etwas? *Would you like something else?*, I; Noch einen Saft? *Another glass of juice?*, I; noch höher *still higher*, II; noch nie *not yet, never*, II
nochmal *again*, III3
nochmals *once more, a second time*, III10
der Norden *north*, III2
die Norm, -en *norm, standards*, III7
normalerweise *normally, usually*, II
die Note, -n *grade*, I
notieren *to note, jot down*, III1
nötig *necessary*, III2
nötig haben *to need, require*, III11
die Notiz, -en *note*, III4
notwendig *necessary*, III5
der November *November*, I
nüchtern *sober*, III12
die Nudel, -n *noodle*, III1
die Nudelsuppe, -n *noodle soup*, I
die Nuklearwaffen (pl) *nuclear weapons*, III11
null *zero*, I
die Nummer, -n *number*, III11
nur *only*, II
nützen *to make use of, use*, III5
nützlich *useful*, III6
die Nützung *utilization*, III6

O

die Oase, -n *oasis*, II
ob (conj) *whether*, II
oben *above*, III1
ober- *upper*, III4
der Oberbürgermeister, - *Lord Mayor*, III2
oberflächlich *superficial*, III6
obgleich *although*, III10
das Obst *fruit*, I
der Obst- und Gemüseladen, ̈ *fresh produce store*, I
obwohl (conj) *although*, III1
oder (conj) *or*, II
der Ofen, ̈ *oven*, I
offen *open*, III8
offenbar *obviously*, III12
offenstehen (sep, dat) *to be open*, III2
öffentlich *public*, III2
öffentliche Verkehrsmittel (pl) *pub-*

lic transportation, II
offiziell *official*, III5
der Offizier, -e *officer*, III5
öffnen *to open*, III2
oft *often*, I
öfters *quite often*, III4
ohne (acc prep) *without*, III3; ohne
   weiteres *easily, readily*, III3; ohne
   ... zu machen *without doing ...* ,
   III3
ohnehin *in any case*, III12
ohnmächtig *passed out*, III1
das Ohr, -en *ear*, III11
die Ohrenschmerzen (pl) *earache*, II
der Ohrring, -e *earring*, II
das Ökobewußtsein *environmental consciousness*, III9
die Ökonomie *economy*, III7
der Oktober *October*, I
das Öl, -e *oil*, III9
die Olive, -n *olive*, III2
der Olympiasieger, - *olympic champion*,
   II
die Oma, -s *grandmother*, I
der Onkel, - *uncle*, I
der Opa, -s *grandfather*, I
die Oper, -n *opera*, I
die Operette, -n *operetta*, II
die Opferbereitschaft *readiness for sacrifice*, III9
opfern *to sacrifice*, III5
Optiker(in), -/nen *optician*, III12
optimistisch *optimistic*, III9
die Orange, -n *orange*, III3
das Orchester, - *orchestra*, III10
ordentlich *orderly*, III8
ordnen *to put into sequence, order*,
   III1
die Ordnung *order*, III1
das Organisationsprinzip *organizational
   principle*, III3
organisieren *to organize*, III2
die Orientierungsstufe *(beginning years
   of the Gymnasium)*, III4
originell *original*, III7
der Ort, -e *place; location*, III1
orthographisch *orthographic*, III7
örtlich *local*, III6
der Ostblock *Eastern Bloc*, III11
der Osten *east*, III11
das Ostern *Easter*, I; Frohe Ostern!
   Happy Easter, I
das Ozonloch *hole in the ozone layer*, III9
die Ozonschicht *ozone layer*, III9

P

paar: ein paar, *a few*, III 1
paarmal: ein paarmal *a few times*, III1
packen *to pack, grab*, III1
die Packung *packaging*, III9
der Pädagoge *teacher*, III3
das Paket, -e *package*, III12
die Panik *panic*, III10
der Pantomime, -n *mimic*, III10

der Panzer, - *tank*, III5
das Papier, -e *paper*, III2
der Papierbeutel, - *paper bag*, III9
der Papierkorb, -̈e *paper basket, waste
   basket*, III9
der Paprika *bell pepper*, III1
das Parfüm, -e *perfume*, I
parfümiert *perfumed*, II
der Park, -s *park*, I; in den Park gehen
   to go to the park, I
die Parkanlage, -n *park*, III2
der Parkplatz, -̈e *parking spot, lot*, II
die Parkuhr, -en *parking meter*, III3
das Parlament, -e *parliament*, III11
die Partei, -en *(political) party*, III5
Partner(in), -/nen *partner*, I
die Partnerschaft -en *partnership*, III8;
   sponsorship, III9
die Party, -s *party*, III3
passen *to fit*, I; Der Rock paßt
   prima! *The skirt fits great!*, I
passend *fitting*, III7
passieren *to occur*, III1; Das ist
   gerade passiert. *It just happened.*, II
Paßt auf! *Pay attention!*, I
pauken (coll) *to study*, III10
die Pause, -n *break*, I
das Pausenbrot, -e *sandwich (a school
   snack)*, II
das Pausenhofpalaver *schoolyard chat-
   ting*, III7
das Pech *bad luck*, I; So ein Pech! *Bad
   luck!*, I; Was für ein Pech! *That's
   too bad!*, II
die Pechsträhne, -n *streak of bad luck*,
   III3
die Peking Ente, -n *Peking duck*, II
die Pension, -en *inn, bed and breakfast*,
   II
perfekt *perfect*, III3
die Person, -en *person*, III1
der Personalausweis, -e *identity card*,
   III11
der Personalchef, -s *director of personnel*,
   III11
persönlich *personal(ly)*, III2
die Persönlichkeit, -en *personality*, III11
die Perspektive, -n *perspective*, III5
pessimistisch *pessimistic*, III9
die Pfandflasche, -n *deposit-only bottle*,
   III9
das Pfannengericht, -e *pan-cooked
   entrée*, II
das Pfd.=Pfund *pound*, I
der Pfefferstreuer, - *pepper shaker*, III2
der Pfennig, - *(smallest unit of German
   currency; 1/100 of a mark)*, I
pfiff rein *(imperfect of* reinpfeifen*)*, III3
der Pfirsich, -e *peach*, II
die Pflanze, -n *plant*, III8
das Pflanzenprodukt, -e *vegetable produce*, III1
das Pflanzenschutzmittel, - *herbicide*, III1
die Pflicht, -en *obligation*, III5
das Pflichtfach, -̈er *obligatory subject*, III6
pflücken *to pick* (fruit), III11

das Pfund, - (Pfd.) *pound*, I
phantasievoll *imaginative*, I
Phantastisch! *Fantastic!*, II
die Philharmonie *philharmonic orchestra*,
   III10
Philosoph(in), -en/nen *philosopher*,
   III10
das Phosphat, -e *phosphate*, III9
die Phrase, -n *expression*, III5
die Physik *physics*, III11
Physiker(in), -/nen *physicist*, III11
das Picknick, -s *picnic*, III2
picknicken *to picnic*, III2
der Picknickkorb, -̈e *picnic basket*, III2
die Pilotin, -nen *pilot*, III5
der Pilz, -e *mushroom*, II
die Pizza, -s *pizza*, I
der Pkw, -s *car*, II
plädieren *to plea*, III5
die Plakatwand, -̈e *billboard*, III7
der Plan, -̈e *plan*, III2
planen *to plan*, III2
die Plastik *plastic*, III8
der Plastikbecher, - *plastic mug*, III9
der Plastikbeutel, - *plastic bag*, III9
der Plastiksack, -̈e *plastic bag*, III3
die Plastiktüte, -n *plastic bag*, III9
der Plastikumschlag, -̈e *plastic envelope*,
   III9
der Platz, -̈e *place, site*, II
plötzlich *sudden(ly)*, III4
der Plüschsessel, - *club chair*, III10
das Plüschtier, -e *stuffed animal*, III3
polieren *to polish*, II
die Politik (sing) *politics*, I
Politiker(in), -/nen *politician*, III11
politisch *political*, III5
der Polizist, -en *policeman*, III8
die Pommes (frites) (pl) *French fries*, II
der Pool, -s *swimming pool*, II
positiv *positive*, III3
die Post *post office*, I; *mail*, III1
das Poster, - *poster*, I
PR-Berater(in), -/nen *PR-consultant*, III12
die Pracht *splendor*, III10
prächtig *magnificent*, III1
prägen *to leave a mark*, III4
das Praktikum *apprenticeship, in-service
   training*, III11
praktisch *practical(ly)*, III11
praktizieren *to practice*, III9
die Praline, -n *fancy chocolate*, I
präsentieren *to present*, III10
der Preis, -e *price*, III1
preisen *to praise*, III7
preisgünstig *cheap*, III7
preiswert *reasonably priced*, I; Das
   ist preiswert. *That's a bargain.*, I
die Presse (news) *press*, III6
Prima! *Great!* I
der Prinz, -en *prince*, III1
die Prinzessin, -nen *princess*, III4
die Priorität, -en *priority*, III11
privat *private*, III11

das **Privathaus**, ¨er *private home*, II
probieren *to try*, Loc7
das **Problem**, -e *problem*, III3
problematisch *problematic*, III4
das **Produkt**, -e *product*, III1
die Produktion, -en *production*, III9
produktiv *productive*, III4
produzieren *to produce*, II
der Profanbau, -ten *secular building*, Loc4
Professor(in), -en/nen *professor*, III11
das **Programm**, -e *schedule of shows*, II
das Projekt, -e *project*, III12
propagandistisch *propagandistic*, III5
der **Prospekt**, -e *brochure, pamphlet*, III1
Prost! *Cheers!*, II
protestantisch (adj) *Protestant*, III1
protestieren *to protest*, III9
der Proviant *provisions, food*, III2
provozieren *to provoke*, III3
das Prozent *percent*, III4
die **Prüfung**, -en *exam*, III5
der Prügelstreifen, - *brutal flick*, III6
prunkliebend *loving splendor*, Loc10
prunkvoll *stately, grand*, III11
der Psychologe, -n *psychologist*, III3
die Psychologie *psychology*, III4
das Publikum *public; audience*, III10
der **Pulli**, -s *pullover, sweater*, I
der **Pullover**, - *sweater*, I
der **Pumpzerstäuber**, - *pump spray*, III9
der Punker, - *punker*, III3
punkig *punk-like*, III10
Punkt: in diesem Punkt *in this matter*, III8
pünktlich *punctual*, III8
die Pupille, -n *(eye) pupil*, III2
putzen *to clean, shine*, I; **Fenster putzen** *to wash the windows*, I
das **Putzmittel**, - *cleaning agent*, III7

Q

die Qualität *quality*, III7
der **Quark** (a soft cheese similar to ricotta or cream cheese), II
Quatsch! *Baloney*, III6
das Quecksilber *quicksilver, mercury*, III9
quer *across*, III10

R

das **Rad**, ¨er *bike; wheel*, II; **mit dem Rad** *by bike*, I
das Rädchen, - *little wheel*, III7
radeln *to bicycle*, III9
radfahren (sep) *to ride a bike*, II
der **Radiergummi**, -s *eraser*, I
das **Radieschen**, - *radish*, III1
radikal *radical*, III11
das **Radio**, -s *radio*, II
der Radwechsel, - *tire change*, III2
raffiniert *clever*, III7
der Rahmen, - *frame, framework*, III7
die Rakete, -n *rocket*, III11

die **Randgruppe**, -n *fringe group*, III4
der **Rang**, ¨e *(theater) balcony*, III10
die Rangordnung *pecking order*, III11
der **Rasen**, - *lawn*, I; **den Rasen mähen** *to mow the lawn*, I
das Rasierwasser, - *shaving lotion*, III7
die Rasse, -n *race*, III5
der **Rat** *advice*, III3; **Komm, ich geb' dir mal einen guten Rat!** *Okay, let me give you some good advice.*, III3
raten (dat) *to give advice*, III4
die **Ratesendung**, -en *quiz show*, II
der Ratgeber, - *advisor, advice column*, III4
das **Rathaus**, ¨er *city hall*, I
ratlos *perplexed*, III10
der Ratschlag, ¨e *piece of advice*, III3
rauchen *to smoke*, II
das Rauchverbot, - *no-smoking regulation*, III6
rauh *rough*, III6
die **Raumfahrt** *space travel*, III11
der Raumfahrttechniker, - *space technician*, III11
das Raumschiff, -e *spaceship*, III7
raus=heraus *out, away*, III2
der Rausch, ¨e *intoxication*, III7
reagieren auf (acc) *to react to*, III1
die Reaktion, -en *reaction*, III2
das Realgymnasium, -gymnasien (type of a German high school), III11
realistisch *realistic*, III11
die Realität *reality*, III8
rebellieren *to rebell*, III3
recherchieren *to do research, collect facts*, III6
rechnen *to tabulate, calculate*, III2; rechnen mit *to reckon with*, III2
die **Rechnung**, -en *bill, invoice*, III1
das **Recht** *law, right*, III5
recht haben *to be right*, II
recht geben: Da geb' ich dir recht. *I agree with you about that.*, III4
recht- *right, right-hand*, I; **nach rechts** *to the right*, I
rechtlich *lawful*, III7
Rechtsanwalt(-anwältin), ¨e/nen *lawyer*, III11
recyceln *to recycle*, III9
der Redakteur, -e *editor*, III6
die **Redaktion**, -en *editorial office*, III6
die Rede, -n *speech*, III5
das Redemittel, - *(communicative) expression*, III4
reden *to speak*, III4
reduzieren *to reduce*, III9
das **Regal**, -e *bookcase*, I
die Regel, -n *rule*, III2
regelmäßig *regularly*, III3
regeln *to arrange*, III6
regelrecht *regular, regularly*, III2
die Regelung, -en *ruling*, III7
der **Regen** *rain*, I
der Regenschirm, -e *umbrella*, III9
der Regenschirmstock, ¨e *walking umbrella*, III11

die Regieanweisung, -en *artistic direction*, III11
regieren *to rule*, III5
die Regierung, -en *government*, III5
regional *regional*, III10
registrieren *to register*, III7
regnen *to rain*, III1; **Es regnet.** *It's raining.*, I
das **Rehfleisch** *venison, deer meat*, III1
reich *rich*, III3
reicht: Es reicht. *That's enough.*, III12
das **Reichtum**, ¨er *wealth*, III1
Reife: die Mittlere Reife (name of a high school diploma), III4
reifen *to ripen, become mature*, III10
Reih: in Reih und Glied *in rank and file*, III7
die Reihe, -n *row; line*, III7
der **Reihn** (poetic for Reigen) *circle dance*, III2
der Reim, -e *rhyme*, III10
rein *pure*, III3
die **Reinigung**, -en *cleaners*, II
reinpfeifen (sep) *to toss down*, III3
der **Reis** *rice*, II
die Reise, -n *trip, voyage*, III1
das Reisebüro, -s *travel office*, III2
der Reisemuffel, - *person who does not like to travel*, III2
reisen *to travel, take a trip*, III1
das Reiseziel, -e *travel destination*, III2
reißen *to tear*, III7
der **Reißverschluß**, (pl) **Reißverschlüsse** *zipper*, II
reiten *to ride a horse*, III2
der Reiz, -e *charm*, III1
reizen *to entice, charm*, III2
die **Reklame**, -n *advertisement*, III7
der Rekrut, -en *recruit*, III5
relativ *relative(ly)*, III2
relativieren *to qualify, make less absolute*, III8
relaxen *to relax*, III3
die **Religion**, -en *religion* (school subject), I
Rennen: das Rennen machen *to compete*, III2
renovieren *to renovate*, III8
reparieren *to repair*, III5
die Replike, -n *answer, reply*, III12
Reporter(in), -/nen *reporter*, III3
die Republik, -en *republic*, III1
reservieren *to reserve*, III8
die Residenz, -en *prince's residence*, Loc4
resigniert *resigned to, depressed*, III2
respektieren *to respect*, III5
das **Restaurant**, -s *restaurant*, II
restlich *remaining*, III4
das Resultat, -e *result*, III8
revidieren *to revise*, III8
revolutionieren *to revolutionize*, III5
die Rezension, -en *critique*, III10
das Rezept, -e *recipe*, III1
rhythmisch *rhythmic*, III7
der Rhythmus *rhythm*, III3
richten *to direct*, III12

s. **richten an** (acc) *to be directed at*, III7
richten: Wir richten uns nach euch.
We'll do whatever you want to do.,
III4
richtig *correct, proper*, III1
die **Richtung**, -en *direction*, III9
riechen *to smell*, III1
rief an (*imperfect of* anrufen), III4
riesig *huge*, III7
rigoros *rigorous*, III10
das **Rindersteak** (beef) *steak*, II
das **Rindfleisch** *beef*, II; **Rind schmeckt
mir besser.** *Beef tastes better to
me.*, II
der **Ring**, -e *ring*, II
der **Ringel**, - *ringlet*, II
die **Rippchen** (pl) *ribs*, III1
die **Rippe**, -n *rib* III1
riß (*imperfect of* reißen), III7
der **Rock**, -̈e *skirt*, I
rodeln *to sled*, II
roh *raw*, II
die **Rolle**, -n *role*, III1
der **Rollstuhlfahrer**, - *person in a wheel-
chair*, III2
der **Roman**, -e *novel*, I
romanisch *Romanic*, Loc4
die **Romantik** *Romantic period*, III1
romantisch *romantic*, III1
der **Römer** (name of the city hall in
Frankfurt), II
römisch *Roman*, III6
rosarot *rose-colored*, III8
der **Rosenkohl** *Brussel sprouts*, III1
die **Rosine**, -n *raisin*, III1
rostfrei *free of rust*, III7
rot *red*, I; **in Rot** *in red*, I
Rote Grütze (red berry dessert), II
rotgepolstert *upholstered in red*, III10
der **Rotkohl** *red cabbage*, II
der **Rotmarmor** *red marble*, Loc4
rüber=herüber *from there to here*, III1
die **Rubrik**, -en *column* III1
der **Rücken**, - *back*, II
der **Rucksack**, -̈e *knapsack, backpack*, III3
rücksichtslos *ruthless*, III5
rufen *to call*, III12
die **Ruhe** *calm, quiet*, III4
die **Ruhestätte**, -n *place of rest*, Loc1
ruhig *calm(ly)*, II
der **Ruhm** *fame*, III10
rühmen *to praise*, III1
die **Ruine**, -n *ruin*, Loc10
rumstehen=herumstehen (sep) *to
stand around*, III11
rund *round*, I
runden *to round (out)*, III8
Rundfunkmoderator(in), -en/nen
moderator on the radio, III12
Rundfunksprecher(in), -/nen *radio
announcer*, III12
der **Rundgang**, -̈e *tour, walk*, III10
runzelig *wrinkled*, III4
russisch (adj) *Russian*, II
die **Rüstung**, -en *armor*, III5

S

der **Saal**, (pl) **Säle** *(large) room*, III10
das **Sachbuch**, -̈er *non-fiction book*, I
die **Sache**, -n *thing*, III3
die **Sachlichkeit** *factuality*, III12
säen *to sow*, III10
der **Saft**, -̈e *juice*, I
saftig *juicy*, III2
die **Sage**, -n *legend*, III10
sagen *to say*, I; **Sag mal ...** *Tell me...,*
II; **Was sagt der Wetterbericht?**
What does the weather report say?,
I
sagenhaft *great*, I
sah (*imperfect of* sehen), III4
die **Sahne**, -n *cream*, III1
das **Saiteninstrument**, -e *string instrument*, III12
der **Sakko**, -s *business jacket*, II
der **Salat**, -e *lettuce; salad*, I
das **Salatblatt**, -̈er *lettuce leaf*, III1
die **Säle** (pl) *(large) rooms*, III10
salopp *casual*, II
das **Salz** *salt*, I
salzig *salty*, II
der **Salzstreuer**, - *salt shaker*, III2
sammeln *to collect*, I
der **Samstag** *Saturday*, I
samstags *Saturdays*, II
die **Samstagsausgabe** *Saturday edition*,
III11
sämtlich *all*, III8
der **Sandstrand**, -̈e *sand beach*, II
sanft *soft*, III3
Sänger(in), -/nen *singer*, I
der **Sängerwettstreit** *contest of the min-
strels*, Loc1
das **Sanitätskorps** *medical unit*, III11
saß (*imperfect of* sitzen), III4
satt *full*, III7
der **Satz**, -̈e *sentence*, III1
der **Satzanfang**, -̈e *beginning of a sentence*, III2
die **Satzlücke**, -n *blank*, III4
der **Satzteil**, -e *part of a sentence*, III4
sauber *clean*, II
sauberhalten (sep) *to keep clean*, III9
die **Sauberkeit** *cleanliness*, III9
säuberlich *neat(ly)*, III6
die **Säuberung** *cleaning*, III9
sauer werden *to get annoyed*, III6
das **Sauerkraut** *sauerkraut*, II
der **Sauerstoff** *oxygen*, III9
saugen: Staub saugen *to vacuum*, I
die **Sauna**, -s *sauna*, II
die **saure Gurke**, -n *pickle*, III1
der **saure Regen** *acid rain*, III9
säuseln *to rustle*, III2
das **Schach** *chess*, II
schade sein um *to be a shame about*,
III5
Schade! *Too bad!*, I
der **Schaden**, -̈ *damage*, III9
schädlich *harmful*, III7
der **Schadstoff**, -e *pollutant*, III9
schaffen *to accomplish, do,*
create, III5
der **Schafskäse** *goat cheese*, III2
der **Schal**, -s *scarf*, II
s. **schämen** *to be ashamed of*, III8
scharf *sharp*, II; *spicy, hot*, II
der **Schatz**, -̈e *treasure*, III7
schätzen *to estimate*, III10
die **Schatzkammer**, -n *royal treasury*,
Loc10
schauen *to look*, I; **Schau mal!**
Look!, I
das **Schaufenster**, - *display window*, III11
das **Schaufensterspiegelbild**, -er *image in
the display window*, III11
das **Schauspiel**, -e *play*, II
Schauspieler(in), -/nen *actor*, I
die **Scheibe**, -n *slice*, III1
der **Scheibenwischer**, - *windshield wiper*,
II
die **Scheidung**, -en *divorce*, III12
der **Schein**, -e *(money) bill*, III1
scheinen *to seem*, III5; *to shine*, I; **Die
Sonne scheint.** *The sun is shin-
ing.*, I
der **Scheinwerfer**, - *headlight*, II
schenken *to give (a gift)*, I; **Was
schenkst du deiner Mutter?** *What
are you giving your mother?*, I
scheußlich *hideous*, I
schick *smart (looking)*, I
schicken *to send*, III11
das **Schicksal** *fate*, III5
das **Schiebedach**, -̈er *sun roof*, II
schief *suspicious*, III5
schiefgegangen *went wrong*, III3
schiefgehen (sep) *to go wrong*, III3
schien (*imperfect of* scheinen), III10
schießen *to shoot*, III5
das **Schiff**, -e *ship*, II
schildern *to tell, report, describe*, III2
schimpfen mit *to scold*, III4
der **Schinken**, - *ham*, II
das **Schisch-Kebab** *shish kebab*, II
der **Schlaf** *sleep*, III2
schlafen *to sleep*, II
schlaff *slack, lax*, III3
das **Schlafzimmer**, - *bedroom*, II
der **Schlag**, -̈e *blow, knock*, III4
schlagen *to strike*, III5
das **Schlagwort**, -̈er *key-word*, III2
die **Schlagzeile**, -n *headline*, III6
schlampig *sloppy*, III3
die **Schlange**, -n *line*, III5
schlank *slim*, II
schlappmachen (sep) *to quit, lose it*,
III10
schlau *smart*, III12
die **Schlaufe**, -n *belt loop*, II
schlecht *bad(ly)*, I; **schlecht gelaunt**
in a bad mood, II; **Mir ist schlecht.**
I feel sick., II
die **Schleife**, -n *loop, bow*, II
schlief (*imperfect of* schlafen), III10
schließen *to close*, III2
schließlich *at the end, after all*, III12
die **Schließung** *closing*, III5

schlimm *bad*, II
Schlittschuh laufen *to ice skate*, I
das Schloß, (pl) Schlösser *castle*, III2
die Schlucht, -en *ravine*, III1
schlucken *to swallow*, II; **Ich kann kaum schlucken.** *I can barely swallow.*, II
schlug (*imperfect of* schlagen), III4
der Schluß *end*, III1; **zum Schluß** *finally*, III7; **Schluß machen** *to end one's life*, III1; **den Schluß ziehen** *to draw the conclusion*, III9
der Schlüssel, - *key*, III4
das Schlüsselbein *collarbone*, III1
der Schlußsatz, ⁻e *final, crowning sentence*, III3
schmackhaft *tasty*, Loc7
schmalzig *corny, mushy*, I
schmecken *to taste*, III12; **Schmeckt's?** *Does it taste good?*, I; **Wie schmeckt's?** *How does it taste?*, I; **schmeckt mir nicht** *doesn't taste good*, II; **schmeckt mir am besten** *tastes best to me*, II
der Schmerz, -en *pain*, II
s. schminken *to put on makeup*, III3
der Schmuck *jewelry*, I
der Schmutz *dirt*, III9
schmutzig *dirty*, II
der Schnee *snow*, I
das Schneidebrett, -er *cutting board*, III2
schneiden: s. die Haare schneiden lassen *to get your hair cut*, III3
schneien: Es schneit. *It's snowing.*, I
schnell *fast*, II
die Schnelligkeit *speed*, III1
Schnitt: im Schnitt *on average*, III5
der Schnittlauch (sing) *chives*, II
das Schnitzel, - *cutlet (pork or veal)*, II
der Schnupfen *runny nose*, II
schnuppern *to sniff, detect*, III7
Schnupperpreise *prices for careful shoppers*, III7
schnurren *to whir*, III7
schob (*imperfect of* schieben), III10
schockiert *shocked*, III10
die Schokolade, -n *chocolate*, II
schon *already*, I; **Schon gut!** *It's okay!*, II; **schon oft** *a lot, often*, II; **Ich glaube schon, daß ...** *I do believe that...*, II
schön *pretty, beautiful*, I
die Schöpfung *creation*, III3
Schornsteinfeger(in), -/nen *chimney sweep*, III12
der Schrank, ⁻e *cabinet*, I
der Schrebergarten, ⁻ *a leased garden*, III1
schrecken *to scare*, III5
schrecklich: Wie schrecklich! *How terrible!*, III3
Schrei: der letzte Schrei *the latest fashion*, III3
schreiben *to write*, I
der Schreibfehler, - *spelling mistake*, III2
die Schreibhilfe, -n *writing aid*, III3
der Schreibstil *writing style*, III10
der Schreibtisch, -e *desk*, I

die Schreibübung, -en *writing activity*, III10
schreien *to scream*, III1
Schreiner(in), -/nen *cabinet maker*, III12
schreiten *to step*, III10
schrie (*imperfect of* schreien), III4
schrieb (*imperfect of* schreiben), III2
der Schriftführer, - *recorder, note-taker*, III1
schriftlich *written*, III9
die Schriftsprache, -n *written language*, Loc1
Schriftsteller(in), -/nen *author*, III4
schritt (*imperfect of* schreiten), III10
der Schritt, -e *step*, III2
schrumpfen *to shrink*, III11
schüchtern *shy*, III12
der Schuh, -e *shoe*, II
Schuhmacher(in), -/nen *shoemaker*, III12
der Schulabschluß *degree, diploma from school*, III4
der Schulalltag *daily school routine*, III10
der Schulausflug, ⁻e *school trip*, III10
schuld sein an (dat) *to be guilty of*, III4
die Schule, -n *school*, I
Schüler(in), -/nen *student, pupil*, III1
der **Schüleraustausch** *student exchange program*, III6
der Schülerausweis, -e *student I.D.*, III10
der Schülereinsatz, ⁻e *student effort*, III9
die Schülerkarte, -n *student pass, ticket*, III10
die **Schülervertretung, -en** *student representation*, III6
das Schulfach, ⁻er *school subject*, III5
die Schulfete, -n *school party*, III6
das Schulgebäude, - *school building*, III6
das Schulgelände *school property*, III6
die Schulgemeinde *school community*, III12
der Schulhof, ⁻e *schoolyard*, III6
schulintern *in-school*, III6
der Schulkiosk, -e *kiosk, snack stand*, III12
die **Schulleitung** *school administration*, III6
die **Schulsachen** (pl) *school supplies*, I
Schulsprecher(in), -/nen *student representative*, III6
die **Schultasche, -n** *schoolbag*, I
die **Schulter, -n** *shoulder*, II
das Schulterblatt, ⁻er *shoulder blade*, III1
die Schulung *schooling*, III5
der Schutz *protection*, III9
schützen *to protect*, III9
der **Schutzfaktor, -en** *protection factor*, II
der Schutzheilige, -n *patron saint*, Loc4
schwach *weak*, III6
die Schwäche, -n *weakness*, III12
schwänzen *to cut class*, III5
schwärmen *to rave*, III12
schwarz *black*, I
schwebend *suspended*, Loc1
der Schweif *tail, train*, III2

schweigen *to be silent*, III2
das Schwein, -e *pig, pork*, III1
das Schweinefleisch *pork*, III1
das Schweinekotelett, -s *pork chop*, II
das Schweinerückensteak, -s *pork loin steak*, II
der Schweiß *sweat*, III7
Schweißer(in), -/nen *welder*, III12
der **Schweizer Käse** *Swiss cheese*, II
schwer *heavy; difficult*, III3
das Schwermetall, -e *heavy metal*, III1
die **Schwester, -n** *sister*, I
schwieg (*imperfect of* schweigen), III4
die **Schwierigkeit, -en** *difficulty*, III4
das **Schwimmbad, ⁻er** *swimming pool*, I
schwimmen *to swim*, I
der Schwimmverein, -e *swim club*, III4
der Schwindler, - *cheater*, III10
schwingen *to swing*, III7
der **Science-fiction-Film, -e** *science fiction movie*, I
der See, -n *lake*, II
die See, -n *ocean, sea*, II
segeln *to sail*, II
sehen *to see*, I; **er/sie sieht** *he/she sees*, I
sehenswert *worth seeing*, Loc1
die Sehenswürdigkeit, -en *place of interest*, III2
s. sehnen nach *to long for*, III7
die Sehnenzerrung, -en *torn tendon*, III1
sehr *very*, I; **Sehr gut!** *Very well!*, I; **sehr gesund leben** *to live in a very healthy way*, II
seid: ihr seid *you* (pl) *are*, I
die **Seide, -n** *silk*, I
das **Seidenhemd, -en** *silk shirt*, II
die **Seife, -n** *soap*, II
sein *to be*, I; **er ist** *he is*, I
sein (poss adj) *his*, I
seit (dat prep) *since*, III1
seitdem *(ever) since*, III4
die Seite, -n *page*, III1
die Seitenloge, -n *side balcony*, III10
Sekretär(in), -e/nen *secretary*, III11
der Sektor, -en *sector*, III11
die Sekunde, -n *second*, III12
selber *self*, III4
selbst *self*, III6
selbständig *independent*, III11
die Selbstbedienung *self-service*, III2
das Selbstdenken *independent thinking*, III5
das Selbstporträt, -s *self-portrait*, III1
das Selbstvertrauen *self-confidence*, III3
selten *seldom*, II
seltsam *strange*, III10
seltsamerweise *strangely*, III12
die **Semmel, -n** *roll*, I
senden *to send*, III7
der **Sender, -** *station, transmitter, channel*, II
die **Sendung, -en** *show, program*, II
der Senf *mustard*, I
sensationell *sensational*, I
die Sensationspresse *tabloid press*, III6

der **September** *September,* I
  seriös *sound, reliable,* I
  servierfähig *ready to be served,* III7
die **Serviette,** -n *napkin,* III2
der **Sessel,** - *armchair,* I
  setzen *to put,* Loc1
das **Shampoo,** -s *shampoo,* II
die **Shorts** (sing or pl) *pair of shorts,* I
  sich *herself, himself, itself, yourself,*
    themselves, yourselves, II
  sicher *secure,* II
  Sicher! *Certainly!,* I; **Ich bin nicht**
    sicher. *I'm not sure.,* I; **Aber sich-**
    er! *But of course!,* II; **Ich bin sich-**
    er, daß ... *I'm certain that...,* II
die **Sicherheit** *security, safety,* III8
  sicherlich *certainly,* III12
die **Sicht** *visibility,* III7
  sie *she; it; they; them,* I
  Sie *you* (formal), I
der **Sieg,** -e *victory,* III5
  siegend *victorious,* III5
der **Sieger,** - *victor,* III5
die **Silbe,** -n *syllable,* III10
das **Silber** *silver,* II; **aus Silber** *made of*
    silver, II
der **Silberstreifen,** - *silver lining,* III9
  sind: sie sind *they are,* I; **Sie** (formal)
    sind *you are,* I; **wir sind** *we are,* I
  singen *to sing,* III2
der **Sinn** *sense,* III12
  sinnlos *senseless,* III5
  sinnvoll *sensible,* III3
die **Sitten und Gebräuche** (pl) *customs*
    and habits, III4
  sittlich *moral, ethical,* III5
die **Situation,** -en *situation,* III11
der **Sitz,** -e *seat,* Loc7
  sitzen *to be sitting,* III2
die **Sitzung,** -en *meeting,* III8
der **Skandal,** -e *scandal,* III1
die **Skepsis** *scepticism, doubt,* III10
  skeptisch *skeptical,* III10
  skilaufen (sep) *to ski,* III9
die **Skipiste,** -n *ski run,* III9
die **Skizze,** -n *sketch,* III1
der **Smoking,** -s *tuxedo,* II
  snobistisch *snobbish,* III8
  so *so, well, then,* I; **so lala** *so so,* I;
    So sagt man das! *Here's how to*
    say it!, I
  so ... wie *as ... as,* I
  sobald *as soon as,* III3
die **Socke,** -n *sock,* II
  soeben *right now,* III12
das **Sofa,** -s *sofa,* I
  sofort *immediately,* III1
  sogar *even,* III9
  sogenannt *so-called,* III5
der **Sohn,** -e *son,* II
die **Sojasprossen** (pl) *bean sprouts,* II
  solange *as long as,* III9
  solch- *such,* III3
  Soldat(in), -en/nen *soldier,* III5
  sollen *should, to be supposed to,* I
  sollten *should,* III3

der **Sommer,** - *summer,* I
der **Sonderteil,** -e *special part,* III11
die **Sonne** *sun,* II
der **Sonnenaufgang,** -e *sunrise,* III7
die **Sonnenbrille,** -n *sunglasses,* III3
die **Sonnencreme** *sun tan lotion,* II
die **Sonnenmilch** *sun tan lotion,* II
der **Sonnenstich,** -e *sunstroke,* II
  sonnig *sunny,* I
der **Sonntag,** -e *Sunday,* I
  sonntags *Sundays,* II
  sonst *otherwise,* III4; **Sonst noch**
    etwas? *Anything else?,* II
die **Sorge,** -n *worry,* III3
  sorgen für *to make sure that,* III9
  s. Sorgen machen *to worry,* III9
  sorgfältig *careful(ly),* III1
  sortieren *to sort,* III9
  soundsovieltenmal *for the umpteenth*
    time, III10
der **Souverän** *king,* III7
  soviel *as much,* III10
  sowas *the like; like that,* III4
  soweit *as far as,* III10
  sowie *and,* III2
  sowieso *in any case, anyhow,* III12
  sowohl ... als auch ... *...as well as...,*
    III1
  sozial *social,* III11
die **Sozialarbeit** *social work,* III1
die **Sozialhilfe** *welfare,* III11
das **Sozialwesen** *social system,* III11
  sozusagen *so to speak,* III6
die **Spalte,** -n *column,* III2
  spanisch (adj) *Spanish,* II
  spann (imperfect of spinnen), III7
  spannend *exciting, thrilling,* I
die **Spannkraft** *vitality,* III3
die **Spannung,** -en *tension, excitement,*
    III10
  sparen *to save money,* III3
der **Spargel,** - *asparagus,* III1
  sparsam *frugal,* III1
der **Spaß,** -e *joke,* III6; *fun,* I; **(Tennis)**
    macht keinen Spaß *(Tennis) is no*
    fun, I
  spaßig *funny,* III10
  spät *late,* III2
  spazieren *to walk, stroll,* II
  spazierengehen (sep) *to go for a*
    walk, III3
der **Spaziergang,** -e *stroll,* III4
der **Speck** *bacon,* III1
das **Speerwerfen** *javelin throw,* II
der **Speicher,** - *attic,* III12
die **Speise,** -n *food,* II
das **Spektrum** *spectrum,* III8
  spekulativ *speculative,* III4
  spekulieren *to speculate,* III4
  spezifisch *specific,* III7
der **Spiegel,** - *mirror,* III10
  spiegeln *to mirror,* III11
das **Spiel,** -e *game,* III2
  spielen *to play,* I
die **Spielshow,** -s *game show,* II

der **Spinat** *spinach,* II
  spinnen *to spin,* III7
das **Spinnrad,** -er *spinning wheel,* III7
  Spitze! *Super!,* I
der **Spitzensportler,** - *top athlete,* III7
der **Spitzhut** *pointed hat,* III10
  spontan *spontaneous,* III1
die **Spore,** -n *spur,* III7
der **Sport** *sports,* I; *physical education,* I
die **Sportanlage,** -n *sport facility,* II
die **Sportart,** -en *type of sport,* III2
  sportlich *sporty,* III2
  Sportökonom(in), -en/nen *sports*
    scientist, III2
der **Sportplatz,** -e *sports field,* III10
die **Sportübertragung,** -en *sports telecast,*
    II
der **Sportverein,** -e *sports club,* III4
  sprach (imperfect of sprechen), III3
die **Sprache,** -n *language,* III11
der **Sprachexperte,** -n *linguist,* III7
der **Sprachforscher,** - *linguist,* III3
der **Sprachführer,** - *dictionary, phrase*
    book, III3
  sprachlich *linguistic,* III7
  sprachlos *speechless,* III3
das **Sprachrohr** *mouthpiece,* III6
die **Sprachschule,** -n *language school,*
    III11
die **Spraydose,** -n *spray can,* III9
die **Sprechblase,** -n *speech bubble,* III3
  sprechen *to speak,* II; **er/sie spricht**
    über *he/she talks about, discusses,*
    I; **Kann ich bitte Andrea**
    sprechen? *Could I please speak*
    with Andrea?, I
das **Sprichwort,** -er *saying,* III12
der **Spruch,** -e *saying, proverb,* III3
  Spucke: Ihm blieb die Spucke weg. *He*
    was dumbfounded., III10
das **Spülbecken,** - *sink,* I
die **Spule,** -n *spool,* III7
  spülen *to wash,* I
das **Spülmittel,** - *dishwashing liquid,* III9
die **Spur,** -en *track, trail,* III1
der **Staat,** -en *country, state,* III5
das **Staatswesen** *political system,* III5
der **Stab,** -e *bar,* III2
der **Stabhochsprung** *pole vault,* II
der **Stabreim,** -e *alliteration,* III10
der **Stacheldraht,** -e *barbed wire,* Loc1
die **Stadt,** -e *city,* I; **in der Stadt** *in the*
    city, I; **in die Stadt gehen** *to go*
    downtown, I
die **Stadtansicht,** -en *view of the city,*
    Loc10
die **Stadtführung,** -en *guided city tour,*
    III2
die **Stadtmauer,** -n *city wall,* III1
der **Stadtplan,** -e *city map,* III1
der **Stadtplaner,** - *city planner,* III2
die **Stadtrundfahrt,** -en *city sightseeing*
    tour, II
das **Stadttor,** -e *city gate,* II
der **Stahlhelm,** -e *steel helmet,* III5
der **Stamm,** -e *trunk, stem,* III3

stammeln *to stammer*, III10

stammen *to stem (from)*, III12

stand (*imperfect of* stehen), III10

ständig *constant(ly)*, Loc1

der Standpunkt, -e *standpoint*, III8

starb (*imperfect of* sterben), III1

stark *strong, robust*, III8

die Stärke, -n *strength*, III12

stärken *to strengthen*, III3

starr *staring*, III10

starren *to stare*, III6

die Statistik (sing) *statistics*, III4

statt (gen prep) *instead of*, III10

stattdessen *in place of which*, III9

die Stätte, -n *place, sight*, III2

stattfand (*imperfect of* stattfinden), Loc7

stattfinden (sep) *to take place*, III1

stattgefunden *taken place*, Loc1

das Statussymbol, -e *status symbol*, III11

der Stau, -s *traffic jam*, III7

der Staub, I; **Staub saugen** *to vacuum*, I; **Staub wischen** *to dust*, II

der Staubsauger, - *vacuum cleaner*, III3

staunen *to marvel (at)*, III8

stecken *to put (into)*, III9

die Steghose, -n *stirrup pants*, II

stehen *to stand, be*, III2; **Das steht dir prima!** *That looks great on you!*, II; **Wie steht's mit ...** *So what about...?*, II; **stehen auf** (acc) *to like*, III11; **Wie stehst du dazu?** *What do you think of that?*, III6; **Wie steht's?** *How's it going?*, III3

stehlen *to steal*, III12

steif *stiff*, III10

steigen *to climb*, II

steil *steep*, III11

der Steinpilz, -e *an edible mushroom*, III12

die Stelle, -n *position; job*, III1; **an deiner Stelle** *if I were you*, III3

stellen *to put*, III1; **Stell deinem Partner Fragen!** *Ask your partner questions.*, III1

das Stellenangebot, -e *job offer*, III11

der Stellenmarkt *job market*, III11

die Stellung, -en *position*, III12; **Stellung nehmen** *to take a position*, III6

die Stellungnahme *point of view*, III6

sterben *to die*, III7

das Stereo-Farbfernsehgerät, -e *color stereo television set*, II

die Stereoanlage, -n *stereo*, I

das Stereotyp, -e *stereotype*, III8

stets *always*, III6

das Steuer *steering wheel*, III5

Steuerberater(in), -/nen *tax consultant*, III12

das Stichwort, ⁻er *key word*, III3

stichwortartig *using key words*, III6

der Stiefel, - *boot*, I

stieg (*imperfect of* steigen), III4

stieß (*imperfect of* stoßen), III7

der Stift, -e *pencil*, III9

der Stil, -e *style*, II

still *quiet*, III8

die Stille *quietness*, III2

die Stimme, -n *vote; voice*, III4

stimmen *to be correct*, II; **Stimmt (schon)!** *Keep the change.*, I; **Stimmt!** *That's right! True!*, I; **Stimmt (überhaupt) nicht!** *That's not right (at all)!*, II; **Stimmt, aber ...** *That's true, but...*, II

stimmen *to tune* (an instrument), III10

stimulierend *stimulating*, III6

stinken *to stink*, III8

die Stirn, -en *forehead*, III7

das Stirnband, ⁻er *head band*, II

das Stockwerk, -e *floor*, III10

der Stoff, -e *material*, III9

stöhnen *to moan, groan*, III3

stolpern *to stumble, trip*, III1

stolz sein auf (acc) *to be proud of*, III8

stören *to bother*, III6

stoßen *to push, shove*, III7

Strafverteidiger(in), -/nen *lawyer for the defense*, III12

der Strahl, -en *ray*, III9

strahlen *to beam*, III8

die Strahlung *radiation*, III9

strähnig *in strands*, III3

der Strand, ⁻e *beach*, II

die Straße, -n *street*, I; **bis zur ...straße** *until you get to ... Street*, I; **in ...straße** *on ... Street*, I

der Straßenhang *(street) shoulder*, III2

der Straßenverkehr *street traffic*, III5

die Strategie, -n *strategy*, III5

der Strauch, ⁻er *bush*, II

der Strauß, ⁻e *bouquet*, I

strecken *to stretch*, III10

streicheln *to pet*, III11

streichen *to paint; to cross out*, III11

der Streicher, - *stringed instrument player*, III10

der Streifen, - *stripe*, II

der Streik, -s *strike*, III6

der Streit *quarrel, argument*, III4

streiten *to quarrel*, III2

die Streitigkeit, -en *quarrel*, III4

die Streitkräfte (pl) *armed forces*, III5

der Streitpunkt, -e *point of controversy*, III4

streng *strict*, III8

stressig *stressful*, III8

das Stroh *straw*, III7

der Strom *electricity*, III9

die Strophe, -n *stanza*, III10

die Struktur *structure*, III5

der Strumpf, ⁻e *stocking*, II

das Stück, -e *piece*, I; **ein Stück Kuchen** *a piece of cake*, I

Student(in), -en/nen *(college) student*, III5

die Studie *study, essay*, III8

der Studienplatz, ⁻e *enrollment slot*, III11

die Studienrichtung *course of study*, III11

studieren *to study, to attend a university*, III4

das Studium *college education, program of studies*, III5

die Stufe, -n *step*, III1

der Stuhl, ⁻e *chair*, I

stumm *silent*, III3

die Stunde, -n *hour*, III1

der Stundenplan, ⁻e *class schedule*, I

die Stupsnase, -n *snub-nose*, III8

stur *stubborn*, III8

stützen auf (acc) *to prop up* (one's arms), III4

suchen *to look for, search for*, I

der Süden *south*, III2

südlich *southern*, III2

super *super*, I

der Supermarkt, ⁻e *supermarket*, I

supertoll *really great*, II

die Suppe, -n *soup*, II

süß *sweet*, II

die Süßigkeiten (pl) *sweets*, III3

der Süßkram *sweet junk*, III12

die Süßwaren (pl) *sweets*, III10

sympathisch *nice, pleasant*, II

die Synagoge, -n *synagogue*, II

die Szene, -n *scene*, III7

T

das T-Shirt, -s *T-shirt*, I

tabellarisch *in tabular form*, III11

die Tabelle, -n *table, grid*, III1

der Tag, -e *day*, I; **eines Tages** *one day*, I

das Tagebuch, ⁻er *diary*, III1

die Tagebucheintragung, -en *diary entry*, III1

der Tagesablauf *daily routine*, III2

täglich *daily*, III1

der Tagungsort, -e *meeting place*, Loc7

das Tal, ⁻er *valley*, III1

das Talent, -e *talent*, III6

die Talkshow, -s *talk show*, II

die Tante, -n *aunt*, I

der Tanz, ⁻e *dance*, III2

tanzen *to dance*, I; **tanzen gehen** *to go dancing*, I

Tänzer(in), -/nen *dancer*, III10

die Tasche, -n *bag; pocket*, II

das Taschenbuch, ⁻er *pocket book*, III12

das Taschengeld *allowance*, III4

der Taschenrechner, - *pocket calculator*, I

das Taschentuch, ⁻er *handkerchief*, III1

die Tasse, -n *cup*, III1

tassenfertig *ready to be served in a cup*, III7

tat (*imperfect of* tun), III10

tätig sein *to be busy, employed*, III11

die Tätigkeit, -en *activity*, III11

die Tatsache, -n *fact*, III6

tauchen *to dive*, III5

der Tauchsieder, - *immersion heater*, III12

tausend *thousand*, III2

die Technik *technology*, III3

technisch *technical*, III10

technische(r) Zeichner(in), -/nen *technical artist*, III12

technologisch *technological*, III11
der **Tee** *tea*, I; **ein Glas Tee** *a glass of tea*, I
der **Teer** *tar*, III1
die **Teigwaren** (pl) *pasta*, III1
der **Teil, -e** *part*, III9
    teilen *to divide, share*, III5
    teilgenommen *taken part*, III6
    teilnahm (*imperfect of* teilnehmen), III6
    teilnehmen an (sep, dat) *to participate in*, III6
der **Teilnehmer, -** *participant*, III2
der **Teilnehmerpreis** *price for each participant*, III2
    teilweise *partly*, III10
das **Telefon, -e** *telephone*, I
    telefonieren *to call*, I
die **Telefonnummer, -n** *telephone number*, I
die **Telefonzelle, -n** *telephone booth*, I
der **Teller, -** *plate*, I
das **Tellergericht** *meal*, III10
die **Temperatur, -en** *temperature*, II
    Tennis *tennis*, I
der **Tennisplatz, -̈e** *tennis court*, II
der **Tennisschläger, -** *tennis racket*, II
die **Tenorblockflöte, -n** *recorder*, III12
der **Teppich, -e** *carpet*, I
die **Terrasse, -n** *terrace, porch*, II
    teuer *expensive*, I
der **Teufel, -** *devil*, III7
der **Text, -e** *text*, III1
das **Theater, -** *theater*, I; **ins Theater gehen** *to go to the theater*, I
die **Theateraufführung, -en** *theatrical performance*, III10
die **Theaterkarte, -n** *theater ticket*, III12
das **Theaterstück, -e** *play*, II
die **Theke, -n** *counter, bar*, III10
das **Thema, (pl) Themen** *subject, topic*, III5
die **Thermosflasche, -n** *thermos bottle*, III2
der **Thunfischsalat** *tuna fish salad*, III1
    tief *deep*, III7
das **Tier, -e** *animal*, III9
    Tierarzt(-ärztin) -̈e/nen *veterinarian*, III11
    tierlieb *animal-loving*, III8
das **Tierprodukt, -e** *animal product*, III1
die **Tiersendung, -en** *animal documentary*, II
der **Tilsiter Käse** *Tilsiter cheese*, II
der **Tintenkiller, -** *chemical eraser*, III9
der **Tip, -s** *tip*, III8
    tippen *to type*, III6
der **Tisch, -e** *table*, I
die **Tischplatte, -n** *table top*, III4
der **Titel, -** *title*, III2
    Tja ... *Well...*, I
die **Tochter, -̈** *daughter*, II
der **Tod** *death*, III2
der **Todfeind, -e** *arch enemy*, III5
der **Tofu** *tofu*, II
die **Toilette, -n** *bathroom, toilet*, II

die **Toleranz** *tolerance*, III4
    toll *great, terrific*, I
die **Tomate, -n** *tomato*, I
    Toningenieur(in), -e/nen *sound engineer*, III12
die **Tonkassette, -n** *audio cassette*, III4
die **Tonne, -n** *drum, container*, III9
das **Tor, -e** *gate*, III1
die **Torte, -n** *layer cake*, I
    Tote, -n *dead person*, III5
der **Tourismus** *tourism*, III9
der **Tourist, -en** *tourist*, III2
    Touristikfachwirt(in), -e/nen *tourism specialist*, III12
die **Tournee: auf Tournee gehen** *to tour*, III10
    traditionell *traditional*, III7
    traf (*imperfect of* treffen), III7
    tragen *to wear; to carry*, II; **er/sie trägt zu** *he/she wears with*, II
der **Träger, -** *strap*, II
das **Trägerhemd, -en** *camisole*, II
    trank (*imperfect of* trinken), III12
das **Transportflugzeug, -e** *transport plane*, III5
    trat auf (*imperfect of* auftreten), III2
die **Traube, -n** *grape*, I
    trauen (dat) *to trust*, III10
der **Traum, -̈e** *dream*, III11
    träumen *to dream*, III10
    traurig *sad*, I
die **Traurigkeit** *sadness*, III10
    treffen *to meet*, III3
das **Treiben** *activity*, III10
    treiben: Sport treiben *to do sports*, III3
das **Treibgas, -e** *propulsion gas*, III9
die **Treppe, -n** *staircase*, III1
das **Treppenhaus, -̈er** *well of a staircase*, Loc4
der **Tresen, -** *counter, bar*, III7
    treu *faithful*, III11
die **Trillerpfeife, -n** *whistle*, III3
    trinken *to drink*, I
    trocken *dry*, I
das **Trommelfell** *ear drum*, III3
    trommeln *to drum*, III4
    trotz (gen prep) *in spite of, despite*, III1
    trotzdem *in spite of that*, III1
    trotzen *to be obstinate*, III2
    trug (*imperfect of* tragen), III2
    trutzig *defiant*, III1
    Tschau! *Bye! So long!*, I
    Tschüs! *Bye! So long!*, I
das **Tuch, -̈er** *towel, rag*, III1
die **Tulpe, -n** *tulip*, III11
    tun *to do*, I; **leid tun: Es tut mir leid.** *I'm sorry.*, I; **Tut mir leid. Ich bin nicht von hier.** *I'm sorry. I'm not from here.*, II; **weh tun: Tut dir was weh?** *Does something hurt?*, II; **Tut's weh?** *Does it hurt?*, II
die **Tür, -en** *door*, III10
    türkisch (adj) *Turkish*, II
der **Turnschuh, -e** *sneaker, athletic shoe*, I

der **TÜV=Technischer Überwachungsverein** *motor vehicle inspection agency*, III7
    typisch *typical*, III10

U

die **U-Bahn=Untergrundbahn, -en** *subway*, I
die **U-Bahnstation, -en** *subway station*, I
das **U-boot, -e** *submarine*, III5
    übel *evil, bad*, III5
    üben *to practice*, III4
    über (acc, dat prep) *over; about; above*, III1
    überall *everywhere; all over*, III1
    überallhin *everywhere, in all directions*, III11
das **Überarbeiten** *revising*, III1
    überdurchschnittlich *above-average, outstanding*, III4
    übereinstimmen (sep) *to agree*, III7
    überfallen *to overcome*, III10
    überfiel (*imperfect of* überfallen), III10
    überflüssig *superfluous*, III9
    überfluten *to flood*, III7
    überfragt sein *to not know*, III7
    überfüllt *overcrowded*, III2
    überhaupt *generally; absolutely*, III1; **überhaupt nicht** *not at all*, I; **überhaupt nicht gern haben** *to strongly dislike*, I; **überhaupt nicht wohl** *not well at all*, II
    überkam (*imperfect of* überkommen), III10
    überkommen *to come over*, III10
    überlegen *to consider*, III7
    übermäßig *excessive*, III8
    übermorgen *the day after tomorrow*, III7
    übermütig *playful*, III10
    übernächst- *the (one) after*, III10
    übernachten *to spend the night*, II
der **Übernachtungspreis** *room rate*, III2
    übernehmen *to take over*, III8
    überprüfen *to reexamine*, III8
    überraschen *to surprise*, III6
die **Überraschung, -en** *surprise*, III5
    überreden *to persuade*, III8
    überschätzen *to overestimate*, III7
    überschreiten *to cross over*, Loc1
    übersetzen *to translate*, III8
    übertragen *to transfer*, III1
die **Übertragung, -en** *telecast, transmission*, II
    übertreiben *to exaggerate*, III3
    übertrieben *exagerrated*, III7
    übertrumpfen *to surpass*, III5
    überzeugen *to convince*, III2
    üblich *usual*, III9
    übrig sein *to be left over*, III5
    übrigens *by the way*, III1
die **Übung, -en** *exercise*, III1
die **Uhr, -en** *watch, clock*, III2; **um ein Uhr** *at one o'clock*, I; **Wieviel Uhr ist es?** *What time is it?*, I; **Um**

wieviel Uhr? *At what time?*, I
um (acc prep) *at; around*, II
um ... zu machen *in order to do ...*, III3
umarmen *to embrace*, III8
umbenannt *renamed*, III4
die Umfrage, -n *survey, poll*, III3
die Umgangsform, -en *manners*, III11
umgebunden *tied around*, III12
die Umgebung, -en *surrounding area*, II
umgekehrt *vice-versa*, III
umher *around, on all sides*, III12
umschalten (sep) *to switch over*, III7
der Umschlag, ¨-e *envelope*, III12
umschreiben (sep) *to rewrite, rework*, III3
s. umsehen (sep) *to look around*, III10
umso *see* je
umstellen (sep) *to transpose*, III3
umtauschen (sep) *to exchange*, III1
die Umverpackung *outer wrappings*, III9
umwandeln (sep) *to change*, III6
umwechseln (sep) *to change* (money), III1
die **Umwelt** *environment*, II
umweltbewußt *environmentally conscious*, III8
das Umweltbewußtsein *environmental consciousness*, III9
umweltfreundlich *environmentally safe*, III9
das Umweltgift *environmental poisoning*, III9
der Umwelttheini, -s *environmental fanatic*, III8
Umweltökonom(in), -en/nen *environmental scientist*, III12
umweltschädlich *harmful to the environment*, III9
der **Umweltschutz** *environmental protection*, III9
die Umweltsünde, -n *sin against the environment*, III9
der Umweltverschmutzer, - *polluter*, III9
die Umweltverschmutzung *pollution*, III9
das Umweltzeichen *environmental logo*, III9
unabhängig sein *to be independent*, III5
unangenehm *unpleasant*, III1
unbedingt *absolutely, by all means*, III1; **Nicht unbedingt!** *Not entirely! Not necessarily!*, II
unbefriedigend *unsatisfactory*, III9
unbegrenzt *unlimited*, III8
das Unbehagen *discomfort*, III7
unbeliebt *unpopular*, III4
unbequem *uncomfortable*, I
unberechtigt *unjustified*, III3
unbeschreiblich *indescribable*, III11
und (conj) *and*, I
undeutlich *unclear*, III1
unendlich *infinite*, III8
unentschieden *undecided*, III11
unfähig *incapable*, III1
der **Unfall**, ¨-e *accident*, III1

unfreundlich *unfriendly*, II
die Ungeduld *impatience*, III2
ungefähr *about, approximately*, I
ungenügend *insufficient*, III3
die Ungerechtigkeit, -en *injustice*, III5
ungewiß *uncertain*, III11
unglaublich *unbelievable*, II
unheimlich *weird, creepy*, III10
die Uni, -s=Universität *university*, III11
die Universität, -en *university*, III4
Unmenge: eine Unmenge *quite a lot*, III1
unmerklich *unnoticable*, III10
uns *us*, I; *ourselves*, II; *to us*, II
unser (poss adj) *our*, II
der Unsinn *nonsense*, III7
die Unsinnsbildung, -en *nonsense word*, III7
unsympathisch *unfriendly, unpleasant*, II
unten *underneath, below*, III1
unter (acc, dat prep) *under*, III1
unter sich bleiben *to keep to oneselves*, III4
das Unterbewußtsein *subconscious*, III7
unterbrechen *to interrupt*, III5
die Unterbrecherwerbung *interruption by advertising*, III7
die Unterbrechung *interruption*, III7
unterbrochen *interrupted*, III7
unterdrücken *to oppress*, III12
untereinander *among one another*, III4
der Untergang *decline, ruin*, III5
untergebracht *quartered, housed*, III2
s. unterhalten über (acc) *to talk about*, III5
die **Unterhaltung, -en** *conversation; entertainment*, III6
unterhielt (*imperfect of* unterhalten), III4
die **Unterkunft**, ¨-e *accomodations*, III2
die Unterlage, -n *document*, III11
unternehmen *to undertake*, III2
der **Unterricht** *class, lesson*, III5
unterrichten *to teach*, III10
die Unterrichtsgestaltung *way of teaching*, III12
der Unterrichtsplan, ¨-e *lesson plan*, III10
der Unterrichtsstoff *subject matter*, III12
unterscheiden *to distinguish*, III4
der **Unterschied, -e** *difference*, III10
unterschiedlich *distinct, different*, III2
unterschreiben *to sign*, III5
die Unterschriftenaktion *collecting of signatures*, III9
unterstreichen *to underscore*, III1
unterstrichen *underscored*, III1
unterstützen *to support*, III6
die Untersuchung, -en *inspection, examination*, III8
unterwegs *on the way, underway*, III6
unterzeichnen *to sign*, III5
unumgänglich *unavoidable*, III7
unverdorben *unspoiled*, III2
unweigerlich *without fail, inevitable*, III10

unwirksam *ineffective*, III8
unzufrieden *dissatisfied*, III12
die Unzufriedenheit *dissatisfaction*, III12
der **Urlaub, -e** *vacation* (time off from work), II
das **Urteil, -e** *judgement*, III8
usw.=und so weiter *et cetera, and so on*, III1

V

die **Vanillemilch** *vanilla-flavored milk*, II
variabel *variable*, III2
variieren *to vary*, III8
der **Vater**, ¨- *father*, I
väterlicherseits *on the father's side*, III8
der **Vatertag** *Father's Day*, I; **Alles Gute zum Vatertag!** *Happy Father's Day!*, I
der Veganer, - *complete vegetarian*, III1
der Vegetarier, - *vegetarian*, III1
vegetarisch (adj) *vegetarian*, III1
verabscheuungswürdig *detestable*, III5
s. verabschieden *to say goodbye*, III12
verächtlich *scornful*, III5
verändern *to modify, change*, III2
die Veränderung, -en *change*, III3
der Veranstalter, - *organizer*, III7
die **Veranstaltung, -en** *performance, show*, III6
verantwortlich *responsible*, III6
die Verantwortung, -en *responsibility*, III5
verantwortungslos *irresponsible*, III5
verbergen *to hide*, III7
verbessern *to improve*, III9
die Verbesserung, -en *improvement*, III9
verbieten (dat) *to forbid*, III4
verbilligen *to make cheaper*, III10
verbinden *to connect*, III1
die Verbindung, -en *connection*, III7
verborgen *hidden*, III7
verboten *forbidden*, III5
verbracht *spent*, III1
verbrannt *burned*, III2
verbrauchen *to consume, use up*, III9
der **Verbraucher**, - *consumer*, III7
das Verbraucherprodukt, -e *consumer product*, III9
verbreiten *to spread*, III8
s. verbrennen *to burn oneself*, III1
verbringen *to spend* (time), I
der Verdacht *suspicion*, III2
verdanken (dat) *to owe, be indebted*, III2
verderben *to spoil*, III5
verdienen *to earn*, III7
verdrängen *to displace, repress*, III6
verdrehen *to twist*, III5
der **Verein, -e** *association, club*, III5
vereinigen *to unite*, III8
vereint *unified*, III11
das **Verfahren**, - *method, procedure*, III11
verfolgen *to persecute, haunt*, III5
verfügen über (acc) *to have some-*

thing at one's disposal, III11
die **Verfügung, -en** *decree*, III11
   verführen *to seduce*, III7
die **Verführung, -en** *temptation, entice-ment*, III7
   vergangen- *past*, III5
die **Vergangenheit** *past*, III10
   vergaß *(imperfect of* vergessen), III4
   vergeblich *futile*, III10
   vergehen *(time) passes*, III11
   vergessen *to forget*, III4
   vergleichen *to compare*, III7
   verglichen *compared*, III5
das **Vergnügen, -** *pleasure, fun*, III10
   vergrößern *to enlarge*, III9
das **Verhalten, -** *behavior*, III1
das **Verhältnis, -se** *relationship*, III4; *sit-uation*, III11
   verheiratet sein *to be married*, III4
   verkaufen *to sell*, III6
   Verkäufer(in), -/-nen *salesperson*, III1
der **Verkehr** *traffic*, II
das **Verkehrsmittel, -** *means of trans-portation*, II
der **Verkehrsverbund** *local transportation organisation*, III9
die **Verkleidung** *disguise*, III3
   verkleinern *to make smaller*, III9
   verkrampft *tense, rigid*, III4
   verlangen *to demand*, III7
   verlängern *to lengthen*, III10
s. **verlassen auf** (acc) *to count on*, III5
der **Verlauf** *course*, III6
   verlegen *embarrassed, self-conscious*, III11
die **Verlegenheit** *embarrassment*, III11
   verlegte *shifted*, III10
die **Verleihung, -en** *bestowal, award*, Loc7
s. **verletzen** *to injure (oneself)*, II
die **Verletzung, -en** *injury*, III1
   verliebt *in love*, III8
   verlieren *to lose*, III2
   verließ *(imperfect of* verlassen), III4
   verloren *lost*, III2
   vermarkten *to market*, III10
   vermeidbar *avoidable*, III9
   vermeiden *to avoid*, II
   vermiesen *to spoil, ruin*, III1
   vermissen *to miss*, III6
   vermitteln *to mediate*, III12
   vermögen *to be able to*, III1
   vermuten *to suppose*, III8
   vernünftig *reasonable, sensible*, III1;
    vernünftig essen *to eat sensibly*, II
   veröffentlichen *to publish*, III6
   verpacken *to wrap*, III9
die **Verpackung, -en** *wrapping*, III9
   verpesten *to poison, pollute*, III9
   verpflichten *to enlist*, III5
   verquer *against the grain*, III3
   verraten *to disclose, betray*, III8
   verreisen *to leave on a trip*, III1
   verringern *to diminish*, III5
   verrückt *crazy*, III3
   versagen *to fail*, III4

die **Versammlung, -en** *assembly, meeting*, III6
   verschieden *different*, I
   verschmähen *to scorn*, III9
   verschmutzen *to pollute*, III9
   verschwenden *to waste*, III9
   verschwiegen *kept secret*, III2
   verschwinden *to disappear*, III1
das **Versehen** *mistake*, III12
die **Versetzung** *promotion*, III12
die **Versicherung, -en** *insurance compa-ny*, III11
   versorgen mit *to supply with*, III9
   versperren *to block*, III5
   verspielen *to lose*, III2
   verspinnen *to use up by spinning*, III7
   versponnen *spun*, III7
   versprach *(imperfect of* versprechen), III7
   versprechen *to promise*, III1
   versprochen *promised*, III1
   verstand *(imperfect of* verstehen), III7
   verstanden *understood*, III1
   verständigen *to communicate*, III8
die **Verständigung** *communication*, III11
   verständlich *understandable*, III6
das **Verständnis, -se** *comprehension; sym-pathy*, III8
   verständnisvoll *understanding, sym-pathetic*, III11
   verstärken *to reinforce*, III8
   verstaubt *dusty*, III12
s. **verstauchen** *to sprain*, II
   verstecken *to hide*, III7
   verstehen *to understand*, III3; **Ich verstehe mich super mit ihr.** *She and I really get along.*, III4
   verstorben *late, deceased*, III2
   verstoßen *to give offense*, III7
der **Versuch, -e** *attempt*, III10
   versuchen *to attempt, try;* **Versuch doch mal, etwas zu machen!** *Why don't you try to do something?*, III3
   verteidigen *to defend*, III3
   verteilen *to distribute*, III10
   verteuern *to raise the price*, III7
der **Vertrag, ⁔e** *contract, agreement*, III5
   vertrauen (dat) *to trust*, III3
   verträumt *dreamy, sleepy*, III10
   vertraut *familiar, intimate*, III10
   vertreten *to represent*, III6
   verursachen *to cause*, III7
   verurteilen *to condemn*, III5
   Verwandte, -n *relative*, III1
   verwehen *to die out*, III10
   verwehren *to deny, prevent*, III10
das **Verweilen** *staying, lingering*, III2
   verwenden *to use*, III7
die **Verwendung, -en** *use, application*, III9
   verwirklicht *realized*, III2
die **Verwirrung, -en** *confusion*, III1
   verwöhnen *to spoil, pamper*, III8
das **Verzeichnis, -se** *listing*, III2
   Verzeihung! *Excuse me!*, I; *Pardon me!*, II
   verzichten auf (acc) *to do without*, III9

   verzweifeln *to despair*, III4
die **Verzweiflung** *despair*, III11
der **Vetter, -n** *male cousin*, III12
das **Video, -s** *video cassette*, I
die **Videocassette, -n** *video cassette*, II
die **Videokamera, -s** *camcorder*, II
der **Videorecorder, -** *video cassette recorder*, II
der **Videowagen, -** *VCR cart*, II
   viel *a lot*, I; **viel zu** *much too*, I; **viel Obst essen** *to eat lots of fruit*, II
   viele *many*, I; **Vielen Dank!** *Thank you very much!*, I
   vielfältig *various*, III2
   vielleicht *maybe, perhaps*, I
   vielseitig *versatile*, III11
   vierspurig *four-lane*, III9
das **Viertel: Viertel nach** *a quarter after*, I; **Viertel vor** *a quarter till*, I
die **Villenanlage, -n** *area of expensive homes*, III2
die **Violine, -n** *violin*, III10
   Violinist(in), -en/nen *violinist*, III10
   visuell *visual*, III10
das **Vitamin, -e** *vitamine*, III3
der **Vogel, ⁔** *bird*, III9
das **Vogelgezwitscher** *bird chirping*, III4
das **Volk, ⁔er** *people*, III3
das **Volksfest, -e** *festival*, III10
   voll *full*, III11
   vollenden *to complete*, III2
   Volleyball *volleyball*, I
   vollführen *to carry out*, III2
   völlig *completely*, III1
   volljährig *of age*, III5
die **Volljährigkeit** *majority, full-age*, III5
die **Vollkornsemmel, -n** *whole wheat roll*, I
   vollständig *complete*, III11
die **Vollverpflegung** *all meals included*, III2
   vollwertig *nutritious*, III3
   von (dat prep) *from, of*, II; **von 8 Uhr bis 8 Uhr 45** *from 8:00 until 8:45*, I; **von hinten** *from behind*, II
   vor (acc, dat prep) *before, in front of*, II; **zehn vor ...** *ten till...*, I; **vor allem** *most of all*, III11; **vor kurzem** *recently*, III1
   voraus: im voraus *beforehand*, III8
   voraussichtlich *probable, probably*, III1
   vorbei *along, by, past*, III1
s. **vorbereiten auf** (sep, acc) *to prepare for*, III11
die **Vorbereitung, -en** *preparation*, III10
die **Vorbesprechung, -en** *preliminary dis-cussion*, III1
das **Vorbild, -er** *model, idol*, III11
der **Vorfall, ⁔e** *incident, event*, III1
   vorführen (sep) *to present, show*, III1
   Vorgesetzte, -n *boss*, III11
   vorgestern *day before yesterday*, I
   vorhaben (sep) *to plan*, III3
   vorhanden sein *to be existent*, III10
der **Vorhang, ⁔e** *curtain*, III10

vorher *before, beforehand,* III1
vorhin *before, a short time ago,* III10
vorig- *last,* III5
vorkommen (sep) *to happen,* III7
vorlesen (sep) *to read aloud,* III10
vormachen (sep) *to present, model,* III9
der Vormittag, -e *morning,* III5
vorne: von vorne *from the beginning,* III5
der **Vorort,** -e *suburb,* I
der **Vorsatz,** ∸e *intention,* III3
der **Vorschlag,** ∸e *suggestion, proposition, proposal,* II; **Das ist ein guter Vorschlag.** *That's a good suggestion.,* II
vorschlagen (sep) *to suggest,* II
die **Vorsicht** *caution,* III9
vorsichtig *careful(ly),* III1
die **Vorspeise,** -n *appetizer,* II
das Vorspiel, -e *prelude, overture,* III10
vorspielen (sep) *to act out,* III7
der Vorsprung *lead, advantage,* III5
s. **vorstellen** (sep) *to present, introduce; to imagine,* III6
die **Vorstellung,** -en *impression, image,* III8; *performance,* III10
der Vortag *the day before,* III1
der **Vorteil,** -e *advantage,* II
der Vortrag, ∸e *lecture, presentation,* III2
vorübergehen (sep) *to pass by, go past,* III2
das **Vorurteil,** -e *prejudice,* III4
vorwiegend *primarily, prevailing,* III7
der **Vorwurf,** ∸e *reproach,* III9
vorziehen (sep) *to prefer,* II

W

das Wachs *wax,* III10
wachsen *to grow,* III9
die Wachsfigur, -en *wax statue,* III10
die Wachsplastik, -en *wax sculpture,* III10
die **Wade,** -n *calf,* III1
die **Waffe,** -n *weapon,* III5
wagen *to risk,* III10
der **Wagen,** - *car, truck, wagon,* II
wählbar *electable,* III5
wahlberechtigt *entitled to vote,* III5
wählen *to choose; elect,* III5
die Wahlkapelle, -n *chapel where the emperors were elected,* Loc7
wahnsinnig *insanely, extremely,* III5; **Wahnsinnig gut!** *Extremely well!,* II
wahr *true,* III1
während (gen prep) *during,* III10
die **Wahrheit,** -en *truth,* III6
wahrheitsgetreu *faithful, true,* III6
wahrnehmen (sep) *to perceive,* III7
wahrscheinlich *probably,* I
die Währung, -en *currency,* III1
das Wahrzeichen, - *landmark, symbol,* Loc7
der **Wald,** ∸er *forest,* III9

das Waldsterben *the dying of the forests,* III9
das Wandbrett, -er *poster board,* III9
wandern *to hike,* I
die Wanderung, -en *hike,* III1
der Wanderweg, -e *hiking trail,* III2
wann? *when?,* I
die Wanne, -n *bathtub,* III12
war: ich war *I was,* I
ward=wurde, III7
wäre: Das wäre toll! *That would be great!,* II; **Das wär' nicht schlecht.** *That wouldn't be bad.,* II; **Viele Freunde haben, wäre mir wichtig.** *To have many friends would be important to me.,* III11
die **Ware,** -n *product, ware,* III7
warm *warm,* I
die Warnung, -en *warning,* III8
warten auf (acc) *to wait for,* III1
der **Wärter,** - *attendant, guard,* III10
warum? *why?,* I
was für? *what kind of?,* I; **Was für ein Pech!** *That's too bad!,* II
was=etwas *something,* II; **Ist was mit dir?** *Is something wrong?,* II
was? *what?,* I; **Was noch?** *What else?,* I; **Was gibt's?** *What is it?,* II; **Was ist?** *What is it?,* II
die **Wäsche** *laundry, clothes,* II
waschen *to wash,* II
s. **waschen** *to wash oneself,* II
das **Waschmittel,** - *laundry soap,* III9
das **Wasser** *water,* I
die **Wassermelone,** -n *watermelon,* III1
der Wechselkurs *exchange rate,* III1
wechseln *to exchange,* III1
wecken *to awaken,* III7
der **Wecker,** - *alarm clock,* II
weder ... noch *neither ... nor,* III10
der **Weg,** -e *path,* III8
wegbleiben (sep) *to stay away,* III4
wegen (gen prep) *because of,* III10
wegfahren (sep) *to go, drive away,* III2
der Weggang *departure,* III1
weggebracht *taken away, removed,* III1
weggehen (sep) *to go away,* III4
weggeworfen *thrown away,* III9
weglassen (sep) *to omit, drop,* III6
weh tun (sep) *to hurt,* II
wegschmeißen (sep) *to throw away,* III9
der **Wehrdienst** *armed service,* III5
die Wehrmacht (sing) *armed forces,* III5
die **Wehrpflicht** *compulsory military service,* III5
wehrpflichtig *liable to military service,* III5
die Wehrübung, -en *military maneuver,* III5
weich *soft,* II
weichen (dat) *to give way, recede,* III10
die Weide, -n *willow tree,* III2
Weihnachten *Christmas,* I; **Fröhliche Weihnachten!** *Merry Christmas!,* I

weil (conj) *because,* I
die **Weile** *while,* III11
der **Weinbau** *wine growing,* Loc4
weinen *to cry,* III2
weise *wise,* III7
weiß *white,* I
die **Weißwurst,** ∸e (southern German sausage specialty), I
weit *far; wide,* I; **weit von hier** *far from here,* I
weiter *further,* III1
weitergehen (sep) *to continue on,* III2
weiterhin *as before,* III7
weitgehend *extensive, largely,* III5
der **Weitsprung** *long jump,* II
welch-? *which?,* I; **Welche Fächer hast du?** *Which subjects do you have?,* I
die **Welle,** -n *wave,* III5
die **Welt,** -en *world,* III11
weltanschaulich *ideological,* III5
die Weltanschauung, -en *world view,* III2
der Weltbegriff *understanding of the world,* III5
weltfremd *innocent, starry-eyed,* III12
der Weltkrieg, -e *world war,* III5
der Weltkriegsgefreite *private first-class in a world war,* III5
der Weltruf *international reputation,* Loc4
weltweit *worldwide, global,* III8
wem? *to whom?, for whom?,* I
wen? *whom?,* I
wenden *to turn,* III5
der Wendepunkt, -e *turning point,* III11
wenige *few,* III6
wenigstens *at least,* III1
wenn (conj) *whenever,* II
wer? *who?,* I; **Wer ist das?** *Who is that?,* I
die Werbeagentur, -en *advertising agency,* III7
die Werbeanzeige, -n *advertisement,* III7
die Werbeausgaben (pl) *advertising expenditures,* III7
der Werbeblock, ∸e *block of advertising,* III7
die Werbebranche, -n *advertising industry,* III7
die Werbeeinblendung, -en *advertisement fade-in,* III7
der Werbemacher, - *advertisement creator,* III7
werben *to advertise,* III7
die **Werbesendung,** -en *commercial,* II
der Werbeslogan, -s *advertising slogan,* III7
der Werbespot, -s *commercial spot,* III7
der **Werbespruch,** ∸e *advertising slogan,* III7
der Werbetexter, - *advertisement writer,* III7
werbewirksam *effective advertising,* III7
die Werbewirtschaft *advertising industry,* III7

die **Werbung** *advertising*, III7
werden *will*, II; er/sie wird *he/she will*, II; Ich werde mir ... kaufen. *I'll buy myself...*, II
werfen *to throw*, III8
das **Werk, -e** *work; factory*, III10
Werkzeugmacher(in), -/nen *tool maker*, III12
der **Wert, -e** *value*, III9
Wert: Ich leg' viel Wert darauf. *That's real important to me.*, III11
wesentlich *substantial(ly)*, III9
weshalb? *for what reason?*, III4
wessen *whose*, III7
der **Westen** *the west*, III7
der **Western, -** *western (movie)*, I
das **Wetter** *weather*, I
der **Wetterbericht, -e** *weather report*, II
die **Wetterjacke, -n** *rain jacket*, II
der **Wettkampf, ̈e** *contest, competition*, III8
der **Whirlpool, -s** *whirlpool*, II
wichen (*imperfect of* weichen), III10
wichtig *important*, III1
widersprechen *to contradict, oppose*, III5
die **Widerstandsbewegung, -en** *resistance movement*, III5
wie lange *how long*, II
wie? *how?*, I; **wie oft?** *how often?*, I; **Wie spät ist es?** *What time is it?*, I; **Wie steht's mit ...?** *So what about...?*, II; **Wie wär's mit ...?** *How would... be?*, II; **Wie war's?** *How was it?*, II
wieder *again*, I
wiedergeben (sep) *to repeat*, III8
wiederholen *to repeat*, III1
die **Wiederholung, -en** *repetition*, III8
Wiederhören *Bye!* (on the telephone), I; **Auf Wiederhören!** *Goodbye!* (on the telephone), I
Wiedersehen! *Bye!*, I; **Auf Wiedersehen!** *Goodbye!*, I
wiederverwenden (sep) *to use again*, III9
wiederverwerten (sep) *to recycle*, III9
die **Wiederverwertung, -en** *recycling*, III9
wiegen *to weigh*, I
das **Wiener Schnitzel, -** *breaded veal cutlet*, II
die **Wiese, -n** *meadow*, III7
wieso? *why?; how?*, III8
wieviel? *how much?*, I; **Wieviel Grad haben wir?** *What's the temperature?*, I; **Wieviel Uhr ist es?** *What time is it?*, I
der **Wilderer, -** *poacher*, III10
die **Wildlederjacke, -n** *suede jacket*, II
der **Wildwestfilm, -e** *wild west film*, II
der **Wille** *will, volition*, III2
willig *willing*, III2
willkommen *welcome*, III2
die **Windjacke, -n** *windbreaker*, II
windsurfen *to wind surf*, II
winselnd *whimpering*, III1
der **Winter** *winter*, I

der **Winzer(in), -/nen** *vintner*, III12
wippen *to rock*, III4
wir *we*, I
wirken *to cause, effect*, III6
wirklich *really*, I
die **Wirklichkeit, -en** *reality*, III7
wirksam *effective*, III7
die **Wirkung, -en** *effect, consequence*, III2
wirkungsvoll *effective*, III3
die **Wirtschaft** *economy*, III7
die **Wirtschaftswissenschaft** *applied study of business*, III11
wischen *to wipe*, III7
wissen *to know* (a fact, information, etc.), I; **Das weiß ich nicht.** *That I don't know.*, I; **Ich weiß nicht, ob ...** *I don't know whether...*, II
die **Wissenschaft, -en** *science*, III11
Wissenschaftler(in) -/nen *scientist*, III9
wissenschaftlich *scientific*, III10
die **Wissenschaftssprache, -n** *scientific language*, III11
der **Witz, -e** *joke*, III6
witzig *fun, witty*, II
wo? *where?*, I
woandershin *to somewhere else*, III2
wobei *whereby*, III1
die **Woche, -n** *week*, I; **(einmal) in der Woche** *(once) a week*, I
das **Wochenende, -n** *weekend*, I
wofür? *for what?*, III1; **Wofür interessierst du dich?** *What are you interested in?*, II
woher? *from where?*, I; **Woher bist du?** *Where are you from?*, I; **Woher kommst du?** *Where are you from?*, I
wohin? *where (to)?*, I; **Wohin fahren wir?** *Where are we going?*, II
wohl *well*, III1; **Ich fühle mich wohl.** *I feel great.*, II
das **Wohlbefinden** *good health, well-being*, III3
wohnen *to live*, I
das **Wohnhaus, ̈er** *residence*, II
der **Wohnsitz, -e** *place of residence*, III5
die **Wohnung, -en** *apartment*, II
das **Wohnzimmer, -** *living room*, II
wolkig *cloudy*, II
die **Wolle** *wool*, II
wollen *to want (to)*, I
das **Wollhemd, -en** *wool shirt*, II
das **Wort, ̈er** *word*, III4
das **Wörterbuch, ̈er** *dictionary*, I
wortlos *speechless*, III3
der **Wortschatz** *vocabulary*, III1
die **Wortstellung** *word order, syntax*, III1
worum: Worum geht es? *What's it about?*, III4
wozu? *why?; to what purpose?*, III3
wuchs (*imperfect of* wachsen), III10
das **Wunder, -** *wonder, miracle*, III10
wunderbar *wonderful*, III10
wundern *to be amazed*, III8

wunderschön *incredibly beautiful*, III2
der **Wunsch, ̈e** *wish*, I; **Haben Sie einen Wunsch?** *May I help you?*, I; **Haben Sie noch einen Wunsch?** *Would you like anything else?*, I
s. **wünschen** *to wish*, II; **Ich wünsche mir ...** *I wish for...*, II
würde *would*, II; **Würdest du gern mal ...?** *Wouldn't you like to...?*, II
würgen *to choke*, III3
die **Wurst, ̈e** *sausage*, I
das **Wurstbrot, -e** *bologna sandwich*, I
die **Wurzel, -n** *root*, III10
würzig *spicy*, II
die **Wut** *rage*, III4
wütend *furious*, III1

Z

die **Zahl, -en** *number*, III6
zahlen (dat) *to pay*, III3; **Ich möchte/will zahlen!** *The check please!*, I
zahlreich *countless*, II
der **Zahn, ̈e** *tooth*, II
Zahnarzt(̈in), ̈e/nen *dentist*, III12
die **Zahnpasta** *toothpaste*, II
die **Zahnschmerzen** (pl) *toothache*, II
Zahntechniker(in), -/nen *dental technician*, III12
die **Zehe, -n** *toe*, III1
die **Zehenspitze, -n** *tip-toe*, III10
der **Zehnkämpfer, -** *decathlete*, II
das **Zeichen, -** *sign*, III9
zeichnen *to draw*, I
Zeichner: technische(r) Zeichner(in), -/nen *technical artist*, III12
die **Zeichnung, -en** *drawing*, III4
zeigen *to show*, III1; **es zeigt sich, daß ...** *it appears that...*, III1
die **Zeit** *time*, I; **zur Zeit** *right now*, II
das **Zeitalter** *age, era*, Loc10
die **Zeitausdrücke** (pl) *time expressions*, III12
die **Zeitform** *grammatical tense*, III1
zeitgenössisch *contemporary*, III12
Zeitlang: eine Zeitlang *for a while*, III4
zeitlich *temporal, time*, III11
die **Zeitschrift, -en** *magazine*, I
die **Zeitung, -en** *newspaper*, I
der **Zeitvertreib** *diversion, amusement*, III10
zelten *to camp out*, III2
das **Zentrum, (pl) Zentren** *center*, Loc1
der **Zerfall** *ruin, decay*, Loc1
zerknittert *wrinkled, crumpled*, III12
zerreissen *to tear apart*, III3
zerstört *destroyed*, Loc1
die **Zerstörung, -en** *destruction*, III9
zerstreut *absentminded*, III12
der **Zettel, -** *note*, III1
der **Zeuge, -n** *witness*, III11
das **Zeugnis, -se** *report card*, III12
die **Zeugniskopie, -n** *copy of report card*,

III11

ziehen *to move* (residence), III12; den Schluß ziehen *to draw the conclusion*, III9

das **Ziel**, -e *goal*, III11

die **Zielgruppe**, -n *target group*, III7

ziemlich *rather*, I

das **Zimmer**, - *room*, I; mein Zimmer aufräumen *to clean my room*, I

die **Zimmerantenne**, -n *indoor antenna*, II

der **Zimmermann**, -leute *carpenter*, III12

der **Zimt** *cinnammon*, I

zirka *approximately*, III2

das **Zitat**, -e *quotation*, III10

die **Zitrone**, -n *lemon*, I

zittern *to tremble*, III10

der **Zivildienst** *community service*, III5

der **Zivilschutzverband** *national guard*, III5

zog (*imperfect of* ziehen), III4

der **Zoo**, -s *zoo*, I

der **Zorn** *anger*, III7

zu *too; to*, I; **zu Fuß** *on foot*, I; **zu Hause helfen** *to help at home*, I; **zu bitter** *too bitter*, II; **zu viel** *too much*, II; **zu viele** *too many*, II

der **Zucker** *sugar*, I

zuerst *first*, I

zufrieden *satisfied*, III2

die **Zufriedenheit**, -en *satisfaction*, III11

zufriedenstellend *satisfactory*, III7

der **Zug**, -̈e *train*, III1

der **Zugang** *access*, III11

zugeben (sep) *to admit*, III3

zuhören (sep) *to listen to*, II; **Hör gut zu!** *Listen carefully!*, I

zukam (*imperfect of* zukommen), III11

zukneifen (sep) *to squeeze shut*, III4

zukniff (*imperfect of* zukneifen), III4

zukommen auf (sep, acc) *to be in store for*, III11

die **Zukunft** *future*, III11

zukünftig *(in) future*, III11

zulassen (sep) *to admit, approve*, III9

zuletzt *last of all*, I

zuliebe: der Umwelt zuliebe *for the love of the environment*, III9

zum=zu dem: zum Abendessen *for dinner*, II; **Zum Wohl!** *To your health!*, II 1

zunächst *for the time being*, III10

zunehmen (sep) *to gain weight*, III3

zunicken (sep) *to nod to*, III4

zurück *back*, III5

zurückbringen (sep) *to bring back, return*, III1

zurückgebracht *brought back*, III1

zurückhalten (sep) *to hold back, retain*, III5

zurückkehren (sep) *to return*, III12

zurückkommen auf (sep, acc) *to get back to*, III6

zurückweisen (sep) *to reject*, III9

zusammen *together*, III1

zusammenbasteln (sep) *to rig together*, III10

zusammenfassen (sep) *to summarize*, III6

die **Zusammenfassung**, -en *synopsis*, III3

zusammenhängen (sep) *to be connected*, III1

zusammenkommen (sep) *to come together*, III2

zusammenpassen (sep) *to go together, match*, III3

zusammensinken (sep) *to collapse*, III10

zusammenstellen (sep) *to compile*, III1

zusätzlich *additionally*, III2

der **Zuschauer**, - *spectator*, III10

zuschicken (sep) *to send to*, III12

zuschlagen (sep) *to slam*, II

der **Zustand**, -̈e *state, condition*, III12

zustimmen (sep, dat) *to agree*, II

die **Zustimmung**, -en *consent, agreement*, III3

zutreffend *correct, applicable*, III2

zuverlässig *dependable*, III11

zuvor *before*, III7

zuwenig *too little*, III9

zwar *indeed*, III10

der **Zweck**, -e *purpose, object*, III6

der **Zweig**, -e *branch*, III3

zweimal *twice*, I

zweit- *second*, III4

zweitens *secondly*, III11

die **Zwetschge**, -n *plum*, II

die **Zwiebel**, -n *onion*, I

der **Zwilling**, -e *twin*, II

zwischen (acc, dat prep) *between*, II

ENGLISH-GERMAN VOCABULARY

This vocabulary includes all of the words in the **Wortschatz** sections of the chapters. These words are considered active—you are expected to know them and be able to use them.

Idioms are listed under the English word you would be most likely to look up. German nouns are listed with the definite article and plural ending, when applicable. The number after each German word or phrase refers to the chapter in which it becomes active vocabulary. To be sure you are using the German words and phrases in the correct context, refer to the book and chapter in which they appear.

The following abbreviations are used in the vocabulary: acc (accusative), adj (adjective), dat (dative), gen (genitive), masc (masculine), pl (plural), poss adj (possessive adjective), pp (past participle), sep (separable-prefix verb), and sing (singular).

A

a few *wenige*, III6
a, an *ein(e)*, I
able: to be able to *können*, I
about *ungefähr*, I
accept: to be accepted by *ankommen bei* (sep), III3
accessible to the physically challenged *behindertenfreundlich*, III2
accident *der Unfall, -̈e*, III1
accomodations *die Unterkunft, -̈e*, III2
accompany *begleiten*, III10
achieve *erreichen*, III6; *schaffen*, III5
achievement *das Werk, -e*, III10
acid rain *der saure Regen*, III9
across from *gegenüber*, II
action movie *der Actionfilm, -e*, I
active: to be active in *s. engagieren für*, III5
actor *der Schauspieler, -*, I
actress *die Schauspielerin, -nen*, I
address *ansprechen* (sep), III6
administration: school administration *die Schulleitung*, III 6
admire *bewundern*, III10
admit *eingestehen* (sep), III7; *zugeben* (sep), III3
advanced: to be advanced (person) *der Fortgeschrittene, -n*, II
advantage *der Vorteil, -e*, II; **to take advantage of** *ausnützen* (sep), III7
advertise *werben*, III7
advertisement *die Reklame, -n*, III7; *die Werbung, -en*, III7
advertising slogan *der Werbespruch, -̈e*, III7
advice *der Rat*, III3; **to give advice** *raten* (dat), III4
afford: to be able to afford *s. leisten können*, III7
afraid: to be afraid *Angst haben*, III2; *fürchten*, III9

after *nach*, I; **after that** *danach*, I
afternoon *der Nachmittag, -e*, I; **in the afternoon** *am Nachmittag*, I
afterward *nachher*, II
again *wieder*, I
agree: to agree with *übereinstimmen mit* (sep), III7; *recht geben* (dat), III4; **I agree with you on that!** *Da stimm' ich dir zu!*, II; **Yes, I do agree with you, but...** *Ja, ich stimme dir zwar zu, aber ...*, II
Agreed! *Einverstanden!*, II
air *die Luft*, II; **air conditioning** *die Klimaanlage, -n*, II; **air pollution** *die Luftverschmutzung*, III9
airplane *das Flugzeug, -e*, II
alarm clock *der Wecker, -*, II
alcohol: to not drink alcohol *keinen Alkohol trinken*, II
all *all-*, II; *sämtlich*, III8
all right: Oh, (I'm) all right. *Na ja, soso!*, II
allergic: I am allergic to... *Ich bin allergisch gegen ...*, II
allowed: to be allowed to *dürfen*, II
almost always *fast immer*, III6
along: Why don't you come along! *Komm doch mit!*, I
aloud: to read aloud *vorlesen* (sep), III10
already *schon*, I
also *auch*, I; *auch schon*, II; **I also need...** *Ich brauche noch ...*, I
alternate: alternate service *der Zivildienst*, III5
aluminum can *die Aludose*, III9
always *immer*, I
amaze: to be amazed *staunen*, III8
ambitious *ehrgeizig*, III8
among one another *untereinander*, III4
and *und*, I

anesthesiologist *Anästhesist(in), -en/nen*, III12
animal product *das Tierprodukt, -e*, III1
animal-loving *tierlieb*, III8
ankle *der Knöchel, -*, II
announcement *der Anschlag, -̈e*, II
annoy: to get annoyed *s. ärgern*, III8; *s. aufregen* (sep), III7; *sauer werden*, III6
another *noch ein*, I; **I don't want any more...** *Ich möchte kein(e)(en) ... mehr.*, I; **I'd like another...** *Ich möchte noch ein(e)(en) ...*, I
another (a different) one *ein(-) ander-*, II
ant *die Ameise, -n*, III9
antenna: indoor antenna *die Zimmerantenne, -n*, II
anything: Anything else? *Sonst noch etwas?*, I, II
apartment *die Wohnung, -en*, II
appear *aussehen* (sep), I
appetizer *die Vorspeise, -n*, II
applaud *klatschen*, III10
apple *der Apfel, -̈*, I
apple cake *der Apfelkuchen, -*, I
apple juice *der Apfelsaft, -̈e*, I
apprenticeship *die Lehre, -n*, III11
approximately *ungefähr*, I
apricot *die Aprikose, -n*, II
April *der April*, I
archery *das Bogenschießen*, II
area *die Gegend, -en*, III2
argue against *abstreiten* (sep), III5
argument *der Streit*, III4
arm *der Arm, -e*, II
armchair *der Sessel, -*, I
armed: armed service *der Wehrdienst*, III5; **armed services** *die Streitkräfte* (pl), III5
around *um*, II
art *die Kunst*, I

artificial *künstlich*, III8
artificial fertilizer *der Kunstdünger,
-*, III9
as ... as *so ... wie*, II
as: as if *als ob*, III7
asparagus *der Spargel, -*, III1
assume *annehmen* (sep), III8
at *an, in*, II
at: at 8 o'clock *um 8 Uhr*, I; at one
o'clock *um ein Uhr*, I; at the
baker's *beim Bäcker*, I; At what
time? *Um wieviel Uhr?*, I
athletic *sportlich*, II
attempt *der Versuch, -e*, III10; to
attempt, try *versuchen*, III3
attention: to draw attention to
aufmerksam machen auf (acc), III7;
to pay attention *aufpassen* (sep),
III3; to pay attention to *achten auf*
(acc), III3
August *der August*, I
aunt *die Tante -n*, I
avoid *vermeiden*, II
avoidable *vermeidbar*, III9
away, at a distance *entfernt*, III2
awesome *stark*, I; The sweater is awesome! *Ich finde den Pulli stark!*, I
awful *fies*, III5; *furchtbar*, I

B

back *der Rücken, -*, II
background *der Hintergrund, ̈-e*,
III6
bacon *der Speck*, III1
bad *schlecht*, I; badly *schlecht*, I; Bad
luck! *So ein Pech!*, I; It's too bad
that... *Es ist schade, daß ...*, II;
That's not so bad. *Nicht so
schlimm!*, II; That's too bad! *Was
für ein Pech!*, II; *Ach schade!*, II
bad: a streak of bad luck *die
Pechsträhne*, III3
badly: to go badly *schiefgehen* (sep),
III3
bag: paper bag *der Papierbeutel, -*,
III9; plastic bag *die Plastiktüte, -n*,
III9
baker *der Bäcker, -*, I; at the baker's
beim Bäcker, I
bakery *die Bäckerei, -en*, I
balanced: well-balanced *ausgewogen*, III8
bald: to be bald *eine Glatze haben*, I
ballet *das Ballett, -e*, II
ballpoint pen *der Kuli, -s*, I
banana *die Banane, -n*, II
bank *die Bank, -en*, I
bargain: That's a bargain. *Das ist
preiswert.*, I

base: to be based on *beruhen auf*
(acc), III11
basket: picnic basket *der
Picknickkorb, ̈-e*, III2
basketball *Basketball*, I
bathroom *das Badezimmer, -*, II; toilet *die Toilette, -n*, II
battery *die Batterie, -n*, III9
battle *der Kampf, ̈-e*, III5
bay *die Bucht, -en*, II
be *sein*, I
be: to be, stand *stehen*, III2; to be
about *s. handeln um*, III10
beach *der Strand, ̈-e*, II; sand beach
der Sandstrand, ̈-e
bean (green) *die (grüne) Bohne, -n*,
II
bearded *bärtig*, III10
beautiful *schön*, I
because *denn, weil*, I
because of *wegen*, III10
become *werden*, II
bed *das Bett, -en*, I
bed and breakfast *die Pension, -en*, II
bedroom *das Schlafzimmer, -*, II
bee *die Biene, -n*, III9
beef *das Rindfleisch*, II
before *bevor* (conj), III5
before: as before *weiterhin*, III7
beforehand *im voraus*, III8
begin *anfangen* (sep), III11
beginner *der Anfänger, -*, III
behind: from behind *von hinten*, II
believe *glauben*, I; You can believe
me on that! *Das kannst du mir
glauben!*, II; I do believe that... *Ich
glaube schon, daß ...*, II
bell pepper *der Paprika*, III1
belong to *angehören* (sep, dat), III4
belt *der Gürtel, -*, I; belt loop *die
Schlaufe, -n*, II
besides that *außerdem*, III9
best: Best wishes on your birthday!
*Herzlichen Glückwunsch zum
Geburtstag!*, I
better *besser*, I
between *zwischen*, II
bicycle *radeln*, III9; *radfahren* (sep),
II; *das Fahrrad, ̈-er*, I; by bike *mit
dem Rad*, I
bicycle racks *das Fahrrad-Depot, -s*,
II
big *groß*, I; *weit*, II
bigger *größer*, II
bill, invoice *die Rechnung, -en*, III1
billboard *die Plakatwand, ̈-e*, III7
bio-degradable *biologisch abbaubar*,
III9
biologist *Biologe/Biologin, -n/nen*,
III11

biology *Bio (die Biologie)*, I
biology teacher *die Biologielehrerin,
-nen*, I
bird *der Vogel, ̈-*, III9
birthday *der Geburtstag, -e*, I; Best
wishes on your birthday!
*Herzlichen Glückwunsch zum
Geburtstag!*, I; Happy Birthday!
Alles Gute zum Geburtstag!, I; My
birthday is on... *Ich habe am ...
Geburtstag.*, I; When is your birthday? *Wann hast du Geburtstag?*, I
bitter: too bitter *zu bitter*, II
black *schwarz*, I
blanket *die Decke, -n*, III2
blazer *der Blazer, -*, II
blossom *aufblühen* (sep), III10
blouse *die Bluse, -n*, I
blow *blasen*, III9
blower: glass blower *Glasbläser(in),
-/nen*, III12
blue *blau*, I; blue eyes *blaue Augen*,
I; in blue *in Blau*, I
blueberry *die Blaubeere, -n*, II
board game *das Brettspiel, -e*, I
board: cutting board *das
Schneidebrett, -er*, III2
boat *das Boot, -e*, II; to go for a boat
ride *Boot fahren*, II
bologna sandwich *das Wurstbrot, -e*,
I
bomber *der Bomber, -*, III5
bomber jacket *der Blouson, -s*, II
Bon appétit *Mahlzeit!*, II; *Guten
Appetit!*, II
book *das Buch, ̈-er*, I
bookcase *das Regal, -e*, I
boot *der Stiefel, -*, I
bored: to be bored *sich langweilen*, II
boring *langweilig*, I
born *geboren*, III4
borrow, lend *ausleihen* (sep), III1
both *beide*, III2
bother, disturb *stören*, III6
bottle *die Flasche, -n*, III1; deposit-
only bottle *die Pfandflasche, -n*,
III9; non-returnable bottle *die
Einwegflasche, -n*, III9
bottle opener *der Flaschenöffner, -*,
III2
bought *gekauft*, I
bouquet of flowers *der
Blumenstrauß, ̈-e*, I
bow *die Schleife, -n*, II
bow tie *die Fliege, -n*, II
boy *der Junge, -n*, I; (southern
German) *der Bube, -n*, III10
bracelet *das Armband, ̈-er*, II
brake: (foot, hand) brake *die (Fuß-,
Hand)bremse, -n*, II

bread *das Brot, -e,* I

break *die Pause, -n,* I; **after the break** *nach der Pause,* I; **to break something** *sich etwas brechen,* II

breakfast *das Frühstück,* II; **For breakfast I eat...** *Zum Frühstück ess' ich ...,* III

breathless *atemlos,* III10

bright *hell,* II

bring back *zurückbringen* (sep), III1

bring: Please bring me... *Bringen Sie mir bitte ...,* II

broad *weit,* II

broccoli *der Brokkoli, -,* II

brochure *der Prospekt, -e,* III1

broken *kaputt,* I

brother *der Bruder, ¨, I; brothers and sisters die Geschwister (pl),* I

brown *braun,* I; **in brown** *in Braun,* I

brush one's teeth *sich die Zähne putzen,* II

Brussel sprouts *der Rosenkohl,* III1

brutal *brutal,* I

buddy *der Kumpel, -,* III4

bumps: goose bumps *die Gänsehaut,* III10

burden *belasten,* III5

burn oneself *s. verbrennen,* III1

bus *der Bus, -se,* I; **by bus** *mit dem Bus,* I

bush *der Strauch, ¨er,* II

businesswoman *die Kauffrau, -en,* III11

busy (telephone) *besetzt,* I

busy: to keep busy with *s. beschäftigen mit,* III3

but *aber,* I; **not only ... but also** *nicht nur ... sondern auch,* III4

butcher shop *die Metzgerei, -en,* I; **at the butcher's** *beim Metzger,* I

butter *die Butter,* I

button *der Knopf, ¨e,* II

buy *kaufen,* I; **Why don't you just buy...** *Kauf dir doch ...!,* I, II

buy: temptation to buy *der Kaufreiz,* III7

by *bei,* II; **by bike** *mit dem Rad,* I; **by bus** *mit dem Bus,* I; **by car** *mit dem Auto,* I; **by moped** *mit dem Moped,* I; **by subway** *mit der U-Bahn,* I

by the way *übrigens,* III1

Bye! *Wiedersehen! Tschau! Tschüs!,* I; (on the telephone) *Wiederhören!,* I

C

cabinet *der Schrank, ¨e,* I

cabinet: cabinet maker *Schreiner(in), -/nen,* III12

café *das Café, -s,* I; **to the café** *ins Café,* I

cake *der Kuchen, -,* I; **a piece of cake** *ein Stück Kuchen,* I

calculate *ausrechnen* (sep), III9

calendar *der Kalender, -,* I

calf *die Wade, -n,* III1

call *anrufen* (sep), *telefonieren,* I

called: be called *heißen,* I

calm *ruhig,* II

calories: has too many calories *hat zu viele Kalorien,* II

camcorder *die Videokamera, -s,* II

Camembert cheese *der Camembert Käse,* II

camera *die Kamera, -s,* II

camisole *das Trägerhemd, -en,* II

can *die Büchse, -n,* III8; **aluminum can** *die Aludose, -n,* III9

can *können,* I; **Can I please...?** *Kann ich bitte ...?,* II; **Can I ask (you) something?** *Kann ich (euch) etwas fragen?,* II; **Can you tell me whether...?** *Können Sie mir sagen, ob ...?,* II

cap *die Mütze, -n,* II; **(baseball) cap** *das Käppi, -s,* II

capital *die Hauptstadt, ¨e,* I

car *das Auto, -s,* I; *der Wagen, -,* II; **by car** *mit dem Auto,* I; **He's slamming the car door (the trunk)!** *Er schlägt die Autotür (den Kofferraumdeckel) zu!,* II; **to polish the car** *das Auto polieren,* II

card *die Karte, -n,* I

care for *mögen,* I; *betreuen,* III5

care: I don't care about fashion. *Mode ist mir egal.,* II

career *die Karriere, -n,* III11

careful *vorsichtig,* III1

carp *der Karpfen, -,* II

carpenter *der Zimmermann, -leute,* III12

carpet *der Teppich, -e,* I

carpool *die Fahrgemeinschaft, -en,* III9

carrot *die Möhre, -n,* II

case: in any case *auf jeden Fall,* III8; *jedenfalls,* III8; **in the case (of)** *im Fall,* III12

cassette *die Kassette, -n,* I

castle *die Burg, -en,* III2

casual *lässig,* I; *salopp,* II

cat *die Katze, -n,* I; **to feed the cat** *die Katze füttern,* I

cathedral *der Dom, -e,* II

cauliflower *der Blumenkohl,* II

cause *verursachen,* III7

caution *die Vorsicht,* III9

cellar *der Keller, -,* II

---

century *das Jahrhundert, -e,* II

certain: I am certain that... *Ich bin sicher, daß ...,* II; **It's certain.** *Es steht fest.,* III7

Certainly! *Natürlich!,* I; *Sicher!,* I; *Ja, natürlich!,* II; *Ganz bestimmt.,* III11; *sicherlich,* III12

chair *der Stuhl, ¨e,* I

challenged: accessible to the physically challenged *behindertenfreundlich,* III2

chance *die Chance, -n,* III12; **No chance!** *Auf keinen Fall!,* III11

change (money) *umwechseln* (sep), III1; **to change oneself** *s. ändern,* III5

change: Keep the change! *Stimmt (schon)!,* I

channel *der Sender, -; das Programm, -e,* II

characteristic *die Eigenschaft, -en,* III7

cheap *billig,* I

check on *nachsehen* (sep), III2

check: The check please! *Ich möchte/will zahlen!,* I

checked *kariert,* II

cheerful *heiter,* III10

Cheers! *Prost!,* II

cheese *der Käse, -,* I; **Swiss cheese** *der Schweizer Käse,* II; **cheese sandwich** *das Käsebrot, -e,* I

chef *Koch/Köchin, ¨e/nen,* III12

chemical eraser *der Tintenkiller, -,* III9

cherry *die Kirsche, -n,* II

chess *Schach,* I

chew *kauen,* III8

chicken *das Hähnchen, -,* I; *das Huhn, ¨er,* II

child *das Kind, -er,* II

chimney sweep *Schornsteinfeger(in), -/nen,* III12

Chinese *chinesisch* (adj), II

chives *der Schnittlauch,* II

chocolate *die Schokolade,* II; **chocolate milk** *der Kakao,* II; **fancy chocolate** *die Praline, -n,* I

choose *s. aussuchen* (sep), III1

Christmas *das Weihnachten, -,* I; **Merry Christmas!** *Fröhliche Weihnachten!,* I

church *die Kirche, -n,* I

cinema *das Kino, -s,* I

cinnamon *der Zimt,* I

circle of friends *der Freundeskreis, -e,* III4

city *die Stadt, ¨e,* I; **in the city** *in der Stadt,* I; **city gate** *das Stadttor, -e,* II; **in a big city** *in einer Großstadt,* II

---

city hall *das Rathaus, ̈-er,* I

class *die Klasse, -n;* in class *in der Klasse,* II; class, school *der Unterricht,* III5

class schedule *der Stundenplan, ̈-e,* I

classical music *klassische Musik,* I

clean *(sich) putzen,* II

clean *sauber* (adj), II; squeaky clean *blitzblank,* III7

cleaner: cleaning agent *das Putzmittel, -,* III7

clear: to clear the table *den Tisch abräumen* (sep), I; to clear up *klären,* III10; to make clear *klarstellen* (sep), III7

clearly *deutlich,* III6

clever *raffiniert,* III7; clever(ly) *witzig,* II

cliché *das Klischee, -s,* III8

cliff *die Klippe, -n,* II

climb *steigen,* II

clique *die Clique,* II

clothes *Kleider* (pl), III3; (casual term for) *die Klamotten* (pl), I; to pick up my clothes *meine Klamotten aufräumen* (sep), I

clothing *die Kleidung,* III3

cloudy *wolkig,* I

club *der Verein, -e,* III5

coast *die Küste, -n,* II

coffee *der Kaffee,* I; a cup of coffee *eine Tasse Kaffee,* I

coin *die Münze, -n,* I

cold *kalt,* I

cold cuts *der Aufschnitt,* I

collect *sammeln,* I

color *die Farbe, -n,* I

colorful *bunt,* II

comb *(sich) kämmen,* II

come *kommen,* I; That comes to... *Das macht (zusammen) ...,* I; to come along *mitkommen* (sep), I

comedy *die Komödie, -n,* I

comfortable *bequem,* I; *gemütlich,* II

comics *die Comics,* I

command *kommandieren,* III5

commentary *der Kommentar, -e,* III6

communications engineer *Kommunikationselektroniker(in), -/nen,* III12

compact disc *die CD, -s,* I

compare *vergleichen,* III7

complain *meckern,* III6; to complain about *s. beklagen über* (acc), III10

compulsory service *die Wehrpflicht,* III5

concern: to be concerned about *s. kümmern um,* III6; as far as I'm concerned *meinetwegen,* III10

concert *das Konzert, -e,* I; to go to a concert *ins Konzert gehen,* I

conductor *der Dirigent, -en,* III10

confine *einengen* (sep), III12

conflict *der Konflikt, -e,* III12

conform to *s. richten nach,* III4; *s. anpassen* (sep, dat), III3

connection: to have a connection to *Bezug haben zu ,* III8

conscious: environmentally conscious *umweltbewußt,* III8

conservative *konservativ,* II

consider *überlegen,* III7; to consider something as *halten für,* III5

conspicuous: to be conspicuous *auffallen* (sep), III8

constitution: basic law (constitution) *das Grundgesetz,* III5

consultant: PR-consultant *PR-Berater(in), -/nen,* III12; tax consultant *Steuerberater(in), -/nen,* III12

consumer *der Konsument, -en,* III7; *der Verbraucher, -,* III7

container *der Behälter, -,* III8

contention: point of contention *der Streitpunkt, -e,* III4

continually *dauernd,* III1

contract *der Vertrag, ̈-e,* III5

contribute: to contribute to *zu etwas beitragen* (sep), III6

cook *kochen,* II

cookie *der Keks, -e,* I; a few cookies *ein paar Kekse,* I

cool *kühl,* I, II

cooler *die Kühlbox, -en,* III2

corn *der Mais,* III1

corner *die Ecke, -n,* II; That's right around the corner. *Das ist hier um die Ecke.,* II; with corners *eckig,* I

corny *schmalzig,* I

cost *kosten,* I; How much does... cost? *Was kostet ...?,* I

costume *das Kostüm, -e,* III12

cotton *die Baumwolle,* I; made of cotton *aus Baumwolle,* I

couch *die Couch, -en,* I

cough *der Husten,* II

could *könnte,* II

count on *s. verlassen auf* (acc), III5

countless *zahlreich,* II

country *das Land, ̈-er,* I; in the country *auf dem Land,* I

courage *der Mut,* III9

course: of course *klar,* III7; *logisch,* III7; *logo,* III7

court *der Court, -s,* II

cousin (female) *die Kusine, -n,* I; cousin (male) *der Cousin, -s,* I

cozy *gemütlich,* II

crab *die Krabbe, -n,* II

crafts: do crafts *basteln,* I

crazy *verrückt,* III3

cream: hand cream *die Handcreme,* II

crime drama *der Krimi, -s,* I

cross-timbered house *das Fachwerkhaus, ̈-er,* II

cruel *grausam,* I

cucumber *die Gurke, -n,* II

culture: for cultural reasons *kulturbedingt,* III4

cummerbund *der Kummerbund, -e,* II

curious *neugierig,* II

curtain *der Vorhang, ̈-e,* III10

curve: You're taking the curve too fast! *Du fährst zu schnell in die Kurve!,* II

customs and habits *die Sitten und Gebräuche* (pl) III4

cut class *schwänzen,* III5

cut-off *abgeschnitten,* II

cut: cutting board *das Schneidebrett, -er,* III2

cutlet *das Schnitzel, -,* II

D

damage *der Schaden, ̈-,* III9

dance *tanzen,* I; to go dancing *tanzen gehen,* I

dangerous *gefährlich,* III9

dark *dunkel,* II

dark blue *dunkelblau,* I; in dark blue *in Dunkelblau,* I

dash: 100 meter dash *der 100-Meter-Lauf,* II

daughter *die Tochter, ̈-,* II

day *der Tag, -e,* I; day before yesterday *vorgestern,* I; every day *jeden Tag,* I; on the last day *am letzten Tag,* II; the other day *neulich,* III1

decathlete *der Zehnkämpfer, -,* II

December *der Dezember,* I

decide *beschließen,* III11; *s. entschließen,* III11; to decide on *s. entscheiden für,* III5

decision *die Entscheidung, -en,* III5

defense: German Federal Defense Force *die Bundeswehr,* III5

definite: It's definite. *Es steht fest.,* III11

definitely *bestimmt,* I

deforest *abholzen* (sep), III9

degree *der Grad, -,* I

delicacy *die Delikatesse, -n,* II; *die Köstlichkeit, -en,* II

Delicious! *Lecker!,* I

democracy *die Demokratie, -n,* III5

dental technician *Zahntechniker(in),
-/nen,* III12

dentist *Zahnarzt, ¨e, Zahnärztin,
-nen,* III12

depend on *auf etwas ankommen*
(sep, acc), III4

dependent: to be dependent on
angewiesen sein auf (acc), III11

describe *beschreiben,* II

designer: industrial designer
Industriedesigner(in), -/nen, III12

desk *der Schreibtisch, -e,* I

dessert *die Nachspeise, -n,* II

detail *die Einzelheit, -en,* III6

detective movie *der Krimi, -s,* I

determining: to be the determining
factor *ausschlaggebend sein,* III11

develop *entwickeln,* III3

dial *wählen,* I; to dial the number
die Nummer wählen, I

diamonds: check, diamond (pattern)
das Karo, -s, II

dictionary *das Wörterbuch, ¨er,* I

diet *die Diät, -en,* III12

difference *der Unterschied, -e,* III10

different *anders,* III4; *verschieden,* I

difficulty *die Schwierigkeit, -en,* III4

dining room *das Eßzimmer, -,* II

dining table *der Eßtisch, -e,* I

dinner *das Abendessen,* II; For dinner
we are having... *Zum Abendessen
haben wir ...,* II

diploma *der Abschluß,* (pl)
Abschlüsse, III11

direct: to be directed at *s. richten an*
(acc), III7

directly *direkt,* I

dirt *der Schmutz,* III9

dirty *schmutzig,* II

disadvantage *der Nachteil, -e,* II

disagree: I disagree. *Das finde ich
nicht.,* II

disappoint: to be disappointed *enttäuscht sein,* III8

disco *die Disko, -s,* I; to go to a disco
in eine Disko gehen, I

discothek *die Diskothek, -en,* II

discus throw *das Diskuswerfen,* II

discuss *s. unterhalten über* (acc), III5

discussion *die Diskussion, -en,* II

dish: main dish *das Hauptgericht, -e,*
II

dishes *das Geschirr,* I; to wash the
dishes *das Geschirr spülen,* I

dishwashing liquid *das Spülmittel, -,*
III9

dislike *nicht gern haben,* I; strongly
dislike *überhaupt nicht gern haben,*
I

displace, repress *verdrängen,* III6

distance: away, at a distance
entfernt, III2

distribute *verteilen,* III10

disturb, bother *stören,* III6

dive *tauchen,* II

diverse *abwechslungsreich,* II

divert oneself *s. ablenken* (sep), III3

divorce *die Scheidung, -en,* III12

do *machen,* I; *tun,* I; to do crafts
basteln, I

doctor *der Arzt, ¨e,* II

documentary: animal documentary
die Tiersendung, -en, II

dog *der Hund, -e,* I

don't you: You like quark, don't
you? *Du magst doch Quark, nicht
wahr?,* II; You like yogurt, don't
you? *Du magst Joghurt, oder?,* II

done *gemacht* (pp), I

doubt: I doubt that... *Ich bezweifle,
daß ...,* II

downtown *die Innenstadt, ¨e,* I, II; to
go downtown *in die Stadt gehen,* I

draft *einziehen* (sep), III5

draw *zeichnen,* I

dream *der Traum, ¨e,* III11; *träumen,*
III10

dress *das Kleid, -er,* I

drink *trinken,* I; *das Getränk, -e,* II

drive *fahren,* I

drop, omit *weglassen,* III6

drugstore *die Drogerie, -n,* II

dry *trocken,* I

dry clothes *die Wäsche trocknen,* II

duck: fattened duck *die Mastente,
-n,* II; Peking duck *die Peking Ente,
-n,* II

dumb *blöd,* I; *doof, dumm,* I

dumpling *der Kloß, ¨e,* II

during *während,* III10

dust *Staub wischen,* II

duty *die Pflicht, -en,* III5

E

each, every *jed-,* II

earache *die Ohrenschmerzen* (pl), II

earlier *früher,* III5

earn *verdienen,* III7

earring *der Ohrring, -e,* II; a pair of
earrings *ein Paar Ohrringe,* II

easily, readily *ohne weiteres,* III3

east *der Osten,* III11; Eastern Bloc
der Ostblock, III11

Easter *das Ostern, -,* I; Happy
Easter! *Frohe Ostern!,* I

easy *einfach,* I; That's easy! *Also,
einfach!,* I

easy-going *locker,* III8

eat *essen,* I; to eat sensibly *vernünf-*

tig essen, II; eat and drink *sich
ernähren,* II

emissions: car with emission control
das Katauto, -s, III9

emphasis: to place emphasis on
Wert legen auf (acc), III11

employment office *das Arbeitsamt,
¨er,* III11

empty *leer,* III1

encourage *anregen* (sep), III6

endure *aushalten* (sep), III3

engineer: communications engineer
*Kommunikationselektroniker(in),
-/nen,* III12; sound engineer
Toningenieur(in), -e/nen, III12

enlarge *vergrößern,* III9

enlighten *aufklären* (sep), III7

enough *genug,* I; that's enough *es
langt,* III2; to be enough *genügen,*
III2

entertainment *die Unterhaltung, -en,*
III6

entire *gesamt,* III6

entranceway *der Flur, -e,* II

environment *die Umwelt,* I; environmental scientist *Umweltökonom
(in), -en/nen,* III12; environmentally conscious *umweltbewußt,*
III8; environmentally safe *umweltfreundlich,* III9

envy *beneiden,* III10

equality *die Gleichberechtigung,* III5

eraser *der Radiergummi, -s,* I; chemical eraser *der Tintenkiller, -,* III9

especially *besonders,* I; to especially
like *besonders gern haben,* I; Not
especially. *Nicht besonders.,* II

even *sogar,* III9

evening *der Abend, -e,* I; in the
evening *am Abend,* I

event *das Ereignis, -se,* III6

event: organized event *die
Veranstaltung, -en,* III6

every day *jeden Tag,* I

exactly *eben,* III6

exaggerate *übertreiben,* III3

excellent *ausgezeichnet,* II

exchange *umtauschen* (sep), III1

excited: to be excited *begeistern,* III8

excitement *die Aufregung, -en,* III10;
die Spannung, -en, III10

exciting *spannend,* I

exclusively *ausschließlich,* III9

excursion *der Ausflug, ¨e,* II

Excuse me! *Entschuldigung!,
Verzeihung!,* I, II

exercise *Gymnastik machen,* II

exhaust *das Abgas, -e,* III9

exhibition *die Ausstellung, -en,* III10

existing *vorhanden sein,* III10

expensive *teuer*, I

experience *die Erfahrung, -en*, III11; *erfahren*, III6; *erleben*, III10; *miterleben (sep)*, III9

experienced (person) *der, die Erfahrene, -n*, II

express *ausdrücken (sep)*, III3

exquisite *fein*, II

extend *verlängern*, III10

eye *das Auge, -n*, I; **blue eyes** *blaue Augen*, I

eye-catcher *der Blickfang*, III7

F

fact *die Tatsache, -n*, III6

factory *die Fabrik, -en*, III9

failure (in a subject) *die Niete, -n*, III12

fairy-tale *das Märchen, -*, III10

fall *der Herbst*, I; **in the fall** *im Herbst*, I

family *die Familie, -n*, I

famous *berühmt*, III2

fancy chocolate *die Praline, -n*, I

Fantastic! *Phantastisch!*, II

fantasy novel *der Fantasyroman, -e*, I

far *weit*, I; **far from here** *weit von hier*, I; **as far as (that) goes** *was (das) angeht*, III3; **as far as this goes** *in dieser Hinsicht*, III5

fashion *die Mode*, I; **the latest fashion** *der letzte Schrei*, III3

fashionable *modisch*, II

fast *schnell*, II

fat *dick*, III8; **has too much fat** *hat zu viel Fett*, II; **It is fattening.** *Es macht dick.*, II

father *der Vater, -*, I; **Father's Day** *der Vatertag*, I; **Happy Father's Day!** *Alles Gute zum Vatertag!*, I

fault: to be at fault *schuld sein an etwas (dat)*, III4

favorite *Lieblings-*, I; **Which vegetable is your favorite?** *Welches Gemüse magst du am liebsten?*, II

February *der Februar*, I

feed *füttern*, II

feel *sich fühlen*, II; **How do you feel?** *Wie fühlst du dich?*, II; **I feel great!** *Ich fühle mich wohl!*, II; **Are you not feeling well?** *Ist dir nicht gut?*, II

feeling *das Gefühl, -e*, III7

felt-tip pen *der Faserstift*, III9

fence *fechten*, II

fertilizer: artificial fertilizer *der Kunstdünger, -*, III9

festival: regional festival *das Volksfest, -e*, III10

fetch *holen*, I

fever *das Fieber*, II; **to take one's temperature** *Fieber messen*, II

few: a few *ein paar*, I; **a few cookies** *ein paar Kekse*, I

fibers: made from natural fibers *aus Naturfasern*, II

film, videotape *filmen*, II; **adventure film** *der Abenteuerfilm, -e*, II

finally *zum Schluß*, III7

financially *finanziell*, III12

fine *fein*, II

fingernail *der Fingernagel, -*, III1

finished *fertig*, III11

first *erst-*, I; **first of all** *zuerst*, I; **on the first of July** *am ersten Juli*, I

fish *angeln*, II; **fish stick** *das Fischstäbchen, -*, II

fit *passen*, I; **The skirt fits great!** *Der Rock paßt prima!*, I; **to keep fit** *sich fit halten*, II

flats *Schuhe mit flachen Absätzen*, II

flood *überfluten*, III7

flower *die Blume, -n*, I

flowery *geblümt*, II

food *die Speise, -n*, II

foods: to only eat light foods *nur leichte Speisen essen*, II

foot: to walk on foot *zu Fuß gehen*, I

for *für*, I; *denn (conj)*, I; **I am for doing...** *Ich bin dafür, daß ...*, II; **for whom?** *für wen?*, II

forbid *verbieten (dat)*, III4

foreign *ausländisch*, II

foreigner *Ausländer(in), -/-nen*, III4

forest *der Wald, -er*, III9; **the dying of the forests** *das Waldsterben*, III9

forget *vergessen*, III4

fork *die Gabel, -n*, III2

former *ehemalig*, III11

formulation *die Bildung*, III6

found *gründen*, III12

fountain *der Brunnen, -*, II

free time *die Freizeit*, I

freedom *die Freiheit*, III7

French *französisch (adj)*, II

fresh *frisch*, I

fresh produce store *der Obst- und Gemüseladen, -*, I

Friday *der Freitag*, I; **Fridays** *freitags*, II

fried *gebraten*, II; **fried potatoes** *die Bratkartoffeln (pl)*, II

friend (male) *der Freund, -e*, I; (female) *die Freundin, -nen*, I; **to visit friends** *Freunde besuchen*, I; **circle of friends** *der Freundeskreis, -e*, III4

friendliness *die Freundlichkeit*, III4

friendly *freundlich*, II; *kameradschaftlich*, III8

fries: french fries *die Pommes frites (pl)*, II

fringe group *die Randgruppe, -n*, III4

frog *der Frosch, -e*, III9

from *aus*, I; *von*, I; **from 8 until 8:45** *von 8 Uhr bis 8 Uhr 45*, I; **from the fifteenth century** *aus dem fünfzehnten Jahrhundert*, II

from where? *woher?*, I; **I'm from...** *ich bin (komme) aus ...*, I; **Where are you from?** *Woher bist (kommst) du?*, I

front: in front of *vor*, II; **there in the front** *da vorn*, I

frugal *sparsam*, III1

fruit *das Obst*, I, II; **a piece of fruit** *ein Stück Obst*, I; **to eat lots of fruit** *viel Obst essen*, II

frustrating *frustrierend*, III6

fulfill *erfüllen*, III7

fun *der Spaß*, I; **(Tennis) is fun.** *(Tennis) macht Spaß.*, I; **(Tennis) is no fun.** *(Tennis) macht keinen Spaß.*, I

funny *lustig*, I, II

furniture *die Möbel (pl)*, I

futile *vergeblich*, III10

future *die Zukunft*, III11

G

gain weight *zunehmen (sep)*, III3

garage *die Garage, -n*, II

garbage *der Müll*, II

garden *der Garten, -*, I

garlic *der Knoblauch*, II

gas: propulsion gas *das Treibgas, -e*, III9

geography *die Erdkunde*, I

German mark (German monetary unit) *DM = die Deutsche Mark*, I

German teacher (male) *der Deutschlehrer, -*, I; (female) *die Deutschlehrerin, -nen*, I

get *bekommen*, I; *holen*, I; **Get well soon!** *Gute Besserung!*, II

get along *auskommen (sep)*, III4; *s. verstehen mit*, III4

gift *das Geschenk, -e*, I

gift idea *die Geschenkidee, -n*, I

girl *das Mädchen, -*, I

give *geben*, I; **he/she gives** *er/sie gibt*, I

give (a gift) *schenken*, I

glad: I'm really glad! *Das freut mich!*, II

glass *das Glas, -er*, I; **a glass of tea** *ein Glas Tee*, I

glasses: a pair of glasses *eine Brille, -n*, I

go *gehen*, I; **to go home** *nach Hause gehen*, I; **goes with: The pretty blouse goes (really) well with the blue skirt.** *Die schöne Bluse paßt (toll) zu dem blauen Rock.*, II

go: to go along with *mitmachen mit* (sep), III3

goal *das Ziel, -e*, III11

God: Thank God! *Gott sei Dank!*, III11

Goethe's birthplace *das Goethehaus*, II

gold: made of gold *aus Gold*, II

golf *Golf*, I; **golf course** *der Golfplatz, ̈-e*, II

good *gut*, I; **Good!** *Gut!*, I; **good: what's good about someone** *an jemandem gut sein*, III4

Good morning! *Guten Morgen!, Morgen!*, I

Goodbye! *Auf Wiedersehen!*, I; **(on the telephone)** *Auf Wiederhören!*, I

goose bumps *die Gänsehaut*, III10

gown: evening gown *das Abendkleid, -er*, II

grade *die Note, -n*, I

grade level *die Klasse, -n*, I

grades: a 1, 2, 3, 4, 5, 6 *eine Eins, Zwei, Drei, Vier, Fünf, Sechs*, I

gram *das Gramm, -*, I

grandfather *der Großvater ̈-*, I; *Opa, -s*, I

grandmother *die Großmutter, ̈-*, I; *Oma, -s*, I

grandparents *die Großeltern* (pl), I

grape *die Traube, -n*, I, II

gray *grau*, I; **in gray** *in Grau*, I

great: It's great that... *Es ist prima, daß ...*, II; **really great** *supertoll*, II; *Echt super!*, II; **Great!** *Prima!*, I; *Sagenhaft!*, I; *Klasse!, Toll!*, I

H

hair: hair stylist *Friseur/Friseuse, -e/n*, III12; **to get your hair cut** *s. die Haare schneiden lassen*, III3

half *halb*, I; **half past (twelve, one, etc.)** *halb (eins, zwei, usw.)*, I

halibut *der Heilbutt*, II

hall *die Halle, -n*, II

hallway *der Flur, -e*, II

ham *der Schinken, -*, II

hand cream *die Handcreme*, II

handbag *die Handtasche, -n*, II

hang up (the telephone) *auflegen* (sep), I

Hanukkah *Chanukka*, I; **Happy Hanukkah!** *Frohes Chanukka Fest!*, I

happy *fröhlich*, III7; *glücklich*, III7; **I am happy that...** *Ich freue mich, daß ...*, II; *Ich bin froh, daß ...*, II

hard-working *fleißig*, II

harmful *schädlich*, III7

hat *der Hut, ̈-e*, II

have *haben*, I; **I have no classes on Saturday.** *Am Samstag habe ich frei.*, I; **I'll have...** *Ich bekomme ...*, I

have to *müssen*, I

he *er*, I; **he is** *er ist*, I; **he's from** *er ist (kommt) aus*, I

head *der Kopf, ̈-e*, II; **headband** *das Stirnband, ̈-er*, II; **headache** *die Kopfschmerzen* (pl), II

headlight *der Scheinwerfer, -*, II

headline *die Schlagzeile, -n*, III6

headphones (stereo) *der (Stereo) Kopfhörer, -*, II

health: To your health! *Auf dein/Ihr/euer Wohl!, Zum Wohl!*, II; **to do a lot for your health** *viel für die Gesundheit tun*, II; **health inspector** *Lebensmittelkontrolleur (in) -e/nen*, III12

hear *hören*, I

heard: I heard that... *Ich habe gehört, daß ...*, II

heart: pounding heart *das Herzklopfen*, III10

heartfelt *herzlich*, III8

hearty *herzhaft, deftig*, II

heel *die Ferse, -n*, III1

heel (shoe) *der Absatz, ̈-e*, II; **flats** *Schuhe mit flachen Absätzen*, II; **high heel shoe** *Schuh mit hohen Absätzen*, II

Hello! *Guten Tag!, Tag!, Hallo!, Grüß dich!*, I

help *helfen*, I

helpful *hilfreich*, III8

Here you go! *Bitte! Hier!*, II; **Here! I insist!** *Gern! Hier ist es!*, II

herself *sich*, II

hide *verbergen*, III7; *verstecken*, III7

hideous *scheußlich*, I

highly *äußerst*, III8

highway: interstate highway *die Autobahn, -en*, III8

hike *wandern*, I

him *ihn*, I

himself *sich*, II

hip *die Hüfte, -n*, II

hire *einstellen* (sep), III5

historical *historisch*, III10

history *die Geschichte*, I

hobby *das Hobby, -s*, II

hobby book *das Hobbybuch, ̈-er*, I

hole *das Loch, ̈-er*, II

holiday *der Feiertag, -e*, I

home: good home cooked food *gut bürgerliche Küche, -n*, II; **private home** *das Privathaus, ̈-er*, II; **to stay at home** *zu Hause bleiben*, II

homework *die Hausaufgabe, -n*, I

honk (the horn) *hupen*, II

hood *die Kapuze, -n*, II

hope *die Hoffnung, -en*, III11

hope: I hope that... *Ich hoffe, daß ...*, II; **I hope you'll get better soon.** *Hoffentlich geht es dir bald besser!*, II

hopefully *hoffentlich*, II

horizon *der Horizont*, III11

horror movie *der Horrorfilm, -e*, I

horror novel *der Gruselroman, -e*, I

hostel: youth hostel *die Jugendherberge, -n*, III2

hot *heiß*, I; **hot (spicy)** *scharf*, II

hotel *das Hotel, -s*, I

house *das Haus, ̈-er*, II

how much? *wieviel?*, I; **How much does... cost?** *Was kostet ...?*, I

how often? *wie oft?*, I

how? *wie?*, I; **How are you?** *Wie geht es dir?*, I, II; **How do I get to...?** *Wie komme ich zum (zur) ...?*, I; **How does it taste?** *Wie schmeckt's?*, I; **How's the weather?** *Wie ist das Wetter?*, I; **How was it?** *Wie war's?*, II; **How about...?** *Wie wärs mit ...?*, II

huge *riesig*, III7

hunger *der Hunger*, I

hungry: I'm hungry. *Ich habe Hunger.*, I; **I'm not hungry any more.** *Ich habe keinen Hunger mehr.*, I

hurdling *der Hürdenlauf*, II

hurt: Does it hurt? *Tut's weh?*, II; **Does your... hurt?** *Tut dir ... weh?*, II; **It hurts!** *Es tut weh!*, II; **My... hurts.** *... tut mir weh.*, II; **What hurts?** *Was tut dir weh?*, II

I

I *ich*, I; **I don't.** *Ich nicht.*, I

ice cream *das Eis*, I; **a dish of ice cream** *ein Eisbecher*, I

ice skate *Schlittschuh laufen*, I

idea: I have no idea! *Keine Ahnung!*, I; **Do you have an idea?** *Hast du eine Idee?*, II; **Good idea!** *Gute Idee!*, II

identification *der Ausweis, -e*, III2

if I were you *an deiner Stelle*, III3

image *die Vorstellung, -en*, III8

378 *dreihundertachtundsiebzig*

ENGLISH-GERMAN VOCABULARY

imaginative *phantasievoll*, I
imagine: to imagine something *s. etwas vorstellen* (sep), III6
immediately *gleich*, III4
impossible: (That's) impossible! *(Das ist) nicht möglich!*, II
impress *beeindrucken*, III8
impression *der Eindruck*, III8; *die Vorstellung, -en*, III8
improve *verbessern*, III9
in *in*, I; in the afternoon *am Nachmittag*, I; in the city *in der Stadt*, I; in the country *auf dem Land*, I; in the evening *am Abend*, I; in the fall *im Herbst*, I; in the kitchen *in der Küche*, I
in spite of that *trotzdem*, III1
income *das Einkommen*, II
indeed *zwar*, III10
independent: to be independent *unabhängig sein*, III5
Indian: (Asian) Indian *indisch* (adj), II
indicate *angeben* (sep), III11
industry: industrial designer *Industriedesigner(in), -/nen*, III12
influence *beeinflussen*, III3
inform: to inform oneself *s. informieren*, III2
initiate: to be initiated by *ausgehen von* (sep), III10
injure (oneself) *sich verletzen*, II
inn *die Pension, -en*, II
innards *die Innereien* (pl), III1
inquire: to inquire about *s. erkundigen nach*, III11
insert *einstecken* (sep), I; to insert coins *Münzen einstecken*, I
inspector: health inspector *Lebensmittelkontrolleur(in), -e/nen*, III12
instead of *anstatt* (gen), III10
instead: I'll drink... instead *Dann trink' ich halt ...*, II
instrument *das Instrument, -e*, I; Do you play an instrument? *Spielst du ein Instrument?*, I
insurance company *die Versicherung, -en*, III11
intelligent *intelligent*, II
interest *das Interesse, -n*, I; Do you have any other interests? *Hast du andere Interessen?*, I; I'm not interested in fashion. *Ich hab' kein Interesse an Mode.*, II; to be interested in *s. interessieren für*; Fashion doesn't interest me. *Mode interessiert mich nicht.*, II; Are you interested in fashion? *Interessierst du dich für Mode?*, II; What are you interested in? *Wofür interessierst*

du dich?, II; to be interested in *interessiert sein an* (dat), III11
interesting *interessant*, I
interrupt *unterbrechen*, III5
into *in*, II
invite *einladen (sep)*, I
island *die Insel, -n*, II
Italian *italienisch* (adj), II

J

jacket *die Jacke, -n*, I; business jacket *der Sakko, -s*, II; leather jacket *die Lederjacke, -n*, II; bomber jacket *der Blouson, -s*, II
jam: traffic jam *der Stau, -s*, III7
January *der Januar*, I; in January *im Januar*, I
javelin throw *das Speerwerfen*, II
jealousy *die Eifersucht*, III10
jeans *die Jeans, -*, I
jewelry *der Schmuck*, I
job *der Job, -s*, II; to have a job *jobben*, III11
jog *joggen*, I, II
jogging suit *der Jogging-Anzug, ¨-e*, I
joke *der Spaß*, III6
judge: to judge according to *beurteilen nach*, III3
judgement *das Urteil, -e*, III8
juice *der Saft, ¨-e*, I
July *der Juli*, I
jump: long jump *der Weitsprung*, II
June *der Juni*, I
just *gerade*, III1; Just a minute, please. *Einen Moment, bitte!*, I; Just don't buy... *Kauf dir ja kein ...!*, II; That just happened. *Das ist gerade passiert.*, II

K

Keep the change! *Stimmt (schon)!*, I
keep to oneselves *unter sich bleiben*, III4
kilogram *das Kilo, -*, I
king *der König, -e*, III7
kitchen *die Küche, -n*, I; in the kitchen *in der Küche*, I; to help in the kitchen *in der Küche helfen*, II
knee *das Knie, -*, II
knee cap *die Kniescheibe, -n*, III1
knife *das Messer, -*, III2
know (a fact, information, etc.) *wissen*, I; Do you know whether...? *Weißt du, ob ...?*, II
know (be familiar or acquainted with) *kennen*, I
know: to not know *überfragt sein*, III7

L

lake *der See, -n*, II
lamb *das Lammfleisch*, II
lamp *die Lampe, -n*, I
language *die Sprache, -n*, III11
last *dauern*, III5
last *letzt-*, I; *vorig-*, III5; last of all *zuletzt*, I; last week *letzte Woche*, I
latest: the latest fashion *der letzte Schrei*, III3
Latin *Latein*, I
laundry *die Wäsche*, II
laundry soap *das Waschmittel, -*, III9
law: (study of) law *Jura*, III11
lawn *der Rasen, -*, I; to mow the lawn *den Rasen mähen*, I; lawn for relaxing and sunning *die Liegewiese, -n*, II
lawyer for the defense *Strafverteidiger(in), -/nen*, III12
layer cake *die Torte, -n*, I
lazy *faul*, II; to be lazy *faulenzen*, II; (ironic) to be too lazy to walk *fußkrank sein*, III2
lead *führen*, III12
leaf *das Blatt, ¨-er*, III1
leak: to spring a leak *leck werden*, III9
leather *das Leder*, I
left: to the left *nach links*, I
leg *das Bein, -e*, II
legend *die Sage, -n*, III10
lemon *die Zitrone, -n*, I
lemon drink *die Limo, -s*, I
let, allow *lassen*, II; Let me... *Laß mich mal ...*, II; Let's go to the golf course! *Gehen wir mal auf den Golfplatz!*, II; Let's go to...! *Fahren wir mal nach ...!*, II
lettuce *der Salat, -e*, I
library: lending library *die Bücherei, -en*, III1
license: driver's license *der Führerschein, -e*, II
life *das Leben*, II
lift *heben*, III3
light blue *hellblau*, I
like *gefallen, mögen, gern haben*, I, II; like *stehen auf* (acc), III11; I like it. *Er/Sie/Es gefällt mir.*, I; I like them. *Sie gefallen mir.*, I; Did you like it? *Hat es dir gefallen?*, I; to like an awful lot *furchtbar gern haben*, I; to not like at all *gar nicht gern haben*, I; to not like very much *nicht so gern haben*, I; I don't like... *Ich mag kein ...*, II; I like to go to the ocean. *Ich fahre gern ans Meer.*, II; I would like... *Ich hätte gern ...*, II; like (to do) *gern*

(machen), I; **to not like (to do)** *nicht gern (machen)*, I

linen *das Leinen*, II

listen (to) *hören*, I; *zuhören*, (sep), I; **Listen!** *Hör mal!*, II; **Listen to this!** *Hör mal zu!*, II

listing *das Verzeichnis, -se*, III2

liter *der Liter, -*, I

little *klein*, I; **a little** *ein bißchen*, I

live *wohnen*, I; *leben*, II

liver *die Leber*, III1

living room *das Wohnzimmer, -*, II; **in the living room** *im Wohnzimmer*, I

lobster *der Hummer, -*, II

long *lang*, I

long for *s. sehnen nach*, III7

look *schauen*, I; **Look!** *Schauen Sie!*, I; *Guck mal!, Schau mal!, Sieh mal!*, II; **That looks great on you!** *Das steht dir prima!*, II; **look for** *suchen*, I; **look like** *aussehen* (sep), I; **look around** *s. umsehen* (sep), III10

lose *verlieren*, III2

lose weight *abnehmen* (sep), III3

lot: quite a lot *eine ganze Menge*, III8; **a lot** *viel*, I

loud *laut*, III8

lousy *mickrig*, III3

luck: Bad luck! *So ein Pech!*, I; **What luck!** *So ein Glück!*, I; **Luckily** *Zum Glück*, III11; **Lucky that...** *Ein Glück, daß ...*, III11

lunch *das Mittagessen*; **For lunch there is...** *Zum Mittagessen gibt es ...*, II

M

made: made of cotton *aus Baumwolle*, I

magazine *die Zeitschrift; -en*, I

mail, post office *die Post*, III1

mainly *hauptsächlich*, III3

make *machen*, I; **make, achieve** *schaffen*, III5

makeup: to put on makeup *s. schminken*, III3

man *der Mann, ¨er*, I

many *viele*, I

March *der März*, I

margarine *die Margarine*, II

marinated *mariniert*, II

mark *die Mark, -*, I

market square *der Marktplatz, ¨e*, I

marmalade *die Marmelade, -n*, II

marriage *die Ehe, -n*, III12

marry *heiraten*, III5

math *Mathe (die Mathematik)*, I

matter: in this matter *in diesem Punkt*, III8; **to not matter** *s. nichts*

ausmachen (sep), III6

May *der Mai*, I

may: May I help you? *Haben Sie einen Wunsch?*, I; **May I (please)...?** *Darf ich (bitte) ...?*, II; **That may well be.** *Das mag schon sein.*, III4

maybe *vielleicht*, I; **Yes, maybe, but...** *Ja, das kann sein, aber ...*, II

me *mich, mir*, I; **Me too!** *Ich auch!*, I

meadow *die Wiese, -n*, III7

means: By all means. *Auf alle Fälle.*, III11

measure *messen*, II; **he/she measures** *er/sie mißt*, II

meat *das Fleisch*, I; **You eat a lot of meat, right?** *Du ißt wohl viel Fleisch, ja?*, II

media planner *Mediaplaner(in), -/nen*, III12

meet *treffen*, III3

member *das Mitglied, -er*, III5

mentality *die Mentalität*, III11

mention *erwähnen*, III1

mess: What a mess! *So ein Mist!*, I

message *die Mitteilung, -en*, III7

miracle, wonder *das Wunder, -*, III10

mirror *der Spiegel, -*, III10

miss *vermissen*, III6

missing: to be missing *fehlen*, III5

mood *die Laune*, III3

moped *mit dem Moped*, I

more *mehr*, I; **the more ... the** *je mehr ... desto*, III7

morning *der Morgen*, I; **Morning!** *Morgen!*, I

most *meist-*, III6; **most of all** *am liebsten*, I; *vor allem*, III11; **most of the time** *meistens*, II

mother *die Mutter, ¨*, I; **Mother's Day** *der Muttertag*, I; **Happy Mother's Day!** *Alles Gute zum Muttertag!*, I

motor *der Motor, -en*, II

motorcycle *das Motorrad, ¨er*, II

mountain *der Berg, -e*, II; **in the mountains** *in den Bergen*, II

mouth *der Mund, ¨er*, III2

move (residence) *ziehen*, III12

movie *der Film, -e*, I; **to go to the movies** *ins Kino gehen*, I

movie theater *das Kino, -s*, I

mow *mähen*, I; **to mow the lawn** *den Rasen mähen*, I

Mr. *Herr*, I

Mrs. *Frau*, I

much *viel*, I; **much too** *viel zu*, I

mug *der Becher, -*, III2

museum *das Museum, (pl) Museen*, I

mushroom *der Pilz, -e*, II

music *die Musik*, I; **to listen to music** *Musik hören*, I

music store *der Musikladen, ¨*, III1

music: house music *die Hausmusik*, III10

musical *das Musical, -s*, II

musician *Musiker(in), -/nen*, III11

mustard *der Senf*, I

my *mein (poss adj)*, I; **my name is** *ich heiße*, I

myself *mich*, II

N

name *der Name, -n*, I; **her name is** *sie heißt*, I; **What's the boy's name?** *Wie heißt der Junge?*, I

namely *nämlich*, III2

napkin *die Serviette, -n*, III2

native language *die Muttersprache, -n*, III4

nature *die Natur*, III2

nature: good-natured *gutmütig*, III8

nauseated: I'm nauseated. *Mir ist schlecht.*, II

near *nahe*, III9

near to *in der Nähe von*, III8

nearby *in der Nähe*, I

necklace *die Halskette, -n*, II

need *brauchen*, I

neither ... nor *weder ... noch*, III10

nerves: to get on the nerves *nerven*, III7

never *nie*, I; **not yet** *noch nie*, II

new *neu*, II

news: the news *die Nachrichten* (pl), II

newspaper *die Zeitung, -en*, I

next to *neben*, II

next: the next street *die nächste Straße*, I

nice *nett*, III8

night *die Nacht, ¨e*, III2

night: to spend the night *übernachten*, II

no *kein*, I; **No more, thanks!** *Nichts mehr, danke!*, I

no way: There's just no way! *Das gibt's doch nicht!*, II

noise *der Lärm*, II

non-fiction book *das Sachbuch, ¨er*, I

none *kein*, I

nonsense, baloney *Quatsch*, III6

noodle soup *die Nudelsuppe, -n*, I

nor: neither ... nor *weder ... noch*, III10

normally *normalerweise*, II

North: the North Sea *die Nordsee*, II

nose: runny nose *der Schnupfen*, II

not *nicht*, I; **not at all** *überhaupt*

nicht, I; **to not like at all** *gar nicht gern haben*, I; **Not really.** *Nicht besonders.*, I; **not any** *kein*, I; **Not entirely! / Not necessarily!** *Nicht unbedingt!*, II; **actually not** *eben nicht*, II

notebook *das Notizbuch, ̈er*, I; *das Heft, -e*, I

nothing *nichts*, I; **nothing at the moment** *im Moment gar nichts*, I; **Nothing, thank you!** *Nichts, danke!*, I; **There's nothing you can do.** *Da kann man nichts machen.*, II

notice: on short notice *kurzfristig*, III5

novel *der Roman, -e*, I

November *der November*, I

now *jetzt*, I; **just now** *eben, gerade*, III2; **now and then** *ab und zu*, III6

nuclear war *der Atomkrieg, -e*, III11

number *die (Telefon)nummer*, I; **to dial the number** *die Nummer wählen*, I

nutritional scientist *Gesundheitswissenschaftler(in), -/nen*, III12

nutritious *vollwertig*, III3

O

o'clock: at 1 o'clock *um 1 Uhr*, I

oasis *die Oase, -n*, II

observe *beobachten*, III8

occupation *die Tätigkeit, -en*, III11

ocean *das Meer, -e; die See, -n*, II

October *der Oktober*, I

of *von*, II; **made of wool** *aus Wolle*, II

Of course! *Ja klar!*, I; *Ganz klar!*, I; *Na klar!*, II; **Yes, of course!** *Ja, natürlich!*, II

offer *anbieten* (sep), III9; *das Angebot, -e*, I

office: employment office *das Arbeitsamt, ̈er*, III11

officer *der Offizier, -e*, III5

often *schon oft*, I

Oh! *Ach!*, I; **Oh yeah!** *Ach ja!*, I

oil *das Öl, -e*, I

Okay! I'll do that! *Gut! Mach' ich!*, I; **It's okay.** *Es geht.*, I; *Schon gut!*, II; **well, okay** *also* (part), III2

old *alt*, I; **How old are you?** *Wie alt bist du?*, I; **older** *älter*, II

olympic champion *der Olympiasieger, -*, II

omit, drop *weglassen* (sep), III6

on: on ... Square *am ...platz*, I; **on ... Street** *in der ...straße*, I; **to walk on foot** *zu Fuß gehen*, I; **on**

Monday *am Montag*, I; **on the first of July** *am ersten Juli*, I; **on a lake** *an einem See*, II; **on a river** *an einem Fluß*, II

once *einmal*, I; **once a month** *einmal im Monat*, I; **once a week** *einmal in der Woche*, I; **once a day** *einmal am Tag*, II

oneself *selbst*, III6

onion *die Zwiebel, -n*, I

only *bloß*, I; *nur*, II

onto *auf*, II

open *offen*, III8

opener: bottle opener *der Flaschenöffner, -*, III2

opera *die Oper, -n*, I; **opera house** *die Oper, -n*, II

operetta *die Operette, -n*, II

opinion: in my opinion *meiner Meinung nach*, III6

oppress *unterdrücken*, III12

optician *Optiker(in), -/nen*, III12

orange juice *der Orangensaft, ̈-e*, I

order *bestellen*, III1

order: in order to do... *um ... zu machen*, III3

orderly *geregelt*, III11; *ordentlich*, III8

organic food *die Biokost*, III3

ostensibly *angeblich*, III7

other *andere*, I

other: the other day *neulich*, III1

Ouch! *Au!, Aua!*, II

ourselves *uns*, II

out of *aus* (dat), II

outside of *außerhalb* (gen), III4

outstanding *ausgezeichnet*, II

oven *der Ofen, ̈-*, I

over it *darüber*, II

over there *dort drüben*, I; **over there in the back** *da hinten*, I

overcast *trüb*, II

own: (one's) own *eigen-* (adj), II

oxygen *der Sauerstoff*, III9

oyster *die Auster, -n*, II

ozone: hole in the ozone layer *das Ozonloch*, III9

P

padded *gefüttert*, II

page through *durchblättern* (sep), III6

pain *der Schmerz, -en*, II

painting *das Gemälde, -*, II

pair *das Paar, -e*, II

pan dish *das Pfannengericht, -e*, II

pants *die Hose, -n*, I

Pardon me! *Verzeihung!*, II

parents *die Eltern* (pl), I

park *der Park, -s*, I, II; **to go to the park** *in den Park gehen*, I

parka *der Anorak, -s*, II

parking place/lot *der Parkplatz, ̈-e*, II

parliament: German Federal Parliament *der Bundestag*, III11

part *der Teil, -e*, III9

part: to take part *dabeisein* (sep), III11

particularly *ausgesprochen*, III5; *insbesondere*, III8

partly *teilweise*, III10

party *die Fete, -n*, III4

pass: time passes *vergehen*, III11

past *vergangen-*, III5

pasta *die Teigwaren* (pl), III1

path *der Weg, -e*, III8

patience *die Geduld*, III10

patient *geduldig*, III8

pattern *das Muster, -*, II

pay *bezahlen*, III1

pea *die Erbse, -n*, II

peace *der Frieden*, III5

peace-loving *friedliebend*, III8

peaceful *friedlich*, 7

peach *der Pfirsich, -e*, II

peanut butter *die Erdnußbutter*, III1

pencil *der Bleistift, -e*, I

people *die Leute* (pl), I

pepper shaker *der Pfefferstreuer, -*, III2

perceive *wahrnehmen* (sep), III7

perch: filet of perch *das Seebarschfilet, -s*, II

perfect, whole *heil*, III7

perform *aufführen* (sep), III10

performance *die Aufführung, -en*, III10

perfume *das Parfüm, -e or -s*, I

perfumed *parfümiert*, II

perhaps *eventuell*, III10

permit oneself *s. erlauben*, III5

pet *das Haustier, -e*, II

pharmacy *die Apotheke, -n*, II

philosopher *der Philosoph, -en*, III10

photograph *fotografieren*, II; **color photograph** *das Farbbild, -er*, II

photographer *Fotograf(in), -en/nen*, III12

physical education *der Sport*, I

physically: accessible to the physically challenged *behindertenfreundlich*, III2

piano *das Klavier, -e*, I; **I play the piano.** *Ich spiele Klavier.*, I

pick out *s. aussuchen* (sep), III1

pick up *aufräumen* (sep), I; *abholen* (sep), III8; **to pick up the telephone** *den Hörer abheben* (sep), I

pickle *die saure Gurke, -n*, III1

picnic *das Picknick, -s*, III2
picnic basket *der Picknickkorb, ⸚e*, III2
piece *das Stück, -e*, I; **a piece of cake**
  ein Stück Kuchen, I
pity, sympathy *das Mitleid*, III3
pizza *die Pizza, -s*, I
place *der Platz, ⸚e*, II
plan *der Plan, ⸚e*, III2; *vorhaben*
  (sep), III3
plant *die Pflanze, -n*, III8
plastic *der Kunststoff, -e*, I; **made of**
  plastic *aus Kunststoff*, I
plate *der Teller, -*, III2
play *spielen*, I; **to play a board game**
  ein Brettspiel spielen, I; *das*
  Schauspiel, -e, II; *das Theaterstück,*
  -e, II
play (act) *darstellen (sep)*, III10
pleasant *angenehm*, III5; *sympa-*
  thisch, II
please *bitte*, I
pleasure *das Vergnügen, -*, III10; **My**
  pleasure! *Gern geschehen!*, I
plot *die Handlung, -en*, III10
plum *die Zwetschge, -n*, II
pocket *die Tasche, -n*, II; **back pocket**
  die Gesäßtasche, -n, I
pocket calculator *der Taschenrechner,*
  -, I
poison *das Gift, -e*, III9; **to poison,**
  pollute *verpesten*, III9
poisonous *giftig*, III9
pole vault *der Stabhochsprung*, II
polite *höflich*, III8
political discussion *eine Diskussion*
  über Politik, II
politics *die Politik (sing)*, I
polka-dotted *gepunktet*, I
pollutant *der Schadstoff, -e*, III9
pollute *verschmutzen*, III9
pollution: **air pollution** *die*
  Luftverschmutzung, III9
pool *der Pool, -s*, II; **indoor pool** *das*
  Hallenbad, ⸚er, II
porch *die Terrasse, -n*, II
pork *das Schweinefleisch*, III1
pork chop *das Schweinekotelett, -s*, II;
  pork loin steak *das*
  Schweinerückensteak, -s, II
position: **to take a position** *Stellung*
  nehmen, III6
possibility *die Möglichkeit, -en*, III4
possible *möglich*, II
possibly *möglicherweise*, III10
post office, mail *die Post*, II
poster *das Poster, -*, I
potato *die Kartoffel, -n*, I; **fried pota-**
  toes *die Bratkartoffeln (pl)*, II;
  potato croquettes *die Kroketten*
  (pl), II

pound *das Pfund, -*, I
pounding heart *das Herzklopfen*,
  III10
poverty *die Armut*, II
practice (a profession) *ausüben (sep)*,
  III11
praise *anpreisen (sep)*, III7
prefer *lieber (mögen)*, I; *vorziehen*
  (sep), II; **I prefer...** *Ich ziehe ... vor*,
  II; **I prefer noodle soup.**
  Nudelsuppe mag ich lieber., II; **I pre-**
  fer that... *Ich bin dafür, daß ...*, II
prejudice *das Vorurteil, -e*, III4
prepare for *s. vorbereiten (sep) auf*
  (acc), III11
pretty *hübsch*, I; *schön*, I
pretzel *die Brezel, -n*, I
primarily *in erster Linie*, III7
printer *der Drucker, -*, III6
probably *wahrscheinlich*, I
produce *herstellen (sep)*, III9; *pro-*
  duzieren, II
produce store *der Obst- und*
  Gemüseladen, ⸚, II
product *das Produkt, -e*, III1; **prod-**
  uct, ware *die Ware, -n*, III7
production *die Herstellung, -en*, III9
profession *der Beruf, -e*, III11
program (TV) *die Sendung, -en*, II;
  family program *die Familien-*
  sendung, -en, II; **nature program**
  die Natursendung, -en, II
promise *versprechen*, III1
protection: **environmental protection**
  der Umweltschutz, III9
proud: **to be proud of** *stolz sein auf*
  (acc), III8
pullover *der Pulli, -s*, I
pump spray *der Pumpzerstäuber, -*,
  III9
punctual *pünktlich*, III8
purpose: **on purpose** *absichtlich*, III4
put (into) *stecken*, III9
put on *anziehen (sep)*, I

Q

qualify, make less absolute *rela-*
  tivieren, III8
quark *der Quark*, II
quarrel *der Krach*, III4; *die*
  Streitigkeit, -en, III4; *streiten*, III2;
  argument *der Streit*, III4
quarter: **a quarter after** *Viertel nach*,
  I; **a quarter to** *Viertel vor*, I
queen *die Königin, -nen*, III10
question *die Frage, -n*, II; **It's out of**
  the question! *Kommt nicht in*
  Frage!, III11
quiet *still*, III8

quiz show *die Ratesendung, -en*, II

R

rabbit meat *das Hasenfleisch*, III1
radio *das Radio, -s*, II
radio announcer *Rundfunksprecher*
  (in), -/nen, III12
radish *das Radieschen, -*, III1
railroad station *der Bahnhof, ⸚e*, I
rain *der Regen*, I; **It's raining.** *Es reg-*
  net., I
rain: **acid rain** *der saure Regen*, III9
rainy *regnerisch*, I
raise (a child) *großziehen (sep)*, III7
raisin *die Rosine, -n*, III1
raspberry marmalade *die*
  Himbeermarmelade, -n, II
rather *ziemlich*, I
raw *roh*, II
read *lesen*, I
read aloud *vorlesen (sep)*, III10
reading *die Lektüre, -n*, III1
really *ganz*, I; *wirklich*, I; *echt*, II; **Not**
  really. *Nicht besonders.*, I
really (well) *unheimlich (gut)*, III10
reason *der Grund, ⸚e*, III11; **for this**
  reason *deshalb*, III6; **to give a rea-**
  son *begründen*, III6
rebellious *aufsässig*, III4
receive *bekommen*, I
receiver *der Hörer, -*, I
recent: **most recent event** *die*
  Neuigkeit, -en, III6
recently *vor kurzem*, III1
recognize *erkennen*, III10
recommend *empfehlen*, III8
recycle *wiederverwerten (sep)*, III9
recycling bin *der Container, -*, III8
red *rot*, I; **in red** *in Rot*, I
red berry dessert *Rote Grütze*, II
red cabbage *der Rotkohl*, II
reduce *abbauen (sep)*, III8
reexamine *überprüfen*, III8
refrigerator *der Kühlschrank, ⸚e*, I
regularly *regelmäßig*, III3
relationship *das Verhältnis*, III4
relax *s. entspannen*, III3
religion *die Religion, -en*, I
remember *s. erinnern an (acc)*, III2
remote control *die Fernbedienung,*
  -en, II
repeat *wiedergeben (sep)*, III8
replace *ersetzen*, III9
report *der Bericht, -e*, III6
reported to be *angeblich*, III7
require *nötig haben*, III11
residence *das Wohnhaus, ⸚er*, II; **the**
  ... residence *Hier bei ...*, I
rest *s. ausruhen (sep)*, III11

restaurant *das Restaurant, -s*, II; *der Gasthof, ⁻e*, II; **small restaurant** *das Lokal, -e*, II

return: to come back to (a topic) *zurückkommen auf* (sep, acc), III6

returnable: non-returnable bottle *die Einwegflasche, -n*, III9

reusable bottle *die Mehrwegflasche, -n*, III9

ribs *die Rippchen* (pl), III1

rice *der Reis*, II

right *das Recht, -e*, III5

right: That's all right. *Macht nichts!*, II; That's not right (at all)! *Das stimmt (überhaupt) nicht!*, II; You're right about that! *Da hast du recht!*, II

right: to the right *nach rechts*, I

ring *der Ring, -e*, II

ringlet *der Ringel, -*, II

river *der Fluß, (pl) Flüsse*, II; **on a river** *an einem Fluß*, II

roast *der Braten*, II

robust, strong *stark*, III8

role *die Rolle, -n*, III11

roll *die Semmel, -n*, I

roll of film *der Film, -e*, II

romance *der Liebesfilm, -e*, I; **romance novel** *der Liebesroman, -e*, I

roof *das Dach, ⁻er*, III9

room *das Zimmer, -*, I; **to clean up my room** *mein Zimmer aufräumen* (sep), I

round *rund*, I

ruined *kaputt*, I, II

run *laufen*, II; **long distance run** *der Langstreckenlauf*, II

run: ski run *die Skipiste, -n*, III9

runny nose *der Schnupfen*, II

Russian *russisch* (adj), II

S

sad *traurig*, I

safe: environmentally safe *umweltfreundlich*, III9

sail *segeln*, II

salmon *der Lachs, -e*, II

salt *das Salz*, I

salt shaker *der Salzstreuer, -*, III2

salty: too salty *zu salzig*, II

same: the same *das gleiche*, III7; *derselbe*, III7

sandwich *das Sandwich, -es*, II; **What do you have on your sandwich?** *Was hast du denn auf dem Brot?*, II

Saturday *der Samstag*, I; **Saturdays** *samstags*, II

sauerkraut *das Sauerkraut*, II

sauna *die Sauna, -s*, II

sausage *die Wurst, ⁻e*, I

save money *sparen*, III3

say *sagen*, I; **Say!** *Sag mal!*, I **to say something about** *aussagen über* (sep), III3

scan (a newspaper) *herumblättern* (sep), III3

scarf *der Schal, -s*, II

schedule of shows *das Programm, -e*, II

school *die Schule, -n*, I; **after school** *nach der Schule*, I; **How do you get to school?** *Wie kommst du zur Schule?*, I; **at school** *an der Schule*, II

school administration *die Schulleitung*, III6

school subject *das Fach, ⁻er*, I

school supplies *die Schulsachen* (pl), I

school, class *der Unterricht*, III5

schoolbag *die Schultasche, -n*, I

science *die Wissenschaft, -en*, III11

science fiction movie *der Science-fiction-Film, -e*, I

scientific *wissenschaftlich*, III10

scold *schimpfen*, III4

sea *die See, -n; das Meer, -e*, II

search (for) *suchen*, I

second *zweit-*, I; **the second street** *die zweite Straße*, I

secret tip *der Geheimtip, -s*, II

secure *sicher*, II

seduce *verführen*, III7

see *sehen*, I; **See you later!** *Bis dann!*, I; **to see a movie** *einen Film sehen*, I

seem *scheinen*, III5

seldom *selten*, II

sensational *sensationell*, I

senseless *sinnlos*, III5

separate oneself from *s. absondern von* (sep), III4

September *der September*, I

seriously *im Ernst*, III5

services: armed services *die Streitkräfte*, III5

set the table *den Tisch decken*, I

several *mehrere*, III6

sew *nähen*, III3

shaker: salt and pepper shaker *der Salz- und Pfefferstreuer*, III2

shame: to be a shame about something *schade um etwas sein*, III5

shampoo *das Shampoo, -s*, II

sharp (clothing) *scharf*, II; **really sharp** *fetzig*, II

shine: the sun is shining *die Sonne scheint*, I

ship *das Schiff, -e*, II

shirt *das Hemd, -en*, I

shish kebab *das Schisch Kebab*, 11

shoe: patent leather shoe *der Lackschuh, -e*, II

shoemaker *Schuhmacher(in), -/nen*, III12

shoot *schießen*, III5

shop *einkaufen* (sep), I; **to go shopping** *einkaufen gehen*, I

short *kurz*, I

short: on short notice *kurzfristig*, III5

shortening *das Butterschmalz*, I

shorts: pair of shorts *die Shorts, -*, I

shot put *das Kugelstoßen*, II

should *sollen*, I

shoulder *die Schulter, -n*, II

show *die Sendung, -en*, II

shower *duschen*, III9

side dish *die Beilage, -n*, II

sightsee *etwas besichtigen*, II

sign *unterschreiben*, III5

silk *die Seide*, I; **made of silk** *aus Seide*, I; **silk shirt** *das Seidenhemd, -en*, II; **real silk** *echte Seide*, II

silly, strange *grotesk*, III10

silver: made of silver *aus Silber*, II

silverware *das Besteck*, III2

singer (female) *die Sängerin, -nen*, I; **singer (male)** *der Sänger, -*, I

sink *das Spülbecken, -*, I

sister *die Schwester, -n*, I; **brothers and sisters** *die Geschwister* (pl), I

site *die Anlage, -n*, II

situation *das Verhältnis, -se*, III11

size *die Größe, -n*, I

ski run *die Skipiste, -n*, III9

skin *die Haut*, II

skirt *der Rock, ⁻e*, I; **pleated skirt** *der Faltenrock, ⁻e*, II

sledding *rodeln*, II

sleep: to get enough sleep *genügend schlafen*, II

sleeveless *ärmellos*, II

sleeves: with long sleeves *mit langen Ärmeln*, II; **with short sleeves** *mit kurzen Ärmeln*, II

slender *schlank*, II

slice *die Scheibe, -n*, III1

slide *das Dia, -s*, II

slip *ausrutschen* (sep), III1

slogan: advertising slogan *der Werbespruch, ⁻e*, III7

sloppy *schlampig*, III3

slow(ly) *langsam*, II

small *klein*, I

smart (looking) *fesch, schick, chic*, I

smoke *rauchen*, II

smoked *geräuchert*, II

snack bar, stand *die Imbißstube, -n*, I

snap *der Druckknopf, ⁼e*, II

sneaker *der Turnschuh, -e*, I

snow *der Schnee*, I; **It's snowing.** *Es schneit.*, I

so *so*, I; **So long!** *Tschau! / Tschüs!*, I; **so so** *so lala*, I

so that, in order to *damit* (conj), III3

soap *die Seife, -n*, II

soap: laundry soap *das Waschmittel, -*, III9

soccer *Fußball*, I

sock *die Socke, -n*, I

soda: lemon-flavored soda *die Limo, -s (die Limonade, -n)*, I; **cola and lemon soda** *das Spezi, -s*, II

sofa *das Sofa, -s*, II

soft *weich*, II

some *einige*, III6; **some-** *irgend-*, III7

Someone told me that... *Man hat mir gesagt, daß ...*, II

something *etwas*, I

sometimes *manchmal*, I

son *der Sohn, ⁼e*, II

song *das Lied, ⁼er*, I

sorry: to be sorry *bedauern*, II; *leid tun*, II; **I'm sorry.** *Es tut mir leid.*, I; **Sorry, I can't.** *Ich kann leider nicht.*, I; **Sorry, but unfortunately we're all out of couscous.** *Tut mir leid, aber der Couscous ist leider schon alle.*, II; **I'm so sorry.** *Das tut mir aber leid!*, II

sort *sortieren*, I

sound *klingen*, III11

sound engineer *Toningenieur(in), -e/nen*, III12

soup *die Suppe, -n*, II

space travel *die Raumfahrt*, III11

Spanish *spanisch* (adj), II

speak *reden*, III4; **to speak one's mind** *ausreden* (sep), III6

specialist: tourism specialist *Touristikfachwirt(in), -e/nen*, III12

spectator *der Zuschauer, -*, III10

spend (time) *verbringen*, I; **spend (the night)** *übernachten*, II

spicy *würzig*, II; **spicy, hot** *scharf*, II

spinach *der Spinat*, II

splendor *die Pracht*, III10

spoil, pamper *verwöhnen*, III8

spoon *der Löffel, -*, III2

sport(s) *der Sport*, I; **sport facility** *die Sportanlage, -n*, II; **sports telecast** *die Sportübertragung, -en*, II; **Do you play sports?** *Machst du Sport?*, I

sports scientist *Sportökonom(in), -en/nen*, III12

sporty *sportlich*, II

sprain (something) *sich (etwas) verstauchen*, II

spray: pump spray *der Pumpzerstäuber, -*, III9

spread *verbreiten*, III8; **spread, to butter** *bestreichen*, III1

spring *der Frühling*, I; **in the spring** *im Frühling*, I

spring a leak *leck werden*, III9

sprouts (bean) *die Sojasprossen*, II

square *der Platz, ⁼e*, I; **on ... Square** *am ...platz*, I

stage *die Bühne, -n*, III10

stamp *die Briefmarke, -n*, I; **to collect stamps** *Briefmarken sammeln*, I

stand, to be *stehen*, III2; **to not be able to stand something** *etwas nicht leiden können*, III4

state: German federal state *das Bundesland, ⁼er*, I

station *der Sender, -*, II

stay, remain *bleiben*, II

steak (beef) *das Rindersteak, -s*, II

stereo *die Stereoanlage -n*, I

stimulate, encourage *anregen* (sep), III6

stimulating *anregend*, III6

stinks: That stinks! *So ein Mist!*, I

stirrup pants *die Steghose, -n*, II

stocking *der Strumpf, ⁼e*, II

stomach *der Bauch, ⁼e*, II; **stomachache** *die Bauchschmerzen* (pl), II

storage shelf *das Ablagefach, ⁼er*, II

store *der Laden, ⁼*, I

store: to be in store for *zukommen auf* (sep, acc), III11

storm *das Gewitter, -*, I

stove *der Herd, -e*, I

straight ahead *geradeaus*, I

strange, silly *grotesk*, III10

strawberry *die Erdbeere, -n*, II; **strawberry marmalade** *die Erdbeermarmelade*, II

street *die Straße, -n*, I; **on ... Street** *in der ...straße*, I; **main street** *die Hauptstraße, -n*, II

stressful *anstrengend*, III5; *stressig*, III8

strict *streng*, III8

strike *der Streik, -s*, III6

stripe *der Streifen, -*, II

striped *gestreift*, I

stroll *spazieren*, II

strong *kräftig*, III7; *stark*, III8

struggle, battle *der Kampf, ⁼e*, III5

stubborn *stur*, III8

student exchange *der Schüleraustausch*, III6

students' representatives *die Schülervertretung*, III6

studies: university studies *das Studium*, III5

study *lernen*, III3

stuff oneself *futtern*, III2

stupid *blöd*, I

style *der Stil, -e*, II

stylist: hair stylist *Friseur/Friseuse, -e/n*, III12

subconscious *das Unterbewußtsein*, III7

subject (school) *das Fach, ⁼er*, I

submarine *das U-Boot, -e*, III5

subscription *das Abonnement, -s*, III10

suburb *der Vorort, -e*, I; **in a suburb** *in einem Vorort*, II

subway *die U-Bahn*, I; **by subway** *mit der U-Bahn*, I

subway station *die U-Bahnstation, -en*, I

success *der Erfolg, -e*, III12

suede jacket *die Wildlederjacke, -n*, II

sugar *der Zucker*, I

suggest *vorschlagen*, II; **I suggest that...** *Ich schlage vor, daß ...*, II

suggestion *der Vorschlag, ⁼e*, II

suit *der Anzug, ⁼e*, II

suit: to be suited to *s. eignen zu*, III6

summer *der Sommer*, I; **in the summer** *im Sommer*, I

sun *die Sonne*, I

sun protection factor *der Lichtschutzfaktor, -en*, II

sun tan lotion *die Sonnenmilch*, II; *die Sonnencreme*, II

Sunday *der Sonntag*, I; **Sundays** *sonntags*, II

sunny *sonnig*, I

sunroof *das Schiebedach, ⁼er*, II

sunstroke *der Sonnenstich, -e*, II

Super! *Spitze!, Super!*, I

superficial *oberflächlich*, III6

supermarket *der Supermarkt, ⁼e*, I; **at the supermarket** *im Supermarkt*, I

support *unterstützen*, III6

suppose *vermuten*, III8

suppose: I suppose so, but... *Eigentlich schon, aber ...*, II

supposed to *sollen*, I; **The fish is supposed to be great.** *Der Fisch soll prima sein.*, II; **Well, what am I supposed to do?** *Was soll ich bloß machen?*, II; **What's that supposed to be?** *Was soll denn das sein?*, II

sure: I'm not sure. *Ich bin nicht sicher.*, I

surprise *überraschen*, III6; **to be surprised** *erstaunt sein*, III8

surrounding area *die Umgebung, -en,* II

swallow: I can hardly swallow. *Ich kann kaum schlucken.,* II

sweater *der Pulli, -s,* I

sweet *süß,* II

swim *schwimmen,* I; **to go swimming** *baden gehen,* I

swimming pool *das Schwimmbad, ̈er,* I; *der Pool, -s,* II; **to go to the (swimming) pool** *ins Schwimmbad gehen,* I

switch off *abstellen (sep),* II; *ausschalten (sep),* III9

sympathy, pity *das Mitleid,* III3

synagogue *die Synagoge, -n,* II

T

T-shirt *das T-Shirt, -s,* I

table *der Tisch, -e,* I; **to clear the table** *den Tisch abräumen (sep),* I

take *nehmen,* I

take care of *erledigen,* III1

take part *dabeisein (sep),* III11

talk about *sprechen über,* I; **What did you (pl) talk about?** *Worüber habt ihr gesprochen?,* I

tank *der Panzer, -,* III5

task *die Aufgabe, -n,* III6

taste *der Geschmack,* III3; *schmecken,* I; **Does it taste good?** *Schmeckt's?,* I; **How does it taste?** *Wie schmeckt's?,* I; **doesn't taste good** *schmeckt mir nicht,* II; **Beef tastes better to me.** *Rind schmeckt mir besser.,* II; **Which soup tastes best to you?** *Welche Suppe schmeckt dir am besten?,* II

Tasty! *Lecker!,* I

tax consultant *Steuerberater(in), -/nen,* III12

tea *der Tee,* I; **a glass of tea** *ein Glas Tee,* I

teacher (male) *der Lehrer, -,* I; (female) *die Lehrerin, -nen,* I

team *die Mannschaft, -en,* II; **on the (basketball) team** *in der (Basketball) mannschaft,* II

technical designer *technische(r) Zeichner(in), -/nen,* III12

teenager *der, die Jugendliche, -n,* III8

telecast, transmission *die Übertragung, -en,* II

telephone *das Telefon, -e, der Apparat, -e,* I; **to pick up the telephone** *den Hörer abheben (sep),* I

telephone booth *die Telefonzelle, -n,* I

telephone number *die Telefonnummer, -n,* I

television (medium of) *das Fernsehen,* I; **TV set** *der Fernseher, -,* II; **idiot box** *die Glotze, -n,* III6; **to watch TV** *Fernsehen schauen,* I; *fernsehen (sep), Fernseh gucken,* II; **color stereo television set** *das Stereo-Farbfernsehgerät, -e,* II; **TV and video cart** *der Fernseh- und Videowagen, -,* II; **What's on TV?** *Was läuft im Fernsehen?,* II

tell *erzählen,* III1

temptation to buy *der Kaufreiz,* III7

tension *die Spannung, -en,* III10

terrible *schrecklich,* III3

test *die Prüfung, -en,* III5

Thank you (very much)! *Danke (sehr/schön)!,* I; *Vielen Dank!,* I; **Thank you and the same to you!** *Danke gleichfalls!,* II; *Danke! Dir/Ihnen auch!,* II

that *daß (conj),* I; **That's all.** *Das ist alles.,* I; **That's...** *Das ist ...,* I

theater *das Theater, -,* I; **(theater) balcony** *der Rang, ̈e,* III10

theme *das Thema, Themen,* III5

then *dann,* I

there *dort,* I

there: to be there, take part *dabeisein (sep),* III5

thermos bottle *die Thermosflasche, -n,* III2

thing *die Sache, -n,* III3

think: Do you think so? *Meinst du?,* I; **I think** *ich glaube,* I; **I think (tennis) is...** *Ich finde (Tennis) ...,* I; **I think so too.** *Das finde ich auch.,* I; **I don't think that...** *Ich glaube nicht, daß ...,* II; **I really think that...** *Ich meine doch, daß ...,* II; **I think I'm sick.** *Ich glaube, ich bin krank.,* II; **I think it's great that...** *Ich finde es toll, daß ...,* II

think a lot of *halten von,* III3; **to think about** *s. Gedanken machen über (acc),* III3; **to think of or about** *denken an (acc),* III2; **thinking over** *das Nachdenken,* III6

think: What do you think of that? *Wie stehst du dazu?,* III6

third *dritt-,* I

thirsty *durstig,* III8

this *dies-,* II; **this afternoon** *heute nachmittag,* I; **This is...** (on the telephone) *Hier ist ...,* I; **this morning** *heute morgen,* I

thorough *gründlich,* III6

threaten *drohen (dat),* III8

three times *dreimal,* I

thrilling *spannend,* I

thrive *aufblühen (sep),* III10

throat *der Hals, ̈e,* II; **sore throat** *die Halsschmerzen (pl),* II

through *durch,* II

thumb *der Daumen, -,* III1

Thursday *der Donnerstag,* I; **Thursdays** *donnerstags,* II

ticket window *die Abendkasse, -n,* III10

tie *die Krawatte, -n,* II; **bow tie** *die Fliege, -n,* II

tight *eng,* I; **It's too tight on you.** *Es ist dir zu eng.,* II

till: ten till two *zehn vor zwei,* I

Tilsiter cheese *der Tilsiter Käse,* II

time *die Zeit,* I; **At what time?** *Um wieviel Uhr?,* I; **I don't have time.** *Ich habe keine Zeit.,* I; **What time is it?** *Wie spät ist es?, Wieviel Uhr ist es?,* I; **(time) passes** *vergehen,* III11; **at that time** *damals,* III2

tip *der Tip, -s,* III8

tire: wide tire *der Breitreifen, -,* II

tired *müde,* II

to *an, auf, nach,* II; **Let's drive to the ocean.** *Fahren wir ans Meer!;* **Are you going to the golf course?** *Gehst du auf den Golfplatz?;* **We're going to Austria.** *Wir fahren nach Österreich.,* II

today *heute,* I

toe *die Zehe, -n,* III1

tofu *der Tofu,* II

together: to go together (clothing) *zusammenpassen (sep),* III3

toilet *die Toilette, -n,* II

tolerance *die Toleranz,* III4

tomato *die Tomate, -n,* I

tomorrow *morgen,* I

tonight *heute abend,* I

too *zu,* I; **Too bad!** *Schade!,* I

toothache *die Zahnschmerzen (pl),* II

toothpaste *die Zahnpasta,* II

tour *besichtigen,* I; **to tour the city** *die Stadt besichtigen,* I; **city tour** *die Stadtrundfahrt, -en,* II

tourism specialist *Touristikfachwirt(in), -e/nen,* III12

toward *nach,* II

town *die Kleinstadt, ̈e,* II; **in a town** *in einer Kleinstadt,* II

traffic *der Verkehr,* II

traffic jam *der Stau, -s,* III7

train *die Bahn, -en,* II

train station *der Bahnhof, ̈e,* I

training and weight room *der Fitneßraum, ̈e,* II

translate *übersetzen,* III8

transmitter *der Sender, -,* II

transport plane *das Transportflugzeug, -e,* III5

transportation *das Verkehrsmittel, -,* II; **public transportation** *öffentliche Verkehrsmittel (pl),* II
trash *der Müll,* I; **trash, waste** *der Abfall, -̈e,* III9
trash bag *die Abfalltüte, -n,* III2
tree *der Baum, -̈e,* II
trout *die Forelle, -n,* II
truck *der Laster, -,* III5; *der Lastkraftwagen, -, (LKW, -s),* II
true: **Not true!** *Stimmt nicht!,* I; **That's right!** *Stimmt!,* I; **That's true, but...** *Das stimmt, aber ...,* II
truth *die Wahrheit,* III6
try hard *s. bemühen um,* III6
try on *anprobieren (sep),* I
Tuesday *der Dienstag,* I; **Tuesdays** *dienstags,* II
tuna fish salad *der Thunfischsalat,* III1
tune (an instrument) *stimmen,* III10
Turkish *türkisch (adj),* II
turn *einbiegen (sep);* **Turn in here!** *Biegen Sie hier ein!,* II
tuxedo *der Smoking, -s,* II
twice *zweimal,* I
twin *der Zwilling, -e,* II
type *der Typ, -en,* II

U

ugly *häßlich,* I
unbelievable *unglaublich;* **That's really unbelievable!** *Das ist ja unglaublich!,* II
uncle *der Onkel, -,* I
uncomfortable *unbequem,* I
under it, underneath *darunter,* II
undertake *unternehmen,* III2
underway *unterwegs,* III6
unfortunately *leider,* I; **Unfortunately I can't.** *Leider kann ich nicht.,* I; **That's the way it is, unfortunately.** *Das ist leider so.,* II
unfriendly *unsympathisch,* II
unhealthy *ungesund,* II; *nicht gut für die Gesundheit,* II
unified *vereint,* III11
university studies *das Studium,* III5
unpleasant *unsympathisch,* II
unpopular *unbeliebt,* III4
until *bis (acc),* III11; **from 8 until 8:45** *von 8 Uhr bis 8 Uhr 45,* I; **until you get to ... Square** *bis zum ...platz,* I; **until you get to ... Street** *bis zur ... straße,* I; **until you get to the traffic light** *bis zur Ampel,* I; **until then** *bis dahin,* III11
unusual *ausgefallen,* III3
use *gebrauchen,* III7; *verwenden,* III7;

use again *wiederverwenden (sep),* III9
used: **to get used to** *s. gewöhnen an (acc),* III7
useful *nützlich,* III6
usually *gewöhnlich,* II

V

vacation (from school) *die Ferien (pl),* II; **vacation (from work)** *der Urlaub, -e,* II; **What did you do on your vacation?** *Was hast du in den Ferien gemacht?,* II
vacuum *Staub saugen,* I
vanilla-flavored milk *die Vanillemilch,* II
varied *abwechslungsreich,* II
vegetable produce *das Pflanzenprodukt, -e,* III1
vegetables *das Gemüse,* I
vegetarian *vegetarisch;* **You're vegetarian, right?** *Du ißt wohl vegetarisch, was?,* II
venison *das Rehfleisch,* III1
very *sehr,* I; **Very well!** *Sehr gut!,* I
vest: **jeans vest** *die Jeansweste, -n,* II
veterinarian *Tierarzt, -ärztin,* III11
vice-versa *umgekehrt,* III5
video cassette *das Video, -s,* I; *die Videocassette, -n,* II; **insert a video cassette** *ein Video einlegen (sep),* II; **take out the video cassette** *das Video herausnehmen (sep),* II
video: **use a video camera/a camera** *die Videokamera/die Kamera bedienen,* II
village *das Dorf, -̈er,* II; **in a village** *in einem Dorf,* II
vintner *Winzer(in), -/nen,* III12
violence *die Gewalt,* III8
violent *brutal,* I
violin *die Geige, -n,* III10
visit *besuchen,* I
visit (a place) *besuchen, besichtigen,* II; **I visited (the cathedral).** *Ich habe (den Dom) besichtigt.,* II
vocational school *die Fachschule, -n,* III11
volleyball *Volleyball,* I
volume control *der Lautstärkeregler,* II
voluntary *freiwillig,* III5
vote for *wählen,* III5

W

wait and see *abwarten (sep),* III2
walk *spazieren,* II
want (to) *wollen,* I; *Lust haben,* III2;

What do you want to do? *Was willst du machen?,* II
war *der Krieg, -e,* II; **war movie** *der Kriegsfilm, -e,* I
warm *warm,* I
wash *spülen,* I; **to wash the dishes** *das Geschirr spülen,* I; **to wash (sich) waschen,** II; **to wash clothes** *die Wäsche waschen,* II
waste *verschwenden,* III9
wastewater *das Abwasser, -̈,* III9
watch *schauen,* I; **to watch TV** *Fernsehen schauen,* I; *fernsehen (sep),* II; (colloquial) *Fernsehen gucken,* II
water *das Wasser,* I; **a glass of (mineral) water** *ein Glas (Mineral-) Wasser,* I
water the flowers *die Blumen gießen,* I
watermelon *die Wassermelone, -n,* III1
weapon *die Waffe, -n,* III5
wear *anziehen (sep),* I; *tragen,* II; **Don't wear anything made of...** *Trag ja nichts aus ...!,* II; **Go ahead and wear...** *Trag doch mal ...!,* II
weather *das Wetter,* I; **How's the weather?** *Wie ist das Wetter?,* I
weather report *der Wetterbericht, -e,* II
Wednesday *der Mittwoch,* I; **Wednesdays** *mittwochs,* II
week *die Woche, -n,* I; **every week** *jede Woche,* II
weekend *das Wochenende, -n,* I; **on the weekend** *am Wochenende,* I
weekly special *das Angebot der Woche,* I
weigh *wiegen,* I
weigh on, burden *belasten,* III5
weight lifting *das Krafttraining,* III3
welder *Schweißer(in), -/nen,* III12
well, okay *also (part),* III2
well: **Well yes, but...** *Eigentlich schon, aber ...,* II; *Ja, schon, aber ...,* II; **extremely well** *ganz wohl,* II; **Get well soon!** *Gute Besserung!,* II; **I'm (not) doing well.** *Es geht mir (nicht) gut!,* II; *Mir ist (nicht) gut.,* II; **not well at all** *überhaupt nicht wohl,* II
were: **Where were you?** *Wo bist du gewesen?,* I
western (movie) *der Western, -,* I
wet *naß,* I
what *was;* **What are we going to do now?** *Was machen wir jetzt?,* II; **What is it?** *Was gibt's?,* II; *Was ist?,* II; **Okay, what is it?** *Ja? Was denn?,* II; **So what about...?** *Wie steht's mit ...?,* II; **Yes, what?** *Ja,*

was bitte?, II; **What can I do for you?** *Was kann ich für dich tun?*, I; **What else?** *Noch etwas?*, I

what kind of? *was für?*, I; **What kinds of music do you like?** *Was für Musik hörst du gern?*, I

What's it about? *Worum geht es?*, III4

when, at the time *als* (conj), III8

when? *wann?*, I

whenever *wenn* (conj), II

where (from)? *woher?*, I

where (to)? *wohin?*, I; **Where are we going?** *Wohin fahren wir?*, II

where? *wo?*, I

whether *ob* (conj), II

which *welch-*, I

while *die Weile*, III11

whirlpool *der Whirlpool, -s*, II

white *weiß*, I; **in white** *in Weiß*, I

who? *wer?*, I

whole wheat roll *die Vollkornsemmel, -n*, I

whole, perfect *heil*, III7

whom *wen*, I; **to, for whom** *wem*, I

why? *warum?*, I; **Why don't you come along!** *Komm doch mit!*, I

wide *weit*, I

will *werden*, II

wind surf *windsurfen*, II

windbreaker *die Wind-, Wetterjacke, -n*, II

window *das Fenster, -*, I; **to clean the windows** *die Fenster putzen*, I

windshield wiper *der Scheibenwischer, -*, II

winter *der Winter*, I; **in the winter** *im Winter*, I

wise *weise*, III7

wish *sich wünschen;* **I wish for...** *Ich wünsche mir ...*, II; **What would you wish for?** *Was wünschst du dir (mal)?*, II

with *mit*, I; **with corners** *eckig*, I

without *ohne* (acc), III3; **without doing...** *ohne ... zu machen*, III3; **to do without** *verzichten auf* (acc), III9

witty *witzig*, II

woman *die Frau, -en*, I

wonder, miracle *das Wunder, -*, III10

wonderful *großartig*, II

wood: made of wood *aus Holz*, I

wool *die Wolle*, II

wool shirt *das Wollhemd, -en*, II

work *arbeiten*, II; **That won't work.** *Das geht nicht.*, I; **work, achievement** *das Werk, -e*, III10

world *die Welt, -en*, III11

worry *s. Sorgen machen*, III9

worse than *schlechter als*, II

worth: to be worth it *s. lohnen*, III5

would have (been) *wäre*, III5

would have (had) *hätte*, III5

wrist *das Handgelenk, -e*, III1

wrong: to be wrong *s. irren*, III5

Y

yard *der Garten, ̈*, II

year *das Jahr, -e*, I; **I am... years old.** *Ich bin ... Jahre alt.*, I

yellow *gelb*, I; **in yellow** *in Gelb*, I

yes *ja*, I; **Yes?** *Bitte?*, I; **Yes, I do!** *Doch!*, II

yesterday *gestern*, I; **yesterday evening** *gestern abend*, I; **the day before yesterday** *vorgestern*, I

yogurt *der Joghurt, -*, II

you're (very) welcome! *Bitte (sehr/schön)!*, II

younger *jünger*, II

youth hostel *die Jugendherberge, -n*, III2

Z

zero *null*, I

zipper *der Reißverschluß, -verschlüsse*, II

zoo *der Zoo, -s*, I; **to go to the zoo** *in den Zoo gehen*, I

GRAMMAR INDEX

This grammar index includes grammar topics introduced in **Komm mit!** Levels 1, 2, and 3. The Roman numeral I following the page number(s) indicates Level 1; the Roman numeral II indicates Level 2; the Roman numeral III indicates Level 3.

NOTE: For a summary of the grammar presented in this book see pages 324-341.

ABBREVIATIONS

acc	*accusative*	gen	*genitive*	prep	*preposition*
adj	*adjective*	indef art	*indefinite article*	pres	*present*
art	*article*	indir obj	*indirect object*	pron	*pronoun(s)*
comm	*command*	inf	*infinitive*	ques	*question(s)*
cond	*conditional*	interr	*interrogative*	reflex	*reflexive*
conv past	*conversational past*	narr past	*narrative past*	rel	*relative*
dat	*dative*	nom	*nominative*	sep pref	*separable prefix*
def	*definition*	pass	*passive*	sing	*singular*
def art	*definite article*	pers	*person*	subj	*subject*
dir obj	*direct object*	plur	*plural*		

A

accusative case: def art, p. 123 (I); indef art, p. 123 (I); p. 230 (I); third pers pron, sing, p. 128 (I); third pers pron, plur, p. 180 (I); first and second pers pron, p. 180 (I); following **für**, p. 180 (I); p. 297 (I); following **es gibt**, p. 229 (I); of reflex pron, p. 90 (II); of **jeder**, p. 94 (II); of **kein**, p. 98 (II); of possessives, p. 120 (II); adj following **der-** and **dieser-**words, p. 189 (II); following **durch** and **um**, p. 222 (II); rel pron, p. 87 (III)

adjectives: comparative forms of, p. 166 (II); endings following **ein**-words, p. 170 (II); endings of comparatives, p. 176 (II); endings following **der-** and **dieser**-words, p. 189 (II); endings of unpreceded adj, p. 271 (II); use of numbers as, p. 86 (III); superlative forms of, p. 142 (III); **derselbe** and **gleiche** p. 162 (III); determiners of quantity, p. 163 (III); **irgendein** and **irgendwelche**, p. 171 (III)

als: in a comparison, p. 166 (II); with narrative past, p. 187 (III)

am: contraction of **an dem**, p. 65 (II)

am liebsten: use of with **würde**, p. 267 (II)

an: followed by dat (location), p. 65 (II); followed by acc (direction), p. 214 (II)

ans: contraction of **an das**, p. 214 (II)

anstatt: followed by gen, p. 238 (III)

anziehen: pres tense forms of, p. 131 (I)

article: *see* definite article, indefinite article

auf: followed by dat (location), p. 119 (II); followed by acc (direction), p. 214 (II); use of with s. **freuen**, p. 241 (II); use of with **warten**, p. 58 (III)

aufs: contraction of **auf das**, p. 214 (II)

aus: followed by dat, p. 222 (II)

aussehen: pres tense forms of, p. 132 (I)

außerhalb: followed by gen, p. 238 (III)

B

bei: followed by dat, p. 222 (II)

beim: contraction of **bei dem**, p. 222 (II)

s. brechen: pres tense of, p. 145 (II)

C

case: *see* nominative case, accusative case, dative case

class: def of, p. 24 (I)

command forms: **du**-commands, p. 200 (I); p. 297 (I); **Sie**-commands, p. 227 (I); inclusive commands, p. 139 (II)

comparatives: *see* adjectives

conditional: p. 217 (III); *see also* subjunctive forms

conjunctions: **denn** and **weil**, p. 206 (I); **daß**, p. 232 (I); **wenn**, p. 199 (II); **ob**, p. 218 (II); coordinating conjunctions, **denn, und, oder, aber** and **sondern**, p. 188 (III)

conversational past: p. 58-59 (II); pass voice, p. 245 (III); *see also* perfect

contractions: of in dem, im, p. 65; of an dem, am, p. 65; of zu dem, zum, p. 125; of zu der, zur, p. 125; of an das, ans, p. 214; of auf das, aufs, p. 214; of in das, ins, p. 214; of bei dem, beim, p. 222; of von dem, vom, p. 222 (II)

D

da-compounds: p. 241 (II); p. 58 (III); p. 243 (III)

daß-clauses: p. 232 (I); verb in final position, p. 89 (II); with reflex verbs, p. 90 (II)

dative case: introduction to, p. 283 (I); following **mit**, p. 283 (I); word order with, p. 284 (I); following **in** and **an** when expressing location, p. 65 (II); with **gefallen**, p. 69 (II); of personal pron, p. 69 (II); plural of def art, p. 69 (II); of **ein**-words, p. 71 (II); following **auf** when expressing location, p. 119 (II); of possessives, p. 120 (II); verbs used with dat forms, **gefallen, schmecken**, p. 123 (II); following **zu**, pp. 125, 195 (II); use of to talk about how you feel, p. 137 (II); verbs requiring dat forms, p. 143 (II); reflex verbs requiring dat forms, p. 144 (II); reflex pron, p. 144 (II); use of to express idea of something being too expensive/large/small, p. 149 (II); plur endings of adj, p. 170 (II); endings of adj, p. 189 (II); further uses of, p. 195 (II); preps followed by, p. 222 (II); rel pron, p. 87 (III); *see also* indirect objects

definite article: to identify class, p. 24 (I); p. 74 (I); acc, p. 123 (I); dat, p. 283 (I); nom and acc, p. 305 (I); dat summary, p. 69 (II); dat plur, p. 69 (II); gen, p. 93 (III)

demonstratives: p. 114 (II)

den: dat plur of def art, p. 69 (II)

derselbe: p. 162 (III)

determiners of quantity: p. 163 (III)

dich: as a reflex pron, p. 90 (II)

dieser-words: demonstratives, p. 114, (II); adj following **dieser**-words, p. 189 (II)

dir: dat personal pron, p. 69 (II); reflexive personal pron, p. 144 (II)

direct object: def, p. 123 (I); *see also* accusative case

direct object pronouns: p. 128 (I); p. 180 (I)

direction: expressed by **nach, an, in** and **auf**, p. 214 (II); use of preps to express, p. 218 (II)

du-commands: p. 200 (I); p. 297 (I); of **messen**, p. 148 (II); of **tragen**, p. 194 (II)

durch: followed by acc, p. 222 (II)

dürfen: present tense of, p. 99 (II); past tense of, p. 117 (III)

E

ein: nom, p. 72 (I); acc, p. 123 (I); p. 230 (I); dat, p. 283 (I); p. 71 (II)

ein-words: **mein(e), dein(e)**, p. 78 (I); **sein(e), ihr(e)**, p. 79 (I); **kein**, p. 231 (I); p. 307 (I); dat, p. 283 (I); adj endings following, p. 170 (II)

-er: ending in place names, p. 213 (II)

es gibt: p. 229 (I)

essen: pres tense forms of, p. 155 (I)

euch: dat personal pron, p. 69 (II); as a reflex pron, p. 90 (II)

F

fahren: pres tense forms of, p. 227 (I)

fehlen: use of dat with, p. 143 (II)

s. fit halten: reflex verb, p. 90 (II)

s. freuen: reflex verb, p. 90 (II); **s. freuen auf**, p. 241 (II)

s. fühlen: reflex verb, p. 90 (II)

für: followed by acc, p. 180 (I); p. 297 (I); p. 89 (II); use of with **s. interessieren**, p. 194 (II);

future: use of **morgen** and present tense for, p. 183 (I); **werden**, p. 253 (II); pass voice, p. 245 (III); p. 270 (III)

G

gefallen: p. 125 (I); p. 132 (I); use of dat with, p. 69, (II); p. 123 (II); p. 143, (II)

gegenüber: followed by dat, p. 222 (II)

gehen: use of with dat forms, p. 143 (II)

genitive case: p. 93 (III); preps followed by, p. 238 (III)

gern: use of with **würde**, p. 267 (II); use of with **hätte**, p. 274 (II)

gleiche: p. 162 (III)

H

haben: pres tense forms, p. 100 (I); use of in conv past p. 58 (II); past participle of, p. 59 (II); simple past tense forms of, p. 64 (II)

hätte: forms of, p. 274 (II); p. 92 (III); further uses of, p. 110 (III)

helfen: use of dat with, p. 143 (II)

I

ihm: dat personal pron, p. 69 (II)

Ihnen, ihnen: dat personal pron, p. 69 (II)

ihr: dat personal pron, dat case, p. 69 (II)

im: contraction of **in dem**, p. 65 (II)

imperfect: simple past of **haben** and **sein**, p. 64 (II); of modals, p. 117 (III); pp. 134-135 (III); pass voice, p. 245 (III); *see also* narr past

in: followed by dat (location), p. 65 (II); followed by acc (direction), p. 214 (II)

indefinite article: **ein**, nom, p. 72 (I); acc, p. 123 (I); p. 230 (I), nom and acc, p. 303 (I); dat, p. 71 (II); gen, p. 93 (III)

indirect object: def of, p. 283 (I); *see also* dative case

auf, s. interessieren für, p. 241 (II), p. 58 (III); used to introduce inf clauses, p. 67 (III); followed by gen forms, anstatt, außerhalb, innerhalb, während, wegen, p. 238 (III)

present tense: of sein, p. 26 (I); of spielen, p. 46 (I); of the möchte-forms, p. 71 (I); of haben, p. 100 (I); of anziehen, p. 131 (I); of nehmen, aussehen, p. 132 (I); of wollen, p. 150 (I); of essen, p. 155 (I); of müssen, p. 175 (I); of können, p. 179 (I); of sollen, p. 199 (I); of wissen, p. 222 (I); of mögen, p. 250 (I); of sehen, p. 253 (I); of lesen, sprechen, p. 259 (I); of schlafen, p. 88 (II); of s. fühlen, p. 90 (II); of dürfen, p. 99 (II); of s. brechen, p. 145 (II); of tragen, p. 194 (II); pass voice, p. 215, (III), p. 245 (III)

present tense verb endings: p. 50 (I); verbs with stems ending in d, t, or n, p. 55 (I); verbs with stems ending in eln, p. 56 (I)

pronouns: personal pron sing, p. 26 (I); personal pron plur, p. 48 (I); er, sie, es, sie (pl), p. 75 (I); p. 107 (I); third pers sing, acc, p. 128 (I); third pers, plur, p. 180 (I); first and second pers, p. 180 (I); dat, p. 283 (I); nom and acc, p. 303 (I); dat, p. 304 (I); dat summary, p. 69 (II); reflex, acc forms, p. 90 (II); dat reflex forms, p. 144 (II); rel pron, p. 87 (III)

Q

questions: asking and answering ques, p. 23 (I); ques beginning with a verb, p. 23 (I); ques beginning with a ques word, p. 23; word order of ques with reflex verbs, p. 90 (II)

question words: wer, wo, woher, wie, p. 23 (I); was, p. 48 (I); worüber, p. 259 (I); wem, p. 304 (I); warum, p. 35 (II); welcher, p. 124 (II); wofür, p. 241 (II); worauf, p. 231 (II); wo-compounds as ques words, p. 263 (III)

R

reflexive verbs: p. 90 (II); used with dat case forms, p. 144 (II)

reflexive pronouns: p. 90 (II); dat forms, p. 144 (II); acc forms, p. 194 (II)

relative clauses: p. 87 (III); word order in, p. 87 (III); introduced with was and wo, p. 169 (III)

relative pronouns: p. 87 (III)

S

schlafen: pres tense of, p. 88, (II)

schmecken: use of with or without dat, p. 123 (II); use of with dat, p. 143 (II)

sehen: pres tense forms of, p. 253 (I)

sein: pres tense forms of, p. 26 (I); simple past

tense forms of, p. 207 (I); use of in conv past p. 58 (II); past participle of, p. 59 (II)

separable prefix verbs: anziehen, anprobieren, aussehen, p. 131 (I); aufräumen, abräumen, mitkommen, p. 176 (I); use of in conv past, p. 58 (II); inclusive commands with, p. 139 (II); weh tun as a sep pref verb, p. 143 (II); ankommen, einladen, abbauen, abholen, mitnehmen, anrufen, kennenlernen, p. 194 (III)

sich: reflex pron, p. 90 (II)

s. interessieren: reflex verb, p. 194 (II)

Sie-commands: p. 227 (I)

so ... wie: used in comparison, p. 166 (II)

sollen: pres tense forms of, p. 199 (I); use of to make a suggestion, p. 139 (II); past tense of, p. 117 (III)

sprechen: present tense forms of, p. 259 (I); sprechen über, p. 241 (II)

stem-changing verbs: nehmen, aussehen, p. 132 (I); essen, p. 155 (I); fahren, p. 227 (I); sehen, p. 253 (I); lesen, sprechen, p. 259 (I); schlafen, p. 88 (II); brechen, p. 145 (II); waschen, p. 145 (II); messen, p. 148 (II); tragen, p. 194 (II); lassen, p. 247 (II); see also Grammar Summary, pp. 324-341

subject: def of, p. 123 (I); see also nominative case

subjunctive forms: würde, p. 267 (II); hätte, p. 274 (II), p. 110 (III); wäre, p. 92 (III), p. 110 (III); können, p. 109 (III); müssen, dürfen, sollen, and sein, p. 210 (III); pass voice, p. 245 (III)

superlatives: see adjectives

T

tragen: pres tense of, p. 194 (II)

U

über: following sprechen, p. 241 (II), p. 58 (III)

um: followed by acc, p. 222 (II)

um ... zu: use of to introduce an inf clause, p. 67 (III)

uns: dat personal pron, p. 69 (II); as a reflex pron, p. 90 (II)

unpreceded adjectives: endings of, p. 271 (II)

V

verbs: with sep pref, anziehen, anprobieren, aussehen, p. 131 (I); aufräumen, abräumen, mitkommen, p. 176 (I); with vowel change in the du- and er/sie-form, nehmen, aussehen, p. 132 (I); fahren, p. 227 (I); sehen, p. 253 (I); lesen, sprechen, p. 259 (I); schlafen, p. 88 (II); brechen, p. 145 (II); waschen, p. 145 (II); messen, p. 148 (II); tragen, p. 194 (II); lassen, p. 247 (II); conv past tense, pp. 58-59 (II); reflex verbs: p. 90 (II); used with dat, **gefallen, schmecken,** p. 123 (II); verbs requiring dat case forms, p. 143 (II); reflex verbs requiring dat case forms, p. 144 (II); **s. wünschen,** p. 169 (II); **passen** and **stehen** with dat, p. 195 (II); verbs requiring prep phrase, **sprechen über, s. freuen auf, s. interessieren für,** p. 241 (II); as neuter nouns, p. 116 (III); past tense of modals, p. 117 (III); narrative past (imperfect), pp. 134-135 (III); verbs with prefixes, p. 194 (III)

verb-final position: in **weil**-clauses, p. 206 (I); p. 165 (II); in clauses following **wissen,** p. 222 (I); in **daß**-clauses, p. 232 (I); p. 89 (II); in **wenn**-clauses, p. 199 (II); in **ob**-clauses, p. 218 (II); with **werden** in clauses beginning with **daß, ob, wenn, weil,** p. 253 (II); in rel clauses, p. 87 (III)

verb-second position: p. 54 (I); p. 151 (I); p. 309 (I)

vom: contraction of **von dem,** p. 222 (II)

von: followed by dat, p. 222 (II); use of in pass voice, p. 215 (III), p. 245 (III)

vor: followed by acc (direction) or dat (location), p. 223 (II)

W

wäre: p. 92 (III); further uses of, p. 100 (III)

während: followed by gen, p. 238 (III)

waschen: pres tense of, p. 145 (II)

wegen: followed by gen, p. 238 (III)

weh tun: as a sep pref verb, p. 143; use of dat with, p. 143 (II)

weil-clauses: verb in final position, p. 165 (II)

welcher: forms of, p. 124 (II)

wenn-clauses: verb in final position, p. 199 (II); in cond sentences, p. 217 (III)

werden: use of to express future, forms of, p. 253 (II); use of in pass voice, p. 215 (III); use of with a conjugated modal, p. 216 (III)

wissen: pres tense forms of, p. 222 (I); p. 299 (I)

wo-compounds: p. 241 (II); p. 58 (III); p. 243 (III); p. 263 (III)

wollen: pres tense forms of, p. 150 (I); p. 302 (I); past tense of, p. 117 (III)

word order: ques beginning with a verb, p. 23 (I); ques beginning with a ques word, p. 23 (I); verb in second position, p. 54 (I); p. 151 (I); p. 309 (I); in **denn**- and **weil**-clauses, p. 206 (I); verb-final in clauses following wissen, p. 222 (I); p. 299 (I); verb-final in **daß**-clauses, p. 232 (I); with dat case, p. 284 (I); in **weil**-clauses, p. 165 (II); in **wenn**-clauses, p. 199 (II); in **ob**-clauses, p. 218 (II); with **werden** in clauses beginning with **daß, ob, wenn, weil,** p. 253 (II); in relative clauses, p. 87 (III); in main clause preceded by a subordinate clause, p. 187 (III)

s. wünschen: with dat reflex pron, p. 168 (II)

würde: forms of, p. 267 (II)

Z

zu: p. 125 (II); prep followed by dat, p. 195 (II); in inf phrases, 67 (III)

zum: contraction of **zu dem,** p. 125 (II)

zur: contraction of **zu der,** p. 125 (II)

zwischen: followed by acc (direction) or dat (location), p. 223 (II)

Map of the Federal Republic of Germany

DÄNEMARK

Nordsee

Ostsee

Kiel

Rostock

SCHLESWIG-HOLSTEIN

Lübeck

MECKLENBURG-VORPOMMERN

Neubrandenburg

HAMBURG

Schwerin

Ems

Elbe

BREMEN

NIEDERSACHSEN

BRANDENBURG

POLEN

Weser

Havel

BUNDESREPUBLIK

Hannover

Berlin

Oder

Frankfurt a.d. O.

TEUTOBURGER WALD

Magdeburg

Potsdam

Spree

NIEDERLANDE

Rhein

Münster

Braunschweig

SACHSEN-ANHALT

Cottbus

NORDRHEIN-WESTFALEN

HARZ

Essen

Dortmund

DEUTSCHLAND

Halle

RUHRGEBIET

Leipzig

SACHSEN

Neisse

Neuss

Düsseldorf

Kassel

Erfurt

Dresden

Köln

THÜRINGEN

Gera

Chemnitz

Elbe

Aachen

Bonn

WESTERWALD

HESSEN

THÜRINGER WALD

Saale

ERZGEBIRGE

BELGIEN

EIFEL

Koblenz

TAUNUS

Suhl

LUXEM-

BURG

RHEINLAND-PFALZ

OBERPFÄLZER WALD

TSCHECHISCHE

REPUBLIK

Mosel

Frankfurt a. M.

Wiesbaden

Main

BÖHMERWALD

Mainz

Würzburg

BAYERISCHER WALD

SAARLAND

Mannheim

Nürnberg

Saarbrücken

Heidelberg

BADEN-

WÜRTTEMBERG

BAYERN

FRANKREICH

Karlsruhe

Regensburg

Donau

Stuttgart

Neckar

SCHWÄBISCHE ALB

Isar

Inn

Rhein

Ulm

Augsburg

München

Freiburg

SCHWARZWALD

SCHWÄBISCHE ALB

BAYERISCHE

ALPEN

SALZBURGER

ALPEN

Rhein

SCHWEIZ

Rhein

Zugspitze

ÖSTERREICH

Map of Liechtenstein, Switzerland, and Austria

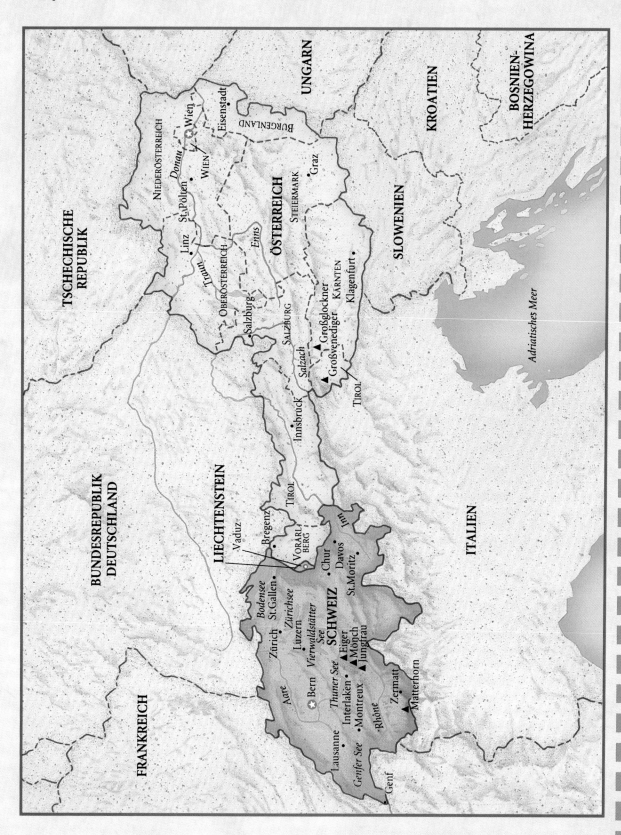

Map labels:

TSCHECHISCHE REPUBLIK

UNGARN

KROATIEN

BOSNIEN-HERZEGOWINA

NIEDERÖSTERREICH

Wien

Donau

Eisenstadt

BURGENLAND

St.Pölten

Wien

Graz

Linz

STEIERMARK

ÖSTERREICH

Traun

Ems

SLOWENIEN

OBERÖSTERREICH

KÄRNTEN

Salzburg

SALZBURG

Großglockner

Klagenfurt

Großvenediger

Salzach

TIROL

Adriatisches Meer

BUNDESREPUBLIK DEUTSCHLAND

Innsbruck

TIROL

LIECHTENSTEIN

Vaduz

Bregenz

VORARLBERG

ITALIEN

Chur

Davos

Bodensee

St.Gallen

St.Moritz

Zürichsee

Zürich

Luzern

SCHWEIZ

Vierwaldstätter See

Eiger

Mönch

Aare

Bern

Thuner See

Jungfrau

Interlaken

Montreux

Zermatt

Matterhorn

Lausanne

Rhône

FRANKREICH

Genfer See

Genf

ACKNOWLEDGMENTS [continued from page ii]

Gruner & Jahr AG & Co.: "Mehr Bauch als Kopf" by Georg Wedemeyer from *stern*, no. 22, May 26, 1994, p. 96. Copyright © 1994 by Gruner & Jahr AG & Co.

Gustav Kiepenheur Bühnenvertriebs GmbH: "Kinderlied" by Günter Grass from *Gedichte und Kurzprosa (Studienausgabe Band II)*. Copyright © 1994 by Gustav Kiepenheur Bühnenvertriebs GmbH.

Hamburgische Staatsoper Hamburg: Cover page of brochure, *Hamburg Oper: Spielplan-vorschau, April 1993.*

Harenberg Lexikon-Verlag: Table, "Abfallvermeidung durch Recycling," from *Harenberg Lexikon der Gegenwart, Aktuell '94*, p. 416. Copyright © 1993 by Harenberg Lexikon-Verlag in Harenberg Kommunikation Verlags and Mediengesellschaft mbH & Co. KG, Dortmund.

Luchterhand Literaturverlag GmbH: "Ein Tisch ist ein Tisch" from *Kindergeschichten* by Peter Bichsel. Copyright © 1969 by Hermann Luchterhand Verlag Neuwied und Berlin; copyright renewed © 1995 by Peter Bichsel. "ottos mops" from *Der künstliche Baum* by Ernst Jandl. Copyright © 1970 by Verlag Hermann Luchterhand, Neuwied; copyright renewed © 1985 by Ernst Jandl.

Prälat Berthold Lutz: "Die Nacht bei den Wachsfiguren" by Thomas Burger from *Das Gespenstergespenst.*

MVG Medien Verlags GmbH & Co.: From "Je schlampiger, umso schöner!..." from *Mädchen*, No. 13, June 2, 1993, p. 11. Copyright © 1993 by MVG Medien Verlagsges GmbH & Co.

Sanacorp eG Pharmazeutische Großhandlung, D-82152 Planegg: Advertisement, "Reisefieber?" from stern, no. 22, May 26, 1994, p. 179.

Schocken Books Inc., published by Pantheon Books, a division of Random House, Inc.: "Eine alltägliche Verwirrung" from *Franz Kafka: The Complete Stories* by Franz Kafka, edited by Nahum N. Glatzer. Copyright © 1946, 1947, 1948, 1949, 1954, 1958, 1971 by Schocken Books Inc.

Steidl: "Kinderlied" by Günter Grass from *Gedichte und Kurzprosa (Studienausgabe Band II)*. Copyright © 1994 by Steidl Verlag, Göttingen.

Suhrkamp Verlag, Frankfurt am Main: "Der hellgraue Frühjahrsmantel" by Wolfgang Hildesheimer from *Lieblose Legenden*. Copyright © 1962 by Suhrkamp Verlag, Frankfurt am Main. "Der Radwechsel" by Bertolt Brecht from **Gesammelte Werke.** Copyright © 1967 by Suhrkamp Verlag, Frankfurt am Main.

Thames and Hudson Ltd.: Map of the Roman World by John Woodcock from *The Birth of Western Civilization: Greece and Rome* by George Huxley et al. Copyright © 1964 by Thames and Hudson Ltd.

Tiefdruck Schwann-Bagel GmbH: From "Tekkno-Fieber" from *JUMA: das Jugendmagazin*, 2/93, April 1993, p. 4. Copyright © 1993 by Tiefdruck Schwann-Bagel GmbH. From "Ingo," from "Judith," and from "Peter" from "Pauken allein reicht nicht" from *JUMA: das Jugendmagazin*, 3/94, pp. 23, 24, 26. Copyright © 1994 by Tiefdruck Schwann-Bagel GmbH.

Verlag Kiepenheuer & Witsch GmbH, Köln: "Das Märchen vom kleinen Herrn Moritz" by Wolf Biermann.

Verlag Moritz Diesterweg GmbH & Co., Frankfurt am Main: From pp. 102-103 from "Wortspiele" from *Texte und Fragen*, edited by Siegfried Buck and Wenzel Wolff. Copyright © 1977 by Verlag Moritz Diesterweg GmbH & Co., Frankfurt am Main. All rights reserved.

Verlag Neues Leben GmbH Berlin: Cover of *Schiller: Hundert Gedichte,* illustrated by Jörn Hennig. Copyright © 1987 by Verlag Neues Leben, Berlin.

PHOTOGRAPHY CREDITS

Abbreviations used: (t) top, (c) center, (b) bottom, (l) left, (r) right, (bckgd) background, (bdr) border.

FRONT COVER: (l), HRW Photo/George Winkler; (r), Michelle Bridwell; (b), HRW Photo/Sam Dudgeon; (bckgd), HRW Photo/Andrew Yates/map courtesy of Bartholomew.

BACK COVER: (t), HRW Photo/Sam Dudgeon; (tl), Chad Ehlers/Tony Stone Worldwide; (tr) HRW Photo/George Winkler; (bl), (bc), (cl), HRW Photo/Sam Dudgeon; (bckgd), HRW Photo/Andrew Yates/map courtesy of Bartholomew.

FRONTISPIECE: HRW Photo/Sam Dudgeon.

TABLE OF CONTENTS: All photos HRW Photo/Sam Dudgeon, except: page v, HRW Photo/Kevin Galvin; vi(tl), Michelle Bridwell/Frontera Fotos; vii (t) HRW Photo/Sam Dudgeon; vii(br), HRW Photo/George Winkler; viii(tl), HRW Photo/George Winkler; ix(br), HRW Photo/Thomas Stephan; x(tl), HRW Photo/George Winkler; xi(br), HRW Photo/Kevin Galvin; xii(tl),(br), HRW Photo/George Winkler.

Chapter Opener Background: Scott Van Osdol.

UNIT ONE: **Chapter One:** Page xviii, 2, 3(tc), (tr), (bl), HRW Photo/George Winkler; 3(bc), (br), courtesy Dom Zu Güstrow; 4- 5(t), Thomas Kanzler/Viesti Associates; 5(b), HRW Photo/George Winkler; 6(t), (c), (b), Thomas Kanzler/Viesti & Associates; 7(t), Thomas Kanzler/Viesti & Associates; 7(b), HRW Photo/Sam Dudgeon; 8, HRW Photo/George Winkler; 13(bckgd), HRW Photo/Sam Dudgeon; 14(t), (c), (b), Thomas Kanzler/Viesti & Associates; 15(c), Thomas Kanzler/Viesti & Associates; 15(b), 22, 23, HRW Photo/Sam Dudgeon; 24, Bettmann Archive; 27, HRW Photo/Sam Dudgeon. **Chapter Two:** Page 28, HRW Photo/ George Winkler; 29, 30, 31(t), Michelle Bridwell/Frontera Fotos; 31(c), (b), HRW Photo/Sam Dudgeon; 32(r) courtesy DJH; 32(t),(b), HRW Photo/George Winkler; 38, 39 (tl), Michelle Bridwell/Frontera Fotos; 39(tr), (b), 41, HRW Photo/ Sam Dudgeon; 45(l), Tourist Office of Weimar; 45(r), HRW Photo/George Winkler; 49(bckgd), 51, HRW Photo/Sam Dudgeon. **Chapter Three:** Page 52, HRW Photo/Kevin Galvin; 53, HRW Photo/George Winkler; 54(tl), (tr), HRW Photo/Kevin Galvin; 54(r), HRW Photo/Sam Dudgeon; 54, HRW Photo/Kevin Galvin; 55(b), HRW Photo/Sam Dudgeon; 60(tl), *Bunte* Magazine, issue 22, p. 42, 5/26/94; 60(r), Frank Lange/*JUMA*, February, 1992 edition; 60(bl), Arno Al Doori/*Mädchen Magazin*; 61(tl), (r) *Bunte* Magazine, May 26, 1994 edition; 61(bl), Volker Wenzlawski/*JUMA,* April, 1994 edition; 62, HRW Photo/Kevin Galvin; 63, HRW Photo/Sam Dudgeon; 64, HRW Photo/Kevin Galvin; 69(bckgd), 74, HRW Photo/Sam Dudgeon.

UNIT TWO: **Chapter Four:** Page 76-77, Steve Vidler/Superstock; 78, Superstock; 79(tl), HRW Photo/George Winkler; 79(tr), HRW Photo/George Winkler; 79(c), Foto Marburg/Art Resource, NY; 79(b), J. Messerschmidt/Bruce Coleman, Inc.; 80, 81, HRW Photo/George Winkler; 82(l), HRW Photo/Sam Dudgeon;

82(tr), (br), HRW Photo/Kevin Galvin; 83(t), HRW Photo/Kevin Galvin; 83(b), HRW Photo/Sam Dudgeon; 88(t), Ed Kashi; 88(b), HRW photo/George Winkler; 89(t), Thomas Mayer/Fotoarchiv/Black Star; 89(b), HRW Photo/Sam Dudgeon; 90(l), AP/Wide World Photos; 90(cl), HRW Photo/George Winkler; 90(cr), Harald Thiessen/Bavaria Bildagentur; 90(r), HRW Photo/Lisa Davis; 95(bckgd), HRW Photo/Sam Dudgeon; 97, HRW Photo/Gscheidle; 99, HRW Photo/Russell Dian; 101, 102, HRW Photo/Sam Dudgeon. **Chapter Five:** Page 104, 105, HRW Photo/George Winkler; 106(tl), HRW Photo/Sam Dudgeon; 106(tr), (c), (b), HRW Photo/Kevin Galvin; 107(t), HRW Photo/Kevin Galvin; 107(b), HRW Photo/Sam Dudgeon; 112(t), (b), HRW Photo/George Winkler; 113(t), Thomas Stephan/ Fotoarchiv/Black Star; 113(c), HRW Photo/Sam Dudgeon; 113(b), Fritz Lang/Bavaria Bildagentur Gmbh; 114, Herman Kokojan/Black Star; 119, HRW Photo/Sam Dudgeon; 120, 121(bdr), 122(bdr), AP/Wide World Photos; 120, 122(bdr), Heinrich Hoffman; 121(c), Archiv/Interfoto; 121(bdr), 121(bckgd),122(bckgd), Ullstein Bilderdienst; 122(bckgd), Pierre Zucca; 123(bckgd), HRW Photo/Sam Dudgeon; 124, Archiv für Kunst and Geschichte, Berlin; 126, HRW Photo/Sam Dudgeon. **Chapter Six:** Page 129(t), HRW Photo/ Thomas Stephan; 129(c), HRW Photo/George Winkler; 129(b), HRW Photo/Thomas Stephan; 130(t), (c), (b), HRW Photo/Thomas Stephan; 131(t), HRW Photo/ Thomas Stephan; 131(b), HRW Photo/Sam Dudgeon; 137, HRW Photo/Thomas Stephan; 138(t), HRW Photo/ Sam Dudgeon; 138(c), (b), 139(t), HRW Photo/Thomas Stephan; 139(c), (b), HRW Photo/Sam Dudgeon; 145(bckgd), From *Rumpelstiltskin* by Paul O. Zelinsky. ©1986 by Paul O. Zelinsky. Used by permission of Dutton Children's Books, a division of Penguin Books USA Inc.; 147(bckgd), 150, HRW Photo/Sam Dudgeon.

UNIT THREE: Chapter Seven: Page 152-153, 154, 155, HRW Photo/George Winkler; 156, Margot Granitsas/ Image Works; 157(b), 158(t), (br), HRW Photo/George Winkler; 158(bl), HRW Photo/Sam Dudgeon; 159(t), HRW Photo/George Winkler; 159(b), 167(t), HRW Photo/Sam Dudgeon; 172, 173, 174, ©1994 Les Editions Albert René/Goscinny-Uderzo; 178, HRW Photo/Sam Dudgeon. **Chapter Eight:** Page 180(c), 181, HRW Photo/George Winkler; 182(t), HRW Photo/Sam Dudgeon; Collage: 182(l), HRW Photo/Stock Editions; 182(tl), HBJ Photo/Lance Shriner; 182(tr), Photo courtesy of Monsanto; 182(tr), HRW Photo/John Kelly; 182(r), HRW Photo/Russell Dian; 182(bl), HRW Photo/Stock Editions; 182(lc), courtesy U.S. Air Force; 182(bc), HRW Photo/Claude Poulet; 182(br), courtesy Architect of the Capitol; 183, HRW Photo/Sam Dudgeon; 189, HRW Photo/George Winkler; 190(t), HRW Photo/Sam Dudgeon; 190 (tl), (l), (tc), (lc), HRW Photo/George Winkler; 190(tr), (bc), HRW Photo; 191, HRW Photo/Sam Dudgeon; 196(bckgd), Kuchlbauer/H. Armstrong Roberts; 197, 199(bckgd) 202, HRW Photo/Sam Dudgeon. **Chapter Nine:** Page 204, HRW Photo/Kevin Galvin; 205, HRW Photo/George Winkler; 206(t), HRW Photo/Sam Dudgeon, 206(c), (b), HRW Photo/ George Winkler; 207(l), (tr), HRW Photo/Kevin Galvin; 207(br), HRW Photo/Sam Dudgeon; 212(l), (br), HRW Photo/Kevin Galvin; 212(tr), HRW Photo/Sam Dudgeon; 213(l), (tr), HRW Photo/George Winkler; 213(br), 216, 219, HRW Photo/Sam Dudgeon; 220, Peter Herbster/Greenpeace Germany; 220-222(bckgd), HBJ Photo/Mark Antman; 223(bckgd), HRW Photo/ Sam Dudgeon; 224, Staatsministerium für Landesentwicklung und Umweltfragen, München.

UNIT FOUR: Chapter Ten: Page 228-229, Joachim Messerschmidt/Bruce Coleman, Inc; 230(t), (bl), HRW Photo/George Winkler; 230(br), Wolfgang Staiger/ Visum; 231(tl), Fotex/S.Brehm/Nawrocki Stock; 231(tr), HRW Photo/George Winkler; 231(b), Fotex/I. Wandmacher/Nawrocki Stock; 232(l), HRW Photo/ George Winkler; 233(t), HRW Photo/Kevin Galvin; 233(b), HRW Photo/George Winkler; 234(t), HRW Photo/Kevin Galvin; 234(b), Jorg Reichardt/DGG; 235(t), HRW Photo/Kevin Galvin; 235(b), 240(tl), (tr), HRW Photo/Sam Dudgeon; 240(b), Otto/Bavaria Bildagentur GmbH; 241(t), J. Alexandre/Bavaria Bildagentur; 241(b), HRW Photo/Sam Dudgeon; 244, HRW Photo/George Winkler; 247, Beryl Goldberg; 248(c), HRW Photo/Sam Dudgeon/courtesy of Molly & George Winkler; 248-250(bckgd), 251(bckgd), HRW Photo/Sam Dudgeon; 252,Tim Hall/Redferns/Retna; 253, 254, HRW Photo/ Sam Dudgeon. **Chapter Eleven:** Page 256, HRW Photo/Kevin Galvin; 257(t), HRW Photo/Sam Dudgeon; 257(b), HRW Photo/George Winkler; 258(t), HRW Photo/Sam Dudgeon; 258(l), (r), HRW Photo/Kevin Galvin; 259, 266(t), (b), HRW Photo/Sam Dudgeon; 266(l), 267(tl), (tc), (cl), (c), (cr), (bl), (bc), HRW Photo/George Winkler; 267(tr), Lufthansa Bildarchiv; 267(br), HRW Photo/C. von der Goltz; 275(bckgd), 276, 278, HRW Photo/Sam Dudgeon. **Chapter Twelve:** Page 280, 281, HRW Photo/George Winkler; 282(r), HRW Photo/Sam Dudgeon; 282(cl), (cr), (bl), (br), 283, 289, HRW Photo/George Winkler; 290(t), HRW Photo/Sam Dudgeon; 290(cl), HRW Photo/George Winkler; 290(c), HRW Photo/Sam Dudgeon; 290(cr), (b), 291(t), (c), HRW Photo/George Winkler; 291(b), HRW Photo/Sam Dudgeon; 295,Thomas Balzer/courtesy Gerolsteiner Brunnen; 297(bckgd), 298-299(bckgd), 300-301(bckgd), 302, 303, HRW Photo/Sam Dudgeon.

ILLUSTRATION AND CARTOGRAPHY CREDITS

Böhm, Eduard: 16, 21, 44, 65, 108, 316, 317, 318, 319, 320
Carlson, Susan: 394, 395
Cooper, Holly: 163, 318
Enthoven, Antonia: 18, 43, 208
Henderson, Meryl: 56, 177, 286
Hildreth Debora: 156, 157, 178
Holcomb, Ronda: 8
Krone, Michael: 19, 33, 111, 166, 272, 274, 321
Lyle, Maria: 17

Maryland Cartographics: 1, 77, 153, 229
McLeod, George: 37, 320
Mizzi, Giorgio: 16, 20, 66, 84, 116, 177, 264, 319
Ormberget, John: 156, 157
Pichler, Peter: 115, 177, 192, 214
Reppel, Aletha: 37
Rosenzweig, Frank: 72, 109, 135
Rummonds, Tom: 10, 320
Sayer, Jon: 133, 141, 169, 186
Schööl, Biruta: 19
Tillmann, Jutta: 17, 177, 214, 242, 322

LAWRENCE
HIGH SCHOOL
19th And Louisiana
Lawrence, Kansas 66044
Home of the Chesty Lion